思索的声音
关于中国银行业改革与发展的演讲集

詹向阳 ◎ 著

SISUO DE SHENGYIN
GUANYU ZHONGGUO YINHANGYE GAIGE YU
FAZHAN DE YANJIANGJI

中国金融出版社

责任编辑：戴　硕　肖　炜
责任校对：刘　　明
责任印制：丁淮宾

图书在版编目（CIP）数据

思索的声音（Sisuo de Shengyin）/詹向阳著．—北京：中国金融出版社，2013.5
　ISBN 978 – 7 – 5049 – 6664 – 3

　Ⅰ.①思…　Ⅱ.①詹…　Ⅲ.①商业银行—银行改革—中国—文集　Ⅳ.①F832.33 – 53

中国版本图书馆 CIP 数据核字（2012）第 264289 号

出版发行	中国金融出版社
社址	北京市丰台区益泽路 2 号
市场开发部	（010）63266347，63805472，63439533（传真）
网上书店	http://www.chinafph.com
	（010）63286832，63365686（传真）
读者服务部	（010）66070833，62568380
邮编	100071
经销	新华书店
印刷	保利达印务有限公司
装订	平阳装订厂
尺寸	169 毫米 × 239 毫米
印张	37
字数	546 千
版次	2013 年 5 月第 1 版
印次	2013 年 5 月第 1 次印刷
定价	88.00 元
ISBN 978 – 7 – 5049 – 6664 – 3/F.6224	
如出现印装错误本社负责调换　联系电话（010）63263947	

序

詹向阳

经过将近两年的整理，在我的个人文集《向阳花开——银行改革的思考与探索》和《思索的声音——关于中国银行业改革与发展的演讲集》即将与读者见面的时候，我的心里却有些忐忑，对于读者，对于社会，这两本书的出版有意义吗？

我是在20世纪80年代研究生毕业后进入了工商银行，非常幸运的是我一进行就被分配在总行的体制改革办公室，成为专事银行改革事业的一员。从1979年算起，中国银行业的改革迄今已经走过了34个年头。十分荣幸的是，我亲身参与了这个过程，成为这段历史的见证人。我参与了20世纪八九十年代国家专业银行的十年企业化改革；参与了1994年开始的国有商业银行改革；参与了2003年开始的国有银行股份制改革。在近30年的银行职业生涯中，我几乎参与了中国银行业每一个重大改革发展措施的酝酿、试点和推广，并在参与银行改革的实践中，思考了很多问题，也就各个阶段上事关银行业改革发展的热点、焦点问题发表了很多文章和演讲。作为一家之言，这些文章和演讲可能对推进当时的改革发展起到过些许作用，然而现在回过头来看，更为可贵的是这是一个亲历者在当时真实的和诚实的思考和探索，是从亲历者个人微观的角度对我国银行业改革演进轨迹的真实记录。通过这些记录，可以真切地了解我国银行改革的演进过程，以及这个过程不同阶段上的一些重大问题，

‖ 思索的声音 ‖

从而有助于读者了解和理解我国银行业改革发展的来龙去脉。出于这个想法,我在中国金融出版社的鼓励下,鼓足勇气将我这些年来就银行改革发展问题所发表的文章和演讲稿择要整理成集,算做对我近30年银行职业生涯的总结和汇报。如果这两本小集子的出版果真能够对读者了解最近30年中国银行业改革发展历史有所帮助的话,那么,我为整理出版这两本集子所做的努力就是有意义的!

感谢工商银行那些与我共同奋斗过的同事们,这两个集子中收录的很多文章是我们集体的感悟和创作。感谢中国金融出版社第三编辑部的戴硕主任,不是他的鼓励,我也许没有勇气出版这两个集子。仅以这两本集子献给工商银行的同事们,特别是曾经在工商银行体改办和研究所工作过的同事们!献给中国金融出版社所有为这两个集子的出版付出过心血的编辑们!

目 录

近年来中国经济的发展和2001年的展望 …………………………… 1
中国不良贷款的处置方法与经验 ………………………………… 14
中国银行业的风险和管理特点及其发展方向 …………………… 28
未来五年中国金融业发展趋势 …………………………………… 35
民营企业融资中的问题与解决的建议 …………………………… 43
国有银行上市对中国资本市场的意义 …………………………… 52
中国工商银行的发展及中国商业银行不良资产处置 …………… 56
新挑战下国内商业银行的战略转型 ……………………………… 62
如何构建商业银行全面风险管理体系 …………………………… 69
中国商业银行业务结构的创新 …………………………………… 76
中国商业银行下一步推进改革发展的几个主要问题 …………… 89
对坂本校长关于"次贷危机"专题演讲的回应 ………………… 93
中国商业银行改革发展任重道远 ………………………………… 95
次贷危机的走势、根源及影响 …………………………………… 107
银行业改革深化与资本市场发展 ………………………………… 120
全球经济金融步入后危机时代 中国银行业再探科学发展之路 …… 126
全球及中国经济金融未来发展走势的几个重要问题 …………… 130
聚焦海西建设 推动两岸金融合作发展 ………………………… 141
金融监管是金融市场竞争力的重要组成部分 …………………… 148
依托票据发展 推进经营转型 …………………………………… 154
打造绿色银行 推进低碳经济 …………………………………… 157
我国国有银行改革发展与转型 …………………………………… 164

思索的声音

辩证看待地方政府债务问题　稳妥化解地方政府债务风险 ………… 170
从战略高度看我行商投业务一体化经营的重要性 ……………… 178
"十二五"时期中国银行业发展的主要问题 ………………………… 187
企业改革中的银行信贷问题 ………………………………………… 197
金融全球化与中国"十五"时期经济金融走势及工商银行的工作要点 … 211
中国金融制度的改革与展望 ………………………………………… 233
加入世贸组织背景下的国有商业银行综合改革 …………………… 248
关于银行改革发展中的几个问题 …………………………………… 268
工商银行的治理结构问题 …………………………………………… 275
中国的金融改革与金融政策 ………………………………………… 288
国有独资商业银行的改革问题 ……………………………………… 304
关于银行改革发展的几个重要问题 ………………………………… 323
中国工商银行发展中的科学发展观问题 …………………………… 346
改制后工商银行的发展战略 ………………………………………… 367
当前经济金融形势与未来金融走势 ………………………………… 388
国有商业银行的股份制改造与上市 ………………………………… 406
关于国有商业银行的改制上市及今后面对的几个问题 …………… 435
中国商业银行的全能化之路 ………………………………………… 446
关于财产性收入与中国居民收入结构的变迁 ……………………… 475
三十年中国商业银行的体制创新回顾 ……………………………… 507
次贷危机及其对中国银行业的启示和挑战 ………………………… 523
复杂形势下银行业发展的重点问题 ………………………………… 538
关于经济形势和金融改革的几个问题 ……………………………… 559

近年来中国经济的发展和 2001 年的展望[①]

一、2000 年中国经济运行状况

(一) 前三个季度经济实况

1. GDP 稳定增长。2000 年前三个季度国内生产总值（62 124 亿元）按可比价格计算比 1999 年同期增长了 8.2%，增幅提高了 0.8 个百分点。

2. 市场价格水平稳定且略有上涨。前三个季度全国居民消费价格指数（CPI）同比上涨 0.2%，其中居住价格和服务项目价格分别上涨 4.7% 和 14.5%。生产者物价指数（PPI）持续回升，前三个季度同比上涨 3.2%。

3. 外汇储备和汇率基本稳定。9 月末外汇储备 1 601 亿美元，比年初高 54 亿美元。汇率稳定并略有上升。

(二) 2000 年经济运行特点

2000 年是中国近年来调控目标完成得最好的一年。生产、销售、效益和主要行业全面达到或超过预期目标。经济运行出现了转折性的积极变化趋势，持续稳定增长的格局已初现端倪。具体来看，中国前三个季度经济运行有如下特点：

1. 工业生产增长加快。前三个季度，全国工业增加值（6 065 亿元）同

[①] 这是作者 2000 年 11 月在"日本秋季金融大会"上的演讲稿。

| 思索的声音 |

比增长达11.6%,其中,第三季度月平均增长速度为12.5%;工业产品销售率前三个季度达到97.3%,第三季度产销率继续提高,达98.08%;工业企业实现利润(2 418亿元)前9个月比上年同期增长一倍。

2. 固定资产投资增长加快。前三个季度固定资产投资(13 470亿元)(国有及其他经济类型,不含集体和个体)持续增长,比上年同期增长12.9%,且呈加快趋势,第三季度比上年同期增长13.9%,比上半年提高1.8个百分点。

3. 财政收入增长加快。前三个季度,国内财政收入(9 561亿元)同比增长20.8%;国内财政支出(9 453亿元)同比增长22.4%;收支相抵,收大于支。

4. 社会消费品零售总额持续增长,第三季度增幅略有回落。前三个季度全社会消费品零售总额(24 336亿元)同比增长9.9%,增幅比上年同期提高3.6个百分点。第三季度社会消费品零售总额同比增长9.4%,增幅比上半年回落了0.7个百分点。

5. 出口高速增长,第三季度增幅有所回落。前三个季度,进出口总额(3 458亿元)同比增长35.7%,其中进口总额(1 635亿元)增长38.7%;出口总额(1 823亿元)增长33.1%;进出口相抵,顺差188亿元,与上年同期基本持平。第三季度出口总额增长25.1%,比上半年回落13.3个百分点。

6. 货币供应量平衡增长,第三季度增幅有所回落。前三个季度货币供应量持续稳定增长。至9月末,广义货币M_2余额同比增长13.4%,增幅比上半年回落0.3个百分点;狭义货币M_1同比增长20.8%,回落6.2个百分点。第一季度至第三季度金融机构新增贷款9 680亿元,比上年同期多增2 678亿元;新增存款11 656亿元,比上年同期多增1 748亿元。

7. 经济运行质量持续得到改善。①国民经济整体效益提高。1—8月工业经济效益综合指数达112.5,比上年同期提高了16.8。企业利润总额达到了20世纪90年代以来同期的最高水平。亏损企业持续减亏,1—8月企业亏损额比上年同期下降11.2%。②国有企业改革和脱困三年目标取得积极进展,

1—8月国有及国有控股企业实现利润同比增长1.9倍。③城乡居民生活继续改善。第一季度至第三季度，城镇居民人均可支配收入和农村居民人均现金收入分别比上年同期增长8.4%和2.5%。④消费市场持续活跃，价格水平止跌回稳。前三个季度商品消费持续扩大，住房、通信、旅游方面的消费持续较快增长。全国商品房销售额同比增长40.2%，全国固定电话和移动电话新增4 800万户，至9月末，全国电话总户数已达2亿户以上，居世界第二位。

（三）对2000年全年经济发展的预测

1. 全年GDP增长速度预计将接近或达到8%，明显快于上年7.1%的水平；
2. 全年全社会固定资产投资增长预计在9%左右；
3. 全年社会消费品零售总额增长预计在9.5%左右；
4. 全年贸易进出口顺差增长预计比上年下降14%左右；
5. 全年全部工业增长预计在10%左右；
6. 农业生产受到严重自然灾害的影响，全年粮食产量比上年减产近一成（10%）。

二、1998年至2000年中国的经济政策及成效

（一）总评价

从2000年中国经济运行的实际效果来看，通货紧缩的趋势得到了基本抑制，基本克服了亚洲金融危机带来的困难，国民经济发展出现了重要转机，继续朝着良性循环的方向发展。GDP持续增长，物价止跌回稳，市场趋向活跃，投资保持了快速增长势头，工业经济效益明显提高，出口持续转旺并维持稳定汇率，人民生活和收入水平进一步提高。国际国内多数专家和权威人士认为，截至2000年，中国经济已明显走出谷底，转向繁荣。这种转机与中央政府成功实行宏观调控和政策直接相关。自1998年以来，中国连续三年坚持实行扩大内需的经济方针，实施积极的财政政策和稳健的货币政策，主要

‖思索的声音‖

依靠投资拉动，抓住国际经济、贸易增长加快的机遇，战胜了亚洲金融危机带来的负面影响，取得了重大成功。

（二）三年经济政策重点及成效评价

从1998年起，中国针对亚洲金融危机的冲击，从自身经济发展实际问题出发，确立"扩大国内需求、开拓国内市场"为中国发展经济的基本立足点和长期战略。连续三年坚持不懈地推进改革开放，把扩大国内需求作为促进经济增长的主要措施。三年经济发展的实效证明了这一战略方针和主要措施是正确的和成功的。具体来看：

一是坚持以增发国债、扩大投资为主的积极的财政政策和适度增加货币供应量的稳健的货币政策。在1998年和1999年发行2 100亿元特别长期建设国债的基础上，2000年以来又先后两次累计增发了1 500亿元国债，带动了地方、部门和企业的配套资金增加，促使了银行贷款集中投向基础产业、基础设施和技改领域，仅1998年和1999年两年，2 100亿元国债就带动了4 200多亿元的银行贷款和自筹资金，有效地扩大了全社会投资规模，保持了投资对经济增长的强劲拉动。这三年投资的强劲增长，不仅有力地促进了近年经济的增长，而且也为中国经济的长远发展打下了良好的基础。在实施积极的财政政策的同时，中国还坚持了稳健的货币政策，保持了货币供应量的适度增长，有效地配合了积极财政政策的实施，终于将国民经济稳步带上适度增长的平台。

二是坚持开拓国内市场，实行投资、消费双向启动政策，努力扩大内需，拉动经济增长。从1999年起，中国的经济政策出现了重要转折，即由鼓励生产开始转向生产、消费并重的经济政策，把鼓励刺激消费作为重要经济政策推出。主要措施是：

1. 提高城乡居民的购买力，特别是增加广大中低收入居民的现金收入。1999年下半年，大幅度提高了城镇中低收入者的收入水平，将国有企业下岗职工基本生活费、失业保险金和城镇居民最低生活保障费水平提高了30%；增加了机关事业单位职工工资；增加了离退休人员的养老金。与此同时，主要通过减少农民税费征缴，减轻农民负担来增加农村居民的收入。这些措施推动了近年中国国内消费的增长，特别是2000年的消费增长，使市场开始活跃，价格水平走出了持续下跌的窘境，略有上涨。

2. 努力扩大个人消费。在提高收入的同时，中国实行了住房商品化，社会保障制度改革和医疗、教育制度改革，推出了一系列旨在鼓励刺激增加即期消费的政策。包括大幅减少福利型、供给型、实物型分配，实行分配的货币化；建立以个人最终消费为主体的消费制度；尽快把住房、轿车、旅游、服务项目培育为新的消费热点，积极倡导和推广分期付款等大众信用消费，扩大住房、汽车、旅游、非义务教育、服务等高价值商品的消费信贷规模。2000年前三个季度，全国商品房销售额同比增长40.2%，其中个人的商品房销售额增长达62.1%，占全国商品房销售额的84.4%。住房信贷余额迅速增长，至2000年9月末，全国个人住房贷款余额已达2 749亿元。此外，银行对个人还开办了汽车、住房装修、教育助学、大件耐用品消费、婚嫁、旅游等新的消费贷款，并且消费贷款增势异常强劲。

三是千方百计扩大出口，鼓励外商投资。在扩大内需的同时，中国采取了鼓励增加出口和鼓励外商投资的政策。主要是持续提高出口退税率，实行退税政策优惠向重点出口企业倾斜，出口配额向生产企业倾斜，对中小企业进一步放开外贸经营权，促进中小企业小批量、多品种的出口等多项政策；发展境外加工贸易；优化进口商品结构；严厉打击走私、逃汇和黑市交易等非法活动。加大引进外资的力度，进一步开放竞争性产业，分步骤推进金融、保险等服务贸易的对外开放；改善对外商投资的管理；引导外商投资结构实行优化调整。2000年前8个月外商直接投资合同金额增长加快，比1999年同期增长31.1%。

四是大力推进经济结构的战略性调整，促进国民经济整体效益有较大提高。近三年中国的经济结构调整主要体现在三个方面：

1. 农业产业结构调整。近年来，农业种植结构按照优质高效的方向调整，减少了品质较差的冬小麦、南方早籼稻和玉米的种植面积，明显扩大了加工专用小麦、优质早稻和专用玉米的种植面积。坚持实行鼓励保护农业的政策，

‖ 思索的声音 ‖

使得粮、棉、油产量持续保持高位水平，在近两年自然灾害频繁的条件下，农业仍然保持连年丰收，库存充足。

2. 工业领域从1999年起持续实行了以"关、停、转"为主要内容的结构调整，关停小煤矿、小钢厂等能耗高、效益差、污染重的小企业。淘汰落后的设备、技术和工艺，压缩一些行业的过剩生产能力。同时采取有力措施加快企业技术改造，努力开发有市场需求的新技术、新工艺和新产品，积极培育和发展新兴产业和技术产业。

3. 大力发展第三产业，主要发展信息、金融、旅游、社区服务和中介服务等产业，促使第三产业在国民经济中的比重有所提高。

五是坚定不移地推进国有企业改革，取得重大进展。从1998年起，中国实行了国有企业改革脱困三年计划。对国有企业实行"改革、改组、改造"和"加强管理"为主要内容的改革措施，加快了企业兼并、破产和重组步伐，组建了一批大型企业集团。实施了"债权转股权"等改革，降低了部分大型国有企业的资产负债率，使列入三年解困计划目标的6 599户国有及国有控股大中型企业的近三分之二，成功实现脱困目标，利润成倍增长，亏损大幅下降。国有企业效益状况的好转，为整个经济发展注入了新的活力和动力。

六是大力扶持中小企业发展。主要措施是加强对中小企业发展的规划、引导和政策扶持；促进中小企业加快技术改造和结构调整，引导其向小而专、小而精、小而优、小而特的方向发展；鼓励发展多种所有制经济的中小企业；鼓励有专门技术的人创办有特色的中小企业；引导银行开办和发展中小企业信贷业务和金融服务。在这些正确的宏观调控及政策的积极作用下，中国内在的经济活力出现增强的势头，企业和消费者的信心有所增强，社会投资状况有所好转，居民消费保持稳中活跃，国有企业解困计划得到实现，部分沿海发达地区乡镇企业的改组、改制工作已基本完成，企业产权更加明晰，活力有所增强。微观主体活力的增强，对放大宏观调控政策的乘数效应起到了积极作用。

三、2001年及今后十年中国经济展望

（一）未来十年中国经济大趋势判断

未来的十年是中国进入21世纪的头一个十年。在这十年中，中国经济将继续保持较强的增长势头，维持一个较高的发展速度。这是中国多数专家和权威人士的共同判断。为什么中国在二十年持续快速增长以后，仍然有希望在未来十年中保持快速或较快速的增长。理由有四点：

1. 改革开放二十年的发展使中国经济发生了转折性的积极变化，持续稳定增长的格局已见端倪。

中国改革开放二十年来经济持续保持快速增长，"七五"计划至"九五"计划的二十年期间，中国国内生产总值（GDP）年均增长9.8%，"九五"期间增长速度为年均8%以上。全国经济总量有了极大的提高，GDP总量由1978年的3 624亿元提高到1998年的79 396亿元，预计2000年可达87 000亿元，约折合1万亿美元；人均国内生产总值由1978年的379元上升为1998年的6 392元，预计2000年可达近7 000元；中国已由低收入国家迈入了中等偏下收入国家的行列。虽然改革开放二十年中，中国经济发展有起有伏，但高速发展是基本趋势。正如中共中央在"十五"计划的建议中指出的：这二十多年的改革开放和发展，使中国的生产力水平上了一个大台阶，商品短缺状况基本结束，市场供求关系由供不应求到供求基本平衡，发生了重大变化；社会主义市场经济体制已初步建立，市场机制在配置资源中日益明显地发挥基础性作用，经济发展的体制环境发生了重大变化；全方位对外开放格局基本形成，开放型经济迅速发展，对外经济关系发生了重大变化。"九五"计划的胜利完成标志着中国已经实现了现代化建设的前两步战略目标，经济和社会全面发展，人民生活总体上达到了小康水平，开始实施第三步战略。这表明中国已进入民族发展史上的一个新的里程碑。基于这个判断，中国政府把"十五"时期作为中国进入全面建设小康社会，加快推进现代化的新的发展阶段，并明确确定"十五"计划的主题是发展。

‖思索的声音‖

2. 经济高速增长的空间还比较大。

虽然中国已经经历了二十年的高速发展,但是经济增长并没有达到饱和。主要的原因是中国经济在整体高速发展和增长的同时,还存在着较大和较多的不平衡。而恰恰是这些不平衡为中国今后的经济增长提出了较为充足的发展需求和增长空间。

第一,国内与国外经济发展的不平衡,提供了国内经济维持较快速发展的需求和空间。按照世界银行的测算,1997年我国人均GDP大约相当于美国的2.5%,高收入国家的3%,韩国的7%,中等收入国家的25%。正是这种偏低的人均收入水平,为中国经济的进一步发展提供了较大的增长空间。

第二,城乡经济发展的不平衡,提供了中国经济较快增长的需求和空间。按中国国家统计局口径,1998年中国城镇居民可支配收入(5 428元)是农村居民(2 160元)的2.5倍,两者相差1.5倍。如按今后十年农村居民人均收入达到目前城镇居民人均收入水平估算,可拉动国内生产总值年均增长3%左右。

第三,地区经济发展的不平衡,为中国经济维持快速增长提供了需求与空间。按中国国家统计局口径,1998年中国东部地区人均GDP(9 522元)比中部(5 252元)、西部(4 031元)分别高0.81倍和1.36倍。如按中部、西部人均GDP十年内达东部人均水平估算,将拉动国内生产总值年均增长3.5%左右。

第四,产业结构发展的不平衡,产生了调整产业结构的需求,也为经济增长提供了空间。中国当前产业结构发展存在不平衡,这种不平衡一方面表现为供过于求的产业比较多,如家电产品、一般日用品、服装等产业;另一方面又存在供不应求的产业,如高新技术、信息产业和与农产品流通服务配套产业,特别是与居民生活相关的一些服务业。

可见,中国经济在未来十年还有较大的发展空间和需求。国际与国内一直有一种担心,认为中国连续3年的投资拉动使投资已无需求。其实仅缩小城乡差别、东西部差别和应对国际竞争等的需要,已为中国今后维持高投资提供了足够的空间。

3. 经济快速增长的物质基础较为充足。

物质基础薄弱一直是制约中国经济快速增长的主要因素。但是经过二十年，特别是近几年对基础设施和基础产业的大力度投资，物质基础薄弱状况得到了明显改善，将有力地支持 21 世纪中国经济的快速增长。主要基础有：

①巨大的人口资源使劳动力供应充足，且维持相对低廉的成本。随着教育的不断普及，整体劳动力素质不断提高。

②农业特别是粮食生产进入稳定发展阶段。"手中有粮，心中不慌"，"九五"期间粮食连续三年稳产高产，已使中国粮食库存达到历史最高水平。抵抗天灾的能力大大加强。

③能源、交通、通信等"瓶颈"制约已经大为缓解。连续三年的基本建设和基础设施投资，已经使煤炭、石油及电力供给充分，南北东西铁路、航空、公路等纵横贯通的交通网络初步形成，有线及无线通信技术已成共同发展格局，主要基础产品钢材等原材料生产能力充足。

这些为中国今后十年乃至更长时间持续快速增长提供了物质基础和可能。

4. 经济快速增长有充足资金的保证。

充足的资金供应是经济快速增长的实现载体。中国目前具备了这个条件。一是国内资金较为充足。近二十年来，中国一直保持着较高的储蓄率。二十多年平均总储蓄率在 35% 左右，在国际上处于较高水平。至 1999 年底，中国城乡居民储蓄余额已达到 53 407 亿元，相当于当年 GDP 的 67%。二是国际资本看好中国市场。改革开放以来，中国利用外资有长足发展，至 1998 年累计利用外资达 4 072 亿美元。

根据这些分析和判断，我们认为，过去 20 年中国经济年平均增长速度为 9.8%，剔除一些不确定的因素，中国在 2001—2010 年经济增长年平均速度保持在 7.5% ~ 8% 是完全可能的，经过努力是可以实现的。

（二）对 2001 年经济增长的预测

对 2001 年中国经济走势的预测，大体有三种看法：一种看法认为，中国经济从 2000 年起，结束了经济下滑的趋势，走出了谷底，2001 年将进入新的

思索的声音

增长高潮。估计2001年经济增长应不低于9%,这是乐观的看法。二是严峻派观点。该观点认为,中国经济已开始复苏,出现了积极的转机,但回升基础不够牢固。因此,经济有可能在今后某个时点止升转降,出现短暂回落后,再冲上去。三是悲观派看法,认为中国经济并未走出谷底,并且投资增长乏力,通胀抬头,2001年将形成"滞胀"。

我个人同意严峻派的看法。预计2001年中国的经济仍将持续稳定增长,增长速度在7.5%~8%,与2000年持平。为什么可以维持7.5%~8%的较高增速?我有几点理由:

1. 经济已出现大的转机,形势轻易不会逆转。如前分析,中国二十年改革开放和发展的积累,已具相当实力;且2000年的调整已使经济止降回升,出现了稳定增长的格局,为确保经济继续向积极方向转化,中央及时出台了坚持高投资的政策,已经宣布2001年继续实行积极的财政政策不变,维持投资拉动经济增长的足够动力。

2. 推动经济增长的因素将继续存在。目前,中国已由卖方市场转化为买方市场。在买方市场条件下,经济增长主要决定于消费。近一两年来,国内消费市场已由冷回暖,开始成为推动经济回升的主要动力。房地产消费、汽车消费、假日消费、资讯消费和教育消费等新的消费热点开始出现,促使市场零售总额的增加。消费启动是经济转势回升的主要标志。我们认为,2000年仅仅是开始,2001年将会见到更大幅度的消费启动。

3. 经济结构调整已经开始见效,调整步伐正在加快。在经济增长止跌回升的同时,经济结构调整步伐进一步加快。生产结构方面,国家仍以煤炭、钢铁和制糖等行业为重点压缩过剩的生产规模;与此同时,资讯科技产品和出口产品则大幅增加。投资结构方面,房地产成为新的投资增长动力,支柱产品投资增长加快,而煤炭和制糖行业的投资则急速下跌。就业结构方面,国企职工下岗人数继续上升,个体、民营企业和外企就业人数则有所上升。五年来国有单位在岗职工人数减少四分之一,成为劳动力结构调整的主体。地区结构方面,随着西部大开发政策的出台,2000年以来中西部地区投资增速明显快于东部地区,市场零售总额升幅也高于东部,以促进区域经济均衡发展为目标的地区结构调整已开始迈出实质性步伐。

4. 新经济正在迅速崛起。近年来，以资讯科技的发展和应用为主要内容的新经济迅速崛起，并已成为中国经济的新增长点。近年资讯科技产业以年均超过20%的速度增长，成为增长最快的行业。就互联网而言，虽然中国起步比西方晚了20~30年，但发展速度十分惊人，1998年互联网用户仅有210万户，至1999年已猛增到890万户，2000年底将能达到2 000万户。预计5年后，中国将成为继美国之后的全球第二大互联网市场；到2010年，互联网用户将达到2亿户，居全球第一位。未来10年内，整个资讯产业将可能保持三倍于GDP的增速，到2010年，市场总规模将达到6万亿元，成为中国最大的支柱产业。

5. 第二次开放开始启动。随着中国加入世贸组织进程的加快，中国的第二轮对外开放已开始启动。2000年1—5月合同利用外资大幅上升25%，新成立外资企业增加22%，说明外资善于把握机遇，开始为全面进入中国市场铺路。过去二十年，外商投资主要来自港澳台地区和东南亚国家，作为国际投资主体的跨国公司虽有少量进入中国，但大多属于试探性质。目前中国加入世贸组织在即，有迹象表明跨国公司对中国的投资态度开始转变，并已开始行动，准备在中国市场大显身手。预计中国将迎来新一轮外商投资热潮，其持续的时间将更长，规模将更大，水平将更高，跨国公司将成为国际资本投资中国的主力。今后几年外商直接投资每年将增长15%左右，外商在中国经济中将扮演更重要的角色。

为什么中国的经济增长速度不会更高？因为目前中国经济回升的基础并不牢固，尚无可能在一两年内进入长期稳定的高涨。原因主要是：

1. 投资增长潜力有限。主要依靠国债投资形成的对经济的拉动是有限的。还需要银行投资和非国有投资的进一步活跃。而中国在2000年仍未能有效解决非国有投资不活跃的问题。并且，通货紧缩的趋势并未完全摆脱，货币供应仍然偏紧。这样就使投资拉动型的经济增长受到了制约。

2. 主要是经济结构调整尚未到位。中国还未完成经济起飞必要的结构转换。中国仍有70%以上的人口生活在农村，工业化任务还远未完成，使得经

‖ 思索的声音 ‖

济增长与结构转换中蕴含极大的高速增长的动力。当前中国经济结构中的主要矛盾,一方面是社会生产技术基础落后,使得经济的创新能力较弱,大量陈旧技术与设备仍是经济发展的沉重包袱;另一方面,二次产业庞大的供给能力与一次产业中庞大的低收入人口并存。目前,中国人均收入水平只有500美元左右,而二次产业的生产供给能力已达到人均3 000美元以上的水平。这样造成需求与供给间的不平衡和低水平的供给过剩,并已形成中国经济发展的主要障碍。

3. 出口和国际经济存在许多不确定的因素。2000年出口劲升形势估计不会有太长的持续。因为这种同比上升与上年同期出口负增长的基数有关。也与世界贸易在2000年转好、美国经济转旺有关。但是2001年国际上有很多的不确定因素将可能对中国经济增长产生不利影响。这包括石油涨价将加剧世界经济的动荡;美国经济不稳定因素在增加,经济止升回跌的可能性存在;东南亚周边国家和地区经济恢复基础较弱,尚未完全走出亚洲危机阴影;等等。

4. 国内消费启动尚未完全到位。2000年物价的回升,有很大程度是受到石油价格上升的成本拉动影响。剔除成本拉动的因素,物价回升幅度就要小得多。

综合来看,中国经济在2000年出现回升迹象后,不会立即进入高速发展的繁荣期。它将维持住这些回升机会,巩固经济的回升趋势。所以,我认为,企求高于8%的GDP增长速度是不太可能的。大体维持在7.5%~8%还是比较现实的。

(三) 2001年中国的经济政策

坚持扩大内需和积极的财政货币政策,同时努力扩大出口,坚持开放,争取尽早加入世贸组织,是中国2001年经济政策的要点。具体有如下几点:

1. 仍将坚定不移地实行积极的财政政策,辅之以适度增长的稳定的货币政策。并且要更多地发挥货币政策对促进经济增长的作用,继续走投资拉动的道路。投资的侧重点除了进一步加强水利、交通、能源等基础设施建设外,将主要转向农业、服务业、信息产业和西部大开发。

2. 千方百计增加农民收入，扩大城乡居民的购买力，改善人民生活。继续鼓励和倡导消费，进一步提高城乡人民吃穿用的消费水平，努力提高消费对经济增长的拉动作用。包括继续扩大居民住房面积，大力发展公共交通，鼓励计算机、轿车进入家庭，提高电话普及率，大力发展服务业，努力提高人民的医疗保健水平等。

3. 坚定不移地加快工业改组改造和结构的优化升级。继续抓好重点行业的总量控制和结构调整。包括：压缩过剩生产能力，淘汰陈旧工艺、技术和设备；积极推进产业重组；大力发展高新技术产业；合理开发资源型产业；继续深化国有企业的改革，促进国有企业建立现代企业制度；创造非国有企业公平竞争环境，在企业开办、上市融资和进出口等方面，实现与国有经济同等待遇，凡对外开放的领域，都要对国内非国有企业开放，积极鼓励引导非国有经济参与国有经济调整。

4. 千方百计扩大出口，加大引进利用外资的力度；争取早日加入世贸组织，全面迎接世界贸易组织对中国的挑战。

中国不良贷款的处置方法与经验[①]

一、中国不良贷款形成的历史背景与原因

(一) 中国不良贷款形成的历史背景

1. 中国经济的历史性特征。

从1949年至1979年，新中国经济三十年的最本质特征是生产资料的公有制以及经济运行的计划体制。其主要特点是经济建设高度集权和社会再生产的计划运行。从企业的角度看，企业从原材料采购到生产和销售的全部过程，均由国家计划控制实现。企业的全部资金、设备、人力等一切必要生产条件及要素，均由国家直接计划性配给，企业的产品由国家收购，企业的全部收入均上缴国家。因此，在1979年以前，中央财政是中国经济的主宰者。社会再生产的积累财富，甚至部分消费价值都集中在财政手上，主要用于扩大再生产和经济建设。当时，财政手上握有80%以上的社会经济建设资金，银行只是财政的从属性辅助工具，主要根据企业的生产计划为其配置季节性、临时性的流动资金贷款，那时由银行配置的资金尚不足企业所需资金的20%。这种经济模式最大限度地集中了全社会的经济建设力量，给予了新中国跨越历史阶段的发展能力，使中国迅速地由"一穷二白"的半封建半殖民地变成自主自强的自给有余的经济大国。

[①] 这是作者2001年赴日本交流讲稿。

2. 中国改革引起经济与金融的重大历史性变化。

1979年中国开始了由计划经济向市场经济的根本性经济体制变革，引起中国经济与金融发生了巨大的历史性变化。从金融角度看主要的变化有三个：

一是中国GDP的积累与消费比例发生重大变化。主要是国家在1979年以后，压缩了过高的积累比例，提高了过低的消费比例。将国民财富的更多部分或社会再生产增值的价值部分更多地用于扩大人民的消费，努力提高人民的生活水平。积累和消费比例的变化直接导致了国民收入最终分配结构的变化。有数字表明，至改革第九年的1988年，国民收入最终分配结构中政府和企业占有的份额已由1979年的35.60%下降为22.50%，下降了13.1个百分点；而居民个人占有的份额已由1979年的64.40%上升为77.50%，上升了13.1个百分点。

二是在调整积累与消费占GDP比例的同时，中国大规模地进行了以扩大企业经营自主权和减税让利为特点的经济管理体制改革。过去集中缴纳财政的企业利润，以及包括折旧基金在内的各种企业专用基金，逐渐被允许留给企业。还有留给企业主管部门、地方政府和事业单位支配的资金也逐渐增多。从而导致原本集中于财政的资金开始向企业、部门和地方分散。

三是财政收入在国民收入中的比例下降，财政对社会的资金供给能力减弱。而同时，城乡居民收入在国民收入中的比例显著提高，促使银行存款迅速增长，银行对社会的资金供给能力明显增强。这是积累比例降低、消费比例提高和对企业地方放权让利改革的必然结果。有数字表明：1995年同改革之初的1980年相比，中国的国内生产总值增长了2.78倍，城镇居民平均收入增长了8.86倍，而财政收入仅增长了5.7倍；财政收入占GDP的比重由1978年的30.93%下降为10.72%。与此同时，中国经济生活产生的另一显著变化是城乡居民个人收入的明显提高。有数字表明：1979年至1988年，中国城乡居民收入占国民收入的比例由1979年的64.4%上升为77.5%。1980年至1995年15年间，居民人均个人收入由439.4元提高为3 892.9元，1995年是1980年的9.86倍。城镇居民收入的增长和企业、部门、地方资金的增长，促使银行存款有了迅速增长。仅1979年至1985年的7年时间，银行的储蓄存

| 思索的声音 |

款余额就由210.6亿元迅速增长为1 622.6亿元，1985年是1978年的7.7倍，比1953年至1978年26年的储蓄存款增长总额多6.7倍。

3. 在中国社会资金渠道中，财政的份额减少，银行的份额增加，银行替代财政成为社会经济建设资金的主渠道，导致中国经济金融发展史出现了最重要的转折。

综上所述，从1979年到1982年的四年间，中国的总产值增长了34.5%，国民收入增长了29.3%，而财政收入仅增长了0.3%，银行的存款却增长了109%。至1983年，银行拥有的资金量已与财政当年用于经济建设的资金量基本相当。在这四年中，原由财政安排的对国有企业的流动资金拨款减少了64.5%，同时在企业增加的资金中，银行贷款的占有比例却由原来的20%左右上升至82%，财政拨款仅占18%。根据财政银行资金供给能力的实际变化，国家开始重视银行的作用，更多地通过银行渠道提供经济建设资金。银行开始进入固定资产投资的"禁区"。1978年，银行开办了技术改造贷款；1981年，财政对企业和地方的基本建设拨款改为银行发放的基本建设贷款。至1983年，财政进一步停止了对国有企业流动资金的拨款，改由银行统一贷款。这就是中国金融改革史上著名的"拨改贷"改革和"银行统一管理流动资金"的改革。至此，中国完成了经济转型期间国家投融资体制和财政金融宏观关系上的一次重要转折。

（二）银行资金财政化是导致中国银行不良贷款大量堆积的主要原因

1. 企业资金的配置方式由财政供给制转变为银行供给制具有历史必然性和进步性。

之所以必然，是因为20世纪80年代中国经济刚刚开始向市场经济转变，仅仅认识到商品经济和货币的作用，尚未有对市场经济和货币信用经济的深刻认识。当时资本市场尚不存在，企业除了向财政要资金以外只能向银行要贷款，还不可能脱离国家资金供给制而直接走向市场融资。因此，银行替代财政成为企业资金的主要配给者具有历史的必然性。并且，银行供给制意味着在中国已经开始承认资金的资本作用和金融、银行的杠杆作用，标志着中国的经济建设资金由按需求不讲回报和效益的投资开始向按需求讲效益的投资转变。与财政资金配置模式相比较，银行资金配置模式在中国是个历史进步。在中国改革二十年的经济增长与发展中，银行资金作出了巨大的历史贡献。

2. 银行资金供给制导致银行资金的财政化使用，进而成为银行不良贷款大量堆积的主要原因。

在以货币信用为特征的现代经济中，经济建设的资金供应主要靠金融、靠银行是各国经济运行实践中的普遍现象和共同规律。因为金融和银行本就是社会主要融资渠道，是社会和经济发展的巨大杠杆。说中国经济建设和企业资金的银行供给制有问题，并不是说经济建设中主要利用银行资金是错误的，而是说中国转型阶段对银行资金的使用发生了财政化的趋势，这才是企业资金银行供给制的弊病和主要问题所在。我把银行供给制存在的这种问题简单概括为"银行资金财政化"。所谓"银行资金财政化"是指：企业资金的银行供给制的本质同财政供给制一样，仍然是国家供给制，仍然具有国家无偿供应企业资金的特点和弊端；银行资金被用于财政性的用途，从而使信贷资金实际遵循的不是借贷资本的运动规律，而是财政资金的运动规律及特征，使银行资金运行有贷款之名，却行财政拨款之实；这必然带来企业在资金上通过银行贷款继续吃国家"大锅饭"的问题，带来银行贷款丧失回流付息本能的问题，最终酿成国有银行大量贷款呆坏账堆积的经济难题。

说中国在经济转型期发生了银行资金财政化的过程，有两个基本理由：

第一，在银行资金供给制下，企业生产条件的供给和企业经营的盈亏，通过银行贷款仍然变相地由国家承担。我们知道，在现代经济中，资金是企业各种生产条件的载体。在财政供给制下，企业全部生产条件即资金的获得由财政拨款实现。在银行供给制下，企业生产条件即资金的取得几乎全部由银行贷款来实现。银行贷款与财政拨款同样具有国家配给的性质。不论企业是否具有市场竞争和市场生存的能力，只要是政府批准已经存在的国有企业，国有银行就必须为其配备生产周转必备的铺底资金和追加资金，以确保其生

‖ 思索的声音 ‖

产的正常进行和企业的生存。正因为银行贷款对企业生产条件的包保式提供，使大量在市场上本无能力取得生产条件而应淘汰出局的国有企业得以生存下来。银行贷款供给明显具有财政拨款的弊病。

第二，从信贷资金作用范围看，中国的银行资金运用具有严重的财政化倾向。大家知道，财政资金与信贷资金的作用范围大不相同。前者主要用于公共需要、公共产品和"市场失效"部分的相关领域；后者主要用于与市场需要和盈利性经营相关的领域。然而，从20世纪80年代开始，许多由于力所不能及而放弃的财政支出范围，在中国却由银行信贷资金以贷款的方式承担起来，出现了把银行当做第二财政，把银行资金当做财政资金使用的银行资金财政化问题。

正是银行资金的这种财政化使用导致中国国有银行贷款大量呆坏账的发生。可以从三个方面论证这一点。

第一，银行资金对企业的财政性配给导致企业负债率提高，丧失了还贷能力，从而使银行贷款大量呆滞。对中国企业负债率的统计由于口径不同而有多种各不相同的估计，最低的在67%，最高的已达80%。在企业总资产中，企业流动资产的负债率最高。典型调查显示，1980年银行没有统一配置企业流动资金前，企业流动资产的负债率仅为48.7%，但到了1995年这个比例已经升为100%了。企业资产中过高的银行贷款负债比例，造成了企业再生产价值补偿的困难和银行贷款回收的困难。我们知道，企业的生产资金由自有资金和银行贷款形成（抽象掉其他负债），当企业生产过程结束时，其所生产产品价值应包含两大部分，一是企业简单再生产价值补偿和扩大再生产的价值积累，二是归还银行贷款和支付贷款利息的部分。如果银行贷款占企业资金比例过高时，企业产品实现价值补偿就会发生困难。企业要么按银行的要求将实现价值中增值部分甚至是简单再生产的补偿部分拿来支付银行贷款的利息和本金，这样企业的简单再生产补偿就受到侵害，生产将难以为继；要么首先满足自己再生产的需要，从而使银行收不到贷款利息并不能如期收回贷款，造成银行贷款的呆滞和坏账。事实上中国企业选择的都是不还银行的贷款本息，以银行贷款的大量呆坏账为代价维持大部分企业生产的持续增长。

第二，银行贷款过分集中于国有企业，使企业将市场经营困难转嫁给银行，直接导致大量银行贷款的坏账损失。由于企业的生产条件主要不是靠自我积累的实力或市场竞争的实力取得，而是靠银行供给式的贷款取得，因而市场风险（对企业而言主要是产品价值的市场实现风险）始终未能对企业生产形成有效制约。正由于企业在取得生产条件时没有受到市场风险的制约与检验，因而其生产及其产品往往缺乏对市场的适应性，在销售环节上必然出现产品的大量积压或降价倾销，使产品价值部分的甚至全部的不能实现。如果在市场经济条件下，企业出现这种情况本无法维持生存，但在中国，由于有国有银行贷款资金的不断追加和支持，大量企业在产品亏本或大部分压在仓库里的时候，却仍然能够通过银行贷款获得资金继续生产甚至还扩大生产。在这种情况下，企业产品市场销售的困难以及产品卖不掉的价值损失，就全部转嫁给了银行，表现为银行大量逾期贷款、呆滞贷款和呆账贷款的形成。

第三，银行贷款的大量财政化使用，形成大量政策性贷款，这些贷款几乎完全丧失了回流的可能。在 20 世纪 80 年代至 90 年代中期的近十五年中，中国国有银行贷款被大量用于财政资金作用范畴。银行中人将此类贷款称为"政策性"贷款。与日本不同的是，这部分政策性贷款不是指国家通过产业政策指定贷款用途的那部分贷款，而是专指替代财政用于工资性、救济性的贷款。我们知道，工资性和救济性资金是标准的财政资金。它最本质的特征就是无偿与无资金回流。将大量信贷资金当做财政资金投入这些领域，贷款就会丧失它的有偿性和回流性，成为呆坏账贷款。有典型数据表明，中国现有银行的不良贷款中，有四分之一强来自政策性贷款，而政策性贷款中有85%是呆坏账。

（三）中国不良贷款的形成具有结构性原因

还应当指出的是，从 20 世纪 90 年代起中国国民经济结构和企业结构调整是中国银行不良贷款爆发的直接和结构性的原因。

1. 从 20 世纪 80 年代末起，国家加速将企业推向市场。首先是商业、批

‖ 思索的声音 ‖

发业，然后是工业企业，开始快速市场化和所有制转化，大批国有商业、批发业、工业企业退出市场。导致银行对这些企业的贷款坏死，国有银行贷款呆坏账率直线上升。

2. 20世纪90年代中后期，中国开始告别短缺经济，大部分产品都不再紧缺，生产过剩开始成为经济中的重大问题，从而促使供给结构的调整日趋剧烈。以纺织压锭为开端，以压缩过剩生产能力为目的的调整，在纺织、冶金、煤炭、石化、轻工、家电等行业无情展开，大量过剩产品的生产企业被关、停、并和破产，银行对这些企业的贷款大量变为呆坏账。

3. 中国从20世纪80年代中期开始实行企业破产制度。据典型数据，在《破产法（试行）》实施后的十年中，破产企业原有的银行贷款的清偿率不过10%。在银行对企业贷款高达企业资产70%以上的条件下，可以想象银行贷款损失的惨重。

二、对中国不良贷款规模的估计

对银行不良贷款的统计，中国目前有两个口径，一是三项贷款口径，二是五级分类口径。

（一）按三项贷款口径估计的不良贷款规模

1. 何谓"三项贷款"。三项贷款是中国从20世纪80年代以来实行的银行不良贷款的统计口径。即把银行贷款分为正常、逾期、呆滞和呆账四类，后三类合称为银行不良贷款，或称为"一逾两呆三项贷款"。逾期贷款是指超过合同约定的贷款期限一天以上未满一年的贷款；呆滞贷款则为逾期超过一年的贷款；呆账贷款即为损失掉的待冲销的坏账贷款。中国从1988年起至今实行的是这三项不良贷款统计口径。

2. 按三项贷款口径估计的不良贷款规模。中国人民银行行长戴相龙先生曾于1999年以前公布过，中国国内以三项贷款为口径统计的银行不良贷款，大体占银行贷款余额的25%。当时中国尚未对国有银行实行不良贷款剥离。2001年3月，戴相龙先生再次公布中国的不良贷款大体占银行贷款余额的

25%。而此时，中国四大国有银行已经向资产管理公司剥离掉了1.4万亿元不良贷款，占2000年银行贷款余额的10%以上。由于银行不良贷款的底子是2000年才真正清出来的，因此，2000年末25%的不良贷款的估计是靠得住的。加上2000年剥离掉的10%，中国不良贷款在剥离前的比例应是35%。但值得一提的是，在这35%的不良贷款中有65%以上是逾期贷款，大约占到35%不良贷款的23%，而呆滞呆账贷款大约为12%。

（二）按五级分类口径估计的不良贷款规模

1. 五级分类是以美国银行资产质量分类标准为基准的新近引入中国的贷款质量分类口径。即把贷款根据借款人的还款能力划分为正常类、关注类、次级类、可疑类、损失类五类。后三类一般称为不良贷款。中国从1998年开始试行五级分类法，1999年正式用五级分类口径对国有银行贷款逐笔进行质量测定，至2000年，以五级分类口径为标准的贷款质量重新量定才全部完成。

2. 用五级分类口径估计的不良贷款规模。这个规模一直在不断的调整中，主要是在中国此种贷款分类制度属于初行，并且中国银行业的贷款余额又是如此巨大，接近正确的统计规模必须经过不断的修正和调整才能取得。现在还没有正式公布确切的规模数字，从明年1月1日起将正式实行五级分类单一口径。大体上，按五级分类的不良贷款规模在30%~35%。

三、中国处理不良贷款的基本方法

中国从20世纪90年代中后期起，采用政府与市场双轨并举的方法，集中处理银行的不良资产。主要方法有如下五类：

一是从1998年起，采用五级分类方法逐笔清出国有银行不良贷款的底数。虽然没有完全公布这些数字，但中央政府、中央银行和财政部以及各国有银行都十分清楚不良贷款的底数。基本的做法就是不再拖延和掩饰，促使银行不良贷款问题完全浮出水面。

二是1998年，中央财政发行了2 700亿元人民币的特种国债，所筹资金

思索的声音

全部用于增补国有银行的资本金,从而增强了国有银行处理自身不良贷款的能力。

三是从1996年起,国家对国有银行采取了强制性的贷款呆账准备金提取法。从一年100亿元到200亿元、300亿元、400亿元和500亿元。至2000年,累计四家国有银行已经提取并冲销了呆账准备金近2 000亿元。

四是从1999年起,成立了四家国有资产管理公司,对口接收四家国有银行的不良贷款。对四家国有银行的不良贷款实行了剥离,至2000年末,已实现1.4万亿元不良贷款的剥离,使国有银行不良贷款率当年下降了10%。

五是国有银行自己强化和加速了不良贷款的处理。大体上,政府政策性剥离大约占不良贷款的50%,而银行自己靠市场消化处理的也要占到不良贷款的50%。即以35%不良贷款率估计为准,其中15%为正常限度,待消化部分为20%,政府剥离了10%,银行自己还要消化10%。如果按五级分类,银行自我消化部分应当达20%,占待消化不良贷款的三分之二。

下面具体介绍一下中国不良贷款的处理方法。

政府的政策性剥离方法及资产管理公司的运作

1. 政策性剥离方法。2000年末,四家国有银行向四大资产管理公司剥离了1.4万亿元不良贷款。其中,大约三分之一采取债权转股权的方法转移的,其余三分之二是剥离部分。之所以讲这1.4万亿元不良贷款是政策性剥离,第一,四大资产管理公司是由中央财政出全资组建的;第二,四大资产管理公司收购国有银行不良贷款采用的全面值等额收购,即不良贷款不论收回的可能为多少,面值为100元,收购时即按100元等额收购;第三,四大资产管理公司收购1.4万亿元不良贷款所需资金全部由财政支付,即财政用1.4万亿元10年期债券与1.4万亿元不良贷款等额转换;第四,这1.4万亿元的收购是完全买断性的收购,国有银行不再对1.4万亿元不良贷款保留任何权利。

2. 资产管理公司的处理方法。如果说四大资产管理公司从国有银行接收1.4万亿元不良贷款的过程是政策性剥离的政府行为,那么,四大资产管理公司接收后对这1.4万亿元不良资产的处置主要是市场行为。具体采取了如下八种方式。

①债转股。四家资产管理公司共与580多户国有企业签订了债转股协议，转为股权的贷款金额近4 000亿元。债转股后，资产管理公司只是过渡性阶段持股，待企业重组改组完毕经营好转后，由企业再回购自己的股权，最终实现不良债权的变现收回。实施的情况是，至2000年末，债转股企业的资产负债率由原来的73%下降到50%以下，减少利息支出200亿元，80%的债转股企业扭亏为盈。并且所有债转股企业都实行了公司化改组，法人治理结构得到明显改善。少数企业已经实现了股权回购。

②债务追偿。即向法院起诉追偿。但受偿率很低。在起诉案件中，已收回的仅有不到3%的标的值。

③公司重整。四大资产管理公司拥有证监会批准的特别承销权，就是对所收购的1.4万亿元不良贷款的原欠企业上市发行的股票、债券，四大资产管理公司拥有优先的承销权。四大资产管理公司对部分企业通过重组包装后，利用资本市场作拍卖、招标、资产证券化等进一步地处理。

④协议转化租赁。资产管理公司可以向其他企业协议转让手中持有的债转股企业的股权。实践中，甚至采用了溢价转让方法。例如，华融资产管理公司对新疆广汇企业集团以1:1.05的溢价价格，将华融资产管理公司持有的新疆十月拖拉机制造集团公司的1.15亿元股权全部转让出去，这是成功的一次溢价处置不良资产。资产管理公司还吸引了民间个人资本介入不良资产的处置，如吸引个人投资者承租资产管理公司收购的资产。

⑤拍卖。四大资产管理公司收购的信贷资产中抵押物及抵债实物资产大约占了10%以上的比例，因而拍卖成为处置不良资产的重要方式。四大资产管理公司在全国范围内，联合多家拍卖行统一组织，分地拍卖。

⑥证券承销。即指对债转股企业改组后进行包装，由资产管理公司为其担当承销和上市推荐人，通过企业上市，向公众转让企业的股权，资产管理公司收回不良资产价值。

⑦国际招标。2001年10月29日，华融资产管理公司首次将手中资产打

思索的声音

包向国际市场出售，将价值108亿元的四个资产包出售给了摩根士丹利、所罗门美邦等国际著名投行组成的投标团。预计资产回收率超过20%。

⑧资产证券化。目前中国对这种创新金融工具还处于探索阶段。华融资产管理公司初定在2001年底将以过户到华融公司名下的房地产类资产为支持，发行"资产支持债券"。目前还未实际操作，但已可预见这是一种重要的处置方式。

目前中国已经决定引入外资管理公司参与国内不良资产的处理。一是中外双方协议合作处置不良资产；二是组建中外合资公司处置不良资产。前者如华融、长城公司与韩国资产管理会社开展合作；后者如信达公司与高盛（亚洲）合资成立了中国首家处置不良资产的中外合资公司。

3. 初步成效。截至2001年9月底，四家资产管理公司已经对4 050亿元的债权实施了债转股，并处置了930.8亿元不良资产，收回价值402.32亿元，其中现金232.97亿元，资产回收率平均为42%，现金回收率平均为24.32%。

四、中国继续强化银行贷款质量管理的方法

（一）从严评估银行贷款质量

1. 如前所述，从2002年1月1日起，人民银行要求国有商业银行和所有商业银行执行新的贷款质量五级分类管理，为此人民银行将公布新的《贷款风险管理办法》。

2. 人民银行加快了国有商业银行和其他商业银行信息透明化建设的步伐，要求国有银行于2003年起公布2002年全部的经营信息，这意味着国有银行的经营状况从2002年起要对国际国内公开发布。

（二）从严控制银行1999年以后新增贷款的质量

从贷款剥离的1999年起，人民银行要求商业银行当年新增的贷款的不良率不得超过1%。从执行结果来看，四大国有银行近一两年都采取了有力措施，使新增贷款风险得到有效控制。以工商银行为例，2000年该行新增贷款

的不良率仅为0.36%。

（三）加快银行存量中不良贷款的处理速度

国务院和人民银行已经对国有银行明确提出了压缩不良贷款的进度要求，即从2001年起，国有银行的不良贷款每年要下降2~3个百分点，至"十五"计划末年的2005年末，国有银行的不良贷款率按五级分类口径可望压缩在15%的限度内。以工商银行为例，2001年全年压缩消化处理了大量不良贷款，使不良贷款率比2000年下降了3个多百分点。

（四）国有银行自力更生，努力消化不良贷款的几种途径

一是诉诸法律，依法收回贷款本息。主要通过企业破产偿债，但清偿率一般都低于30%。

二是促进企业重组，活化不良贷款。与破产相比较，银行更看重企业的资产和债务重组，包括兼并、购并等方式，努力发挥银行的搭桥作用，促进企业重组。重组后重新签订贷款合同或收回贷款，其活化贷款的保有率一般都在60%以上。

三是积极处置抵贷资产，利用社会公共平台，出售拍卖待处理资产和抵贷资产，收回贷款，其回收率一般在50%~70%。

四是加大提取呆账准备金的力度，牺牲眼前利润，加快处理不良贷款。人民银行和中央财政规定，从2002年起，国有银行将视贷款的不同风险和自身的财务能力，实际提取1%~100%的贷款呆账准备。国有银行自己的战略是在今后五年至七年间，用尽可能多的利润冲销坏账，忍受账面利润较小的困难，过几年紧日子。

五是建立银行内部的资产管理中心，对不良贷款实行专业化管理与处置。

六是积极尝试银行资产证券化，探索利用证券市场处置和活化不良资产的方法。这方面还需要向国外学习。

五、中国的不良贷款处理为什么可以取得成功

虽然中国银行业不良资产问题目前尚未完全解决，但是，无论政府、人

思索的声音

民银行和商业银行自己都有充分地把握在"十五"期末或再晚一两年,即在2007年完全解决不良贷款问题,中国的不良贷款处理将会得到成功。为什么中国不良贷款的处理可以获得成功?原因至少有这么几点:

第一,不良贷款处理成功根本得益于中国经济稳定持续地高速增长,为银行不良贷款处理提供了较宽松的环境和较大空间。

由于中国经济的持续增长,国家有足够的财力为国有银行注资和收购其不良贷款;企业扭亏为盈特别是国有企业继上年大幅扭亏盈利之后,今年仍保持盈利,使银行新增贷款的质量与效益转好;并且,中国成为世界上最为活跃的投资市场,巨大的投资需求扩大了银行优质贷款的市场,使银行优质贷款保持持续增长,银行盈利能力不断提高,从而可以用更多利润加快坏账的冲销。据我了解,美国银行业处理其20世纪80年代、90年代的不良资产大约都用了10年甚至更长一点的时间。中国如从1998年国家对国有银行注资算起,可望用8年的时间基本解决。这根本上得益于中国经济持续保持上升态势。

第二,不良贷款的较快处置得益于政府和银行的决心。

首先是中央政府于1999年下决心采用债转股和一次性剥离方法,果断地处置了国有银行1.4万亿元的不良资产,极大地减轻了国有银行的坏账负担,使国有银行有力量"重整河山";其次,四大国有银行自己从20世纪90年代上半叶经济泡沫中得到深刻教训,下决心控制住新增贷款的风险,这需要银行顶住市场需求和政府的双重压力(主要是地方政府),不再盲目放贷。同时,银行下决心千方百计增加利润,控制成本,拿出新增利润更多用于冲销坏账,这需要忍受来自内部的员工对苦日子的抱怨;再次,中央政府为了防范银行的信贷风险,开始严厉追查和处理任意干预银行贷款造成损失的地方政府官员,以减轻非经济的贷款损失等。总之,无论政府和银行都把处置银行不良贷款放到了中国金融改革与发展的中心位置和首要位置上,这使得中国银行业的不良贷款问题得以真正解决。

第三,不良贷款处理成功还得益于中国高度集中的银行制度。

与亚洲其他国家相比,中国的银行业资本集中度较高。至2000年末,中国四大国有商业银行总资产占中国境内全社会金融机构总资产的比重为62%。这种银行资本的高度集中提升了中国银行业抗御风险的能力和转化风险的能力。与之相反，一些资产质量差的金融机构在20世纪90年代中期经济整顿时，顶不住就破产了。大银行资金实力雄厚、抗灾能力强，这也是中国不良贷款能得到较快处置的重要有利因素。

第四，不良贷款处理成功还得益于中国国民的高储蓄率和国民对国有银行的信任。

即使是20世纪90年代中后期，国际国内金融环境都比较动荡和困难的时候，中国的国民储蓄率始终很高，这使得银行存款特别是国有银行的存款始终保持一个较高的增长比率，资金量比较充裕。这也是银行从容调整信贷结构和成本结构的基础性条件。

第五，最根本的当然还是得益于改革。

20世纪80年代后，中国经济体制转向市场，企业开始转向资本市场筹资，减轻了银行配置资金的压力，使银行得以有选择地从事商业性贷款，优化调整贷款结构有了空间。并且，资本市场开辟了银行新的经营领域和收益空间，使银行有可能赚更多的钱用于消化处理不良贷款。

总之，虽然现在中国不良贷款还没有完全解决，并且还将有相当一段路要走，还要付出十分艰苦的努力，但是现在底数已清，方法已有，只要坚持下去，用五年或再多一点的时间，中国银行业的不良资产问题可望得到完全解决。

中国银行业的风险和
管理特点及其发展方向[①]

很高兴有机会参加这次由《银行家》杂志主办的"2004 中国银行业风险管理高层研讨会",与各位专家们讨论有关中国银行业的风险管理问题。银行业作为负债经营的特殊行业具有较高的风险性。特别是东南亚金融危机之后,世界范围内的银行业风险问题引起了全球性的关注。随着中国日趋走向世界,使得中国银行业的风险问题受到国际国内更多的关注。然而,中国银行业的风险问题,特别是国有银行的风险问题有着不同于国际一般银行业的特殊性,因而解决的方法也与国际上一般方法不同。鉴于下一位主讲人专门介绍国有银行风险管理的实际情况,我在这里想专门讲讲中国银行业风险的特点和由此决定的风险管理特点问题。以此求教于各位专家学者。

一、中国银行业真正的风险是什么

中国的银行业特别是国有银行治理结构缺陷是银行风险的真正所在。这是我的第一个观点。中国银行业的风险表面上看表现为银行特别是国有银行的不良贷款和财务困难。但实际上,中国银行业真正的风险是其治理结构的缺陷。正是这种治理结构的缺陷使得国有银行的不良资产堆积起来,成为威胁银行业乃至经济的巨大潜在风险。目前来看,自从 2000 年国家对国有银行实行了不良贷款剥离以来,国有银行贷款风险管理机制已基本建立起来,新增贷款的不良率得到有效控制,原有存量不良贷款以年均四个多百分点的速

---

① 这是作者 2004 年 4 月在《银行家》杂志主办的"2004 中国银行业风险管理高层研讨会"上的演讲稿。

度下降，贷款质量有了根本性的好转。据人民银行统计，截至2003年末，国有银行按五级分类口径的贷款不良率已降至16%。可以说，中国国有银行的不良资产问题已进入快速解决的通道，再用几年的时间就可以得到基本解决。随着资产质量的好转，国有银行的财务状况普遍好转，近几年国有银行不仅都转亏为盈，而且年均利润的增长幅度都很高，盈利能力有了很大提高。但是，值得考虑的是，如果国有银行治理结构上的缺陷不能得到及时的修补和克服，不良资产和财务亏损问题还会重新积累起来。

我个人认为，中国国有银行不良资产的产生具有不同于一般的特殊性。这个特殊性就是，中国国有银行不良贷款的产生尽管有诸多原因，但主要不是银行微观经营管理不善的结果，其根源在于制度性原因。确切地说，在于国有银行的治理结构存在严重缺陷，即在于其治理结构的不合理、不完善。这种不完善主要表现为两个方面：一是作为国有银行所有者的国家在对国有银行的管理上存在严重缺陷；二是作为国有银行自身，在其管理架构上存在严重缺陷。

说作为所有者的国家在对国有银行的管理上存在严重缺陷是指，国有银行的"产权管理关系"不清。何谓"产权管理关系"？产权管理关系是产权制度核心之一。理论上说产权制度至少包含两个核心内容：一是产权归属制度及其归属关系，二是产权管理制度及其管理关系。前者是指资产归谁所有，后者是指所有者对自己产权的管理制度，包括为实现所有者对资产的所得权、控制权和处分权而实施的管理与控制，我把它称为产权管理或"所有权管理"。有效的产权管理或所有权管理是所有者实现权利和利益的根本保证。根据这个定义，很显然，中国国有银行制度的弊端并不在于产权归属制度及关系，而在于产权管理制度及关系。事实上，中国国有银行的产权归属关系十分明确清晰，就是完全的国家所有，不存在所谓的"产权不清"或"产权关系模糊"问题。真正的问题在于国有银行的产权管理关系不清不顺，由此造成国有银行治理结构的三大缺陷。一是"所有者虚位"。名义上国家是国有银行所有者，但由于国家的抽象性而使其无法实际承担所有者的经济责任，无法实际行使所有者的权利。二是"所有权管理缺失"。国家虽然是国有银行的

思索的声音

所有者，但是缺乏为确保其所有权实现的必要管理，即没有任何机构和制度对国有银行所经营的国有资本的保值增值实施必要的管理和约束。三是所有者管理职能混淆，管理意图不清，造成国有银行经营目标混乱。虽然1995年公布的《商业银行法》已经宣布包括国有银行在内的商业银行都是企业，但是长期以来，政府始终把国有银行当做宏观调控和公共管理的工具，将公共管理和宏观调控目标作为对国有银行的管理目标，要求国有银行对社会稳定和经济增长负责，致使国有银行作为国有信贷资本的经营者，无法专心地对银行经营的安全和效益负责。我们知道，政府有多种职能，主要是公共管理职能、宏观调控职能和对国有资产保值增值的管理职能。在这诸多职能中，对国家而言最重要的是公共管理和宏观调控职能。当国家把公共管理、宏观调控职能和所有者对国有资产的管理职能混在一起的时候，就常常会出现为了宏观调控和公共管理需要而牺牲国有资产管理需要的局面。这实际是中国国有企业和国有银行搞不好的根本原因。具体到国有银行，国家把公共管理职能和宏观调控职能加于国有商业银行的结果就是，国有银行具有"第二财政"和货币经营企业的双重角色，经营目标多元化，包括社会稳定、经济增长等宏观调控目标都成为国有银行的经营目标，甚至是更为重要的目标，致使国有银行经营行为财政化、政府化，经营责任难以落实，管理的目标和重心无法集中在经营风险的防范和效益的增加上，大量不良资产和财务损失皆由此而生。可以说，国有银行不良贷款产生的根本原因就在于所有者对国有银行管理上的这种缺陷。

当然，国有银行自身管理结构上也存在严重的缺陷。目前我国国有商业银行尚不是公司制的银行，根本上说，其所有权和经营权尚未彻底地分离，政企不分的旧体制色彩还较浓厚，其经营机制本质上讲，还是计划经济体制下形成的行政性或计划配置性的运营机制。对照巴塞尔委员会关于"健全银行的公司治理"的八条要求和我国银监会、证监会对上市银行、公司的有关要求，我国国有商业银行自身管理架构上存在的主要缺陷是：市场化的经营理念尚未真正形成；决策与经营的责权不清，缺乏有效的制衡；内控体系不够健全，控制不够有力和有效；业务流程和管理流程尚未完全实现向以市场和客户为中心的模式的转变；全面有效的风险管理体系尚未完全形成；内部资源配置仍遵循"平均主义大锅饭"的原则；经营方式和增长方式还没有完全从盲目追求规模和数量扩张的旧模式中摆脱出来；人力资源管理还很薄弱，对管理层和员工的激励机制和约束机制尚未真正建立起来；经营信息在银行内外都没有实现充分的流动和应有的公开；等等。国有银行自身管理架构上的这些缺陷是造成其经营效率低下的重要原因。

关于中国银行业真正的风险所在的问题，我的第二个观点是，中国信用制度的法律保障缺失是银行业风险的真正所在。我个人认为，中国缺少信用的法律保障制度，这是中国信用制度存在的最主要问题。市场经济的本质是信用经济，信用制度应当是市场经济的基本制度和基础，或可以说，信用是市场经济的前提性制度供给。据我所知，在中国，有关信用的法律制度仅就提供信用的机构而言是存在的。它主要对信用机构提供的信用产品、信用行为和规范有比较详细的规定和可以执行的惩戒。但是，对于广大的信用消费者，或者说对于金融等信用机构以外全社会范围内的其他机构和企业、个人及其信用消费行为而言，作为有法律约束力的信用制度几乎是没有的。以现有的经济法、金融法为例，法律只对经济金融机构等提供信用的一方应如何提供信用有着严格的可以执行的规定和条款，然而对于信用消费者、债务人、企业和个人违反信用制度的行为，特别是不讲信用的违约行为，法律几乎没有可执行的惩罚条款。我把这种现象称为"信用的法律保障缺失"。这种缺失使不讲信用成为社会的一大顽症。随意逃废银行债务、中国独有的"三角债"怪圈、随意拖欠他人或单位货款、欠债不还等不讲信用的行为比比皆是，甚至成为一种社会常规。这种无信用行为造成的直接恶果是银行不良贷款的大面积发生和银行的经营困难。特别在1993年后，随着经济和企业改革加速，不讲信用的行为也达到高峰。企业将假破产真废债作为其改制的成功经验加以传播，使随意逃废债成为社会性行为，银行损失巨大。例如，在1996年我国《破产法（试行）》实施十周年时，我们在全国工商银行范围内作了个典型调查，仅东北某省，经由法院判决的破产案中，银行的平均受偿率仅有0.08%，绝大部分债权都被废除了。造成这种现象的原因很多，但是没有信

| 思索的声音 |

用法,没有对银行合法债权的法律保障,没有对不讲信用的行为的法律惩戒,是最重要的原因。我认为,这是我国信用制度建设中最大的缺陷,也是信用缺失法律保障的主要体现。

信用短缺和信用法律保障缺失所造成的损失是多方面的,简单地讲就是造成市场交易难以实现。因为在市场经济条件下,没有信用的基础和媒介,一切交易都无法完成。从金融的角度讲,信用缺失和信用法律保障缺失已造成恶劣的金融环境,在这种环境下,任何银行的经营都难有高的效率。香港大学的郎咸平教授的实证性调查表明,社会法制环境的好坏是决定银行经营好坏的根本性原因。

二、中国银行业风险管理的发展方向

主要讲三点。第一,分离政府职能;第二,建立信用的法律保障制度;第三,很重要的是商业银行,特别是国有银行要完善公司治理结构与机制,根本转换经营机制。

第一点,政府职能的分离构成了国有银行建立高效治理结构的前提和外部条件。分离政府职能有三个要点:一是分离政府公共管理宏观调控职能与所有权管理职能。在政府诸多管理职能中,把国家对国有银行的所有权管理职能分离出来,使之与国家的公共管理、宏观调控和政策制定等职能相分离。二是建立单独的国有银行所有权管理职能部门。从政府诸多管理机构中分设出专司国有信贷资本(国有金融资本)管理的职能机构,专门行使国家对国有银行(国有金融机构)资本的所有权管理。这个独立的所有权管理机构的职责是单一的,即仅对国有信贷资本(国有金融资本)的保值增值负责。三是对国有银行实行单一经营目标约束。在政府职能分离条件下,对国有银行实行国有信贷资本保值增值单一目标约束,使国有银行不再承担公共管理和宏观调控等政府职能,真正实现政企分开,实现经营目标单一化和经营机制市场化。目前,国家已经建立了中央、地方两级国有资产专职管理机构,意味着政府分离职能,分设独立国有资产所有权管理职能的改革已经开始。党的十六届三中全会进一步明确指出,坚持政府公共管理职能和国有资产出资人的职能分开，督促企业实现国有资本保值增值。这意味着以政府职能分离为标志的国有资产管理体制改革的进一步深化。金融管理体制要跟上经济管理体制改革的步伐，尽快实现政府公共管理职能与其对国有独资商业银行所有权管理职能的分离，尽快实现国家对国有金融资本管理的专业化和职能化，这是国有银行构建高效公司治理结构的前提，也是国有银行实现向现代金融企业转轨的前提。

第二点，还要建立信用的法律保障制度，改善银行的经营环境。首先要建立信用法。对信用提供足够的法律保障；其次要建立企业和个人的征信制度，使企业和个人收入有一定的透明度，使银行等信用提供机构对企业和个人的信用状况充分了解；最后，最重要的还是建立对信用违约行为的法律惩戒制度，使不讲信用的行为能够绳之以法。自古以来，中国人的信用全凭个人良心与良知，讲究"天地良心"，基本不受法律约束。不讲信用受到的仅是道义上的谴责，不负任何法律责任。现在需要的是法律惩戒，而且，一定是可执行的法律惩罚条款，使讲信用成为人人必须遵守的法律规范，使不讲信用成为违法行为，并因此而受到应有的惩罚。

第三点，最重要的是银行自身要抓紧完善公司治理，根本转换经营机制。根据巴塞尔委员会的要求和中国银监会的要求，银行要从以下方面完善公司治理，从而根本防范经营风险。这些方面包括：建立规范的股东大会、董事会、监事会制度；引进国内外战略投资者，实现投资主体多元化；制定清晰明确的发展战略，包括以实现利润最大化为目标研究核心竞争优势和市场竞争优势，制定与发展相适应的客户战略、业务增长战略、地域发展战略和持续增长战略；建立科学的决策体系和完善的风险管理体制；优化组织结构体系；建立市场化、规范化的人力资源管理体制和有效的激励约束机制；建立审慎的会计、财务制度和透明的信息披露制度；加强信息科技建设；等等。

总之，国有银行只有从完善公司治理入手，实现经营机制、管理架构、增长方式和经营结构的再造，才能从根本上遏制风险的产生。所以，国有银行应当集中精力进行公司治理结构建设，构建公司治理结构，完善公司治理

思索的声音

机制,实现经营模式和管理方式的革命性改变,彻底扭转现有的粗放式增长方式和经营模式,真正实现高质量的经营和发展;并在完善公司治理的过程中,通过管理流程和业务流程的再造,实现资产结构和收益结构的转变与升级,最终成为资本充足、内控严密、运营安全、服务和效益良好的现代金融企业。

未来五年中国金融业发展趋势[①]

这次在樱花盛开的季节来到熊本，见到尊敬的理事长北古贺先生和坂本校长，以及目黑先生、深町先生和平冈先生等老朋友，我感到很开心。应坂本校长的要求，今天我就中国刚刚确定的经济和社会发展第十一个五年计划和未来五年中国金融业的发展趋势作一个简单介绍，以供朋友们和同学们加深对中国经济金融情况的了解。

一、中国国民经济和社会发展第十一个五年计划概要

编制国民经济和社会发展五年计划，是新中国成立以来的习惯做法，也是中国发展经济和社会的重要方法，体现了中国特色。第十一个五年计划指的是 2006—2010 年这五年经济和社会发展的计划。对中国来说，"十一五"时期是一个重要时期，根据中国对 21 世纪头 20 年的发展设想，至 2020 年中国的 GDP 要实现翻两番，即由 2000 年的 10 万亿元人民币增长为 40 万亿元人民币。这一目标将分两步走，第一步至 2010 年实现 GDP 翻一番，即达到 20 万亿元人民币；第二步至 2020 年翻两番，即达到 40 万亿元人民币。很显然，实现第一步的翻一番是实现 20 年翻两番的基础，所以说，"十一五"时期对中国经济发展十分重要。从实际执行情况来看，中国上一个五年计划即第十个五年计划完成得较好，GDP 的实际增长快于预计，至 2005 年末，GDP 已经超过 15 万亿元人民币，达到了 18.2 万亿元人民币。"十一五"时期是承前启后的重要时期和实现 21 世纪经济和社会发展第一步目标的关键时期。在这一

[①] 这是作者 2006 年 4 月在"第四届中日国际研讨会"上的演讲稿。

思索的声音

时期,中国不仅要实现 GDP 翻一番的目标,而且经济社会将发生一些深刻变化,长期积累的突出问题和矛盾将会得到较为有效的解决。

(一)"十一五"时期中国经济社会发展的主要设想

1. 核心的战略意图。

"坚持以科学的发展观统领经济社会发展全局"是"十一五"时期经济社会发展的总纲。所谓科学发展观是中国新的关于经济和社会发展的战略思想,指的是:以人为本,转变发展观念、创新发展模式、提高发展质量,落实统筹城乡发展、统筹区域发展、统筹经济社会发展、统筹人与自然和谐发展、统筹国内发展和对外开放的"五个统筹"的要求,把经济社会发展切实转入全面协调可持续发展的轨道。科学发展观的提出和落实,是中国在发展的理念和方式上,放弃单纯追求规模和速度为主的粗放式经济社会发展模式,转而注重质量和效益,追求数量与质量、速度与效益的统一的历史性大转折。从科学发展观的提出起,中国经济社会发展的重心开始转向解决城乡发展、区域发展不平衡的矛盾和解决环保与资源等深层次问题,创造和谐社会成为中国经济和社会发展的核心理念以及主要的发展目标。

2. "十一五"时期的主要发展原则。

"十一五"将进一步落实科学发展观,突出强调"六大发展原则":必须保持经济平稳较快发展,必须加快转变经济增长方式,必须提高自主创新能力,必须促进城乡区域和谐发展,必须加强和谐社会建设,必须不断深化改革开放。其中尤为强调的,一是保持经济平稳较快发展,这是最为重要的原则。正如中国的领导人邓小平曾经指出的,发展才是硬道理。中国是发展中国家,发展是解决中国所有问题的前提和关键,要满足人们日益增长的物质文化需求,缓解就业压力和处理好各种社会矛盾,没有经济持续较快的发展是做不到的。但是,这种发展必须要注重经济增长的质量和效益,注重资源的节约和环境的保护。否则,这种经济发展是不能持续的,还会造成大的起落。二是加快转变经济增长方式。加快经济结构的战略性调整将是"十一五"时期贯彻始终的主线。主要解决产业层次低、城乡区域发展不协调、投资消费关系失衡等问题，在经济结构调整中实现经济较快发展。三是要根本改变以往过多依靠扩大投资规模和增加物质投入的粗放型经济增长方式，从推动科技进步、深化体制改革、加强科学管理等方面采取更为有力的措施，着力提高资源利用效率，降低物质消耗，保护生态环境，坚持节约发展、清洁发展、安全发展，实现可持续发展。

（二）"十一五"时期中国经济社会发展的主要目标

"十一五"时期中国经济社会发展主要目标包括经济增长、资源环境、自主创新、社会发展、改革开放、人民生活和民主法制等方面。其中最为核心的是两大目标：一是在优化结构、提高效益和降低消耗的基础上，实现2010年人均GDP比2000年翻一番的目标，这比原来提出的2000年到2010年的十年间，国内生产总值（GDP总量）翻一番的要求要高得多。二是至"十一五"期末，单位国内生产总值能源消耗比"十五"期末降低20%。这是针对资源环境约束日益加重的问题提出来的，突出体现建设资源节约型、环境友好型社会和可持续发展的要求。

（三）"十一五"时期中国经济社会发展的主要任务

"十一五"时期中国经济社会发展的主要任务有六项：第一项是建设社会主义新农村。第二项是推进经济结构调整和经济增长方式的转变。第三项是促进区域协调发展。第四项是增强自主创新能力和加快科技教育发展。第五项是深化体制改革和提高对外开放水平。第六项是加强和谐社会建设。

我着重介绍其中的三个重点。

第一是建设社会主义新农村。中国是一个历史悠久的农业国家，农业问题一直是中国发展的首要问题。新中国成立后和改革开放以来，中国的工业化和现代化有了长足的进步，但尚未根本改变农业国家的性质。所以，中国政府一直高度重视农业问题。同样，在"十一五"规划的安排中，解决好农村问题被作为这一时期发展任务的重中之重。这是因为，在中国目前的经济社会发展问题中，农村建设、农业发展和农民生活严重落后于城市已成为最

‖ 思索的声音 ‖

为突出的不协调问题，中国将其概括为"三农"问题。为更好地解决"三农"问题，"十一五"规划提出了"建设社会主义新农村"的任务。所谓新农村可以用二十个字概括：生产发展，生活宽裕，乡风文明，村容整洁，管理民主。主要措施是：加快农业科技进步，推进现代农业建设；全面改革农村税费，减轻农民负担；大力发展农村公共事业，普及农村九年义务教育，发展农村公共卫生和医疗服务体系；增加农民收入，完善农业补贴，实行工业反哺农业。

第二是促进区域协调发展。中国幅员辽阔，地区发展在历史上就极不平衡。改革开放后，虽然各地经济社会均有很大发展，但由于中西部和东北等老工业区发展明显慢于东部地区，致使区域发展不平衡的矛盾有所加剧。为此，"十一五"规划提出了协调区域发展的任务。总体的部署是：实施西部大开发，振兴东北地区等老工业基地，促进中部地区崛起，鼓励东部地区率先发展，形成东中西互动、优势互补、相互促进、共同发展的格局。

第三是继续深化改革开放。前一段，中国在反思发展和改革中的一些问题，有些批评的意见。国际国内有些人误以为中国今后不要再继续改革开放了。针对此错误观点，"十一五"规划明确提出了要深化改革提高开放水平的任务。主要措施包括：着力推进政府行政管理体制改革；坚持完善基本经济制度，坚持以公有制为主体，多种所有制经济共同发展；推进财税金融体制改革（后面专门介绍）。强调在中国加入世贸组织过渡期结束前夕，要加快转变对外贸易增长方式，积极发展对外贸易；要继续积极有效利用外资，加强对外资的产业和区域投向引导；要支持有条件的企业"走出去"到境外投资；在扩大对外开放中，要切实维护国家经济安全。

二、"十一五"时期中国金融业的发展趋势

（一）规划对金融业改革发展的总体要求

"十一五"规划对金融业在未来五年中的改革和发展提出了总体要求，即要健全金融体系，完善服务功能，创新服务品种，提高服务质量。要深化金

融企业改革，加快发展直接融资，健全金融调控机制，完善金融监管体制。规范发展多种所有制形式的中小银行以及证券公司、财务公司、融资租赁公司、基金管理公司等非银行金融机构。鼓励金融创新，稳步发展综合类金融服务，支持发展网上金融服务。积极发展面向中小企业的融资和小额信贷。完善支付结算体系，提高支付清算效率。健全金融市场的登记、托管、交易、清算系统。发展境外金融服务和外汇风险管理、综合理财等，为企业跨境经营提供便利服务和外汇避险工具。这里的重点：一是继续推进国有商业银行的股份制改造与上市，彻底转换经营机制；二是在机构体系上要发展多种所有制的非银行金融机构和中小银行，鼓励社会资金参与中小金融机构的设立、重组与改造。这表明中国银行业和金融机构设立门槛有新的降低；三是在经营模式上开放综合经营禁区，允许从现在起稳步推进金融业综合经营试点；四是在积极发展股票、债券市场的基础上，稳步发展期货市场，发展创业投资，做好产业投资基金试点工作；五是强调推进利率市场化改革，完善有管理的浮动汇率制度，逐步实现人民币资本项目可兑换；六是要建立存款保险、投资者保护和保险保障制度；七是继续强调建立金融风险识别、预警和控制体系，建立健全银行、证券、保险监管机构及宏观调控部门间的协调机制。

（二）未来五年中国金融业发展中的重点问题

1. 利率市场化问题。

根据中国加入世贸组织的承诺，在 2006 年过渡期结束后，国内利率将很快实现市场化。我们预计，如果不出现大的经济金融波动，大约在 2006 年以后的二年至三年的时间内，人民币存贷款利率可能会全部放开由市场供求决定。利率放开后，利差会进一步缩小，使中国商业银行来自传统存贷款业务的收益将大幅收窄，利率风险将成为中国商业银行最主要的经营风险之一。

当然，中国未来市场化的利率也不会是完全的纯粹的"自由利率"，而是有控制的、有干预的、可调整的。在未来市场化利率形成机制中，银行同业间的协调定价将起到重要作用。

思索的声音

2. 金融脱媒化问题。

所谓金融脱媒是指，直接融资的发展使资金供求双方摆脱银行的媒介而直接进行资金交易，导致银行间接融资的市场份额大大收窄，银行大量亏损和破产。金融脱媒在世界范围是规律性现象，中国也无法例外。特别从近年起，中国的中央银行大量推出短期融资债券，并进行了资产支持类债券的试发，对商业银行的贷款已经产生了严重的"替代效应"，使商业银行收益大受影响，金融脱媒现象在中国已经明显。并且，在中国，金融脱媒和利率市场化趋势交织在一起，几乎同时来临，给商业银行带来了前所未有的压力。为了应对这两种趋势，中国的商业银行目前都在积极改变自身的经营结构，积极发展非信贷业务。

然而需要强调的是，尽管如此，在相当长的时间内，以银行为媒介的间接金融仍然是中国主要的社会融资方式。这是中国与美国很重要的一点不同。

3. 混业经营问题。

"十一五"规划打破了分业经营的政策坚冰。在新的五年内，允许试点性地开展金融业混业经营。其实中国金融业早有混业经营基础，在20世纪90年代前，中国是允许混业经营的，只是当时金融监管不到位，与经济过热相呼应，造成金融与经济秩序混乱。90年代为治理整顿金融和经济秩序，中国实行了金融业分业经营和监管的法律与政策。即使在这一时期，仍然允许一些集团通过控股公司模式实行集团内的混业经营，如中国信托投资公司、中国光大集团等。2001年加入世贸组织后，为了与国际接轨，中国监管当局在分业经营与监管法律框架下，适度放松了对分业经营的监管，允许商业银行与证券业、保险业、基金业等实行业务交叉代理和全面合作。因此商业银行在近几年大力发展了银证合作、银保合作等多种中间业务，在保险业也进行了兼营银行业务的尝试，这些都为金融业综合经营打下了基础。

目前，中国国内实行金融业综合经营主要有两个限制条件，一是产品和市场的限制。长期的分割使银行、证券、保险、基金等各行业的产品相互独立，互不兼容。可以跨行业跨市场的融合性金融产品匮乏，这是中国金融业推进综合经营的"瓶颈"制约。二是监管的不适应。中国的分业监管框架，对于规避防范混业经营风险来讲，是个极大的挑战。要求中国银监会、证监会、保监会在监管上做到"无缝链接"，对监管当局来讲，这显然是个新的问题。

但是，金融业的综合经营在中国会进展得比较快的。我们估计，如果经济金融不出现大的波动，金融业综合经营从试点到全面推开的时间不会超过五年。

4. 未来的金融架构将会有大的变化。

我们预计，未来十年中国的金融架构将会发生大的变化。一是外资银行将大量进入，成为中国国内市场的重要竞争者。外资银行更倾向于采取投资参股的方法更为迅速地获得更大的市场。目前有数字表明外资参股已占中国银行业资本的15%，远远大于外资在中国存贷款总额上所占的比例。这种势头未来五年还将继续。二是民间资金将融入正规金融体系。在农村信用社改造成中小银行的过程中，将有民间资本参与进来，中国不允许国内私人资本进入银行领域的政策禁区有望由此被打开。民间资金将受到规范和监管，并将逐步融入正规金融体系。三是大量国内金融机构将加大"走出去"的力度，加大建设国际网络的力度，为中国的海外企业提供全球金融服务。

（三）国有商业银行的改制和中国工商银行的最新进展

从 2003 年底开始实行的国有银行股份制改造与上市，是中国二十多年来金融改革幅度最大、改革目标和措施最彻底的一次革命。它显示了中国政府彻底解决国有银行问题的决心。2003 年 12 月 31 日，以国家对中国银行、中国建设银行两家注资为起点，中国国有商业银行股改上市改革试点正式开始。2005 年 4 月 18 日，国家批准中国工商银行进行改制，自此，中国国有商业银行股份制改革达到高潮。在国家的支持下，工商银行经过 6 个月的努力，已经于 2005 年 10 月 28 日正式改组成为国家控股的股份制银行。2006 年 1 月，工商银行完成了国际战略投资者的引进工作，引入了以美国高盛集团为首的国际战略投资团，包括美国高盛集团、德国安联集团、美国运通公司三家国际战略投资者。2006 年 3 月，工商银行正式启动了公开上市的工作，如果一

‖ 思索的声音 ‖

切顺利，工商银行可望在2006年内在国际国内公开上市。

在改制初期，我们编制了"中国工商银行2006—2015年发展战略纲要"和三年发展战略规划，作出了利用十年左右的时间，实行经营体制和机制，增长模式和经营结构战略转型的决策。这一决策的核心和主导思想是，抓住中国加入世贸组织过渡期和国家推进国有商业银行市场化转制的机会，不失时机地推进工商银行管理体制和经营机制的改革，用两年左右的时间实现股份制改造和上市。同时，用十年左右的时间，有计划、分阶段地推进工商银行经营结构的调整和经营模式的战略转型，全面调整资产结构、业务结构、负债结构、收益结构、客户结构、渠道结构以及人力资源结构，使经营结构转变为传统存贷款业务与投资性、交易性和收费性业务并重，信贷资产与非信贷资产并重，贷款利差收入与非信贷收入并重的集约化、多元化和综合化结构；实现经营模式和增长方式由以规模扩张为主向以质量效益为主的转变，实现股东价值最大化和可持续化，兼顾包括客户利益、员工利益和社会利益在内的利益相关者的利益，提升核心竞争力和金融服务水平，最终把工商银行建设成为一家治理优良、资本充足、内控严密、服务和效益良好，具有较强国际竞争力和创新能力的世界一流的国际金融服务机构。

民营企业融资中的问题与解决的建议[①]

很高兴参加这次盛会,并有机会发表我对民营企业融资问题的看法。大家知道,在现代经济中,最为主要的要素就是资金。任何企业的生存和竞争能力首先指的就是其在市场上获得资金的能力。民营企业的融资问题一直是现阶段制约我国民营企业发展的一个老大难问题,我想就此谈点个人观点,仅供大家参考。

一、民营企业融资中存在的问题

自改革开放以来,广义的民营经济已经逐步发展为拉动我国经济增长的主要生力军之一。统计资料[②]显示,从1993年到2003年,我国私营企业数量从23.79万户增加至300.55万户,增长了13倍多,年均增长28.89%;注册资本从681亿元增至35 305亿元,增长了52倍,年均增长48.41%;从业人员则由373万人增至4 299万人,增长了近12倍,年均增长27.72%。1995年以来,民营经济对GNP新增部分的贡献占60%,对新增就业机会的贡献占70%左右。到了1998年,个体私营工业占工业总产值的比重达到38.8%,超过了国有经济28.5%的比重10个百分点,也超过了集体经济38.3%的比重。从上述数据可以看出,民营企业已经成为我国经济发展和社会稳定的重要支柱。

但是,绝大多数民营企业主要依靠自我积累、自我筹资经营。资金严重不足已成为困扰民营企业发展的主要问题。

---

① 这是作者2006年7月在中国民营企业家大会上的演讲稿。
② 参见"第六次全国私营企业抽样调查"数据资料。

思索的声音

(一) 民营企业直接融资难

我国直接融资的资本市场尽管已经建立了十几年,但股票、公司债券等直接融资方式门槛过高,民营企业难以利用资本市场筹集资金。从上海证券市场来看,截至 2004 年底,仅有 212 家民营企业上市[①],无论从总市值还是从流通市值来看,民营企业上市公司都处于次要地位。从全国来看,通过发行股票融资的民营企业在我国证券市场上市公司中大约占 9%,不包括"借壳上市"而曲线上市融资的。同样,由于国内债券市场准入门槛高,民营企业很难通过发行债券获得资金。目前,民营企业债券发行额度在债券市场上占有的份额几乎为零。

(二) 民营企业间接融资难

在我国间接金融为主的格局下,银行贷款应是民营企业融资的首选,但民营企业间接融资也很难。据媒体数据:到 2004 年底,中小企业获得的银行贷款仅占主要金融机构贷款的 16%[②]。而且贷款期限一般不超过一年,中长期贷款仅占民营企业贷款的 5%。进行技术改造和厂房设施建设等的中长期资金需要,难以满足。一些民营企业不得已采取短期贷款多次周转的办法,从而增加了企业的融资成本和银行的贷款风险。

(三) 自我积累难以满足升级和扩大再生产的需求

调查结果[③]显示,我国民营企业发展以自我积累自我融资为主。经营期在三年至五年的民营企业自我融资占其融资结构的比重在 92% 以上,六年至十年的民营企业自我融资占比在 89%,即使是经营期在十年以上的民营企业,其自我融资比例也要在 83% 以上,而包括银行贷款在内的外部融资占比仅在 7%~17%。可见不论是在其初创期还是发展期,我国民营企业都严重依赖于

---

① 参见《上海证券报》,2005 年 10 月 20 日。
② 参见《第一财经日报》,2005 年 10 月 28 日。
③ 参见国际金融公司(IFC)1999 年的调查。

自我积累。但是,自我积累是很缓慢的资本扩张方法,主要依靠自我积累难以满足民营企业升级和扩大再生产的迫切需求。

中国民营企业的融资结构　　　　　　单位:%

经营年限	自我融资	银行贷款	非金融机构	其他渠道
3年以下	92.4	2.7	2.2	2.7
3~5年	92.1	3.5	0	4.4
6~10年	89.0	6.3	1.5	3.2
10年以上	83.1	5.7	9.9	1.3
总计	90.5	4.0	2.6	2.9

资料来源:《中国民营企业的融资问题》,载《经济社会体制比较》,2001(6)。

(四) 民间融资是重要渠道

由于很难从正规金融机构和证券市场上获得融资,民营企业被迫通过民间融资、私募股份、股权转让等渠道寻求资金,其中民间融资是民营企业融资的重要来源。调查显示[①],2004年以来,我国民间融资趋于活跃,浙江、福建、河北等地区民间融资规模分别已达到550亿元、450亿元、350亿元,占各省当年贷款增量的15%~25%,目前温州中小企业共有16.7万家,资金来源有60%靠民间借贷。由于民间信贷大多是违法违规、牟取暴利的的放贷行为,以民间信贷为主求得发展资金和运营资金,在加剧了民营企业经营风险的同时,也加大了民营企业的融资成本。

二、民营企业融资难的原因

中小企业融资难在全球是个共性问题。当然中国有自己的特点。其中既有宏观制度供给不足和融资环境不好等客观原因,也有民营企业自身先天不足的问题。

---

① 参见《2004年中国区域金融运行报告》。

‖ 思索的声音 ‖

（一）宏观制度供给不足使得民营企业陷入金融困境

我国现有的金融制度植根于单一公有制经济和计划经济，尽管改革开放二十多年来已经有了极大的变化，但是这种适应于公有制经济架构的金融制度对于近年来蓬勃崛起的民营经济来讲，很不适用，真正适应于民营企业特点的融资制度严重供给不足。具体表现在：

1. 直接融资制度供给不足。长期以来，我国资本市场只是国有企业融资及产权转换的一个具有特定功能的制度平台，尽管现在正在改变这一状态，但是仅就上市公司的股本总额不得少于5 000万元人民币的规定，就使得民营企业要想获取公开发行股票、债券的资格相当困难。很显然，缺乏一个适应于民营企业的资本市场制度和政策体系，是民营企业直接融资难的重要原因。

2. 风险投资制度供给不足。风险投资又称创业投资，是包括民营企业在内的中小企业创业和发展的重要条件。目前我国的风险投资体系尚未成形，相应的风险投资制度不完善，难以在风险资本与高风险的民营企业之间搭建出有效通道。一方面抑制了风险投资者对民营企业的投资偏好，另一方面使得高风险民营企业缺少融取风险资本的机会，加剧了民营企业融资难。与经济发达国家相比，目前国内的风险投资环境仍存在着很大差距，主要表现在：（1）风险投资的资金来源不足，渠道单一，投资基金规模偏小。（2）缺乏既有公司战略、经营管理、投资、财务金融及高科技等多方面综合专业知识，又能在投融资过程中解决民营企业实际问题的高素质的风险投资人才。（3）目前国内一板市场还未健全，二板市场尚未建立，风险投资的退出机制尚不健全。

3. 间接融资制度供给不足。首先，脱胎于计划经济的商业银行，在贷款制度和管理程序上多适应于国有企业的特点和规律，适应于民营企业的贷款标准和贷款管理制度尚未普遍建立起来，民营企业往往由于达不到贷款门槛而无法获得贷款。其次，商业银行在产业结构和布局上存在缺陷。目前，我国商业银行体系存在严重的市场和客户定位趋同的现象，即所谓"同质化"倾向，无论大型银行还是中小银行都定位于大企业、大项目、大城市，没有合理的规模布局和层次分工。导致一方面是大企业、大项目、大城市资金过剩，竞争过度；另一方面是中小企业、民营企业资金严重不足。客观地讲，民营企业大多具分散细小的特点，大型银行在管理上对其信息严重不对称，其贷款"小、急、频"的特点也使大型银行的贷款审查监督成本和贷款收益不对称。需要有与民营企业规模和信息相对称的中小商业银行专业化的金融服务才能适应。

4. 委托投资制度未能创新。委托投资是一种间接投资方式，投资者并不直接投资于企业，而是委托具有一定投资经验的信托投资公司代理投资。信托投资制度是市场经济中十分重要的间接投资制度之一。现阶段我国一方面具有很高的国民储蓄率，巨额居民储蓄等待转化为社会投资；另一方面经济正处于稳定的较高速发展时期，大量好的民营企业项目亟需资金，但是由于缺乏一种好的投资制度，使得巨额的社会储蓄资金只能留存在银行和个人手中，形成了一方面民营企业项目找不到资金，嗷嗷待哺，另一方面社会大量资金闲置，长期不能转化为投资，而导致全社会性的资金流动性过剩问题的怪现象。

（二）民营企业自身微观因素导致融资困难

客观地说，与大型企业相比较，民营企业在融资方面存在着内在制约因素，具体表现为：

1. 民营企业的规模小、实力弱，融资能力普遍较低。从规模上看，我国民营企业大多以中小企业为主，客观上存在着抗风险能力弱、生存周期短因而风险高的特点；从技术基础看，我国民营企业大多集中在传统产业，普遍设备落后，生产工艺水平低，科技创新慢，产品质量较差，低水平重复建设问题比较突出，竞争能力较弱；从管理上看，我国民营企业内部管理模式不规范，相当一部分仍处于家庭式或家族式管理阶段，自身经营管理水平不高。致使民营企业社会融资能力较弱。

2. 缺乏信用也是民营企业的弱点之一。有些民营企业提供的财务资料缺乏真实性和完整性，使得银行很难掌握其真实的生产经营和资金运用情况，部分民营企业信用意识淡薄，欠息不交，恶意逃废银行债务的行为时有发生，更造成民营企业信用危机，影响商业银行放贷的积极性。

（三）国内金融环境缺陷加剧民营企业融资难

我国信用体系建设滞后，加剧了民营企业融资难的问题。我国信用体系建设长期滞后，公共信用缺失。银行完全靠自己的力量取得企业的信用记录，一方面造成银行为获取企业信用而付出的成本过高，在财务上不划算；另一方面造成银行和企业间存在严重的信息不对称，风险加大。由于大企业的信用获取成本成倍地低于中小企业，银行为回避过高成本和过高风险，往往倾向于选择大企业而放弃对中小企业的贷款，从而加剧了民营企业的融资难度。

担保机构对民营企业融资的担保规模及能力有限。对于实力较小而风险较大的中小企业，通过中介担保提高其融资能力是一个不错的方法。但是，目前的中介担保制度似乎没有能够承担起这个重担。首先，贷款担保制度效率较低。有关调查[①]显示，1999—2001年，北京市中小企业信用担保资金累计为435户企业提供了信用担保，占全市中小企业法人单位总户数的1.5%。其次，担保机构资金总量偏小，担保能力有限。有关调查[②]显示，国内担保公司所能提供的担保额平均不足100万元，其中单笔担保额更远低于上述指标。担保的杠杆功能难以发挥。

三、解决民营企业融资难问题的对策及建议

（一）加大制度供给，构建民营企业融资通道

1. 调整改善资本市场直接融资功能，拓宽民营企业融资渠道。要研究建立适合于中小企业融资的资本市场制度，鼓励并扩大民营企业在资本市场发债、发股筹资的规模。要构筑多层次的资本市场体系。除了主板和二板市场之外，还可以考虑建立场外交易市场，使那些规模不大、风险度较高、暂时

---

① 参见"北京市中小企业信用担保资金运用情况的调查"结果。
② 参见"财政部、人民银行对全国225家担保公司抽样调查"结果。

不能上市的民营企业有机会通过资本运作获得资金。要做好深圳创业板上市工作，争取设立多种形式的创业投资基金和产业投资基金。

2. 积极推进风险投资制度及体系建设，改善民营企业融资条件。要大力培育风险投资市场，积极引进风险资本，拓宽民营企业融资渠道。积极推进风险投资基金等适合我国国情的风险资本形式的发展，可以考虑利用政策倾斜引导多种风险资本来源；设立风险投资基金，直接向社会发行并公开上市流通，鼓励个人资本参与；允许外国资本进入我国风险投资市场。要改善风险投资发展的软环境。包括：设立高新技术创业投资基金，解决高新技术项目融资障碍；筹办高新技术成果交易会，并将其制度化；建立高新技术企业股权交易中心，为中小型高科技企业提供股权交易场所，为风险资本提供一个现实的退出渠道。

3. 调整银行业产业布局，改组建立中小企业金融服务体系。首先要及时制定银行业"十一五"产业发展规划，通过产业布局规划和产业政策引导，从机构增量入手，逐步分层次设立不同市场定位的大型全国性银行、中型区域性银行和小型城市与社区银行。要纠正银行机构设置上盲目趋大的倾向，引导中小商业银行和城市商业银行专注于中小企业和城市、社区金融服务，使得银行机构能够分别对应经济大中小企业和项目，以及城乡地区的不同资金需求，提供分层次的资金和服务，形成可以满足经济多样化、多层次需求的金融服务体系。在经济发达地区，可以探索创立金融社区服务模式，加大银企合作，使地方性中小金融机构的服务深入到当地众多的民营企业，形成民营企业与金融机构"双赢"的局面。其次要鼓励面向民营企业的多种金融机构的发展，拓展民营企业融资租赁、担保、保险等新的融资形式，探索创建内生于民营经济的金融机构，为民营企业提供有针对性的融资服务。在健全金融监管的基础上，可以探索创设各种有利于中小企业融资的民间金融机构，建立民间金融市场，探索建立主要支持中小企业的投资公司。

4. 探索适应民营企业发展的信贷管理方式。民营企业不仅在规模上、经济实力上有别于大型企业，其资金结构、周转方式和经营方式也不同于大型企业。因此，商业银行要针对民营企业特点，探索出包括贷款条件、贷款标

思索的声音

准、信贷评估、信用评级、风险评价和风险控制在内的新的适应民营企业的信贷管理方式。其实在我国，中小企业已经开始受到普遍的重视，将来随国家政策的加强，中小企业会受到更多的重视。预计未来几年，国内各家银行包括外资银行都将加大对中小企业金融市场的投入，制胜的关键在于对风险的掌控和对市场的把握，因为银行对中小企业为主的民营企业放贷的主要顾虑其实就是风险问题。

5. 要规范民间金融。据典型调查，保守估计我国境内循环在正规金融体系之外的民间资金总量在万亿元以上。这是不可忽视的金融力量，也是我国民营企业主要的融资来源之一。要逐步把民间资金纳入正规金融，并纳入宏观金融管理范围，发挥其对民营企业和中小企业融资的作用，抑制其加剧金融风险的消极作用，扩大民营企业和中小企业的融资来源。

（二）改善社会信用体系，优化民营企业融资环境

1. 加快社会信用系统建设。发达的社会信用系统是良好金融生态环境的主要标志，而良好的金融生态环境是包括民营企业在内所有企业改善融资环境的基础。政府要加大社会信用体系建设力度，要把创建金融安全区工作融入政府工作中，加大操守诚信的宣传力度，努力重塑讲信用光荣、不讲信用可耻的社会氛围，对少数恶意逃废银行债务的企业要给予严厉的制裁，促进整个区域信用环境的逐步好转。要积极推进人民银行信贷登记咨询系统和信息征集中心的建设，充分发挥人民银行征信系统的作用，配合社会征信体系的建设，完善公共信用登记系统和跨行查询系统，实现全国联网和接口，将客户生产经营中发生的重大事件及有价值信息及时登录系统，使包括民营企业在内的企业信息能够在不同银行间和全社会共享。

2. 改进金融担保体系，提高民营企业融资能力。针对民营企业风险承受力弱的特点，建立健全民营企业信用担保体系，是解决民营企业融资难的重要措施。要研究制定符合中国国情的民营企业信贷担保制度和政策措施，尽快缓解民营企业获得贷款担保难的状况。要建立完善民营企业担保体系，地方政府应把建立和完善担保机构作为扶持民营企业发展的一件实事来抓，为

担保机构提供适宜生长和发展的政策与必要条件。要研究建立再担保机构，提高担保放大倍数，扩充融资担保额度。

3. 整合社会资源，优化融资环境。在当前依靠市场配置资源的基础性作用还不能解决民营企业融资难问题时，政府发挥协调、引导和扶持作用，依托政府中小企业网的信息和技术优势，搭建中小企业融资需求与银行放贷需求对接的平台，协调信用中介机构、担保机构和贷款银行共同为中小企业融资提供服务，优化融资环境。政府要在健全民营企业社会化服务体系上下气力。建立包括资金融通、创业辅导、技术支持、政策咨询、信息服务、市场开拓和人才培养为主要内容的民营企业服务体系。发挥各种社会资源的协同效应，切实促进中小企业融资难问题的解决。

（三）提高民营企业素质及社会公信度

1. 完善民营企业制度，健全治理结构。民营企业要增强信用观念，加强规范管理，全面提升自身素质，增强在市场上获取信贷资金的竞争能力。要切实解决当前我国民营企业普遍存在的财务制度不健全、财务报告真实性与准确性较低的问题，提高社会公信度。要引导民营企业资本社会化，改变家族式管理方式，吸收现代企业制度和管理制度的要素，提升管理能力。

2. 放开投资领域准入限制，促进民营企业产业升级。目前来看，在经济和技术实力等方面，民营经济已经具备了进入资金密集和技术密集产业的能力，政府应放开一切可以按市场原则进行运营的产业领域，包括道路、桥梁、污水、垃圾处理、电信、邮电等基础设施，以及文化、卫生和教育等"软产业"领域，鼓励民营企业投资和进军这些产业，提升民营企业的产业层次，增强民营企业综合竞争力，增强融资范围、能力及便利程度。

总之，民营企业的融资问题是民营企业发展的最大问题之一。近些年来，大家从多个角度多次研究讨论过这个问题及其解决的方法。目前，应当说这个问题也在一定程度上有了很大的改善。我相信，随着我国经济金融体制进一步的市场化发展，随着民营企业在中国经济增长中发挥越来越大的作用，民营企业融资难的问题一定会在不久的将来有一个根本的彻底的改观。

国有银行上市对中国资本市场的意义[①]

很高兴参加今年的"资本论坛"。记得 2005 年的资本论坛上,我曾经痛斥过当时所谓的"国有银行都烂掉了"的言论。时隔仅仅一年,当我们今天再度相聚在这个论坛的时候,三大国有银行已经完成了重组,成功上市。国有银行改革转制的步伐之大之快,真令人有恍若隔世之感!我今天就国有银行上市与我国资本市场发展间的关系,谈几点看法,供大家参考。

一、国有银行上市是中国资本市场的创新

2006 年,是中国资本市场的"国有银行之年"。继建设银行于 2005 年 10 月 27 日在香港成功挂牌上市之后,中国银行分别于 2006 年 6 月 1 日、2006 年 7 月 5 日在香港联交所和内地 A 股市场成功挂牌上市。时隔 100 多天后,于 2006 年 10 月 27 日,工商银行在香港和上海成功实现首次公开发行,超额配售形式后 A + H 总发行规模达 220 亿美元,成为迄今全球最大的首次公开发行项目。

国有银行的成功上市不仅对我国银行业的发展具有里程碑的意义,对于我国资本市场也具有创新意义。所谓创新,不仅因为国有银行作为上市主体对资本市场有创新意义,还因为国有银行在上市过程中创造了我国资本市场制度和技术的多项创新。仅以工商银行为例,工商银行这次公开上市是有史以来全球集资金额最大的 IPO,也是中国第一家成功采取 A + H 发行方式的上市集资活动,堪称"世纪发行"。据国际国内媒体报道,工商银行这次 IPO 打

[①] 这是作者 2006 年 12 月在中国人民大学举办的"资本论坛"上的演讲稿。

破了近 30 项国际国内 IPO 历史纪录,其中有半数纪录是国内 A 股市场首创,包括:全球首次 A + H 同步发行、中国国有控股银行发行估值倍数最高、中资金融股簿记需求最大、首次将中国企业投资者纳入全球机构投资者配售类别、A 股市场发行规模最大、A 股市场市值最大、A 股发行中首次采用超额配售选择权的"绿鞋"机制、A 股发行中首次在上海交易所网站同步披露 H 股发行公告、A 股发行中首次引入国际通行的分析师大会形式、A 股发行向机构投资者的路演覆盖面最广、A 股发行网下配售冻结资金最多、新股询价制度下 A 股发行网上锁定资金最多、A 股上市当日成交金额最大和成交笔数最多等。

二、国有银行成功上市澄清了一些疑问和担心

国有银行的成功上市回答了国际国内对国有银行改革的种种担心和疑问。首先,回答了国有银行股票"没人买"的担心。公开发行中,国有银行股票受到了国内外投资者的热烈追捧。仍以工商银行为例,工商银行本次初始计划境外发售 353.9 亿股 H 股,境内发售 130 亿股 A 股。在近 14 天的全球配售结果显示,香港公开发售部分共获得 97.7 万份有效申请,实现 78 倍超额认购;国际配售部分接到超过 3 432 亿美元订单,认购倍数超过 40 倍;在境内机构配售部分共接到 173 份有效申请,实现 49 倍超额认购;境内居民网上申购部分接到 155.13 万份有效申请,实现 14 倍超额认购。当然,国内外投资者首先和最主要看中的是中国经济的稳定和快速增长,但不可否认的是,中国国有银行自 2000 年以来,从解决资产质量问题入手,积极推进经营管理体制的变革,盈利水平持续跃升,风险控制和基础管理显著加强,结构调整和创新取得新的成效,增长方式和经营模式发生新的转变,经过艰苦的改制转型,凭借国家的帮助和自己的努力,国有银行已获得"浴火重生"。国内外投资者热捧国有银行股,正是资本市场对国有银行改制后投资价值的认可。

在此值得一提的是,国有银行改革主要靠外力还是靠内力的问题。直到今天,还有不少不了解银行实际情况的人,凭借 5~10 年前的印象仍在讲银行改制上市只是政府行为,上市的国有银行自己仍然质量低劣、资不抵债。

思索的声音

这完全背离了实际。其实，任何事物的变化，外因是条件，内因才是决定的因素。在国有银行改变资产质量的攻坚战中，国有银行自己的努力起到了决定性作用。这种作用可以从两方面去看，一是自力更生，努力消化不良资产；二是严把新发放贷款的质量关。仅以工商银行为例，一次剥离后的 2000 年末，工行不良资产率高达 25.6%，不良贷款率为 34.44%。2004 年末，工商银行完全依靠自己的努力，使不良资产余额从 10 174 亿元降至 8 122 亿元，下降了 2 052 亿元；不良资产率由 25.6% 下降至 14.3%，下降了 11.3 个百分点。这净下降的不良资产全部用工商银行近四年的经营利润冲销的。在一次剥离后二次剥离前的近五年时间中，即从 2000 年末到 2004 年末，工商银行共创造了经营利润 2 277 亿元，其中有 2 052 亿元用于冲销不良资产。同时工商银行倾注了主要力量，采取多种措施严格控制新增贷款的质量，取得了很好的成效。截至 2005 年 6 月前，工商银行 1999 年以来新增贷款的不良率始终控制在 1.7% 以内，"十五"时期新增贷款的不良率仅为 1.53%。而在工商银行现有贷款余额总量中，1999 年以来新发放的贷款已经占到了 95.2%，这足以说明，我们用过硬的风险管理重塑了一个崭新的工商银行。虽然与国家剥离相比，工商银行自我消化的不良贷款仅有 2 000 多亿元，但是这 2 000 多亿元换来的是工行经营观念和风险管理机制的根本转变，没有这种转变，仅依赖国家剥离和重组，难以保持资产质量。从 2004 年 1 月中国银行和建设银行两行注资算起，国有银行改制已经近三年，根据银监会今年第三季度公报，上市的包括工商银行在内的三家国有控股银行的不良贷款率均控制在 4% 以内。这表明，在甩掉不良贷款包袱后，国有银行的资产风险管理机制已经确立，资产质量持续优良，风险得到了有效控制。这正是上市国有银行最大的卖点之一。

其次，国有银行成功上市后的表现回答了"上市后股价会下跌"的担心。有数字表明，三家国有银行上市后的股价一路走高，稳定上升。以上市已经一年的建设银行为例，截至 2006 年 11 月 30 日，建设银行 A 股股价上升了 71.9%；同样，中国银行 A 股和 H 股股价分别上升了 18.2% 和 25.7%；工商银行的 A 股和 H 股股价分别上升了 22.1% 和 28%。国有银行股价的平稳大幅上升，表明了市场对国有银行的信心，是可以长期持有的绩优股。

最后，国有银行成功上市回答了"国内市场容量不足"的担心。在两三年前关于国有银行上市问题讨论中，很多人出于国内市场容量不足的担心而主张国有银行应分拆上市。三年后的今天，国内A股市场不仅成功地容纳了中国银行股、工商银行股和建设银行股这样的大盘股，而且还创造了超额认购倍数高达十几倍甚至几十倍的历史纪录。它给我们的启示就是，我国国内A股市场其实具有巨大的资金潜力和市场容量，对我国资本市场的能量应当重新估量。

三、国有银行上市对我国资本市场具有积极影响

1. 银行绩优股板块将成为中国资本市场最为稳定的基础板块。

2. 银行上市带动一大批国内机构投资者入市，创造了稳定的主要作长线的市场主体。

3. 银行上市筹措了大量资金，将通过并购等资本运作提升效益，反过来将在很大程度上活跃国内资本市场。

4. 上市后银行体制转轨与经营转型并举，转型中制胜关键在于非银行业务及其收入的增长，上市银行经营重点将转向资本市场及其连带业务，参与证券业、保险业、基金业，合法从事多种金融业务，在为自身创造多种经营收入的同时，也将促进和繁荣资本市场的发展。

中国工商银行的发展及中国商业银行不良资产处置[①]

一、中国工商银行及其发展

中国工商银行是中国和亚洲最大的一家国家控股的商业银行。截至 2006 年 6 月末，工商银行总资产已超过 7 万亿元人民币，净资产达到 3 262 亿元人民币，2006 年 1—6 月工商银行实现营业净收入 847 亿元人民币，实现净利润 251 亿元人民币，机构数量 1.7 万个，员工总数为 35.6 万人。

工商银行成立于 1984 年，是中国一家老牌国家专业银行，主要服务于国有企业，承担较重的国家政策性贷款负担，不良资产包袱沉重。1995 年，中国颁布《商业银行法》，工商银行开始向国有商业银行转化，并且在国家帮助下，开始解决不良资产问题。2002 年，面对加入世贸组织后竞争发展的新态势，中国政府作出了对国有独资商业银行进行综合改革，把国有独资商业银行改造成具有较强国际竞争力的现代金融企业的战略决策，并从 2004 年起，开始对国有商业银行进行股份制改造，把具备条件的国有独资商业银行改组为国家控股的股份制商业银行并上市。在 2004 年中国建设银行、中国银行改制后，中国工商银行于 2005 年 4 月开始实施股份制改造，于 2005 年 6 月完成了财务重组，于 2006 年 3 月完成了战略引资，并于 2006 年 10 月在中国内地和香港成功实现了首次公开发行。经过改制上市的一系列重大改革，中国工商银行在变革中实现了历史性的飞跃，从根本上改变了经营和竞争态势。

[①] 这是作者 2007 年 3 月在印度孟买举办的首届"中印金融高级论坛"上的演讲稿。

一是资产质量显著改善。在国家政策支持与自身努力的结合下,中国工商银行实现了财务重组,摆脱了长期困扰的资产质量和财务包袱问题。至2006年6月末,工商银行的不良贷款率已降至4.1%,资本充足率达到10.74%,核心资本充足率达到8.97%,不良贷款拨备覆盖率达到60%,应计拨备覆盖率超过100%。

二是经营效益获得持续提升。2000年以来,工商银行经营利润持续增长,截至2006年6月,累计实现拨备前利润3 687亿元人民币,其中,2006年仅1—6月就实现拨备前利润508亿元人民币,是2000年全年数额的5倍。

三是经营结构发生了显著而积极的变化。工商银行在稳健发展负债及信贷业务的同时,积极推动收费与佣金业务、投资与交易业务、信用卡和理财产品等新兴业务的快速发展,从而使高度依赖存贷利差收入的单一化盈利模式有了显著改变。2006年1—6月,工商银行手续费及佣金净收入占营业净收入的比重达到9.3%,投资及交易资产收益占比提高到37%。

四是服务水平不断提升。近年来,工商银行锐意发展包括电子银行、财富管理、本外币理财、银行卡等新兴业务,打造多元服务、综合经营的服务新格局。目前已形成了包括企业网上银行、个人网上银行、手机银行、电话银行四大类,涵盖集团理财、网上支付结算代理等优质银行产品的电子银行服务体系,并已形成金融e通道、金融@家、电话银行95588、理财e站通等一系列电子银行服务品牌。工商银行的网上银行屡获多项国际殊荣,譬如连续四年被《环球金融》杂志评为"中国最佳个人网上银行",并被评为2006年"亚洲最佳投资管理企业网上银行"。电子银行、自助银行等快速发展及多样化金融产品的创新,已从根本上改变了工商银行的服务模式,显著提升了银行的竞争水平。

五是科技水平实现了巨大的跃升。2000年以来,工商银行先后完成了数据大集中工程、数据中心异地灾备系统、全功能银行系统等重大基础工程建设,在中国国内首次实现了银行数据集中和异地灾难备份,主要技术指标达到国际领先水平。工商银行在中国国内首家构建了核心业务处理系统、对各类贷款进行逐户逐笔实时监控的信贷管理信息系统和T+1日报表自动生成系

|| 思索的声音 ||

统,确立了国内科技领先的优势地位,为新的管理体制、经营模式、服务体系的建立和各项业务创新发展提供了强有力的技术支持。

六是公司治理及内控建设迈出了坚实步伐。借助股份制改革和引进战略投资者,工商银行实现了股权结构多元化,并建立起规范的公司治理结构。在此基础上,工商银行正在致力于加快整体构建现代金融企业制度,包括:建立科学的决策体系、健全的内控机制和完善的全面风险管理体制;整合业务和管理流程,实现机构扁平化和业务管理垂直化;建立市场化的人力资源管理体制和有效的激励约束机制;按照国际标准重塑财务会计制度和报告体系,构建高度透明的信息披露制度。

七是参与国际竞争的能力显著提升。面对来自实力雄厚、管理先进的跨国银行的竞争,工商银行在加快内部改革的同时,采取了积极的"引进来"战略,与美国高盛集团、美国运通集团和德国安联公司等战略投资者进行了广泛的技术交流和业务合作,提升了自身的金融创新能力和综合金融服务水平,增强了合作双方在各项业务发展中的协同效应。同时,工商银行积极"走出去",不断加快全球运营步伐。2000年,工商银行收购了香港友联银行并改组为工商银行亚洲股份有限公司,2004年收购华比富通银行。2006年完成了对印尼Halim银行的收购。通过兼并、收购和参股国外银行,迅速扩展了国际化经营的平台,提升了跨市场、全球化的金融服务供给能力。

总体来看,在经历了加入世贸组织过渡期的快速发展和综合改革后,改制后的中国工商银行的国际市场地位和竞争发展实力得到了显著的提升。在资本市场成功上市后,工商银行市值已超过1.5万亿元,已成为亚洲市值最大、全球前三位的上市银行,成为全球大型金融企业中引人注目的新成员。在快速发展的中国本土市场中,已具有显著的规模优势、创新能力和品牌价值,已站在新的历史起点,成为中国银行业市场的重要力量。

二、中国商业银行不良资产处置

中国的商业银行体系建立于20世纪80年代,其主体是国有商业银行。大家知道,中国从1979年开始改革开放,经济模式逐步由计划经济转变为市场经济，在国家转轨改制的二十多年时间里，随着经济体制和企业体制的变化，以国有企业为主要服务对象的中国国有商业银行积累了大量的不良贷款，成为中国潜在的金融风险的最主要体现。当时，全球很多人都在为中国银行业的不良资产包袱担心。1997年东南亚爆发的金融危机引起了中国政府的警惕。此后，中国政府高度重视中国银行业的风险问题，并采取了连续不断的有力措施，来解决银行业的不良贷款问题，化解中国国内潜在的金融风险。从1998年开始至今，经过了近十年的努力，中国成功地解决了国有商业银行的不良资产问题，化解了潜在的金融风险。中国国有商业银行在2004年以后陆续成功地改制和上市，跃居于国际大银行之列，主要得益于不良资产问题的成功解决。

鉴于中国国有商业银行是中国银行业的主体，2006年国有商业银行的金融资产仍然占中国银行业50%以上的比重，并且，由于中国经济转轨的成本主要由国有银行承担，中国国有商业银行的不良贷款负担也最为沉重。因此，中国银行业不良资产问题的解决，首先须从国有商业银行入手。主要通过降低国有商业银行不良资产的比重，提高其抗风险的能力，化解中国国内的金融风险。下面我简要介绍中国主要采取了哪些措施促使国有商业银行不良资产问题得到成功解决。

1. 高度重视国有商业银行的不良资产问题，接受国际惯例，对国有商业银行实行贷款质量五级分类的新标准，摸清国有商业银行不良贷款的底数。1998年以前，中国商业银行实行"三项贷款"分类制度，即根据贷款还款情况，按照"正常、逾期、呆滞、呆账"四级分类量定贷款质量。从1998年起，中国开始在国有商业银行试点，按照"正常、关注、次级、可疑、损失"新的国际通行的五级分类标准，逐笔重新量定国有商业银行贷款资产的质量，并逐步实行了按类分别提取呆账准备金制度。1999年以后，贷款质量的五级分类在中国商业银行全面推开，截至2002年，中国商业银行已经按照先国有银行后股份制银行的顺序，实现了从三项贷款分类向五级贷款分类的过渡，普遍实行了贷款质量五级分类标准。通过五级分类，逐笔摸清了国内商业银行不良贷款的底数，为彻底解决不良贷款问题打下了基础。

‖ 思索的声音 ‖

2. 解决国有商业银行资本充足率低下问题，提高抗风险能力。1998年，中国中央财政发行了2 700亿元特种国债，所筹资金专门用于增拨国有银行的资本金，通过集中增补国有银行的资本金，使其符合国际巴塞尔协议对银行充足资本率的要求。以工商银行为例，增拨后的资本金总额达到1 700多亿元人民币，比未拨补前增加了850亿元，翻了一番。2004年以后，为彻底解决国有商业银行资本充足率不足问题，中央政府先后对中国建设银行、中国银行、中国工商银行三家国有商业银行一次性注资750亿美元，使三家国有商业银行的资本充足率达到10%以上。注资后，工商银行的资本充足率接近11%。

3. 更为有力的措施是，为国有商业银行剥离不良贷款。1999年，中央政府先后成立了四家金融资产管理公司，专门负责收购国有商业银行的不良贷款，以及重组和转化这些不良贷款。2004年以后，中央政府对中国建设银行、中国银行、中国工商银行进行了财务重组，第二次剥离了三家银行的不良资产。两次剥离使国有商业银行的不良贷款比例有了大幅度的下降，至2006年6月末，三家国有商业银行的不良贷款率控制在4.5%以内的水平上，其中，工商银行的不良贷款率降至4.1%。成功地甩掉了不良贷款包袱。

4. 国有商业银行以降低不良资产为主要任务，集中精力打了一场资产质量翻身仗。在中国国有商业银行化解不良资产，成功改制上市的过程中，国家的注资和剥离不良贷款等帮助和支持固然起了极大的作用，但是国有商业银行改革的成功，并不仅仅依靠国家的帮助和支持，还要靠国有商业银行自己的努力。在国有商业银行彻底改变资产质量的攻坚战中，国有商业银行自己的努力起到了决定性作用。这种作用包括两个方面，一是自力更生，努力消化不良资产；二是建立风险管理机制，严把新发放贷款的质量关。仅以工商银行为例，第一次贷款剥离后的2000年末，工商银行的不良资产率仍高达25.6%，不良贷款率为34.44%。至国家注资和进行第二次剥离前的2004年末，工商银行完全依靠自己的努力，使不良资产率由25.6%下降至14.3%，下降了11.3个百分点。净下降的不良资产全部是通过工商银行几年间实现的经营利润冲销的：在第一次剥离后到第二次剥离前的4年时间中，即从2000

年末到 2004 年末，工商银行共创造了经营利润 2 277 亿元人民币，其中的 90% 用于冲销不良资产。同时工商银行倾注了主要力量，采取多种措施严格控制新增贷款的质量，取得了很好的成效。截至 2005 年 6 月财务重组前，工商银行 1999 年以来新增贷款的不良率始终控制在 1.7% 以内，2000 年至 2005 年五年新增贷款的不良率仅为 1.53%。而在工商银行现有贷款余额总量中，1999 年以来新发放的贷款已经占到了 95.2%，这足以说明，我们用过硬的风险管理重塑了一个崭新的工商银行。这也是国家对国有银行采取注资和第二次剥离措施的前提和理由。如果仅依赖国家剥离，不改变自身机制，即使剥离和重组也难以保持住优良的资产质量。从 2003 年 12 月国家对中国建设银行和中国银行注资算起到现在，三家上市的国有商业银行改制已有三年，有数据表明，2006 年 6 月末，包括工商银行在内的三家国有控股银行的不良贷款率均控制在 4.5% 以内，这表明，依靠自己的努力和借助国家的力量，上市国有商业银行在甩掉不良贷款包袱后，资产风险管理机制已经确立，资产质量持续优良，风险得到了有效控制。

5. 中国商业银行不良资产问题的成功解决，还有一个重要的外部因素，就是得益于中国经济自 1979 年起至今保持了二十多年的快速增长，这是中国成功解决不良资产问题的前提条件。

很显然，中国商业银行不良资产问题的解决，并不是中国商业银行改革的结束。正如本国总理所讲，不良资产问题的解决，成功改制上市，只是中国商业银行改革走出的第一步。中国的商业银行与国际先进银行比较，还处在发展和改革的起步阶段，真正建设成为立于国际优秀银行之林的现代金融企业，我们还有很长的路要走，我们还要向包括印度在内的各国银行同业学习，继续沿着现代化、市场化、国际化的道路走，去实现建成国际一流商业银行的更为艰巨的目标。

新挑战下国内商业银行的战略转型[①]

就新挑战下国内商业银行的战略转型问题谈点个人看法:

一、关于目前国内银行业面对的新挑战

我认为,我国商业银行目前面对三大挑战:

(一)面对全面开放的挑战

2006 年我国加入世贸组织过渡期结束,后过渡期内中外资银行的竞争态势主要有四点值得关注:

1. 中心城市与高端业务、高端客户成为中外资银行竞争的核心领域。随着加入世贸组织后对外资银行经营限制的放开,中外资银行逐步由早期的错位竞争转向了更为直接的正面竞争。尽管从全国区域来讲,外资银行对中资银行总体市场份额的影响仍然有限,但在外资银行集中度较高的中心城市,中资银行的市场份额已受到外资银行竞争的较大影响。另外,外资银行集中争夺高端业务、高端客户、高端人才,都对中资银行形成较大影响,下一步的竞争将主要在中心城市、高端客户、高端业务、高端人才等领域展开,中资银行必须要保持在这些领域的优势地位,才能保持住在国内市场的本土优势和竞争优势。

2. 资本融合已成为外资银行进入国内金融市场的主要路径。过渡期五年来,外资银行改变了早期主要靠自己设立机构的方式,主要通过资本融合成

---

① 这是作者 2007 年 10 月在交通银行举办的"交银经济学家论坛"上的演讲稿。

为国内银行的战略投资者，快捷地获取金融服务网络和客户资源。目前，境外战略投资者已进入我国21家商业银行，国内金融市场的竞争正在快速演变为不同中外资金融机构联盟体之间的竞争，竞争格局发生了全面深刻的变化。

有一点需要特别指出的是，外资进入国内银行业市场的实际比重和程度，大大高于现有披露的统计数据。目前官方披露的统计数据显示，进入中国市场的外资银行在中国全部银行资产中的占比不过2%，仅比中国加入世贸组织前上升了1个百分点。其实，2%的数据指的仅是外资在华独资银行机构占有的市场份额，更多的外资通过对中资银行参股而间接占有的市场份额并没有统计在内。我们知道，截至2006年末，外资通过合资参股已经进入我国的21家商业银行，在我国银行业总资本中，外资入股部分已经占到了15%。资本控制资产，这是经济学常识。根据这个常识，外资对中国银行业资产和市场的控制力应当不止2%，至少应当与其进入的资本比例相当，即应当是15%。而且我认为，仅以过渡期5年的数据说明外资进入的深度也难以为凭，外资对中国金融市场的进入才刚刚开始，目前的数据只是冰山一角。特别值得注意的是，外资在中国的金融发展战略是有侧重的推进，即力图把中国重要的金融区域、金融业务领域和高端客户掌握在其手上。这种专以发达地区和高端业务及客户为对象的进入策略是很难用数据表明其深度的。

3. 国家必须加强对外资的引导和政策限制。正确把握金融安全和金融开放关系的关键问题是在对外开放的同时，注意把外资进入的"量"控制在国家金融安全不受影响的限度内。这点我们要向西方发达国家学习，即使被认为最为开放和充分市场化的美国及欧洲的许多国家，至今境内外资银行的比例也不过12%左右。树立办好国内银行主要靠国内银行自己的观念，把精力放在创造条件和适宜环境促进国内银行转制转型上，放在国内银行自身经营机制与模式的转化上，练好"内功"。包括发展综合经营、追赶国际先进管理技术与水平等所谓高、精、尖项目，均应以我为主地通过国内银行自我发展和自我提高才能达成。不能把希望完全寄托在引进国外银行身上。

（二）面对利率市场化和金融脱媒化的挑战

中国商业银行将经历金融脱媒和利率市场化的双重夹击，利差将收窄。

为兑现我国加入世贸组织的承诺，本币存贷款利率将在不久的将来实现市场化。利率市场化的基本走势就是银行存贷利差收窄。银行利差的收窄，将对那些以传统存贷业务为主的商业银行形成严重的生存威胁。利率风险将成为我国商业银行最主要的经营风险之一。

与此同时，我国的资本市场将得到进一步的政策鼓励和支持，将会有更快的发展。在债券市场发展已经提速的基础上，股票、基金、期货等市场都将加快发展步伐，证券业和保险业发展滞后于银行业的局面将得到很大改善。可以预计，下一步资本市场的快速发展将进一步增加直接融资在社会融资总量中的占比，相应地以银行为媒介的间接融资在社会融资总量中的占比将会进一步降低。金融脱媒现象将更加剧烈和明显。金融脱媒将从两个方面削弱银行的生存能力；一是日益活跃的直接融资将加速分流银行的存款，迫使银行提高存款利率，使银行在存款减少的同时增大成本支出；二是直接融资将加速分流银行的贷款客户，有竞争力的优质客户更倾向于直接入市筹融资，从而减少甚至放弃贷款，迫使银行降低贷款利息来吸引客户，使银行在贷款减少的同时利息收入总量和水平下降。

有资料表明，国际银行业在20世纪七八十年代就经历了金融脱媒的痛苦过程。它们的经验表明，金融脱媒化趋势将对商业银行传统经营方式和结构提出严重的生存挑战，使商业银行普遍面对破产风险。金融脱媒在世界范围是规律性现象，中国也无法例外。并且，在我国，金融脱媒化与利率市场化的趋势交织在一起，利率市场化所导致的银行利差缩小的趋势将加剧金融脱媒的速度和幅度。

（三）面对经济周期性波动影响

中国经济周期性波动的风险正在积累，银行资产质量面临新的考验。周期性波动是经济运行不可避免的规律性表现。作为新兴的市场经济体，我国已经经历了近三十年的持续高速增长，经济在高速稳定发展的同时也积累了诸如发展不均衡以及环境污染和过高能耗等不可承受之矛盾，经济周期性波动的风险正在积累。为此，我国产业、行业以及经济结构正在经历巨大的调整,这种调整从长远来看,固然对经济金融的健康持续发展具有极为重要的意义,然而从短期看,经济调整可能给银行的经营带来新的风险,特别是即将掀起的环保节能风暴,将带来银行信贷格局的重新调整,国内商业银行将经历重大的资产结构调整并将面临资产质量恶化的可能。

二、新挑战下我国商业银行的战略转型

(一) 战略转型就是主动转变经营模式和增长方式

面对国内利率市场化和金融脱媒化带来的传统存贷款市场与收益收窄的压力,面对国际国内竞争加剧的压力,国内商业银行必须主动实施经营模式、增长方式和经营结构的战略转型,积极发展综合经营,全面调整资产结构、业务结构、负债结构、收益结构、客户结构、营销渠道结构以及员工知识与技能结构,使经营结构转变为传统存贷款业务与投资性、交易性和收费性业务并重,信贷资产与非信贷资产并重,贷款利差收入与非信贷收入并重的集约化、多元化和综合化结构,实现经营模式由以规模扩张为主向以质量效益为主的转变和增长方式由主要依赖传统存贷款业务向多元化综合化收益的转变,提升核心竞争力和金融服务水平,最终把国内商业银行建设成为具有较强国际竞争力和创新能力现代金融企业。

(二) 实现战略转型需要完成的主要任务

1. 积极创新应对后过渡期全面开放的挑战。

创新既是商业银行发展的原动力,也是商业银行实现战略转型的动力所在。为了应对在核心客户、核心业务、核心人才等核心竞争力上面临的新挑战,国内商业银行必须大力创新,通过体制、机制、经营模式、经营结构、业务、产品、技术、工具等全面的自主创新,迅速扭转在公司治理效率上,在跨市场跨行业综合经营和转移风险的能力上,在提供个性化、差别化客户服务上的相对弱势,提高应对后过渡期挑战的能力和竞争力。要加紧构建规范和完善的公司治理结构与机制,加快经营转型,并通过落实"以人为本"

思索的声音

的理念来切实提升人力资源价值。通过大力推进体制、机制、管理、业务和技术创新，推动经营模式和增长方式的战略转型和竞争力的提高。

2. 继续完善公司治理机制。

体制和机制转轨是经营结构和模式转型的必要条件。而体制与机制的转轨并非一朝一夕之事，成功的IPO并不意味着改制的结束。国内商业银行必须不断完善公司治理结构与机制，提高公司治理效率。

3. 建立全面风险管理与内控体系。

风险管控是商业银行永恒的主题。持久保持优良资产质量是对国内商业银行改制成效的检验，也是其实现战略转型，进而成为国际一流银行的关键。必须坚持不懈地抓好风险管理。要建立包括信用风险、市场风险和操作风险在内的，全程、量化和立体的全面风险管理体系，形成统一的风险偏好、风险管理战略、制度和文化。

4. 稳妥推进金融业综合经营。

综合经营是国内商业银行实现战略转型的主要路径。要主动调整资产、负债结构和收益结构，积极发展投资和交易类业务，大力发展收费及佣金业务，提高应对利率市场化风险和经济周期性波动挑战的能力。要积极发展主动型负债，降低负债成本和负债结构的利率敏感性；强化对宏观经济走势和金融市场变化的研究，加强利率、汇率等市场风险的监控与防范，创新利率、汇率风险管理工具，构建市场风险监测、预警、计量和处置的新机制。要加快综合经营的步伐，大力发展中间业务，通过多渠道、多元化资产营销，缓解当前的流动性过剩压力；要充分发挥分销渠道交叉销售功能，积极发展银证、银保等跨业合作产品，提高应对金融脱媒化挑战的能力。

5. 加速国际化经营步伐。

加快国际化经营步伐，尽快实现由本土银行向国际银行的转变是国内商业银行战略转变的重要内容。加速国际化经营要从两方面入手，一是加快本土业务的国际化发展。要以引进境外战略投资者和境外上市为新契机，大力推进本外币业务的一体化经营，完善境内外联动发展模式，把人民币业务优势转化为推进国际化发展的战略支撑。二是加快推进境外网络的拓展和境外机构的本土化经营。综合运用并购、申设、合资、合作等多种方式，稳步构建全球化网络体系，充分利用国际国内两个市场，推动转型、转移风险、提高收益；要充分满足我国跨境经营企业的国际金融服务需求，为跨国企业提供全球化金融服务。

三、实现战略转型需要解决的外部环境问题

战略转型是我国商业银行在经营模式、增长方式和经营结构上的一次彻底革命，它主要依靠商业银行的自我革命来实现。但是必要的政策环境是转型实现的保证。为此建议：

第一，国家政策层面要加大推动金融业综合经营的力度。如果仅依靠国内金融业自身的"自然转变"，综合经营和银行业战略转型的速度就会很慢，与国际银行业的差距就会进一步拉大，竞争力难以提升，无法适应后过渡期国际竞争的需要，因此国家应加大鼓励金融业综合经营的政策力度。

第二，应抓紧建立中国自己的投资银行体系。随着我国企业越来越多地在国际市场上投融资和国内资本市场的发展，服务于国内企业直接投融资和理财需求的投资银行业务成为重要的金融市场和效益资源。要改变目前国外投资银行垄断国内投行业务市场的局面，以实力和管理均比较好的大型商业银行为基础，通过自己设立或兼并收购等方式，建立起中国自己的投资银行，满足国内企业国际国内直接投融资需求，增加国内银行效益，促进国内银行转型。

第三，要培育"相互融合"的金融市场体系。金融市场的各子市场间有着无法分割的联系，适度地融合和连接是资本市场、货币市场、基金市场、期货市场等金融市场健康发展的必要条件。建议在监管比较成熟的条件下，逐步对金融机构和大企业等合格机构投资者开放资本市场，在有效防范风险的基础上，建立各金融市场连接机制，逐步改变金融市场分割的局面，为金融业综合经营创造平台。

第四，要实现金融业监管的"无缝链接"。我国是在金融业分业经营分业监管法律框架内推进金融业综合经营的。这就使金融业监管各方的协调一致

思索的声音

成为实行金融业综合经营的先决条件。"一行三会"应本着鼓励促进综合经营的宗旨，建立协调监管机制，充分协调监管政策，防止监管规定和政策"政令不一"、相互矛盾的问题发生。

第五，要及时提供鼓励金融业综合经营的法律支持。及时清理和适时修改现有法律中有碍于综合经营发展的规定，放松并适时修改对商业银行对外投资以及在企业债券、股票等有价证券投资方面的严格限制，为推动国内金融业综合经营提供必要的法制环境。

第六，要给予国内商业银行业务和产品创新自主权，对可以放权的创新业务和创新产品实行国内银行总行审批、"一行三会"报备制。"一行三会"主要通过控制国内银行的资本充足率和资产风险率来实现对银行业经营风险的总体控制。要给予国内银行业产品定价自主权，实行银行同业定价机制，监管机构主要控制价格的合理波动区间。

第七，对必须经监管机构审批的业务要加快审批速度，提高审批效率。对合乎条件的国内银行的创新项目要建立"快速审批通道"，提高审批效率。要尽快制定鼓励银行业务创新的配套监管法规，及时修改现有银行监管法规中不切合目前金融市场实际和有碍银行业务及产品创新的规定，打破在银行金融衍生产品和资产证券化等方面创新的限制，使监管法规能够充分体现鼓励商业银行积极创新的精神。

最后值得强调的是，从现在起的今后几年是国内商业银行战略转型的关键期。而在这一关键时期的转型效果，将决定我国商业银行在国际竞争中的成败。我们相信和期望我国商业银行能够在战略大转型中获得新生。

如何构建商业银行全面风险管理体系[①]

美国花旗银行前总裁沃斯顿曾经说过"生命的意义在于管理风险",对于商业银行而言,风险管理能力是其有效运行的基础和健康发展的关键,也是其提升价值创造力的来源和打造核心竞争力的保障。从国际银行业的发展实践来看,商业银行风险管理在依次经历了资产风险管理、负债风险管理和资产负债管理等多个阶段后,已经迈入了全面风险管理的时代。利用这一机会,我就商业银行全面风险管理谈几点看法。

一、如何理解商业银行全面风险管理

商业银行全面风险管理是由若干风险管理要素组成的一个有机体系,通过这个体系,商业银行把风险和收益、风险偏好和风险策略结合起来,提高了对多种风险的整体反应能力,从而确保商业银行各项业务持续健康发展。理解商业银行全面风险管理有几个要点:

其一,全面风险管理是一个过程。它是渗透到商业银行经营管理活动中的一系列行为,它内生于商业银行各项经营管理的流程之中,并且自身也有输入和输出的要素,具有规范的管理流程。

其二,全面风险管理贯穿经营管理全过程。商业银行的经营管理和业务发展特点决定了其每个环节都具有潜在的风险,因此风险管理贯穿于经营管理和业务发展的每个过程,任何一个过程缺少了风险管理,就有可能出现损失,甚至导致整个经营管理和业务活动的失败。

[①] 这是作者 2007 年 10 月在杭州金融研修院举办的"经济全球化格局下的全面风险管理论坛"上的演讲稿。

‖思索的声音‖

其三,全面风险管理具有全面的风险管理范围。全面风险管理要求将信用风险、市场风险、操作性风险和政策性风险等不同风险类型,公司、机构、个人等不同客户种类,资产、负债和中间业务等不同性质业务以及不同国家和区域的风险都纳入统一的风险管理范围,并将承担这些风险的各个业务单位纳入统一的管理体系中,对各类风险依据统一的标准进行测量并加总,依据全部业务的相关性对风险进行控制和管理。

其四,全面风险管理以全员的风险管理文化为基础。全面风险管理要求各个层面员工都具有风险管理的意识和自觉性,都能深刻理解可能的和潜在的风险因素,并主动地加以预防。银行的员工要认同董事会、管理层决定的风险偏好、风险管理目标和政策,风险管理流程必须依靠全体员工才能有效运行。

其五,全面风险管理要有全新的风险管理方法。全面风险管理采取统一授信管理、资产组合管理以及资产证券化、信用衍生产品等一系列全新的风险管理技术和方法,防范和转移各类风险。它通过内部模型来识别、计量和监控风险,使风险管理越来越多地体现出客观性和科学性的特征。

二、全面风险管理是商业银行应对国际经济金融形势变化的必然选择

从20世纪80年代开始,随着金融自由化、全球化浪潮和金融创新的迅猛发展,西方发达国家商业银行所面临的风险呈现多样化、复杂化、全球化的趋势。商业银行的损失也不再是由单一风险造成,而是由信用风险、市场风险和操作风险等多种风险因素交织作用而造成的,原有的风险管理模式难以适应商业银行风险管理新形势的要求。2004年,巴塞尔新资本协议最终定稿,它突出强调了商业银行风险监管从最低资本金的要求、监管部门的监督检查和市场纪律约束三个方面的共同约束,这标志着现代商业银行风险管理由以前单纯的信贷风险管理模式转向信用风险、市场风险、操作风险并举,信贷资产与非信贷资产并举,组织流程再造与技术手段创新并举的全面风险管理模式。全面风险管理是国际先进商业银行风险管理发展的新趋势,也是

新资本协议所蕴含的风险管理理念。

目前我国商业银行所面临的经济金融形势与20世纪末西方商业银行十分相似。截至2006年末,我国加入世贸组织过渡期结束,银行业从此全面对外开放,国内商业银行必须直面来自外资银行的竞争。因此,尽快地在经营管理上与国际接轨已经成为我国银行的迫切任务。其中,完成由传统的风险管理模式向全面风险管理的转变正是至为关键的一环,这对增强我国商业银行抵御风险的能力,提高在国际和国内市场的核心竞争力意义重大。

三、我国商业银行全面风险管理的现状与问题

近年来,随着银行业改革和开放进程的不断深入,我国商业银行的风险管理已经取得了很大的进步。尤其是加入世贸组织以来,外资银行的进入在加剧竞争的同时,也将其先进的全面风险管理经验引入中国,对推动中国本土银行风险管理的进步起到了重要作用。但是,我们也应该看到,与全面风险管理的要求相比,目前中国银行业的风险管理仍然存在很大缺陷,与外资银行相比,差距也十分明显。尽管各商业银行已经确立了全面风险管理的理念,但从实际情况来看,风险管理既未覆盖事前监测、事中管理、事后处置整个经营过程,也未覆盖到各种风险类型,对不同类型风险的重视程度和管理能力存在着差异。并且,客观上,作为发展中国家的商业银行,我们还面临着因经济周期波动所引发的风险。

目前我国商业银行风险管理现状可以概括为以下几点:

其一,信贷风险管理最被商业银行所熟悉并重视,能力较强,但问题犹存。

从资产、业务和收益结构来看,以信贷资产、存贷业务和利差收入为主的格局一直以来是我国商业银行经营的主要特征,且到目前仍然没有发生根本性改变。在这种经营格局之下,信用风险管理成为长期以来面临的最主要风险,因此,我国商业银行在长期的实践中,特别在近十年攻克不良贷款难关的实践中,积累了较为丰富的管理经验和手段。然而,我国商业银行在信用风险管理方面仍然存在以下一些问题。

‖ 思索的声音 ‖

一是信用风险与经济周期性波动风险高度相关。目前,中国经济周期性波动的风险正在积累,银行信贷资产质量面临新的考验。周期性波动是经济运行不可避免的规律性表现。作为新兴的市场经济体,我国已经经历了近三十年的持续高速增长,经济在高速稳定发展的同时也积累了诸如发展不均衡以及环境污染和过高能耗等不可承受之矛盾,经济周期性波动的风险正在积累。为此我国产业、行业以及结构正在经历巨大的调整,这种调整从长远看,固然对经济金融的健康持续发展具有极为重要的关键意义,然而从短期看,经济调整可能给银行的经营带来新的风险,特别是环保节能即将掀起的革命性调整,将会带来银行信贷格局的重新调整,国内商业银行将经历重大的资产结构调整并将面临资产质量恶化的可能。

二是社会信用体系尚不健全。由于我国社会信用体系目前仍处于起步阶段,尚不够普遍、不够规范,信用约束机制不强,不讲信用及逃废、悬空银行债务的现象还时有发生。而且信用评级行业组织尚不够健全,整体上难以达到国际认可的技术和管理标准,外部评级所覆盖的企业范围也较小。众所周知,准确的风险评估必须建立在企业或个人所提供的真实数据基础上,然而在现有的社会信用环境下,这一点恰恰是难以保证的。

从商业银行自身来看,信用风险管理体系尚需进一步完善。根据计划安排,工商银行将于2007年底前实现内部评级法的初级法,其他大型商业银行预计也将在此后陆续实现初级法。但是全面风险管理建设还处在一个正在强化的过程中,垂直、独立的风险管理框架尚需完善,一个相适应的信贷业务流程还需进一步优化,信用风险计量水平仍有待提高,信贷资产结构尚需优化,对境外机构的风险管理有待进一步加强,交易对手的信用风险尚待完全纳入统一授信管理范围等。

其二,商业银行缺乏市场风险管理的经验,能力较弱,市场化进程的推进,亟需重点加强市场风险管理。

我们预计,在加入世贸组织后过渡期,中国商业银行将经历金融脱媒和利率市场化的双重夹击,利差将会收窄。实际上在我国利率市场化已在较大范围内实现,目前仅有本币存贷款利率维持管制利率。为兑现我国加入世贸组织的承诺,本币存贷款利率将在不久的将来实现市场化。利率市场化的基本走势就是银行存贷利差收窄。银行利差的收窄,将对那些以传统存贷业务为主的商业银行将形成严重的生存威胁。利率风险将成为我国商业银行最主要的经营风险之一。同时汇率改革正值过关的关键时期,汇率风险也将提上商业银行的风险管理议程。

然而从商业银行自身来看,由于长期在利率和汇率管制环境下,我国商业银行尚未建立起统一的市场风险管理系统,缺乏自主定价的经验和人才,市场风险识别和计量水平亟待改进,衍生金融工具等化解和管理利率风险的必要手段也比较缺乏,市场风险抵补能力有待加强。

其三,商业银行虽比较重视操作风险管理,但由于在识别、防范等方面还受到很多限制,仍需进一步完善。

在经历了粗放式经营下资产质量显著恶化带来的惨痛教训之后,我国商业银行普遍开始重视内部控制和合规经营,已经把操作风险管理提到重要的议事日程上来。然而,由于在识别、防范方面还受到很多制度和管理条件的限制,我国商业银行还没有完成操作风险评估、衡量体系的建设,操作风险的量化管理尚需加强;并且由于受到管理体系、技术条件和人员素质等方面的限制,事前风险控制显得较为薄弱,操作风险的控制重心尚未完全转移到事前管理上。

四、构建商业银行全面风险管理体系的要点

结合工商银行近年来推行全面风险管理经验和体会,我最后简单谈谈我国商业银行构建全面风险管理体系应该注重的几个方面。

(一) 创建全面风险管理文化体系

全面风险管理文化是融现代商业银行的管理思想、风险管理理念、风险管理行为、风险道德标准与风险管理环境等要素于一体的文化,是商业银行企业文化的主要组成部分。培育风险管理文化,就是形成全面风险管理、风险与回报平衡的理念,形成全员统一的风险偏好、风险管理战略和风险管理制

║思索的声音║

度，倡导和强化风险意识，树立囊括各个部门、各项业务、各种产品的全方位风险管理理念，包括信用风险、市场风险、操作风险以及流动性风险等，推行涵盖事前监测、事中管理、事后处置的全过程风险管理行为，引导和推进风险管理业务的发展，使风险管理贯穿于经营决策、资本配置、产品定价、绩效考核等经营管理全过程。

（二）构建全面风险管理组织体系

构建以风险管理委员会为核心，全方位、全过程的商业银行风险管理组织体系。它既是风险管理的组织保障，也是完备风险管理制度和健全风险管理流程的基础载体。加快建设以风险管理重点为核心、风险管理部门协调组织、各业务部门贯彻实施的"三位一体"的新型管理组织体系。

（三）改进风险管理手段和工具，建立和完善风险识别和评估体系

运用资产负债管理和经济资本管理理论，强化商业银行资产负债管理，通过指标体系的建立及技术手段的运用方法，积极调整银行的资产负债结构，兼顾流动性、安全性、盈利性，将经济资本管理风险提升价值创造能力的基本理念融入经营管理活动中，降低经营风险。通过风险定性分析和定量测算，正确评估风险的状况与程度，为风险排列和监管提供依据。加快风险管理信息系统的建设步伐，运用现代风险管理的技术方法，为信用风险、市场风险、操作风险等进行科学测量、评估与控制。

除此以外，保持对宏观经济金融走势以及宏观调控的高度关注、准确判断以及正确回应，也是中国大型商业银行全面风险管理中不可或缺的一个重要方面。防范和缓解经济周期性波动风险的能力，也是中国大型商业银行亟待提高的风险管理能力之一。

（四）加快形成覆盖全部机构、全部业务和贯穿业务全过程的内控管理体系

以"高效信息沟通"为依托，通过电子化信息交流渠道的安全运转，保

证银行内控体系有效运作。通过建立风险报告制度保证风险管理的信息沟通，保证决策层能够通过内控评价和风险报告，对内控状况进行检查评价，对各级机构的风险与内控管理工作进行动态考评，并将考评结果作为确定和调整法人授权权限大小、财务资源分配的主要依据，对风险监测报告进行整理分析，作出有分析依据的判断决策。要高度重视内外部审计的协调联动，积极利用国际审计监督，增强内部控制的健全性和有效性，有效防范和遏制各类重大风险、重大违规问题和大案要案的发生。进一步强化风险管理和内审职能的独立性。

（五）建设高素质的风险管理人才体系

高素质的人才是全面风险管理体系成功实施的关键。我国商业银行应以全球视野打造风险管理人员队伍，引进国内外风险管理专家与风险管理人员的对外交流紧密结合起来，并根据不同的风险管理特点和要求，有针对性地加强对各级信用风险、市场风险、操作风险管理人员的培训，最终锻造出一支专业化、高素质的风险经理和分析师队伍。

构建全面风险管理体系对中国商业银行而言是一项紧迫而富有挑战性的战略任务，在这个过程中，还将有许多问题等待着我们在实践中去求解。面对动荡的市场环境和国际化的激烈竞争，我们必须在全面风险管理上不断强化，强化，再强化。以过硬的全面风险管理保持持久优良的资产质量，在我国新一轮经济社会和谐发展中，发挥金融支柱的力量。

中国商业银行业务结构的创新[①]

近些年来，中国商业银行正在悄然进行着一场战略性的大转型，这是一场以综合化经营和全能性银行为目标的深刻革命。它不是发生在个别银行身上的个别现象，而是中国国内商业银行共同的行为和取向。这场战略转型开始于中国加入世贸组织之初，但真正成为国内商业银行的自觉行动是在近几年。

一、全能化银行模式的国际经验

金融业的混业经营和银行的全能化首先出现在欧美等发达国家。随着经济全球化和金融自由化趋势的加剧，银行、证券、保险等传统的金融服务部门相互渗透、相互融通，并逐渐形成统一的大金融产业的现象越来越普遍。很多国家顺应了这一历史潮流，废除了早已过时的分业经营体制。

从瑞士信贷银行相继收购美国第一波士顿银行、瑞士人民银行、丰泰保险公司、帝杰集团，组建瑞士信贷集团；到花旗银行与旅行者集团合并，收购所罗门兄弟公司，组建花旗集团；到德意志银行收购美国信孚银行；再到日本第一劝业银行、富士银行和日本兴业银行合并组建瑞穗集团，航空母舰式的巨型全能银行越来越普遍。"全能化"成为国际商业银行发展的共同趋势。

从国际来看，商业银行的生存需要是其全能化的根本原因。随着金融脱媒化和利率市场化趋势的日趋深入，传统银行业务的利润空间受到严重挤压，从而激发了商业银行拓展业务边界、实施混业经营的热情。

---

① 这是作者2007年、2008年在人民银行研究生院和清华大学的演讲稿。

所谓全能银行一般具有如下特征：

1. 组织架构多元化。以全球最大的全能银行花旗集团和德意志银行为例，可以看出，全能银行多由以商业信贷业务为主的传统银行，转变为以投资银行、资本市场、个人理财、资产管理、清算交易等新兴金融业务为主，集银行、证券、保险、信托、基金、租赁全方位的金融服务于一身的综合化银行，其组织机构呈现多元化特征（见图1、图2）。

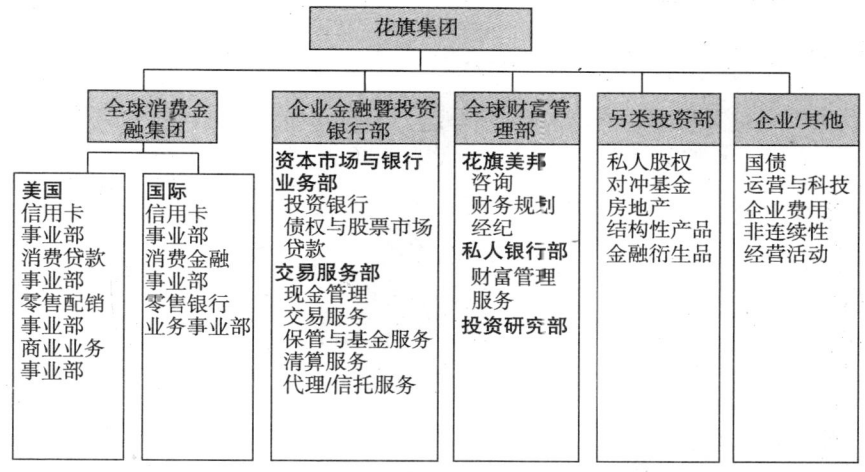

图1　花旗集团的业务部门概况

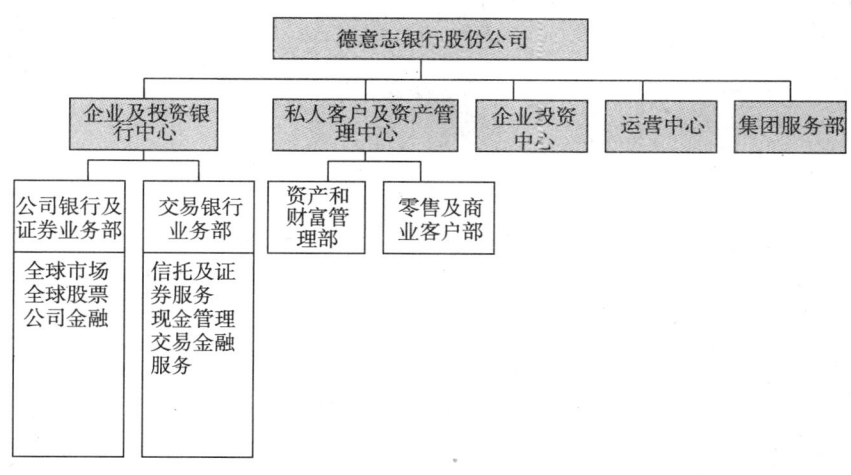

图2　德意志银行的业务部门概况

‖ 思索的声音 ‖

2. 传统存贷款在资产负债结构中占比较低。尽管存款仍然是全能银行至关重要的资金来源，但其地位已经大大削弱，在全部负债中的占比一般仅有30%～40%。全能银行更愿意通过出售或者回购国债、企业债券、股票和衍生工具等金融产品，实现筹措资金的目的（见图3、图4）。在全能银行的资产结构中，贷款占比更低，一般在30%以内，更低的如德意志银行，其贷款占比仅有15%（见图5、图6）。

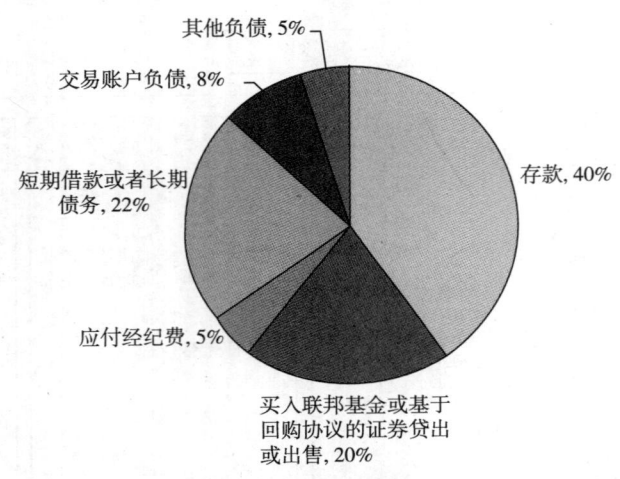

图3　花旗集团的资金来源结构（2006年）

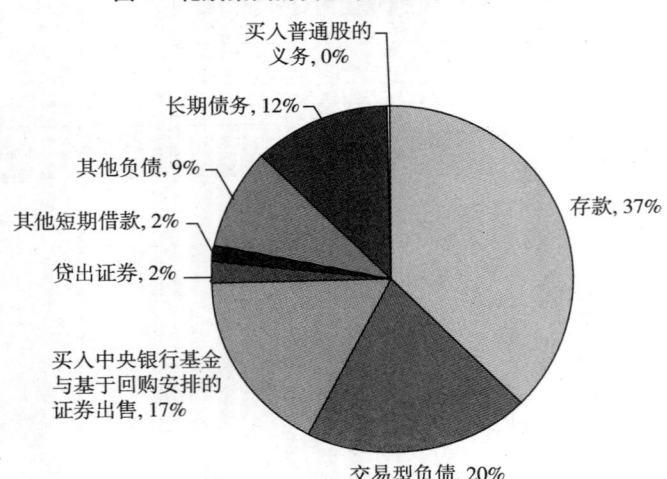

图4　德意志银行的资金来源结构（2006年）

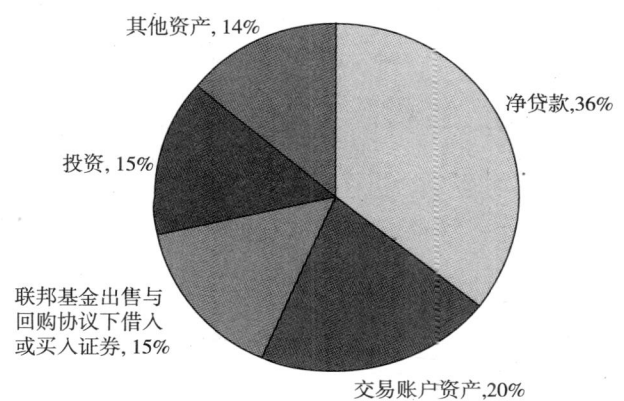

图5 花旗集团的资金运用结构（2006年）

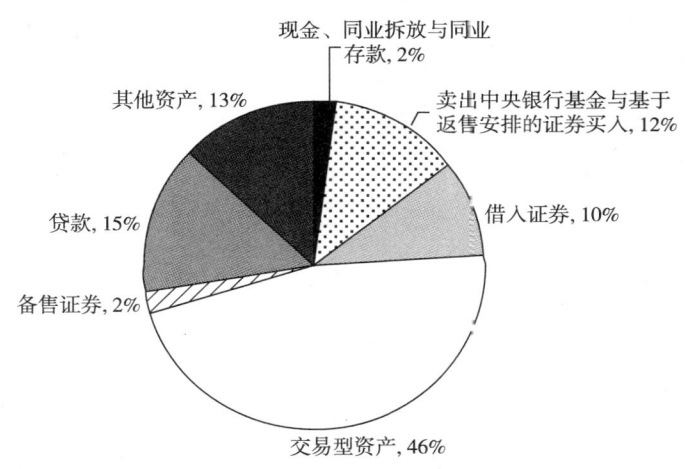

图6 德意志银行的资金运用结构（2006年）

3. 收益来源多元化。全能银行最为典型的特征就是净利息收入已经不是最为主要的利润来源。从两家典型全能银行的收入结构来看，由传统商业银行转型而来的花旗集团，由于其存贷款业务仍占较大比重，不仅净利息收入占比在40%左右，而且净利息收入中存贷利差收入占据了较大份额。而在德意志银行中，传统的银行业务只是维护客户的一种手段，近几年来，存贷款业务经常呈现为负收入（见表1、表2）。

79

‖思索的声音‖

表1 花旗集团收入结构　　　单位：百万美元,%

年份	2003	2004	2005	2006
净利息收入	54 514	41 617	39 240	39 488
其中：存贷利差收入		34 944	33 581	33 365
贷款损失拨备	8 046	6 233	7 929	6 738
拨备后净利息收入	46 468	35 384	31 311	32 750
手续费净收入	15 657	15 981	17 143	19 535
交易利润	4 885	3 716	6 443	7 708
保单收入	2 455	2 726	3 132	3 202
管理费与其他信托收益	4 576	5 524	6 119	6 934
投资出售收益及其他	6 691	10 071	11 565	12 748
经营净收入	100 887	73 402	75 713	82 877
净利息收入占比	46.06	48.21	41.35	39.52

表2 德意志银行收入结构　　　单位：百万欧元,%

年份	2003	2004	2005	2006
净利息收入	5 847	5 182	6 001	6 919
其中：存贷利差收入	1 069	−231	−3 353	−6 802
贷款损失拨备	1 113	372	374	330
拨备后净利息收入	4 734	4 810	5 627	6 589
手续费净收入	9 332	9 506	10 089	11 544
交易利润	5 611	6 186	7 429	8 247
股权投资收益及其他	478	1 044	2 121	1 628
经营净收入	20 155	21 546	25 266	28 008
净利息收入占比	23.49	22.32	22.27	23.53

4. 全功能金融服务。简单地讲，金融服务大体可分为以下八类：（1）银行的资产业务、投资产品和拆借资金运用，包括各类贷款和贴现等业务；（2）银行负债业务、融资产品、拆入资金运用等，例如各类存款和长期债券发行；（3）有价证券发行、中介和管理等业务；（4）银行的往来支付；（5）

银行的中介业务，包括期货期权等衍生金融产品等；（6）投资业务，经营投资公司或者出让投资证书、资产管理等；（7）类银行和非银行融资机构业务，包括租赁、代理、实物资产、房地产等业务；（8）保险业务。鉴于各国政策环境和金融市场广度、深度不一，不同的全能银行所能提供的服务种类大相径庭。但都具有多元化的特征，即全能银行能够提供跨市场的多种金融服务。因此，与分业经营的银行相比，全能银行的客户群更为广泛。

二、中国商业银行综合化经营的早期尝试

在金融改革的早期，中国银行业实施的是混业经营的模式。实行分业经营制度是1994年以后的事情。

20世纪80年代至90年代初，中国组建了四大国家专业银行和众多的中小银行与非银行金融机构。工商银行、农业银行、建设银行和中国银行四大国家专业银行都不同程度地通过全资或参股证券公司、信托投资公司，参与了证券和投资业务。尤其是1992年之后，不仅各家专业银行，甚至人民银行各级分行都开始介入证券、股票、投资、房地产、保险等非银行金融业务。只是由于当时中国的金融体制与市场不够健全，法律制度不够规范，致使金融机构的混业经营在客观上助长了经济过热和通货膨胀。1993年7月后，中国开始进行长达三年的经济与金融秩序整顿，并于1994年底相继颁布了《中国人民银行法》、《商业银行法》、《保险法》、《票据法》等相关法律，从立法的角度确定了中国金融业的分业经营分业监管模式。1999年再度颁布的《证券法》，进一步明确了分业制的金融经营模式。在此期间，商业银行所属的信托投资公司、证券公司、租赁公司、保险公司以及其他非金融类附属机构根据国家的政策规定，或重组改造，或转让，或关闭，相继与银行脱钩。

然而，即使在这一时期，中国仍然允许大型银行和一些集团通过控股公司模式实行集团内的混业经营，如中国国际金融公司（建设银行的投行子公司）、中国银行国际控股公司（中国银行的投行子公司）和工商东亚投资公司（工商银行的投行子公司）的设立与经营，以及允许中国国际信托投资公司集团、光大集团在集团内实行混业经营等。

┃思索的声音┃

三、中国商业银行的战略转型及其效果

进入21世纪后，特别是中国加入世贸组织后，在资本市场发展和外资银行进入的双种压力下，中国商业银行在分业经营法律框架下，也开始了艰难的全能化起步。中国商业银行"全能化"主要通过两种方式来推进，即资本运作与业务多元化。

（一）资本层面的全能化

近年来，中国商业银行越来越重视通过并购方式，涉足证券、保险、基金等其他金融领域。体现为以银行为主业的中信、光大等"准"金融控股公司与银行母公司两种形式（见图7）。图7形象地说明了中信集团借助旗下众多的全资子公司或者控股公司提供多元化金融服务的情况。与中信集团类似，中国光大集团也管辖了诸多的全资或控股企业，例如光大银行、光大证券、

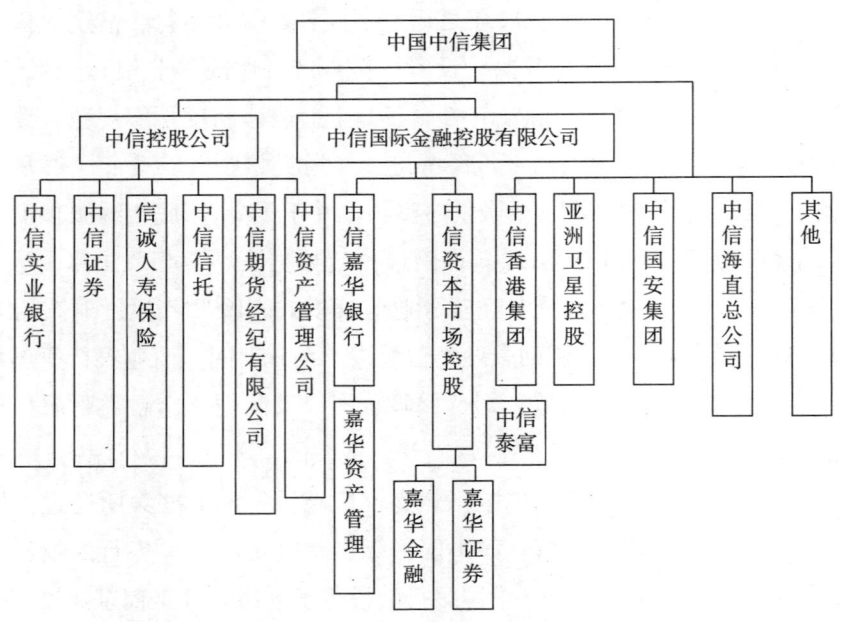

图7 中信集团公司组织架构

港基银行、光大证券、申银万国、博时基金管理公司、光大保德信基金管理公司以及中国光大永明人寿保险公司和标准人寿（亚洲）有限公司等。

工商银行、建设银行和中国银行的全能化则采用银行母公司的形式。1998年，工商银行独资收购西敏证券亚洲有限公司的全部股权，并与香港东亚银行签署协议，联合组建工商东亚金融投资有限公司，主要从事项目融资、海外证券承销和财务顾问等投资银行业务。2002年3月26日，通过工银亚洲（香港）收购了中保国际旗下太平保险24.96%的股份。2005年，经银监会批准，工商银行成立了工银瑞信基金管理有限公司。2007年，工商银行又成立了工银租赁公司。至此，实现了对投资银行、基金和保险等多种金融业务领域的渗透。

其他国有控股银行全能化的途径与工商银行类似。例如，建设银行麾下有中国国际金融公司（投资银行）与建信基金管理公司；中国银行则借助中银国际控股有限公司（中银国际）的平台拓展投资银行业务，通过全资子公司中银集团保险有限公司及其附属和联营公司经营保险业务；2004年，中国银行又通过中银国际，与美林投资管理合资组建中银国际基金管理有限公司。

（二）经营结构开始走向多元化、综合化

经过近几年的转型，中国商业银行的经营机构向着综合化、全能化方向开始有了一定变化。

1. 贷款在资产结构中的地位开始下降（见表3）。表3反映了国内部分银行的资产结构。可以看出，大部分银行已经开始关注到金融市场的发展，并积极调整资产结构。至2008年上半年，一些银行，如交行、民生银行和深圳发展银行等的投资类资产增幅已经超过了客户贷款的增幅。而有些银行，如工行、中行、建行、招行和兴业银行等，其贷款占比已经低于50%，其中工商银行的贷款占比仅有46%。

| 思索的声音 |

表3　2008年上半年样本行资产结构变化情况

（按2008年上半年投资类资产占比降序排列）

单位：亿元人民币,%

	客户贷款及垫款					投资类资产				
	2008-06-30		2007-12-31		增速	2008-06-30		2007-12-31		增速
	余额	占比	余额	占比		余额	占比	余额	占比	
兴业银行	4 335	47.3	3 930	46.2	10.3	2 866	31.3	2 847	33.4	0.7
招商银行	7 226	51.8	6 544	49.9	10.4	3 905	28.0	4 105	31.3	-4.9
华夏银行	3 256	51.8	2 985	50.4	9.1	1 732	27.6	1 875	31.7	-7.6
交通银行	12 179	50.2	10 828	51.5	12.5	6 656	27.4	5 657	26.9	17.7
中信银行	6 228	55.7	5 657	55.9	10.1	2 982	26.7	2 796	27.7	6.6
深圳发展银行	2 402	54.4	2 150	61.0	11.7	1 147	26.0	696	19.7	64.9
建设银行	34 460	48.8	31 832	48.2	8.3	17 795	25.2	18 035	27.3	-1.3
中国银行	31 420	48.4	27 545	45.9	14.1	15 187	23.4	14 812	24.7	2.5
工商银行	42 333	45.0	39 575	45.6	7.0	20 992	22.3	19 945	23.0	5.3
民生银行	6 036	56.9	5 473	59.5	10.3	2 243	21.1	1 732	18.8	29.5
浦发银行	6 053	60.4	5 357	58.5	13.0	1 593	15.9	1 748	19.1	-8.8

2. 负债结构开始出现多元化迹象（见表4）。表4反映了中国国内部分商业银行的负债结构。可以看出，客户存款仍然是中国商业银行最为主要的资金来源，绝大多数银行的客户存款在负债总额中的占比均在70%以上，工商银行、中国银行、建设银行、浦发银行、中信银行和深圳发展银行的客户存款在负债总额中的占比都超过了80%。但随着金融市场发展的储蓄分流效应的加剧，大多银行正在尝试借助更为多元化的渠道筹措资金。与2007年末相比，中信银行、深圳发展银行、民生银行、华夏银行和兴业银行客户存款在负债中的比重已呈下降趋势。

表4 2008年上半年样本行负债结构变化情况

（按2008年上半年客户存款占比降序排列）

单位：亿元人民币,%

	负债总额			客户存款				
	2008-06-30	2007-12-31	增速	2008-06-30		2007-12-31		增速
				余额	占比	余额	占比	
建设银行	66 023	61 759	6.9	57 816	87.6	53 295	86.3	8.5
浦发银行	9 680	8 867	9.2	8 335	86.1	7 635	86.1	9.2
工商银行	88 456	81 400	8.7	75 387	85.2	68 984	84.7	9.3
中信银行	10 270	9 271	10.8	8 495	82.7	7 872	84.7	7.9
中国银行	60 235	55 406	8.7	49 278	81.8	44 806	80.9	10.0
深圳发展银行	4 249	3 395	25.2	3 341	80.7	2 813	82.8	22.0
招商银行	13 183	12 426	6.1	10 466	79.4	9 435	75.9	10.9
交通银行	22 910	19 748	16.0	18 111	79.1	15 558	78.8	16.4
民生银行	10 070	8 696	15.8	7 604	75.5	6 712	77.2	13.3
华夏银行	6 137	5 793	5.9	4 573	74.5	4 388	75.8	4.2
兴业银行	8 731	8 124	7.5	5 341	61.2	5 054	62.2	5.7

3. 贷款利差收入在收入结构中的地位开始有所降低（见图8）。图8是样本银行存贷款利差收入在全部营业收入中的占比。可以看出，尽管贷款利差收入还是中国商业银行最主要的收入来源，但是其重要性出现了下降。一些银行，如工商银行、中国银行的贷款利差收入占比已经降到60%以下。

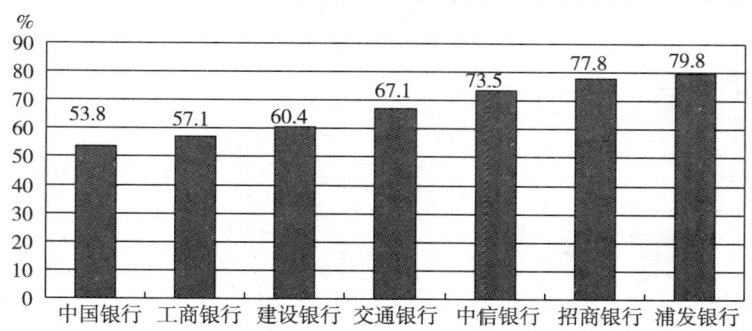

图8 2008年上半年样本银行贷款利差收入占营业收入的比例

‖思索的声音‖

4. 手续费佣金收入在收入结构中的比例提高（见图9、图10）。图9反映的是2008年上半年样本银行净手续费及佣金收入增幅。2008年，各行纷纷加大中间业务的发展力度，使得各行的净手续费及佣金收入均有大幅度的提高。2008年上半年，大部分样本银行的净手续费及佣金收入增幅都超过了50%，远远超过了营业收入增幅。其中，中信银行的表现最为抢眼，净手续费及佣金收入增幅高达128.3%。图10反映的是2008年上半年样本银行净手续费及佣金收入占营业收入的比例。2008年各行净手续费及佣金收入的比重都在提高，其中工商银行、中国银行和建设银行手续费及佣金净收入在净收入中的占比已经超过了15%，说明了随着金融市场的日渐成熟，中国商业银行正在积极的推进业务朝着多元化方向发展。

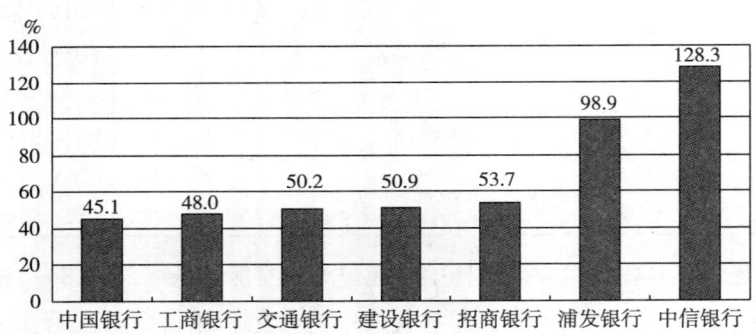

图9　2008年上半年样本银行净手续费及佣金收入增幅

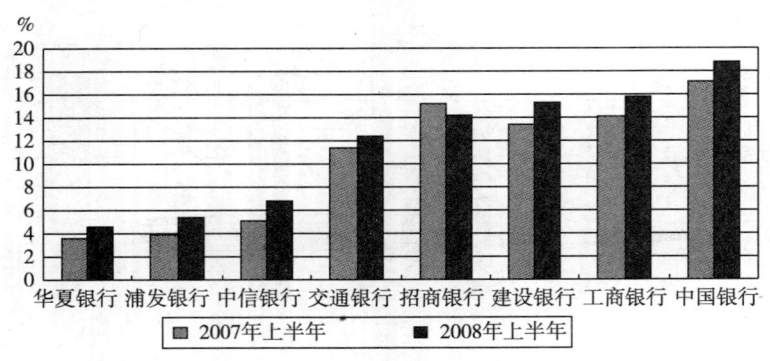

图10　2008年上半年样本银行净手续费及佣金收入占营业收入的比例

应当说，到目前为止，以存贷款业务为主仍然是中国商业银行的主要特征。存款仍然是商业银行最为主要的资金来源。贷款仍然是商业银行最为主要的资金运用方式。存贷款利差收入也还是商业银行最为主要的利润来源。但值得关注的是，无论是存贷款在资产负债中的比重，还是利息收入在营业收入中的占比，都呈现了明显的下降趋势。由此可见，中国商业银行正在积极推进经营转型，为业务全能化奠定基础。

（三）中国商业银行近年基本的发展趋势

通过对 11 家样本银行[①]2005—2008 年发展指标的分析，得出了中国国内商业银行发展的基本趋势：

1. 总量增长仍处在高峰期，贷款规模持续扩张。近两年中国银行业充分分享了中国经济高速增长的红利，经营规模和盈利能力保持了快速增长的势头。2006 年至 2008 年 9 月，11 家样本银行平均的资产增长率达 23.2%，其中中小股份制银行达 26.6%；11 家样本银行平均的贷款增长率达 18.7%，其中中小股份制银行达 20.4%；11 家样本银行平均的利润增长率达 66.6%，其中中小股份制银行达 82.2%。

2. 转型速度加快，非信贷资产占比及其收益占比迅速提高。加快经营结构，特别是资产结构和盈利结构的战略转型是近三年中国国内商业银行的基本特征。2006 年至 2008 年 9 月，11 家样本银行平均的非信贷资产增长率达 30.6%，比贷款增长率高 12 个百分点；截至 2008 年 9 月末，11 家样本银行平均信贷资产占比已降至 52.2%，比 2006 年下降了 3.4 个百分点。2005—2007 年，11 家样本银行的理财和代理业务收入的平均增长率达 159.30%，比净利息收入增长率高 123.8 个百分点；2008 年前三个季度，11 家样本银行净收入中投资及交易类收入的平均占比达 20.7%，手续费及佣金收入的平均占比达 10.9%，比 2006 年提高了 4.7 个百分点，存贷利差收入的平均占比已降至 65.7%。

---

① 11 家样本银行为中国的上市银行。分别是工商银行、建设银行、中国银行、交通银行、招商银行、中信银行、民生银行、浦东发展银行、兴业银行、华夏银行、深圳发展银行。

‖ 思索的声音 ‖

3. 经营质量不断提高,风险管理能力有所加强。2006 年至 2008 年 9 月,11 家样本银行平均的不良贷款率降至 1.93%,比 2006 年下降了 1.12 个百分点;贷款拨备覆盖率提高至 137%,比 2006 年上升了 41 个百分点;资本充足率提高至 11.4%,其中核心资本充足率达 8.3%,分别比 2006 年提高了 1.4 个和 0.9 个百分点;成本收入比降至 32.5%,比 2006 年下降了 8.2 个百分点。

鉴于今后三年中国经济仍处于工业化和城镇化快速发展时期,经济将在较长时间保持较快增长,中国银行业将继续在总量增长和转型发展的双重动力拉动下,保持快速发展的态势。

中国商业银行下一步推进改革发展的几个主要问题[①]

今年是我国改革开放30周年。经过三十年的改革开放，中国金融业获得了巨大发展，特别是近五年的改革，已经使国有商业银行彻底解决了历史遗留的不良资产包袱，初步实现了向现代金融企业的转制，跃居于全球银行业排名榜的前列。这项改革由于其史无前例，因而过程中充满了争论和犹豫，这很正常。但无论怎样争论，时至今日当我们回首总结时，银行业特别是国有商业银行改革所获得的巨大成功是世人有目共睹的。真正认识这场改革的必要性和正确性，我觉得要放入一个大的背景中来观察和评判。中国2001年12月加入世贸组织后，国内金融市场的全面放开是加入世贸组织过渡期结束后的必然。如果不能在加入世贸组织过渡期结束前基本解决国有银行不良资产比例过高、经营机制财政化等问题，在外资全面进入国内市场的条件下，中国的国有银行就会丧失竞争力，遭遇破产风险，从而导致中国的银行体系面对崩溃的危机。这才是中国经济和金融业在当时面对的最大的风险，也是此后国家采用注资、引资、二次剥离、财务重组、股改上市等一系列手段，利用过渡期基本解决国有银行问题的主要原因和最大的道理。股改上市后国有银行所取得的成就已经证明了这一改革的正确。作为三十年金融改革和近五年股份制改造的亲历人，我们国有银行对改革的正确性和有效性有着更加深刻和切实的感受，因而我们对于继续坚持改革开放有着更为坚定的信念。

然而，回顾和总结历史的目的是为了向前看，继续和更好地前进。对于

[①] 这是作者2008年7月在银监会举办的"银行业热点问题学术论坛"上的演讲稿。

思索的声音

下一步银行业如何更好地改革开放问题,我仅就我们最关心的两个问题,谈点个人看法。

一、关于鼓励商业银行自主创新提升核心竞争力问题

当前,我国商业银行正面对着加入世贸组织后过渡期金融业全面开放,国内利率市场化和金融脱媒化,以及国际环境不确定性增强和国内经济波动风险的三大挑战。作为国有股份制商业银行,为了应对这三大挑战,在错综复杂的国际国内经营环境中,化解结构性与体制性风险,目前正在推进经营的战略转型,通过大力推进体制、机制、管理、业务和技术创新,推动经营模式、增长方式的转变和竞争力的提高。创新是国内银行提升核心竞争力应对国际竞争冲击的主要途径,亦是国内商业银行转变经营模式和增长方式的主要手段。目前国内商业银行存在创新不足的问题,严重影响了国际竞争力的提升。究其原因,固然有很多的内在原因,但是创新自主权不足和鼓励不足是重要的外部原因。为此我有四点建议:

一是给予国有银行业务和产品创新自主权,对可以放权的创新业务和创新产品实行国有银行总行审批、"一行三会"报备制。"一行三会"主要通过控制国有银行的资本充足率和资产风险率来实现对银行业经营风险的总体控制。

二是给予国内银行业产品定价自主权,实行银行同业定价机制,监管机构控制价格的合理波动区间。包括产品和服务在内的定价,应是商业银行在平衡风险收益和成本基础上的自主行为,要允许商业银行以市场为导向自主定价。监管机构主要利用银行同业自律机制形成银行产品与服务的定价调节机制,禁止哄抬价格或"压价倾销"等非正常竞争行为,使得产品与服务价格控制在合理区间内。

三是对必须经监管机构审批的业务要加快审批速度,提高审批效率。鉴于国际竞争压力日益加大,国内银行业务创新必须"只争朝夕"。对合乎条件的国有银行的创新项目,监管各方要建立"快速审批通道",提高审批效率。

四是要尽快制定鼓励银行业务创新的配套监管法规,及时修改现有银行

监管法规中不切合目前金融市场实际和有碍银行业务和产品创新的规定。在美国爆发"次贷风波"的背景下,我们既要高度重视和审慎对待金融衍生产品、资产证券化等创新带来的风险,更要正面吸取教训,不能因噎废食,要打破在银行金融衍生产品和资产证券化等方面创新的限制,使监管法规能够充分体现鼓励商业银行积极创新的精神。

二、关于推进金融综合经营问题

从世界范围看,金融业的综合经营是个大趋势,中国也不能例外。从国内需要看,综合经营是国内银行应对国际竞争和金融脱媒,实现战略转型、转变经营模式和增长方式的主要路径之一。

目前综合经营的推进主要遇到四大制约:一是法律制约。尽管中央已明确要在"十一五"期间稳妥进行金融业综合经营试点,但现有银行法律法规欠缺支持商业银行综合化经营的配套规则,急需补充和修改。二是产品制约。长期的分割使银行业、证券业、保险业和基金业等各业的产品相互独立,互不兼容,可以跨行业跨市场的融合性金融产品极其匮乏。三是市场制约。虽经改革开放后二十多年的发展,我国金融市场已初步形成,但是极不发达,特别是银行资产的二级交易市场现在基本没有,货币市场和资本市场、本币市场和外币市场尚未完全打通,跨银行、证券、保险、基金等的综合业务缺乏操作平台。四是监管不适应。金融业综合经营要求银监会、证监会、保监会在监管上要做到协调一致,实现"无缝链接"。

为推进综合经营,我有五点建议:

一是国家政策层面要加大推动金融业综合经营的力度。如果仅依靠国内金融业自身的"自然转变",综合经营和银行业经营转变的速度就会很慢,与国际银行业相比较的差距就会进一步拉大,竞争力难以提升,无法适应后过渡期国际竞争的需要。建议国家加大鼓励综合经营的政策力度,扶植和培养以国有商业银行为主体的中国金融业综合经营新体系。

二是国家应抓紧建立中国自己的投资银行体系。随着我国企业越来越多地在国际市场上投融资和国内资本市场的发展,服务于国内企业直接投融资

思索的声音

和理财需求的投资银行业务成为重要的金融市场和效益资源。要改变目前国外投资银行垄断国内投行业务市场的局面，以实力和管理均比较好的国有股份制商业银行为基础，通过自己设立或兼并收购等方式，建立起中国自己的投资银行，满足国内企业国际国内直接投融资需求，增加国内银行效益，促进国内银行转型。

三是培育"相互融合"的金融市场体系。金融市场的各子市场间有着无法分割的联系，适度地融合和连接是资本市场、货币市场、基金市场、期货市场等金融市场健康发展的必要条件。建议在监管比较成熟的条件下，逐步对金融机构和大企业等合格机构投资者开放资本市场，在有效防范风险的基础上，建立各金融市场联结机制，逐步改变金融市场分割的局面，为金融业综合经营创造平台。

四是实现金融业监管的"无缝链接"。我国是在金融业分业经营分业监管法律框架内试行金融业综合经营的。这就使金融业监管各方的协调一致成为实行金融业综合经营的先决条件。建议"一行三会"本着鼓励促进综合经营的宗旨，建立协调监管机制，充分协调监管政策。要防止"一行三会"监管规定和政策"政令不一"相互矛盾的问题发生。

五是国家要及时提供鼓励金融业综合经营的法律支持。及时清理和适时修改现有法律中有碍于综合经营发展的规定，放松并适时修改对商业银行对外投资以及在企业债券、股票等有价证券投资方面的严格限制，为推动国内金融业综合经营提供必要的法制环境。

对坂本校长关于"次贷危机"专题演讲的回应[①]

按照商定的题目,坂本校长已经对"次贷危机"的发生过程和生成原因作了一些介绍,安田教授也就"日本银行的经营现状"作了介绍。感谢两位教授的演讲,我觉得很受启发。下面,我重点就"次贷危机"问题对坂本校长的演讲作一个回应。

我们工商银行城市金融研究所从2007年开始关注"次贷危机",并在今年2月根据我行领导的要求,编写了一本叫做《次贷风波启示录》的著作。在这部著作中,我们分析了次贷的起因、演变和扩散过程、原因、启示等。今年9月后,随着次贷危机发展成为金融危机,我更关心的是,为什么会发生这场金融危机?是什么导致了这场危机?怎样才能避免再发生类似的危机?

通过研究分析,我们发现,金融机构本身过度追求短期业绩和效益,导致了风险的堆积;评级中介机构在对金融衍生品包装和评级时不断增长其信用等级,而没有及时揭露其风险;美国政府宏观监管者长期坐视资产价格的过度推高而无任何限制和作为,都是造成次贷危机的原因。除此之外,深挖根源,我认为也许还有三个更深层次的问题值得反思。

第一,美国式的经济增长方式出了问题。美国经济以负债消费和负债经营为特征,居民通过贷款或透支进行过度消费,国家主要通过发债维系过度发展,这种对抵押消费和外部资本的过度依赖导致其发生财政和外贸收支"双赤字",经济结构不断恶化。深层次看,美国经济结构的失衡和透支性增

[①] 这是作者2008年10月在"第九届中日国际研讨会"的演讲稿。

思索的声音

长模式是次贷危机最终形成的根本原因。由此提示我们，美国式的透支性增长方式不是可持续的经济增长方式。

第二，市场是不能自发地解决一切问题的。这次次贷危机是自有金融衍生产品以来的第一次重大的全面的危机，而金融衍生产品风险具有复杂性和隐蔽性。通过一次次的包装和信用升级，衍生品的风险被市场不断地掩饰起来，使得普通投资者难以辨认。并且，金融监管者对衍生品风险没有管理措施，各金融子市场间也没有设置"防火墙"。这种金融衍生产品风险的复杂性与对其的风险管理的不匹配，是次贷危机迅速扩散至各个市场并不断演进为金融危机的重要原因。由此提示我们，完全放任市场的"自由主义"并不是完全有效的。

第三，全球经济金融结构不平衡的格局到了非改不可的时候。在当今全球金融市场上，美国债券和衍生品占据了绝大多数市场份额，各国投资者在国际金融市场上能够买到的产品几乎都是美国的债券或金融衍生产品。美国"一极独大"和全球资本、债券等金融市场的结构失衡是次贷危机能够蔓延至全球并引发全球性金融危机，对全球实体经济产生较大破坏力，使全世界面对经济危机风险的根本原因。

很显然，究竟什么样的增长方式才是可持续的？如何在大力推进金融创新的同时，加强对金融衍生品风险的控制？特别是，如何尽快实现全球经济金融格局的多样化调整？这样三个问题是我们正在考虑的问题。我们期望就这些问题，与熊本学园大学的教授们，与厦门大学的教授们作进一步的探讨和交流。

中国商业银行改革发展任重道远[①]

2008年是很不平常的一年,由于次贷危机及其引发的国际金融危机,2008年将被突出地记入世界现代金融史和经济史;同样,由于更多的理由,包括南方冰冻雪灾、四川大地震、北京奥运会、十七届三中全会和改革开放三十周年,以及次贷危机和国际金融危机的负面影响,2008年将被突出地记入中国现代发展史。所以2008年有太多话题,我仅就几个问题谈谈看法,与各位切磋。

一、中国商业银行三十年改革发展的基本成绩

2008年是改革开放三十周年,本月又是三十年前党的十一届三中全会召开的日子,所以,我觉得有必要先回应一下这个重大的日子。

简要地讲,中国商业银行改革发展三十年的历史脉络大致可以分为三个时期或阶段。1979—1993年作为中国商业银行的诞生期,主要特征是中央银行的独立、国家专业银行体系的建立、中小商业银行及多种非银行金融机构的诞生,金融市场的萌芽和银行间竞争的发端。1994—2002年是中国商业银行的成熟期,这个时期以治理整顿金融秩序、金融业分业监管分业经营、分离商业银行体系与政策性银行体系、国家专业银行商业化改制、剥离国有银行不良贷款为特征,政府控制银行和银行财政化的经营机制开始扭转,不良贷款问题得到解决。2003年至今,是中国银行业体制改革史上的第三次革命,即最为重要和彻底的一次改革。在这个时期,中国的商业银行普遍地实施了

[①] 这是作者2008年12月在北京国际金融学会举办的"2008金融学术前沿论坛"上的演讲稿。

‖ 思索的声音 ‖

股份制改造，无论国有商业银行还是中小商业银行通过股份制改造和上市，实现了和正在实现产权多元化，市场化经营和股东利益最大化成为商业银行的经营目标，商业银行基本建立起现代金融企业的公司治理框架，基本实现了自主经营、自负盈亏和自担风险。

概括起来，经过三十年的改革开放，中国银行业获得了巨大发展，特别是近五年的改革，已经使国有商业银行彻底解决了历史遗留的不良资产包袱，初步实现了向现代金融企业的转制，跃居于全球银行业排名榜的前列。这项改革由于其史无前例，因而过程中充满了争论和犹豫。但无论怎样争论，时至今日当我们回首总结时，银行业特别是国有商业银行改革所获得的巨大成功是世人有目共睹的。真正认识这场改革的必要性和正确性，我觉得要放入一个大的背景中来观察和评判。中国2001年12月加入世贸组织后，国内金融市场的全面放开是加入世贸组织过渡期结束后的必然。如果不能在加入世贸组织过渡期结束前基本解决国有银行不良资产比例过高、经营机制财政化等问题，在外资全面进入国内市场的条件下，中国的国有银行就会丧失竞争力，遭遇破产风险，从而导致中国的银行体系面对崩溃的危机。这才是中国经济和金融业在当时面对的最大的风险，也是此后国家采用注资、引资、二次剥离、财务重组、股改上市等一系列手段，利用过渡期基本解决国有银行问题的主要原因和最大的道理。股改上市后国有银行所取得的成就已经证明了这一改革的正确，特别在当前美国次贷危机及其引发的国际金融危机下，我们越加深刻地领略到实施国有商业银行股份制改革的正确和必要。如果我们没有在过去的五年把国有银行问题解决掉的话，今天的国际金融危机中受伤害最大的很可能就是我国。作为三十年金融改革和近五年股份制改造的亲历人，我们国有银行对改革的正确性和有效性有着更加深刻和切实的感受，因而我们对于继续坚持改革开放有着更为坚定的信念。

二、中国商业银行继续改革任重道远

回顾和总结历史的目的是为了向前看，继续和更好地前进。下一步中国商业银行改革发展还任重道远。概括地看，我国银行业下一步面对这四大考验。

（一）商业银行将经受中国经济波动带来的风险考验

爆发于2007年第三季度的美国次贷危机，经过一年的延展，在2008年第三季度后突然恶化，升级为国际金融危机，并进而把全世界带到了全球性经济危机的悬崖上。由于金融危机对实体经济的传导具有滞后性，次贷危机对实体经济的负面影响将在2009年集中显现。因此2009年全球经济增长明显放缓已成定局。国际金融危机已经给我国经济带来严重负面影响，2008年经济增长放缓已经出现，预计2009年将继续放缓，国内宏观经济政策已经再度转向以扩大内需为主的扩张性政策，抵御外部危机，保增长成为我国经济工作的首要任务。扩大投资和取消信贷规模等提振经济的政策为商业银行提供了更多拓展市场和业务的机遇，但同时，外部环境的恶化造成国内商业银行盈利持续增长的诸多困难，特别是经济增长下滑一般都会伴随着银行信贷资产质量的下滑，经受住这次经济动荡的冲击，保持住资产质量的持续优良，以及盈利水平的基本稳定是对我国商业银行特别是国有商业银行改制成效和管理水平的考验。关于这方面有很多话题，我仅就三个问题谈点个人看法。

1. 美国次贷危机的产生根源。

直接地看，美国金融机构本身过度追求短期业绩和效益，在经济高涨时降低贷款门槛，放松风险防范，导致风险的堆积；评级中介机构在对金融衍生品包装和评级时不断增长其信用等级，没有及时揭露其风险；美国政府宏观监管者长期坐视资产价格的过度推高和金融衍生品的过度交易，而无任何限制和作为，这些都是造成次贷危机的直接原因。

深层次看，第一，美国式的经济增长方式出了问题。美国经济是消费为主的经济，特别以国家和国民的负债消费和负债经营为其基本的经济特征。美国主要通过发债来维系其过度发展。有数据表明，2007年美国GDP总量为11.5万亿美元，而2007年美国债券市场总存量已达31.72万亿美元，约为当年GDP的3倍。同样，美国国民主要通过贷款或透支来维系过度消费，截至2007年末，美国全国的消费信贷总余额为25 213.7亿美元，其中信用卡透

‖ 思索的声音 ‖

支额度已达近万亿美元。这种透支消费和对借债的过度依赖导致其发生财政和外贸收支"双赤字",经济结构不断恶化。有数据表明,2008 财年美国财政赤字规模已由上年的 1 615.27 亿美元大幅上升为 4 548.06 亿美元。与此同样糟糕的是,2007 年美国贸易赤字已达 7 002.59 亿美元。深层次看,美国经济结构的失衡和透支性增长模式是这场次贷危机最终形成的根本原因。美国式的透支性增长方式不是可持续的经济增长方式。

第二,自由市场经济具有缺陷。市场在资源配置中有着重要的作用,但是市场并不是万能的。并且,在及时揭示金融风险方面,市场不仅不是万能的,而且还在一定程度上遮蔽和掩盖了风险。这次次贷危机是自有金融衍生产品以来爆发的第一次重大危机。我们知道,金融衍生品具有两面性,一方面它是通过金融市场转移和分散风险的工具,另一方面它也是通过金融市场交易获利的手段。正是市场及其交易使得金融衍生产品的风险具有了复杂性和隐蔽性。一笔贷款,即使是次级贷款,当它处于贷款形式时它的风险是很清楚的。然而,当它以衍生品的形式进入衍生品交易市场后,在一次次地转手交易中,通过一次次地包装和信用升级,其风险就被市场不断地掩饰起来,使得投资者难以辨认。然而更成问题的是,金融监管者对衍生品风险放任自流,听任市场对风险的一再掩盖,没有什么有效的管理措施,各金融子市场间也没有设置必要的"隔火墙"。正是这种对市场及其作用的"自由主义"政策,以及金融衍生产品风险的复杂性与对其的风险管理的不匹配,形成了次贷危机迅速升级扩散至各个市场并不断演进为金融危机的重要原因。

第三,全球经济金融结构不平衡的格局到了非改不可的时候。在当今国际金融市场上,美国债券和衍生品占据了过多的市场份额,各国投资者在国际金融市场上能够买到的产品几乎都是美国的债券或金融衍生产品。据国际清算银行的统计数据,截至 2007 年末,国际债券市场的债券总值为 21.58 亿美元,其中美元债券的规模达到 7.54 万亿美元,占国际债券市场的 35%;国际衍生产品市场所有的衍生产品合约总值为 56.24 万亿美元,其中,涉及美元的衍生品合约总值达 46.95 亿美元,占衍生品合约总值的 83.5%。很显然,美国"一极独大"和全球资本、债券等金融市场的结构失衡是次贷危机能够蔓延至全球并引发国际金融危机,对全球实体经济产生较大破坏力,进而使全世界面对经济危机风险的根本原因。

2. 中国宏观经济政策转向是必要的和适时的。

11月9日,我国宏观经济政策进行了大调整,财政和货币政策同时转向扩张,扩大内需再度成为经济工作的主导方针。有不少人问,既然中国经济的基本面是好的,宏观政策为什么要转向?我觉得至少有两点可以有助于我们理解这次政策调整的必要和适时。第一是因为外部经济环境的进一步恶化。数据表明,至今年第三季度,美国经济已经滑向经济衰退的泥潭。与此同时,欧元区经济体以及日本、英国等也出现了经济增长停滞和负增长,新兴经济体的增长也出现大幅下滑。可以说,全球已经拉响了经济衰退的警报,2009年世界经济增长明显放缓已成定局。由于我国与世界经济的关联度已经大大超过十年前,所以国际金融危机造成的世界经济增长放缓对我国经济增长产生了极大的影响。据相关数据表明,我国的出口已经受到严重影响,GDP和投资增长有所减缓,房地产市场和股市剧烈震荡下行,企业特别是出口型企业亏损加大。值得特别注意的是,这种负面影响随着国际金融危机的持续恶化还有加重的趋势,我国必须要及时转变政策方向,全力应对和抵御这种负面影响,才能够保持住中国经济平稳较快的增长。如果说第一点只是转变的外因,那么,决定转变的内在因素就是第二点,就是我国经济发展中的主要矛盾出现了变化。2007年,我国经济增长达到了新一轮增长的最高峰,同时,由于经济结构深层次矛盾的作用,经济中确实出现了较为明显的过热迹象和较为严重的通胀压力,消费物价指数短短几个月上升到8.7%的高水平,能源、资源再度成为经济发展"瓶颈",股市房市价格持续走高,经济泡沫急剧堆积,对经济平稳较快的持续增长形成了威胁。当时国内经济发展的主要矛盾是经济过热和通胀压力过大,宏观政策上以"防止经济过热和防止严重通胀"为主旨是正确的和必要的。进入今年第三季度后,GDP增速回落至10%以下,CPI回落至5%以下,宏观"双防"的调控目标基本实现。宏观政策本已到了一个转向的关口。恰在此时,美国次贷危机急剧恶化并上升为国际金融危机,给中国经济带来了严重的负面影响,诸多经济指标出现了明显下行,

‖思索的声音‖

此时国内经济发展的主要矛盾已经是抵御全球性金融危机的负面影响,在危机的外部环境下保持中国经济的平稳较快增长,所以宏观决策层及时把政策方向调整为扩大内需,以期对抗外部危机,全力保持经济平稳较快增长,显然这是正确的和适时的。

3. 抵御外部危机中国商业银行要防止两种倾向。

首先要防止"惜贷"倾向。11月份宏观经济政策调整之后,社会上普遍存在一种担心,即担心商业银行"惜贷",不积极响应宏观刺激经济的措施和投资计划。关于这个问题我觉得应当明确几点:第一,对于外界来说,要正确理解商业银行。第三季度后经济出现下行,部分企业出现经营困难、盈利下降,确实导致商业银行的不良贷款有所抬头,对此商业银行给予高度警惕,贷款行为更趋谨慎是可以理解的。实际上,商业银行保持良好的资产质量和经营的稳定是我国抵御外部危机、经济保持平稳较快增长的前提性和基础性条件,是对实现宏观保增长目标的最大贡献。第二,无论银行家还是企业家都要树立坚定信心。我个人认为,中国经济一定能够成功抵御次贷危机和全球经济放缓带来的负面影响,一定能够保持经济平稳较快的增长。这种信心来自三点基本判断:一是中国金融体系的稳定和安全构成了中国成功对抗次贷危机和全球金融危机的基础。二是中国经济有旺盛的内在发展需求,为经济提供了持久的增长动力。三是中国宏观决策层的稳健和灵活,使成功抵御次贷危机成为可能。第三,要防止"惜贷"倾向。商业银行要积极响应宏观政策调整,因为这也是商业银行根本利益所在。这次以国家重点项目建设、"三农"建设、中小企业发展和灾后重建为重点的内需扩大,在方向上和商业银行是一致的,商业银行一直是以国家重点项目和优质客户为主要支持对象的,所以,商业银行应该并且已经积极响应宏观政策的转变,及时参与到抵御外部危机、防止经济下滑的措施中来。例如工商银行积极响应国家号召,加大放贷力度,仅今年11月份后就新增贷款890亿元,超出原计划的23%。从根本上说,及时而积极地支持经济增长,确保经济不受或少受外部危机的负面影响,保住经济平稳较快增长局面是商业银行的根本利益所在。如果我国应对不利,经济增长出现大幅滑坡,企业大面积亏损,商业银行将遭受更大的损失和风险。因此,商业银行防范风险需要辩证地处理,既不能借扩大内需放开贷款规模之际,无视风险一味地大放贷款,也不能因企业出现暂时困难而"过度反应",急于抽回贷款。要在审慎对待风险的前提下,积极响应国家扩大内需的经济方针,从保增长的大局出发,帮助扶持企业共渡时艰。

其次,要防止助推经济过热。也有人担心,一旦放开信贷规模,恐怕会引发新一轮的投资过热,导致商业银行的投资冲动,从而加大银行风险。我认为这种担心是有道理的,也是需要商业银行警惕和防止的另一种倾向。实际上,本次宏观调控政策调整相比1997年更加全面、灵活和审慎,更加注重经济增长和结构调整、短期效益和长期利益、投资与消费及促进增长和深化改革间的平衡。这次贷款规模的放开,并不是"大撒手"式的放开不管,这次是"适度宽松",何谓"适度"?就是在强调保经济增长的同时,强调要坚持调整经济结构,在加大对重点项目、"三农"、中小企业和灾后重建加大信贷支持力度的同时,强调坚持有保有压,对高能耗、高污染、产能过剩的企业行业,仍将坚持限制措施。对这次宏观政策的调整,商业银行要有全面的理解,这是有保有压的放开,是有控制的、有区别的放开。同时我认为,我们讲中国经济的基本面没有改变,不仅讲经济强劲增长的好的方面没有变,而且讲中国经济内在的深层矛盾也没有变,我国经济结构确实存在过分依赖投资拉动,消费需求占比过低的深层次矛盾,经济结构确有彻底调整的必要。应当说高层在十年前已经意识到这个问题,并一直努力想解决这个问题。尽管在当前时机下,抵御外部危机带来的负面影响是主要矛盾和当务之急,但在扩大内需和促进经济增长的同时,我们也不能忘记防范风险的重要和必要,要把结构调整贯穿在经济提振的过程中,放大经济中健康增长的好的一面,使重点项目和好的企业得到支持,使经济结构得到优化,对"两高一过"项目和企业要坚决限制,对投资冲动要有节制,防止经济中深层次的结构矛盾借经济提振之际扩大起来,为日后发展积累风险。

(二) 商业银行将经受利率市场化考验

自1996年以来,我国的利率市场化改革遵循先外币、后本币,先贷款、

思索的声音

后存款、先农村、后城市、先大额、后小额的原则和步骤循序渐进。截至目前，包括国债、金融债在内的非存贷工具和银行业拆借市场、银行间债券市场、货币市场、外汇市场已实现市场化，存款下限与贷款上限已放开，同业存款和银行理财产品的价格也已完全放开，贷款在基准利率基础上可下浮10%（个人房贷可下浮30%）。

经过多年的市场化改革，近年来我国存贷款名义利差（一年期存贷款基准利率差）维持在3%左右，商业银行净利息收益率（NIM）也在3%左右。从国外主要市场的利差情况看，完成利率市场化的发达国家或地区一般在2%左右（欧洲为1.9%，中国香港为2.1%），新兴市场国家或地区一般高于4%（拉美市场高达7.5%）。我国当前介于两者之间，稍高于平均水平。利率市场化改革开始进入至关重要的攻坚环节——放开贷款下限和存款上限，以实现完全的利率市场化。

国际经验表明，利率市场化是开放式市场经济国家的必然过程，对于已经进入加入世贸组织后过渡期的中国，利率市场化也是个必然要走的过程。对商业银行来说，利率市场化最直接和重大的影响就是存贷利差收窄，进而盈利收窄，甚至经营困难。据我们的初步测算，如果存贷利差和净利息收益率（NIM）收窄1个百分点，工商银行的净利息收入将减少大约30%，净利润将减少大约50%。值得说明的是，通过几年的转型发展，本行信贷资产和存贷利差收入在总资产和营业收入的占比均已降到45%左右，迎接利率市场化冲击的能力有所增强。相比较而言，国内其他中小型银行目前经营结构中信贷资产占比较高，存贷利差收入占营业净收入的比重平均在75%左右，最高的达到了82%，这些银行受利率市场化的冲击将更为严重，而其通过其他业务弥补利润缺口的能力较弱。利率市场化有可能导致一些中小型银行出现持续亏损。所以，迎接利率市场化的洗礼是我国商业银行必须经受的大的考验。

（三）商业银行将经受金融脱媒冲击

金融脱媒是金融深化、资本市场发展和利率市场化共同作用的必然结果。金融脱媒的直接结果就是，以银行为媒体的间接金融在社会融资市场中的份额减少，银行生存空间受到挤压。一般来说，金融脱媒将从两个方面削弱银行的生存能力：一是日益活跃的直接融资将加速分流银行的存款，迫使银行提高存款利率，使银行在存款减少的同时增大成本支出；二是直接融资加速分流银行的贷款客户，有竞争力的优质客户更倾向于直接入市筹融资，从而减少甚至放弃贷款，迫使银行降低贷款利息来吸引客户，使银行在贷款减少的同时利息收入总量和水平下降。

有资料表明，国际银行业在20世纪后期就经历了金融脱媒的痛苦过程。它们的经验表明，金融脱媒化趋势将对商业银行传统经营方式和结构提出严重的生存挑战，使商业银行普遍面对破产风险。金融脱媒在世界范围是规律性现象，中国也无法例外。从近两年起，债券市场提速，央行短期融资债券和资产支持类债券的推出，都对银行贷款产生了"替代效应"，使商业银行收益受到影响，金融脱媒现象已趋明显。2007年召开的金融工作会议、党的十七大包括这次扩大内需，都再次强调了今后要加大直接融资的比例，解决证券业发展滞后于银行业发展的结构问题，可以预见，今后金融脱媒将更为剧烈。特别需要强调的是，我国将在今后几年同时面对利率市场化和金融脱媒的双重压力，从而使商业银行面对的生存考验更加严峻。

（四）商业银行将迎来竞争格局大调整的考验

一是外资银行将大量进入，成为中国国内市场的重要竞争者。外资银行更倾向于采取投资参股的方法更为迅速地获得更大的市场。这种势头未来五年还将继续；中外金融机构之间的竞争将主要在发达地区、高端业务、高端客户间展开。

二是民间资本将融入正规金融体系。这里一个最值得关注的体制创新变化是，在农村金融体制改革过程中，新型农村金融机构——村镇银行和小额贷款机构开始建立，包括私有和个体所有的民间资本借此进入了农村银行和金融机构领域。这个变化预示着我国银行和金融机构体系和体制更大范围的多元化的开始，长期以来对国内私有资本封闭的银行业和金融机构的大门开始打开。另一方面，一直在正规金融体系外循环的民间资金将通过一定方式

思索的声音

受到规范并逐步融入正规体系，以期发挥其积极作用，抑制其消极作用，有效防范其对经济金融的冲击，保持经济金融的稳定和宏观调控的效力。

三是政策性银行将加快转型的步伐，继国家开发银行成功实现商业化改制后，进出口银行和农业发展银行也将有望在今后几年改组为商业性银行。

金融格局的这些调整将带来银行业市场的重新"瓜分"，将开始一个更为激烈的竞争局面，国内商业银行在竞争中将加速优胜劣汰。

三、当务之急是继续推进商业银行改革开放

综上所述，今后几年，国内商业银行要面对经济波动的考验及利率市场化和金融脱媒的考验，还要经受外资银行冲击和国内竞争格局调整的考验，坚定不移地继续推进改革开放是国内商业银行经受住这些考验，并在应对考验中进一步成长为具有国际竞争能力的一流现代金融企业的唯一出路。目前国内商业银行正在推进经营结构和经营模式的战略转型，这是商业银行以改革开放为手段，应对国际国内经济波动和利率市场化以及金融脱媒冲击，进而实现建设国际一流现代商业银行目标的主要变革措施。实现和完成国内商业银行的战略转型，不仅需要商业银行自身的努力，还需要配套的外部条件。借此机会我主要呼吁两个关键问题的解决。

1. 鼓励商业银行创新发展。创新是商业银行发展的原动力，是国内银行提升核心竞争力应对国际危机、国内风险与竞争冲击的主要途径，亦是国内商业银行应对利率市场化和金融脱媒冲击，转变经营模式和增长方式的主要手段。目前国内商业银行存在创新不足的问题，严重影响了竞争力的提升。究其原因，固然有很多的内在原因，但是创新自主权不足和鼓励不足是重要的外部原因。

为此我有四点建议：

一是给予国有银行业务和产品创新自主权，对可以放权的创新业务和创新产品实行国有银行总行审批、"一行三会"报备制。"一行三会"主要通过控制国有银行的资本充足率和资产风险率来实现对银行业经营风险的总体控制。

二是给予国内银行业产品定价自主权,实行银行同业定价机制,监管机构控制价格的合理波动区间。包括产品和服务在内的定价,应是商业银行在平衡风险收益和成本基础上的自主行为,要允许商业银行以市场为导向自主定价。监管机构主要利用银行同业自律机制形成银行产品与服务的定价调节机制,禁止哄抬价格或"压价倾销"等非正常竞争行为,使得产品与服务价格控制在合理区间内。

三是对必须经监管机构审批的业务要加快审批速度,提高审批效率。鉴于国际竞争压力日益加大,国内银行业务创新必须"只争朝夕"。对合乎条件的国有银行的创新项目,监管各方要建立"快速审批通道",提高审批效率。

四是要尽快制定鼓励银行业务创新的配套监管法规,及时修改现有银行监管法规中不切合目前金融市场实际和有碍银行业务和产品创新的规定。在全球爆发由次贷危机引发的金融危机的背景下,我们既要高度重视和审慎对待金融衍生产品、资产证券化等创新带来的风险,更要正面吸取教训,不能因噎废食,要打破在银行金融衍生产品和资产证券化等方面创新的限制,使监管法规能够充分体现鼓励商业银行积极创新的精神。

2. 尽快推进金融业的综合经营。面对国内利率市场化和金融脱媒化带来的传统存贷款市场与收益收窄的压力,面对国际国内竞争加剧的压力,国内商业银行必须主动实施经营模式、增长方式和经营结构的战略转型,积极发展综合经营。对国内商业银行来讲,实现经营模式和增长方式的战略性转变是一项艰巨的任务。这项任务的实现还面临多种困难。其中最为主要的困难就是转型的路径选择受到很大制约。国际经验表玥,综合经营是商业银行应对国际竞争和金融脱媒,转变经营模式和增长方式的主要途径。

目前,综合经营在我国主要面对四大制约:一是法律制约。尽管中央已经明确要在"十一五"期间稳妥进行金融业综合经营试点,但现有银行法律法规欠缺支持商业银行综合化经营的配套规定,急需补充和修改。二是产品制约。长期的分割使银行业、证券业、保险业和基金等各业的产品相互独立,互不兼容,可以跨行业跨市场的融合性金融产品极其匮乏。三是市场制约。虽经改革开放后二十多年的发展,我国金融市场已初步形成,但是尚不够发

‖ 思索的声音 ‖

达，特别是银行资产的二级交易市场现在基本没有，货币市场和资本市场、本币市场和外币市场尚未完全打通，跨银行、证券、保险、基金等的综合业务缺乏操作平台。四是监管不适应。金融业综合经营要求银监会、证监会、保监会在监管上要做到协调一致，而实践中"一行三会"的有关监管规定和政策经常"撞车"，商业银行跨市场、跨业经营的尝试往往由于监管各方意见的不一致而无法实现。

为推进综合经营，我有四点建议：

一是国家政策层面要加大推动金融业综合经营的力度。如果仅依靠国内金融业自身的"自然转变"，综合经营和银行业经营转变的速度就会很慢，与国际银行业相比较的差距就会进一步拉大，竞争力难以提升，无法适应后过渡期国际竞争的需要。建议国家加大鼓励综合经营的政策力度，扶植和培养以国有商业银行为主体的金融业综合经营新体系。

二是要培育"相互融合"的金融市场体系。金融市场的各子市场间有着无法分割的联系，适度地融合和连接是资本市场、货币市场、基金市场、期货市场等金融市场健康发展的必要条件。建议在监管比较成熟的条件下，逐步对金融机构和大企业等合格机构投资者开放资本市场，在有效防范风险的基础上，建立各金融市场联结机制，逐步改变金融市场分割的局面，为金融业综合经营创造平台。

三是要实现金融业监管的"无缝链接"。我国是在金融业分业经营分业监管法律框架内试行金融业综合经营的。这就使金融业监管各方的协调一致成为实行金融业综合经营的先决条件。建议"一行三会"本着鼓励促进综合经营的宗旨，建立协调监管机制，充分协调监管政策，防止监管规定和政策"政令不一"相互矛盾的问题发生。

四是国家要及时提供鼓励金融业综合经营的法律支持。及时清理和适时修改现有法律中有碍于综合经营发展的规定，放松并适时修改对商业银行对外投资以及在企业债券、股票等有价证券投资方面的严格限制，为推动国内金融业综合经营提供必要的法制环境。

次贷危机的走势、根源及影响[①]

一、次贷危机的阶段性演进及最新动向

"水能载舟,亦能覆舟",次贷危机的潜伏、爆发和演化充分说明了金融创新和经济透支发展的"双刃剑"性质,在经济周期上行阶段,金融创新快速发展,透支消费成为社会潮流,两者大幅推动了经济繁荣;但在经济周期下行阶段,过度创新和透支消费中蕴藏的风险不断积聚并剧烈爆发,加重了金融动荡和经济衰退的程度。

(一)次贷危机发展的七个阶段

可以用"水"来形容次贷危机的发展阶段以及次贷危机不同阶段的特征演变。次贷危机从潜伏、爆发、恶化到未来纵深发展并最终平息的演化路径分为七个阶段,分别是"潮涨"阶段、"潮落"阶段、"暗流"阶段、"海啸"阶段、"死海"阶段、"潮变"阶段和"回潮"阶段。

第一阶段为"潮涨"阶段。这一阶段的时间范围是21世纪初至2007年年初。这一阶段欧美金融领域的房贷创新及其相关衍生品创新层出不穷,经济领域的消费潜力被充分挖掘,整体呈现出欣欣向荣的潮涨特征。

第二阶段为"潮落"阶段。这一阶段的时间范围是2007年年初至2008年第二季度。这一阶段随着欧美利率上行对房市负面影响的滞后显现,房市、债市以及银行业"潮涨"阶段积累的风险集中爆发出来,金融领域和实体经

[①] 这是作者2009年6月23日在对外经济贸易大学研究生讲座上的演讲稿。

‖ 思索的声音 ‖

济呈现出分化特征,在金融动荡大幅加剧、金融机构接连受损的背景下,欧美实体经济并没有出现同步衰退。值得指出的是,虽然市场普遍将2007年8月作为次贷危机的爆发时点,但由于在2007年年初次贷危机就已经初现端倪,因此我们将"潮落"阶段的起始时点确定为2007年年初。

第三阶段为"暗流"阶段。这一阶段的时间范围是2008年7月初至9月中旬。这一阶段伴随着"两房"危机,全球金融市场出现了与"潮落"阶段截然不同的异动现象,呈现出风险潜在积聚又难以被察觉的"暗流涌动"特征。这一阶段次贷危机已经显露出即将恶化的先兆,但大多数市场主体对市场异动产生了误读,以为次贷危机已经平复,作出了不合时宜的策略选择,例如欧洲央行在这一阶段进行了加息,这为后一阶段危机突然恶化导致市场主体应对不及埋下了伏笔。

第四阶段为"海啸"阶段。这一阶段的起始时间是2008年9月中旬,结束时点尚难预计。这一阶段以雷曼兄弟申请破产和美国政策救助重犯"清算主义"的错误为序幕,呈现出金融危机急速恶化和经济危机初现端倪的特征。这一阶段华尔街投行模式终结,大量金融机构面临生存危机,金融市场大幅动荡,美国、欧洲和日本的经济衰退趋势初步确定。在"海啸阶段",次贷危机已经演化为经济金融双危机,以金融危机为核心,金融领域的风险爆发最为剧烈,这一阶段的终止将以金融危机见底为标志。截至2008年年末,由于信贷紧缩依旧较为严重,而信用卡、消费者信贷、共同基金和对冲基金的问题尚未完全暴露,因此金融危机还将继续深化。目前市场上最乐观的观点认为金融领域将在2009年下半年出清风险,中性观点则认为将在2010年,我个人认为,中性观点或是更为严峻的判断,更显谨慎和理性。

第五阶段为"死海"阶段。这一阶段的起始时点和结束时点目前还存在较大变数。这一阶段将以金融领域风险出清为序幕,呈现出金融危机逐步见底和经济危机持续恶化的特征。这一阶段,金融危机对实体经济的滞后影响全面显现,欧美发达经济体和全球大部分新兴市场经济体都将不同程度地面临较深衰退的挑战。在"死海阶段",作为双危机的次贷危机以经济危机为核心,经济领域的萧条最为剧烈,这一阶段的终止将以经济危机的见底为标志,同时这一阶段的终止也将标志着次贷危机的最终见底。市场上较为乐观的观点认为经济危机见底将在 2011 年，我们更趋谨慎地分析认为，这一阶段的终止时间可能将在 2012 年或 2013 年。

第六阶段为"潮变"阶段。这一阶段的起始时点和结束时点目前还存在较大变数。这一阶段，增长模式转型、结构要素调整、金融监管改革和微观策略转变均在经历一系列尝试后初现成效，全球经济的失衡和国际货币体系的紊乱初步得以改善，世界经济和国际金融在缓慢复苏的过程中呈现出深层变化层出不穷的特征。这一系列深层变化标志着全球资源配置更趋合理、国际金融秩序更趋平稳，这将为下一阶段的快速复苏提供深层动力。

第七阶段为"回潮"阶段。这一阶段的起始时点和结束时点目前还存在较大变数。这一阶段世界经济周期将迎来一个新的快速上升周期，国际金融深化加速向纵深发展，与此同时，宏微观金融的风险管理能力也不断增强，整体呈现出理性增长、快速复苏的特征。

截至 2008 年年末，次贷危机尚处于第四阶段的"海啸"阶段，未来向"死海"阶段、"潮变"阶段和"回潮"阶段的发展可能并不会遵循较为平稳的演化方式。一系列不确定因素不仅使得阶段转变的具体时点无法确切预测，而且还可能导致阶段演化过程中出现市场大幅动荡，甚至出现暂时性阶段反复的现象。

（二）新的"金融危机第二波"有可能在欧洲爆发

近来，市场普遍担忧 2009 年金融危机将出现第二波恶化升级，爆发点可能在欧洲。根据我们的研究，这并非杞人忧天。第一，经济指标表明，东欧危机已经爆发，风险从乌克兰、匈牙利、斯洛文尼亚和拉脱维亚向其他东欧经济体快速扩散，而国际救助远不能满足需要，致使东欧危机难以得到有效抑制。第二，由于东欧与西欧经济金融关系密切，并且，欧洲自身楼市、债市和金融机构的金融风险尚未出清，若欧洲某大型金融机构出现倒闭，或经济刺激政策严重弱于预期，再或者欧洲一体化进程出现严重倒退，某一欧共体成员出于个体利益突破欧盟限定甚或退出，则危机很可能在欧洲爆发。第

| 思索的声音 |

三,由于欧洲 GDP 的全球占比为 22.6%~30.9%,欧洲债券的全球债券占比为 47.66%,欧元金融衍生品的全球占比为 38.38%,欧洲股市的全球占比为 25.3%,这些指标的全球占比与美国的全球占比不相上下,有的甚至高于美国,因此,欧洲一旦爆发危机,将有可能迅速引致全球金融危机第二波,欧洲可能却带美国成为新的危机震心。第四,一旦东欧危机引爆欧洲危机,中国经济金融的外部环境将进一步恶化,中国金融机构和实体经济都将不可避免地遭受打击。

二、次贷危机的特点与根源

(一)次贷危机有别于历次金融危机的特点

金融危机是指所有或绝大部分金融指标的一次急剧的、短暂的、超周期的恶化,主要包括货币危机、银行业危机、外债危机以及系统性金融危机。次贷危机是由银行业危机引发的系统性金融危机。

金融危机伴随着资本主义的出现,从未停息过,不断侵袭着全球不同的国家和地区。统计结果表明,1618—1998 年世界上不同国家或地区共计发生金融危机 38 次,一些是在一个国家或者地区发生,一些在几个国家和地区共同发生。离我们最近的是 1990 年日本的金融危机、1994—1995 年的墨西哥金融危机和 1997—1998 年的亚洲金融危机。1998 年以后,还有 1998 年的俄罗斯金融危机、2000 年的美国纳斯达克泡沫以及肇始于 2007 年初由美国次贷引发的这一次金融危机。由此,在自 1618 年开始的近 390 年时间里,发生过 42 次大小不等的危机,这意味着每十年左右的时间就会在某个局部或者全局范围出现一次金融危机。并且从近十多年的金融危机历史演进发现,经济全球化越发达的时代,危机越是频发,仅 1990 年以来就出现了五次较大规模的金融危机。

研究发现,金融危机演变过程大致分为四个阶段:危机潜伏阶段、危机爆发阶段、危机扩散阶段以及危机平息后经济复苏阶段,而在每一阶段表现出一些有规律性的特征。潜伏阶段往往表现为国内经济一片向好,整个社会呈现出一种普遍乐观的心理，而政府扩张性政策或监管的放松助长这一乐观情绪。预期的改变往往是引发危机的直接原因，而房市、股市及外汇市场一般则是危机爆发主要导火索。随着世界经济全球的发展，各国在经济、金融方面的联系越发密切，金融危机扩散日渐成为一种普遍现象：危机一旦爆发，将不仅限于危机国家内部，而且迅速扩散到其他国家和地区，演变成区域性乃至全球性金融危机。

比较历次金融危机爆发前后相关经济指标，可以发现，本次次贷危机爆发前的房价、股价攀升更为显著，而危机爆发后的跌幅也更为惨烈；次贷危机爆发前美国经常账户赤字率要高于历次金融危机爆发前的平均水平，而公共债务比率数据则低于历次金融危机爆发前的平均水平。从行为金融角度分析，每一次危机演进的全过程，投资者的行为及心理均表现为危机前的非理性疯狂、危机来临时的极度惊恐、危机爆发后的崩溃。不同的是，每次危机投资对象有所差异。本轮次贷危机对世界经济的负面影响要更为深远，涉及面更为广泛，复杂程度也远甚于历次危机。

（二）次贷危机的产生根源

直接地看，美国金融机构本身过度追求短期业绩和效益，在经济高涨时降低了贷款门槛，放松了风险防范，导致风险堆积；评级中介机构在对金融衍生品包装和评级时不断增长其信用等级，而没有及时揭露其风险；美国政府宏观监管者长期坐视资产价格的过度推高和金融衍生品的过度交易，而无任何限制和作为，这些都是造成次贷危机的直接原因。然而，深挖其根源，我认为有三个问题值得进一步反思。

第一，美国式的经济增长方式出了问题。美国经济是消费为主的经济，特别以国家和国民的负债消费和负债经营为其基本的经济特征。有数据表明，2007年美国GDP总量为11.5万亿美元，而2007年美国债券市场总存量已达31.72万亿美元，约为当年GDP的3倍；其中，美国国债余额约为9万亿美元，占其GDP的65.5%。可见，美国主要通过发债来维系其的过度发展。同样，有另一组数据表明了美国国民如何通过贷款或透支来维系过度消费：截

‖ 思索的声音 ‖

至 2007 年末，美国全国的消费信贷总余额为 25 213.7 亿美元，其中信用卡透支额度已达近万亿美元。这种对透支消费和借贷资本的过度依赖导致其发生财政和外贸收支"双赤字"，经济结构不断恶化。有数据表明，2007 财年（2006 年 10 月至 2007 年 10 月）美国财政赤字规模已达 1 615.27 亿美元，2008 财年（2007 年 10 月至 2008 年 10 月）美国财政赤字规模大幅上升为 4 548.06 亿美元。与此同样糟糕的是美国的贸易赤字，2007 年美国贸易赤字已达 7 002.59 亿美元。深层次看，美国经济结构的失衡和透支性增长模式是这场次贷危机最终形成的根本原因。由此提示我们，美国式的透支性增长方式不是可持续的经济增长方式。

第二，市场是不能自发地解决一切问题的。市场在资源配置中有着重要的作用，但是市场并不是万能的。并且，在及时揭示金融风险方面，市场不仅不是万能的，而且还在一定程度上遮蔽和掩盖了风险。这次次贷危机是自有金融衍生产品以来爆发的第一次重大危机。我们知道，金融衍生品具有两面性，一方面它是通过金融市场转移和分散风险的工具，另一方面它也是通过金融市场交易获利的手段。正是市场及其交易使得金融衍生产品的风险具有了复杂性和隐蔽性。一笔贷款，即使是次级贷款，当它处于贷款形式时它的风险是很清楚的。然而，当它以衍生品的形式进入衍生品交易市场后，在一次次地转手交易中，通过一次次地包装和信用升级，其风险就被市场不断地掩饰起来，使得投资者难以辨认。然而更成问题的是，金融监管者对衍生品风险同样放任自流，听任市场对衍生品风险的一再掩盖，没有什么有效的管理措施，各金融子市场间也没有设置必要的"防火墙"。正是这种对市场及其作用的"自由主义"政策，以及金融衍生产品风险的复杂性与对其的风险管理的不匹配，形成了次贷危机迅速升级扩散至各个市场并不断演进为金融危机的重要原因。

第三，全球经济金融结构不平衡的格局到了非改不可的时候。在当今国际金融市场上，美国债券和衍生品占据了过多的市场份额，各国投资者在国际金融市场上能够买到的产品几乎都是美国的债券或金融衍生产品。据国际清算银行的统计数据，截至 2007 年末，国际债券市场的债券总值为 21.58 亿美元,其中美元债券的规模达到 7.54 万亿美元,占国际债券市场的 35%;同样截至 2007 年末,国际衍生产品市场所有的衍生产品合约总值为 56.24 万亿美元,其中,涉及美元的衍生品合约总值达 46.95 亿美元,占衍生品合约总值的 83.5%。很显然,美国"一极独大"和全球资本、债券等金融市场的结构失衡是次贷危机能够蔓延至全球并引发全球性金融危机,对全球实体经济产生较大破坏力,进而使全世界面对经济危机风险的根本原因。

三、次贷危机剧烈冲击中国经济金融

(一)中国经济出现较为明显的增速下滑

2008 年全年,中国 GDP 同比增速为 9.0%,较上年同期下滑了 4 个百分点,增速降到了 2002 年以来的最低点,经济下滑速度超出预期。具体表现为:

1. 固定资产投资增长总体疲软。2008 年全年全社会固定资产投资比上年增长 25.5%,增速略超过上年水平。扣除物价因素实际投资增速低于上年。

2. 消费总体保持较快增势,但近几个月增速下滑。2008 年全年社会消费品零售总额比上年增长 21.6%,增速比上年高近 5 个百分点。但 8 月以后消费增速逐月下滑,12 月单月同比增速较 8 月下滑 4.2 个百分点至 19%。

3. 出口受到明显冲击,进口增速也迅速下滑。2008 年,中国全年对外贸易进出口总值比上年增长 17.8%,增速大幅下滑了近 6 个百分点。其中出口增长 17.2,较 2007 年下降了 8.5 个百分点;进口 11 330.86 亿美元,同比增长 18.5%,较 2007 年下降了 2.3 个百分点。其中,12 月当月国内出口增速为 -2.8%,进口增速为 -21.3%,均为连续第二个月同比下滑。

4. 外商直接投资(FDI)下降势头明显。2008 年中国实际使用 FDI 增速高位回落,全年实际外商投资增长 23.6%。继 10—12 月连续三个月同比负增长后,今年 1 月单月 FDI 同比下降了 32.7%,更是创下 2007 年 2 月以来的新低。

5. 消费物价涨幅快速回落,工业品价格高位"跳水"。2008 年国内居民

思索的声音

消费价格指数（CPI）全年比上年上涨5.9%。同比增速由8.7%的历史高位跌至2.4%，回落速度之快超出预期。

6. 房地产市场低迷形势加剧。全年房地产开发投资比上年增长20.9%。房价同比增速从2008年年初以来逐月下滑，12月全国70个大中城市房屋销售价格同比增速较年初大幅下降11.7个百分点至-0.4%，是房价自2005年7月以来的首次下降。12月新建住房、二手住房销售价格分别同比下降0.8%和0.1%。

7. 工业增加值增速加速回落，工业景气度降低。2008年全年全部工业增加值比上年增长12.9%，增速逐月明显放缓，较上年下降了5.6个百分点。同时，反映工业企业当前生产情况的PMI指数之生产量指数从2008年3月起震荡回落，11月跌至该指数自发布以来的最低值。

8. 企业利润增速总体下降。2008年前11个月，全国规模以上工业企业实现利润同比仅增长4.9%，较上年同期大幅下降超过30个百分点，并降至2002年以来最低。

9. 财政收入和税收增速明显放缓。2008年全年税收收入比上年增长17%。财政收入和税收收入同比增速高位回落，截至2008年11月，财政收入和税收收入同比增速分别由52.6%和57.7%下滑至零以下。8月开始有四个月出现财政赤字。据财政部近日公布数据，1月全国财政收入同比下降17.1%。财政形势严峻。

10. 社会就业问题日益突出。2008年年末城镇登记失业率为4.2%，比上年年末上升0.2个百分点。高校毕业生的就业形势严峻以及沿海地区农民工大量失业返乡。

11. 股市低迷状态加剧。

2008年股市持续低迷，12月31日，上证综指收于1 820.81点，较年初下跌65.4%。沪市总市值全年蒸发17.26万亿元；沪深总市值全年蒸发近21万亿元，缩水达63.6%。

（二）中国宏观经济政策方向出现大扭转

11月9日，中国宏观经济政策进行了大调整，财政和货币政策同时由紧缩转向扩张，扩大内需再度成为经济工作的主导方针。至少有两点可以帮助我们理解这次宏观政策调整的必要和适时。第一是因为外部经济环境的进一步恶化。前面的分析表明，2008年美国经济已经滑向经济衰退的泥潭。与此同时，欧元区经济体以及日本、英国等也出现了经济增长停滞和负增长，新兴经济体的增长也出现大幅下滑。可以说，全球已经拉响了经济衰退的警报，2009年世界经济增长明显放缓已成定局。由于中国与世界经济的关联度已经大大超过十年前，所以全球金融危机造成的世界经济增长放缓对中国经济增长产生了极大的影响。前面的分析表明，中国的出口已经受到严重影响，GDP和投资增长有所减缓，房地产市场和股市剧烈震荡下行，企业特别是出口型企业亏损加大。值得特别注意的是，这种负面影响随着全球性金融危机的持续恶化还有加重的趋势，中国必须要及时转变政策方向，全力应对和抵御这种负面影响，才能够保持住中国经济平稳较快的增长。第二是由于中国经济发展的主要矛盾出现了变化。2007年，中国经济增长达到了新一轮增长的最高峰，同时，由于经济结构深层次矛盾的作用，经济中确实出现了较为明显的过热迹象和较为严重的通胀压力，消费物价指数短短几个月上升到8.7%的高水平，能源、资源再度成为经济发展"瓶颈"，股市房市价格持续走高，经济泡沫急剧堆积，对经济平稳较快的持续增长形成了威胁。当时国内经济发展的主要矛盾是经济过热和通胀压力过大，宏观政策上以"防止经济过热和防止严重通胀"为主旨是正确的和必要的。进入2008年第二季度后，GDP增速回落至10%以下，CPI回落至5%以下，宏观"双防"的调控目标基本实现。宏观政策本已到了一个转向的关口。恰在此时，美国次贷危机急剧恶化并上升为全球性金融危机，给中国经济带来了严重的负面影响，诸多经济指标出现了明显下行，此时国内经济发展的主要矛盾已经是抵御全球性金融危机的负面影响，在危机的外部环境下保持中国经济的平稳较快增长，所以宏观决策层及时把政策方向调整为扩大内需，以期对抗外部危机，全力保持经济平稳较快增长，显然这是正确的和适时的。

（三）中国银行业经营困难增大

次贷危机已经把发达经济体中多数大型银行和金融机构卷入巨额亏损甚

| 思索的声音 |

或破产的泥潭,今年年初各大银行年报公布,一片悲歌,引发了市场更大的恐慌。中国银行业由于涉足国际金融市场特别是衍生品市场不深,较少拥有次贷及相关产品,直接损失较小,没有受到伤筋动骨的损害,不会对中国金融体系和经济增长产生较大的直接冲击。但与此同时,次贷危机带来的间接影响不容忽视:世界经济的放缓将影响中国的出口甚至是投资增长,进而加大中国经济的下行风险;全球流动性总量和结构的变化将引发和加剧中国资本市场的波动;国际金融环境的恶化将影响中国金融开放度的提升;国际金融市场的动荡将制约中国金融体系改革的稳健前行;全球货币政策的宽松化将加大中国通货膨胀的潜在压力;外部不确定性的复杂化将增加中国宏观调控的难度。2008年中国商业银行的盈利状况虽大大好于欧美银行,但也已经出现利润增速下降的迹象。目前各上市银行2008年的年报尚未披露,预计盈利增长应在30%左右。到目前为止,各家银行尚未透露2009年利润计划,据有关信息,多数国内商业银行2009年的利润预算是零增长。可见国内银行2009年经营困难明显增大,盈利将受到较大的不利影响。

更为严峻的是,今后几年,由于外部经济环境的恶化,中国经济保持平稳较快增长面临较多困难。经济下行必然伴随信贷资产质量的下滑。国内商业银行将经历重大的经济波动风险的考验并将面临资产质量恶化的可能。

四、次贷危机带给中国商业银行的几点启示

(一)次贷危机与金融创新

次贷危机爆发后,有观点把导致危机的原罪归罪于金融创新。我个人认为,金融创新具有"避险"与"逐利"的双重属性,金融创新并不会必然导致金融危机。这是因为,其一,从金融创新的发展历程可以看出,各种金融创新主要以转移风险、规避风险和提供流动性为初衷,这促进了金融资源的优化配置和金融市场的不断完善;其二,美国次级抵押贷款及其资产证券化的层层创新是把金融创新用于逐利的典型案例,成为投资者过度追逐利润的载体和表现形式,这促使偿付性风险、系统性风险和流动性风险以跨产品、

跨市场、跨国界之势沿着创新的路径接连爆发；其三，次贷危机升级与蔓延的过程表明，金融创新是一把"双刃剑"，当创新完全脱离其避险的初衷，只是被用做攫取超额利润时，创新就不仅不能转移风险，反而还会起到催生、掩盖和放大风险的作用；其四，在金融深化过程中，既不能简单地以防范风险为由抑制金融创新，也不能以过度逐利为目的进行创新，而应提高金融创新的透明度，完善创新监管体系，抑制利用金融创新牟利的过分冲动，保证金融体系的安全与稳定；其五，作为新兴市场国家，中国应加快以规避风险为目的的金融创新步伐，同时注重创新"度"的把握和监管的到位，加强金融创新在风险管理领域的应用，防止单纯利用创新牟取超额利润的偏差。制定完善的风险管理政策、程序和风险限额，充分识别、计量、监测和控制各类金融创新活动带来的风险，形成风险评估、风险监督和风险救援等管理体系。

（二）次贷危机与金融监管

次贷危机以来，各界对监管理念和监管漏洞进行了深刻反思和激烈批评，形成了一些新的认识。包括：在监管理念方面，监管者必须重新调整对金融监管与市场自我调节的关系、原则导向监管和规则导向监管的关系的认识上；在监管实践方面，必须对金融创新产品及各类相关金融机构进一步加强监管。据悉，美国监管当局已经提出了《美国金融监管改革蓝图》，力图重建美国金融监管体制。英国则提出全球金融监管改革方案，准备提交二十国集团会议讨论。可以预计，全球金融危机对未来国际金融监管将产生深远影响，政府干预将适度扩大，国际金融监管合作将更加广泛，跨国的金融预警机制亟待建立，未来的金融监管手段也将更加灵活多样。

（三）次贷危机与国际货币体系

第二次世界大战结束之后，《布雷顿森林协定》确立了美元作为全球储备货币的地位，也奠定了其在价值储藏、贸易定价、结算等诸多方面的主导地位。1971年，美元与黄金脱钩，美元在货币体系中的霸权地位随着贵金属价

‖思索的声音‖

值约束的缺失而得到增强。然而，次贷危机的爆发揭示了以美元为核心的国际货币体系长久以来所存在的一些问题，并从短期和中长期两个层面对现行货币体系产生冲击和影响。中长期来看，本次次贷危机削弱了美元作为国际货币体系唯一核心的货币基础，但短期内美元的核心地位由于危机的加剧而不减反增。未来，国际货币体系的长期发展方向将不可能是金本位的恢复和美元式的单极体系，而是具有内在约束力和外部协调性的多层次"多元"国际货币体系，体系的演化将是一个长期、渐进的过程。

（四）次贷危机与金融发展

国际金融格局的不平衡是次贷危机可以升级为国际金融危机的重要原因。可以预计，次贷危机发生后，国际金融格局的不平衡将有所缓解，美国在国际金融格局的地位将有所削弱，国际金融格局将继续朝"多极化"方向发展；全球金融机构将出现大的调整和重组，市场份额面临重新分配：美国金融机构，尤其是投资银行，因位于次贷危机漩涡中心，其影响力呈下降趋势；欧洲一些顶尖的金融机构因未卷入危机，位次有所上升，同时，欧洲和日本银行业以并购方式加快进入美国市场，而美国投资银行原有的海外市场，也成为本国银行业和欧洲及日本银行业争夺的目标；独立型投资银行的过度依赖杠杆和自营交易的旧有经营模式已经充分暴露出其所具有的脆弱性，商业银行与投资银行将出现相互融合的趋势，综合化仍将是未来金融机构组织模式和经营方式的主流。

（五）次贷危机与全球经济增长模式

美国经济增长严重依赖消费，约70%的美国GDP是由消费贡献的。消费过多意味着储蓄不足，当国内储蓄不足以满足国内投资需要的时候，便只能依靠外国资本流入来弥补储蓄—投资缺口，这也正是所谓的透支式增长模式。美国透支式增长模式为整个世界经济的增长提供了动力，但也带来了全球失衡问题，成为全球经济持续、健康发展的隐患。

全球失衡是引发次贷危机的根源之一。次贷危机的导火线是美国房地产

次贷危机的走势、根源及影响

泡沫破裂，而全球失衡是催生美国房地产泡沫的重要经济根源。美国持续的经常项目逆差意味着必须有持续的外国资本流入来弥补美国的储蓄—投资缺口，这从两个方面推动了美国房地产市场虚假繁荣，一是降低了长期利率，二是美国将获得的绝大部分融资投向了房地产部门，增加了房地产投资。两方面的共同作用放大了美国房地产泡沫，为次贷危机的爆发埋下了伏笔。美国透支式增长模式触发了全球失衡，而全球失衡却成为次贷危机的根源之一，美国人在消费的盛宴中悄然酿下了日后危机和衰退的苦酒。

次贷危机后，在全球经济下行的背景下，全球失衡得到初步调整，美国经常项目逆差明显缩减，全球失衡的两极——美国和中国的经济增长模式都开始发生变化。美国人开始储蓄了，美国个人储蓄率回升的原因有两点，一是负财富效应，二是消费信贷萎缩。消费减少和储蓄回升正悄悄侵蚀着一度难以撼动的透支式增长模式。而从中国的情况来看，工业化国家的经济下滑将使中国外部需求大幅缩减，净出口对经济增长的贡献度不断下降。在此背景下，中国正积极调整经济增长方式，在扩大内需、加大消费拉动的同时，寻求经济增长方式的升级和转型。

银行业改革深化与资本市场发展[①]

很高兴受邀参加此次会议,在庆祝《资本市场》面世20周年的同时,共同探讨中国资本市场的进一步发展问题。鉴于我来自银行,我想主要谈谈银行业深化改革和资本市场下一步发展的关系问题。

中国银行业在本轮国际金融危机中经受住了考验,验证了这些年来银行业改革的成功。但是我们不能沉浸在成功的喜悦中,中国银行业的改革还需要深化,实现国际一流现代金融企业目标,还任重道远。银行业深化改革主要通过综合化、国际化和利率市场化等路径,而这些都与资本市场的发展紧密相连,互为条件。

一、资本市场相对发达是利率市场化的必要条件

1. 中国必将实现利率市场化。

其一,国际经验表明,利率市场化是开放式市场经济国家的必然过程,对于已经进入后过渡期的中国,利率市场化也是个必然要走的过程。

其二,利率市场化是社会主义市场经济体系的重要环节。利率反映的是最重要的市场资源——资金的价格,利率市场化将驱使投融资主体根据资金的安全性、流动性和盈利性进行定价,从而使金融市场在资金配置中起关键性作用,提高资金配置效率。

其三,利率市场化有助于提升货币政策的调控效果。利率市场化的推进将增强银行和企业的利率敏感性,进一步健全和完善货币政策的传导机制,

---

[①] 这是作者2009年12月在《资本市场》20周年圆桌对话及《资本市场》第二次编委会全会上的演讲稿。

有利于中央银行通过市场化手段实施干预和调控，增强货币政策的及时性和有效性。

其四，利率市场化有助于推进商业银行的经营转型和提升金融机构竞争力。利率市场化将打破商业银行对保护利差的依赖，强化市场竞争，促使商业银行发展非信贷业务，不断提升风险管理和定价能力，有助于金融服务水平的改善和整体竞争实力的提升。

其五，利率市场化有利于推动中国经济产业结构的调整和优化。在市场化的利率下，银行将更为谨慎和全面地评估企业的整体风险状况，寻求合理的风险回报。国家的产业政策能够更为显著地影响行业和企业的融资成本，更为迅速地改变市场和微观企业的运行预期，加快产业结构调整与升级，促进国民经济可持续发展。

可见，利率市场化是深化我国经济金融改革，完善社会主义市场经济体制的必然选择。

2. 资本市场相对发达是利率市场化的必要条件。

利率的影响面非常广，一旦操作有误，将会冲击整个金融改革进程。所以，中国的利率市场化需要条件。

我们对推进利率市场化的国际经验和我国实现利率市场化的主要困难进行了研究和测算，发现银行业经营结构和盈利模式的多元化以及金融市场，特别是资本市场的相对发达，这两点是顺利推进我国利率市场化的重要和必要条件。从实际情况来看，目前我国商业银行资产、负债和收益结构总体上还比较单一，业务多元化的体系尚未完全形成，严重依赖存贷利差收益的格局还没有得到根本转变。尽管近年来，我国商业银行在发展中间业务方面有了较大进展，但中间业务收入在营业净收入中占比的平均水平仅在10%左右，弥补利差大幅降低后的收入缺口对多数商业银行还是较为严峻的考验。今年上半年，尽管商业银行新增贷款达到历史最高峰，但是由于利差超预期收窄，还是导致很多家银行利润出现零增长甚至负增长，再次生动地表明国内商业银行收益结构对利差的依赖程度。

另一个制约条件是，我国金融市场发展相对不足。从渐进式推进利率市

| 思索的声音 |

场化国家的成功经验看,在政府逐步放松利率管制的过程中,一般同时加快发展货币基金和企业债券市场,鼓励商业银行通过大规模地参与两个市场的发展弥补利差收窄造成的利润缺口,降低利率市场化的冲击。目前我国在发展替代型直接投融资产品方面也已经取得了很大的进展,但相对而言,投融资渠道还比较狭窄,银行中介仍占有投融资市场的较大份额,与银行存贷款规模相比,直接投融资产品的发展还比较有限,尚难以接纳利率管制一次性放开后的巨大投融资需求。因此,继续推进多层次资本市场建设,使得直接融资在社会融资总额中占有更大的比重,是中国下一步金融改革的方向。

概言之,相对发达的资本市场是商业银行实现利率市场化的必要条件,因为利率市场化不能在贷款仍然占有商业银行资产主体的情况下实现,否则将会导致商业银行较大规模的亏损,甚至是破产,而这是我们国家和社会所不能承受的。发展资本市场的重要意义还在于:只有大企业在资本市场上的融资能力得到强化,商业银行才可能真正实现经营转型,把经营重点转到为中小企业、个人消费和资本市场的服务上来。

二、商业银行的战略转型与资本市场的发展互为促进

1. 商业银行目前正在进行战略转型并已获得成果。

迫于我国加入世贸组织后国际竞争的加剧,基于对利率市场化和金融脱媒化将成为我国金融业今后十年主要发展趋势的判断,中国商业银行在近年开始实行经营结构的转型。这是一场以综合化经营为目标的深刻革命。它不是发生在个别银行身上的个别现象,而是国内商业银行共同的行为取向。

经过几年的努力,这场战略转型取得了令人满意的成果,中国商业银行的非信贷资产和手续费佣金收入等非利差收入有了较大增长。有数字表明,2006年至2009年6月,11家上市银行平均的非信贷资产增长率达30.6%,比贷款增长率高12个百分点;截至2009年6月末,11家上市银行平均信贷资产占比已降至51.3%,比2006年下降了4.3个百分点。2005年至2009年上半年,11家上市银行的理财和代理业务收入的平均增长率达156.5%,比净利息收入增长率高121.5个百分点;2009年上半年,11家上市银行净收入

中投资及交易类收入的平均占比达 20.7%，手续费及佣金收入的平均占比达 10.9%，比 2006 年提高了 4.7 个百分点，存贷利差收入的平均占比已降至 65.7%。其中，工商银行的转型效果更为突出，其 2003 年至 2008 年以年均 10.8% 的信贷资产增速，支撑了 37.5% 的年均净利润高速成长，净手续费及佣金收入占营业净收入的比重逐年提升，至 2003 年已达 14.2%，较 2005 年提高了 7.7 个百分点；至今年上半年，净手续费及佣金收入占营业净收入的比重进一步提升至 18.7%。

并且，中国商业银行已经初步建立了跨市场、全球化的经营格局。中国商业银行自改革开放以来，跟随中国企业"走出去"的步伐，加快了国际经营网络的建立。至今已在 20 多个国家和地区设立了 1 000 多家机构，总资产超过 3 000 亿美元，基本形成覆盖世界主要国际金融中心和我国主要经贸往来地区的全球化服务网络。通过收购和控股境外非银行金融机构、合资（独资）设立基金管理公司和金融租赁公司等方式，中国商业银行进入了牌照类投行、基金、保险、租赁等领域，初步形成跨市场的经营格局。

2. 商业银行转型与资本市场的进一步发展互为条件。

首先，商业银行战略转型需要资本市场的进一步发展。所谓战略转型是指，国内商业银行通过积极发展综合经营，全面调整资产结构、业务结构、负债结构、收益结构、客户结构、营销渠道结构以及员工知识与技能结构，使经营结构转变为传统存贷款业务与投资性、交易性和收费性业务并重，信贷资产与非信贷资产并重，贷款利差收入与非信贷收入并重的集约化、多元化和综合化结构，实现经营模式由以规模扩张为主向以质量效益为主的转变和增长方式由主要依赖传统存贷款业务向多元化综合化收益的转变，实现由本土银行向国际银行的转变，提升核心竞争力和金融服务水平，最终把国内商业银行建设成为具有较强国际竞争力和创新能力现代金融企业。

简单地讲，商业银行的转型就是实现综合化、国际化经营，主要需要发展非信贷业务和非信贷收入，铺设国际经营网络。而这些都需要以资本市场作为平台。这包括发展传统银行信贷业务以外的债券市场业务、股票市场业务和横跨资本市场的公司业务及个人金融业务，创新连接资本市场的企业金

思索的声音

融产品和个人金融产品，拥有包括银行客户和债券、股票、基金、金融期货等客户在内的更广泛的客户群。在我国商业银行铺设国际化网络的进程中，与申设并行的机构建设路径就是购并，显然，这是以资本市场为平台的投资行为。

并且，在后危机时代，保持充足的资本和优良的资产质量是我国商业银行面对的两大需求和主要任务。特别在2009年贷款超常规大量增长，过多地耗费了商业银行的资本金，使资本金不足已成为当前和今后约制国内商业银行的重要难题。补充商业银行资本金的路径不外乎是增加资本和缩小资产规模两条路径。增加资本主要通过资本市场融资再融资实现。以我国资本市场目前容量来看，恐难以满足商业银行巨大的融资需求。还有一条路是现实可行的，这就是相对缩小商业银行的信贷资产规模，就是发展银行资产证券化，通过证券化缩小资本充足率的分母——信贷资产，使资本达到相对充足。我们认为，从商业银行经营管理的角度来看，在流动性和风险可控的双重要求下，对商业银行信贷资产进行证券化，是一条解决资本充足率不足的现实路径。而银行资产证券化同样需要资本市场作为平台。

其次，商业银行的战略转型可以促进资本市场的发展。

国内商业银行上市不仅可以扩大我国资本市场容量，而且为我国资本市场锻造了最为稳定的基础板块和大量机构投资者，形成了稳定的主要作长线的市场主体。近年来，我国商业银行积极通过购并等资本运作提升效益，反过来在很大程度上活跃了国内资本市场。

并且，上市后商业银行体制转轨与经营转型并举，上市银行经营重点正在转向资本市场及其连带业务，掺入证券业、保险业、基金业，合法从事多种金融业务，各种银行系基金公司、证券公司、保险公司纷纷进入市场，在为自身创造多种经营收入的同时，也将促进和繁荣资本市场的发展。

最后，银行的理财业务已经成为我国储蓄转化为投资的新渠道，进而成为我国资本市场的资金来源新渠道。银行通过发展理财业务，把潜在的居民储蓄转变成债券、基金、股票、期货等对资本市场的投资，一方面，改变了以往只有通过银行存款转贷款的单一储蓄转投资的路径和方式，为居民提供了新的更为便捷和更高收益的投资方式与工具,也为银行自身寻求佣金收入打开通道;另一方面,银行拥有比证券类机构更为广大的客户资源,拥有更高的社会信用,银行发展理财业务可以为资本市场带来大量相对稳定的资金来源和客户,解决了资本市场的"活水"来源问题,为资本市场的发展和繁荣打下基础。

总之,中国金融改革的深化和银行业改革的深化需要中国资本市场的进一步发展,而商业银行的改革深化和战略转型也为中国资本市场的进一步发展提供了有利条件。我相信,中国资本市场和商业银行将在相互融合中进一步发展壮大。

全球经济金融步入后危机时代
中国银行业再探科学发展之路[①]

十分高兴参加本次银行业发展论坛,与大家一起探讨后危机时代中国银行业的发展趋势。过去两年中,百年不遇的金融危机不仅转变了世界经济周期的阶段历程,更改变了全球银行业的发展轨迹。值得欣慰的是,改革造就了健康、富有竞争力的中国银行体系,在金融危机肆虐的不利外部环境中,中国银行业不仅经受住了考验,很多银行更脱颖成为质量优良、实力强劲和在盈利能力、总市值等方面领先于国际同业的优秀银行。展望未来,在复苏确认、风险犹存的后危机时代,我们不能沉浸在以往的成功喜悦中,而应当继续探索符合中国国情的银行业科学发展之路。

一、后危机时代机遇与风险并存

2009年下半年以来,金融危机逐渐企稳,主要经济体经济运行均呈回暖态势,全球经济逐步进入由衰退向复苏周期过渡的"转折阶段"。与其他经济体相比,中国经济增长率在第三季度已高达8.9%,充满生机的中国经济正以更大的步伐和更加明朗的态势迈进后危机时代。

但我们必须看到,全球经济的复苏之路绝非一路坦途,后危机时代全球经济仍然风险丛生。具体而言:一是金融体系功能的修复将经历较长过程,大范围、大规模的"去杠杆化"导致后危机时代的金融稳定仍面临较大压力;二是差异性复苏可能引发全球贸易保护主义抬头、金融市场的政府干预加剧

---

① 这是作者2009年12月在银行业协会举办的"后危机时代中国银行业发展论坛"上的演讲稿。

全球经济金融步入后危机时代 中国银行业再探科学发展之路

以及投机性资本流动更趋频繁等结构风险;三是通胀风险从隐性风险渐变为显性风险,后危机时代的通胀压力不断增大。对于中国而言,经济回暖的基础也有待于进一步夯实。具体表现在:第一,大规模投资后的供需结构失衡问题需要高度关注,尤其是产能过剩问题很突出;第二,需求"三驾马车"对GDP的贡献失衡强化,2009年前三个季度,投资对GDP增长的贡献高达95%;第三,国有和民间力量的失衡有扩大趋势,政府消费占全部消费的比例不断上升,国有投资增速也一直领先于非国有投资增速;第四,银行资本金补充渠道仍然匮乏,商业银行信贷投放的可持续增长存在不确定性;第五,以资产价格较快上涨为主要特征的通胀预期强化及真实通胀风险亦值得关注。

而另一方面,我认为,此次国际金融危机将给全球经济走势和格局带来变化,后危机时代也蕴藏着诸多机遇。主要体现在:一是全球经济有望逐步进入新一轮增长周期。据国际货币基金组织(IMF)最新预测,2009—2011年全球经济有望实现3.1%、4.2%和4.4%的增长;二是全球经济增长模式将更趋均衡,发达市场的储蓄率有望上升,其透支增长模式有望改变,新兴市场的储蓄率和贸易依赖度有望下降,其内生增长动力将更趋稳健和强劲;三是全球经济结构将进一步优化,伴随新兴市场经济体对全球增长贡献度的不断加大,全球经济资源的配置效率有望提高;四是货币金融环境将逐渐改善,市场氛围及贷款环境有望进一步回暖,金融监管力度的增强将保障金融体系功能的有序恢复;五是市场信心的恢复将促进风险偏好的回归,全球投资性资本的流动有望加快,金融创新也将重新蓄力发展;六是新自由主义经济思潮对宏观经济的不利影响将逐渐削弱,全球政策"有进有退有协调"的调整有望平衡经济增长和物价稳定两方面的需要。

对于中国而言,随着经济企稳回升的不断巩固,宏观调控政策的着力点将进一步向"调结构"倾斜。可以相信,在强有力的调控政策引导和相关措施推动下,中国在解决经济结构失衡问题的道路上有望取得突破性的进展。居民消费的增速有望明显提升,投资结构进一步优化,经济运行的内在活力不断增强。

| 思索的声音 |

二、后危机时代中国银行业的科学发展之路

中国银行业的改革进程既是自身上下求索的过程，也是不断向西方学习借鉴的过程。然而，此次金融危机暴露了西方现行金融体制的弊端，而中国的金融模式却在危机中表现出独特的优势。走进后危机时代，面对宏观经济金融领域的诸多机遇和风险，我认为，我们更需要立足国情，坚持改革创新，走出一条最适合中国国情、原创性的科学发展之路。

其一，在保持自身健康稳健发展的基础上积极贯彻国家宏观调控政策。新自由主义经济思潮的弊端已在危机中充分暴露，后危机时代政府宏观调控的重要性将更加凸显。对于中国银行业而言，应更好地将履行企业的经济责任与社会责任统一起来。如果宏观经济大起大落，银行将成为最大的代价承担者。因此，主动顺应并落实监管层的宏观调控政策长远来看有益于商业银行的健康发展。更为重要的是，改制后的商业银行应严格遵循市场法则，保持优良的资产质量，以高盈利回报广大股东，不能再重复盲目放贷、行政干预、背上沉重包袱的老路。

其二，依托全球和中国经济的结构优化，加快推进经营方式的战略转型。后危机时代，在经济领域，消费对经济的拉动作用将大幅提升；在金融领域，利率市场化和金融脱媒化将稳步推进。所以商业银行应审时度势，加快经营方式和经营结构的战略转型。具体而言，包括以下几方面：实行资产结构的战略转型，即逐步由以信贷资产为主转变为信贷资产和非信贷资产并重；实行收益结构的战略转型，即逐步由以贷款利差收入为主转变为贷款利差收入和非信贷收入并重，实现收益来源的多元化；实行负债结构的战略转型，控制高成本负债增长，提高低成本负债比重，把更多传统负债业务转化为能带来中间业务收入的其他金融工具；实行客户结构战略转型，大力发展个人消费信贷业务，加大金融对消费的支持力度。

其三，在全球化的大趋势中坚定综合化、国际化经营的发展方向。后危机时代，全球经济开放合作的大趋势不会改变，资本流动有望加快，中国银行业将继续坚定综合化、国际化的发展步伐。在推进过程中，一方面要把握

节奏,科学准确地评价目标市场潜力与竞争力,谨慎决策。在新兴市场经济基本面和复苏速度均优于发达经济体的背景下,要继续关注具有高度成长性的亚太新兴市场地区。另一方面,要把综合化、国际化与实现银行自身稳健发展的战略目标进一步整合起来。综合化、国际化战略的内涵绝不仅仅是布设全球化网络,而是在全球范围内、在各个业务条线灵活配置资源,实现分散风险和增加收益的双重目的。

其四,在加强风险管理的前提下积极推进金融创新。金融创新并不是次贷危机产生的根源,危机不应也不能扼杀金融创新。我们要根据中国国情和银行业的现状渐进发展金融创新,继续大胆开展金融交易,大力发展金融期货、资产证券化等衍生品创新,格外注重人才培育和创新机制建设,妥善处理创新与风险防范之间的关系,走出自己的创新之路来。我认为,在现阶段要继续探索信贷资产证券化的实现形式,这是一条总资产并不无限扩大,但盈利能力却可持续增长的路径,能有效解决商业银行资本金补充渠道匮乏的发展瓶颈。

其五,在去伪存真中继续向国际先进同业学习借鉴。中国银行业在本轮危机中表现突出并不意味着国际先进同业已无可取之处,若要实现更高水平的发展,中国银行业必须总结西方同业在危机中的经验教训,继续学习其先进的机制、技术和理念。首先,加快业务流程和管理架构的改造,实现"部门银行"向"流程银行"转变。其次,继续深化公司治理改革,将重点从"合规性"的公司治理建设深入到保证利益回报和风险控制的"制衡机制"建设上。最后,因地制宜学习定量模型等先进风险控制办法,进一步完善风险管理机制的建设。

停止改革、放缓创新并非本轮危机带给我们的正确启示。如果说我们成功抵制了金融危机的一个重要原因是前几年抓住机遇,排除困难,坚定不移地推行了改革,那么应对后危机时期的潜在风险和挑战,出路也在于改革。只有继续用改革创新的战略眼光来开拓局面、以改革创新的思维来破解难题、以改革创新的视角不断修正和完善发展进程中的偏差,中国银行业才能在后危机时代收获更多的精彩!

全球及中国经济金融未来发展走势的几个重要问题[①]

很高兴出席本场活动,和大家一起探讨全球及中国经济金融未来发展走势的几个重要问题。2009年全年,全球经济反弹力度超出市场预期,中国GDP实现了8.7%的同比增长,增速逐季加快,经济成功地实现了"V"形反弹。综合来看,国际和国内经济已进入后危机时期。然而,当前国际、国内经济均存在较多的不确定性,很多问题需要我们逐一厘清:金融危机是否彻底平息,全球经济复苏是否稳步确立,后危机时代金融创新以及金融综合化、国际化走势如何;国内真实通胀何时来临,产能过剩如何化解,宽松的宏观政策何时以何种方式退出,信贷投放是否可持续,等等。下面我将在本所长期研究的基础上尝试回答这些问题,供大家参考。

一、全球经济金融未来发展的几个问题

(一) 发达经济体的发展趋势

我们认为,2009年下半年以来,国际金融危机逐渐企稳,前期大规模金融救助政策和经济刺激政策的效果集中显现,发达经济体正在走出衰退,进入向复苏周期过渡的转折阶段。一方面,发达经济体已复苏基调初获确认:从核心增长指标看,2009年第三季度,美国实际GDP季环比增长年率为2.2%,结束此前连续四个季度的萎缩;欧元区实际GDP同比增长率虽仍为

[①] 这是作者2010年1月在上海宏观经济形势分析会上的演讲稿。

-4%，但萎缩幅度已经较前两个季度有所减小；日本实际GDP季环比增长年率为1.3%，延续了上一季度的增长势头。从月度经济指标看，美国、欧洲和日本三大经济体均出现消费信心增强、外部需求回升、房市数据回暖、公共投资增长、制造生产扩张和先行指标改善的复苏迹象。另一方面，发达经济体目前尚未正式进入复苏，周期转折阶段将持续一段时间：预计2009年全年发达经济体实际GDP依旧将萎缩3.4%，美国、欧元区、英国和日本将分别萎缩2.7%、4.2%、4.4%和5.4%。并且，由于前期超常规政策效应集中显现，且金融危机逐渐见底，市场心理出现了由过于悲观向过于乐观转变的超调现象，使2009年下半年发达经济体的经济反弹力度超出市场预期，这可能将导致2010年上半年出现经济增长率的"二次回落"。此外，金融体系风险尚未清除、国际贸易保护主义抬头以及主权信用风险明显上升将是决定未来经济复苏进程的三个主要隐患。

我们判断，发达经济体将于2010年初正式进入新一轮的复苏周期（见表1）。复苏将是一个缓慢、渐进和曲折的过程，2010年上半年，全球经济可能将处于政策退出和政策跟进的夹缝时期，经济环比增速难有较大幅度上升，实际物价水平变化的转折点也将出现。

表1 发达经济体增长率水平及预测值　　　　　　　　　单位：%

	2009年					2010年
	全年	第一季度	第二季度	第三季度	第四季度	全年
美国	-2.7	-6.4	-0.7	2.2	2.5	1.5
欧元区	-4.2	-5.0	-4.8	-4.0	-1.7	0.3
英国	-4.4	-5.2	-5.8	-5.1	-2.3	0.9
日本	-5.4	-11.9	2.7	1.3	1.1	1.7
全部发达经济体	-3.4	—	—	—	—	1.3
全球	-1.1	—	—	—	—	3.1

（二）经济周期转折阶段全球政策将作出的调整

对于市场热议的"全球政策退出"问题，我们的观点是：单纯的政策退出难以应对各种风险，贸然的退出更可能破坏复苏的节奏，未来政策调整的

思索的声音

整体风格将是"有进有退有协调"。"有退"是指有序退出超常规的刺激政策;"有进"是指适时跟进促进经济稳健发展和结构优化的中长期政策;"有协调"是指在认可不同经济体进退战略的非同质性的基础上,积极协调全球政策,缓解政策冲突的负面影响。

在政策调整时序方面,基本原则是避免不成熟的过早退出和不干脆的过晚退出。在彻底进入稳健和可持续的复苏周期之前,全球仍然需要继续实施较强的刺激政策,确保经济增长和劳动力市场改善。由于全球在"有进有退有协调"的政策调整方面缺乏经验,难以完美地把握政策进退的时机,因此未来可能存在一段政策退出与政策跟进的夹缝时期,即刺激政策的效果已经消失而跟进政策的效果尚未显现的时间关口,综合当前信息分析,这个脆弱的夹缝时期可能将出现在 2010 年上半年。

(三) 全球失衡格局是否已经有所改善

全球经济金融失衡是本次危机的主要原因。我们认为,在金融危机的刺激和应对危机的调整下,全球已拉开了经济金融再平衡进程的序幕:一方面,全球经济增长模式的再平衡稳步推进。发达经济体通过降低过度消费来提升储蓄率并推动出口发展,力图改变高负债下的消费主导型增长模式;而新兴市场则积极加快经济结构调整,努力扩大国内投资和消费需求,降低对出口的较大依赖,推动经济增长模式由出口导向型向内需主导型转变。在全球共同努力下,经济增长方式的再平衡在一定程度上减轻了发达经济体和新兴市场之间在消费和出口、投资和储蓄方面的失衡程度。值得强调的是,新兴市场在危机中大力刺激内需增长,消费需求保持着稳中有升的发展态势,弥补了发达经济体消费萎缩的缺口,对全球经济复苏发挥了关键作用。

另一方面,金融危机加速了全球金融体系的再平衡进程。首先,金融危机削弱了欧美金融机构在全球市场中的地位,而新兴市场金融机构的地位进一步上升,促进了国际金融格局的多元化进程;其次,金融危机在一定程度上削弱了美元在国际货币体系中的主导地位,而新兴市场通过加强在经贸、货币结算和储备货币等方面的相互合作,进一步降低了对欧美发达经济体的依赖,迈出了国际货币体系再平衡的重要一步;再次,金融危机有力地推动了IMF和世界银行等国际机构的改革,增大了新兴市场在国际机构的份额、投票权和高管人员的比例,提升了新兴市场在全球金融体系建设中的发言权。所以,随着全球经济的进一步复苏,全球经济、金融再平衡进程将会继续稳步向前。

(四) 主权债务危机会否再掀金融海啸

2009年11月25日迪拜事件爆发后,美国标普、惠誉和穆迪三大评级公司立即下调迪拜政府相关实体的信用评级,随后又相继下调希腊、葡萄牙、西班牙和墨西哥等国的主权信用评级,同时提醒英美两国必须尽快制定管理公债的计划,否则可能最快在2011年下调其相应评级。一系列事件引发了市场对主权债务危机再掀金融海啸的担忧。

我们认为,近期出现的主权违约事件尚属于综合影响较为有限且具有可控性的区域性事件,其蝴蝶效应尚不足以再次掀起金融海啸。

但未雨绸缪看未来,主权债务危机潜在的传导及演化路径值得深入洞察。我们认为,主权债务危机如若演化,最可能的链条是从新兴市场零星爆发到新兴市场普遍爆发,再到欧洲问题急剧爆发,最后是美国被卷入其中。这个链条的形成是以各区域主权CDS的高低和主权债务的状况为依据。2010年主权债务危机会否引发金融海啸,关键是看这个链条的传导会否传到欧洲,欧洲将是主权债务危机演化的关键区域:一方面,由于欧洲受金融危机的冲击滞后于美国,其刺激计划的启动和后续跟进也落后于美国,在美国逐渐退出超宽松政策的同时,欧洲还需在2010年较长时间内维持宽松政策,因此欧洲债务增速可能快于美国;另一方面,2010年全球经济复苏具有鲜明的差异性,经济周期的错配导致欧洲对债务的承受能力也要弱于美国。欧盟诸国作为一个整体,其对全球经济的影响力与美国不相上下,但其内部各国经济复苏进程不同,在风险的控制上难度较大,如若欧洲主权债务风险未能得到有效控制,将可能给2010年全球经济的渐进复苏带来较大冲击。

| 思索的声音 ‖

(五) 金融创新在后危机时代的发展趋势

我们认为,尽管国际金融危机引发了人们对金融创新的诸多担忧和责难,但可以肯定的是,金融创新依然是经济金融改革发展的原动力之一,危机不应也不能扼杀金融创新。此次国际金融危机的根源在于运用金融创新过度追求利润,将质量差、风险大的基础资产通过分拆打包,以远高于实际价值的价格出售。它给我们的教训是,金融创新一旦成为攫取超额利润的工具,不仅不能转移风险,反而还会起到催生、掩盖和放大风险的作用。

在机遇与风险并存的后危机时代,金融稳定仍然面临较大压力,全球经济的稳定与可持续发展需要更为稳健、更注重基础资产质量的金融创新。中国金融业则要在加强风险管理的前提下积极推进金融创新。前车之鉴,后车之师。要真正发挥金融创新的作用,树立稳健的创新原则,妥善处理好创新与风险防范的关系:要规正创新动机,合理、合规、适度地开展金融创新;同时,加强对创新型产品的风险管理,避免对金融工程技术、模型和创新方法的滥用。

(六) 金融综合化、国际化经营在后危机时代的走势

后危机时代,金融综合化、国际化经营的势头不仅不会发生逆转,还会出现进一步加速的趋势,原因是:其一,综合化、国际化经营并不是金融机构深陷金融危机的主因,一些综合化、国际化经营程度较高的金融集团,如摩根大通、汇丰等正是凭借综合化、国际化经营分散风险的优势,避免了危机的较大冲击。其二,在后危机时代,经济复苏过程中不确定性加大,综合化、国际化经营的业务协同和风险分散效应将进一步突显,金融机构通过交叉销售、联合创新、品牌共用、人员交流、技术转移、后台共享、资本配置等途径可以实现显著的协同效应,抵御经营风险,实现稳健发展。

后危机时代是国际金融市场大重组大变革的时代,恰是中国金融机构推进综合化、国际化战略的重要战略机遇期。但综合化、国际化发展是一个分散风险和集聚风险的双向过程。中国金融机构应当立足于本土业务和传统商

业银行业务的优势,积极审慎地发展境外业务和新兴业务,为构建全球化、综合化经营平台奠定坚实基础。

二、中国经济金融发展的几个问题

(一)当前的物价水平及未来通胀出现的时点和影响因素

2009年全年,物价水平呈现低位缓升态势。全年CPI、PPI分别同比下降0.7%和5.4%,但下半年CPI、PPI逐步回升。12月当月,PPI同比增速首次由负转正至1.7%,CPI同比增速迅速反弹至1.9%。我们认为,尽管CPI、PPI同比仍处在较低水平,但触底反弹趋势基本确立,目前正逐步进入回升阶段。

2010年,国内经济增长提速,货币供应激增的滞后效应,资产价格高位运行,境内外大宗商品价格持续回升都将助推物价上涨。第一,经济复苏推动物价加速上涨。从近三十年我国经济发展的历程看,经济增长率上升往往带动通货膨胀率上涨。基于目前国内经济已企稳回升,我们判断物价水平也会伴随着经济增长的加速而逐步回升,物价上涨的速度和真实通胀出现的时点一定程度上取决于经济增长的速度和节奏。第二,通货膨胀风险大约会在货币供应扩张后的半年到一年时间内显现。2009年以来,货币供给呈现出超常规的高速增长,无论是M_1还是M_2都远远脱离近十年的运行区间,给2010年以后带来较大通胀压力。第三,股市、楼市持续升温增大价格上行压力。2009年全年,国内上证综指震荡上行,商品房销售价格持续上涨。一方面,资产价格上涨会引发较高的通胀预期;另一方面,房价上涨会引起关联行业产品价格的联动上涨。第四,国际大宗商品价格持续上升,助推国内价格上涨。美元汇率难以摆脱长期贬值的命运,2010年大宗商品价格整体上行的可能性较大,这种外部输入性上涨将给国内物价带来一定的压力。第五,2010年资源税改革方案将适时出台,改革的主要方向是扩大资源税的征收范围,提高税率,这将给全年物价带来上行压力。

2009年10月,"防通胀"的相关内容首次明确出现在中央的宏观政策目

|| 思索的声音 ||

标中①，央行2009年第三季度《货币政策报告》中亦提出要密切关注各类价格走势，注意更长期及广泛意义上的整体价格水平的稳定，中央经济工作会议已经把管理通胀预期作为明年主要调控任务之一，下一阶段宏观当局针对通胀预期和通胀风险的调控措施可望强化。我们综合认为，当前通胀风险正在抬头，2010年需求拉动型通胀发生的可能性较低，不排除成本推动型和境外输入型通胀的可能性，但发生恶性通胀的可能性较低。2010年全年CPI增速可能在3.5%左右，属于温和上涨的范畴。

（二）当前如何化解产能过剩

全球金融危机的爆发在一定程度上加剧了我国已有的产能过剩问题。2009年第四季度，工业企业产能利用率81.5%，与2008年前三个季度84%的水平相比仍然偏低。2009年10月，国家发改委综合考虑了行业产能过剩和重复建设等因素，将钢铁、水泥、平板玻璃、煤化工、多晶硅、风电设备这六个行业作为调控和引导的重点，同时列出了电解铝、造船、大豆压榨等产能过剩矛盾比较突出的行业。目前，中国粗钢产能接近全球的50%，有四分之一粗钢产量需通过直接或间接出口予以消费（见表2）。产能过剩问题突出。

表2 我国部分产能过剩行业情况概览

	2008年产能	2008年产量	产能利用率	目前在建产能
多晶硅（万吨）	2	0.4	20%	8
大豆压榨（万吨）	8 700	4 150	47.70%	
电解铝（万吨）	1 800	1 260	70.00%	—
水泥（亿吨）	18.7	14	74.80%	6.2
粗钢（亿吨）	6.6	5	75.80%	0.58
风电设备（万千瓦）	1 217	1 000	82.20%	800
平板玻璃（亿重箱）	6.5	5.74	88.30%	1.5

---

① 2009年10月温家宝总理在国务院工作会议上指出"要把正确处理好保持经济平稳较快发展、调整经济结构和管理好通胀预期的关系作为宏观调控的重点"。

我们认为，解决国内产能过剩的困境可从以下两方面着手：第一，集团购并，优化配置，提高效率。通过收购兼并，坚决淘汰效率低、能耗高的落后产能，从财政、税收、贷款等多个角度支持优势企业的收购兼并，在充分发挥资源使用效率的同时，有效缓解产能过剩的现状。第二，产能输出，共享发展。近年来，全球很多发展中国家经济增长较快，但基础设施水平往往偏低。经济快速发展导致其对改善基础设施的需求日益迫切。因此，现阶段积极推进"产能输出"战略是有效缓解国内产能过剩现状的可行方法。可考虑将国内部分外汇储备或本币资金借给他国，通过本国资本向国家债权的转换，帮助他国提高购买力，进而创造出外部需求。可通过在境外新设企业或建立分支机构等方式，引导国内的过剩产能流向需求国，以国内产能满足他国需求。促使企业从全球采购、全球销售的经营模式拓展到全球生产的经营模式，并逐渐成长为实力雄厚的跨国企业。

（三）超常规的经济刺激政策何时将以何种方式退出

刚刚闭幕的中央经济工作会议已经明确，2010 年将继续实行积极的财政政策和适度宽松的货币政策，相关的争议和猜疑似乎已经尘埃落定。然而，随着经济企稳回升的态势更加明朗，央行明显加大公开市场操作力度，并于 2010 年 1 月 12 日宣布上调存款准备金率 0.5 个百分点。此次央行上调存款准备金率可看做是货币政策由过度宽松向"适度宽松"的进一步动态调整，旨在加大流动性的回收力度和有效控制通胀预期，向市场昭示央行抑制通胀的决心。我们认为，此次央行上调存款准备金率是在"适度宽松"基调不变的条件下，主要针对 12 月 CPI 回升较快和 1 月贷款增长较猛所做的"针对性"调整，并不意味着货币政策的转向。因为调整存款准备金率在我国是较为常态的货币政策工具，只有利率政策的启用可能才是货币政策全面转向的真正标志。

我们认为，目前全球金融风险尚未出清，经济复苏进程中仍伴有各种不确定因素；尽管短期内中国经济"二次探底"的可能性已大为降低，但仍然面临外部需求疲软、内部产能过剩、结构失衡以及可持续增长内生动力不足

思索的声音

等诸多中长期问题和矛盾。继续实施宽松的宏观政策对于巩固我国复苏态势、保持经济平稳较快增长是十分必要和正确的。但也应看到，继续实施宽松政策潜在一定的负效应，即可能出现产能过剩等结构性矛盾加剧和资产泡沫膨胀的问题。所以目前要关注的不是宽松政策的"全面退出"问题，而是如何通过宏观政策的"有退有进"切实推进结构调整的问题。2010年，在保持经济平稳增长的前提下，调整结构和"管理好通胀预期及防止通胀"的政策取向将日趋明显，存款准备金率和利率可能上调，宏观政策将逐步走向总体上的稳健和中性。

第一，财政政策将在坚持"积极"的同时有"进"有"退"。即在继续保持投资力度的同时，下一阶段可能逐步退出公共投资中重复建设的基础设施类项目以及产能过剩项目。同时，将进一步加强以调结构为目标的尤其民生支持类投资。其一，从资金投向看，下一阶段除继续推进铁路、公路、机场等重大基础设施建设的在建续建项目外，资金将重点投向保障性安居工程，农村基础设施，医疗卫生、文化教育基础设施以及生态环境建设等领域；其二，将加大收入分配调整的力度，提高居民收入在国民收入分配中的比重，着力提高劳动报酬在初次分配中的比重，缩小收入分配差距，增强消费对经济增长的拉动作用；其三，将进一步加大对教育、医疗、社保类公共福利设施投入，深化医疗、教育、社会保障等体制机制改革；其四，将出台刺激民间投资的政策，扩大民营资本的市场准入范围，降低其投资门槛，努力拓展民营企业融资渠道；其五，加大区域发展战略的实施，重点将推动中西部地区的发展；其六，改革和完善资源税，推进包括水、煤、电、天然气等资源和公用事业产品价格形成机制改革，提高资源利用效率。

第二，货币政策将由实际意义上的"过度宽松"转变为真正的"适度宽松"。我们认为，首先，短期内适度宽松货币政策的大方向不会变，下一阶段央行仍将坚持"适度宽松"前提下的动态调整。其次，不排除上半年将再次上调存款准备金率的可能性。2010年上半年，央行在继续使用央票、正回购等常规公开市场操作工具调节银行体系流动性，引导市场利率上行，并协同窗口指导控制贷款过快增长的同时，如果国内信贷或外汇占款持续较快增长，流动性猛增势头得不到有效遏制,不排除央行再次或多次上调存款准备金率。加息则取决于已有公开市场操作和存款准备金率等政策的调控效果、通胀变化情况以及全球主要经济体宽松政策退出时机等几大因素。如果信贷持续高增长或者实际通胀率过快上升,而且其他主要经济体开始陆续退出宽松政策,央行将会果断启动加息。

(四) 商业银行信贷高增长是否具有可持续性

宏观上看,从2010年起,信贷增长将渐次由超常规转入正常。2010年的货币政策既要避免信贷规模大幅缩减,又要防止流动性过于宽裕。预计全年国内信贷投放规模将小于2009年,但考虑到前期开工的固定资产投资存在一定的增长惯性,仍需要大规模的资金投入,2010年信贷投放大幅缩减的可能性较低,预计全年新增贷款为7万亿~8万亿元。从信贷结构看,除了继续加强对高耗能、高污染和产能过剩行业劣质企业的贷款限制外,将收紧开发贷款和个人按揭贷款的投放标准以遏制房地产泡沫膨胀势头,淡化市场的通货膨胀预期。同时将继续加大对科技创新、节能减排类企业尤其中小企业的信贷支持,增大对改善民生类信贷的支持力度,大力发展消费信贷。

从微观来看,在过去一年信贷超常规增长的背景下,国内商业银行资本充足率总体呈下滑态势,已成为抑制商业银行信贷投放的重要因素。并且,现在的商业银行已不是计划经济条件下的银行,已成为产权明晰、自主经营、自负盈亏的主体。中国的商业银行历经艰辛才走出困境,绝不能再重复盲目放贷、行政干预、背上沉重包袱的老路。

顺便指出,市场对银行资本充足率下降问题的理解有些夸大,实际上,国内商业银行的资本充足率至今仍保持在巴塞尔协议的要求之上,只是与高峰期相比有所下降。以四大行为例,2009年9月末,四行资本充足率较上年同期分别下降的幅度仅有0.46个、1.8个、0.05个和0.95个百分点。补充资本充足率的方法主要有两大类:一是补充资本金,包括通过资本市场再融资和积累留存收益补充核心资本,通过发行次级债券补充附属资本。二是压缩资产规模,降低风险加权资产。我们认为,在流动性和风险可控性的双重要

| 思索的声音 |

求下，对商业银行信贷资产进行证券化能有效降低风险加权资产规模，满足资本充足率的补充需要。

（五）商业银行转型如何与资本市场的发展相结合

首先，商业银行战略转型需要资本市场的进一步发展。

简单地讲，商业银行的转型就是实现综合化、国际化经营，主要需要发展非信贷业务和非信贷收入，铺设国际经营网络。而这些都需要以资本市场作为平台。并且，在后危机时代，保持充足的资本和优良的资产质量是我国商业银行面对的两大需求和主要任务。如前所说，对商业银行信贷资产进行证券化是一条保持资本充足率和资产质量的现实路径，而银行资产证券化同样需要资本市场作为平台。

其次，商业银行的战略转型可以促进资本市场的发展。

国内商业银行上市在扩大我国资本市场容量的同时为资本市场锻造了最为稳定的基础板块和大量机构投资者，形成了稳定的主要作长线的市场主体。并且，上市后商业银行体制转轨与经营转型并举，经营重点正在转向资本市场及其连带业务，合法从事证券、保险、基金等多种金融业务，各种银行系基金公司、证券公司、保险公司纷纷进入市场，在为自身创造多种经营收入的同时，也将促进资本市场的发展。

最后，银行的理财业务已经成为我国储蓄转化为投资的新渠道，进而成为我国资本市场的资金来源新渠道。银行通过发展理财业务，把潜在的居民储蓄转变成债券、基金、股票、期货等对资本市场的投资，一方面，改变了以往只有通过银行存款转贷款的单一储蓄转投资的路径和方式，为居民提供了新的更为便捷和更高收益的投资方式与工具，也为银行自身寻求佣金收入打开通道；另一方面，银行拥有比证券类机构更为广大的客户资源，拥有更高的社会信用，银行发展理财业务可以为资本市场带来大量相对稳定的资金来源和客户，解决资本市场的"活水"来源问题，为资本市场的发展和繁荣打下基础。

聚焦海西建设
推动两岸金融合作发展[①]

非常高兴今天有机会就两岸金融合作和海西经济区发展议题与诸位展开交流。希望通过金融合作的不断深化，实现两岸经济与金融的良性互促；也希望海西经济区先行先试的创新能够为两岸金融合作注入更多生机与活力。下面我仅就两岸金融合作与海西发展问题谈三点个人看法。

一、两岸金融合作的主要进展

台湾与大陆血缘相通、地缘相近、文缘相承、商缘相连、法缘相循。在两岸经贸往来日益频繁、经贸关系日渐密切的情况下，加快推进两岸金融合作，具有重大的意义。概言之，加强金融合作是更好服务于两岸经贸往来，提升两岸金融业整体竞争实力和抗风险能力的有效途径，是维护两岸金融安全的重要保证。

自20世纪80年代末开始，台湾与大陆便开始了金融合作的尝试，至今经历了二十余年的风风雨雨，已由初期"海外对海外"间接为主的业务往来，开始进入到规范化合作阶段。

---

① 这是作者2010年6月在人民银行举办的"两岸金融合作和海西经济区发展"论坛上的演讲稿。

思索的声音

表1 两岸金融合作历程简介

合作阶段	主要进展
交流初期 （1987—1992年）	（1）台湾金融机构可办理对大陆的间接汇款业务； （2）台湾指定银行可办理"大陆出口、台湾押汇"业务； （3）台商开始通过间接方式到大陆投资。
间接往来 （1993—2000年）	（1）海峡两岸资金往来通过"海外对海外"方式进行； （2）台湾金融机构可办理大陆地区间接汇入款业务； （3）两岸民间金融交流开始良性互动。
积极开放　有效管理 （2001—2007年）	（1）两岸出台开放台湾金融机构在大陆设立代表处的政策； （2）两岸实现直接通汇业务，改变了过去汇款和贸易结算均采用第三地银行转汇的间接通汇局面。
金融松绑　快速发展 （2008年至今）	（1）人民币在台湾实现与新台币的双向兑换； （2）台湾开放QDII投资台湾的股市和期货市场； （3）《海峡两岸金融合作协议》及金融MOU签署，进入规范化发展阶段。

从两岸金融合作的四个主要阶段看，由于受到各种因素限制，前三个阶段双方合作尚处于进展相对缓慢的低效发展期。随着2008年4月两岸关系取得突破性进展，特别是2009年4月《海峡两岸金融合作协议》签署以后，两岸金融合作才正式驶入规范发展的快车道。

归纳起来，前三阶段两岸金融合作的主要成效有两点：一是体现在业务合作对接上。其中最重大的进展是两岸由间接通汇发展为直接通汇，缩短了通汇时间，节省了手续和费用，方便了台商的资金调度，同时显著提升了台湾本地银行国际金融业务分行（OBU）的竞争实力。二是台资金融机构开始进入大陆市场设点经营。随着2001年两岸相继加入世贸组织后，两岸均出台了开放台湾金融机构在大陆设立代表处的政策，部分台湾金融机构开始进入大陆市场设立办事处，初期主要以服务台商、拓展客户和征信业务为主，同时积极与大陆银行进行策略联盟，建立更便捷的通汇渠道服务台商。

表2　台资金融机构进入大陆市场情况

	机构名称	进入形式
银行业	7家台资银行	设立7个办事处
	2家台商合资银行	合资
证券业	15家台资证券公司	设立25个办事处
保险业	11家保险公司	设立15个办事处
	3家台资寿险公司	合资
	1家台资产险公司	合资

从2008年起至今为两岸金融合作的第四阶段，此阶段商量金融合作具有突破性的发展，主要体现在近两年两岸签署和发布了一系列协定，对两岸金融合作的限制进行松绑，在金融监管与市场准入等规制方面均有所突破。2009年4月，《海峡两岸金融合作协议》的签署揭开了两岸金融合作的新篇章，该协议建立了两岸金融合作的框架，合作开始进入规范化发展阶段。2009年11月，两岸《金融监管合作谅解备忘录》（金融MOU）的正式签署，其内容涵盖双方金融机构信息交换及保护、举行会议、双方市场准入及优惠措施等。2010年3月，台湾正式公布两岸金融、证券期货、保险业务往来及投资许可管理办法，对大陆金融机构进入台湾市场进行了明确规定，开辟了一条进入台湾市场的通道。可以预见的是，在上述一系列突破性政策的强力推动下，两岸金融合作将会有更大发展，台湾金融业将在大陆市场呈现更为多元的经营方式，大陆金融机构也将正式启动"登台"事宜。

表3　台湾《两岸业务往来及投资许可管理办法》的修正重点

行业	修正重点
银行业	(1) 增订两岸银行业互设分支机构及参股投资的管理规定； (2) 放宽国际金融业务分行办理大陆台商授信业务的限制； (3) 扩大岛内金融机构办理两岸信用卡、转账卡业务往来的范围。
证券业	增订大陆证券期货业来台设立办事处及参股投资的管理规定。
保险业	增订岛内保险辅助业赴大陆地区设立分支机构、参股投资大陆保险业及大陆保险业来台设立办事处及参股投资的管理规定。

‖ 思索的声音 ‖

还有一点值得特别提出，就是海西经济区的建立为两岸经济金融合作发展提供了更加便捷的平台。2009年5月，海西经济区建设正式上升为大陆的国家战略。在允许和鼓励金融改革创新先行先试的制度政策大框架下，海西经济区将优先批准台湾金融机构设立分支机构、子公司或参股区内金融企业，将筹划设立两岸合作的海峡产业投资基金，重点投向海西区内产业合作项目和基础设施项目，并积极着手建设两岸区域性金融服务中心等。

二、两岸金融合作的主要问题

诚然，两岸金融合作的步伐在不断加快，深度与广度不断加大，已经驶上了顺畅发展的快车道。但总体上看，两岸金融合作的进展还是显著滞后于两岸经贸关系的发展，在互设机构、业务对接、金融监管、货币合作等方面仍存在一定障碍，直接影响了两岸金融合作的效果。

其一，金融合作的程度与双方经济贸易关系不匹配。大陆是台湾最大的贸易伙伴，台湾是大陆第七大贸易伙伴，1992—2008年，两岸贸易额增长近17倍，2009年达到1 062亿美元；台湾有70%以上的对外投资集中于大陆，是大陆第五大境外直接投资来源地，至2009年5月，大陆累计批准台资项目78 308个，实际利用台资483亿美元。然而，目前两岸在金融领域的合作显著滞后于双方经贸关系的发展，还远未能发挥出金融对经济应有的强大支持功效。

其二，互设机构实质性进展缓慢。市场开放是两岸深入合作的前提和必要条件。虽然双方签订的金融MOU已经涉及市场准入等相关事宜，但从现实情况看，仍在一定程度上存在开放尺度较小、条件过于严格等问题。当然，鉴于金融业的特殊性，在市场准入方面持谨慎态度是必要的，但过于狭窄的市场入口恐难以达到较快推进深化合作的预期目标。

表4 台湾《两岸业务往来及投资许可管理办法》对银行业互设机构的基本要求

	台资银行在大陆	陆资银行在台湾
进入形式	除原办事处外，可在分行、子行及参股中三选二	初期只能在办事处、分行、参股中三选一，且办事处满两年后才能申设分行
进入主体	岛内母行及海外子行，金控公司的岛内子行与海外子行，二者择一进入大陆市场	大陆银行及其海外子行，择一来台湾
参股总额限制	银行不超过其净值的15%；金控公司不超过其净值的10%	参股以银行及金融控股公司为限，持股不得超过该机构已发行有表决权股数的5%
参股对象数量限制	1家	1家
业务开展限制	岛内银行在大陆放款的资金来源，取自大陆的比重须高于50%	分行业务由主管机关核定，仅限制吸收单笔150万元新台币以上的定期存款，且分行净值不低于营运资金的三分之二
其他条件	岛内与大陆互设机构者，除须符合守法性及财务比率规定、定期申报各项财务业务资料外，还应有在OECD国家设立分支机构经营业务的经验	

注：如"两岸经济协议（ECFA）"另有约定，则从其约定。

其三，两岸金融业务合作、对接的深度不足。以大陆台商为例，目前两岸金融机构在业务上尚未实现深度对接，不能有效共享台商企业的信用状况，两岸均缺少针对台商金融需求的产品创新合作，这样一来降低了台商业务受理效率，二来造成部分规模较小台商难以获取信贷资金，三来直接影响了台商客户金融需求的全面满足与服务体验的有效提升。

其四，两岸金融合作领域有待进一步拓宽。目前两岸金融合作涉及的领域相对狭小，可挖掘的潜力颇大。两岸经济贸易的密切联系、全球化带来的共性影响以及两岸金融机构的互补性，均为两岸在金融领域提供了广阔的合作空间，比如合力做好中小企业金融服务、有效分享两岸征信信息、金融专业证照相互认证等。

其五，两岸货币清算机制尚未建立也是影响双方金融合作深化的一个基础性问题。由于两岸尚未建立货币清算机制，台湾各银行进口的人民币现钞

|| 思索的声音 ||

几乎都靠香港汇丰和美国银行专案进口,货源并不充足,不能完全保证人民币供应量,更无法满足台商较大量的资金通汇需求。尽快建立两岸货币清算机制,解决两岸货币直接兑换问题,不仅有利于进一步密切内地和台湾的经贸关系,也是两岸金融业交流与合作的基础和前提。

三、下一步加强合作的建议

为尽快推动两岸金融合作迈出实质性步伐、形成与两岸经济贸易联系相匹配的金融往来,特提出如下建议:

一是积极推动机构互设取得实质性进展。两岸应根据金融MOU的原则,积极批准符合条件的金融机构进入对方市场,推动两岸机构互设取得实质性进展。通过两岸金融机构间的合作与良性竞争,实现彼此竞争实力的共同提升。目前两岸仍在就银行业参股、办事处升级分行等条件进行磋商,希望双方能够适度加大市场准入的步伐。

二是渐次完善金融监管合作。在金融合作走向纵深的关键时期,两岸须在金融MOU的指导下,进一步明确各自监管部门的职责,制定统一的监管标准,改进监管方式和手段,扩大监管内容和范围,通过协商明确答复两岸监管存在的问题;建立沟通协调、信息互换、资源共享机制,逐步规范两岸的金融市场,避免银行利用监管漏洞开展高风险金融业务;加大联手打击外汇黑市交易和地下钱庄等的力度,对两岸不法企业逃汇、套汇和金融诈骗等违法活动共同加以遏制。

三是加大金融业务合作对接深度。双方金融机构可将"两头在外"的台资企业作为入手点,考虑如何解决两岸征信管理合作、突破跨境现金管理,以及如何建立合理的资金汇划管道等问题,以创新性的产品和服务解决台商的融资困难,满足其全方位的金融需求。

四是广泛拓展金融合作领域。除金融监管、互设机构、信息交流外,两岸可进行充分合作的领域还有很多,包括建立中小企业融资体系、中小企业信用保证基金、大陆台商融资纾困平台、两岸联合征信信息分享平台、金融人员训练及金融专业证照相互认证等。全面而深入地携手合作,有助于两岸金融业充分实现优势互补。

五是循序建立货币清算机制。在建立两岸货币清算机制之前，可考虑两岸外汇合作机制，随后可由两岸金融管理部门商定，分别在大陆和台湾选择一家商业银行作为清算行，央行为其开立清算账户，其他银行通过清算行开办批准范围内的人民币或新台币的各项业务。

六是要大力推进海西经济区建设。两岸都应积极把握海西经济区建设这一契机，充分利用这一良好平台，在区内率先实现更为深入的和实质性的金融合作发展。海西建区一年来发展明显提速，仅2010年1—4月，闽台贸易总值同比增长了97.9%，今年第一季度，按验资口径，福建全省利用外资同比增长达87%。这表明海西促进闽台经济金融合作和带动两岸经济金融发展的平台作用开始清楚显现。从海西建设的角度，下一步要进一步创新思考如何深化两岸金融合作，搞好海西经济区的金融先行先试工作；要切实做好现有台资企业的金融服务，提供量身定做的个性化信贷政策和管理方法，扩大对台资企业的融资安排；要营造良好的金融生态环境，为进入大陆市场的台资金融机构提供公平、透明、高效的运营环境；要促进符合标准的大陆金融机构进入台湾市场，积极吸收台湾同业先进的客户服务经验和产品创新技术，为台湾市场客户提供更为多元的金融服务选择。

最后，作为走在两岸金融合作先行先试前列的中国工商银行，是大陆银行中台资企业客户数量做多（近1万户）、对台资企业融资金额最大（2008年余额近300亿元人民币）、服务最广的银行。我们始终不断加强对台商金融服务的创新，为台商提供了包括长短期贷款、贸易融资、结算业务、国际业务、财务顾问等在内的全面金融服务，不断探索建立对台资企业服务的信息交流机制，努力搭建更为便捷和广阔的台资企业金融服务平台。两岸金融监管备忘录签署后，我们正在积极着手准备将银行业务合作进一步推向深入，以期能够为两岸民众与企业提供更为多元高效的现代金融服务，更紧密地服务于两岸经贸往来，为两岸金融合作作出更大贡献。

金融监管是金融市场竞争力的重要组成部分[①]

回顾近几十年金融发展历程，我们发现随着主要国际性货币汇率的波动加剧和庞大国际游资的跨境流动，金融危机爆发的频率和破坏性正在不断攀升，危机在不同国家金融市场之间的蔓延也越来越迅速。在历次阻击金融危机的战斗中，人们日益认识到高效适度的金融监管体系是提升金融市场竞争力的重要保证。无论对于西方国家还是东亚国家，建立健全完善的金融监管制度对预防和化解金融风险、提高金融市场运行效率、保证金融市场和经济稳健运行都具有重要的现实意义。今天我想着重谈谈东亚金融监管及其对东亚金融市场竞争力的影响问题。

一、东亚金融监管和西方发达国家金融监管的对比

在经济全球化、金融一体化的大背景下，东亚金融监管和西方发达国家金融监管在趋势演化上存在着相同之处；而由于社会人文风俗、经济体制模式、经济发展水平和政府金融监管目标存在一些差异，东亚金融监管和西方发达国家金融监管在细节特征上又存在不同之处。

首先，在金融监管的关键特征方面，东亚金融监管和西方发达国家金融监管的演化方向都是不断放松对金融行业综合化经营的限制；其不同在于东亚在这一演化过程中滞后于西方发达国家。20世纪60年代以来，伴随着科技进步和国际金融市场的不断发展，金融业之间的渗透融合力度逐步加强。针

[①] 这是作者2010年11月在中国社会科学院举办的"东亚金融监管国际学术研讨会"上的演讲稿。

对这一发展趋势,各主要国家陆续从法律上取消了对综合化经营的限制,促进综合化经营已成为全球金融监管演化的主流趋势。但东亚的起步和进展都落后于美欧发达国家:自 1961 年开始,美国就在立法方面不断削弱对综合化经营的限制,1999 年《金融服务现代化法案》则正式确立了美国金融混业制;1986 年 10 月,英国实行了史称金融"大爆炸"的金融改革,允许银行提供包括证券业务在内的综合性金融服务。而东亚在综合化经营方面的突破则主要发生于 20 世纪 90 年代末,1998 年 4 月,日本通过《金融体系改革一揽子法》,2000 年 11 月,韩国通过《金融控股公司法》,为其金融行业的综合化经营提供了法律依据;由于中国国情和经济发展阶段的特殊性,时至今日,中国尚未完全取消对综合化经营的限制。

其次,在金融监管的模式选择方面,东亚和西方发达经济体都以混业监管或统一监管为主流,且都以机构监管和功能监管并重为主要方式。但相比西方发达国家,东亚在功能监管领域的经验有所不足。顺应综合化经营的金融行业大趋势,日本和韩国分别于 1998 年和 1997 年实现了从分业监管向混业监管的转变,而新加坡早在 1971 年就实现了这一转变,日本金融厅、韩国金融委员会和新加坡金融管理局各自承担着本国金融行业的混业监管职能。目前仅有中国由于特殊国情而依旧由中国银监会、中国证监会和中国保监会共同承担分业监管职能。

再次,在金融监管的历史演化方面,东亚和西方发达国家都遵循着金融创新和金融监管交替发展的演化路径,而金融危机都是促使金融监管改革有针对性变化的催化剂。其不同在于,1997 年亚洲金融危机对东亚金融监管的影响更大一些,而美欧发达经济体受 2007—2009 年次贷危机和 2010 年欧洲主权债务危机的影响更大一些。

最后,在金融监管改革的最新演化方面,东亚和西方发达国家都在后危机时代进一步推进监管改革与监管协作,但由于受本次金融危机的影响不同,其监管改革的推进程度和侧重方向也有所差别。后危机时代,全球金融监管改革进一步推进,内容包括:确立全面覆盖的监管理念;对具有"系统重要性"的金融机构进行重点监管;加强对系统性风险的监管和反周期监管;加

| 思索的声音 |

强对投资者和消费者的权益保护；完善金融企业治理机制，提高信息透明度；加强金融监管的国内协调与国际合作。在监管改革推进程度上，美欧国家以及国际监管组织已较东亚先行一步：2010年7月15日，美国参议院最终通过金融监管改革法案，新法案不但是美国自1930年"大萧条"以来改革层面最广泛、最严厉的金融改革法案，也为全球金融监管改革树立了新的标杆。此外，巴塞尔委员会、IMF、G20及金融稳定委员会等国际组织亦大力推进国际金融监管规则的重新制定。2010年9月12日，巴塞尔银行监管委员会通过了加强银行体系资本要求的改革方案，即"巴塞尔协议Ⅲ"。在监管改革推进方向上，美欧国家更加注重"大而不能倒"风险的应对，而东亚更加注重监管体系的能力建设和区域协调。

二、从东亚金融监管的发展看监管不足和监管过度对金融市场竞争力的影响

第二次世界大战以来，东亚金融监管一直在校正监管过度和监管不足的努力中，在追求效率与追求稳定的权衡中不断前行。20世纪80年代以前，全面、直接且严格的政府干预式金融监管模式长期主导东亚，这一模式一度有力地促进了战后初期东亚经济的恢复。但随着严格监管的施行，金融机构的业务发展受到限制，金融机构的运行效率有所降低，金融市场的竞争力也随之降低。进入20世纪90年代，在世界金融自由化浪潮的推动下，东亚各国监管当局从提高金融体系效率的角度出发而放松了监管，但1997年亚洲金融危机的爆发对东亚金融业以沉重打击，各国重新将加强金融业的监管提到前所未有的高度。纵观东亚金融监管的发展历程，我们可以深刻地认识到，监管不足和监管过度对于金融市场的竞争力是同样有害的。

首先，监管不足将影响金融市场的稳定。由于金融业属于高风险行业，金融体系具有负外部性效应，倘若监管不足，金融机构的破产倒闭及其连锁反应将通过货币信用紧缩破坏经济增长的基础，甚至引发金融危机。1997年亚洲金融危机的爆发固然受东亚自身经济结构、金融体制等因素的影响，也是国际游资冲击的结果，但监管不足无疑是危机爆发的重要原因之一。危机

金融监管是金融市场竞争力的重要组成部分

爆发前东南亚各国普遍实行金融自由化政策，在国内，对金融业采取过快放松管制的政策，允许金融机构数目急剧扩张，取消企业的贷款限额，大量资金被投入到房地产和股市，助长了"泡沫经济"的膨胀；对国外，在普遍缺乏与国际"资本大鳄"抗衡实力的情况下实行资本账户的开放，规模庞大的投机资本得以大进大出，并对东南亚各国的汇率形成冲击。正是由于东南亚国家在推行金融自由化的同时，没有能够做到金融监管体制建设的及时跟进，最终导致了东南亚金融危机的爆发。

其次，监管过度将遏制金融市场的发展。一方面，过度监管可能加大运营成本和监管成本，降低效率，阻碍金融系统的有效运行；另一方面，过度监管也将制约金融创新的发展，进而遏制金融业和金融市场的发展。2007—2009年源于美国次贷危机的国际金融危机爆发后，很多人把危机产生的"原罪"归咎于金融创新。我们以为这种观点大错而特错了。其实，本质上金融创新并不是2007年次贷危机及其引发的国际金融危机产生的根源，危机的表层原因与过度运用金融衍生工具有关。但是，危机形成和爆发的真正原因却并不在此，它主要是金融机构过分追求利润，金融产品设计过分复杂，金融监管不能及时揭示风险的结果。更深刻地讲，本次危机其实是美国自身经济发展模式不可持续和国际经济金融格局发展不平衡所致，是美元独占国际贸易市场和国际金融市场的结果。因为如果美元不是国际货币，美元资产没有占有国际金融市场主体的话，次贷危机将可能只局限于美国境内而不会上升成为全球金融危机。所以，危机的爆发不能归罪于金融创新，不能成为扼制金融创新、实施过度监管的理由。从当前东亚各国的实际情况来看，与西方发达国家相比，金融创新明显滞后于实体经济，对东亚国家来讲，金融创新不是过度，而是不足。东亚各国只有在适度的金融监管下合理地利用金融创新，才能有效分散并降低风险、增加市场流动性、丰富市场投资品种以及增加投资人获利渠道，提高金融市场竞争力。

对于现阶段的中国而言，既要防止监管不足问题也要警惕监管过度倾向。一方面，要坚持市场化方向，继续按照"自主、渐进、可控"的原则有序推进金融自由化改革。放松金融管制并不意味着放松金融监管，监管当局对于

思索的声音

商业银行的审慎经营、资本市场的合规运作以及跨境资本的流动要始终保持高度关注并予以审慎监管。另一方面，要鼓励金融创新，使监管政策和环境有利于而不是遏制金融业的发展和金融创新。实事求是地讲，对于仍然处于分业经营、分业监管状态的中国金融业，如何进一步有序放松对综合化经营的限制已经成为中国金融体系建设乃至中国经济发展的关键命题之一。

我们做过详细的分析，把国际银行业已经开展的跨业综合经营业务划分为三大类22项，第一大类是与银行传统功能高度相关的综合经营业务，主要包括商业银行中间业务，风险较低的信托、租赁保险业务、投行业务和初级衍生品交易及投资、低风险债券做市与自营等业务。这类业务具有历史较长、开展广泛和风险较低的特点。第二类是与银行传统功能比较相关的综合经营业务，主要包括相对第一类业务风险较高的投行业务（并购重组顾问、债务产品承销、股票和混合债保荐承销），信托、租赁及保险业务（信托、产险及其他保险）和交易及投资业务（债务产品交易及投资、高级衍生品交易）。第三类是与银行传统功能相关度不高的综合经营业务，包括直接投资、股票自营、复杂衍生品交易、高杠杆投资等交易及投资类业务。从风险的角度看，该类业务总体风险水平最高。

我们做了比较分析，在全部三大类22项综合经营业务中，世界前50强银行中的20家国际大银行仅有少数业务没有开展或开展程度较低，其整体综合经营程度很高。在本次次贷危机中受到较大牵连的银行也多是在第三大类业务上有较大发展。反观中国境内商业银行，三大类22项业务中仅开展了10项，其中9项是与银行传统功能"高度相关"风险较低的第一大类业务，1项是"比较相关"的第二大类业务。对于较为高级、复杂的衍生品交易等第三大类业务完全没有涉足。分析表明，中国境内银行仍是以商业银行服务业务为主的，在投行、信托、租赁、保险等与银行业比较相关领域的综合经营，仅是在监管政策允许的范围内，进行了初步尝试，仍处于较为初级的起步阶段。相对于国际银行业的发展程度和中国经济的发展需求，中国银行业的综合经营不是过度了，而是严重不足。如果说欧美等发达国家金融综合经营发展得有些过度，因而需要加强监管是合情合理的话，那么对中国而言，硬要把欧美管治过度混业经营的办法拿来限制发展尚且不足的中国金融业和金融市场，可能就不恰当了，这样可能会引起金融抑制，使本来已经相对发展不足的中国金融业和金融市场的发展更加不足。

三、金融市场的竞争力将最终取决于经济的竞争力

从实证的角度观察，每一个经济体的起飞通常伴随着一个金融中心的崛起，金融市场的竞争力最终将取决于经济的竞争力。在 2010 年 7 月公布的"新华—道琼斯国际金融中心发展指数"（IFCD Index）中，上榜的前十大国际金融中心分别为纽约、伦敦、东京、香港、巴黎、新加坡、法兰克福、上海、华盛顿和悉尼，这些金融中心同样也是经济活跃度较高、竞争力较强的城市或地区。2009 年以来，世界经济逐步由衰退走向复苏，其中以中印为首的亚洲地区的复苏步伐明显快于欧美发达经济体，成为推动世界经济增长的主要动力。2010 年 10 月 6 日 IMF 发布的《世界经济展望报告》显示，预计 2011 年亚洲经济整体增幅为 6.7%，亚洲将成为全球增长最快的地区，复苏动力强于发达市场。

经济决定金融，我们有理由相信，随着亚洲在世界经济中的影响力日益增强，只要东亚经济体能够加强各国的金融监管和区域间的监管协作，最大限度地享受国际资本流动和金融创新带来的利益，同时将可能的金融风险降到最低，东亚金融市场的竞争力必将在全球范围内得以不断提升。

依托票据发展 推进经营转型①

一、票据业务是推进中国金融市场纵深发展的重要支点

票据是我国最早出现的金融工具,从唐朝的书帖、"飞钱",到宋朝的"交子"、"会子",再到明清时期晋商的汇票,经过千余年的发展,今天,票据已经成为最重要的金融工具之一。有数字表明,2009年企业累计签发的商业汇票达到10.3万亿元,累计贴现汇票金额为23.2万亿元,票据在货币市场中的比重达到了21%,成为货币市场的"三大支柱"之一。

迅速发展的票据市场,在优化金融资源配置结构、提高金融市场的广度和深度等方面,起到了十分重要的作用。一方面,票据作为重要的短期融资渠道,有助于丰富货币市场品种、增强金融工具的弹性和灵活性。票据不仅期限较短,可以避免价格泡沫的出现,而且因为发行企业分布的范围相当广泛,数量极其庞大,因而能够更好地发挥价格发现的功能,引导资源流向更有效率的领域。另一方面,与其他融资渠道相比,票据融资具有门槛较低、财务成本节约、审批程序相对简单等优势,为企业提供了更为方便灵活的融资选择。特别是,票据融资能够更好地帮助一些民营企业、中小企业解决融资难的问题,有利于矫正融资资源配置结构失衡的问题。

二、大力发展票据业务,推进国内商业银行战略转型

票据业务不仅仅是银行传统性业务,而且也成为助推我国商业银行实

---

① 这是作者2010年11月在中国工商银行票据营业部成立10周年新闻发布会上的演讲稿。

转型和创新发展的重要手段。

首先，发挥票据业务优势，有利于推动国内银行调整信贷结构、降低信贷业务风险。工商银行的实践表明，对于国内商业银行而言，票据是沟通实体经济、信贷市场和资金市场的纽带，可以很好地发挥资金"蓄水池"的作用。通过发展票据业务，银行能更为便捷和主动地平衡信贷收支和调整信贷结构，有利于保持相对合理稳定的信贷规模与投放节奏；并且，票据业务的经济资本占用较少、风险较低，可以帮助银行平衡资本约束与信贷发展之间的关系。此外，票据还可以充当商业银行的二级流动性备付，可以通过与信贷的反周期操作，规避利率风险，实现风险与回报结构的平衡。

其次，挖掘票据业务潜力，有利于推动银行转变业务发展模式。当前，国内各家商业银行都在积极以大型企业、集团企业为依托，通过发展链式金融和提供网状服务，全方位延展客户边界和扩大收入来源。企业链上各企业之间最主要的关联方式除了实物流就是票据流。因此，在链式服务背景下，发展票据业务不仅仅是一项业务手段，更是银行发现客户、拓展业务范围的钥匙与抓手。

最后，加强票据业务创新，有利于进一步优化银行产品与服务。票据业务不仅融合支付结算、融资、信用功能于一身，而且大多具有真实交易背景，能够很好地协调业务创新和风险防范之间的关系，因此可以成为稳健型创新的重要来源。例如，票据理财产品不仅可以为商业银行提供稳定的收入，而且可以拓宽票据市场的资金来源，促进票据市场的发展；将票据纳入银行的融资方案设计、资金结算和财务管理策划等财务顾问服务中来，可充分发挥商业银行在投资银行、资产管理等业务领域中的潜在优势；开发资产支持型票据，可以帮助银行实现主动调节流动性、优化资产负债结构的目的。

三、作为行业领军者，工商银行应为票据业务发展提供更多的智力支持

工商银行是国内银行票据业务的领军者，在同业中率先建立了票据专营机构，率先实行了票据业务风险集中管理，率先运用管理系统加强约束控制，

思索的声音

率先推出了以 SHIBOR 为基础的票据业务利率定价,率先推出了票据价格指数。工商银行票据业务的发展得益于对票据业务研究的重视。一直以来,工商银行依托研究力量,围绕票据业务发展改革中的一系列重大议题进行了积极探索研究,是国内票据业务发展研究的先行者。我们在 2001 年成立了中国城市金融学会票据研究会,并创办了我国票据市场唯一的专业研究期刊——《票据研究》;我们还组织召开了"两岸票据(券)市场和业务研讨会"、"票据市场发展高层研讨会"、"票据业务创新与发展研讨会"等高层论坛,为金融票据领域的研究活动提供了沟通的平台。通过大力推动研究与交流,工商银行得以不断解决票据业务发展中遇到的困惑,明确了票据业务转型创新的方向。

未来,中国票据业务仍具有非常大的发展潜力,如何在宏观调控力度加大和信贷市场不确定性增强的背景下,更好地发挥票据业务支持银行信贷结构转型的作用;如何在银行一体化、综合化服务平台建设过程中,发挥票据业务连接多个市场、融合多重功能的作用;如何在银行资本管理业务体系中,进一步发挥票据灵活能动的特性;如何在银行集团化管理框架的构建中,发挥票据专营机构在业务组织模式创新中的"探路者"作用,这些重大课题仍有待于包括工商银行在内的国内各家商业银行进一步深入研究和探索。中国城市金融学会愿意与票据业务领域的研究者、实践者共同努力,为我国票据市场和票据业务的发展作出贡献!

打造绿色银行　推进低碳经济[①]

众所周知，低碳经济已经成为全球经济发展的重要导向。在未来低碳经济的时代里，商业银行作为资金配置和金融服务的中流砥柱，既有责任又有机遇，既有希望又有挑战。刚才三位专家已就我国低碳经济和碳金融市场的发展，以及碳金融理论的发展发表了高价值的演讲，下面我想就商业银行如何支持低碳经济发展和挖掘业务机遇问题谈几点看法，与在座各位交流。

一、商业银行应成为支持推动低碳经济发展的重要力量

低碳经济是一种以低能耗、低排放、低污染为基础的经济发展模式。过去的两年，我国经济虽然成功抵御住了国际金融危机的冲击，但一些长期积累的矛盾和问题却加速暴露，其中最为突出的就是，传统的产业结构和粗放的发展模式遭遇到越来越严重的资源和环境的约束，这已经成为制约未来经济增长的重大瓶颈。因此，培育低碳经济，建设资源节约型、环境友好型社会，不仅是我国应对国际减排压力、承担大国社会历史使命的必然要求，更是提升经济运行质量，推进经济结构转型优化，塑造可持续、包容性经济发展模式的内在要求。

经济由"高碳"向"低碳"转型，不仅需要政府政策的引导，而且离不开金融机构的支持。碳金融就是低碳经济所衍生出来的金融需求，是指服务于减少温室气体排放的各种金融制度安排和金融交易活动，其中既包括碳排

---

① 这是作者2010年12月在中国城市金融学会举办的"金融论坛——碳金融与中国银行业"上的演讲稿。

| 思索的声音 |

放权及其衍生品的交易和投资,也包括低碳项目开发的投融资以及相关的金融中介活动。特别在中国资本市场欠发达和碳交易体系尚不成熟的背景下,中国银行业作为金融体系的支柱,有责任、有义务也有能力成为助力我国低碳经济模式转型的主力军。

二、商业银行发展碳金融业务面临的机遇与挑战

低碳经济是启动下一轮全球经济增长周期的引擎,是助推中国经济实现可持续、包容性发展的重要动力。推进绿色金融建设、支持低碳经济发展,不仅是商业银行作为企业公民履行社会责任、回报社会的自觉行动,也是各家银行在新形势下寻求创新发展和实施经营转型的内在要求。

一方面,发展低碳经济为商业银行调整信贷结构、降低整体风险创造重要契机。长期以来,由于理念、历史、技术等多方面的原因,国内商业银行信贷主要投向传统制造业和资源开采与初加工行业,这些行业往往具有高耗能、高污染和资源耗费型的特征。近年来,随着土地、资源、环境、技术约束的不断提升,处于"两高一资"行业的企业经营成本不断提升,经营发展面对的瓶颈制约越来越严峻,社会对于此类企业的容纳力也迅速下降。在这样的背景下,商业银行大量投诸于传统行业的信贷资产未来可能面对较大的风险隐患。因此,银行亟须加快退出"两高一资"行业,调整信贷结构,寻求新的资金投向。低碳经济的大发展恰如其时地为国内商业银行开辟出信贷转型的空间。环保节能、新能源、新材料、文化创意、现代服务业等低碳产业是中国先进生产力的代表,体现了和谐发展的理念,加大对低碳行业的信贷投入,将有利于商业银行实现信贷可持续发展和控制整体信贷风险。

另一方面,低碳经济蕴含巨大金融需求,将成为商业银行业务拓展和盈利可持续增长的重要源泉。低碳发展模式是未来中国经济健康运行的基石,在低碳经济时代,商业银行不仅可以更好地分享国内和全球经济发展的红利,而且由此引发的产业升级也是商业银行培育潜力客户的重要机遇。目前,全球环保产业的年产值已达 3 000 亿美元,保守估计未来每年将至少以 7.5% 的速度增长;环保产业在发达国家 GDP 中占比已高达 10%~20%,相比之下,

中国环保产业仍处于起步阶段，未来的发展潜力巨大。特别是，低碳产业已经摆脱了传统主导产业对规模和资源的高度依赖，成长性和盈利性都优于传统产业。

当前国内各家商业银行已经发现并且在积极把握低碳经济带来的发展机遇，在建设"绿色银行"方面进行了很多有益的探索和尝试，并取得了一系列的成效。

一是各家银行在信贷资源配置上严格执行国家的产业政策和环保政策，积极完善绿色信贷的政策制度、流程设计、评价体系、组织保障、信息平台和系统支持，在加快从"两高一资"行业退出的同时，为绿色环保、清洁能源和循环经济等行业、企业开设"绿色通道"，引导金融资本向低碳经济配置。以工商银行为例，截至2009年末，我行直接支持的包括清洁发展机制、高原湖泊治理、海域综合整治等绿色信贷项目达2 200多个，新能源开发或利用项目的贷款余额已超过1 000亿元。

二是针对低碳环保产业技术、知识密集型的特征，国内商业银行还加大了业务和产品创新力度，兴业银行、浦发银行、民生银行、华夏银行等银行借力国际金融机构，为企业的能效项目和清洁能源项目投资提供能效融资；工商银行、农业银行、深圳发展银行和光大银行发行了绿色银行卡，在传播低碳理念的同时，实现了支持节能环保基金或项目的目的；浦发银行依托自身在国际业务和投资银行领域的专业优势，为国内减排项目提供清洁发展机制（CDM）财务顾问服务；中国银行和深圳发展银行则推出了碳金融理财产品，拓宽了低碳企业的筹资渠道。

三是通过各种形式，向社会传递低碳生活的理念。近年来，国内商业银行纷纷加强了电子银行的建设，完善的绿色服务平台显著改变了客户的金融消费习惯，节约了大量的能源。银行业自身也身体力行，通过推广"无纸化"办公，实施"绿色照明"工程，建设"绿色大厦"，参与节能环保公益行动等形式，有效发挥了低碳理念"扩散器"的作用。

但在目前阶段，商业银行在碳金融领域还没有充分发挥作用，碳金融业务成本、风险与收益还不对称，并且在分业经营框架下，碳金融衍生产品的

思索的声音

创新受到制约,导致银行对低碳产业支持依然不足。根据人民银行的统计,低碳产业的资金缺口高达二十倍。商业银行在发展碳金融业务过程中面临的挑战主要体现在以下几个方面:

首先,碳金融业务的产业基础依然薄弱,给商业银行带来了潜在的风险。很多低碳技术尚处于应用转化阶段,投资大、见效慢、不确定性强的产业发展特征突出。并且,各地区为了争夺低碳经济发展的领先优势,出现了一些盲目跟进、过度竞争的现象。例如,近百个城市把太阳能、风能作为城市支柱产业,可能形成新一轮产能过剩的隐患。一些企业虽然属于低碳行业,但在全球分工链条中,承担的却是附加值低、高能耗的环节,并不掌握核心的"低碳技术",整体竞争力依然薄弱。

其次,碳金融业务的市场环境相当复杂。一方面,国内包括碳交易市场在内的金融市场尚不发达,既限制了商业银行开发碳金融衍生产品的空间,也无法为碳金融业务提供风险规避、价格发现等服务。另一方面,商业银行要参与国际碳交易市场,需面对非常大的挑战。商业银行不仅要熟悉国际碳交易的交易方式、交易价格、交易程序以及交易手续,准确评估低碳技术的商业应用前景,而且要承受市场、技术、政策、法律等多重风险。在国际金融危机中,碳交易急剧萎缩,相关项目停工或亏损,导致国际碳交易市场价格大跌,碳交易市场中活跃的金融机构在危机中遭遇重创就是一个典型的例证。

最后,碳金融业务的政策环境有待完善。例如,国家相关政策制度的连续性和可操作性较差,一些去年还在鼓励的项目今年可能就被列为限制类,加大了商业银行信贷结构调整的难度。又如,相关的激励约束机制不健全。既没有风险担保、利差补贴、业务准入等方面的激励保障机制,也缺少制约其他资本向"两高"融资的惩罚机制,绿色银行反而要承受利润减少和市场份额萎缩的负外部性。再如,环保信息披露制度不严格,很多企业的环保守法信息不可得,商业银行无法据此进行信用评估及授信审批,等等。

要克服上列挑战和困难,除了商业银行自身要提升行业与技术前瞻性分析的能力、完善相关制度政策、优化业务流程、提升产品创新水平以外,还需要政府机构、企业等多方面共同营造有利于碳金融业务发展的环境。

三、依托经营转型的战略部署，打造安全、高效、可持续的"绿色银行"

如何把握低碳经济发展机遇和应对其中的挑战是商业银行面对的重大议题。我们工商银行的观点是要依托自身的经营转型，结合低碳经济发展的方向与趋势，深化发展模式的改革，更好地支持低碳经济发展。

自股改上市以来，工商银行一直积极推进经营转型战略，并取得显著的成效。未来，我们要把发展碳金融业务与业务结构、区域结构、客户结构的转型结合在一起，在低碳金融领域发挥大银行应有的示范辐射作用。

首先，深入分析低碳行业的产业形态、技术特征、发展规律，完善绿色信贷的业务模式，推进信贷结构的低碳化转型。

工商银行是最早将"绿色信贷"付诸实施的商业银行，经过几年的探索和努力，绿色信贷已经嵌入到信贷业务操作的全流程之中。未来，我们计划在以下两个方面实现突破：一方面，要突破风险管理瓶颈。要加强对能效技术、可再生能源技术、生物技术等低碳核心技术与行业发展前景的研究，与环保部门、监管部门、中介机构建立信息合作机制，提升对政策风险、技术风险、市场风险的识别和监控水平；借助环境责任险或碳期货、碳掉期、碳期权、碳基金等金融衍生品，或者参与国际金融组织的合作机制，实现环境风险的转移和分担。另一方面，要大力提升对低碳产业的服务层次和效率。要研究开发绿色环保专利技术抵押贷款，核证减排额（CERs）收益权质押贷款、"产业链担保"和"企业联保"贷款等产品，解决低碳企业规模小、资金有限、缺少合格抵押品的困难；向节能环保建筑商提供开发贷款，向消费者提供节能消费贷款，在带动低碳产业发展的同时，加速低碳生活理念的传播。

其次，根据国家的区域发展定位以及各区域资源禀赋、产业结构的特征，制定碳金融业务的特色发展路径，助力区域分支机构的梯队发展。

珠三角、长三角、环渤海的发达省市已率先步入了新型服务业主导的工

思索的声音

业化中后期。商业银行可依托这一领域雄厚的经济基础以及突出的人才、技术、市场优势,为低碳技术研发、绿色城市基础设施建设、高端制造业和服务业成长提供综合类的金融支持,突破传统业务市场饱和的困境。特别是,由于这一地区金融市场较为发达,可以作为商业银行开发碳金融衍生产品的"实验田"。

中西部的一些资源型省份正处在工业化初期,高耗能高排放产业在经济总量中占有相当大的比重,高碳经济的发展特征导致生态环境系统十分脆弱。在这些地区,商业银行显然不能完全退出传统产业,而是要依托当地的经济和产业基础,充分利用国家"中部崛起"和"西部大开发"的政策优惠,借助信贷杠杆,引进和推广低碳化工艺技术,开发减排技术改造、资源再利用等项目,在实现能源清洁利用的同时挖掘传统产业的附加值,帮助这些地区摆脱经济发展的高碳路径依赖。

对于一些虽然工业化、城镇化起步晚,经济欠发达,但由于经济模式和工业体系尚未完全定型,产业向低碳经济调整和转型具有成本低、阻力小、动作快的后发优势的地区。商业银行可积极支持新能源、新材料、新技术的开发利用,培育有利于发挥比较优势的旅游业、特色农业、绿色工业和服务业等低能耗产业,避免这些地区走上先污染后治理的弯路。

新农村建设也是商业银行发展碳金融业务的重要领域。商业银行可利用自身在资金、信息、渠道、技术等方面的优势,引导农村加快建设以无公害食品、绿色食品和有机食品为主的生态农业产业,构建专业化的生态循环链。

最后,加大碳金融业务和产品的创新,实现从传统的融资中介向全能型服务中介的转型。

借鉴国外同业的相关经验,结合我国商业银行的现实情况,围绕碳金融的业务和产品创新可以率先在以下几个方面实现突破。

一是开发以碳交易为核心的金融衍生产品。例如,为企业碳交易提供投资理财、财务顾问、结构化融资等金融服务,以及碳交易资金账户管理、基金托管、交易咨询和标准规则咨询等业务。

二是开发低碳产业融资租赁业务,通过融资租赁的方式为企业提供风力发电机、水力发电机和太阳能光伏发电机等昂贵的动力设备，企业可通过出售 CERs 或低碳产品向银行支付租金。

三是开发低碳产业保理业务，为卖方（设备供应企业）提供一笔有追索权的保理融资，允许买方（低碳企业）在出售 CERs 或低碳产品后向银行分期支付应收账款。

四是开发绿色信贷资产证券化产品，动员社会资金支持低碳环保产业发展。

我国国有银行改革发展与转型[①]

一、国有银行改革取得重要成效

之所以要讲这个问题，主要是对近来一个时期国际上一些机构唱空唱衰中国银行业和中国经济的错误评论做一个必要的回应，以便于帮助大家坚定对国有银行的信心。

2003年12月，国家决定对国有银行进行股份制改造，建设现代化商业银行。经过七年来的努力探索，国有银行改革已取得显著成效。

一是规模稳健增长，盈利能力显著增强。2004年至2011年6月末，五家大型国有银行（以下简称五行）的总资产从18.41万亿元增长到53.94万亿元，年均增长17.99%；存款余额增至42.9万亿元，年均增速为15.8%；贷款余额增至27.51万亿元，增长1.43倍，年均增速14.65%。

在规模扩张的同时，国有银行的利润快速攀升。2004年至2010年末，五行的净利润从1 019亿元增至5 448亿元，年均增速为32.23%。

二是效率大幅提升，资产质量达到国际银行业优秀水平。2004年至2010年末，五家国有银行的人均净利润从10.9万元提高到36.2万元，增加了2.32倍；成本收入比则从43.43%下降至33.19%，下降了10.24个百分点，实现了有效的成本控制。在保持快速发展的同时，五行的不良贷款额和不良贷款率一直保持"双降"态势。截至2011年6月末，五行的平均不良贷款率仅为1.13%，资产质量达到国际优秀水平；拨备覆盖率高达230.91%，其中

---

① 这是作者2011年11月在航天工业总公司举办的"航天工业论坛"上的演讲稿。

工行的拨备水平已超过270%。

三是国际化发展稳步推进，国际地位显著提升。近年来，国有银行积极稳妥地实施境外机构布局战略，不断提升跨境金融服务能力。以工行为例，目前工行境外覆盖的国家和地区已达33个（加上近期开业和审批通过的机构，2012年将超过40家），初步搭建了覆盖亚洲、欧洲、美洲、非洲和大洋洲的全球金融服务网络。截至2011年6月末，工商银行的境外资产余额已达1 039亿美元，较2002年末增长了5.5倍，年均增速高达21.9%。

与此同时，国有银行在国际上的地位与影响力不断提升。根据英国《银行家》杂志2011年最新公布的"全球千家大银行"排名显示，工商银行、建设银行、中国银行和农业银行占据了按税前利润排名前十大银行的四席。其中，工商银行已连续数年蝉联全球"最盈利银行"。从上市银行总市值来看，近年来工商银行和建设银行稳居全球前两名，在全球前十名银行中，中国银行业占据了四席。中国几大银行的资本、资产总额并不是全球最大的，这从另一个角度说明：我国国有银行目前的盈利能力是高于国际同业的。

今年上半年，欧债危机和国际金融市场动荡使国际银行业再次受创。十家国际大型银行平均盈利仅46.8亿美元，美国银行及苏格兰皇家银行甚至出现大额亏损。而中国银行业不仅实现了稳健发展，还刷新了盈利纪录：工商银行上半年净利润169亿美元，继续保持全球第一的地位。

四是国有银行的改革收益已完全覆盖改革成本。股改以来，国家通过注资和不良资产剥离的方式为五家国有银行累计投入2.34万亿元。股改上市后，五行在2005—2010年通过分红及股权增值，共为国家股东带来收益2.89万亿元，完全覆盖了当初的改革成本。从广义上讲，如果把股改上市以来国有银行上交国家的税收加上，则五行共为国家股东带来收益3.85万亿元，远远超过了当初的改革成本。

二、积极推进多元化转型，努力实现可持续发展

今天论坛的主题是转型。国有银行和整个中国银行业都面临转型的任务。目前，国有银行正处在一个以体制创新、经营转型和可持续发展能力培育为

思索的声音

主要内容的飞跃性发展的关键时期,并且已经在转型上取得了重要进展。

一是开展多元化试点,初步搭建了综合化经营平台。为降低对传统存贷业务的依赖,有效应对利率市场化与金融脱媒化带来的盈利压力,近年来国有银行在政策允许的范围内,积极开展了多元化经营试点,设立了基金公司、金融租赁公司、保险公司、信托公司与证券公司等,综合化经营平台正在逐步形成。

二是降低对利差收入的依赖,可持续发展动力有所增强。近年来,国有银行努力发展非贷款业务,增加非信贷资产和非信贷收入的增长,2004年至2011年6月末,五行通过年均14.65%的信贷资产增长和17.99%的总资产增长实现了年均32.23%的净利润增长。同期,五行的信贷资产占比从60.43%降至50.39%,累计降低10.04个百分点;非利息收入占比则从11.09%提升至25.23%。

下面,我以工商银行的转型实践为例,向大家进一步介绍国有银行转型发展的主要举措与成效。

一是积极布局综合化经营。除了巩固传统银行业务优势,积极开拓理财、托管、年金等新兴业务以外,工商银行还把业务领域还延伸到了基金、金融租赁、保险、证券等非银业务。工银瑞信是中国最大的银行系基金管理公司,在62家基金公司中共同基金规模排第12名;工银国际是工商银行独资的香港全牌照投资银行;工银租赁则是中国资金实力最雄厚的金融租赁公司,其以飞机、船舶和大型设备租赁为特色,已取得多项业内第一名。

二是积极探索低资本消耗的发展道路,基本确立了效益主导型和效率驱动型发展模式。2006年至2011年6月,工商银行的风险加权资产增速为18.5%,较上市银行的平均水平低3.5个百分点。从资本来源看,工商银行主要依靠利润留成等内源性融资方式补充资本,实现了发展模式向集约化的转变。

2006年至2011年上半年,工商银行以15.8%的年均资产增长速度,实现了34.3%的净利润年均增速。同时,人均、网均效率指标均实现了大幅提升。

三是构建信贷资产和非信贷资产并重的配置格局。目前工商银行的贷款占资产比重较2003年下降11.5个基点，2011年6月末为49.2%。与国际同业相比，工商银行信贷资产占比仍然偏高，资产结构调整空间依然很大。

四是在资产结构调整的同时，收益结构发生显著变化。工商银行的存贷利差收入占比持续下降，净手续费和佣金收入占比逐年攀升，2011年上半年已升至23%，多种收益来源相互补充的格局正在形成。不过，我国国有银行的非利息收入占比远低于国际同业，这表明我们未来进一步拓展收益来源、优化收益结构的空间广阔，综合化经营也将为工商银行带来更强劲的发展动力。

三、协同创新，支持中资企业和人民币"走出去"

我主要向大家介绍国有银行在银企合作方面的两个创新重点：一是在支持企业"走出去"方面的创新；二是在推进人民币国际化方面的创新。

21世纪以来，中国对外直接投资呈高速增长态势，2010年对外投资净额为688亿美元，较2002年的27亿美元增长了24.5倍，年均增速约50%。到2010年末，中国对外直接投资存量为3 172亿美元，较2002年增加了9.6倍，年均增速为34.3%。

据统计，2010年全球外国投资流出量为1.32万亿美元，年末存量20.4万亿美元。中国对外投资的流量、存量占比分别为5.2%和1.6%。从流量看，2010年中国已超过日本，名列全球第五。但从存量来看，我们还比较小，排在第17位，未来的增长空间广阔。

对中国商业银行而言，支持中国对外投资的增长和中资企业"走出去"既蕴含着丰富的市场机会，同时也是我们应当肩负的历史责任。近年来，工商银行大力实施支持中资企业"走出去"战略，一是把贯彻实施国家"走出去"战略作为本行国际化发展重点，通过覆盖全球的机构网络，全力提供更好的金融服务。二是跟随客户"走出去"步伐，做好服务、产品和业务的跟随，使我们的客户在全球都能享受到工商银行的服务。三是利用自身的国际经营网络，发挥项目信息获取能力和政府协调能力的优势，为中资企业"走出去"牵线搭桥。

思索的声音

除了传统的出口信贷、国际银团、飞机船舶融资等产品外,近年来,我们还适应中国企业的需求特点,创新了一系列产品和业务模式。在这里,有两个案例可以与大家分享。

第一个是"资源换贷款"案例。2010年工商银行与安哥拉石油公司签订了25亿美元贷款协议,贷款用于安哥拉聘请中资企业建设10万套社会住房等基建项目,还款来源为安石油向中资企业销售原油收入。该笔业务首创我国"资源换贷款"业务模式,一方面促进了我国钢铁建材、工程承包等产能过剩行业的出口,另一方面促进了资源、能源等战略资源的进口,实现了多方共赢。

第二个是"境外并购贷款"案例。说起"并购",可能大家想到的大多是高盛、摩根士丹利等投资银行。实际上,工商银行也在从事这块业务,并且已经取得了很好的成绩。近期,工商银行与其他银行共同组建了9亿欧元的银团贷款,支持中国聚氨酯龙头企业成功收购了匈牙利最大的化学公司。该项目为中资企业近年在欧洲完成的最大并购交易,对于该企业跻身全球聚氨酯行业三强具有极其重要的战略意义,同时也为其他"走出去"企业提供了成功模式。

事实上,对于中资企业海外并购来说,具有多年交往基础的中资银行在资金、政策和业务上都具备更多的优势,原来我们在境外的机构较少,但现在工商银行的机构已经覆盖了五大洲主要经济体,可以说这个短板已经弥补上了。我们期望未来能与诸位有更多的合作。

接下来,我想介绍一下人民币国际化进展情况和银行的创新情况。随着近年来政策的放开和试点范围的扩大,人民币跨境贸易结算量高速增长。2009年结算额为35.8亿元;2010年攀升至5 063.4亿元;今年上半年,达到9 576亿元,超过2010年全年的业务量。目前与境内发生人民币结算业务的境外国家和地区达138个。

从结构上看,今年上半年货物贸易出口结算713亿元,进口结算6 899亿元,人民币继续保持净流出态势。随着滞留境外人民币的不断积累,离岸人民币市场飞速发展。以香港地区为例,截至8月末,香港人民币存款已增至

6 090 亿元，约占香港市场总存款的 10%。

工商银行是人民币资金第一大商业银行，我们一直大力推进人民币的国际化发展。除了传统的产品，如国际结算、信用证、内保外贷、贸易融资等，我们还开发了一系列新的特色产品。

例如"人民币海外代付"业务，它是指境内银行为进口商提供的服务，境内银行指示其境外机构直接向进口商的海外客户支付（代付）货款。这项业务在境内资金利率高于境外时，可以为进口商提供更低成本的融资。从实际情况看，上半年境外人民币资金三个月期限的拆借价格平均为 1.8%，而境内人民币贷款基准利率为 5.85%，相差了 4 个百分点。如果有 1 亿元的进口项目，通过海外人民币代付资金，可以节约 400 万元的资金成本（假定是 1 年期）。

再例如"境外人民币融资"业务。我行为印尼巴克里电信公司提供了 5 000 万元人民币贷款，用于购买国内企业电信设备。目前，我们可以为客户提供包括人民币贷款、货币兑换和汇率风险管理在内的一揽子金融服务方案。

辩证看待地方政府债务问题
稳妥化解地方政府债务风险[①]

地方政府债务是我国改革开放后实行分级财政制度以后才出现的问题。近年来,特别是国际金融危机以来,地方政府债务由于"地方政府平台融资"问题而再度成为经济焦点。今年以来,不仅国内,甚至国际都在热议中国地方政府的债务问题和地方政府平台融资的风险问题。大家为地方政府融资平台贷款和地方政府债务究竟有多大、不良率究竟是多少而争论不休,几乎主流的观点都认为,地方政府平台融资是中国经济的大问题大隐患,将给中国商业银行甚至整个经济带来致命的冲击。那么事实究竟是怎样的呢?我想从银行业的角度分三点谈谈我们的看法,供大家参考。

一、地方政府债务的现状分析

关于地方政府融资平台,至今仍没有一个标准的定义,综合其各种特征可以得出这样一个概念,即地方政府融资平台就是由地方政府出资设立,授权进行公共基础设施类项目的建设开发、经营管理和对外融资活动,主要以经营收入、公共设施收费和财政资金等作为还款来源的企(事)业法人机构。

事实上,地方政府平台的出现由来已久。早在 20 世纪 90 年代我国多个地方就对政府融资进行了初步的探索,但由于政府没有分离职能,出现了大量滥借款、滥集资等过度负债问题和道德风险等腐败问题,最终资不抵债,曾于 2006 年被监管部门叫停。2009 年 3 月,为有效阻击金融危机,落实中央

[①] 这是作者 2011 年在山东大学兼职教授受聘仪式上的演讲稿。

辩证看待地方政府债务问题 稳妥化解地方政府债务风险

政府4万亿元投资计划的配套资金，人民银行和银监会联合下发了《关于进一步加强信贷结构调整 促进国民经济平稳较快发展的指导意见》，在这个文件中出台了一系列鼓励地方政府设立合规的政府投融资平台的措施，并对商业银行积极支持地方政府平台融资提出要求。自此，国内各级地方政府融资平台发展步入高潮。

目前看来，政府融资平台呈现出以下几个特征：

一是债务余额迅速增长，但增速有所下滑。根据审计署公布的调查结果，截至2010年末，地方融资平台公司政府性债务余额接近5万亿元，占地方政府性债务余额的46.4%。在政府融资平台迅速发展的带动下，2010年末全国地方政府债务余额达到10.7万亿元，较上年增长18.86%，但增速下降了43.06个百分点。

二是平台层次增多，层级逐步向下扩展。2008年后"平台"的层级由省级政府向地市级、区县级政府扩展，甚至集镇、乡村也设立了政府融资平台。截至2010年底，全国省、市、县三级政府设立融资平台公司6 576家，其中72%的"平台"集中在区县级政府。过去一级政府一般只有几家融资平台，到2010年，3个省级、29个市级、44个县级政府都拥有十家以上的融资平台公司。

三是银行信贷成为融资主渠道。截至2010年末，银行贷款占到地方政府性债务余额的79.01%，银行贷款仍是地方政府融资的主要资金来源。

四是地方政府在对融资平台的管理上进行了创新。以重庆为例，重庆采取了包括国债注入、规费注入、土地集团收益权注入、存量资产注入和税收返还等措施，以充实"平台"资本金。这些措施给融资平台带来了700多亿元的资本金，并且先后获得银行2 500多亿元授信额度和1 000多亿元实际贷款，发挥了可观的再融资平台功能。

五是银行对融资平台贷款的严格管理和规范运作，对控制平台融资风险起到了重要的促进作用。我刚才已经说到，近年来，国际国内对政府平台贷款的质量多有担忧，甚至有政府平台贷款将把中国商业银行再度拖入不良资产泥潭的预言。事实是怎样的呢？我以工商银行为例加以说明。在过去的几

‖ 思索的声音 ‖

年里，工商银行对融资平台项目贷款设置了较高的门槛，并坚持对政府融资平台项目进行科学精细管理，贷款投放立足于项目现金流，并与建设期进行匹配。从目前的情况看，工商银行贷款支持的建设项目的主体都是合法的，建设项目符合国家规定的审批或核准程序，还款资金来源充足、稳定，依靠项目自身现金流还贷的全覆盖或基本覆盖贷款占比高达93%，平台贷款的不良率仅有0.3%，而工商银行为之提取的拨备覆盖率达到了1 066%，风险是可控的。

对地方政府债务整体的履约可能，国家审计署有一个公开的审计结果，地方政府负有担保责任的债务的逾期债务率为2.23%，地方政府可能承担一定救助责任的债务的逾期债务率为1.28%。我们认为，审计署的审计结果是可信的。

二、辩证看待地方政府融资平台发展

近年来，围绕地方政府融资平台出现了很多的争论。我的观点是，政府融资平台不是"洪水猛兽"，它是地方政府投融资体制机制的改革和创新探索，它的出现和发展有着客观合理性和必要性。但是对于地方政府融资平台所存在的政府隐性担保、运作机制不健全、负债率过高和监管不力等风险隐患，必须高度重视，妥善解决，确保其健康可持续的发展。

（一）政府融资平台是地方投融资机制的创新，对支持我国经济持续健康发展起到了积极作用

2009年以来的政府投融资平台汲取了以往的教训，重塑了地方政府投融资体制和机制。首先，实行了政府管理职能与投资者职能的分离，由具有独立法人资格的公司实体承担投融资主体及其责任，政府通过这些"平台"筹措建设资金，"平台"通过独立的市场运作获得收益，保证还款来源，承担偿债责任。其次，"平台"有效整合了政府各部门掌握的经营性资产、非经营性资产、国有企业资产、自然资源，提高了公共资源的使用效率，减少了公共资源及其收益的流失。最后，"平台"对政府各部门的投资、融资、项目管

理、监督等职能进行了整合、协调和重新分工,有效调动了相关各方的积极性。

地方政府融资平台在弥补地方财力不足,应对危机和抗击自然灾害,改善民生和生态环境保护,推动地方经济社会的持续发展等方面都发挥了积极作用。特别是在我国战胜2008—2009年国际金融危机和经济企稳回升过程中,融资平台贡献显著。如果按照1:3的比例计算,2009年1.8万亿元中央投资需有约6万亿元地方和银行资金配套,地方政府通过融资平台较强的融资功能解决了自身建设资金不足的问题,在落实中央投资项目配套资金的同时,加大了各地建设项目的投资力度,保证了各地经济的较快增长。

(二)在政府融资平台规模扩张的过程中,运作不规范和风险隐患突出等问题正在加速暴露,成为捆绑财政风险和金融风险的重要渠道

1. "政府担保"不仅不具备法律有效性,而且由于一些地方财政风险过大,对平台的担保有名无实。我国《担保法》明确规定政府担保没有法律效力,虽然一些地方采取了通过人大会议决议把"平台"融资后的还款付息计划纳入财政预算的办法为平台提供还款保证,但由于人大也不是一级经济实体,不具备承担保证的合法条件,从而使这种保证的合法性仍然处于没有保障的尴尬境地。

此外,一些地方自身财政风险已经较大,再加上平台公司数目过多,财政的担保或承诺往往是"一女多嫁",一旦平台还债发生困难,地方政府实际上并没有足够的能力替"平台"还债。目前看来,这种情况在县级政府层面上十分突出。

2. 地方政府融资渠道不畅,平台融资结构单一。理论上讲,政府融资平台可以通过发行债券、发行中期票据、信托、股权融资、产权交易等多种形式融资。但由于直接融资渠道不畅,地方发债、发券的功能受到抑制,平台融资高度依赖银行贷款。以银行贷款为主要来源的单一结构不恰当地将财政风险转移给了商业银行。

3. 一些平台存在着"小马拉大车"的现象，负债率过高。一方面，部分融资平台存在资本金不足或资本金不实以及抽逃资本金的现象，有些地方政府其至采取各种变通手法向平台注入不实资产"滥竽充数"；另一方面，目前不少地方政府融资平台的负债率超过80%或者更高。

4. 管理机制不健全，缺乏对投资者的有效保障。例如，法人治理结构不健全，平台的高管人员相当部分由原政府官员担任，缺乏必要的市场经营和企业管理经验及风险防范常识，决策失误的情况较易发生；又如，平台债务的最终偿还主体及投资失误的责任主体不明晰，一旦发生投资失误、还款困难，最终责任人是谁，地方政府是否会出面偿债，对投资者而言其实并不十分清楚；再如，缺乏公开透明的信息披露和风险披露体系和机制，投资者无法了解平台真实的财力和基本的风险情况。

三、改进地方政府融资机制的方向

（一）正确认识地方政府筹融资行为的合理性，给予地方政府融资合法的地位和合法的渠道

政府管控经济、配置资源是中国特色社会主义市场经济的重要特征。在分级管理、分级财政的制度下，地方政府现实地承担着地方社会发展和经济建设的职能。调动中央和地方两个积极性是我国改革开放以来加快经济建设的一个基本方针和原则。因此对于地方政府融资需求和行为要正确看待，承认其合理性，对地方政府的融资冲动应以"疏导"为主，而不仅仅是"堵"。应着眼于长远，对地方政府融资作出长久性的制度安排，而不应仅限于"非常时期"的"非常举措"。

（二）打通地方政府及其平台直接融资的渠道，逐步优化平台融资结构

首先，要给予地方政府发债权，由各省、市级政府量力而行地制定地方政府发债计划，由中央财政统筹核准，由相关监管部门审批。其次，政府融

资平台公司作为独立法人，应与其他企业一样具有在货币市场发行"融资券"和在资本市场上发行企业债券的权利。最后，应出台鼓励地方政府及其平台直接融资的政策措施，鼓励平台摆脱对银行贷款的过度依赖，形成包括间接融资和直接融资在内的多元化融资结构。

（三）建立地方政府融资平台的风险防控制度

1. 加强地方政府对平台债务的集中统一管理，建立健全地方政府债务管理体制，从根本上改变地方平台债务多头管理、各自为政、地方政府缺乏全面把握的现状。

2. 地方政府应建立与地方平台债务规模相适应的偿债基金，并制定地方平台债务偿还基金管理办法，规定相应的偿债程序。在地方平台无法偿还债务的情况下，由地方政府动用偿债基金兜底。

3. 地方政府在调拨资产注入做实平台资本金的同时，要把相应的收费权和收益权注入平台，提高平台的自偿能力。

4. 整合现有平台，把平台建设层级限定在省级和地市级政府以上，对经济发达地区确有财力的一些县级政府要经过核准实行部分开放；对已经过多过滥、资不抵债的区县级及其以下的平台要坚决清理，并妥善解决其债权债务的清偿。同时要制定法规对平台的准入门槛、资本金比例、运作条件、负债率限额、风险管理、偿债责任等进行规范，使平台有法可依，依法合规运行。

5. 做实资本金，限制负债率。对地方平台的资本金状况要进行统一检查，在此基础上，对资本金不足或不实的平台应限期做实。同时，对地方平台的负债率作出限定，并与当地政府财政并表核算。

6. 健全治理结构，改进平台高管的任用机制，提高平台的经营水平和运营效率。

（四）明确监管责任，实施严格监管

1. 确定地方政府融资平台的监管部门，明确监管责任。政府融资平台以

‖ 思索的声音 ‖

投资和融资为其主要功能，因此严格地讲，平台属于金融机构，应当在明确各级财政为主管部门的同时，由证监会和银监会及其各级分支机构对其进行金融监管。监管范围包括市场准入、市场退出、融资计划、高管任职资格审核、风险稽查等。各级政府财政部门必须会同金融监管部门核定本级政府通过平台的总体融资计划，将政府及其平台的负债率控制在可以承受的范围内，以防范政府过度负债可能产生的财政风险。

2. 建立和完善地方政府融资平台的信息披露制度。要明确平台应当披露的信息范围，包括平台资本金状况、负债规模、承担建设项目的基本情况、项目贷款情况、项目担保情况以及贷款资金使用情况等。通过信息披露强化投资者以及放贷银行对平台的监督，完善平台风险控制机制。

（五）缓释地方政府融资平台贷款风险，督促商业银行加强平台贷款的风险管理

首先，政府融资平台贷款是我国经济社会发展过程中长期形成的特殊问题，解决起来也不能"一蹴而就"，尤其不能"刮风"。应有计划地逐步解决地方政府融资平台贷款问题。一要实事求是地认定政府平台贷款的风险，不能把政府平台贷款等同于不良贷款，要在逐笔厘清风险的基础上区别对待，对质量有保障的应继续予以支持，使项目顺利完工投产，防止"釜底抽薪"，人为造成项目资金链断裂的损失；二要在严格控制新增贷款的同时，对有问题的存量贷款制订有序退出的计划，对还款计划明确、执行到位的，可通过展期、再融资和重组等方式适当延长贷款期限，用 3～5 年时间逐步释放风险，防止因操之过急而导致地方政府偿债风险、项目未完工风险，从而对银行乃至国家造成负面影响；三要财政和银行共同化解地方政府债务风险，地方政府及其财政应切实承担平台贷款债券的维护责任，严防以化解风险为名，行逃废银行债务为实的逃废债行为，维护政府信誉和地方金融环境。

其次，今后商业银行要通过强化平台贷款风险管理制度，切实起到监督平台规范运作、约束平台风险的作用。为此，商业银行一方面要建立政府及其平台偿债能力的评估制度，加强对"平台"建设项目的评估和审查，强化

对偿付风险的管理;另一方面要警惕"十二五"时期地方政府投资冲动再起,商业银行应采取有效措施,加强流动性风险和政策风险的防范和管理,限制"平台"贷款的最长期限,限制长期贷款的比重;制订政策性风险防范预案,通过创新,创造对冲政策性风险的手段,防范和化解政策性风险。

从战略高度看我行商投业务
一体化经营的重要性[①]

我想从工商银行整个集团发展战略的角度,谈谈商业银行业务与投资银行业务之间,以及母公司与子公司之间、分行与子公司之间一体化经营问题。我准备谈三点:第一,今后我们面对的主要挑战;第二,工商银行今后发展的主要任务;第三,子公司及其业务在工银集团中的战略地位与作用。

一、今后我们面对的主要挑战

简要地讲,未来几年,利率市场化、金融脱媒以及更加严格的资本约束将极大地挑战包括工商银行在内的中国银行业的传统盈利模式,压缩银行传统存贷款业务的发展空间,倒逼商业银行加快转变发展方式和盈利模式。

第一大挑战是,监管层将制定和实施中国版巴塞尔协议,商业银行资本和流动性压力上升。国际金融危机后,国际金融监管机构和各国金融监管机构都加强了对银行和金融机构的监管,资本充足性和银行流动性监管被提高到前所未有的高度。目前,中国银监会已经就中国版的巴塞尔协议广泛征求意见,中国版的资本充足规定不仅保留了国际巴塞尔协议Ⅲ关于留存超额资本2.5%的要求和反周期超额资本0~2.5%的要求,而且提出了更加严格的核心一级资本要求,这将使银行今后的资产扩张,特别高资本耗用的贷款业务扩张受到制约,使有多少资本发展多少业务成为商业银行发展的硬约束,进而使国内商业银行以往那种主要靠贷款增长拉动资产增长和盈利增长的传

[①] 这是作者2011年12月6日在工商银行商投业务联动研讨会上的演讲稿。

统模式一去不复返。对此我们做了一个初步的测算，如果今后16家上市银行信贷资产增速保持过去五年18%左右的平均水平，净利润增速保持在30%左右，且留存50%的利润用于补充资本，则16家上市银行未来几年内的年均资本缺口将达到近4 000亿元。很显然，今后有节制地控制高资本占用的信贷资产增长，努力发展低资本、无资本占用的非信贷资产，走低资本耗费的增长道路是包括工商银行在内的国内银行业的必然选择。

第二大挑战是，政策层面将循序推进利率市场化改革，利差有可能进一步收窄。目前，我国利率市场化改革已进入至关重要的攻坚环节，即将放开本币贷款的下限和存款的上限。我们预计：本币存贷款利率最迟将在"十二五"期末实现市场化。据我们了解，中央银行可能将首先在创新产品定价机制上进行利率市场化试点，那些支付能力和定价能力较强的大型商业银行有望得到较多的定价权。对于包括我们工商银行在内的商业银行来讲，我国实行利率市场化的直接结果就是银行净息差将由3%左右向发达经济体1%～2%的净利差靠拢。有数据表明，近年来我国利率市场化步伐已经明显加快，银行的净息差（NIM）已经大幅收窄，至2009年，中国银行业的净息差（NIM）已经由2008年的2.96%下降到2.25%，下降了71个基点。2009年第三季度后，我国银行净息差有所回稳，至2010年前三个季度净息差已回到2.45%的水平，但仍比2008年低51个基点。未来五年，随着国内利率市场化进程的深入，银行业的净息差水平将有可能进一步收窄至2%以内。这将对国内商业银行的盈利产生很大影响。我们根据2011年上半年国内16家上市银行的资产负债规模做了一个初步的测算，如果净息差每下降20个基点，16家上市银行净利息收入将减少约544亿元，净利润也将出现12%左右的降幅，若NIM收缩至2%以内，则意味着净息差要进一步下降45～50个基点，16家上市银行的净利息收入将减少1 200亿元以上，净利润将下降接近30%。特别对中小型金融机构而言，利率市场化的冲击更大，中小型金融机构由于业务结构、资产结构和收入结构较为单一，利率市场化将使其经营的不确定性显著增强，甚至可能遭遇生存性危机。

第三大挑战是，"金融脱媒"趋势将延续，商业银行传统存贷款业务空间

| 思索的声音 |

将受到进一步挤压。中国金融脱媒趋势来得比发达国家晚了近三十年，但是近年来发展很快。有数据表明，过去五年国内银行本外币贷款在社会融资总量中的占比已经由2005年的85.8%下降至2010年的58.5%，累计下降了27.3个百分点。金融脱媒对银行最直接的影响就是优质客户流失和业务份额下降，包括储蓄、存款、贷款的客户和资金都会流向直接融资的证券市场，从而导致银行客户减少，成本增加，盈利下降。

概括起来，随着利率市场化和金融脱媒的深度发展，包括工商银行在内的国内商业银行将面对阶段性生存危机，中国银行业传统的以高资本占用为主的业务增长方式、以存贷利差收入为主的盈利增长模式将难以为继。为此，国内商业银行必须推进经营转型，主要通过转型来应对挑战。

二、今后三年工商银行发展的主要任务

股改以来，我行已经完成了第一个三年规划，即《中国工商银行2006—2008年三年发展战略规划》。到今年末，第二个三年规划即《中国工商银行2009—2011年三年发展战略规划》也将完成。目前，总行正在编制第三个三年规划即《中国工商银行2012—2014年三年发展战略规划》。新的三年规划规定：主要通过发展方式和经营模式的转型，保持发展和增长的可持续性是工商银行今后三年发展的主要任务。要从高资本占用型业务向低资本占用型业务转变，加快形成资本节约型的业务发展模式；要从传统融资中介向全能型金融服务中介转变，改变存贷利差收入占比偏重局面，加快形成多元化的盈利增长格局；要从本土传统银行向全球化大型金融集团转变，加快形成跨境、跨市场的经营格局；要下大气力深化业务集中处理和流程集中改革，加快IT创新和强化电子银行分流作用，根本改变服务落后的局面，力争用三年左右的时间，成为国内大型银行中服务最优的银行。简要地说，今后三年，乃至十年，我行发展的主要任务就是转型和提高增长的可持续性。关于这方面我着重讲两点。

（一）转型发展的主要路径是综合化经营，发展综合经营的主要抓手是发展投资银行业务

从总行党委2006年在我行十年发展战略纲要中提出"要用十年左右的时间实现工商银行战略转型"的任务算起，至今已经有六年时间了。这六年我行积极把握国内经济发展和结构转型的历史机遇，努力克服了国内外经济金融形势错综复杂的不利影响，坚定不移地推进结构调整和发展模式转变，深化体制机制改革，稳步推动业务发展，战略转型取得了实质性进展，初步走出了一条资本集约型、效益主导型和可持续发展的路子。

但是，我行的发展方式的转变尚未到位，结构性矛盾还没有得到根本解决，重点领域的体制机制改革还需继续深入，创新与服务水平有待进一步提升。特别在近一至二年以来，资本约束的硬化和利率市场化、金融脱媒化加速的新形势下，我行必须加快转型的步伐，通过转型发展度过这三大挑战的冲击，实现稳定持续的较快增长。因此，转型仍然是我行今后三年乃至十年的核心任务。

对于我行来讲，实现转型的主要路径实施是综合化经营。即在保持传统信贷业务有节制的增长的同时，大力度地发展非信贷、非银行金融业务，包括证券、保险、信托、期货等领域的业务。目前，经过六年的持续努力，我行综合经营已经有了较好的发展，业务架构已经涵盖了基金管理、金融租赁、投资银行、保险服务等多个领域。今后我行还要通过适当方式进入信托、期货、证券等牌照类非银行业务市场，以形成集团内商业银行业务和综合化业务更加协同的发展格局。

在所有综合化业务领域中，与传统商业银行关联度最高、协同效率最大的就是投资银行业务。并且从我行的实际出发，经过近十年的发展，我行投资银行业务已经有了较大发展，来自投行业务的利润已经超过100亿元，我们还建立了投行业务的经营平台——工银国际公司，具有了较为成熟的条件和基础。因此，我行在今后三年要大力发展投资银行业务，利用传统业务优势和工银国际的牌照优势，主要通过商业银行传统业务与投资银行业务的协

| 思索的声音 |

同,深度挖掘和发挥我行网点和客户资源潜力,做大做强投资银行业务,推动我行转型发展和持续增长。在已经提交讨论的新三年规划中,总行把投资银行业务作为推动我行今后综合经营的一个主要抓手,提出了今后三年要实现投资银行业务的大发展、大跨越的战略要求。

(二)提高可持续增长能力的主要路径是培育新的产品线

在连续六年保持近35%的年均复合增长率以后,我行利润增长速度已明显下降,2009—2011年的第二个三年,净利润增速已由第一个三年年均43.8%下降为25.4%,保持增长的持续性已成为我行发展中的主要问题。在传统业务市场不断缩小的条件下,被动守成、保住原有市场份额的想法是不切实际的,要想持续发展、扩大份额只有创造新的市场和新的收益增长点,培育新的产品线是我行提高可持续增长能力的主要路径之一。在新的三年规划里,作为突破利润增长瓶颈制约最重要的两项战略就是,挖掘分行的增长潜力和培育新的产品线。总行的战略考虑是:主要通过分行盈利梯队建设,挖掘潜力分行的增长能力,形成可持续的梯次发展格局。同时,在利差有可能进一步收窄的趋势下,要在尽可能挖掘和保持分行盈利能力的基础上,大力提升专业产品线对集团盈利的贡献度,实现全行盈利来源结构逐步由分行为主转变为"分行+专业产品线"的"双支撑"结构,形成专业化产品线与分行相互促进、协调发展的盈利格局。而投资银行业务正是这样一条具有巨大盈利空间的重要的产品线。

三、投资银行及其业务在工银集团中的战略地位

(一)工商银行成立子公司的初衷

自20世纪90年代后期起,工商银行即开始了成立非银行金融子公司的尝试。到目前为止,我行已经成立了工银瑞信、工银租赁、工银国际、工银金融和工银安盛5家非银行金融子公司。成立这些子公司的目的除了赚取利润以外,更为重要的是为了全行业务的转型。在我国依然实行金融业分业经

营和分业监管的大背景下，我行必须主要通过构建控股集团公司的方式逐步推进综合经营。成立这些非银行金融子公司的目的就是打破分业限制，搭建起各种综合经营的业务平台，将工商银行的业务和产品线延伸扩展到证券市场、保险市场、信托市场和期货市场，并通过跨市场业务获取多元收益，实现我行构建一个传统存贷款业务与投资性、交易性和收费性业务并重，信贷资产与非信贷资产并重，贷款利差收入与非信贷收入并重的集约化、多元化和综合化结构，最终实现经营模式由以规模扩张为主向以质量效益为主的转变和增长方式由主要依赖传统存贷款业务向多元化综合化收益转变的目标。

（二）子公司及其业务对工商银行的战略重要性

首先，子公司是工商银行综合化经营和战略转型的平台。工商银行是一家传统商业银行，我行的业务基础和主体是传统存贷款业务，我们有一个大得不得了和十分成熟的传统业务平台，这就是总分行现有的业务体系。但是根据我国分业法规，我们不能在总行和分行经营非银行金融业务，我们必须通过成立非银行金融子公司的方式，由小到大地构建非银行金融业务、综合经营业务的平台，把非银行金融业务由少到多地做起来。随着利率市场化和金融脱媒的发展和深化，我们将越来越多地把业务和经营重心转移到这些综合经营的新平台上。从这个意义上说，非银行金融子公司是工商银行未来发展的萌芽和希望所在。

其次，子公司及其业务是工商银行重要的补充产品线。以投资银行为例，目前，中国的直接融资市场有了很大的发展，银行等间接融资市场份额出现了大幅下降，银行的客户更加倾向于主要通过资本市场筹融资，这是一个不以我们的意志为转移的客观趋势。在客户更多转向资本市场等直接融资方式的背景下，商业银行要想不丢失客户和业务，就只有跟随客户走进资本市场等直接融资市场，除了传统存、放、汇外，必须能够创建新的产品线，能够提供客户需要的资本市场产品和服务。银行这种跟随客户提供新产品核心服务的能力，是决定商业银行能否留住客户和保有传统业务份额的关键。我行之所以在传统业务外还要打造新的投行、租赁、保险等产品线，就是为了当

‖ 思索的声音 ‖

我们的客户转向资本等市场的时候,我们能够提供除了传统业务以外的一揽子多元产品和服务来满足客户要求,从而把客户及其资金留在工商银行体内,是我行在保持传统业务优势的同时,打开新市场,增加新收益。所以我们说,投资银行、保险、金融租赁等业务是工商银行重要的补充产品线。

(三) 商投业务互动的战略意义

商业银行业务与投资银行业务互动问题,是一个重大战略问题,目前看这个问题是我行的一个"软肋"。目前我行的业务已经横跨货币市场、资本市场和保险业市场多个领域,经营范围已经纵跨亚洲、欧洲、美洲、中东和非洲等几大洲,一个多元化、全球性集团经营的业务框架基本形成。但与此同时,我行尚没有建立起一个综合化全球性集团的管理框架,致使新机构、子公司和新业务未能与传统机构和传统业务充分融合,母子公司间、分行与子公司间、海内外机构间未能连成一体,无法满足客户一体化金融服务的要求,并使我行整体优势的发挥受到很大制约。从体制机制上解决这个问题,已经成为我行发展改革和改进服务的当务之急。

在新的三年规划中,总行推出了"ONE ICBC"即一个工商银行的战略,总体目标是:构建一套全面覆盖集团总部、利润中心、境内分行、境外机构、子公司等所有机构,以及包括所有业务线、产品线的统一的集团管理框架和一体化经营体制和机制;构建一个产品服务齐全、专业分工明确、资源配置优化、核算考核清晰、激励约束有效、业务管理高效、合作协同通畅的现代集团经营管理体系;构建一个"条块结合、纵横平衡"的盈利结构和管理架构,逐步实现机构层面的"全球布局、全球联动",客户层面的"全球经营、全球服务",业务层面的"全球授信、全球共享";真正实现"ONE ICBC"即一个工商银行战略,实现客户统一管理、金融资产统一视图、全球统一授信、全球统一资产管理、全球统一科技平台。我们今天这个会议的主题"商投业务互动"是正式实施"ONE ICBC"战略的重要的一步。

(四) 商投业务互动的主要措施

对怎样才能实际有效地推动传统业务核心业务、母公司和子公司、分行

从战略高度看我行商投业务一体化经营的重要性

和子公司间的一体化经营,我有几点不成熟的想法,供大家思考。

第一,要树立集团一体化经营的观念。我们是一个传统的商业银行,有一个十分成熟的传统总分行制的管理框架。这个框架是这样的成熟,以至于这个架构以外的任何新机构、新业务都难以与之融合。这个存在也限制了我们的意识,我们中很多人把子公司和新业务都看做是分外的事而不是分内的事,是别人的事而不是自家的事,偶尔帮帮忙可以,纳入日常工作却做不到。这是我们母子公司间、分行和子公司间现实存在的问题的根源。要想实现一体化经营,首先要形成一体化理念,即把子公司及其业务视做工商银行本体核心业务,视做分行分内的主体业务之一,把子公司的发展当做总行各部室、各分行自身的发展。这是一体化经营的前提。

第二,要实行战略协同。战略协同是指将包括子公司在内的集团各组成部分统一纳入集团战略规划内,在三年规划内,制定子公司及其业务的发展目标,连同集团全部发展目标一起分解落实到总行各部室和各分行,并凭以检查三年规划的落实情况;在每年的年度经营计划中,明确规定子公司及其业务的发展计划与指标,连同传统业务指标一起分解下达到总行各部室和各分行,并评议考核年度计划的执行情况;在子公司的三年发展规划和年度计划中,也不能只有向集团提供多少利润的指标和任务,重要的是要有对集团业务线的补充计划和综合回报的考核。

第三,要实现功能协同。一要改变总行相关部室的职能,把指导各项新业务和各子公司及其业务的发展,实现新业务和子公司发展计划的职责写入总行相关部室、特别资源部室的职能中,使新业务和子公司的发展成为总行部室的分内工作;二要改变分行的职能,把协助实现新业务和子公司发展计划的职责写入分行职能,使协助新业务和子公司发展成为分行的分内工作;三要通过功能协同实现母子公司间、分行和子公司间内生的自动的一体化经营和联动。

第四,要实现操作协同。要构建一体化经营的技术平台,使传统业务和新业务、总行、分行和子公司能够在同一个平台上操作;要实现信息共享,使信息在集团内部包括在总行、分行和子公司间实现充分流动,主要通过IT

‖ 思索的声音 ‖

技术和系统实现"ONE ICBC"。要切实把子公司及其业务的发展任务和指标，纳入集团的三年规划和年度经营计划，并逐一下达和分解落实到总行相关部室和相关分行；总行相关部室和相关分行应拿出落实措施并作出相应的年度工作安排，逐一予以落实。

　　第五，要构建协同发展的体制和机制。一是从组织架构上，要在总行现有机构设置的基础上，成立新业务和子公司一体化经营协调委员会，主要由分管行长和各位总监们参加，专门负责新业务和子公司与母公司和分行间协同联动的推进与沟通和协调。行长们就协同事宜达成一致后，主要由各位总监们负责与部门沟通和落实解决。二是从工作机制上，建立一个联席会议制度，定期或不定期地召开新业务、子公司与总行、分行协同会议，提出解决问题的方法和意见，推动一体化经营的实现。三是从考核分配机制上，建立合理分润机制，采用分别双向记账的方法，将总行相关部室和分行为子公司的发展投入的资源和精力计入簿记，并用内部价格或影子价格的方式在利润划分和业绩考核中体现出来。唯有一体化经营机制到位，集团的一体化经营才能真正实现。

"十二五"时期中国银行业发展的主要问题[①]

一、中国银行业面对的主要挑战

简要地讲,未来五年,利率市场化、金融脱媒以及更加严格的资本约束将极大地挑战中国银行业的传统盈利模式,压缩银行传统存贷款业务的空间,倒逼商业银行加快转变发展方式和盈利模式。

第一大挑战是,政策层面将循序推进利率市场化改革,利差有可能进一步收窄。目前,我国利率市场化改革已进入至关重要的攻坚环节,即将放开本币贷款的下限和存款的上限。我们预计,本币存贷款利率最迟将在"十二五"期末实现市场化。可能将首先在创新产品定价机制上进行利率市场化试点,那些支付能力和定价能力较强的大型商业银行有望得到较多的定价权。对于商业银行来讲,我国实行利率市场化的直接结果就是银行净息差将由3%左右向发达经济体1%~2%的净利差靠拢。有数据表明,近年来我国利率市场化步伐已经明显加快,银行的净息差(NIM)已经大幅收窄,至2009年,中国银行业的净息差(NIM)已经由2008年的2.96%下降到2.25%,下降了71个基点。2009年第三季度后,我国银行净息差有所回稳,至2010年前三个季度净息差已回到2.45%的水平,但仍比2008年低51个基点。未来五年,随着国内利率市场化进程的深入,银行业的净息差水平将有可能进一步收窄至2%以内。这将对国内商业银行的盈利产生很大影响。我们根据2011年上

[①] 这是作者2011年12月在16家上市银行联席会议上的演讲稿。

‖ 思索的声音 ‖

半年国内16家上市银行的资产负债规模做了一个初步的测算,如果净息差每下降20个基点,16家上市银行净利息收入将减少约544亿元,净利润也将出现12%左右的降幅,若NIM收缩至2%以内,则意味着净息差要进一步下降45~50个基点,16家上市银行的净利息收入将减少1 200亿元以上,净利润将下降接近30%。特别对中小型金融机构而言,利率市场化的冲击更大,中小型金融机构由于业务结构、资产结构和收入结构较为单一,利率市场化将使其经营的不确定性显著增强,甚至可能遭遇生存性危机。

第二大挑战是,监管层将制定和实施中国版巴塞尔协议,商业银行资本和流动性压力上升。目前,中国银监会已经就中国版的巴塞尔协议广泛征求意见,中国版的资本充足规定不仅保留了国际巴塞尔协议Ⅲ关于留存超额资本2.5%的要求和反周期超额资本0~2.5%的要求,而且提出了更加严格的核心一级资本要求,这将使银行高资本耗用的贷款业务扩张受到硬约束,从而将会使国内商业银行以往那种主要靠贷款增长拉动业务增长和盈利增长的传统模式一去不复返。对此我们也做了一个初步的测算,如果今后16家上市银行信贷资产增速保持过去五年18%左右的平均水平,净利润增速保持在30%左右,且留存50%的利润用于补充资本,则16家上市银行未来几年内的年均资本缺口将达到近4 000亿元。很显然,今后有节制地控制高资本占用的信贷资产增长,努力发展低资本占用的非信贷资产,走低资本耗费的增长道路是国内银行业的必然选择。

第三大挑战是,"金融脱媒"趋势将延续,商业银行传统存贷款业务空间将受到进一步挤压。中国金融脱媒趋势来得比发达国家晚了近30年,但是近年来发展很快。有数据表明,过去五年国内银行本外币贷款在社会融资总量中的占比已经由2005年的85.8%下降至2010年的58.5%,累计下降了27.3个百分点。金融脱媒对银行最直接的影响就是优质客户流失和业务份额下降,包括储蓄、存款、贷款的客户和资金都会流向直接融资的证券市场,从而导致银行客户减少,成本增加,盈利下降。

概括起来,随着利率市场化和金融脱媒的深度发展,国内商业银行将面对阶段性生存危机,中国银行业传统的以高资本占用为主的业务增长方式、以存贷利差收入为主的盈利增长模式、以贷大贷长贷集中为主的信贷资源配置方式将难以为继。为此，国内商业银行必须推进经营转型，主要通过转型来应对挑战。

关于如何应对三大挑战的问题，从多个角度可以涉及多个问题。时间关系，我仅就利率市场化的应对和推进综合化经营问题谈谈个人观点。

二、循序渐进，迎接利率市场化的考验

应对利率市场化的冲击，主要有三点：

第一，从宏观层面上讲，我国利率市场化应循序渐进。

当前我国利率市场化改革已到了攻坚阶段，即逐步放开贷款下限和存款上限。这是一场影响最大因而宏观上最需慎重的改革。从国际经验看，推进利率市场化改革无非两种模式，一是一次性放开，二是逐步放开。从我国目前的实际情况看，一次性放开存贷款利率限制的条件尚不具备。

首先，市场基准利率体系尚不完善。国际经验表明，市场基准利率的成熟是一国利率市场化的前提条件。目前，作为我国重点培育的未来基准利率——上海银行间同业拆借利率（简称Shibor）经过四年的运行，已经具备一定的成熟度，并已在票据贴现、理财、资产管理等领域作为基准利率推广使用。但Shibor目前的品种还主要集中在一年以内[①]，缺乏中长期品种，市场的接受和认可程度仍需培育，距其成为广泛应用的基准利率还需要较长的时间。其次，银行存款保险制度尚未建立。在利率市场化的过程中，残酷的优胜劣汰法则必然会导致少数经营不善的金融机构退出市场，在此情况下保护储户利益是必要的制度安排。再次，直接融资的规模仍然偏小，市场化定价的金融工具规模仍需扩大。最后，大量中小金融机构对信贷资产和存贷款利差收入的依赖程度仍然较强，成为影响利率市场化推进的短板。目前，大中型银行机构信贷资产占比已逐步降至50%~60%，存贷款利差收入占比也降至60%左右。但大量区域性中小型银行机构对信贷资产和存贷款利差收入的

---

① 目前包括隔夜、1周、2周、1个月、3个月、6个月、9个月及1年八个品种。

思索的声音

依赖仍在80%左右，短期内难以承受利差大幅收窄的冲击。

综上我认为，我国利率市场化改革一步到位的条件尚不成熟，从宏观层面讲，未来仍应采取循序渐进的分阶段推进方法，在不断完善各项配套条件的同时，逐步降低贷款利率浮动下限和提高存款利率浮动上限。在改革的同时，保证金融机构和金融市场的稳定与发展。

第二，从微观层面来看，银行同业协调定价是利率市场化实现的必要条件。

从当前我国外币和人民币利率管制放松过程中商业银行实际利率、费率的形成和实行情况来看，存在很多问题：

一是"高息揽储"等不规范竞争甚至违规现象层出不穷，干扰了正常市场秩序，损害了银行业的信誉。二是"垒大户"等非理性竞争使银行系统积聚了一定的风险。三是银行手续费率成为新的市场热点，引起全社会的关注和质疑。

国际上大量事例表明，在利率自由且同业之间缺乏协调的情况下，银行定价常常会出现不计成本的"恶性"竞争乱象。在竞争存款客户方面，各银行可能会竞相提高存款利率，使得资金成本不断上升；在竞争贷款客户方面，各银行可能竞相压低贷款利率，从而导致银行业利差急剧收窄，大量资本和资金实力较弱的中小银行将会因无力支撑而破产。严重情况下甚至引发局部或者全局性金融危机。

总结各国推进利率市场化改革的正反两方面实践，可以得出一个重要经验，即在利率市场化改革推进和政府定价管制逐步退出的过程中，一定要有一种协调定价机制来填补利率管理真空，在一段时期内对无序和过度的价格竞争进行一定的抑制，使之稳定在一个合理的水平和限度内，以保持银行业的整体稳定和国民经济平稳运行。国际经验表明，这种协调机制的最好形式就是银行同业定价协调机制。有效的银行同业定价协调机制有助于利率市场化后保持良好的市场秩序，有助于商业银行顺利度过改革带来的各种的冲击。

我的建议是：在我国推进利率市场化的过程中，首要的任务是央行尽早培育和完善利率市场的基准利率——Shibor体系，在此基础上可以考虑构建同业定价协调机制,有以下两种方式可供选择:一是以央行的基准利率为主导,围绕基准利率,以大银行为标杆,发挥大型银行的引领作用,通过大型银行在竞争中的默契和克制,引导和维护整个银行业市场的良好竞争环境。二是发挥银行业协会等行业组织的作用,以行业组织为纽带,保持市场竞争主体间的沟通、协调及信息分享,通过自律性管理,在一定程度上保持正常的价格竞争区间,制约违规行为。

三、综合化经营是国内商业银行实现转型的主要路径

如我在前面已经说过的,随着资本约束硬化和利率市场化以及金融脱媒的深度发展,国内商业银行将面对阶段性生存危机,中国银行业传统的以高资本占用为主的业务增长方式、以存贷利差收入为主的盈利增长模式、以贷大贷长贷集中为主的信贷资源配置方式将难以为继。为了应对这种变化,国内商业银行必须推进经营结构和盈利模式的转型。而这种转型将主要通过综合化经营来实现。

其一,综合经营是现代银行业发展的必然趋势。

第一,从国际上看综合经营已经成为趋势。

历史地看,现代商业银行三百多年的发展历史是一个业务范围不断扩展的过程,由传统的存、贷、汇业务到目前的"金融百货公司",其经营范围随着客户需求和市场变化而不断延展;与此同时,在利差收窄和金融脱媒日益威胁到银行生存和发展的背景下,其经营又逐步自货币市场走向资本市场和保险市场,出现了不可避免的业务交叉和连接。

20世纪30年代大危机后,美国以立法方式限制商业银行经营范围的扩展。但是很快,至多在60年代后,美国和欧洲各主要国家陆续取消了对综合经营的限制。特别是进入80年代以来,国际金融市场上利率市场化已成趋势,国际银行业的利差不断收窄。有数据表明,2002—2008年,全球总资产排名前500位银行的净利差平均值从2.45%降至1.78%,致使其传统业务收益指标年度值从2.13%降至1.59%。与利率市场化并行的是金融脱媒化趋势。1990—2006年,全球股市和债市总市值上升了488.19%。直接融资的发

‖思索的声音‖

展致使银行业传统业务收益不断下降,对传统业务依赖程度较高的商业银行陷入盈利下降的困境之中。在1992—1999年的8年间,美国商业银行的数量从11 921家降至8 580家,有3 341家银行破产倒闭或被并购。面对危机,美国及全球其他主要国家先后放松了对综合经营的法律限制。以1999年美国通过的《金融服务现代化法案》为标志,综合经营已成为全球主流趋势。截至目前,美国、英国、法国、德国、日本、加拿大、荷兰和西班牙等主要发达国家以及新加坡、印度和巴西等主要新兴市场经济体都从法律上规定可以实行综合经营。

第二,国际银行业综合经营的发展程度较高。

我们以二十家[①]国际大银行为对象,研究分析了当今国际银行业综合经营的现状。在全部综合经营业务中,二十家国际大银行仅有少数业务没有开展或开展程度较低,其整体综合经营程度很高。但值得强调的是,二十家国际大银行根据制度环境的约束、自身经营的特点以及所在国家经济金融发展状况,在综合经营的发展上各有侧重。美国银行业在投行类,信托、租赁及保险类,交易及投资类业务三个方面发展较为成熟,综合经营范围较为全面。英国银行业综合经营更侧重投行业务和交易及投资类业务。日本和加拿大银行业的综合经营整体较为平均,但日本银行业在高级衍生品交易和股票自营业务方面相对发展更为充分,而加拿大银行业更注重保险业务。意大利、德国和法国银行业则更侧重于交易及投资类业务,荷兰银行业与美国银行业较为相似,但其保险业务在整体业务中的占比相对更大。

可见,综合经营是现代银行业发展的必然趋势。尽管这个过程有过挫折与反复,但总体向上的发展轨迹非常清晰。

其二,综合化经营亦是我国商业银行的规律性发展要求。

我国商业银行传统业务结构尚未根本改变,综合经营发展不足,利率市场化和金融脱媒的冲击使国内银行面对阶段性生存危机。

虽然经过近几年的努力,国内商业银行在资产和收入结构多元化方面已

---

① 我们从2009年英国《银行家》杂志全球千家大银行排行榜一级资本排名前50强中选择了20家银行,下同。

经取得一定进展，但高度依赖存贷款业务的状况仍未根本改变。从资产结构来看，以16家上市银行为样本，2011年上半年，各行贷款余额在总资产中的占比平均为51.3%，最高的超过60%；从收入结构来看，2010年末，各行净利息收入在营业收入中的占比平均为81.5%，最高的超过了90%；净手续费和佣金收入占比平均仅为15.05%，高度依赖利差收入状况依然明显。

并且，我国境内商业银行在综合经营方面仅开展了少数综合化业务，而且是以与银行高度相关的业务为主，比如托管、低风险债券承销和自营等；在投资银行、私人银行、财富管理、信托、租赁、保险等业务领域，仅是在监管政策允许范围内进行了初步尝试；而对于业务相关度不高或风险较高的业务领域，则严格遵循监管规定，尚未涉足。可见，相对于国际银行业的发展程度和我国经济的发展需求，我国银行业的综合经营不是过度，而是严重不足。

可以说，我国银行业资产结构和收入结构单一的问题仍十分突出，由利率市场化和金融脱媒导致的阶段性生存危机同样现实地摆在我国商业银行面前，经营结构和经营模式的转型已经成为国内商业银行的当务之急，而综合经营是国内商业银行实现转型和摆脱生存危机的必要手段和主要路径。

其三，次贷危机没有改变综合经营的趋势。

发生于2007年的次贷危机使得国际国内很多人对金融业的综合经营产生了怀疑，甚至认为是综合经营导致银行业深陷危机。然而我们经过认真分析后，得出了与之完全不同的几点结论：

结论一：综合经营与次贷危机没有因果关联。

第一，危机对未实行综合经营的金融机构产生巨大冲击。

首先，单一的专业投行在危机中受到的冲击远大于综合经营的银行。本轮危机中，美国前五大专业投行的贝尔斯登和雷曼兄弟最先倒闭，美林被并购，高盛和摩根士丹利转入商业银行业务，其资产规模分别缩减了21%和37%。

其次，未实行综合经营的商业银行在危机中亦难幸免。次贷危机爆发后，曾是美国最大储蓄银行的华盛顿互惠银行出现严重亏损，最终被售予摩根大

| 思索的声音 |

通。华盛顿互惠银行并没有开展综合经营,其四条业务线——零售银行、银行卡、住房贷款和工商业务,基本未涉足投资银行和保险业务。

第二,综合经营在危机中发挥了重要的正面作用。

一方面,综合经营的大型商业银行率先走出危机。在全球尚未明显复苏时,综合经营大银行的业绩表现向好,部分银行已扭亏为盈。另一方面,综合经营使金融机构避免了更大程度地陷入危机。以花旗集团为例,金融危机爆发后,虽然其机构业务迅速恶化,但消费金融和财富管理业务仍然实现了稳健增长,一定程度上弥补了交易及投资类业务的亏损,减小了花旗集团因全线业务亏损而破产的风险。此外,前专业投行高盛和摩根士丹利也通过转变为银行控股公司、开展综合经营而避免了更大程度地陷入危机。

结论二:次贷危机没有改变综合经营的趋势。

从国家层次看,次贷危机没有改变银行业的综合经营趋势。以美国为例,在次贷危机爆发的2007年,美国银行业季度综合经营指标的平均值从2006年的41.66%降至39.64%;在次贷危机恶化升级的2008年,该指标进一步降至36.3%;而2009年,随着次贷危机逐步企稳,该指标迅速回升至39.58%,已接近危机前的水平。

从银行层次看,次贷危机不仅没有改变国际银行业的综合经营趋势,反而使国际大银行进一步意识到综合经营对于控制金融风险和保持盈利稳定性的重要作用。以20家大银行为例,受次贷危机的影响,大部分银行综合经营指标在2008年出现了不同程度的下滑,综合经营指标的平均值由2007年的52.6%降至2008年的41.2%。但在2009年危机逐步企稳之后,国际大银行继续着力发展综合经营业务,综合经营指标大幅反弹,其中14家可获得数据的国际银行综合经营指标的均值已回升至48.1%,仅比2007年低4.5个百分点,部分大银行的综合经营程度甚至超过危机前。

其四,要理性看待银行业综合经营。

综合经营的内涵较为复杂,且有利有弊,关键在于把握一个适当的"度",使综合经营的发展程度与经济、金融的发展阶段相适应,与客户、市场的需求变化相吻合。"过"和"不及"都不好,在条件不具备的情况下,过度发展综合经营会招致较大风险；但是在条件具备的情况下，压抑综合经营会阻碍金融和经济的发展，也会带来很大风险。

综合经营的主要风险来源于银行金融功能拓展演变过程中，银行业务边界拓展与风险控制力的匹配度不一致。因此，目前各方对于综合经营的疑虑反映的均是对于能否就相关风险进行有效管理和监管的担忧。正是因为控制力与综合化实施程度可能存在非完全同步性，把握综合经营风险的关键就在于要分层、分类稳健推进，确保综合经营程度，特别是相应的风险程度与银行管理能力和监管水平相匹配。

其五，关于分类开放我国银行业综合经营的几点建议。

基于上述分析，结合我国国情，我认为，我国应当并且可以分类开放银行业的综合经营，在严格监管下，循序渐进地稳妥推进。

一是实行分类开放。

1. 全面开放与商业银行传统功能高度相关或比较相关、风险可控的综合经营业务。准允国内合格银行全面开展。

2. 部分开放与商业银行传统功能比较相关、风险基本可控的综合经营业务。准允国内合格银行试点开展、逐步推进；建立时间表限制，达成条件后需有一段试点考察期。

3. 稳妥开放与商业银行传统功能比较相关，但目前控制力与业务风险程度还未能完全匹配，或者与商业银行服务相关度不高，风险基本可控的综合经营业务。准许国内合格银行小规模试点开展、逐步推进；建立严格的时间表限制，达成开展条件后需有较长的试点考察期。

4. 限制开放与商业银行传统功能相关度不高，且目前控制力与业务风险程度未能匹配的综合经营业务。主要指复杂衍生品交易和高杠杆投资。此类业务短期内暂不允许放开，但可选择一两家银行试点。

二是实行严格监管。

1. 统筹实施机构监管和功能监管。对以金融控股公司形式开展的综合经营业务，可依据该公司所归属行业，由该行业监管部门承担主要监管职责；对以全能银行形式开展的综合经营业务（即由银行内设部门开展的综合经营业务）的，可实行机构监管与功能监管相结合的监管模式，由银监会与综合经营业务所属行业监管部门协同监管，但根据主业归属，由银监会承担牵头监管职责。

2. 建立公开透明的综合经营业务核准制度。公开银行申请开展新业务的各项申报材料，监管机构要对银行的各项条件进行全面评估，作出是否核准的决定，及时公示获批开展综合经营业务的银行名单。

3. 建立综合经营风险评估制度。建立覆盖综合性金融机构表内外业务的全面风险监测体系。对综合金融机构开展全面风险评价和持续监管，确立风险评估制度，构建风险预警机制。

4. 建立综合经营风险披露制度。充分公开综合性金融机构自身的关联交易、资产质量、风险状况等相关信息，降低金融监管部门与综合经营机构之间的信息不对称。强化第三方独立信用机构对综合性金融机构的调查及监督，通过客观公正的评级程序及评级报告，降低投资者与综合金融机构之间的信息不对称。

5. 强化对高杠杆率和高资本消耗类业务的控制。对综合经营的银行要分类设定杠杆率上限，令其公开披露相关业务的杠杆率使用及变动情况。上收高资本消耗或高杠杆率的业务授权，将审批和监控纳入银行董事会或股东大会的职责范围。银行在向监管机构申请开办相关业务之前，须提交董事会或股东大会的有关决议。

6. 建立金融综合经营的退出机制。建立综合经营绩效评估体系，衡量实施综合经营的实际效果。对成效负面的金融机构，监管当局要实行停复牌制度；对于在设定时限内不能复牌的金融机构，应限令该机构剥离出售相关综合化业务，并赋予其他获准综合化经营的金融机构以优先购买权。同时要设定退出预案与危机处理机制，降低综合化业务退出对金融市场的震荡影响。

企业改革中的银行信贷问题[①]

我准备分四个部分来谈谈这个题目：一是我国企业与银行的关系；二是我国银行业二十年改革概要；三是企业改革中的银行信贷问题；四是解决问题的基本思路。

一、我国企业与银行的关系

要搞清企业改革中的信贷问题，首先应理清和把握的是银行与企业的关系。这种关系决定企业改革中会出现哪些信贷问题。企业与银行的关系，是现代经济中最主要的经济关系之一。不同国家由于经济结构不同，市场发育程度不同，经济发展阶段不同，银行与企业的关系亦有不同。我国的企业与银行关系可以从多方面论述，但不属于今天的话题。我今天仅就主要方面给诸位几个概念。

我国企业以国有企业为主体，这是中国的基本国情。即使是经过了二十年经济体制改革和所有制结构调整，相当数量的企业已非国有，但仍未能改变以国有企业为主体的基本格局。据国家统计局的有关数据，至1996年，国有企业仍占全国企业总数的53%；国有企业在我国全部工业企业资金总额和利税总额中所占比重，仍分别达53.7%和55.2%左右。在我国，银行以国有银行为主体，这也是中国的基本国情。尽管近年来我国非国有的金融机构有了空前的大发展，但有数据表明，目前，中国的四大国有商业银行加三大政策性银行所占有的存贷款总量仍占有全社会金融机构存贷款总量的70%左右。

[①] 这是作者在1999年初应世界银行北京代表处的邀请为其举办的培训班所做的讲课稿。

‖ 思索的声音 ‖

在改革前,我国企业在资金上关系最为密切的是各级政府财政,而不是银行。因为当时我国社会投融资的主渠道是财政而不是银行。当时企业创建项目投资都是财政拨款,企业维持简单再生产和扩大再生产所需资金也主要由财政拨付。当时银行还没有进入固定资产领域,企业固定资产投资不论基建、扩建、更新改造所需资金全部由财政拨付,企业维持再生产所需流动资金主要由财政核拨,当时称为定额流动资金。只有企业季节性、临时性的流动资金需求,即所谓非定额流动资金,才通过向银行贷款取得。据统计数据,改革前企业全部资金需要中,75%~80%由财政供给,只有20%~25%由银行供给。可见,当时的银行不过是财政对企业计划配置资金的辅助工具。即在企业资金供给关系中,银行是企业资金的辅助供给者,财政是主要供给者,财政为主,银行为辅。这就是改革前银行与企业的主要关系。

自20世纪70年代末改革以来,企业与银行的关系发生了根本变化。这种变化最为重要的是,我国企业在资金上关系最为密切的由财政变为银行。这主要是由于社会投融资渠道发生根本变化。1979年以后,国家把主要精力转入经济建设,重新调整了国民收入中积累与消费的比例,扩大了人民收入和消费的比重,集中偿还"文革"二十年所谓的"消费欠债",社会居民手中的货币快速增加,有数据表明,全社会储蓄到1983年已经比1978年增加了近五倍。同时,中央财政开始向地方分权,生产的计划部分日趋缩小,直到几乎完全取消,投资与财力改变了以往高度集中于中央的格局,大量资金下放转移向地方各部门,从而使银行的单位存款急剧增加。并且,20世纪80年代开始的企业改革也是以"放权搞活"为标志的,利润留成和投资权的不断下放,使得企业拥有越来越多的财力,而这些财力也主要以企业存款的方式存在银行。所有这些改革反映到金融上,就是大量社会资金涌入银行,银行拥有的社会资金总量迅速扩大,导致社会投融资渠道开始发生变化,银行开始占据社会投融资主渠道。为此,国家从1983年起,放弃了财政拨付企业流动资金的办法,改行企业全部流动资金由银行统一管理的办法,企业流动资金主要由银行供给。同时,国家从1983年起,允许和鼓励银行进入企业固定资产领域,一方面把对企业的基本建设财政拨款改为银行对企业的基本建设贷款,即著名的"拨改贷";另一方面把企业的设备更新技术改造、技术引进、扩建改建所需资金由财政拨款改为向银行贷款,银行从此有了技术改造贷款这个产品,银行成为企业基建技改等固定资产领域的主要投资者。有数据表明,至1996年末,国有工业企业全部流动资产的负债率已达100%,即已全部成为银行贷款。国有企业全部的资产负债率也达70%以上,即表明企业资金的70%为银行贷款。很显然,银行已置换了财政在企业资金中的位置而成为企业最主要的资金供给者。统计数据表明:在国有商业银行全部贷款余额中有80%左右是对国有企业贷款,其中,工商银行对国有工商企业贷款余额占其全部贷款余额的86.6%。

随着银企之间资金量的变化发生的还有一个更重要的变化是,银行对企业资金关系性质的改变,即由原来的计划配置、指令性配置和保障供给,改变为根据贷款条件,在资金市场上按照供求关系和还本付息保障原则进行的资金借贷关系。这就是改革二十年后的今天,企业同银行的主要关系,即形成了企业对银行资金高度依赖的关系,这种高度依存的资金关系,使银行的改革与企业的改革变得息息相关。从改革的角度,企业在改革,银行也在改革,两者之间目标一致,互为前提,但又存在矛盾。从根本来看,企业改革与银行改革目标一致;从实践中看,两者又存在矛盾。

二、我国银行业二十年改革概要

诸位来自于企业和经贸委,是企业改革的专家,自然对企业改革情况再熟悉不过了,而对银行改革的情况也许就不如对企业改革那么熟悉。然而正如刚刚讲到的,由于企业对银行的高度依存关系,使银行的改革是企业改革的一个具有决定性影响的因素,因为银行的改革决定着企业取得资金的条件及变化。企业改革中的资金问题、信贷问题均与银行改革问题密切相关。所以,在谈及企业改革中的银行信贷问题时,必须了解历经二十年改革开放银行都发生了哪些改革和变化。

总的来讲,银行改革与中国经济改革同年起步,即从1979年始,至今已有二十年。二十年改革的风风雨雨、波波折折,变化和改革之大是几本书、

思索的声音

几天讲座也难以说尽的。如果简要概括一下的话,从与企业相关的角度看,银行的体制和经营主要在四个方面发生了质的飞跃和变化。这些改革和变化使得企业的融资条件、信贷环境也随之发生了很大的变化。

1. 经历二十年的改革,我国银行业基本实现了政企分离,这是最大变化之一。改革前的银行,在组织体系和机构体系上,属于政府部门,在职能上政企不分,当时只有一家人民银行,集货币经营的企业职能与发行货币、实施金融监管的政府职能于一身,兼而有之。当时人民银行的资金来源于国家货币发行、国家指定的单位企业存款和老百姓的储蓄存款,其资金投放为国家计划配置资金,即贷款跟随企业的生产计划配发,有计划必有资金,即所谓钱随计划走。1979年开始金融改革以来,历经几次重大改革,基本改变了银行业这种政企不分的局面。首先实现的是组织机构的政企分设。从1979年到1983年,国家相继成立了中国农业银行、中国银行、中国建设银行和中国工商银行四大专业银行;并从1983年起,宣布中国人民银行专门行使中央银行职能。至此,中国的银行业在新中国历史上第一次实现了专门行使政府职能的中央银行和专门行使货币经营职能的商业银行体系的分立。1988年政府机构改革时,国家正式宣布四大专业银行脱离政府机构序列而进入企业序列,初步在银行组织结构和机构体系上实现了政府与企业的分离。1994年,国家又进一步成立了国家开发银行、中国进出口信贷银行和中国农业发展银行三家政策性银行,将原来由工、农、中、建四家专业银行承担的政策性信贷业务,如国家重点建设项目贷款、农副产品收购贷款、开发性贷款及进出口信贷等移交三家政策性银行由其承担。至此,中国银行业中,除了商业银行体系外,又建立起专门承担政策投融资业务的政策性银行体系,进一步在银行业务上实现了政策性业务与商业性业务的分离。1995年,在组织机构和银行业务初步实现政企分离的基础上,国家宣布四大专业国家银行开始实施向现代商业银行转变的改革。在近二十年的银行组织体系改革中,国家还致力于地方商业银行和其他金融机构的建立和发展。经过二十年的培育和发展,目前一个由12家股份制商业银行和众多信用社机构、证券机构、信托机构、财务公司等非银行金融机构组成的地方性非国有独资金融机构体系已经形成。

并且，这支非国有独资金融机构体系在全社会金融总量中的占比已达到30%左右。经过改革二十年，中国银行业已经形成了政企分明的组织结构，即有专门行使政府发钞、宏观控制货币总量和实施金融监管职能的政府金融机构——中央银行即人民银行体系；有专门从事商业银行业务经营的四大国有银行体系；有专门从事政策性业务经营的三大政策银行体系；有专门从事区域性经营的地方商业银行和其他金融机构。这不同层次的金融组织基本满足了二十年来我国经济发展对金融不同层次的需求。这是二十年金融改革的主要变化之一。

2. 银行资金运营机制摆脱了财政资金运作模式，初步实现了商业化运营。改革前的银行资金完全是计划性配置，本质上与财政资金的配置完全相同。或者讲有银行运作之名，行财政资金运作之实。不同的只是财政资金投入无期限，而当时银行资金主要用于临时性流动资金需要，期限很短，到期虽需归还，但下一生产周期来到必须确保继续贷借，正如企业只要有生产计划，就必定会有原材料供应的保证，必定会有购货订单的保证一样，不论企业生产效益如何，只要有生产计划，就必须配置一定量的资金，银行如同企业的大出纳，对企业发放贷款的依据仅是企业有无生产计划和生产计划的大小多少。改革以来，随着经济与生产计划体制的消亡和企业逐步走向市场成为独立商品生产者，银行也逐步摆脱了计划体制的轨道，走向商业化经营。银行信贷资金管理体制经历了从统存统贷到存贷挂钩差额包干再到实贷实存限额管理或称规模控制，直到现在的资产负债比例管理等一系列改革，贷款管理体制也经历了三级审批、贷款三查、审贷分离、集体审查、信贷员贷款责任制、审批责任制及贷款风险管理及其责任制等一系列改革。总的趋势是银行改变了以往贷款按计划配置的财政拨款型的供给投入机制，还原了贷款经营和银行经营在商品经济市场条件下追求效益的本来面目，使贷款主要按照信贷资金以还本付息为目的的规律经营。特别是1994年以来，国家明确推出了促使国家专业银行向国有商业银行转变到改革措施，更强化了国有银行追求效益的经营意识。经过这一系列改革后，简而言之的变化就是，目前我国的银行业，无论国有大型商业银行，还是其他中小商业银行，尽管还存有很多

▎思索的声音 ▎

非商业性的经营行为，但基本上都已形成了根据市场供求、按照盈利大小、本着能够确保还本付息的原则来发放贷款的机制。现在银行发放贷款，主要不是看企业有无生产计划或是否有政府指令，而主要看企业项目投产后，产品有无市场，是否合乎产业政策，有无发展前景，是否可以盈利等，最终是看能否确保还本付息。简单来讲，银行的贷款运作由过去同财政资金那样不讲还款不讲利息转为要追求还本付息、追求效益。这应当是金融改革的主要变化之二。

3. 金融市场初具规模，直接金融有了巨大的发展。这是金融改革第三个重要变化。改革前我国由于实行计划经济因而无任何经济学意义上的市场可言，自然也无金融市场。改革以来，金融业最大变化之一就是形成了规模庞大的金融市场。一方面由于金融机构多样化形成了包括国有大银行、中小商业银行、政策性银行、其他非银行金融机构在内的众多金融市场主体；另一方面由于金融产品的多样化而创造了一系列包括货币、资金、信用卡、票据、中间业务服务、外汇、咨询、债券、股票等在内的金融市场工具。目前我国不仅有银行间同业拆借市场、票据贴现市场和外汇交易等货币市场，还有债券、股票交易的资本市场。特别近年来，值得一提的是我国的直接金融有了空前的发展，资本市场迅速扩大。对我国来讲，无论改革前后，长期以来一直实行以间接金融为主的经济政策，没有改变。但不同的是改革前，我国只有银行信用，而无商业信用及其他信用；即只有通过银行的间接融资行为而无债券股票等直接融资行为。改革后，随着社会投资主体和经营主体的多元化，社会资金亦呈多元化趋势，在客观上强烈呼吁投融资渠道的多元化。为此，国家逐步地发展了除了银行以外的其他金融市场体系，发行了愈来愈多的国库券、重点建设债券、企业债券、地方债券、金融债券和公司股票。据统计资料表明，仅 1997 年一年，企业从股票一级发行市场取得的资金已达 1 300 多亿元。目前，全部上市公司总股本已达 1 889.8 亿元，股票市值已达 17 529 亿元人民币，已占当年 GDP 总量的 23.4%，这表明，除了财政、银行以外，我国已初步发展形成了另一重要的投融资渠道——证券市场或称资本市场（包括债券和股票市场），这是我国金融改革的主要变化之三。

4. 金融风险空前加大和金融法制逐步加强。改革前人们几乎很少听说金融风险这个概念。这一方面是由于当时经济的计划性使得货币和金融在经济总量中无足轻重。另一方面是由于计划体制内经济的单一性和产供销同一计划的高度衔接，使得市场性风险根本就不存在。然而改革后的情况就不是这样了。改革二十年来，总的目标和主要的变化是经济的市场化，即经济由计划体制变为市场体制，生产和金融由计划变为市场。对于市场经济来讲，包括金融风险在内的各类市场风险是必然的伴随物。所以随着金融业的大发展，各种金融风险日趋增大。这些风险主要包括三类：第一类是随着国有企业的不断改制和各类企业由于市场波动而频繁出现的生生死死，破产倒闭，企业到期的银行贷款无法偿还，致使银行不良贷款比重不断增加，贷款利息回收发生困难，贷款资产质量下降，资金周转不灵；第二类是随着中小金融机构的迅速发展，一些机构非法进入金融市场，其中一部分因从事非法或违规经营而发生了资不抵债的情况，造成支付困难，引起了局部金融动荡，例如农村基金会倒闭，中农信关闭，光大证券倒闭，广东国投破产等；第三类是随着货币市场和资本市场的发展，金融业的市场风险随之扩大。每当经济波动时，金融市场无论债市、股市、外汇市场还是银行同业市场，都以更大的幅度产生波动，为银行和企业以及全社会带来一些风险。所有这些风险都是我国经济金融市场化的必然结果，也因此把防范化解金融风险提到了我国经济工作的重要位置。尽管我国由于经济金融市场化程度尚浅，金融风险主要处于潜在状态而尚未完全爆发，但是就发生在我国周围的、始自1997年7月并一直持续至今的东南亚金融风暴及其引发全球性金融震荡，已使我们充分领略了金融风险的厉害和在我国防范化解潜在金融风险的必要。为此近年来，国家加强了金融业的法制建设，陆续颁布了《中国人民银行法》、《商业银行法》、《票据法》、《证券法》、《贷款通则》、《储蓄存款条例》等根本金融大法和二级法规。目前已有的金融法律法规达20多部和几百项之多。有关金融机构的市场准入、经营范围、金融秩序、市场规则、借贷双方的行为规范及商业银行以盈利为目的，必须保证贷款还本付息、确保商业银行经营自主权的这一系列规定都已写入了金融法律的条文，初步形成了以法治理金融、防范风险的机制。这应当是金融改革的主要变化之四。

以上,我简要地从金融业的组织体系、营运机制、市场和法制四大方面,介绍了我国银行业二十年改革的基本轨迹。

三、企业改革中的银行信贷问题

企业改革自20世纪80年代中期以来一直是中国经济改革的主要内容。特别是从20世纪90年代以来,国家更把国有企业改革和现化企业制度的建立作为我国经济体制改革的中心环节和关键。在企业改革的过程中,银行主要是国有银行一直发挥着重要的作用。实际上,企业改革一直是我国改革的主要难点之一。企业困难已成为目前经济中的老大难问题之一。而企业诸多困难中,最大困难不外乎人太多和钱太少这两条。所谓企业改革中的银行信贷问题讲的其实就是钱太少或找资金难的问题。那么,当前企业改革中突出反映的银行信贷问题及相关问题主要是哪些呢?我个人以为大体有五个问题:

第一个问题就是资金短缺。长期以来,我国企业形成了资金饥渴症。这种饥渴症的产生原因主要有:(1)计划经济下企业的资金需求主要限于生产用资金,由于生产计划与原材料计划和销售计划的紧密衔接,企业为原材料购买和产品销售而占用的资金很少。因此,企业占用的资金量相对也比较小。改革以来,随着经济日趋市场化,企业转而为市场生产,其原材料的购买和产品销售必须通过市场来实现。市场本身就具有很大的不确定性,而我国市场的初级性更加大了市场的这种不确定性,使企业的原材料购买阶段和产品销售阶段周期拉长,企业不得不为产前的购买和产后的销售投入更多和占用期更长的资金。这就使企业实际资金需求量比改革前有很大增加。有数字表明,改革以来,企业在原材料购买特别在库存商品、发出商品上占用的资金越来越大,致使企业占用资金总量远远超过改革前。(2)改革以来的二十年,我国经济以年均9.9%的速度快速持久递增,企业规模不断扩大;同时企业设备大多处于需要更新换代的阶段,使得企业固定资产资金和流动资金需求持续大规模快速增长,一直处在资金饥渴症状态。(3)自1979年财政停止拨付企业流动资金改由银行统管以来,企业并没有按规定建立起自有流动资金积累制度，在资金需求不断扩大，而资金来源渠道却在减少的情况下，企业流动资金短缺一直是突出的问题。（4）改革以来，由于企业资金由财政供给制逐步转为银行贷款制，资金供给的确定性在降低，而学会在市场上凭实力竞争资金还需要时日，因而改革中的企业为寻找资金需要花费更多的精力和时间，也加剧了企业的资金饥渴症。

第二个问题是贷款难。如果问企业，银行改革后给企业最直接感觉是什么，最多的答案可能就是贷款难。首先是贷款条件变得复杂了。改革前只要是国有的、集体的预算内企业，只要有生产计划和经营计划就可以申请贷款，而且就一定能够申请到与其生产计划相对应的贷款资金。改革后就不行了。银行贷款条件变得复杂得多了。申请贷款时，银行首先要看贷款企业的合法性、企业在行业中的位置和技术先进性，看企业产品的市场供求和市场前景，看企业的自有资本和流动资金的充足程度，看企业的领导班子和管理状况，看企业的产销利税率等一系列财务指标。还要看企业以往的信用记录，是否有信誉等。总之要审查测算评估企业的还本付息能力。只有确信企业确有按期归还贷款本息的能力时，银行才会放款。为了确保贷款的还本付息，银行从 20 世纪 80 年代后期起开始广泛实行评估企业信用等级制度，并以企业信用等级作为发放贷款的主要依据之一。对于新发生贷款关系的企业贷款和低于一定信用等级的企业的贷款，或者风险性较高的贷款，银行从 20 世纪 90 年代起普遍实行了贷款担保制度。担保又分为信用担保和抵押担保两大类。根据人民银行的规定，银行对 A 级以下企业的贷款全部实行担保制度。这些贷款条件的变化和提高主要原因是银行贷款目的发生了根本的变化。改革前银行贷款的目的，只是为了实现企业的生产计划。如果发生贷款收不回来的问题，责任和损失都由作为计划者和所有者的国家承担。银行并没有责任，也不承担损失，所以贷款条件比较简单。改革后银行贷款的目的，已不再是为了实现企业生产计划，而是在确保还本付息的基础上促进企业发展和经济增长。由于银行现在也是自负盈亏的企业，国家要求国有商业银行对信贷资本的保值增值负法律责任，在风险和损失自己承担的条件下，银行不再可能像改革前那样决定贷款。在贷款决策时不能不趋于谨慎。特别在企业进入转

思索的声音

制高峰的近些年，债权的悬空和不落实成为普遍现象，银行损失严重，更加趋于谨慎。致使社会上和企业界强烈反映银行"惜贷"，对此舆论界、企业界抱怨很多。所谓"惜贷"是指银行不愿贷款。按道理，银行是以吸收存款放出贷款取得存贷间的利差为其经营目的的，古今中外的银行都是如此，怎么会有不愿放贷款的道理？可见"惜贷"有其深刻的原因。我个人以为，所谓"惜贷"，反映了以下一些现实。一是银行在经历了几十年计划配置资金体制后，积累了这种体制遗留下来的巨大的不良贷款包袱，已不堪其重负。从1994年起，银行每年全部利润几乎都被呆账冲销吃掉，许多地区的银行分支机构已开始大面积亏损，造成银行经营困难，有些分支机构甚至已无力放贷，迫使其贷款行为谨慎起来。二是目前我国企业普遍正处在调整期，其经营状况和体制变化都很快，波动很大，使得企业信用、市场及发展前景都变得难以看清，贷款风险明显加大。从整个经济来看，国民经济又正处在一个消费的平台期，老的产品对购买力的吸引已经衰减，新的消费热点又未形成，消费需求严重不足，几乎百分之百的产品处于供求平衡或供大于求的状态。这使得贷款变得更加难以决策，好像没有哪些企业、哪些项目是完全合乎贷款条件可以放心大胆贷款的。银行贷款决策普遍遇到了看不好、看不准的问题。三是近年来随银行改革深化，各种贷款责任制逐步落到实处，贷款审批人员的责任加强。银行已形成了较强的风险意识和以还本付息及资金效益为基本原则的贷款投放机制与行为准则，因而贷款行为变得审慎起来，这表明银行已开始转向市场，应当是好事。但也不否认由于我国金融机制不够健全或运用尚不熟练，随着贷款责任制的不断严格起来，同时出现了把银行正常经营过失与违规违法经营过失混同处理的问题，使贷款人员承担了一些不当责任风险，造成贷款时一定的心理障碍；在贷款责任人个人责任风险加大的同时，由于银行改革不到位，对良好贷款行为所带来的经营效益并没有同贷款人员和银行人员个人利益结合起来。这种风险全部承担而效益却又不能分享的机制，也是造成贷款难的重要原因之一。四是银行对市场的适应力还不够强，远远没有学会在市场波动中寻找发展机会，按市场规律重新确定自己主要的客户群。加上银行贷款行为仍受到较强的外力干预，企业普遍存在逃废债倾向，甚至有钱也不还贷款、不付息，银行缺乏足够的经营自主权和债权保障能力，迫使银行在贷款问题上消极被动。银行特别是国有银行的效益不能由其自主支配，自然发展积极进取的积极性不多。这些都是造成所谓"惜贷"的主要原因。

第三个问题是企业利息负担重。由于企业自身未能形成自我积累资本的造血机能，主要依靠向银行借款来生存，形成企业70%左右的资金均为银行贷款的高负债结构，故而利息负担沉重。尽管国家从1997年起，已连续6次下调利率，但由于负债基数过大，利息负担仍很沉重。致使银行就是愿意放贷，企业也无力再借的局面，故才有"企业不进行技术改造是等死，进行了技术改造是找死"之说。

第四个问题是企业进入资本市场直接向市场筹集资金的困难。按道理，我国目前直接融资市场已初具规模，企业向银行贷款一方面比较难，另一方面又不堪继续增加借贷的利息负担，本应当更多也走向资本市场，通过发股直接筹措资金。但是，由于资本市场对于我国的企业还十分陌生，企业不够规范，企业在申请上市发行股票特别在包装上市的过程中遇到了极大的困难，花费了相当大的成本。这些困难和过多成本已成为企业直接向市场筹资的障碍。

第五个问题是企业在重组和兼并等改制过程中不能正确处理债权债务关系，逃废债倾向严重，使得包括银行在内的债权人谈企业改制，如谈虎色变，对企业改制取消极应付的态度，造成重组速度缓慢，企业普遍感觉重组难、兼并难。目前，企业的逃废债倾向已经使我国信用秩序出现混乱，不仅使银行贷款行为趋于谨慎，也使国内外金融机构和投资者望而生畏。这股逃废债风如不能彻底刹住，我国信用秩序将受到严重破坏。届时企业将陷入信用危机，造成全社会银根自发地紧缩，使贷款难、融资难的问题更为突出，使企业改制难以完成。

上述五点是企业改革中遇到的比较突出的信贷问题和相关问题。解决这些问题有待于企业改革与银行改革的进一步深化。

|思索的声音|

四、解决问题的基本思路

如上所述,解决这些问题有待银行和企业双方面改革的深化。由于时间关系我只能简单地谈谈思路。从银行的角度,主要是抓好两个主要方面:一是进一步改革银行自身的经营机制,使之确实适应市场经营规律。要彻底改变官办机制,真正面向市场,重新培训人员,提高素质,学会看市场、预测市场,学会在经济波动中寻找发展机会,这就需要不仅仅落实风险和贷款等经营责任制,还要建立经营的激励机制、利益机制;还要给银行更大的经营自主权和更有力的债权保障,使之能够更好地更有信心地防范和化解信贷风险,这样银行才能乐于和敢于在贷款上积极进取。二是要积极地多途径的转化银行现有资产中累积的巨额不良贷款。卸掉银行的沉重包袱,使之轻装上阵。目前正在抓两方面的工作。一方面是加快银行贷款呆账冲销的步伐,1996 年冲销 200 亿元,1997 年冲销 300 亿元,1998 年冲销 400 亿元;另一方面实施不良资产清分与银行资产证券化的改革,加快债券市场的建设,使银行不良债券从正常经营中剥离出来独立经营,通过债券市场和资本市场流动起来并得以转化。这两方面改革目前都在进行中。

从企业角度讲,有这样几点解决问题的思路供大家参考。

1. 要彻底改变银行是第二财政、是政府和企业的钱袋子的旧观念。无论银行还是向银行借款的企业,均要牢固地树立还本付息是贷款的第一原则的观念。银行的钱不同于财政的钱,是非还不可的,因为银行的贷款实际全部是社会存款人的存款,如贷款不能如期还本付息,银行对存款人就不能如期还本付息,那将造成全社会的金融恐慌和震荡。由于目前银行的金融资产十分巨大,涉及的方面也很广,银行贷款能否正常还本付息,已成为影响社会经济发展和稳定的核心因素。1997 年的东南亚金融风暴已演示了银行信用崩溃后引发经济危机的充分例证,我国必须引以为戒。

企业要理解和支持银行追求资金效益和追求还本付息的经营行为,尊重金融运作的客观规律。银行贷款决策主要看企业的市场,看企业的前景,看企业效益,看利税率,根本还是看借款者的还本付息的能力。从微观看这是银行追求自身效益的行为,似乎银行嫌贫爱富,改革后的银行反不如改革前的银行讲求国家大局和企业的利益。其实从客观上看,银行不是救济机构,并且银行也不是财政,银行追求资金效益的行为正是市场优胜劣汰法则发生作用的过程,其结果所形成的正是市场配置资源的合理格局。如果银行仍旧按改革前那种供给制方式,不分优劣地对企业平均的配置资金,企业根本无法实现向市场的转制。所以,企业也要主动适应银行改革,顺应金融改革的客观规律。要确实做到上项目量力而行,借了贷款按时还本付息,牢固树立信用第一的观念,好借好还,再借不难。

2. 企业改制必须同时落实债权债务,而不能以逃废债为改革前提,这是我国防范化解潜在金融风险十分关键的一个环节。自古我国就有借债还钱天经地义之说,其实说的是维持正常债权债务是保持社会正常秩序的基础,如不遵守秩序则会造成社会经济大乱。债权债务关系实际是社会信用秩序,市场经济的本质是信用经济。企业借钱不还,没了信用根本没有可能从市场上取得资金,还如何经营?不能小看一个个企业的逃废债行为,形成潮流则足以荡翻国民经济这条大船。据我们不完全统计,仅工商银行一家自1995年以来,由于企业转制而损失的和被有意无意废掉的债权已近该行贷款总资产的15%。其中属于合法正常报损的呆账仅占这15%的三分之一,即有三分之二的损失是由于逃废债而造成的。如果不能及时有效地制止这种逃废债风,其后果不仅仅是银行不再敢于发放新贷款,而是国有银行的破产,那将造成我国信用体系的崩溃。实际上,逃废债风也是我国潜在的金融风险之一,不能把防范化解金融风险仅当做银行一家的事情,必须全社会共同配合才可能做得到。所以,企业在改制转制时,从作方案起就应当吸收银行参加、共同商量,使任何转制改制方案都能落实债权债务,这样才能调动债权人、债务人的积极性,使企业改制及重组顺利实现。其实企业与银行改革互为前提,面对转制难关,银行、企业是在同一条船上,只有相互理解,相互帮助才能携手共渡转制难关。以牺牲银行或牺牲企业为代价,银企双方都不可能独立闯过转制难关的。

3. 目前国家正在试行银行资产证券化和债权转股权、转债券的种种方法。

| 思索的声音 |

这种方法不仅对银行有好处而且对企业大有好处。企业要主动配合银行活化这部分不良贷款,这是企业增资减债的良好途径之一。

4. 企业要加快直接融资步伐,国家要加快资本市场规范化建设的速度。向资本市场筹资,是目前和今后企业筹集资金的主要方式之一,也是企业建立市场化的自我积累资金机制的主要途径之一,是现代企业制度的要素之一。目前需要做的是:第一,企业上市要有统一的公开的同国际惯例接近的一套上市公司财务报表和财务公开报告制度,提高上市公司财务与经营状况的透明度,坚定股民与投资者的信心。必须尽快改变目前上市公司财务表报不够透明不够公开状况,否则上市公司在国内外资本市场将失掉信用,失掉市场。第二,商业银行要加快办理投资银行业务的速度。特别是国有四大银行作为国有企业的主要债权人,对企业有深刻的了解。更有条件承接企业包装上市和重组债务与财务的业务,帮助企业上市筹资和重组,为促进企业增资减债提供服务。第三,国家要加快资本市场的法制建设,严格股市风险的防范和管理机制,规范股票发行者、投资者、买者、卖者的经营行为和操作制度,创造公平公开和高效的资本市场,吸引更多的投资者,使资本市场确实成为我国社会筹融资的重要渠道。

以上几点是个人的一些不成熟的想法,仅供诸位参考。

金融全球化与中国"十五"时期经济金融走势及工商银行的工作要点①

一、金融全球化下国际银行业发展的三大趋势

(一) 银行业的综合化和全能化趋势

1. 1999年11月12日,美国通过了《金融服务现代化法案》,废弃实行了六十多年的金融业分业经营与监管的法律规定。标志着全球金融业已进入了一个新的时期,全能银行、混业经营已成为国际银行业发展的主流和基本趋势。

实际上,银行业的综合化经营早在20世纪80年代已经普遍出现,90年代已成潮流。究竟是什么原因导致银行业发生由传统经营向综合化全能化经营的转变呢?

2. 导致全球银行业走向综合化、全能化的根本原因是金融业竞争的深化。受到直接融资的巨大威胁,银行传统业务严重萎缩,银行业失去了金融业的主宰地位。为了生存,银行业被迫进入资本市场,越来越广泛和越来越深入地走向综合化的混业经营。

首先是银行的经营对象——客户在改变。随着时代的发展,从全球来看,当今的特别是近十几年来的银行客户,已不再把银行作为自己唯一的金融投资场所了。一方面,客户的金融观念越来越强,对于金融工具盈利性的敏感

---

① 这是作者2000年10月在工商银行内部培训班上的讲课稿。

思索的声音

和要求越来越高。投资的技巧也越来越好；另一方面，客户特别是中小客户手中的金融总量在扩大。如此形成了全球范围内一个共同的发展趋势，即经济愈是发达的国家其直接融资市场愈发达，银行的客户愈倾向于将手中货币投向直接金融产品，银行客户流失的现象也愈为严重。银行为了稳住客户就不得不付出比二十年前高得多的成本，银行普遍开始亏损，致使银行业由最赚钱的行业变成不赚钱的行业。

其次是银行产品受到了日渐强盛的替代品的威胁，传统产品供大于求。所谓传统的银行产品主要指存款、贷款和汇兑结算。近年来，更多更便捷的新兴替代产品夺取了愈来愈大的金融市场，这些替代品包括债券、股票、基金、各类商业信用工具等，甚至还有的替代品冲击着属于银行的传统优势产品如邮政储蓄，非银行信用卡，如全球闻名的运通卡；具有取代电话银行功能的微软金融服务系统，投资咨询系统等。随着经济的发展和回升，全球的银行利率在下降，股市在上扬，银行的利率越来越难以吸引老百姓的存款，大量存款从银行流失。二十多年前从不付息的活期存款在今日欧美各国的银行中，几乎都成为名存实亡的存款品种了。并且，贷款也由供不应求的短缺金融产品变为供大于求的过剩产品。二十多年前欧美各国银行为吸引好的大客户而设立的优惠利率贷款，目前也已名存实亡。原因是这类客户已习惯于更多地从资本市场上谋取更为便宜的资金。多年来一贯为银行所垄断的结算汇兑业务，目前也受到了挑战。当今电子王牌"微软"扬言，在不久的将来将用微软系统取代银行结算系统而承担起全球的资金清算业务。在日渐繁多和强盛的各种替代产品的竞争下，传统银行业务已缩小到了其财务上难以支撑的边缘。

最后是银行业在择业序列中位置后移，大量银行专业人士转行，造成银行业不稳。上百年来，在全球，银行业过去是现在也仍然是社会择业的首选行业之一。但是，近年来悄然发生的变化是，银行业高级管理人员和高级技术人才（如电脑、外汇交易、金融衍生产品交易、投资银行业务）趋于频繁地转出银行而投向其他金融机构；同时，在劳动力市场上，比银行更有竞争力的是一些有名气的大金融公司，例如基金公司、证券公司、投资公司、资产管理公司、保险公司等。银行人才的流失与人才补充标准的降低,为银行业今后的竞争带来更为不利的威胁。

3. 综合化的经营使国际商业银行传统的市场定位及其资产结构发生了根本的变化。

首先,银行的经营方式发生了根本性变化。这种变化使银行在人们的观念中完全不同于以往。人们心目中最为早期的银行传统形象就是柜台,像现在欧美各地随处可见的货币兑换所。到了现代,最为典型的银行形象是华丽、高大而厚重的大厦,这些在地球上最为高贵的大厦传递给人们的信息是银行业的坚固与永不败落。然而,在世纪之交的今天和即将来到的21世纪,银行已经融进小小的电脑之中,悄然进入企业办公室和每个家庭,银行大楼只留下了象征性的意义,真正的银行已变成了无形的市场。银行的经营方式或服务方式由等客上门的柜台服务到主动上门服务,进而到电脑服务;由面对面的服务到不见面的服务,这些具有深刻意义的彻底革命在人们不知不觉中悄然发生着。

其次,银行的产品及其资产结构发生了根本的变化。传统的银行产品,有存款、贷款、结算。随着科技的发展,这种传统产品的内涵与外延都有了惊人的发展。当我国国内银行存款不过十几种,贷款不过十种,结算不过电汇、信汇、票汇时,国际上的商业银行早已发明和推出了几十种存款、贷款和更多的结算品种。然而,当我们还在感叹国际上银行传统产品推陈出新之快带给我们的震撼时,真正的革命已发生在发达国家的商业银行。在银行产品创新上,表现为大量非银行金融产品和名目繁多的衍生产品已成为当今发达大商业银行的主产品,而其传统产品在量上逐渐让居次位;在银行的经营范围上,商业银行已同商人银行融合为一体,自营、代客,银行业务与非银行业务,商业银行业务与投资银行业务成为各大银行都在经营的混合业务,号称"金融超市"的全能银行已成为国际商业银行的一大趋势。目前,各大欧美银行,其传统的贷款产品部分占其总资产的结构比仅为40%~50%,而其他资产包括资本市场产品亦占50%~60%。而在其利润结构中,来自传统业务的收益已少于来自新兴业务的收益,后者包括资本性业务、收费性业务

思索的声音

和金融衍生产品交易的收益，传统业务与新兴业务收益两者之比，在许多大银行已为4:6，即传统业务为银行带来的收益已不足40%。

最后，全球银行经营范围发生巨大变化，使银行传统的市场定位发生了重大转移。伴随银行业的衰落，货币市场在金融市场中的比例也在缩小，特别是以银行为媒介的货币市场日益为直接交易的资本市场所取代。不断扩大和日益兴旺的资本市场的发展成为20世纪末世界经济金融发展的主要标志之一；在资本市场日趋活跃的同时，为了挽救已经衰落的银行业，各国政府开始放松对银行在利率和经营范围方面的管制，放弃或实际放弃了分业经营限制与利率限制等管制，允许银行进入非银行金融领域和资本市场。银行业在传统业务原有市场与规模都不再可能争回的情况下，为了养活和保全自己，开始被迫进入资本市场，并创造了品种繁多的金融衍生产品和日趋兴盛的金融衍生产品市场。这类衍生产品最初完全是为防范金融风险而设计和创造的，是防范风险的特殊工具，无论套期、掉期、期权、期货和资产证券化，其设计和应用的目的，原本是为了防范金融运营中的市场风险、期限风险、利率风险和汇率风险等各种金融波动和经济的外在风险，可能对金融主体和银行造成的损失。金融衍生产品诞生的直接起因，最早是银行为了适应客户的要求，提供利用这些工具帮助客户规避风险减免损失的服务。同时，银行自己也利用这些工具来规避银行现有资产运作中的市场、期限和利率、汇率风险，并且用来进行资产优化组合所需的调整。但是随着金融衍生产品的发展成熟和金融深化，金融衍生产品在用于防范风险的同时，开始愈来愈多地被用于赚钱，即利用这些工具投机。当金融衍生产品由风险防范工具变为以赚钱为目的的投机工具时，这种产品就具有了超过以往所有传统金融产品的更大风险。

虽然金融衍生产品的经营风险远远大于银行传统业务，但是迫于客户的需要，以满足客户需求为天职的商业银行不能拒绝客户出于保值增值而提出的代为从事投机交易的要求。并且，银行传统经营虽然保险系数大，但效益已变得十分微薄，银行必须大胆介入资本和衍生产品市场，才有新的生存和发展空间，才能得以维持。为了在竞争中维持生存，近年来全球的银行业争

金融全球化与中国"十五"时期经济金融走势及工商银行的工作要点

相进入资本市场和衍生产品市场。特别近一年来，欧美各大银行更掀起了在亚洲地区收购证券公司、投资公司的热潮，将银行抢滩挤入资本市场和衍生产品市场的潮流推进得更加汹涌澎湃。银行的传统经营领域，已更多地由货币市场转向了资本市场和衍生产品市场。

4. 综合化导致银行业变成了风险行业，银行的经营性质发生了根本变化。银行业已经由最赚钱的行业变成面对极大财务困难的行业；已由一成不变的行业变成最富挑战和变化的行业；从而也使银行由最稳定、最安全的行业变成最具风险且最易为社会带来震荡的行业。

（1）银行业已经由最赚钱的行业变成面对极大财务困难的行业。这是全球银行业的共同命运。银行传统的存款吸收不进来，贷款放不出去，客户大量流失，使银行在金融市场上的传统份额缩小。业务的丢失和萎缩作为一种全球现象，广泛地或先或后地出现在各国的银行业，迫使商业银行进入非银行金融领域和资本市场、衍生产品市场，向着全能性综合性的银行发展，以求生存。目前，这种现象也已发生在我国的银行业中，与欧美各国银行相比较，这一过程表现得还不那么透彻、典型和为人深切感知，但规律是不可抗拒的。我们应当早有准备，未雨绸缪。

（2）银行业已由最为保守、一成不变的行业变成最富挑战和变化最快的行业。熟悉银行史的人都知道，前二百多年来，银行业不过是货币存放、货币兑换、货币贷放的行业，存放汇出，二百多年一成不变，故银行自古无论中外皆为最保守和最稳健的行业。但是近二十多年来，银行业发生了诸如前述的诸多变化。如今的银行业不仅是货币市场的造市者，而且是资本市场、期货市场、金融衍生产品市场的造市者。几乎每天银行都在推出新产品，都在发生新变化。与传统的以保守著称于世的银行家不同，现代银行家及其所从事的银行业充满了挑战和冒险精神。尽管急剧的变化和大胆的创新也使全球银行业付出了前所未有的破产和金融动荡的代价，也尽管包括银行家自己在内仍十分留恋那个可以保守地一成不变地经营银行的旧时期，但是不以银行的意志为转移的客观现实规律是，变化和动荡已成为这个行业的时代特征。

（3）正是由于前面两点，银行业的性质也发生了根本变化，它由最稳定、

‖ 思索的声音 ‖

最安全的行业变成最具风险且最易为社会带来震荡的行业。根本上讲，银行业本就是风险行业，因为它是借钱经营，而且是负债率最高的行业。但由于传统银行局限在确保偿还本金和支付利息的短期借贷领域中经营，故而用二百多年的历史事实表明，它的信用的可靠和安全稳定。但是由于近二三十年来，迫于传统业务和传统市场的萎缩，为了生存和发展，银行开始广泛介入资本、期货和金融衍生产品市场，开始介入无本生意和空头交易等投机性高风险行业，银行的破产和金融风波、风暴、危机以一次更大于一次的规模在世界范围内接踵而来，为一国甚或几国的经济带来致命打击。发生于1997年7月持续至今的亚洲金融危机及其引发的全球性金融震荡，充分说明了这一点。尽管各国政府意识到这一点，一直致力于隔离银行业与高风险行业间的关系，但是同样挡不住的规律是，银行业已经成为最具风险和最易为社会带来破坏性震荡的风险行业。

（二）银行间的并购高潮和银行经营规模巨大化趋势

自20世纪二三十年代以来，国际银行资本一直没有停止过集中和积聚的过程，但是像20世纪90年代以来这样大规模和快速度的并购，在20世纪的历史上却是少见的。在欧洲，先有德意志银行和捷能银行的合并，随即发生法国兴业银行与国家巴黎银行的收购战，目前又有两家苏格兰银行展开争夺战，希望取得国民西敏寺银行的控制权。荷兰银行正全力收购罗马银行及法国兴业银行，荷兰的ING集团则在加紧收购德国BHF银行余下的股份，将成为该行唯一的股东。在美国，美国银行与国民银行合并成为全美最大的银行，万国宝通银行与旅行者集团合并，第一银行收购了第一芝加哥国民银行。在亚洲，富士银行、日本兴业银行及第一劝业银行已合并成为全球最大的银行，住友银行、樱花银行则合并成为全球第二大银行。目前银行并购还在进一步发展，出现了一个引人注目的银行并购高潮。

推动这一次购并高潮的直接原因是1997年东南亚金融风暴引发的世界性金融震荡。一方面，通过购并，银行可以迅速壮大资本和规模，成倍增加竞争力和抗风险的能力。另一方面，利用危机可以低价收入其他金融资本，在扩张的同时，牟取更大经营利润。而更为深刻的深层次原因则是金融自由化和深化的必然结果。在国际金融一体化及伴随而来的风险压力下，安全与盈利对银行资本规模的要求有了重新的标准，各国大银行通过购并实现资本超大化积聚的趋势，正说明了这种客观的要求。

银行并购有助于使两家或多家银行账号的资本、专业知识及分销渠道组合起来，节省成本，扩大业务领域，提升企业形象。如万国宝通银行集团与旅行者集团合并后，已组成 Citygroup，可以为一百多个国家的上亿名客户提供全面的金融服务。日本各银行的合并则使资产规模倍增，提高了银行抗风险和国际竞争的能力。近年的银行并购已不再是单纯的弱弱联合，以强并弱，而常是强强联合，通过并购开拓新兴业务市场，提升服务水平。巨额银行资本的加速度积聚已成为综合化银行在愈加激烈的市场竞争中，特别是在直接融资公司和 IT 公司的竞争威胁下，保存和赢得市场的有效手段，也成为综合化银行规避风险，承受日趋频繁和剧烈的经营波动的有效途径。

（三）银行经营管理信息化的趋势

1. 信息时代国际商业银行面临的共同命运与抉择。比尔·盖茨说，21世纪商业银行是将要灭绝的恐龙。传统银行业的经营方式、经营理念受到高科技公司和迅速发展的信息技术的巨大挑战。美国银行家协会主席说：银行最大的挑战是银行能否跟得上现代技术的发展。

2. 国际银行家的预测。在未来的15年，欧美95%的家庭将在国际互联网上办理银行业务。对国际商业银行业来讲，未来的成功者是把客户关系的经验同信息技术结合，针对客户需要及时构造银行产品。

3. 未来的信息技术将决定商业银行的命运。在21世纪的电子商业时代，商业银行保持主宰和发展的主要动力在于，银行自己必须是高技术性公司，必须能够用信息技术保持和赢得客户。

4. 信息化已经引起了国际商业银行经营方式和管理手段的深刻革命。信息技术与计算机应用已由前后台柜面交易处理转移到银行经营战略布局与决策；用电子网络取代银行的物理网点，使经营规模不再成为竞争的决定性因素;电子技术建设方针已由自行开发到利用社会电子技术商,银行科技部门由内勤保障部门变为业务开发部门。

二、"十五"时期中国的经济金融走势及政策变化趋势

(一) 未来五至十年是中国平稳快速发展的时期

未来十年中国经济将继续保持较强的增长势头。为什么中国在二十年持续快速增长后,仍有希望在未来十年中继续保持较快速的增长?

1. 以往的发展使中国经济发生了转折性的积极变化,持续稳定增长的格局已见端倪。

中国改革开放二十年来经济保持快速增长,"六五"至"九五"的二十年间,国内生产总值年均增长9.8%,"九五"期间增长速度为年均8%以上。全国经济总量有了极大的提高,GDP总量由1978年的3 624亿元提高到1998年的79 396亿元,预计2000年可达87 000亿元,折合1万亿美元;人均国内生产总值由1978年的379元上升为1998年的6 392元,预计2000年可达近7 000元左右;中国已由低收入国家迈向了中等偏下收入国家的行列。虽然改革开放二十年中经济发展有起有伏,但高速发展是基本趋势。正如中共中央在"十五"计划的建议中指出的:这二十多年的改革开放和发展,使中国的生产力水平上了一个大台阶,商品短缺状况基本结束,市场供求关系由供不应求到供求基本平衡,发生了重大变化;社会主义市场经济体制已初步建立,市场机制在配置资源中日益明显地发挥基础性作用,经济发展的体制环境发生了重大变化;全方位对外开放格局基本形成,开放型经济迅速发展,对外经济关系发生了重大变化。"九五"计划的胜利完成标志着,中国已经实现了现代化建设的前两步战略目标,经济和社会全面发展,人民生活总体上达到了小康水平,开始实施第三步战略。这表明中国已进入民族发展史上的一个新的里程碑。基于这个判断,中央政府把"十五"时期作为中国进入全面建设小康社会,加快推进现代化的新的发展阶段,并明确确定"十五"计划的主题是发展。

2. 经济快速增长的空间还比较大。

虽然中国已经经历了二十年的高速发展,但并没有使经济增长丧失空间,达到饱和。主要的原因是中国经济在整体高速发展和增长的同时,还存在着较大和较多的不平衡。而恰恰是这些不平衡为中国今后的经济增长提出较为充足的发展需求和增长空间。

首先,国内与国外经济发展的不平衡,提供了国内经济维持较快速发展的需求和空间。按世界银行的测算,1997年我国人均GDP大约相当于美国的2.5%,高收入国家的3%,韩国的7%,中等收入国家的25%。正是这偏低的人均收入水平,为中国经济发展提供了较大的空间。

其次,城乡经济发展的不平衡,提供了中国经济较快增长的需求和空间。按国家统计局口径,1998年城镇居民可支配收入(5 428元)是农村居民(2 160元)的2.5倍,两者相差1.5倍。如按今后十年农村居民人均收入达到目前城镇居民人均收入水平估算,可拉动国内生产总值年均增长3%左右。

再次,地区经济发展的不平衡,为中国经济维持快速增长提供了需求与空间。按国家统计局口径,1998年我国东部地区人均GDP(9 522元)比中部(5 252元)、西部(4 031元)分别高0.81倍和1.36倍。如按中部西部人均GDP十年内达东部人均水平估算,将拉动国内生产总值年均增长3.5%左右。

最后,产业结构发展的不平衡,产生了调整产业结构的需求,也将为经济增长提供空间。中国当前产业结构发展存在不平衡。一方面表现为供过于求的产业比较多,如家电产品、一般日用品、服装等产业;另一方面又存在供不应求的产业,如高新技术、信息产业和与农产品流通服务配套产业,特别是与居民生活相关的一些服务业。

可见,中国经济在未来十年还有较大的发展空间和需求。国际与国内一直有种担心,认为中国连续三年的投资拉动使投资已无需求。其实仅缩小城乡差别、东西部差别和应对国际竞争等的需要,已为中国今后维持高投资提供了足够的空间。

3. 经济快速增长的物质基础较为充足。

思索的声音

物质基础薄弱一直是制约中国经济快速增长的主要因素。但经过二十年特别是近几年对基础设施和基础产业的大力度投资,物质基础薄弱状况得到了明显改善,将有力地支持 21 世纪中国经济的快速增长。主要基础有:

(1) 劳动力供应充足,且维持相对低廉的成本,整体劳动力素质不断提高。

(2) 农业特别粮食生产进入稳定发展阶段。"九五"期间粮食连续三年稳产高产,已使中国粮食库存达历史最高水平。抵抗天灾的能力大大加强。

(3) 能源、交通、通信等"瓶颈"制约已大为缓解。煤炭、石油及电子供给很充分,南北东西铁路、航空、公路等交通网络初步形成,有线无线通信技术已成共同发展格局,主要基础产品钢材等原材料生产能力充足。

这些为中国今后十年乃至更长时间持续快速增长提供了物质基础和可能。

4. 经济快速增长有充足资金的保证。充足的资金供应是经济快速增长的实现载体。中国目前具备了这一条件。一是国内资金较为充足。近二十年来,中国一直保持着较高的储蓄率。二十多年平均总储蓄率在 35% 左右,是国际上较高的。至 1999 年底,城乡居民储蓄余额已达到 53 407 亿元,相当于当年 GDP 的 67%。二是国际资金看好中国市场。改革开放以来,中国利用外资有长足发展,至 1998 年累计利用外资达 4 072 亿美元。

根据这些分析和判断,我认为,过去二十年中国经济年平均增长速度为 9.8%,剔除掉一些不确定的因素,中国在 2001—2010 年经济增长年平均速度保持在 8% 左右是完全可能的,经过努力是可以实现的。

(二) 明年中国经济政策的主要变化

目前,影响和制约中国经济发展的因素主要是需求增长的有限、经济结构调整的缓慢和国际上不确定因素的影响三个方面。

1. 2001 年宏观经济调控的着力点。

预计明年宏观经济调控的着力点是:进一步治理通货紧缩,继续实行积极的财政政策,坚持高投资政策,保持经济增长的较快速度,加大经济结构调整力度,努力巩固和发展 2000 年经济回升的好势头。

金融全球化与中国"十五"时期经济金融走势及工商银行的工作要点

2. 对明年主要经济政策走向的预测。针对制约明年经济增长的四大因素，预计明年主要经济政策的走向将是：

（1）继续实行积极的扩张性财政政策，刺激投资需求维持不低于今年9%的增长速度，有权威预计将在10%以上。明年的投资热点主要是西部开发、交通通信业、资讯产业和服务业。在主要利用国债投资保住大局的基础上，明年刺激投资需求增长的政策的着力点，将转向刺激外商投资和民间投资上。作为政策迹象，今年的九届人大常委第18次会议对《中外合资经营企业法》、《中外合作经营企业法》、《外资企业法》进行了修正，进一步取消了对外商投资的各种限制，给予外资企业高度经营自主权，以吸引外商投资。为鼓励刺激中小企业和个人等非国有投资，国家在今年初和9月，颁布了《个人独资企业法》，公布了《鼓励和促进中小企业发展的若干政策意见》，极大地降低了个人独资企业的准入限制；对中小企业出台了切切实实的扶持性措施。并且，国家将致力于创造非国有企业公平竞争环境，在企业开办、上市融资和进出口等方面，实现与国有经济同等待遇；凡对外开放的领域都要对国内非国有企业开放，鼓励引导非国有经济参与国有经济调整；等等。这些政策法规出台创造了有利于个人独资企业和中小企业发展的宏观环境，预计将对民间投资增长产生效用。

（2）继续采取鼓励和刺激消费的政策。近年来，经济部门和专家们呼吁大力刺激消费以增加内需的呼声甚高。其措施建议不外乎引导消费观念改变和调整消费政策两大方面。目前国家已经高度重视消费不足对经济增长的副作用，宏观的刺激消费需求增长的战略已比较明确。从"十五"规划建议可以看出，刺激消费增长的战略有三方面：一是千方百计增加农民收入，切实减轻农民负担，实现农民收入的持续增长。二是面向城乡居民消费大力发展服务业。提出发展住房为重点的房地产业、物业管理业、旅游业、社区服务业，并首次将文化娱乐、教育培训、体育健身和卫生保健作为服务业的产业列入鼓励发展的序列。三是将改善城乡人民生活作为"十五"规划的归宿点，提出了进一步提高城乡居民吃穿用消费水平，增加服务性消费，增加城乡居民居住面积，鼓励计算机、轿车进入家庭，提高电话普及率，改善居民消费

思索的声音

环境，丰富居民文化生活，提高医疗保健等鼓励消费的目标。同时提出了不断增加城乡居民收入，特别是低收入者的收入；以及扩大就业，鼓励自谋职业的政策意向。据国家经贸委预计，明年将有望继续增加城镇居民收入，以稳定消费。同时，明年将不再出台增加居民支出的改革政策，以稳定居民的消费预期。预计明年国家还将在修改调整消费政策上下工夫，一些限制消费的政策将被取消。例如汽车、住房方面抑制性政策限制将被取消，一些刺激鼓励消费的新政策将会出台。这些新政策将对刺激消费产生比较长久的效应，但在明年尚难充分显现出来。

（3）继续大力鼓励刺激出口。由于今年 GDP 增长超过 1999 年的部分，主要依靠出口外需扩张贡献，使出口增长保持不低于今年水平就成为保住明年 GDP 增长不低于今年水平的关键之一。预计明年国家会出台一些刺激出口进一步增长的措施，并在出口结构上有所调整。

（4）继续推进经济结构的调整。

经济结构的调整主要在三个方面，即农业结构调整、工业结构调整和企业所有制结构调整。

明年经济结构调整的具体任务是：

——继续压缩过剩的生产能力，淘汰落后的技术和工艺，加大技术改造力度，集中解决布局散、技术开发能力弱、产品质量低的问题。

——加强技术创新、加速实现高新技术产业化。以提高行业集中度和提高技术创新能力为结构调整的主攻方向，逐步实现主要行业关键技术从消化和引进国外为主，转向自主开发为主，优化技术结构、产品结构和企业组织结构，降低生产成本。为促进新技术产业化，对目前国内无力进行技术开发的项目，要依托现有企业加大合资、合作力度，以股权换技术。

——以汽车、机床、石化、钢铁行业为重点，抓好结构调整和技术创新。根据加入世贸组织后各行业的发展趋势和所受冲击程度的不同，国家经贸委在明年将首先在汽车、机床、石化和钢铁行业进行以压缩过剩生产能力、提高行业集中度和提高技术创新能力为目标的结构调整。具体的调整计划已经出台。

——以投资多元化为切入点，抓紧推进企业所有制结构调整和现代企业制度的建设。一是探索建立国有企业出资人制度。除极少数必须由国家控制的行业和企业外，符合条件的将通过海内外上市、债务重组、相互参股、国有股减持等多种途径，实现投资主体的多元化。并且积极鼓励引导非国有经济参与国有经济的调整。预计，国有企业的非国有化在明、后年将达到高潮。二是国有企业改革重点在三年脱困后将转向发展，将以建立现代企业制度为目标，加快企业制度创新、管理创新、技术创新。

——以产业政策为导向，以信息化为手段实现经济结构的调整。为此，国家已颁布了以推进结构调整、促进产业升级、提高竞争力为主旨的新的生产政策，明确了重点鼓励发展的28个领域526种产品，这将是明年乃至今后一个时期经济结构调整的导向和主要依据。同时，国家提出了通过经济与社会的信息化来带动和推动实现经济结构调整及产业升级的战略。国家经贸委特别提出了企业通过实行信息化实现管理创新的具体措施。

（三）"十五"时期金融市场格局的变化趋势

对未来五年我国金融市场可能有的格局的描述，大体有六个基本要点。

第一，以有价证券为主的直接融资市场将有进一步加快的扩张，以银行为代表的间接金融市场将有相对明显的缩小。

未来五年，正在呼唤中的"二板"市场和基金业务将可望获得迅速发展，从而成为直接融资市场中最为活跃的部分，并为中国股市扩张注入巨大生机与活力。在"十五"时期，债市、票据市场和股市都将处于高涨期或进入高涨期，将日趋扩大它们在金融市场上所占份额；受其影响，以银行为代表的间接融资市场即银行存贷款市场，都将不可避免地相对明显缩小。从而引发银行传统业务的衰退或"金融脱媒化"日趋严重，导致国内商业银行仅靠传统业务已不足以维持生存。各家银行将争相抢入直接融资市场，通过多种合法形式，介入资本业务和有价证券业务。对直接融资业务介入的深浅将成为"十五"时期，商业银行是否具备足够竞争能力的衡量标志。

第二，银行新兴业务市场将有突破性发展。

思索的声音

所谓"新兴业务"是一个涵盖不确定且十分宽泛的概念，几乎一切新出现的有别于传统存、贷、汇银行业务的业务，都被称为新兴业务。未来五年中，大量货币市场业务、资本市场业务，以及介于货币市场和资本市场之间的，或两个市场结合部的业务，都将以新兴业务或中间业务的面目出现，形成巨大市场。未来银行间的竞争将集中于新兴业务领域。个人金融业务，无论个人存款、贷款、结算，还是对个人的咨询、理财、顾问、代理等业务，包括以个人为对象的消费信贷，无疑将是"十五"时期金融市场上一个巨大的新兴市场。票据市场将可能成为金融市场新秀而得以迅速发展，与之相关的票据业务将会得到大的发展。银行新兴业务的发展将引起各家国内银行的资产负债表在未来五年中发生深刻意义的变化。

第三，银行传统业务将在市场收窄的同时，处于全面更新之中，从而使这个市场上的同业竞争更趋激烈。

由于传统业务市场整体收窄，银行间传统存、贷、汇业务的竞争将更趋激烈。竞争制胜的关键在于谁能够掌握新技术，从而可以较快地全面翻新传统业务。各种依据不同层次不同类别银行客户而量身定做的存、放、汇一体化产品将为传统银行业务市场带来生机，并将把各家银行在传统业务上的竞争，聚焦在这里。

第四，银行资产证券化将会有较大突破性发展，一个银行证券化资产的市场有望形成。

随着四大资产管理公司的发展，随着信息技术在金融全球化和中国加入世贸组织压力下的加速引入，国内银行的经营方式、经营手段及经营产品将会发生革命性变化。依托高科技和信息技术的银行资产证券化，将作为国内银行优化资产结构、活化存量资产、灵活调整现有资产结构的重要手段，可望在"十五"时期有突破性发展。并且，一个银行证券化资产的交易市场将有可能在"十五"末期初具规模。

第五，金融经营资本相对集中将加快，社会金融资产向个人的分散将成为主流。

包括银行在内的金融业经营资本在今后五年中将呈加速积聚的趋势。虽然国内金融资本的集中远不如国际上那么剧烈和快速，但银行间、金融机构间通过并购扩大经营规模、拓宽经营范围，获得更强更大的抗风险能力和竞争能力的趋势，是不可逆转的。与此同时，社会金融资产的持有者将呈分散趋势。随着银行信贷业务向个人消费信贷的转移，国有股减持，人寿险、家庭财产险等个人险种的发展，社会金融资产将加速向个人分散。这与国有经济的非国有化趋势大体一致。这种金融资产的分散化和金融市场主体分散化的趋势，将加大金融市场的风险和不确定性，并将反过来更加促成国内金融经营资本的集中。

第六，中国成功加入世贸组织，将给未来的金融市场带来重新瓜分的机会。

加入世贸组织将意味着中国更大程度地开放境内金融市场，将有更多的外资金融机构介入人民币的银行市场、保险市场、证券市场和基金市场，其与民族金融机构间对境内市场业务的竞争将明显加剧。竞争首先将集中在银行的批发业务、房地产金融业务、消费信贷业务上，将导致这些业务在中外银行间、国内银行间的重新分配。由于本币开放有一个三年至五年的过渡期，这种来自外资银行的竞争在"十五"末期才会凸现出来。外资银行的进入还将引起银行结算业务市场的重新划分。外资银行进入中国的最初，将依托国内大的银行解决其结算汇路问题。随着其本外币业务的扩张和网上银行为更多的国内企业、居民所接受，外资银行将参与本币结算市场的重新瓜分，并将占有相当份额。由于外资银行在掌握新技术为客户量身定做金融产品方面明显优于国内银行，国内银行客户市场中，高技术含量的企业和高薪、高知识阶层的客户，将从国内银行中流失，转移到外资银行，从而引起银行客户市场的重新瓜分。

（四）明年宏观金融政策走向

总的判断：2001年的宏观金融政策将以宏观经济政策为导向和依据，以经济发展为主题，以经济结构调整为主线，主要配合积极财政政策，继续实施稳健的货币政策。不同的是，宏观金融政策更加侧重于币值的稳定。继续

思索的声音

抑制通货紧缩和超前防范通货膨胀是明年宏观金融调控的着力点，并且防范化解金融风险仍是2001年宏观金融调控的重点。

1. 2001年货币政策着力点。

预计2001年货币政策的着力点还是治理通缩，并在此基础上超前防范通胀的发生。对此，国内始终有争议。对于目前货币形势究竟是处在紧缩压力下，还是已转处于膨胀压力下，大体有截然不同的两种看法。多数的主流的观点认为，经济的通货紧缩压力仍然是主要的，虽然在经济回暖时确需对通胀再起保持警惕，但货币政策的着力点还应放在对积极财政政策的配合和呼应上。实际上，中央政府确定明年继续实行积极财政政策的经济方针，已决定了货币政策必须以适当增加货币供应量来与之适应。因此，明年的货币供应不会是趋紧的，货币政策将在注意防范和化解新的金融风险的同时，继续保持对经济增长的支持力度，促进通货紧缩彻底扭转，并保持对今后可能出现的通胀的足够警惕。这种防范性的警惕并不意味着马上采取措施。明年货币政策的具体措施更多的将是对积极财政政策的呼应。

2. 2001年宏观金融调控的重点。

从货币政策来看，明年将继续推行稳健的货币政策。这一政策的内涵主要有三点：一是配合积极的扩张性财政政策，适当增加货币供应量，确保财政投资扩张效应的实现；二是配合经济结构的调整，积极调整信贷结构；三是继续巩固治理整顿金融秩序的成果，利用经济比较平稳时期，抓紧化解金融风险，推行金融稳定计划。

从贷款投向来看，货币政策的导向将集中在国债项目投资的配套贷款、西部开发的融资需要、对中小企业的贷款支持和发展消费信贷等重点上。

从货币政策工具上来看，央行仍将主要完善货币市场的建设。对于利率的市场化改革将持谨慎态度。预计在今年放开外汇存贷款利率的基础上，明年可能会扩大农村信用社和城市金融机构存贷款利率的浮动幅度和范围。但对一般存贷款利率将仍然实行管制。对大额存款利率可能会实行弹性管理。总的来讲，利率将维持基本稳定，明年利率将不再会向下调整。目前看上调的迹象也不明显。明年如果物价在油价等因素推动下有过猛回升，利率也有

金融全球化与中国"十五"时期经济金融走势及工商银行的工作要点

上调的可能。

金融风险的监控与化解仍是2001年宏观金融调控的重点。据国家统计局有关研究结果，20世纪90年代以来，中国的金融风险呈逐年升高之势。1999年金融风险的总指数为47.6，比1991年升高了11.8。金融领域中风险程度最高的是银行内部风险，其风险指数已由1991年的44.6上升到1999年的73.3，升幅达65.3%。如何降低金融的风险，推进和实现金融稳定计划，仍是严峻的问题。与此同时，金融全球化和加入世贸组织又带来了金融自由化的新挑战，使得金融监管任务更加艰巨。如何解决支持金融机构扩大中间业务和分业监管间的矛盾，建立起既符合中国国情又适应金融现代化的金融业监管体制，是2001年及今后几年中央银行的重要任务。

从金融组织机构的改革看，明年的重点是两个：一是健全金融组织体系的功能。主要发展直接融资机构，包括各类投资基金和投资银行；二是建立现代银行制度，即现代金融企业制度。目前看，现代银行制度的内涵是：完善金融企业产权制度，积极实行股份制，完善法人治理结构，建立董事会决策机制和总经理经营责任制。建立以利润为中心的综合考核体系，实行谨慎会计原则，建立激励机制等。特别对国有独资银行主要推行现代银行制度改革，明年的要求仍然是精简和调整，关于国有银行改变按行政区划设机构的问题也将被提出。对中小商业银行则主要推动其加快股份制改造和上市步伐。

从金融市场的建设看，明年侧重于两个方面：一是加大货币市场的建设力度，进一步发挥货币市场作用。包括同业拆借市场、债券市场和票据市场。明年将进一步完善同业间拆借和债券市场电子交易系统，开发金融债券、住房抵押债券等新的货币市场交易工具，增加银行间债券市场交易者数量，推动债券回购和现券买卖的发展，沟通债券批发市场与零售市场。还将加速发展票据市场，提高再贴现在基础货币发行中的比重，使之成为企业和银行进行短期资金融通的重要场所。二是继续积极促进资本市场的发展。在已经允许银行对券商融资、开办股票质押贷款的基础上，保险资金和社保资金的入市问题已得到解决，明年将酝酿成立短期资金公司，专为证券公司提供融资服务，更好地把货币政策操作与货币市场及资本市场结合起来。

‖ 思索的声音 ‖

 从金融开放的角度看，为顺利加入世贸组织，将会进一步放开保险、证券、基金业的部分市场。例如，将允许外资金融公司在国内基金管理企业中持股，外资券商可以同国内合资组建承销公司等。宏观上明年将继续坚持保持人民币汇率稳定的既定方针。关于人民币自由兑换问题，明年仍然不会开放资本项目的管理。但是将有可能放宽某些管制。例如，随着企业信用的增强和改制逐渐到位，将会放宽对国内企业对外借款及美元投资的限制。随着加入世贸组织迫近，央行将会出台金融开放条件下，对银行、证券、保险等机构的监管办法。

三、中国工商银行 2001 年经营策略研究

 对上述国际国内经济金融形势的预测与分析，目的是为确定本行的经营策略提供尽可能清晰的背景分析。总的来看，无论国际国内经济、金融形势，在明年和后年或更长一段时间内，都将取得一个基本向好的平稳态势，没有大起大伏和大的风浪。但在这相对短暂的平静后面酝酿着大的转折和变化。对工商银行来讲，这是难得的机遇，可以给我们一段整理自己的修整时间和迎接大变化的准备时间。利用得好，我们还可以重振雄风再创辉煌。

（一）必须坚韧不拔、扎实有效地解决已有问题

 我行现有主要问题可以用"资产质量低、经营效益差、人员过多而素质不高"这样三句话来概括。对于如何解决资产质量低、经营效益差和人员过多问题，姜建清行长已有明确思路、成熟战略和具体措施。包括"疏导、堵漏、清淤、综合治理"十字资产存量调整方针和贷款退出战略；实施全面成本管理和实施三大效益中心倾斜政策，以及培育新的效益增长点；在该收缩的地方下决心收缩等，都是正确和有效的。关键在于，一要广泛宣传，反复解说，令这些战略在系统内尽人皆知，深入人心。1994 年，为使全辖认清形势、适应转变，总行组织了多期行长、处长培训班，对系统调控、外汇并轨、商业银行改革、分离政策性资金等大的战略从上而下进行宣讲、培训，取得了很好的效果。可以借鉴 1994 年的方法和经验，就下一步工商银行实行业务

体制转变的上述重大战略和措施进行广泛宣讲、学习。二要坚定不移、扎扎实实地将这些战略贯彻实施到底。要研究制定实施战略的策略和细化的措施，要顶住各种压力把这些战略不走样地贯彻到基层。坚持到底必获成效。

（二）必须抓住机遇，以发展为主题，及早考虑新问题

1. 重新调整市场定位。

（1）兼顾批、零业务，不可偏废。对我行来讲，在银行传统业务市场上，无论批发、零售业务均占优势。相对而言，零售业务比批发业务更显优势。这种批零双优势，恰是工商银行独具的特点。应认真权衡利弊，不轻言放弃零售或批发，不可偏废。在个人金融业务和资本市场业务蓬勃兴起的新市场和新商机来临时，尤其不可放松轻看零售业务。应当下大气力充分发挥我行现有网点多的相对优势，把零售业务做好。要实施对批零业务的分开经营与管理。原则上，把批发业务集中到总行、省分行营业部、直属分行；而把零售业务集中到城市行。实施这一战略可以在坚持总行系统调控的原则下有效调动和发挥三级行的积极性，各有侧重地做精做好批发和零售业务。

（2）分设新兴业务的研发、经营、管理系统。在今后几年仍要以传统业务为主体的现实条件下，必须分设专门的新业务研发、经营机构，以为今后三至五年工商银行的持续发展创造条件和可能。在传统业务本体中捎带搞新业务，不仅难以开拓发展新业务，而且也会影响传统业务。建议，对个人金融业务（消费信贷、个人信用）和投资银行业务（资本业务、商人银行业务、资产证券化）要做专门的研发和建立专门的经营机构。要突破以往研究方式的局限，避免研究与经营两张皮，研究成果不能转化为经营实践的弊端，建立研究、开发、推广一条龙的研发经营一体化机构与机制。促进新业务及早成为工行发展的增长点。

传统业务也有研发和重新包装的必要。特别在明年要从两点上研究对传统业务的改造问题。一是研究开发区别不同层次、类别、等级客户群量身定做的存、贷、汇"一条龙"服务的新产品。这不过是在细分客户基础上对传统业务的重新组合与包装，但这是保住传统业务市场很关键的策略。二是要

‖ 思索的声音 ‖

抓住国家大力调整经济结构的机会,对汽车、机床、石化、钢铁行业制定与结构调整相对应的信贷调整战略。由总行商同各行业主管部门,就各行业调整时工行贷款的进入与退出问题制订一揽子计划。总行从明年起对这些行业的贷款进入退出问题下单子,一行一企对应,借工业结构调整之机细致地做好贷款结构调整工作。

(3) 实施细分客户战略和客户经理制。工商银行拥有国内最多的银行客户。但多年来我们对客户的管理一直是粗放的,衡量客户的标准仍带有浓重的计划经济色彩。要按照客户给工商银行带来的业务量多少、收入多少和未来潜力大小等市场化指标,重新细分客户群。按照细分后的客户类别、等级,实施不同的服务。对重要客户实行客户经理制。

2. 发挥工行优势,做好货币市场业务。

(1) 做好债市。明年债市可望有较大发展。利用国家鼓励债市发展的机会,做大债市业务是我行优化资产、实现资产多元化的重要举措。债市业务做得好,既有利于发展主动性负债、以补存款增幅日趋下降造成的负债扩张不足,又有利于增强资产的流动性,增加变现能力较强的并有一定收入的备付性资产。要努力争取在债市业务上占有明显优势。

(2) 做好票据市场。工商银行是同流通企业有着最多天然联系的银行,最具参与票据市场的条件。目前,我行在上海的票据中心营业部已经开始营业,要以其为起点,大力发展票据业务,逐步将票据营业部向全资附属票券公司过渡,为我行创造一个短期融资的有力工具。要努力争取在票据市场业务中占明显优势。

(3) 要对利率市场化改革早作准备。我国的利率市场化改革虽然明年不见得能够上日程,但作为方向是早晚要实施的。而且,时间不会拖得太长。要及早研究利率市场化后我行的利率风险及应对战略策略,及早调整自己,未雨绸缪。

3. 抓住机遇,做大资本市场业务。

(1) 以"工商东亚"为基础,建立工商银行的投行经营体系,做大投资银行业务。根据"工商东亚"的现状,可以从二板市场(创业板市场)入手,以此为工商银行进入 A 股市场的突破口。长期以来,科技开发贷款是工商银行独有的垄断性优势贷款,从 20 世纪 90 年代起工商银行扶持了全国无数个高科技企业。帮助高科技企业二板上市,工商银行具有他行和其他金融机构没有的优势。而二板上市包装业务与工商东亚现有的等级和能力也比较适应。要把工商东亚纳入工商银行整体发展格局中,以工商东亚为基础,建立工商银行国内的投行业务网络,不必要再另起炉灶。

(2) 以华融公司为主要战略伙伴,实施银行资产证券化。以证券化手段对剥离后存留我行的不良资产进行转化。同时,与华融公司合作,搞活"195"科目的待处理资产。加大活化存量资产的力度。

4. 及早调整,保住工商银行中间业务优势。汇路畅通且四通八达,一直是工商银行业务发展的优势。为迎接加入世贸组织,要及早研究如何利用外资及中小银行网点少、汇路不畅、结算不便的弱点,做大工商银行本外币的境内清算业务,提供对外的代理清算服务。从明年起,对本币结算业务量要单独考核、单独核算。逐步将工商银行结算系统发展成为社会公共清算网络,保住工商银行中间业务优势。

(三)加速引入信息技术,用信息化带动实现经营决策管理方式的创新与革命

从现在起,必须高度重视信息技术的应用问题。应在明年年末前,建立起总行的数据仓库。利用数据挖掘技术,增强决策和管理的科学性。前述策略中提到的细分市场、细分客户、防范风险、银行资产证券化以及全面成本管理、实现对每一业务的投入产出计算等,不应用信息技术是决然做不到的。应当将决策管理信息化作为重大发展战略,从明年起抓紧实施。

(四)实施全员强制培训工程,实行"等级行员资格考核认证"制度

上述各项战略策略均需具备相应素质的管理人员和操作人员实施。人员素质的适应性是所有战略策略的基础。从明年起,应当实行"等级行员资格

| 思索的声音 |

的考试认证"制度。并且同行员等级工资制结合起来。凡取得相应等级资格的行员才能具备享有相应等级行员工资的条件,不经考试的行员就不能上相应岗位,不能享受相应等级的行员工资。这种"等级行员资格考试认证"制度,应当首先在行员等级工资制的试点行试行。

中国金融制度的改革与展望[①]

我今天的演讲分为四部分。第一部分介绍中国金融改革概要。包括金融改革二十年的主要内容和基本成果；第二部分专门介绍被视为中国金融改革里程碑的1994年的金融改革；第三部分专门介绍同样被视为具有里程碑意义的1997年的金融改革；第四部分介绍"十五"时期的金融改革展望。

一、中国金融改革概要

这里所介绍的中国金融改革概要，分为改革的主要内容和主要成果两部分。

（一）中国金融改革的主要内容

概括中国金融改革二十年，主要内容始终一贯地围绕三大方面进行，即主要围绕中央银行制度与职能的完善，银行组织制度与经营机制的改革，金融市场与市场要素的培植这样三个主要内容进行。1997年后，金融风险的防范与化解和加强金融监管成为金融改革的中心环节。

1. 中央银行的制度建设与职能完善。

20世纪80年代以前，中国只有一家人民银行，这是一家兼有政府金融管理和商业银行经营双重职能的大一统银行。在1984年，根据国务院的决定，中国人民银行开始执行中国的中央银行职能，剥离了原来兼有的经营性金融业务，建立了独立的组织体系和资金体系，专司中央银行的职能。从此，中

[①] 这是作者2001年应香港新世纪狮子会和香港生产力促进局的邀请参加研讨会的演讲稿。

思索的声音

国的中央银行制度确立起来。此后十六年,人民银行的改革一直以转换职能、办好真正的中央银行为主要任务,围绕确立央行制定和执行货币政策的独立性,改善宏观金融调控,加强金融监管来进行。

为确立央行执行货币政策的独立性,人民银行主要从组织制度上进行了改革,即建成一个与地方政府隔绝的,同时与中央财政不发生直接关系的中央银行。特别从1994年以来,人民银行的组织体系由按行政区划设置到按经济大区设置,货币调度权和调控权由分散到地方改为集中到总行、集中到中央;对中央财政由任意透支改为有限制的借款;货币政策和年度货币供应量计划由国务院确定、随时调整,改为由全国人民代表大会常务委员会会议确定,一经确定一般不予调整;人民银行独立执行货币政策的权力由国务院授权改由国家以法律形式确定下来。并且,为使人民银行集中精力于货币政策的执行,对中央银行的职能和货币政策的目标也有一个由双向目标向单一目标转变的改革过程。在《中国人民银行法》颁布前,中国的货币政策目标定义在促进经济发展和保持币值稳定双向目标上。经过相当长一段时间的实践,中央政府认识到,中央银行职能与货币政策目标的双向性,是导致中国出现通胀的重要原因之一。为此逐步将央行职能与货币政策目标转向了以保持人民币币值稳定为主的单一目标。1995年颁布的《中国人民银行法》作了这样的表述:"货币政策目标是保持货币币值的稳定,并以此促进经济增长"。

为改善宏观金融调控,人民银行从调控模式和传导机制上经历了由"以块为主"到"以条为主"的转变,继而向"以市场为主"转变。所谓以块为主,是指人民银行在1994年以前的宏观金融调控主要通过人民银行分行对当地金融业的调控来实现,这与中国的行政体制相一致,与中国经济中长久以来一直存在的过分强调地方利益和地方发展的地方化趋势相呼应,形成了"钱到地头死"的现象,严重阻碍了货币资金和生产要素在全国范围内的正常流动和资金向效益高地区流动的优化运动,推动了地方主义的发展,削弱了中央政府对经济与金融的调控力度与效用,阻碍了经济结构的优化。为此,1994年国务院制定的金融改革方案重新确立了人民银行代表中央政府意志的真正的中央银行性质,并果断地采取了一系列措施,从人民银行的调控目标、

中国金融制度的改革与展望

传导方式,从资金与规模的分配、管理体制、总分行权力划分,甚至从其财务制度和工资制度等方面入手,切断了人民银行与地方政府的直接联系,保持中央银行的独立性,将其宏观金融调控的传导方式迅速地由以块为主转变到以条为主。所谓以条为主,是指中央银行主要通过直接调控各专业银行总行,继而通过各专业银行总行对本系统的垂直管理,实现对金融全局的控制。当然,从最终的目标来看,中央银行的宏观调控将主要通过市场来传导,通过市场来导向和调节商业银行,并通过商业银行合乎规范的市场行为来影响和控制金融市场与金融全局。这在 1997 年以前是不可能做到的。应当讲,在 1997 年以后人民银行已经开始了通过市场调控商业银行的改革尝试。突出表现为人民银行调控方式的巨大转变,即由行政命令式的直接调控转变为公开市场操作等的间接调控。

努力加强金融监管,提高中央银行的金融监管能力,是 1994 年以后明确提出的。前此,人民银行的职能中只有审批金融机构和管理金融市场的定义,并没有"对金融业实施监督管理"的定义。是 1994 年颁布的《中国人民银行法》第一次用了一整章的法律条款,将中央银行的金融监管职能作了确定。此后,人民银行的职能明确为两项,即制定与实施货币政策,对金融业实施监督管理。

2. 银行组织制度与经营机制的改革。

关于银行组织制度的改革是大家比较熟悉的事情。在 1979 年以前,中国内地只有一家银行,即中国人民银行。1979 年中国经济改革开始,同时金融改革也首先从银行的组织制度上开始了。1979 年 2 月,国务院首先批准建立中国农业银行,同年 3 月、8 月又先后批准建立了中国银行和中国人民建设银行。1983 年 9 月,国务院决定中国人民银行专门行使中央银行的职能,同时成立中国工商银行,将人民银行手中的经营性银行业务全部接过来。至此,经历了四年的时间,中国的专业银行体系宣告成立,这是中国银行业组织体系的第一次革命。此后,从 1986 年起至 1994 年,历经八年时间,中国又成立了 12 家中小商业银行。它们是交通银行、中信实业银行、深圳招商银行、福建兴业银行、深圳发展银行、中国光大银行、广东发展银行、上海浦东发

‖ 思索的声音 ‖

展银行、中国民生银行、住房储蓄银行（烟台、蚌埠）。1994年以后，中国开始了对城市信用社的清理整顿和实行规范的股份制改造，先后有1 000多家城市信用社被改造重组为98家城市商业银行。中国银行组织体系的第二次革命发生在1994年。根据国务院的决定，1994年5月至10月，中国先后成立了国家开发银行、中国农业发展银行、中国进出口信贷银行三大政策性银行。政策性银行的成立将原来隐含在国有商业银行中的国家政策性业务分离出来专门经营，一个与商业银行体系并存的政策性体系银行就宣告成立了。

在当今的中国银行业市场上，截至2000年末，全部金融机构的总资产已达13.79万亿元人民币，其中国有商业银行的资产总量为8.63万亿元人民币，占全部银行总资产的比例为62.6%；其他股份制商业银行的资产总量为1.41万亿元人民币，占比达10.2%；城市商业银行的资产总量达5 803亿元人民币，占比为4.2%；农村信用社的资产总量为1.51万亿元人民币，占比为11%。

除了组织体制的改革以外，重要的是银行经营机制的改革。银行经营机制改革的主题是国家专业银行经营机制的改革，即由企业化改革到商业化改革。所谓专业银行企业化改革，就是指专业银行的经营机制要向金融企业机制的方向转化。这是1994年以前对国家专业银行改革目标的确定。专业银行之所以要企业化，是因为尽管专业银行的产生是改革的结果，它促成了中国银行业的第一次政企分离，但是专业银行并没有因中央银行的建立和它从人民银行母体中分立出来而自然成为金融企业。它在突破了大一统人民银行体制的同时，又继承了人民银行原有的运作方式和机制，实际上仍然执行着人民银行原有的国家存贷款结算机关的职能和任务，与市场意义上的金融企业相去甚远。于是，专业银行实行企业化改革，逐步转换经营机制，逐步变成真正的金融企业就成为20世纪80年代和90年代初中国专业银行改革发展的主要方向。所谓专业银行商业化改革，是指将国家专业银行转变为国有商业银行。在党的十三大决议确定了中国实行社会主义市场经济体制后，国家将专业银行的企业化改革深化为商业化改革，即由国家专业银行转变为为市场经济服务的国有商业银行，实现与国际现代商业银行体制的接轨，这是更为彻底的改革。从企业化改革到商业化改革，其实主要是银行经营机制的改革，这里包括了专业银行存款机制、贷款管理机制、风险防范机制、业务发展机制、竞争机制、效益机制、责任机制、内控机制、用人机制和分配机制，以及劳动组合等全部经营管理机制的一系列改革。

与专业银行商业化改革相关并极大地促进了专业银行向国有商业银行转变的另一场改革，是中国银行业的第二次政企分离，即政策性银行体系建立，这使得银行业中的政策性金融与商业性金融实现了机构上和业务上的分离。

3. 金融市场的建立与金融市场要素的培植。

20 世纪 80 年代中后期是我国金融市场初次繁荣时期，多种多层次金融市场纷纷建立起来。主要包括：（1）银行间同业拆借市场的建立与繁荣。先是在武汉、沈阳、上海等地发展起来，随后迅速扩展到全国。这是一个区域性的、多层次和多个市场组成的庞大而松散的市场体系。银行间同业拆借市场由无到有、从不规范到规范，经历了许多坎坷风波。（2）证券市场的建立。20 世纪 80 年代中后期，中国两家股票交易所先后在深圳和上海开业，进而成为全国证券交易的中心。20 世纪 80 年代后期，上海申银证券、海通证券、沈阳北方证券等一批证券公司成立，20 世纪 90 年代中期，华夏、国泰、南方三大国有证券公司成立。此后全国各地证券机构纷纷挂牌营业，国库券、国家生产建设债券、银行金融债券、大额存单、地方政府债券、企业债券、公司股票、法人股、个人股纷纷进入证券发行和证券交易市场。当然，与银行间同业拆借市场一样，证券市场无论债市股市都曾经历大起大伏，但终究在起伏跌宕中成长壮大起来。

除了市场体系的建立外，金融市场要素的培植一直是金融改革的主要内容之一。这主要指对非国有商业银行即中小商业银行和其他非银行金融机构的培育和扶植，还应当包括外资银行和合资银行在中国的建立。

显然，具体来说金融改革不只有这些内容，但最主要的改革是围绕上述三个方面进行的。

（二）中国金融改革的主要成果

对于二十年金融改革成果的评价，国际国内众说纷纭，莫衷一是。评价

‖ 思索的声音 ‖

很高者有之，评价甚低者也有之，仁者见仁，智者见智。依我看来，实实在在的积极变化可以概括为三个主要方面。

一是银行真正起到促进经济发展的杠杆作用，成为二十年中国国民经济高速发展的主要支撑。这可以从两方面来看。首先从银行的经营范围和领域来看。在20世纪80年代之前，银行的主要功用是储蓄社会居民的零散资金，将积聚起来的资金贷给国营工商企业和人民公社，用于满足其周转性和临时性的资金需求。从社会再生产领域来看，银行只限于简单再生产领域的参与。从社会生产流程来看，银行贷款只参与生产和流通的部分过程，作用范围十分狭小。20世纪80年代后，随着金融改革的深化，银行首先突破了流动资金贷款的局限，进入固定资产领域开办了技术改造贷款、基本建设贷款、设备更新贷款、科技贷款、商业网点贷款、电子化贷款等。从简单再生产领域跨入扩大再生产领域，成为国家经济建设资金投入的主渠道。进一步，银行贷款突破了所有制方面的一切界限，除了国有、集体等公有制企业以外，对外资、合资、私营、民办企业，个体工商户、个体农户等各种经济成分的经济实体，只要符合贷款条件、有还款能力的都可以提供贷款和金融服务。从社会再生产的环节上，银行还进入了消费领域，诸如住房贷款、大额消费品贷款、汽车贷款、助学贷款等消费性贷款已为各家银行所提供。文教科研卫生、文化娱乐以及第三产业等各行各业都成为银行的贷款对象。可以讲，银行打破了原有的所有制界限、产业类别界限、固定资产与流动资金界限、经济运动环节界限，形成了无所不在无处不在的、渗透到经济每一角落每一细胞的金融经营覆盖网。社会的各行各业和整体国民经济离开了金融和银行的支持与服务已不能运转。银行的作用范围已达到全社会性。

其次从银行融资量的变化来看。20世纪80年代前，银行信贷融资只是财政投资的补充形式。据统计，20世纪80年代前银行每年投入社会生产和经济的资金量占全社会融资总量的比例一般在20%左右，有80%左右是财政资金。20世纪80年代后，银行统管企业流动资金，又进入了固定资产投资领域，每年对社会经济投入的资金量迅速增加。截至1994年的十多年来，银行以年平均25%左右的速度增加贷款的投入量，银行贷款总量已由1984年的

5 000 多亿元上升为 1995 年的 50 000 多亿元,进而上升为 2000 年的 13 万亿元。银行间接融资占社会资金总量的比例大幅上升,已成为与财政投资并重的主融资渠道之一。巨大的和高速增长的银行资金供给,成为中国经济保持二十年高速增长的主要支撑之一。应当讲,是金融改革带来了金融业的大发展,改革使银行冲破了原来只是财政的出纳、会计的局限,真正发挥了促进经济发展的杠杆作用。

二是一个现代化的健全的银行体系已经形成。组织体系改革一直是中国金融改革中着墨最多且成果最丰的部分。一个以中央银行为领导,以国有商业银行为主体,中小商业银行和多种金融机构并存的现代银行体系经过二十年的改革和建设已渐成熟。

三是金融业实现了大开放。无论"请进来"还是"走出去",外资、合资在华金融机构和中国金融业驻海外分支机构均有空前的大发展。据统计,截至 1999 年末,外资银行在中国境内设立分行共计 156 家,外资合资金融机构在中国设立代表处共计 247 家,两者合计为 403 家。其中,外资银行在中国境内的总资产已达 318 亿美元,贷款达 215 亿美元,存款达 52 亿美元。截至 1995 年末,中国金融机构在境外的分支机构已达 577 个,以经营性机构为主,主要分布在香港、澳门地区,共计有 516 家。

这些只是择其主要地介绍了中国金融改革开放的成果。更具体的我将在第二部分和第三部分介绍。

二、1994 年的中国金融改革

1994 年国务院颁发了《关于金融体制改革的决定》。此后,中国金融改革在五个方面取得重大进展。

1. 强化了人民银行金融监督管理职能,建立起中央银行独立执行货币政策的权威。

1993 年 7 月,人民银行将原来分散于各省分行的货币供应权和调度权集中于总行,以摆脱地方政府对中央银行独立执行货币政策的干预;1995 年 4 月,颁布了《中华人民共和国中国人民银行法》,确立了人民银行独立执行货

思索的声音

币政策的法律保障。从此,人民银行的宏观金融调控力度明显加强。1993年至1966年中国抑制通胀、整顿经济秩序的宏观调控成功实现"软着陆",主要得益于人民银行对金融和货币供应总量的成功控制与调节。

同时,人民银行明显加强了对金融业的监管力度。国家先后颁发了《商业银行法》、《票据法》、《证券法》等金融大法。人民银行相继制定了20多项金融行政法规和200多项金融规章,加强了对国内银行和金融机构及其海外分支机构的现场和非现场稽核。

2. 组建了政策性银行,国家专业银行向国有银行转变。

1994年,为适应国家投融资体制改革的需要,国务院批准建立了国家开发银行、中国农业发展银行和中国进出口信贷银行三大政策性银行,将原来由国家专业银行承担的政策性金融业务转让给政策性银行,初步实现了国内银行业政策性金融与商业性金融的分离。目前,三大政策性银行有了很大发展,其融资总量已占全社会贷款总量的15%左右。

在政策性业务转给政策性银行后,国家明确提出,国家专业银行要改制成为国有独资的商业银行。

3. 大力整顿金融秩序,实行金融分业监管分业经营。

鉴于1992—1993年中国经济出现较多泡沫现象,国家从1993年7月起大力整顿金融秩序。重点整顿了银行间同业拆借市场、证券市场、房地产金融市场和信托业。在此基础上,实行了银行、信托、证券、保险、房地产金融等金融各业的分业经营、分业监管制度。至1996年末,整顿取得成功,金融秩序有了根本好转。

4. 建立了货币市场和资本市场相分离的金融市场体系。

在金融业分业经营的基础上,国家对金融市场进行了严格的清理,坚决阻断了货币市场资金直接流入资本市场的路径,纠正和禁止了银行资金介入股市和房地产市场炒作行为。在3年整顿的基础上,人民银行重组了全国统一的银行间同业拆借市场、全国统一的外汇交易市场,并在这两个市场上率先放开利率管制,实行了市场利率。

同时,国家大力倡导和鼓励资本市场的发展。1997年当年全国各上市公司从国内一级发行市场上筹到的资金已近 1 300 亿元人民币。资本市场有了很大发展。

5. 地方金融体系得到发展,中小金融机构有所规范。

国家从 1994 年起整顿和规范城市信用合作社。经过规范化的股份制改造,逐步将众多分散的城市信用合作社改制成为城市合作银行,进而统称为地方商业银行。截至目前,1 400 多家城市信用社的改制已基本完成,已有 120 多家城市商业银行相继成立营业。对农村信用社的改制于 1996 年也已开始,但由于农村信用社的改造比之城市信用社要复杂些,所以一直进展较慢。

1994 年的金融改革主要是为适应当时中国经济以"抑制通胀、整顿经济秩序"为主的三年调整性改革的需要。然而这场金融改革不仅对 1994—1997 年这三年的金融发展具有决定意义,而且对 1997 年以后乃至 21 世纪的中国金融改革都具有重要的意义。1997 年以后推出的金融改革的大思路,与 1994 年的金融体制改革决定实为一脉相承。

三、1997 年的金融改革

1997 年对于中国银行业是十分重要的一年。这一年,中共中央十五大决定中国开始向社会主义市场经济体制并轨。同时在这一年的秋天,国际上爆发了东南亚金融风暴,这场风暴几乎击垮了所有东南亚国家的金融,引起了中央政府的高度警惕。检视国内金融体系,国家认为,中国国内金融体制还存在诸多不完善之处,与市场经济不相适应,还潜在着较大的金融风险,因此建立适应社会主义市场经济的金融体系和防范化解金融风险,成为 1997 年至今的中国金融改革的主题。具体进展有如下方面:

(一) 建立适应市场经济的金融体系

1. 建立一个与市场相适应的金融组织体系。

(1) 撤销人民银行原驻各省的省级分行,建立九个大区分行,打破原有的按行政区划设置银行机构的传统模式,按经济区域跨省设置人民银行一级分行。这项改革已于 1998 年实施并完成。

| 思索的声音 |

(2) 完善和加强党对金融系统的领导,建立垂直的金融系统党工委和银行党委,对国有银行、保险公司的人事干部实行系统内的垂直领导与管理,地方政府不再参与银行人事干部事务。这项改革于1998年已经完成。

(3) 国有银行加大精简力度。一是适当合并重叠设置的机构,1998年各国有银行完成了省分行与当地省辖市分行的合并;二是撤并效益不好的基层分支机构。有数字表明,至2000年末,各国有银行撤销其效益不好的县支行100多个,县以下机构近千个;三是精简压缩人员,近两年国有银行压缩人员大约十万名。

2. 建立一个与市场相适应的宏观调控体系。

(1) 从1998年1月起,人民银行放弃了对商业银行的贷款规模限额控制,结束了长达二十年之久的规模控制方法,改行存贷款比例即资产负债比例管理。

(2) 从1998年第二季度起,人民银行取消了对国有商业银行超额储备的直接控制,降低了对国有商业银行的法定存款准备金率,给予国有商业银行更大的经营自主权。

(3) 利率管制开始放松。开始利用利率调控市场,1998年连续八次下调利率极大地刺激了企业投资,减轻了国有企业的负担。在放开同业利率和外汇交易利率的基础上,人民银行从2000年起宣布放开中国国内外币存贷款的利率管制。从而使人民银行的宏观金融调控更多地倚重于灵活运用利率杠杆和公开市场操作等间接手段。

(4) 分业监管趋于灵活。允许国有银行在境外设置投资银行机构,如中金公司、中银国际公司、工商东亚公司等都是近年国有银行在港成立的投资银行机构。近来,允许国内银行业和证券业、保险业、房地产业在《商业银行法》的限度内,从事交叉销售、开展互相代理与合作。

(二) 努力化解和防范金融风险,取得明显成效

中国国内的金融风险主要潜伏于两大方面:一是国有银行不良贷款比重过高;二是中小金融机构太多太滥,资信不高,抗风险能力较弱。国家对这

些潜在金融风险的防范与化解,首先从国有银行入手。

1. 降低国有银行不良资产的比重,提高其抗风险的能力,化解金融风险。

(1) 高度重视国有银行的不良资产问题,下决心及早解决,不再拖延和掩饰。

(2) 接受国际惯例,对国有银行实行贷款质量五级分类的新标准。按照正常、关注、次级、可疑、损失新的五级分类标准,重新量定国有银行现有贷款资产的质量,并准备实行按类分别提取呆账准备金制度。贷款质量的五级分类法已于1998年在国有银行试点,1999年全面推开,目前已经搞完,正在实现从三项贷款分类向五级贷款分类过渡。

(3) 集中增补国有银行的资本金,使其符合国际巴塞尔协议对银行充足资本率的要求。1998年,国家发行了2 700亿元特种国债,所筹资金专门用于增拨国有银行的资本金。以工商银行为例,增拨后的资本金总额达到1 700多亿元人民币,比未拨补前增加了900亿元,翻了一番。

(4) 集中几年的时间,加速冲销国有银行不良贷款中的坏账,允许国有银行从每年盈利中抽出更多利润提取呆账准备金。从1996年起,每年用200亿元、300亿元、400亿元、500亿元的额度和水平,持续冲销贷款坏账。

(5) 更为有力的措施是对国有银行实行不良贷款剥离。经国务院批准,于1999年先后成立了四家资产管理公司,这四家公司分别是长城、东方、信达、华融资产管理公司。它们专门负责收购国有银行的不良贷款,以及重组和转化这些不良贷款。据统计,截至2000年末,四大国有资产管理公司已收购四大国有银行剥离的不良贷款1.4万亿元人民币,使国有银行不良贷款的比例有了较大幅度的下降,较大程度地转化和化解了国有银行的经营风险。

2. 清理整顿中小金融机构,取缔非法金融活动,化解金融风险。

(1) 坚决取缔农村基金会和任何未经人民银行批准建立和经营的非法金融机构。

(2) 继续整顿清理证券公司、信托投资公司和保险公司,逐一清理后,重新开业。

(3) 酝酿成立存款保险系统,增强存款金融机构的抗风险能力,减少中小金融机构的挤兑风险，保护中小存款者。

3. 改善外债管理办法，控制外债风险。

（1）于1999年严厉清理整顿了国内借款机构和境外发债窗口，对其进行逐一的重新审核，坚决关闭了一些经营管理不善的对外借债窗口。

（2）对违法举借外债的，国家不负偿债的连带责任。例如对广信（广国投）事件的处理。

（3）完善外债统计监测，健全外债预警系统，治理外债市场秩序。

（三）积极支持国家扩大投资和扩大内需的发展方针

为对抗和克服亚洲金融危机的负面影响及其造成的困难，国家从1998年起连续三年实行了"扩大投资、扩大内需"以保证经济正常平稳增长的方针。这三年来，金融业在人民银行领导下，努力支持扩大投资、扩大内需，为这三年特别是2000年经济回升立下了汗马功劳。

1. 配合积极的财政政策，国有银行更加积极地筹措资金，在谨慎度量风险的基础上，积极发放贷款，促进经济启动和回升。到2000年末，全国金融机构的贷款总余额达9.9万亿元人民币，比上年增长了13.4%，增幅有所回升。

2. 为推动国内需求的扩大，国内银行业积极推出了消费信贷业务。主要分布在三大领域，一是住房消费信贷；二是买车消费信贷；三是高级文化消费信贷，如助学贷款、办学贷款、购买计算机等消费贷款。2000年新增贷款中，有52%投向了个人住房贷款，其他个人消费贷款也占到了26%，两项合计达78%，极大地推动了国内消费市场的发展和消费需求的增长。

3. 开展对中小企业信贷。中小企业是国民经济中促进经济增长、吸纳就业和加速技术创新的积极因素。国家近年来一直要求银行业要支持中小企业的发展。近年，国内各银行也看到了中小企业总体的发展前景和潜在的市场，逐渐把中小企业和民营、私营企业作为贷款支持的对象。

四、"十五"时期的金融改革展望

"十五"时期，有一些过去没有的新的因素，最主要的是中国加入世贸组织。对中国来讲,"十一五"规划就不再仅仅以中国国内为考虑的唯一基点,还要从经济全球化的角度考虑和规划。目前,国家正在制定"十五"计划,也正在考虑"十五"时期乃至今后十年金融改革的大思路。这其中有几点可以看得比较清楚。

(一) 继续坚持稳健的货币政策

今年国家将致力于维持经济已经回升的好势头,继续拉动经济维持较高速增长。国家在实行积极的扩张的财政政策的同时,实行稳健的货币政策,既要支持经济的稳定增长和继续回升,又要注意防止出现通货膨胀。这不仅是今年货币政策的首要任务,而且将会是"十五"时期的主要任务。

(二) 加速改革,全面应对加入世贸组织

加入世贸组织对中国无疑既是机会又是挑战。长期看无疑利大于弊。但冲击无疑也是较大的。在中国的各行各业中,受冲击最大的是金融业。如何加快自身改革和发展,全面应对加入世贸组织已成为中国金融业的当务之急。现在金融界主要考虑如下两个问题:

1. 必须面对分业经营的问题。由于国际银行业的大趋势是综合化经营,特别是美国放弃了分业监管与分业经营后,对中国的分业监管和分业经营制度提出很大挑战。面对外资银行带入中国的综合化混业经营方式,中央银行必须要有个既合乎国际惯例又合乎中国法律的监管方式。更主要的是综合化经营的外资银行的进入,将置分业经营的国内银行于竞争的不利地位,将利用综合化经营优势争夺国内市场资源和客户资源。所以,中国必须面对这个问题,考虑解决的方法。我预计,在"十五"期内分业监管的法律不会有改变,因为在法律上实行混业监管的条件还不具备。但是在《商业银行法》许可的限度内,银行、证券、保险及房地产业之间,以交叉销售、相互代理的形式进行适当的业务交叉,应当是允许的,这种形式的金融业交叉将会在某种规范下发展起来。

2. 必须加快国内银行,主要是国有银行的综合改革。所谓综合改革是以

思索的声音

现代银行制度为目标的改革。至少要考虑三方面的问题：

一是加快国内银行的产权制度改革。近两年，除了早已上市的深圳发展银行以外，上海浦东发展银行和民生银行已先后上市。据说华夏银行和其他中小商业银行正在积极争取上市。国有银行的股份制改造问题也已经被提出来了。目前已在努力探索国有银行股份制改造和资本金补充的妥善方式问题。

二是加快国有银行的激励机制改革。国有银行的责任机制和风险内控机制，经过这些年的改革已有很大进展。但激励机制相对滞后。激励机制是基础性的机制，有责有权还要有利，没有利责任机制和内控机制都无法落实，道德风险也难防范。因此，今后几年将会加快国有银行激励机制的建立。

三是加快国内金融业的创新。国内银行将加快信息技术的利用和引入，加快金融创新的步伐，用信息技术和金融新工具新技术满足国外客户需求，保住客户，赢得竞争。

（三）加快利率市场化的改革步伐

继 2000 年推出外币存贷款利率市场化改革后，对人民币存贷款利率的市场化只是个早晚问题。中国目前的经济情况和宏观调控与市场成熟度，都不宜过早放开人民币的存贷款利率。但"十五"时期，加快利率市场化的步伐，逐步创造条件，尽快实现利率市场化，无疑将是金融改革的重要任务。

（四）降低国有银行的不良贷款比例，彻底解除不良资产的风险仍是金融改革的中心环节

1999—2000 年两年来对国有银行不良贷款的剥离，已使国有银行甩掉和处理了相当大一部分不良资产包袱。但是还没有完全解决问题。"十五"期间，国家将进一步采取一些积极的政策和方法，促使国有银行加速不良贷款的处理，彻底解除不良资产的风险。

（五）加快资本市场的发展

预计"十五"时期，中国的资本市场将有较大发展。包括债市、股市和

基金都将会有大的发展。总之,"十五"时期将是中国金融业改革的又一个重要时期,国内银行业的改革和各项业务都将在这一时期得到很大发展。一个适合于市场经济的金融和银行体系将在"十五"时期基本形成。

加入世贸组织背景下的
国有商业银行综合改革[1]

大家知道,在2001年年末和2002年年初,对于中国的金融界来讲发生了两件最重要的事情:一是中国于2001年11月11日加入了世贸组织;二是2002年2月中央召开了全国金融工作会议。前者正在改变和将要改变中国银行业的经营环境与背景;后者则以中国加入世贸组织为背景,对今后几年金融业包括银行业的改革作了统筹的部署。这两件大事将深刻改变中国银行业特别是国有商业银行的命运。我从去年年初起一直参与为今年的中央金融工作会议做准备的研究工作,在人民银行戴相龙行长组织的七个专题研究组中,我被指定为国有商业银行改革专题组的组长,负责"国有商业银行综合改革"专题报告的研究与撰写。从1998年起,我就注意到中国加入世贸组织的前景,开始设题研究加入世贸组织后对国内银行业特别对工商银行的影响问题。去年加入世贸组织前后,我受总行领导委托,负责研究和提出工商银行关于应对加入世贸组织挑战的措施和意见上交人民银行。可以说,由于工作关系,我对加入世贸组织影响问题和国有商业银行下一步改革的要点问题比较熟悉。今天我就分三部分介绍一下我所了解的情况。一是关于国有银行综合改革的要点;二是加入世贸组织后我们面对的主要问题;三是工商银行如何在加入世贸组织背景下深化改革。

---

[1] 此为作者2002年在工商银行系统内多个培训班上的讲课稿。

一、关于国有银行综合改革的要点

（一）中共中央、国务院的十二条意见

中央于今年 2 月 5 日至 8 日召开了金融工作会议，通过了今后几年金融改革的指导意见，即《中共中央、国务院关于进一步加强金融监管，深化金融企业改革，促进金融业健康发展的若干意见》。意见共分十二条。

1. 充分肯定四年来金融工作取得的成绩。中央总结了 1997 年下半年，为应对东南亚金融危机爆发的严峻形势，中央和国务院及时召开全国金融工作会议，下发了《中共中央关于深化金融改革，整顿金融秩序，防范金融风险的通知》，即中央 19 号文，对金融工作做了一系列重大决策和全面部署。中央认为，从那时起至今的四年来，我国金融改革、整顿和发展取得了积极成果，保持了国内金融的稳定，有力地支持了经济的发展。作为标志的有五点：一是全国金融秩序明显好转；二是金融改革取得重要进展；三是金融业积极支持了经济发展；四是金融发展和开放水平不断提高；五是全社会金融法制观念和风险意识普遍增强。在充分肯定成绩的同时，中央指出金融领域还存在的五个方面的主要问题和风险隐患，即：（1）金融监管薄弱，监管体制和手段不适应金融发展要求；（2）金融企业法人治理结构和经营机制不健全，不良资产比例较高；（3）金融专业人才不足，金融服务水平和创新能力较低；（4）信用观念淡薄，金融企业合法权益得不到有效保护；（5）金融市场秩序混乱的状况在一些方面仍然存在。

2. "十五"期间金融工作的指导方针和任务。金融工作的指导方针是：坚持以邓小平理论和江泽民同志"三个代表"重要思想为指导，进一步加强金融监管，深化金融企业改革，改进金融服务，整顿金融秩序，防范和化解金融风险，维护国家金融安全，促进国民经济持续快速健康发展。

金融工作的主要任务是：进一步完善现代金融机构体系、市场体系、监管体系和调控体系，努力实现金融监管和调控高效有力，金融企业法人治理机构和经营机制健全，资产质量和经营效益显著改善，金融市场秩序根本好

思索的声音

转,金融服务水平和金融队伍素质明显提高,全面增强我国金融业竞争力。

3. 加强监管是金融工作的重中之重。在这条意见中,中央进一步明确了金融监管的目标是依法维护金融市场公开、公平、有序竞争,有效防范系统性风险,保护存款人、投资者和被保险人的合法权益。为此中央指出主要从"健全监管法规、严格监管制度、改进监管方式、强化监管手段、完善监管体制"四个方面加强监管。

4. 推进国有独资商业银行综合改革。中央强调国有商业银行改革是这次金融改革的重点。从文字量上看,这一条也是十二条中占有篇幅最多的一条(我将在下面专门介绍这一条的具体内容)。

5. 深化农村信用社改革。对农村信用社的体制,中央认为应根据不同情况采取不同办法,不搞"一刀切"。在人口稠密和粮棉主产区,具备条件的农信社可建立县一级法人体制;其他地方保持现行基层社、县联社两级法人体制;高风险基层社要兼并重组;沿海发达地区和大中城市郊区,少数符合条件的农信社可进行股份制改造。

6. 提高金融资产管理公司处置不良资产的效率。进一步放宽对资产管理公司处置不良资产的政策,主要是允许外资和民间资本按有关规定购买金融资产管理公司持有的债权、股权和实物资产。

7. 规范发展证券市场。中央在社会资金配置模式上提出了要不断提高直接融资比例的目标。发展证券市场的要点有三:(1)加快培育合格的市场主体。一是提高上市公司质量,二是完善证券公司、基金管理公司法人治理结构和内控制度,三是培育和引进高质量会计服务机构,四是培养发展机构投资者。(2)要加强和改进证券监管,进一步完善核准制,推行国际通行的会计标准和信息披露准则,建立健全中小投资者诉讼机制。(3)稳步推进市场体系建设,包括探索增加证券投资品种,稳步发展企业债券市场,规范发展期货市场,健全集中统一的证券登记结算系统。

8. 加快保险业的改革和发展。主要是加快国有独资保险公司股份制改造,吸引外资和社会资金,符合条件的保险公司可以上市。

9. 改进金融宏观调控,提高金融服务水平。值得注意的是,中央提出要稳步推进利率市场化改革进程，逐步建立以中央利率为基础，由市场供求决定利率水平的利率体系。同时中央在强调为市场提供全方位高层次金融服务时，强调了"要积极为中小企业和非公有制企业提供信贷服务，特别是支持科技型中小企业发展，推进中小企业信用担保体系建设，切实解决中小企业担保难的问题"。

10. 大力加强社会信用制度建设。这是金融界特别是银行界呼声最高的问题。这个问题也是第一次被提到中央正式文件中。要点有三：一是强化经济金融法治。依法加大对不讲信用、破坏信用行为的惩治力度。对逃废金融企业债务的单位和个人要依法追究其刑事责任；对包庇纵容逃废金融企业债务的国家工作人员，应给予纪律处分并依法追究其刑事责任。二是加快信用制度建设。当前要抓紧建立全国企业和个人征信体系，使具有良好信誉的企业和个人充分享有守信的益处和便利，使有不良记录的企业和个人付出代价、声誉扫地。三是加强宣传教育和舆论监督。定期向社会公布逃废金融企业债务的企业和重点地区，各级领导干部要旗帜鲜明地与逃废金融企业债务的违法行为作斗争。

11. 实施人才战略，全面提高金融队伍整体素质。要点有三：一是善于发现和培养人才。二是积极吸引和留住人才。值得注意的是，中央要求，要建立健全科学有效的激励和约束机制，对金融企业实行与绩效挂钩、以责任和风险相称的薪酬制度，打破企业内部平均主义"大锅饭"。进行高级管理人员年薪制和股权、期权试点。在健全科学的考核体系、完善企业费用约束机制的基础上，逐步取消对国有重点金融企业工资总额的限制。三是合理使用和管理人才。

12. 加快和改善党的领导，确保各项措施的落实。

（二）关于国有独资商业银行综合改革的要点

中央决定对国有商业银行进行综合改革。主要包括以下要点：

1. 明确了国有商业银行的性质，是经营货币的企业。意见明确"国有独资商业银行是经营货币的企业"，江总书记进一步讲，经营货币是国有商业银

| 思索的声音 |

行的特殊性，但商业银行并不因为有这个特殊性而丧失企业性质。

2. 明确了国有商业银行改革的基本模式，即按照中央关于国有企业改革和发展若干重大问题的决定的精神，对国有商业银行进行综合改革。

3. 明确了国有商业银行综合改革的目标，即按照建立现代企业制度"产权清晰、权责明确、政企分开、管理科学"的要求，把国有商业银行改造成治理结构完善，运行机制健全，经营目标明确，财务状况良好，具有较强国际竞争力的现代金融企业。

4. 明确了国有商业银行综合改革的近期重点任务，即大力推进内部机制的改革。有五个要点：一是明确经营目标，即在执行国家有关经济金融政策依法合规经营，保证资产安全的前提下，努力增加盈利。江总书记讲，要追求利润最大化，支持国民经济发展。二是加强信贷管理，降低不良资产比例。将全面推行商业银行贷款质量"五级分类制度"，"十五"期间力争不良资产率平均每年下降2~3个百分点。要多手段多方式催收和处置已形成的不良贷款，严格控制发生新的不良贷款；商业银行严格按法规、政策和审慎会计原则自主核销呆账，并依法保留对债务人的追索权。三是加强财务管理，提高盈利水平。建立以利润目标和资产质量为中心的综合考核体系，明确行长的责任，定期考核行长的经营业绩，保证国有资产保值增值。严格费用管理，健全成本约束机制，逐步消化历史包袱和潜亏。参照国际通行做法，完善商业银行税收制度。要逐步补充国有银行资本金，使其达到资本充足率标准。四是优化组织机构，健全各项规章制度和业务操作规程。要减少内部管理层次，精简机构，裁减冗员。尽快扭转目前一级法人管理薄弱，总行控制力度不强的局面。从严治行，制定科学有效的内控制度，使各项决策过程、各个业务环节和各类经营行为都有章可循，并处于缜密的内部制约和监督下。健全岗位责任制，实行严格的问责制和奖惩制。五是加快信息化建设。

5. 明确了国有商业银行产权制度改造的远期前景。确定对国有商业银行进行股份制改造的探索，具备条件的国有商业银行可以改造成为国家控股的股份制商业银行，完善法人治理结构，条件成熟的可以上市。

(三) 关于国有商业银行综合改革安排的进步

这次中央金融工作会在国有商业银行的改革问题上,可以讲有巨大进步,是历次重大改革方案中进步最大和最反映国有银行实际需求的一个方案。概括起来主要有七点新的进展。

1. 对于国有商业银行的性质、经营目标、改革模式,终于有了明确和到位的说法。即承认国有商业银行是企业,必须以利润为经营的中心目标,必须按照国有企业的改革原则实施综合改革,使之成为自主经营、自负盈亏、自我约束、自求发展的现代企业和市场主体。这不是几句普通的论述,它是用国有银行十几年双重目标下的两难处境和几万亿元不良资产的代价才换来的清醒认识,也是我们不断向企业化、商业化、市场化方向努力的结果。在为金融工作会准备的报告中,我们反映的第一条建议就是,必须对国有商业银行的性质作重新的明确,把国有商业银行当做政策工具和社会转型成本的承担者的路已走到尽头,不能再继续了。中央承认了这一点,并指出,"长期以来,在人们的思想认识和实际工作中都没有真正把国有商业银行当做企业,而是当做政策工具,政府机构和财政部门,这是造成行政干预金融,指定性贷款,逃废银行债务的根源。要彻底解决银行不良资产比例高的问题,根本上说要还国有银行企业的本来面目"。中央明确地指出了这一点,这实在是前所未有的巨大进步。

2. 把国有商业银行的综合改革作为整体金融改革的重点,这也是前所未有的。以往的改革虽然一直把央行制度与监管,专业银行企业化、商业化改革和金融市场三个方面的改革作为金融改革的重点,但并未真正把注意力放于国有商业银行的改革上。如前所述,本次文件中关于国有商业银行的改革占了全文最大的篇幅,很细很全,并且于会后立刻着手对国有商业银行的产权制度改革作具体方案,预计为十六大对国有商业银行制度改革有更明确具体的说法作准备。可以看到的是,这一次国有商业银行的改革真的上了中央的改革议程。

3. 明确了国有商业银行产权制度的改革前景是实行股份制改造,股权结

‖ 思索的声音 ‖

构是国家控股,有条件的可以上市。这是中央文件第一次对国有商业银行股份制改造的明确说法。更具体的改革步骤和政策将指日可待。

4. 明确了国有商业银行坚持总行一级法人制的组织制度与管理体制。在金融工作会议前,对国有商业银行的组织机构和体制有多种说法,既有关于拆散四大国有银行为上百个城市或省域商业银行的明确提法和方案,也有变国有商业银行总行一级法人体制为分级控股的多级法人体制的意见。显然,国家从国际发展的潮流,参与国际竞争的需要和国家经济安全的角度,还是选择了保持总行一级法人制这种组织制度和管理体制,为种种争论画了句号。这是明智的正确的选择,也是我行一直坚持的意见。

5. 对不良资产的成因终于有了公正的说法,即承认主要是由于体制原因,由于把银行当做政策工具使用,令其承担了经济转型成本所致。对于这一原因的清醒认识,使中央认识到,造成大量不良资产堆积进而对国家经济安全形成威胁的主要原因不仅在于银行微观管理的优劣,主要还在于宏观对银行的使用和宏观对银行是做什么的,即对银行性质的认识。从而促使中央下决心改革国有银行的机制,明确其企业性质,明确利润目标,明确国有银行按市场规则经营,从而从根本上消除产生不良资产的主要根源。还有对不良资产现状亦有清醒认识。自2000年剥离了1.4万亿元不良贷款后,也有人认为中国银行业不良资产问题已基本解决。这次会议没有接受这种糊涂的判断,而是作出了降低不良资产比例仍是当前银行改革的主要任务的正确判断。这对于正确决策加入世贸组织后中国金融的开放度和市场化速度具有至关重要的作用。

6. 接受和解决了国有商业银行呼声最高和最为迫切要求的几个具体问题:

(1) 满足了国有商业银行关于自主核销贷款呆账的要求。我们对国家提出的关于帮助国有商业银行处理不良贷款的政策要求有三点:第一是要求表外利息的豁免权;第二是要求自主核销呆账;第三是要求对1994年后仍存留我行的2 000多亿元政策性贷款实施再次剥离或允许分账管理。这次满足了前两条,而没答应第三条。

(2) 满足了国有商业银行关于及时增补资本金的要求。虽未确定某种具体形式或给某项具体政策，但把资本金补充问题重新提上了议程，就是进步。现在靠财政拨补已很不现实了，还是利用资本市场主要是债市，或发行长期金融债，或发行次级资本债来补充，上市发股票也是补充的办法之一。但目前主要靠债市。

（3）明确要逐步取消工资总额控制，实行与绩效挂钩、与责任和风险相称的薪酬制度，对高级管理人员还将实行年薪制和股权、期权试点等重大改革。这可以说是最大的进步。为此我们从1986年就开始呼吁，争取了16年。

（4）明确了要按国际惯例改革对银行的税收制度的意向。具体方案要等全盘的税制改革出台。对我们国有银行来讲，关于税收改革主要有两点要求，一是取消营业税；二是降低所得税至中外资银行同一水平上。要满足这两点要求还有待于进一步的呼吁和争取。

（5）明确改进了表内应收息虚垫利润的问题，把表内应收息进入表外未收息的时间由半年改为3个月。这样可以减少银行为财政虚垫虚缴的税，有利于银行财务问题浮出水面，及早解决。

7. 提高了对社会信用环境与秩序混乱的严峻性的认识，明确提出大力加强社会信用制度建设的任务和要求，并提出治理社会信用秩序，力争尽快见效的要求。对逃废银行债务的行为上升到追究法律责任的力度，绳之以法。但真正落实还有待于立法，目前惩治逃废债可以说是无法可依。银行自己要抓紧这方面立法的研究，促进尽早立法。

二、加入世贸组织后我们面对的主要问题

（一）我国对银行业开放的承诺

根据世贸组织有关协议，我国正式加入世贸组织后，将逐步取消目前对外资银行的下列限制：

1. 正式加入时，取消外资银行办理外汇业务的地域和客户限制，外资银行可以对中资企业和中国居民开办外汇业务。

2. 逐步取消外资银行经营人民币业务的地域限制：

| 思索的声音 ‖

(1) 加入时，开放深圳、上海、大连、天津；
(2) 加入后一年内，开放广州、青岛、南京、武汉；
(3) 加入后二年内，开放济南、福州、成都、重庆；
(4) 加入后三年内，开放昆明、珠海、北京、厦门；
(5) 加入后四年内，开放汕头、宁波、沈阳、西安；
(6) 加入后五年内，取消所有地域限制。
3. 逐步取消人民币业务客户对象限制：
(1) 加入后二年内，允许外资银行向中国企业办理人民币业务；
(2) 加入后五年内，允许外资银行向所有中国客户提供服务。
4. 加入时，允许已获准经营人民币业务的外资银行，经过审批可向其他已开放人民币业务的地区和客户办理人民币业务。
5. 发放经营许可证应坚持审慎原则。加入后五年内，取消所有现存的对外资银行所有权、经营和设立形式，包括对分支机构和许可证发放进行限制的非审慎性措施。
6. 关于汽车消费信贷问题，协议规定：设立外资非银行金融机构提供消费信贷业务，可享受中资同类金融机构的同等待遇；外资银行可在加入后五年内向中国居民个人提供汽车信贷业务。

（二）外资银行的动向和挑战

对中国银行业来讲，中国加入世贸组织是机遇也是挑战。它将彻底改变中国银行业的经营环境，对其的生存与发展产生现实及深远的影响。本着"加入世贸组织有利有弊，做好工作，争取利大于弊"的基本精神，我们总的态度是："树立信心，准确判断，扬长避短，认真应对。"具体应对措施及相关建议如下。

1. 准确判断形势，树立应对信心。

经过新中国成立五十多年的社会主义建设，特别是改革开放二十多年的成功发展，中国积累了巨大的经济金融发展实力，已经具备了全面对外开放的条件。国有独资商业银行作为中国银行业的主体在改革开放中获得了高速发展，目前正处在经营与管理的历史最好水平。2001年英国《银行家》杂志以一级资本为序对全球1 000家大银行排名中，四家国有独资商业银行全部位列前50名，其中，工商银行列第7位，中国银行列第18位，农业银行列第21位，建设银行列第29位。中国加入世贸组织，虽然国有银行还有不少问题需要解决，但是总的判断是，中国的国有商业银行不会发生信用危机。在国家的支持下，国有商业银行完全有能力应对加入世贸组织的挑战，并获得发展。重要的在于准确判断形势，树立应对信心。面对世贸组织的挑战，我们有自己的优势。一是国有银行从20世纪80年代起每年以15%以上的平均增速发展，已成长为有十几万亿元资产的大行。国有银行占据了中国银行业60%以上的市场，具有规模经营的优势和较强的竞争实力。二是国有银行与中国的企业间具有深厚的关系，特别是占有国民经济主体地位的国有企业，具有光明前景的高科技企业和在改制中重组、上市的企业，大多是国有银行一手扶持起来的。这种稳定而深厚的客户基础是国有银行稳定占有国内市场的根基。三是经过十年的努力，国有银行已建成国内通达的结算网络，柜面交易已全面实现了计算机操作。计算机交易水平已赶上国际水平。四是国有商业银行，例如工商银行已度过发展的最低点，无论资产质量和效益都已开始转入健康的良性循环轨道。五是国有商业银行已经开展了十多年的外币业务与跨国经营，在参与国际金融市场方面已经积累了一定经验。六是经过二十年体制改革，国有商业银行已初步具备了市场观念和风险、效益观念，其经营管理体制已经和正在同国际惯例接轨，具备了参与国际竞争的能力。鉴于这些优势，我们完全有信心应对加入世贸组织的挑战。

2. 准确估计影响，认真应对竞争。

中国加入世贸组织，银行业面对的是国际跨国银行对国内市场的进入。相比较而言，国际银行有三点明显优势，一是它们已度过了传统银行业务的衰退期，已经完成了混业经营的转变和相应的法律法规建设，取得了混业经营的相对优势。而我国，传统银行业务的衰退期刚刚开始，商业银行正处于金融脱媒所造成的困难之中，对于混业经营还处于论证与准备阶段，尚未找到应对金融脱媒困扰的好方法。二是国际银行具有成熟的市场化操作经验，

‖ 思索的声音 ‖

它们能熟练利用国际、国内两个市场，货币、资本两个市场，在市场营销、产品定价、金融避险、优化资产方面积累了大量经验。而我国商业银行的市场化刚刚起步，市场化体制机制尚未建立；市场化操作经验不足。三是国际商业银行创新能力强、手段多。特别在银行资产证券化、消费信贷领域、银团贷款、衍生工具创新方面已很成熟。一个以客户为中心的经营方式与机制已臻成熟。而我国国有银行受多种局限，创新能力弱且手段少，正在实行经营模式由产品为中心向客户为中心的转变，在消费信贷、资产证券化和衍生工具创新以及银团贷款等领域刚刚起步。

具体从工商银行角度分析世贸组织后外资银行进入的影响有十一点：

1. 外资银行主要争夺国内金融资源相对丰厚的沿海发达区域。从我国对外开放的承诺来看，外资率先抢滩登陆的 20 个城市，都是中国经济最发达、金融资源和经济资源最为丰富的地区。可以判断，对拥有 960 万平方公里地域的中国国内金融市场来说，外资绝不是想全面地占领，它们想占领的只是中国金融最有发展空间与前景的地区，争夺的只是这些中心的经济和金融区域。如果外资银行在这些地区站稳脚跟并夺取市场的话，它们就将中国金融最有发展和获利最丰的金融资源夺走了。

2. 从已有的发展趋势看，外资银行将主要利用与国内银行合资的方式夺取中国的金融市场。从 2001 年我国加入世贸组织起至今，已有多家国内城市商业银行和股份制银行与外资银行商讨合资问题。据了解，已有交通银行、南京城市商业银行和浦发银行完成了合资的谈判和手续，实现了合资。并且，随着越来越多的股份制商业银行和城市商业银行公开上市，通过购买国内银行的股权可以更轻易地实现外资银行借壳进入中国市场的目的。这是对国有银行形成最大威胁的趋势，很值得我们注意。单独的银行，无论股份制商业银行、城市商业银行，还是外资银行，在中国国内市场上几年、十几年，甚至几十年也未必能形成对国有大型商业银行的威胁。股份制银行和城市商业银行发展十几年的历史证明了这一点，至 2001 年末，所有股份制银行加 100 家城市商业银行的资产总和还没有工商银行一家大。在全银行业市场上，工商银行占比 23%，股份制银行和城市商业银行加起来仅有 16% 左右。190 家外资银行在华经营十几年也只占有国内金融市场的 2 个百分点左右。但是外资银行与股份制银行和城市商业银行联手所形成的竞争却远比它们单独经营时可怕得多，外资银行的国际网络、管理优势、外币资源和国外客户资源一旦与股份制银行、城市商业银行的国内网络和人民币资源相结合，将形成一种跨越式发展的力量，使合资银行迅速成长壮大起来。今后它们将不再会以二十年才争得几个百分点的速度与规模发展，而是有可能以一年几个百分点的速度发展。这不仅对国有商业银行的发展形成大的威胁，而且对宏观上恰当有效控制外资进入中国金融市场提出了严峻挑战。

3. 外资银行将利用国内同业拆借市场和票据市场获取人民币资金，加速扩大对本币业务市场的参与。缺少本币资金来源，是外资银行争夺国内市场的一大自然缺陷。如果外资银行单凭其在华机构吸取存款的话，即使开放人民币存款和居民储蓄，外资银行仍没有可能得到较多的人民币资金。因为它的物理网点十分有限，扩大网点成本又不划算，所以一般地讲，外资银行由于缺乏人民币资源，难以对本币市场业务构成威胁。但是这个"一般性"结论忽视了两点，一是银行间同业拆借市场。如果外资银行能够进入本币同业拆借市场，它可以轻易地取得人民币资金，特别在当前国内银行资金相对富余的情况下，更是如此。二是银行间的票据贴现市场。目前已有外资银行利用把手中商票卖给国内银行以获取人民币资金的实际做法，利用商票的买卖，外资银行同样可以轻易地取得人民币资金，而不必花费建立物理的和网上的网点与人工的一点成本，从而可以以更低成本与国内银行争夺优质客户、优质本币市场业务。这对我们是真实的严峻的威胁。如不能有效限制外资银行对同业拆借市场和票据市场的介入，则外资银行与国内银行竞争时的天然缺陷将不复存在，将置国内银行于更加不利的境地。

4. 外资银行将主要争夺中资银行相对较弱的个人金融领域，主要利用个性化服务产品和网上交易的优势，争夺高收入有电脑交易条件的优质客户群体。

5. 外资银行将以争夺大的优质公司客户为主。主要利用中资银行分业经营的局限，外资投行和商行将凭借其混业经营手段，满足中国企业日趋旺盛

思索的声音

的资本市场筹融资需求和投资需求，在垄断资本市场业务的同时，借此推销信贷产品，并利用银团贷款的手段，分散风险，获取利润。

6. 相对于人民币业务，中资银行的外币业务还不够成熟与发达。加入世贸组织后立即放开外币业务将使进入中国的外资银行在国内外币业务市场上取得比现在大得多的份额。有资料表明，现在外资银行的外汇贷款已占到我国全部金融机构外汇贷款总额的22.7%；其国际结算总额已占到国内金融机构国际结算总额的35%。

7. 外资银行与机构特别是美资银行与机构将利用成熟的消费信贷经验抢占中国国内刚刚兴起的消费信贷市场，并且会以汽车消费信贷为手段帮助美国汽车业叩开并占领中国新兴的汽车消费市场。

8. 外资保险公司、证券公司和基金管理公司将采用与中资大银行联合合作方式，利用中资银行网络代理其保险、证券与基金业务，把进入中国资本市场、保险市场和基金市场的入口撕大，占领这些中国相对发展不足的市场。

9. 外资银行进入中国市场后将集中力量争夺中国国内银行人才，特别是四大国有银行的业务与管理人才，主要竞争对象是外币业务、计算机、客户与项目管理人等人才，还包括各大银行总行的高级管理人才，国有银行将面临又一次巨大的人才流失高峰。

10. 伴随中国加入世贸组织和金融市场对外开放而来的往往是利率市场化及银行利差收窄。外资银行由于本国利率较低且收入多元化，对利差收入依赖较少，有较大的利率风险承受力；而国内银行，特别是国有商业银行由于存贷款基数大将受到利率市场化的最大冲击。在国有银行主要仍然依靠利差收入的条件下，利差收入的减少将直接影响国有银行的盈利能力和消化历史包袱的能力，拖延国有银行的转制时间，并对其生存构成威胁。

11. 外资银行由于具有较高的资产质量和资产综合收益率，因而具有较强的综合竞争力。而我国国有银行资产质量低下和财务困难大的问题还未根本解决，国有银行一方面要迎接外资银行进入的竞争挑战；另一方面要赶在过渡期结束前彻底解决资产质量和财务问题。这双重的挑战将是十分严峻的。

（三）应对外资银行挑战宏观上必须考虑的问题

1. 应由国家考虑的宏观问题。

（1）必须在宏观上谨慎把握银行业对外开放的尺度，把外资银行的进入限制在合理限度内。世界经济的全球化并不意味着各国经济失去了独立意义，恰恰相反，在世界经济日益全球化的大背景下，各国都在努力加强自己的经济实力，以便在与他国的经济往来和市场竞争中占据有利地位。实际上，在经济全球化的过程中，对于任一国家来讲，只有本国和本民族的利益才是最根本的利益。在仍然存在民族利益的条件下，丧失了用以维护民族利益的经济手段——包括民族金融业在内的本民族的经济实体，其后果是难以设想的。在强大的跨国公司等外国经济实体的竞争下，不对民族金融业适当加以保护，民族金融业就难以生存。事实上，由于金融业的特殊地位，包括美国在内的各国在开放过程中给予本国金融业一定的保护已成为国际惯例。即便是发达国家对金融业开放也是慎之又慎。据美国财政部的研究显示，在135个世贸组织成员国中，对外资银行没有明显限制的只有13个。因此，我国政府应及早着手研究其他国家的立法经验，结合多哈贸易规则和纪律，合理利用《服务贸易总协定》赋予发展中国家开放金融市场的保障条款、例外条款以及逐步自由化等条款，制定适度保护我国银行服务贸易市场的有关措施。要适当控制外资银行来源国在国内市场的分布、总数及每家外资银行分设机构的数量；限制其资产的规模和增长；限制外资银行对中国银行业的股权持有。通过合理合法的保护性措施，确保内资银行在银行体系中的份额，以防止外资银行对中国金融市场的垄断经营或控制。

（2）抓紧修改包括《商业银行法》在内的金融法律，创造符合世贸组织原则，中外同一的金融与银行法律环境。要从法律上取消在华外资银行的超国民待遇，明确加入世贸组织条件下，中外资银行在国内市场公平竞争的基准线。《商业银行法》需要做大的修改。建议修改要点：一是应准许金融机构间相互投资、参股和控股，允许外资银行投资的领域，都应允许内资银行投资；禁止内资银行进入的领域对外资银行同样不能开放；二是允许商业银行

思索的声音

进行集团化、公司化、股份化改造，允许商业银行建立相对独立核算的子公司；并应对外资银行收购中资金融机构股权作出法律上的限制，防止外资银行的过度收购；三要明确制定对侵犯银行合法权益行为、逃废银行债务行为的可执行惩罚条款；要尽快制定并出台《信用法》，用法律形式将信用观念、信用方式、信用管理、信用价值、信用等级评估、违约惩处、司法权力等确定下来，使不守信用的行为可以绳之以法，重建良好的社会信用秩序和宽松的投资环境。

（3）国家对国有商业银行要给予具体的扶植，帮助国有商业银行度过世贸组织的冲击。首先，降低对国内商业银行的税负。有研究表明，我国金融企业的税负偏重，四大国有商业银行平均总体税负在75%左右。而按国际惯例银行业的总体税负以不超过40%为宜。国际上对银行业一般都不征收营业税这类税，并且所得税税率也比我国低很多。从中国境内中外银行不同所得税税率可见所得税的不合理。目前我国对外资银行仅征收15%的所得税，而对内资银行征收的所得税税率为33%，显然，必须按国际惯例为中资银行减税，才能给内资银行税负一个公平线。其次，国家要给予相应政策，促进国有银行加快处理历史遗留的不良资产。2000年国家已经对国有银行1.4万亿元的不良资产作了剥离，但还有两点后续工作要做：一是应彻底解除目前依然存留于国有银行的那部分政策性贷款负担，由中央财政用长期债券予以置换；二是应允许国有商业银行自身建立不良资产处理中心，享受与四大金融资产管理公司相同的政策，使不良贷款的处置正常化。

2. 应由中央银行考虑的宏观问题。

（1）必须谨慎实行对外资银行的准入开放。要谨慎计算外国资本进入中国市场总量上的安全界限，坚定地将外资总量控制在安全线以内。在国家"外资银行法"尚未出台的时期，要以金融法规方式实行合理的准入限制。尤其要限制外资过度的合资、合并、购并行为。

（2）要坚持对外资审慎监管原则。对外资银行要实行严格的存贷款比例控制，在存贷比例控制下准许外资银行有限地参与人民币同业拆借市场和票据贴现市场；对外资银行开办新业务也要实行严格的审批；对外资银行通过人民币同业借款和票据买卖取得人民币发放贷款的行为要尽早制定限制和管理的办法。

（3）要对外资银行的进入实行区域引导政策。一方面对外资银行经营机构网点要实行总量控制；另一方面，也要实行区域限制和引导。对我国沿海发达城市和金融中心地区要限制外资银行的进入总量和在这些区域设置分支机构、附属机构、控股机构的数量；并且，要限制某一国家银行、某一银行在这些区域的进入总量；实行鼓励外资银行到中西部设机构的措施，并把外资银行对中西部贷款投入、资本注入的情况与批准其在发达地区设点挂钩考虑。要有效防止外资银行对发达地区的过度进入。

（4）抓紧清理现有金融法规，取消现有监管法规中，对外资银行的一切优惠待遇，建立中资与外资银行同一的公平竞争基准线。

（5）要控制国内利率市场化的政策实施速度。目前，国内利率市场化的政策并未真的启动，但市场上利率已经开始市场化，实际利差在快速收窄，这种趋势对国有银行的收入影响很大。鉴于国有银行自身负有政策性贷款、不良资产和财务包袱，在五年过渡期内主要依靠其自身财务能力集中消化这些包袱，中央银行要帮助其消化这些包袱。在过渡期利率政策的选择上，应当有利于保持国内银行相对稳定的利差水平，以保持国有银行相对稳定的盈利能力和消化包袱的财力。要注意防止过早放开利率加剧加入世贸组织冲击，削弱国有银行的盈利能力和消化历史包袱的能力。

（6）对中资银行应放开人民币网点经营外币存款和结算的限制，鼓励中资银行加快发展外币业务；放开对中资银行网点综合经营的限制，鼓励中资银行设置综合经营网点。

（7）要加强对银行业协会的指导，在银行产品定价、服务费率和竞争方式上加强中资银行间的协调，提高整体市场竞争能力。

三、在世贸组织背景下工商银行如何深化改革

（一）国有商业银行综合改革的重点

中央金融工作会议已经明确指出，国有商业银行综合改革的目标是，按

‖ 思索的声音 ‖

照现代企业制度"产权清晰、权责明确、政企分开、管理科学"的要求,把国有商业银行改造成治理结构完善,运行机制健全,经营目标明确,财务状况良好,具有较强国际竞争力的现代金融企业。

为了实现这一改革目标,国有商业银行综合改革要抓住两个重点,一是实现体制更新或机制更新;二是推进内部机制改革,强化内部管理。实现体制更新或制度更新,主要需要解决国有商业银行的产权关系问题。通过规范的股份制改造,建立起国家控股的多元化股权结构,实现国有商业银行所有权与经营权的彻底分离,建立权责明确、政企分开的法人治理结构和现代银行制度,使国有银行真正成为自主经营、自负盈亏、自我发展、自我约束的法人实体和市场主体。内部机制改革主要解决国有商业银行的机制问题。通过推进内部机制改革,确立国有商业银行正确的经营目标,即在保证资产安全前提下,努力增加盈利,以实现对国民经济发展的支持;加强信贷管理,切实把不良资产比例降下来;加强财务管理,建立起以利润目标和资产质量为中心的综合考核体系,切实把盈利水平搞上去;及早补充资本金,满足资本充足率的要求;通过推进内部机制改革,强化总行一级法人对系统的调控管理能力,建立科学有效缜密的内控体系;实现信息在经营决策和管理中的广泛应用,为国有银行加强管理、改善服务提供充分的信息技术支持。

(二) 当前国有商业银行改革的关注点

实现体制更新和推进内部机制改革是国有商业银行综合改革的重点。这两大重点是相辅相成的。体制更新或制度更新是国有商业银行的改革目标,股份制改造是实现体制更新的手段。体制决定机制,只有最终实现了体制更新,国有商业银行市场化转轨才能实现,经营机制才能真正搞活。但是,体制更新是一个复杂的艰难的过程,其真正实现首先需要国有商业银行的机制更新,现有内部机制不改变,国有商业银行就不具备实施规范化股份制改造和上市的基本条件和可能,体制更新只能是一句空话。因此,对于国有商业银行来讲,最为关键的还是内部经营机制的改革问题,必须把实现体制更新的改革目标和眼前的工作结合起来,着眼于体制更新的大目标,着手于推进内部机制的现实改革，集中精力于内部机制和管理问题的解决，为最终实现体制和制度更新创造、积累条件。为此，工商银行从现在起将专注于以下八个方面的改革。

1. 集中精力，用五年时间打好资产质量翻身仗，切实把不良资产比例降下来。深入开展行业、产业分析预测，加大信贷结构调整力度，增强对市场的准确判断能力，确保新增贷款质量；运用各种手段与形式，加速处置不良资产，使不良资产比例每年下降3个百分点，利用5年的时间，将工商银行的不良贷款率压缩在10%以内。

2. 狠抓效益，切实把盈利能力搞上去，彻底消化历史遗留的财务包袱。提高盈利能力要抓住三个关键点：一是优化资产质量，提高收息水平；二是努力扩大中间业务，大幅提高非利息收入在收益结构中的占比；三是强化财务管理，实行国际通行的会计准则和财务标准，严格成本费用核算机制，向管理要效益。力争用五年左右的时间，使工商银行成为一个财务更加健康有较强盈利能力的银行。

3. 加快业务与产品创新，提高服务水平，增强综合竞争力。积极拓展优质信贷市场，发展高收益低风险的新的信贷业务，尽早推出贷款证券化的新产品；积极拓展银团贷款、项目融资、保理业务等新的业务领域；跟随企业和客户需求，创造和发展为企业重组、改制和上市服务的中间业务及产品；支持所有制结构调整，创造适合中小企业和非公有制企业特点的信贷体系；扩大与中外资银行、保险、证券、基金业的策略联盟与合作，促进中国金融业整体竞争能力的提高。在国际化竞争洗礼中，提高国有商业银行的综合竞争能力。

4. 及早增补资本金，提高抗御和补偿风险的能力。中国加入世贸组织，加强了国有银行按照国际通行的资本充足率要求补充资本金问题的紧迫性。应多渠道考虑国有银行资本金的增补，主要通过债市，即通过发行次级资本债券或长期金融债券、可转让金融债券方式实现。力争在2006年巴塞尔新资本协议（巴塞尔协议Ⅱ）生效前完成资本金的补充，满足资本充足率的要求。

5. 加快信息技术在银行经营管理中的应用，提高经营决策与管理水平。

‖ 思索的声音 ‖

用两年时间完成大机集中、数据仓库建设和综合业务系统推广的三大工程，实现对国内外行业信息、客户信息、全行经营管理信息的统一处理与挖掘，建立统一的业务处理平台，为客户提供"一窗式"综合服务，为总行的决策、控制、管理提供充分的信息支持，为业务创新创造先进的技术平台。在此基础上，逐步实现决策与管理的智能化和计算机化，实现各项业务内控的程序化，实现管理制度的重塑再造和各项业务的战略重组与创新发展。力争用五年或更多一点的时间，使经营管理信息化、现代化达到国际银行业先进水平。

6. 强化内部管理，用五年时间实现与国际银行业管理规范的接轨。按照国际惯例实行审慎会计制度与准则；从2003年起实行经营状况的公开披露制度；从2002年起分步骤实施资产足额拨备制度；建立"总行下管一级，调控两级"的新管理架构；区别对待，分类管理，对地处竞争激烈、经济发达的世贸组织开放地区的分支机构，实行"放权严控"，促其发展；对地处高风险低效益地区的分支机构，实行"收权严管"，促其转化；建立高效科学的内控机制，使各项决策过程各业务环节和各类经营行为都有章可循，并处于缜密的内部制约与监督下；研究建立对全部经营活动风险的全面约束，力争在2006年巴塞尔新资本协议生效时，实行国际通行的内部评估初级法。

7. 建立激励机制，加快人才培养，提高员工队伍素质。建立激励机制，把银行员工利益和收入与其银行的经营绩效相互挂钩，不是国有银行改革的"可选择"内容，而是有效改革的根本前提条件。要改革现有工资制度，实行与绩效挂钩、与责任和风险相称的员工薪酬制度，进行高级管理人员年薪制和股权、期权试点，充分调动员工积极性和创造性，增强国有银行的核心竞争力。实施"十五"人才工程，对各级管理人员和专业人才进行大规模、系统化培训；与国内外著名院校、专业培训机构和海外大银行合作，加快对高级管理人员和专业顶尖人才的重点培养，造就一支国内一流的专业人才队伍；对紧缺人才制定专门奖励制度，制定人才引进和留住人才的政策与计划，招聘一批具有国际大银行、金融财团工作经验的高级管理人员和专业人才；建设人才信息库，加强对人才思想道德和业务能力的跟踪教育与管理，提高员工队伍素质，提高国有银行的核心竞争力。

8. 积极创造条件，为实现规范化股份制改造和工商银行的整体上市做好准备。工商银行实行股份制改造的目的，不是单纯为了上市筹集资本金，更主要的是为了促进产权关系的更新和科学高效的法人治理结构的构建。从现在起创造条件，力争用六年左右的时间实现股份制改造。首先实行公司化改革，更新机制；在此基础上实行规范的股份制改造，建立起国家控股的多元化股权结构；待条件成熟后整体上市。坚持工商银行总行一级法人体制，实行整体上市；在整体上市前，可先对部分优质业务实行内部公司化管理，逐步过渡到有限公司和股份公司，率先上市，为工商银行整体上市积累经验。

总之，我国加入世贸组织后，中国工商银行既有忧患意识和紧迫感，又充满必胜的信心。国有商业银行的改革任重而道远，前进的路上有许多困难。但是我坚信，随着我国改革发展的不断深化，整个金融市场将日臻成熟，银行的外部环境将会越来越好，只要我们脚踏实地、扎实工作，坚韧不拔地朝着中央金融工作会议既定的目标前进，就一定能够解决好目前和今后面临的各种困难和问题，经得起国际化金融竞争的考验，夺取国有银行综合改革的胜利，并且在这场变革的洗礼中锻造得更加成熟、健康和坚强，在不久的将来，中国国有商业银行一定能够自立于世界优秀银行之林。

关于银行改革发展中的几个问题[①]

当前,国有银行的改革成为热点话题。根据李扬所长的邀请,我今天就银行改革发展中几个重要问题,谈谈个人看法,供诸位参考。

一、国有银行与国家的关系

(一)国有银行的老板究竟是谁

在今年的"两会"上有一个笑话,即代表们搞不清谁是国有银行的老板。实际上国有银行的老板的确很多,有人民银行、财政部、银监会、国家计委、国家经贸委、各级政府,等等。人民银行管资金、管投向、管总量;银监会管准入、管退出、管人员资格、管干部任职;国家计委(发改委)管投向、管总量、管拼盘;国家经贸委管投向、管投量、管拼盘、还管"剥离";各级政府管投向、管投量;只有财政部是管成本、管费用、管资本金拨补的。然而,非常有趣的是,所有对银行的投向投量有发言权的政府或部门,对银行的成本收益和资产质量都没有责任,因而也不关心,也没有兴趣;而唯一对银行有资本控制权和财产处分权,因而关心银行成本收益的财政部,又对银行的经营方向和投向投量没有一点发言权。这样造成的事实就是,没有任何部门或任何一级政府对银行的盈亏感兴趣,或负责任。这是国有银行改革二十多年来至今没有解决的最主要问题,这个问题不解决,国有银行的改革难有实质性进展。即使股改上市也未必能够真正解决问题。

[①] 这是作者2003年9月应时任所长李扬邀请,在中国社会科学院金融研究所的讲课稿。

（二）国有银行的实际角色

国有银行改革二十多年来实际上一直是政府的宏观调控工具。首先，国有银行是社会金融总量的调控工具。不是社会资金供求和银行的效益决定银行的投量，而是经济增长速度、结构平衡和社会安定团结的需要决定银行的投量。改革开放以来，国家以国有银行为金融总量调控工具可谓收放自如，确保经济活而不乱（例如 1984—1988 年、1992 年、2002 年）。

其次，国有银行是第二财政。改革开放以后，随着财政收支范围和资金比例的收窄，银行替代财政成为中国经济建设资金的主要供给者，支撑中国经济高速增长了二十多年，支持社会平稳改革了二十多年。这是改革开放以来我国社会融资模式发生的最大变化，是改革开放条件下国家在社会融资模式上作出的一种替代性制度安排。正是这种替代性制度安排，保证了我国经济体制转轨条件下，资本形成链条没有发生断裂，从而支撑我国企业逐步实现了向市场体制的平稳转轨。然而，作为这种替代性制度安排的代价就是几万亿元银行不良贷款的堆积和银行改革的滞后。人称国有银行是我国计划经济转向市场经济的"制度转换成本"的承担者。在中国，经济改革特别是企业改革是基础，金融改革先于经济改革是不可能的和灾难性的。

（三）国有银行的资本金制度

国有银行一直是由国家，具体来说就是由中央财政拨补资本金的。国有银行的资本金制度演化大体分三个阶段或三种方式。1979 年起到 1993 年为第一阶段。实行用国有银行上缴利润中的返还利润增补资本金的做法。即国有银行每年税前利润的 25% 在上缴财政后返还给银行作为财政拨补的银行资本金，入银行资本金账户。这个阶段银行上缴利润的比例为 90%。1993 年 7 月 1 日后为第二阶段，财政部实行新的金融会计准则，全面调整了银行的成本和利润账户，银行的资本金增补变成了提取每年税后利润的 5% 增补资本金，进银行的资本公积金账户。这个阶段银行上交的所得税为 33%，营业税为 8%。这种方法下，银行每年的资本金补充折合后仅有税前利润的 2%，几乎没有了。所以，1993年后，银行的资本金不足问题凸显出来。第三阶段是1997年至今。1997年亚洲发生金融危机，中央召开了第一次金融工作会议，形成一系列防范金融风险的措施，其中之一就是为国有银行一次性地拨补资本金，使之达到"巴塞尔协议Ⅰ"要求的基本水平。1998年，中央财政发行了2 700亿元特种国债，专门用于增补国有银行的资本金。以工行为例，当年增补了900多亿元，由700多亿元增加到现在的1 780亿元。这次增补是很有效的，但这只是一次性的，从长远看，仍然没有一个常规的资本金补充机制。实际上，按国际巴塞尔协议的标准，国有银行的资本金严重不足，按人民银行给国务院的报告，国有银行的资本金应当是负数。

（四）国有银行实行的是事业单位的工资管理制度

虽然，国家从1988年起已经明确，国有银行从政府序列中退出，但是国家对国有银行的工资管理制度一直没有任何变化，即始终将国有银行当做有收入的事业单位，实行"工资总额管理"。所谓工资总额管理就是先计算出一个人均的月工资和月奖金后，乘以一个银行的全部职员数，即得出该行的工资总额。所谓工资总额控制最大的特点就是薪酬与经营业绩不挂钩，不论银行是盈是亏、不论盈利多少，工资总额不变。在这种工资管理制度下，国有银行的激励机制很难建成。例如，目前工商银行实行的在工资总额控制下的工资改革，并没有走出困境。

二、国有银行不良贷款的成因

对于这个问题，我一贯的观点就是：国有银行不良贷款的产生主要源于国家经济体制转制。关于这点争议很大。我有几组基本数字为证：

20世纪80年代军转民，仅北方工业集团一家就欠工行近300亿元贷款；20世纪八九十年代，物资企业和国营商业企业改革，造成银行近千亿元贷款呆滞；1989年后，银行发放"安定团结"贷款，开始每年在60亿～80亿元，十年积累下来已近千亿元；20世纪90年代后，特别是"三年国有企业脱贫解困"计划的实施，工业企业实行"抓大放小"兼并、重组、破产，转制企业已达国有企业的 80% 左右,这些企业原来占有的贷款基本都损失了,数字当在万亿元以上;20 世纪 90 年代后期以来,国家经济结构调整,从纺织压锭开始,到关闭"五小"企业,关闭 1997 年以来产能共大于求的企业、行业,致使这些被调整企业的贷款不良率普遍在 50% 左右。当然,银行自己的非市场化机制以及对市场的不适应,也是重要原因,导致银行贷款的相当部分呆滞在 20 世纪八九十年代新生的同时也是快速死亡和破产的企业身上。

总之,中国银行业几万亿元不良贷款的堆积,有历史的、经济体制的、宏观转轨的、微观主观管理不利等的诸多原因,根本的还是中国的融资方式和资金配置方式至今仍是政府为主的分配模式。江泽民同志在 2002 年的金融工作会议上讲,尽管 1994 年《商业银行法》已将银行规定为企业,但是在思想和实践中,我们并没有把银行当做企业,而是当做财政和政府部门,银行的不良资产、经营困难和企业逃废债皆源于此。

可以说,银行几万亿元的不良资产终结了中国经济增长主要依靠政府控制的银行的金融支撑模式,新的替代模式是什么?这是金融业改革的主要课题。

三、国有银行改革的根本出路在哪里(关于"股改上市"问题)

1. 私有化绝对不是出路。私有化不仅对国有银行是死路,对国家也是死路。我们不同意"世界银行"等所谓外国专家关于中国银行业要私有化的意见。

2. 完全靠国家的"再次剥离"也不是出路,主要还是靠国有银行自己。

3. 学习国有企业改革的成功模式,走公司化的改革之路。中央已经确认,国有银行要进行股份制改造,改造成为国家控股的股份制银行,有条件的可以上市。总的来讲,国有银行的上市主要有三大障碍:一是不良资产比例过高,包袱沉重;二是资本金严重不足;三是没有有效的治理结构。不解决这三个问题,国有银行就无法上市,无法改制。因此,国有银行目前的精力主要放在这三个问题的解决上。具体些说,在近来三家国有银行报给国务院和

思索的声音

人民银行的"股改上市"方案中,各家模式差不多,都是围绕如何解决这三个问题的。

4. 银行为什么要坚持整体上市?宏观上是为了适应国际潮流,抗衡国际竞争。因为从整个国际来看,银行发展的趋势是"大大联合、强强联合",我们在加入世贸组织后直接面对国际竞争的时候,不能逆潮流走分散化的道路;微观上是为了尽快解决全系统的问题。我们认为,那种把国有大银行中好的分行和好的资产分拆出去上市的主张是不现实和不妥当的,把好的资产分拆后,不好的分行和不良资产怎么办?我们认为,具体到我国的实际国情,分拆的方式有"自毁长城"之嫌,无论对国家还是对银行都不是个好的选择。有人提出整体上市有个资本市场的承受力问题,我认为这是个可解决的技术问题。

四、银行为什么呼吁成立"金融国资委"

我认为,二十多年的银行改革虽有很大成绩,但尚未解决根本问题,原因就在于国有银行和国家的关系没有理顺,就在于国家自身的公共管理职能和国有信贷资本的所有者职能没有分开,国家常常以公共管理职能替代所有者职能,甚至为了前者牺牲后者。国有银行的所有者虚位和所有权管理缺失,是使国有银行经营目标多元化、经营行为行政化或政府化、始终不能真正商业化、市场化的根本原因。

我认为,目前国资委的成立,正是国家将自己作为国有资产所有者的职能从国家作为公共管理者的职能分离出来的尝试。由于金融资本的特殊性,国资委的管理范围不包括国有金融资本,但与国有企业相同,国有银行的改革转制也必须从国家职能的分离做起。首先实现国家所有者的实体化和单一的所有权管理以及对国有银行目标要求的单一化,才有可能实现国有银行的市场化转轨。

现在已有的国有银行管理机构为什么不能承担国有金融资本的管理?很显然,人民银行是公共管理机构,为货币稳定和金融稳定负责,不能承担国有银行所有权的管理;银监会也是公共管理机构,专门实行金融监管的,对金融的稳定和金融市场的有序负责，也无法承担国有银行所有权的管理职能；财政部虽然是全部国有企业包括银行的老板，但它真正的身份是国家公共管理的资金提供者，是公共财政。对财政来讲，公共管理的职能远比国有资产保值增值重要得多。分离政府职能正是要把混在财政的国有资本的管理职能分离独立出来。

五、必须改革银行的工资制度，实现收入的市场化

关于这一点，我认为不是一个简单的工资多少的问题。工资机制是激励机制的主要部分和基础，它同约束机制同样是市场化银行公司治理的基本机制。德勤公司在为中国国有银行设计治理结构时指出，现行工资制度的改革是国有银行市场化改革转轨的前提性基础条件。我很赞同这个观点。银行的工资应当主要根据银行自身的成本承受能力和盈利能力，参照市场价格制定。目前这种事业单位的工资总额管理制度必须尽早打破。否则，国有银行的人才根本留不住，在国际国内竞争中只有失败。

六、关于"惜贷"和"道德风险"

银行自1997年以来直至2002年上半年，饱受社会上"银行惜贷"的抱怨和指责。我认为，与其说银行"惜贷"，不如说银行"惧贷"。为什么怕贷款？原因至少有三个：一是银行被企业随意逃废债给搞怕了；二是银行被过大的不良资产压得抬不起头来，有追求零风险的误区；三是更大的压力在于，社会和法规不允许银行有正常的经营风险，只要一有风险一定就是"道德风险"，这种压力也是银行宁可不贷或少贷的主要原因。我认为，必须允许银行有一个合理的经营风险区间的存在，要严格区分经营风险和道德风险，取消贷款审批责任的终身追究制。

七、银行贷款是多了还是少了

我个人认为，自从2002年5月以来，贷款的确是增加得多了一点。理由有四个：一是经济中的矛盾并没有真正解决，企业的机制远没有转换到位，

思索的声音

地方政府发展当地经济的冲动仍然是非经济非市场的,因此,经济增长中的盲目扩张,特别是生产供给的盲目扩张是明显的,重复建设是严重的;二是2002年的贷款和经济增长具有很大的政治需要和政府换届效应,不是经济本身的内在需要;三是2003年的"非典"并没有抑制生产的扩张,反而严重地打击和抑制了消费,使生产增长大大快于消费增长的供大于求的矛盾更加突出;四是这些矛盾反映在企业资金运转上,就造成库存商品和发出商品扩大,企业间"人欠欠人"的"三角债"重新严重起来。企业产品越是市场实现困难贷款需求越是旺盛,最终导致银行贷款质量恶化,企业债务链断裂。

也有人说,银行此次贷款扩张不同于以往的扩张,这次是贷款质量良好状态下的扩张。的确,目前银行的新贷款质量的确是大大好于以往。但银行资产存量中的不良贷款仍然很多,消化的任务仍然艰巨。并且,银行还出现了一些新的问题,例如,资产期限和负债期限不相对应问题日益突出,负债期限越来越短,贷款期限越来越长,潜在更大的流动性风险问题;又如,消费性贷款的风险尚未充分显示,特别是按揭贷款的风险还远未暴露,仅凭几年的不良率就说房贷是质量最好、风险最少的贷款品种为时过早。银行是对流动性要求最高的行业,长期贷款只能持有一个恰当的比例,现在盲目追求消费贷款和路、桥、水电贷款增长的现象,我个人认为不太正常。所以,人民银行提高1个百分点的存款准备金率的做法是合理的。

工商银行的治理结构问题[①]

公司治理问题是现代企业制度建设中的一个核心问题。刚刚结束的党的十六届三中全会《关于完善社会主义市场经济体制若干问题的决定》中，对于按照现代企业制度要求，完善公司法人治理结构做了详细的规定，并将其作为完善国有资产管理体制，深化国有企业改革的主要措施。从而使公司治理这个大家还不太熟悉的概念，由笼统的口号变成了具体的可执行的改革规定，也把公司治理问题摆在了国有企业改革日程的首位。

对于国有独资商业银行来讲，公司治理的建立和改善同样是我们转轨改制的核心问题。因此，在去年召开的中央金融工作会议所部署的国有银行综合改革的诸项任务和目标中，完善治理结构是首要的任务和目标。完整的表述是这样的。"按照建立现代企业制度'产权清晰、权责明确、政企分开、管理科学'的16字要求，把国有独资商业银行改造成治理结构完善，运行机制健全，经营目标明确，财务状况良好，具有较强国际竞争力的现代金融企业"。可见，完善公司治理结构对于国有银行改革的重要性。然而，目前从工商银行和国有商业银行的现状来看，大家对公司治理问题还不够重视，多数人对公司治理概念及其内涵外延还很陌生。所以，我今天准备分三部分来谈谈公司治理问题。第一部分从公司治理的概念、内容、所要解决的问题谈起；第二部分谈谈产权归属与公司治理效率的关系问题，实质上是要搞清国有银行究竟搞不搞私有化？不私有化是否也可以建立高效公司治理等重大理论认识问题；第三部分谈谈我们自己，即工商银行应当从公司治理入手启动新一

---

① 这是作者2003年在工商银行内部各级培训班上的讲课稿。

| 思索的声音 |

轮改革的问题,谈谈工商银行下一步改革的大思路。

一、公司治理的定义、渊源及其要解决的问题

(一)公司治理的定义和内容

公司治理,也叫法人治理,它包括公司治理结构和公司治理机制两方面的内容。这两方面是有机统一、互不可分的整体,前者主要是指治理的组织架构,后者则是指治理内在的运行机制。人们在使用公司治理的概念时,根据不同侧重,可能只用"公司治理结构"或"法人治理结构"的概念,也可能只用"公司治理"或"公司治理机制"的概念。但不论怎样侧重,完整的"公司治理"概念必须包含治理结构和治理机制两个方面。因为只有治理的机构,没有治理的运行机制,公司治理就如同纸上谈兵,难以执行、难以维持,没有实效;而反过来,只谈治理机制而忽视治理结构建设,就失掉了公司治理的主体,没有主体再好的机制也无人运行,还是没有实效。大家可能会说,党的十六届三中全会决定只讲了完善公司法人治理结构,没讲机制。其实不是这样,三中全会决定在讲完了公司治理结构的具体规定后,紧接着指出"并形成权力机构、决策机构、监督机构和经营管理者之间的制衡机制",在完善公司法人治理结构的概念下,讲的是治理结构和治理机制的建立与完善问题。

为公司治理下一个十分严密而标准的定义比较难。因为这还是一个新概念,还在实践的过程中不断地充实与发展。并且,由于各国的国情、历史背景、文化基础以及经济发展阶段各不相同,对于公司治理的理解也有所不同,找一个放之四海而皆准的定义几乎不太可能。但是公司治理的主要的和基本的内涵是共同的,即公司治理就是要协调股东和其他利益相关者相互之间的关系,完善透明度、责权划分及制衡机制,确保公司发展战略和经营管理成果符合股东和利益相关者的利益。

在实践中,公司治理可以分为狭义内涵和广义内涵来理解。就狭义的公司治理而言,它主要是指公司所有者(股东)与董事会、董事会与管理层之

间的委托与代理关系。广义的公司治理不仅包括狭义公司治理的若干方面，还包括人力资本管理、收益分配激励制度、财务制度、企业战略发展决策系统、企业文化和一切与企业高层管理控制有关的其他制度，或者说是董事和高级管理人员为了股东、职员、顾客、供应商及提供间接融资的金融机构的利益而管理与控制公司的制度或方法，即公司治理涵盖了企业为谁服务、由谁控制、风险和利益如何在各利益集团之间分配等一系列问题。它所界定的不仅仅是企业与所有者之间的关系，也包括企业与其他利益相关者集团（如雇员、顾客、供货商、所在社区等），统称为利益相关者之间的关系。我在这里所谈的公司治理，涵盖了从广义上定义的公司治理的全部范畴。由于公司治理是舶来品，外国人的定义方法不太合乎中国人的习惯，我用一句通俗的中国话来解释，也许大家听得更明白些，简单地说，法人治理或公司治理是指建立所有者对公司的控制体系。主要包括建立公司董事会、监事会等权力、决策、控制机构，通过界定经营管理层、董事会、监事会的权力和责任，建立起对经营管理者的制约和激励机制，以确保公司的经营管理能够按照所有者和利益相关者的利益要求进行。所有这些为控制和激励经营管理者按所有者和利益相关者利益要求实现经营而建立的机构、机制和制度办法的总称，就叫做法人治理或公司治理。

（二）公司治理的来龙去脉及其要解决的问题

要搞清公司治理究竟要解决和能解决什么问题，必须首先搞清公司治理的来龙去脉。

法人治理结构是国际上现代企业管理的最新制度或最新管理模式，它是企业制度历史变革的必然产物。我们知道，传统的或古典的企业制度下，企业投资者即企业主、企业所有者本人同时就是企业的经营者管理者，就是厂长或公司总经理。传统或古典企业制度中，所有者与经营者是同一个人，企业主一身兼两职，既是所有者也是经营管理者，两者在物理上不具有不可分性。所有者的意志便是经营者的意志，所有者对经营权的管理即是对所有权的管理，企业一切经营管理都是围绕所有者的利益进行的。所以，所有者与

思索的声音

经营者没有分离，所有权与经营权没有分离，所有者的利益没有受到侵害，没有经营者不按所有者意志和利益经营的问题存在，也就无所谓实施"所有权管理"的必要，无所谓法人治理问题可言。但是进入20世纪以后，有两个趋势改变了传统或古典的企业制度。第一个趋势是随着社会分工的细化，企业经营开始专业化和专家化。随着生产的发展，特别是技术的日趋复杂和市场的日趋扩张与细分，使得企业的经营管理日趋复杂，对经营管理者的要求更加技术化、职业化和专业化。企业所有者鉴于个人知识、能力的局限，日益不能适应专业化、技术化经营管理的需求，一个专业的专事企业经营管理的人才阶层出现了，这就是职业经理人阶层，并且他们逐步替代企业主成为企业经理。他们是公司的经营管理者，但他们不是所有者，只是白领一族，只不过是高级白领，叫做企业高层管理人员，即所谓CEO。这样，企业所有者开始脱离实际的经营管理变成单一角色的所有者、投资人；企业的经营与管理成为专业或职业经理人的职业，所有者出现了与经营者的物理分离。为了实现职业经理人对企业的必要管理和经营，所有者必须将经营权从自己的所有权中剥离出来交给独立存在的经营者。于是，所有权与经营权出现了物理分离。第二个趋势则是股份制的出现。20世纪后，生产的规模化发展和市场的跨区域甚至全球性扩张，使得个体存在的私人资本不能适应投资规模的扩张需求，古典的私人企业组织方式逐渐让位于现代股份制的企业组织形式。股份制一方面加剧了所有者与经营者、所有权与经营权的分离（那么多的股东无法直接参与企业经营），另一方面亦使众多所有者的利益之间的相互协调一致成为必要。所有这些趋势共同作用的结果，不仅仅是所有者和经营者、所有权和经营权出现了两个分离，而且使"委托代理"问题凸显出来。

"委托代理"问题是指，所有者脱离企业的实际经营，而将经营权委托给经营者——职业经理人代为经营，并由经营者代理所有者实现经营的收益。在所有者不参与企业经营管理条件下，经营者作为代理人握有经营管理实权，所有者与经营者对企业的实际运作所拥有的信息严重不对称；同时，经营者又有着不同于所有者的切身利益，例如所有者关心的是企业资产的收益以及长远的发展和带来长远收益的可能，企业经理人关心的是当期收益以及当期收益中多大比例用于经营管理层的工资,两者显然有矛盾。经营者不会自动地按所有者的利益要求来实现经营的,他必然以经理人短期利益为经营的首要目标,而置所有者长远利益于不顾,这就是所谓的"委托代理"问题,即委托者与代理人之间利益的不一致和信息不对称使代理人的行为总与委托人的要求有差距。这样,为确保所有者的利益最大化,确保所有者对自己资产的剩余价值索取权,所有者必须对经营者实施某种或某些控制与激励,通过这种控制与激励,使经营者的利益尽可能与所有者相统一,实现所有者对企业的所有权。这就使企业主对所有权的管理变为必要,也就使公司法人治理变为必要。正是基于这种必要性,逐步形成了企业所有者为实施其所有权管理而建立的对经营者的控制和激励体制与制度,这就是所谓"法人治理及其结构与机制"。

搞清楚公司治理作为制度的来龙去脉后,我们可以回答为什么企业要建立法人治理结构,法人治理究竟要解决什么问题。概要地说,法人治理要解决的问题就是,使企业的经营管理者能够按照企业所有者的利益要求组织实施经营管理,从而使企业所有者的收益最大化。再进一步从理论上说,本质上法人治理结构是在企业所有者和经营者相分离条件下,在所有权与经营权相分离的条件下,所有者为解决"所有权管理缺失"问题和解决"委托代理"问题而提供的一种"所有权管理"的制度安排。作为一种制度安排它是解决现代企业中委托人和代理人之间、所有者和经营管理者之间由于所有权和经营管理权、企业控制权相分离而产生的信息不对称问题的最重要的机制。这种制度安排合理与否是决定企业绩效的最重要因素之一。

二、产权归属与公司治理——国有商业银行也能有高效的公司治理

这是一个重大的理论认识问题,也是当前被炒得很糊涂的问题。有相当一部分人认为,对国有银行最关键的是改变"国有独资"的产权关系,否则高效公司治理就无从谈起。持这种观点的人的理论依据是西方经济学的所谓"公理"。在西方经济学中,有一个所谓的"公理",即只有私人产权才是最

思索的声音

明晰的产权。只有在最明晰的产权结构下,才有可能建立高效的公司治理。按此逻辑,只有私有制的公司才谈得上公司治理,在其他所有制关系下,包括国有制关系下谈公司治理就没有意义。我个人完全不同意这种观点,我认为,产权归属关系与公司治理及其效率间没有必然联系,即使是国有独资商业银行也能有高效的公司治理。在这里有两个要点。

一是必须搞清产权归属与公司治理之间、所有制与公司治理效率间的关系。

所有制问题属于产权范畴。我们过去讲过产权制度至少包含两个核心内容:(1)产权归属制度及其关系;(2)产权管理制度及其关系。前者是指资产归谁所有,以及由产权归属决定的资产所得归属即所谓剩余价值索取权和资产的控制权、管理权、处分权归谁所有;后者是指所有者对自己产权的管理制度,包括所有者与经营者的责任界定和所有权与经营权关系的界定,以及为实现所有者对产权的所得权、控制权和处分权而实施所有权管理的制度与方法。所有制问题显然属于产权归属范畴。

公司治理问题与产权改变不是一个问题,如前所说,公司治理是一种制度安排,它是在所有者既定前提下,解决现代企业中委托人和代理人之间、所有者与经营管理者之间由于所有权和经营管理权、企业控制权相分离而产生的信息不对称问题的最重要的机制。作为这种机制,它主要是为实现所有者对企业的控制权和所有权而建立的一种所有权管理制度。它不一定要涉及产权的改变,虽然产权结构对于公司治理结构有着重要的影响。公司治理要解决的不仅仅是建立董事会、监事会等权力机构、决策机构和监督机制问题,主要还是建立起制衡机制、控制机制和激励机制,还是公司的管理架构和经营机制、经营模式问题。

现在有一种误导,一谈公司治理就谈产权的改变,把产权改变作为国有银行改革的前提。在这种观点看来,只有私有产权才是最明晰的产权,才谈得上高效的公司治理。国有银行之所以治理效率低下是因为产权问题,因此国有银行要改善公司治理必须首先改变产权。事实真的如此吗?所有制问题真的必然决定公司的治理效率吗?私有产权一定等于高效公司治理而公有或国有产权一定等于低效公司治理吗？迄今为止的各种治理模式和治理实践都表明，所有制与公司治理效率之间并没有必然的因果关系，产权改革并不是公司治理改善的必要条件。无论是完全的国有产权还是彻底的私有产权，都需要处理好由于所有权和经营权分离而带来的信息不对称和委托代理问题。产权结构的变化并不必然地意味着治理结构的变化。如果公司治理不完善，即使产权结构变了也不能提高公司的治理效率，目前我国相当多的上市公司的实际情况就是最明显的例证。不仅在我国如此，在世界范围内亦有充分例证说明，产权归属与公司治理效率问题并不是简单的正相关关系。香港大学的郎咸平教授曾调查过分布在全球的958家银行，其中包含了国家控股、家族控股、民营控股和外资控股等各类别产权结构的银行。通过对比这些银行的资金回报率可以发现，在国家控股和民营控股以及外资控股的银行中都有高资金回报率的案例。同样，也都有低资金回报率的案例。可见，任何一家银行经营效率的高低与这家银行由谁控股即产权归属并无多大的关联。前不久，亚洲开发银行研究所专门做了一个研究项目，叫做"银行业公司治理结构与经济发展——中国银行业治理结构的未来选择"。在这份长达几万字的长篇报告中，作者（据说是两位研究公司治理问题的专家）直言不讳地而且是开宗明义地鼓吹："银行所有权的分散化是改善中国银行公司治理结构的第一步。而这种治理结构改善的长期目标在于降低中央政府在中国银行部门的所有权"，改革中国银行公司治理"首先要求改变国家作为银行唯一所有者的银行所有权结构。"这份报告可以说是那种"所有制问题必然决定公司治理效率"论的典范。然而就是这份报告也不得不承认，我国国有银行在香港的控股公司的运营是高效的、国际一流水平的。这包括中银国际及旗下的各中资银行，还包括我行的工银亚洲公司。这表明，国有控股的银行或公司同样可以有高效的治理效率。显然，私有制一定等于高效公司治理和公有制一定等于低效公司治理的公式不能成立。

二是国有商业银行深化改革的切入点和关键在于构建高效的公司治理结构与治理机制。

1. 阻碍国有独资商业银行市场化转轨的症结所在是其治理结构的缺陷。

‖ 思索的声音 ‖

　　国有银行之所以至今不能实现市场化转变，有很多原因，其中最主要的原因在于治理结构的不合理不完善，即在于国有银行与国家的关系没有理清，上升到理论上就是国有银行的产权管理关系不清。

　　何谓"产权管理关系"？产权管理关系是产权制度核心之一。从根本上说，产权制度至少包含两个核心内容，一是产权归属制度及其归属关系；二是产权管理制度及其管理关系。前者是指资产归谁所有；后者是指所有者对自己产权的管理制度，包括为实现所有者对资产的所得权、控制权和处分权而实施所有权与经营权关系的界定。根据这个定义，很显然，我国国有银行制度的弊端并不在于产权归属制度及关系，而在于产权管理制度及关系。事实上，我国国有银行的产权归属关系十分明确，就是完全的国家所有，不存在所谓的"产权不清"或"产权关系模糊"问题。真正的问题在于国有银行的产权管理关系不清不顺，由此造成国有银行治理结构存在三大缺陷：一是"所有者虚位"。名义上国家是国有银行所有者，但是国家只是个抽象的概念，无法实际承担所有权经营责任和无法实际行使所有者的权力。在这种条件下，政府的多个部门代替国家充当"所有者"行使权力，但同时任一部门又都不对国有银行的经营行为和经营成果负经济责任，使得在实际上所有者是不存在的。二是"所有权管理缺失"。尽管对国有银行发号施令的有多级政府和多个部门，但没有任何一级政府和部门对国有银行实施为确保所有权实现的必要管理，即没有人对国有银行资本的保值增值实施管理，决定国有银行经营成果的其实只是国有银行自己，造成"所有权管理严重缺失"。三是所有者管理意图不清，造成国有银行经营目标混乱，导致其经营行为"财政化"或"政府化"。作为国有银行所有者的国家的职能是多元的，除了作为所有者的"所有权管理职能"外，主要是社会公共管理职能和经济金融宏观调控职能。从政府的角度看，其"公共管理"和"宏观调控"职能的重要性要远远大于其作为所有者的"所有权管理"职能。因此，政府在对国有银行的管理实践中，常常出现公共管理、宏观调控职能与所有权管理职能混合交织的情况，甚至出现放弃所有权管理职能以求公共管理和宏观调控职能实现的情况。由此使政府对国有银行的利益要求和管理目标变得模糊不清，具有多重性多元化特征。一方面，政府把国有银行当做宏观调控工具和公共管理工具，将公共管理和宏观调控目标作为对国有银行的管理目标，要求国有银行对社会和经济的稳定负责；另一方面，又把国有银行当做国有信贷资本的经营者，要求其对国有信贷资本的安全效益即保值增值负责。国家将公共管理职能、宏观调控职能及其目标加于国有银行一身的结果就是，国有银行具有"第二财政"和货币经营企业的双重角色，经营目标多元化，经营行为财政化、政府化，经营责任难以落实，大量的不良资产和财务损失皆由此而生。可见，国有银行治理结构上存在的"所有者虚位"和"所有权管理缺失"的缺陷，以及政府对于国有银行的利益要求和管理意图同政府的公共管理、宏观调控意图混在一起，造成国有银行政企不分和经营目标的多重与非市场化，才是致使国有独资商业银行经营机制难以商业化和市场化的关键点。

2. 国有独资商业银行深化改革的切入点和关键是构造高效公司治理结构与治理机制。

以完善公司治理作为国有银行深化改革的切入点和关键点的理由有四点：第一，完善法人治理结构是国有企业改革的关键。关于构建和完善公司法人治理结构对于完善国有资产管理体制、深化国有企业改革的重要性，对此党的十六届三中全会的决定有充分的论述。国有银行是国有金融企业，在其向现代金融企业转轨的过程中，完善法人治理结构具有相同的重要性。第二，以完善法人治理为深化改革的切入点和重点是由国有银行自身规律决定的。如上所述，既然阻碍国有银行市场化的症结在于其治理结构的缺陷，那么，以治理结构的改善和再造为其深化改革的切入点和重点，是国有银行的必然选择。第三，从实际可能出发，从治理结构入手改造国有银行是最为现实可行的选择。实际上，国有银行产权结构的调整更多的是宏观层面上的安排，要受到整个经济大环境大背景的影响，需要银行外部经济、法制的环境建设，是一个较长的过程。而公司治理改革更侧重于微观层面上银行的内部制度安排、组织机构、业务流程和管理流程的再造。所以，以构建完善公司治理为国有银行综合改革的突破口，更为现实和更具有操作性。并且，从公司治理入手改革可以为将来的产权改革打下良好的基础。第四，从国际上来看，以

|| 思索的声音 ||

往银行在公司治理上只是作为一般公司治理的重要力量。但是，1997年东南亚金融危机的爆发使得银行自身的公司治理问题得到了世界范围的关注，巴塞尔委员会在一系列文件中强调银行公司治理的重要性，并从银行价值取向、战略目标、责权划分、管理者相互关系、内控系统、特别风险监控、激励机制和信息透明度等几个方面阐述了良好的银行公司治理必备的基本要素。目前，良好的公司治理已成为国际各国消除金融风险和振兴银行业的主要措施。以公司治理作为我国国有银行改革的切入点和关键点符合国际银行业的发展趋势。

三、工商银行必须从公司治理入手启动综合改革

2002年2月，在中央召开的金融工作会议上，确定了国有独资商业银行进行新一轮综合改革的战略部署。最近，在刚刚结束的党的十六届三中全会决定中，再次强调了深化金融企业改革的必要和紧迫，作出了立即启动国有商业银行改革的决定。实现国有银行新一轮改革目标必然要解决三个关键问题：一是把过高的不良资产比例降下来；二是及时补充资本金；三是建立高效的公司治理。对前两个问题各界已达成共识，然而对第三个问题，各界也包括几家国有商业银行自己并没有真正重视起来。其实，对国有商业银行来讲更重要的是公司治理结构的建设。如果没有一个良好的法人治理结构，国有银行就是解决了不良资产问题、消化了财务包袱、补充了资本金，甚至是实现了股份化也难以改变现有的机制和弊病，不良资产等问题还会重新堆积起来。如果能够建立一个好的治理结构并实现高效治理，即使是在全部国有条件下也可以促使国有银行实现转轨改制，实现真正的商业化。关于国有银行包括我们工商银行为什么要从公司治理入手启动综合改革的问题，我在前面已讲了很多。在这里我只想着重强调一下工商银行应当怎样进行公司治理改革的问题。

（一）工商银行当前正面临重大选择

在这里同大家谈谈当前国有银行改革的实际进展和我们面对的形势。

工商银行的治理结构问题

大家知道,中国银行、建设银行和工商银行从 2002 年开始都在力争首批改制上市。工商银行从去年起已分别多次作了上市方案。其实,中国银行、建设银行和工商银行的方案都差不多,都是围绕三个主要问题如何解决来设计的,这就是我刚才讲到的围绕消化历史包袱,补充资本金和建立公司治理结构这三个问题来作方案的。如果说工商银行方案与其他两家银行有什么不同的话,那就是我们的账算得更细、更实际、更彻底。并且,从大思路来讲,我们除了重点考虑历史包袱的解决和资本金的补充问题外,已经开始真正考虑公司治理问题。

自三中全会作出选择有条件的国有银行启动改制上市的决定后,大家最关心的是三家国有银行谁可以率先上市的问题。从三家银行实际的改革进程来看,中国银行、建设银行不良资产问题的解决已经走在了前面。建设银行今年 6 月公布的不良率已下降至 15% 以下,今年下压到 12% 是完全可能的,明年压到 10% 以内不成问题;中国银行今年预计可压到 15%,明年压到 10% 以内也是可能的。工商银行今年 6 月末压到 22% 还多点的水平,年末能压到 20% 左右,明年可压到 16% 左右,怎么努力,要压到 10% 以内也需要在 2006 年。工商银行与建设银行相差了大约 9 个百分点,大体差距在一两年。相比之下,工商银行挤入首批改制上市的行列就比较难。这就迫使我们不能只走上市一条路,不能坐等上市,我们必须另辟蹊径。

那么,什么是我们应该选择的改革方略和路径呢?这就是从搞好公司治理入手启动工商银行的综合改革。我们要放弃"一股就灵"的思维定式,用实实在在的公司治理改造和经营模式的彻底转变,使工商银行从根本上摆脱传统的数量型、规模型增长方式和发展模式,彻底转变经营机制,使今天不再为明天积累新的风险,使管理跟上发展,使发展真正以质量为主。必须发起一场彻底的革命使我们仍然陈旧的发展观和增长模式完全改观。通过我们今后几年在公司治理上下苦功,我们可以完全凭借自己的力量走出困境,达到上市的标准,并顺利上市,真正实现向现代金融企业的转变。如果我们从公司治理入手实现转轨改制的路走通了,我们不仅对工商银行自身和 40 万职工作出巨大的贡献,而且对中国的金融改革作出同样巨大的贡献。

| 思索的声音 |

（二）从公司治理入手进行改革的主要任务

1. 完成工商银行公司化组织构架和公司治理结构的搭建。主要的任务是：（1）把工商银行现有组织架构重组为公司制的组织架构。包括组建工商银行集团总公司，集团公司下辖工商银行（国内）、工商银行（国际）、投资银行、特殊资产管理公司、牡丹卡公司、票据公司、基金托管公司和消费信贷公司。（2）建立董事会、监事会，并重组高级管理层，明确三者之间的权责，建立委托—代理关系和相互制衡关系。（3）建立直属董事会、独立于管理层的内部控制组织体系。（4）重组资本结构。包括减少中央政府的持股比例，引进机构投资者，首先实行内部股份化改造，使工商银行集团总公司形成中央政府控股的多元国有股本结构，为最终上市创造条件。

2. 建立运转良好的公司治理机制。主要的任务是：（1）重新建立集团总公司对下属公司的管理关系和权责关系；（2）建立强有力的内部控制系统和制度；（3）建立独立于业务系统的风险管理系统；（4）建立准确计量集团内部经营绩效和员工贡献率的考核机制；（5）建立以绩效和贡献率为主要依据的激励机制。

3. 完成业务流程、管理流程和机构布局的再造。主要任务是：（1）再造管理流程。包括实行系统管理与本级直接经营分开管理，批发业务与零售业务分开管理，新业务与传统业务分开管理，分部门成本核算管理等。（2）再造业务流程。包括建立以客户为中心的一条龙服务流程；建立业务研发在前，市场营销在后的经营体系；实行市场前台与监控后台的分开管理；等等。（3）调整机构布局。包括实行扁平化机构管理；对银行机构实行区域发展政策，主要根据效益、质量、贡献率和发展前景，重新确定各机构的管理级别，实行差别管理。

4. 分步实现资产结构和收入结构的转变。主要任务是：（1）逐步降低工商银行在传统贷款业务市场上的份额，分步实现资产结构由以信贷资产为主向非信贷资产为主的转变；（2）努力提高工商银行在非银行金融业务市场的份额，努力增加新业务的收入，逐步实现收益结构由利差为主向非利差收入为主的转变。

以上只是我个人的一些设想,而且这不是一朝一夕的事情。如果我们能咬住牙苦干三至五年,到 2010 年,我们将实现转轨改制,实现我们工商银行凤凰涅槃般的重生。

(三) 建立和改善公司治理的外在条件与前提

作为国有银行建立高效治理结构的前提,政府职能的分离显得格外重要。这里有三个要点:一是分离政府公共管理宏观调控职能与所有权管理职能。在政府诸多管理职能中,把国家对国有银行的所有权管理职能分立出来,使之与国家的公共管理、宏观调控和政策制定等职能相分离。二是单独建立国有银行所有权管理的职能部门。从政府诸多管理机构中分设出专司国有信贷资本(国有金融资本)管理的职能机构,专门行使国家对国有银行(国有金融机构)资本的所有权管理。这个独立的所有权管理机构的职责是单一的,即仅对国有信贷资本(国有金融资本)的保值增值负责。三是对国有银行实行单一经营目标约束。在政府职能分离条件下,对国有银行实行国有信贷资本保值增值单一目标约束,使国有银行不再承担公共管理职能和宏观调控等政府职能,真正实现政企分开,实现经营目标单一化和经营机制市场化。目前,国家已经建立了中央、地方两级国有资产专职管理机构,意味着政府分离职能,分设独立国有资产所有权管理职能的改革已经开始。党的十六届三中全会进一步明确指出,坚持政府公共管理职能和国有资产出资人的职能分开,督促企业实现国有资本保值增值。这意味着以政府职能分离为标志的国有资产管理体制改革的进一步深化。金融管理体制要跟上经济管理体制改革的步伐,尽快实现政府公共管理职能与其对固有独资商业银行所有权管理职能的分离,尽快实现国家对国有金融资本管理的专业化,这是国有银行构建高效公司治理结构的前提,也是国有银行实现向现代金融企业转轨的前提。

中国的金融改革与金融政策[①]

今天我要讲的题目是：中国的金融改革和金融政策。关于这个题目，我分两部分介绍：第一部分，改革开放以来两次重大的金融改革；第二部分，新一轮金融改革的重点与展望。

大家知道，中国银行业的改革同中国经济改革是同时开始的，也是从1979年开始，历经二十多年，改革在20世纪80年代主要是组织机构的变革与建立，包括建立四大国有专业银行，打破只有人民银行一家银行的"大一统"格局，以及建立中央银行，建立中小商业银行和多种金融机构。进入20世纪90年代后，中国的金融改革进入了深化时期。也正是20世纪90年代后，中国银行业的改革力度最大，成效最为明显。改革为中国银行业的发展带来了良好契机。

总的来讲，近十二年中国金融业有了长足发展。与1990年相比，国内金融机构资产总和增加了22万亿元人民币，即从1990年末的3万亿元增加到2002年末的25万亿元。这巨大发展应当归功于改革。如前面已讲过的，中国银行业的改革是与中国经济改革同时起步的，至今已有二十一年的历程。在这其中改革力度和成效最大的，并对中国经济产生最深远影响的，当属1994年和1997年的金融改革。这两次改革对中国经济金融发展具有里程碑意义。

[①] 这是作者2003年在北京大学国际交流中心境外人员培训班上的讲课稿。

第一部分：改革开放以来两次重大的金融改革

一、1994年以清理整顿为主题的金融改革

1994年国务院颁发了《关于金融体制改革的决定》。此后，中国金融改革在六个方面取得重大进展。

1. 强化了人民银行金融监管职能，建立起中央银行独立执行货币政策的权威。

1993年7月，人民银行将原来分散于各省分行的货币供应权和调度权集中于总行，以摆脱地方政府对中央银行独立执行货币政策的干预。这种权力主要有两部分，一是再贷款分配权；二是货币调剂权、地区内保支付的权力。

1995年4月，国家颁布了《中国人民银行法》，进一步确立了人民银行独立执行货币政策的法律保障。

从此，人民银行的宏观金融调控力度明显加强。1993—1996年，是中国抑制通胀整顿治理经济秩序的调整时期，这个时期的宏观调控成功地实现了"软着陆"，应当讲主要得益于人民银行对金融和货币供应总量的成功调节。

同时，人民银行明显加强了对金融业的监管力度。在此前，人民银行的职能中还未明确出现过"金融监管"的概念和表述，是1994年的改革，国务院在对银行改革若干意见中，首次明确了人民银行的金融监管职能，继而写入了《中国人民银行法》，确立了人民银行以金融监管为主的职能范围，从此，人民银行将自己的精力主要集中于金融宏观调控和金融监管。1994年以后，国家先后颁发了《中华人民共和国商业银行法》、《票据法》、《证券法》等金融大法。人民银行相继制定了20多项金融行政法规和200多项金融规章，加强了对国内银行和金融机构及其海外分支机构的现场和非现场稽核。

2. 组建了政策性银行，促使国家专业银行向国有银行转变。

1994年，为适应国家投融资体制改革的需要，即将社会投资分为三大块：第一块为公共财政意义上的公共设施建设投资，由中央、地方两级财政出资。第二块为国家基础设施建设，如公路、铁路、桥梁等，由财政和银行、企业

思索的声音

共同投资，主要由国家政策性金融体系承担。第三块是有盈利的竞争性投资，由银行、企业自己投资，国家不再参与。国务院批准建立了国家开发银行、中国农业发展银行和中国进出口信贷银行三大政策性银行，将原来由国家专业银行承担的政策性金融业务转让给政策性银行，初步实现了国内银行业政策性金融与商业性金融的分离。建立起中国国家政策性投融资体系。目前，三大政策性银行有了很大发展，其融资总量已占全社会贷款总量的15%左右。在政策性业务转给政策性银行后，国家明确提出，国家专业银行要改制成为国有独资的商业银行。

3. 大力整顿金融秩序，实行金融分业监管分业经营。

鉴于1992—1993年中国经济出现较多泡沫现象，通货膨胀严重，国家从1993年7月起，以治理通货膨胀为中心，大力整顿经济与金融秩序。在金融领域重点整顿了银行间同业拆借市场、证券市场、房地产金融市场和信托业。在此基础上，1995年国家颁布了《商业银行法》，实行了银行、信托、证券、保险、房地产金融等金融各业的分业经营、分业监管制度。在此之前，中国金融业是允许混业经营的。在1993年12月前，中国最大的证券公司和信托投资公司都是银行的。实行分业经营后，银行转让了这些公司的股权，从证券、信托和房地产业中退了出来。至1996年末，清理整顿取得成功，金融秩序有了根本好转。

4. 建立了货币市场和资本市场相分离的金融市场体系。

在金融业分业经营的基础上，国家对金融市场进行了严格的清理，坚决阻断了货币市场资金直接流入资本市场的路径，纠正了银行资金介入股市和房地产市场的炒作行为。在三年整顿的基础上，人民银行重组了全国统一的银行间同业拆借市场、全国统一的外汇交易市场，并在这两个市场上率先放开了利率管制，实行市场利率。

在对间接融资的银行业进行清理整顿的同时，国家大力倡导和鼓励资本市场的发展。1997年当年，全国各上市公司从国内一级发行市场上筹到的资金已近1 300亿元人民币。资本市场有了很大发展。

5. 地方金融体系得到发展，中小金融机构有所规范。

中国的城市信用社是 20 世纪 80 年代中后期发展起来的合作性金融组织，发展的速度很快，几年时间已经发展到几千家，但经营管理都比较差，风险较大。所以，国家决定从 1994 年起，整顿和规范城市信用合作社。经过规范化的股份制改造，逐步将众多分散的城市信用合作社改制成为城市合作银行，进而统称为城市商业银行。截至目前，几千家城市信用社的改制已基本完成，已有 100 家城市商业银行相继成立营业。对农村信用社的改制于 1996 年也已开始，但由于农村信用社的改造比之城市信用社要复杂些，所以一直进展不快。

1994 年的金融改革主要是为适应当时中国经济以"抑制通胀、整顿经济秩序"为主的三年调整性改革的需要。然而这场金融改革不仅对 1994—1997 年这三年的金融发展具有决定意义，而且对 1997 年以后乃至 21 世纪的中国金融发展与改革都具有重要的意义。1997 年以后推出的金融改革的大思路，实际与 1994 年的金融体制改革决定一脉相承，是前者的深化。

二、1997 年以防范金融风险应对东南亚金融危机的金融改革

1997 年对于中国银行业是十分重要的一年。这一年，中共中央十五大决定中国开始向社会主义市场经济体制并轨。同时在这一年的秋天，国际上爆发了东南亚金融风暴，这场风暴几乎击垮了所有东南亚国家，引起中央的高度警惕。检视国内金融体系，国家认为，中国国内金融体制还存在诸多不完善处，与市场经济不相适应；还潜在着较大的金融风险，威胁着国家的经济安全。因此，建立适应社会主义市场经济的金融体系和防范化解金融风险，成为 1997 年以后直到 2001 的中国银行业改革的主题。具体进展有如下方面：

（一）转变宏观经济金融调控方针，配合积极财政政策实施稳健货币政策

朱镕基总理在今年 3 月 6 日所作的政府工作报告中指出，面对 1997 年东

思索的声音

南亚金融危机形成的严峻国际经济环境，面对国内有效需求不足的困难局面，中央断然采取的最重要的举措，"就是果断地把宏观调控的重点，从实行适度从紧的财政政策和货币政策，治理通货膨胀，转为实行扩大内需的方针，实行积极的财政政策和稳健的货币政策，抑制通货紧缩趋势"。这一成功的转变，对于确保五年经济稳定高速增长，顶住东南亚金融危机的冲击和国际环境的动荡，起到了根本性的作用。其中稳健的货币政策与积极财政政策同样功不可没。

1. 适度扩大信贷投入，积极支持经济增长。在稳健的货币政策引导下，各银行积极竞争优质客户，扩大信贷投放，使得银行信贷增长与经济发展同步协调互动。以工商银行为例，1997年各项贷款余额为19 090亿元。到2002年末，各项贷款余额已近3万亿元，五年中贷款余额增长了近一倍。2002年当年新增贷款为2 780亿元，比上年多增350亿元。积极的信贷投放有效地支持了国民经济发展。

2. 配合积极财政政策，优先为国债项目提供配套贷款，加快基础设施建设。五年来，政府在推行积极财政政策的情况下，累计发行6 600亿元长期建设国债，商业银行累计发放配套贷款1.2万亿元，带动银行贷款和其他社会资金形成3.28万亿元的投资规模，办成了不少多年想办而没有力量办的大事。如举世瞩目的长江三峡水利枢纽二期工程、黄河小浪底水利枢纽工程、青藏铁路、西气东输、西电东送等重大项目，都由银行贷款配套国债资金予以支持，极大地改善了国民经济发展的"瓶颈"约束，增强了经济发展的后劲。

3. 努力扩大消费贷款，扶持新的消费热点的发展，积极促进扩大内需。1998年，全社会金融机构个人住房消费贷款余额为426.16亿元，到2002年末已增至8 258亿元，平均年增长率超过100%。金融机构消费信贷的迅猛增长不仅改善了消费环境，扩大了居民即期消费，还改变了消费方式。1997年，全社会消费品零售总额2.8万亿元，当年金融机构消费贷款新增额约250亿元，信用消费占比不到1%。到2002年全社会消费品零售总额4.1万亿元，消费贷款增加额3 694亿元，信用消费占比已超过9%。消费信贷的发展有力地推动了我国消费需求的增长,成为扩大内需的主要拉动力之一。

(二) 建立适应市场经济的金融体系

1. 金融组织体系的调整。

(1) 首先改组中央银行。撤销了人民银行原在各省的省级分行,建立了九个大区分行,打破原有的按行政区划设置银行机构的传统模式,按经济区域跨省设置一级分行。这项改革已于1998年实施并完成。

(2) 完善和加强党对金融系统的领导,建立垂直的金融系统党工委和银行党委,对国有银行、保险公司的人事干部实行系统内的垂直领导与管理。这项改革于1998年已经完成。此前党对银行系统实行双重管理,即在银行系统设立党组,同时接受当地党委的领导。银行的干部也是双重管理,不仅要总行批,而且要当地党委组织部同意盖章才能任用和调动。

(3) 国有银行加大精简力度。一是适当合并重叠设置的机构。1998年各国有银行完成了省分行与当地省会城市分行的合并;二是撤并效益不好的基层分支机构。有数字表明,至2000年末,各国有银行共撤销效益不好的分支机构4.5万个;三是精简压缩人员24万名。其中有13万人是工商银行的减员。

2. 宏观调控体系的调整。继续改善中央银行的调控手段,更多地由行政命令式管理转达向市场调节式管理。

(1) 从1998年1月起,人民银行放弃了对商业银行的贷款规模限额控制,结束了长达二十年之久的规模控制方法,改行存贷款比例即资产负债比例管理。

(2) 从1998年第二季度起,取消了对国有商业银行超额储备的直接控制,降低了对国有商业银行的法定存款准备金率,给予国有商业银行更大的经营自主权。

(3) 利率管制开始放松。开始利用利率调控市场,1998年配合积极的财政政策,央行连续八次下调利率极大地刺激了企业投资,减轻了企业的负担。20世纪90年代以来,中国的利率有三次重大改革,一是1996年放开同业拆

思索的声音

借利率；二是1998年放开贴现和再贴现率；三是2000年放开国内外币存贷款的利率。至此，中国除人民币存贷款利率外已基本实现了利率市场化。从而使人民银行的宏观金融调控更多地倚重于灵活运用利率杠杆和公开市场操作等间接手段。

（4）分业监管趋于灵活。允许国有银行在境外设置投资银行机构，如中金公司、中银国际公司、工商东亚公司，分属于建设银行、中国银行和工商银行。近年来，开始允许国内银行业和证券业、保险业、房地产业在《商业银行法》的限度内，从事交叉销售、开展互相代理与合作。

（三）努力化解和防范金融风险，取得明显成效

中国国内的金融风险主要潜伏于两大方面：一是国有银行不良贷款比重过高；二是中小金融机构太多太滥，资信不高，抗风险能力较弱。从1997年起，国家集中精力于这些潜在金融风险的防范与化解，首先从国有银行入手。集中精力降低国有银行不良资产的比重，提高其抗风险的能力，化解金融风险（主要采取了五大措施）。

首先是高度重视国有银行的不良资产问题，下决心让不良贷款浮出水面以及早解决，不再拖延和掩饰。

（1）接受国际惯例，对国有银行实行贷款质量五级分类的新标准。按照正常、关注、次级、可疑、损失新的五级分类标准，重新量定国有银行现有贷款资产的质量，使中国国有银行的不良资产的底数明朗化，并逐步过渡到实行按类别足额提取呆账准备金制度。五级分类法于1998年试点，1999年全面推开，2001年完成从三项贷款分类向五级贷款分类的过渡，2002年全部金融机构正式实行五级分类办法。所谓"三项分类"即中国长期实行的贷款质量分类标准，将不良贷款分为逾期、呆滞、呆账三类，其中逾期一天即为逾期，逾期一年即为呆滞，呆滞两年转入呆账。"三项分类"的主要问题是风险划分不准确，与国际标准不能相通。

（2）集中增补国有银行的资本金，使其符合国际"巴塞尔协议Ⅰ"对银行资本充足率的要求。1998年，国家发行了2 700亿元特种国债，所筹资金

专门用于增拨国有银行的资本金。以工商银行为例,增拨后的资本金总额达到1 700多亿元人民币,比未拨补前增加了900亿元,翻了一番。

(3) 集中几年的时间,加速冲销国有银行不良贷款中的坏账,允许国有银行从每年盈利中抽出更多利润提取呆账准备金。从1996年起至2000年,每年用200亿元、300亿元、400亿元、500亿元的额度和水平,持续冲销坏账。据统计,从1996年起国有银行已有2 800亿元用于冲销坏账。

(4) 更为有力的措施是,经国务院批准,在1999年先后成立了四家国有资产管理公司,这四家公司分别是长城、东方、信达、华融资产管理公司。这是四家由国家财政直接出资成立的国有公司。它们的主要职能就是专门负责收购国有银行的不良贷款,以及重组和转化这些不良贷款。据统计,截至2000年末,四大国有资产管理公司已收购四大国有银行剥离的不良贷款1.4万亿元人民币。使国有银行不良贷款的比例有了较大幅度的下降,较大程度上转化和化解了国有银行的经营风险。

(5) 在国有银行内部建立起比较完善的风险防范机制。近年来,国有银行自身主要从三个方面努力降低资产风险。一是努力控制住新增贷款的不良率,阻止新的不良资产的产生。以工商银行为例,1999年至2002年连续四年的新增贷款不良率始终控制在0.5%以内。二是清理整顿中小金融机构,取缔非法金融活动,化解金融风险。①坚决取缔农村基金会和任何未经人民银行批准建立和经营的非法金融机构。②清理整顿证券公司、信托投资公司和保险公司,逐一清理后,重新开业。以信托公司为例,清理前有700多家,清理后只有100多家。三是改善外债管理办法,控制外债风险。①于1999年严厉清理整顿了国内借款机构和境外发债窗口,对其进行逐一的重新审核,坚决关闭了一些经营管理不善的对外借债窗口。②对违法举借外债的,国家不负偿债的连带责任。例如对广国投事件的处理。③完善外债统计监测,健全外债预警系统,治理外债市场秩序。

| 思索的声音 |

第二部分：新一轮金融改革的重点及进展

一、2002年中央金融工作会议有关金融改革发展的十二条意见

2002年的改革是21世纪与新的五年发展规划的序曲。"十五"时期有一些以往没有的新的大的变化。最主要的是中国加入了世贸组织，使得中国经济的市场化与国际化步伐加快。对中国来讲，"十五"计划就不再仅以中国国内为考虑的唯一基点，还要从经济全球化的角度考虑和规划。2002年2月，中央和国务院在北京召开了全国金融工作会议，对加入世贸组织过渡期五年和"十五"时期金融业的改革发展制定了大的政策框架。这次主要解决了一些认识上、方向上的框架问题，更具体的方案在会后立即投入研究和酝酿，有的已经成熟，即将出台。

（一）新的金融改革的主题

今后五年金融工作的指导方针是：坚持以邓小平理论和江泽民同志"三个代表"重要思想为指导，进一步加强金融监管，深化金融企业改革，改进金融服务，整顿金融秩序，防范和化解金融风险，维护国家金融安全，促进国民经济持续快速健康发展。

今后五年金融工作的主要任务是：进一步完善现代金融机构体系、市场体系、监管体系和调控体系，努力实现金融监管和调控高效有力，金融企业法人治理结构和经营机制健全，资产质量和经营效益显著改善，金融市场秩序根本好转，金融服务水平和金融队伍素质明显提高，全面增强我国金融业竞争力。

这个"金融工作指导方针和任务"就是下一步金融改革的趋势和要点。我将其概括为"一个趋势、三个要点"。所谓一个趋势即指中央指出的"要进一步完善现代金融机构体系、市场体系、监管体系和调控体系"，它昭示了金融改革向何处改何处去的趋势与方向，这个"现代"就是金融改革的大趋势、

总方向。"现代"虽只有两个字却至少包含两个深刻含义,一是指"市场化",所谓"现代"即指按市场经济的要求构建和完善金融机构、市场、监管和调控体系,加快国内金融业的市场化步伐。二是指经济全球化或国际化,所谓"现代"即指按照国际水平、国际标准、国际市场规则,按照世贸组织和金融国际一体化的原则构建和完善我国的金融机构、市场、监管和调控体系,加快国际化步伐。这就是从现在起新的金融改革的总趋势和大方向。所谓"三个要点",一是强调要加强金融监管,中央特别指出加强金融监管是金融改革的重中之重。如此强调金融监管是此次改革区别于前些年改革的特点之一。以往改革更多的是强调中央银行的独立性和改善央行职能,此次则着力强调了根据加入世贸组织要求和金融市场化发展要求,再造金融监管体系的必要。二是强调要健全金融企业的法人治理结构和经营机制。将国有银行和其他金融机构都当做金融企业,强调其必须健全法人治理结构,这还是第一次。特别强调了国有银行的企业性质和其必须按现代企业制度要求实行综合改革,并将国有银行改革作为整体金融改革的重点,这都是第一次。与以往改革不同的是,不仅把国有银行改革放在了前所未有的重要位置,而且前所未有的第一次完全彻底地把国有银行当做企业并入了按现代企业制度改革转轨的大思路中去。这表明,当着金融机构违规经营的主要矛盾基本解决后,更深层次的金融机构非市场化非企业的经营行为和经营机制,及其对经济市场化的滞后影响就上升为主要矛盾,成为金融改革的主要任务。三是仍然把"防范和化解金融风险,维护国家金融安全"当做金融改革的主要目标,说明中央对当前和今后一个时期国内金融形势的判断依然严峻。实际上,虽然经过自1993年7月以来的近十年的整顿,国内金融秩序大有改观,金融风险大有缓解,经受住了"东南亚金融风暴"的冲击,但是中央认为:金融秩序尚未根本好转,金融风险尚未彻底解除。这就是为什么今后五年金融工作任务和目标要强调防范化解金融风险和维护国家金融安全的原因。

(二)新金融改革十二条意见的要点

1. 加强监管是金融工作的重中之重。在这条意见中,中央进一步明确了

思索的声音

金融监管的目标是依法维护金融市场公开、公平、有序竞争，有效防范系统性风险，保护存款人、投资者和被保险人的合法权益。为此中央指出主要从"健全监管法规、严格监管制度、改进监管方式、强化监管手段、完善监管体制"四个方面加强监管。

2. 推进国有独资商业银行综合改革。中央强调国有商业银行改革是这次金融改革的重点。从文字量上看，这一条也是十二条中占有篇幅最多的一条（我将在下面专门介绍这一条的具体内容）。

3. 规范发展证券市场。中央在社会资金配置模式上提出了要不断提高直接融资比例的目标。发展证券市场的要点有三：（1）加快培育合格的市场主体。一是提高上市公司质量，二是完善证券公司、基金管理公司法人治理结构和内控制度，三是培育和引进高质量会计服务机构，四是培养发展机构投资者。（2）要加强和改进证券监管，进一步完善核准制，推行国际通行的会计标准和信息披露准则，建立健全中小投资者诉讼机制。（3）稳步推进市场体系建设，包括探索增加证券投资品种，稳步发展企业债券市场，规范发展期货市场，健全集中统一的证券登记结算系统。

加快保险业的改革和发展。主要是加快国有独资保险公司股份制改造，吸引外资和社会资金，符合条件的保险公司可以上市。提高金融资产管理公司处置不良资产的效率。进一步放宽对资产管理公司处置不良资产的政策，主要是允许外资和民间资本有关规定购买金融资产管理公司持有的债权、股权和实物资产。

4. 改进金融宏观调控，提高金融服务水平。值得注意的是，中央提出要稳步推进利率市场化改革进程，逐步建立以中央银行利率为基础，由市场供求决定利率水平的利率体系。同时中央在强调为市场提供全方位高层次金融服务时，强调了"要积极为中小企业和非公有制企业提供信贷服务，特别是支持科技型中小企业发展，推进中小企业信用担保体系建设，切实解决中小企业担保难"的问题。

5. 大力加强社会信用制度建设。这是金融界特别是银行界呼声最高的问题。这个问题也是第一次被提到中央正式文件中，要点有三：一是强化经济金融法治。依法加大对不讲信用、破坏信用行为的惩治力度。对逃废金融企业债务的单位和个人要依法追究其刑事责任；对包庇纵容逃废金融企业债务的国家工作人员，应给予纪律处分并依法追究其刑事责任。二是加快信用制度建设。当前要抓紧建立全国企业和个人征信体系，使具有良好信誉的企业和个人充分享有守信的益处和便利，使有不良记录的企业和个人付出代价，声誉扫地。三是加强宣传教育和舆论监督。定期向社会公布逃废金融企业债务的企业和重点地区，各级领导干部要旗帜鲜明地与逃废金融企业债务的违法行为作斗争。

6. 实施人才战略，全面提高金融队伍整体素质，要点有三：一是善于发现和培养人才；二是积极吸引和留住人才；三是合理使用和管理人才。值得注意的是，中央要求，要建立健全科学有效的激励和约束机制，对金融企业实行与绩效挂钩、以责任和风险相称的薪酬制度，打破企业内部平均主义"大锅饭"。进行高级管理人员年薪制和股权、期权试点。在健全科学的考核体系、完善企业费用约束机制的基础上，逐步取消对国有重点金融企业工资总额的限制。

（三）关于国有独资商业银行综合改革的要点

国有独资商业银行的综合改革是本轮金融改革的重点，意见主要强调了五点：

1. 明确了国有商业银行的性质是经营货币的企业。意见明确指出"国有独资商业银行是经营货币的企业"，江总书记进一步讲，经营货币是国有商业银行的特殊性，但其并不因为这个特殊性而丧失企业性质。

2. 明确了国有银行改革的基本模式。即按照中央关于国有企业改革和发展若干重大问题的决定的精神，对国有商业银行进行综合改革。

3. 明确了国有银行综合改革的目标。即按照建立现代企业制度"产权清晰、权责明确、政企分开、管理科学"的要求，把国有商业银行改造成治理结构完善，运行机制健全，经营目标明确，财务状况良好，具有较强国际竞争力的现代金融企业。

4. 明确了国有银行改革的近期重点任务。大力推进内部机制的改革。有五个要点：一是明确经营目标，即在执行国家有关经济金融政策依法合规经营，保证资产安全的前提下，努力增加盈利。江总书记讲，要追求利润最大化，支持国民经济发展。二是加强信贷管理，降低不良资产比例。全面推行商业银行贷款质量"五级分类制度"，"十五"期间力争不良资产率平均每年下降2~3个百分点。三是加强财务管理，提高盈利水平。建立以利润目标和资产质量为中心的综合考核体系，明确行长的责任，定期考核行长的经营业绩，保证国有资产保值增值。要逐步补充国有银行资本金，使其达到资本充足率标准。四是优化组织机构，健全各项规章制度和业务操作规程。要减少内部管理层次，精简机构，裁减冗员。五是加快信息化建设。

5. 明确了国有银行产权制度改造的远期前景。确定对国有商业银行进行股份制改造的探索，具备条件的国有商业银行可改造成为国家控股的股份制商业银行，完善法人治理结构，条件成熟的可以上市。

二、近期进展与展望

中央金融工作会议对加入世贸组织过渡期五年和"十五"时期金融的改革发展制定了大的政策框架，主要解决的是认识上和方向上大的原则问题，还需要有具体的实施方案。2002年2月金融工作会议后，温家宝同志主持人民银行、证监会、保监会，还有国务院有关政策研究部门，分别组成若干专题小组，就金融工作会议十二条意见中各重大问题，着手制订可实施的具体方案。目前已经推出和已经可以看得比较清楚的改革与政策有如下六点：

一是金融监管体系将实现再造。根据正在进行的十届全国人大会议已经通过的国家机构改革方案，成立独立于中国人民银行的中国银行业监督管理委员会已成定案。这是专门对银行及其他存款性金融机构实施金融监管的政府机构。从此，人民银行将要把"金融监管"职能从自身职能中剥离出去，成为专事制定货币政策和贯彻执行货币政策的中央银行。酝酿中的银监会究竟如何与人民银行划清职能、权利和责任，以及银监会职能范围有多大，银监会的机构体系如何设，设到哪一级，尚不得而知，要待下一步。可以看清楚的是：《中国人民银行法》一定要修改了。

二是利率市场化已稳步推进。在中国，利率市场化已成为不可逆转的大趋势。党的十六大和2003年经济工作会议都指出，"要稳步推进利率市场化改革，优化金融资源配置"。人民银行在最近刚刚公布的"2002年货币政策执行报告"中，进一步确定了利率市场化改革的目标，"是建立由市场供求决定金融机构存贷款利率水平的利率形成机制，中央银行通过运用货币政策工具调控和引导市场利率，使市场机制在金融资源配置中发挥主导作用。"同时，中央银行还确定了利率市场化改革的原则，确定了利率市场化改革的总体思路"是先外币、后本币；先贷款、后存款；先长期、大额；后短期、小额。"实际上，人民银行从1996年起已实际推出了一系列利率市场化改革政策，使中国利率市场化程度与20世纪80年代和90年代初改革开始阶段相比已有明显地提高。去年，人民银行加快了利率市场化改革的步伐，将农村信用社的利率改革试点由温州推广至八个省区下辖的八个县。去年末，人民银行进一步将试点扩大到了全国农村信用社系统，原试点的八个县可将试点扩大到其所在地区所有农村信用社，其所在的八个省中未试点地区可选择一至二个县扩大试点，不仅贷款可以上浮50%～100%，而且存款亦可上浮30%～50%。所有这些都表明，利率市场化早已起步并将稳步推进。

三是分业经营管制已适度放松。由于国际银行业已形成综合化混业经营的大趋势，特别在中国加入世贸组织后，混业经营的国际趋势对中国的分业监管和分业经营制度提出很大挑战，混业经营的外资银行进入中国市场，直接置分业经营的本土银行于竞争的不利地位。中国必须面对这个问题考虑解决的办法，使之既合乎国际惯例又合乎中国的法律。为此2001年6月末，人民银行下发了《商业银行中间业务暂行规定》，扩大了商业银行中间业务的经营范围，大部分投资银行业务和一部分非银行金融业务都进入了商业银行中间业务的合法经营范围。这个规定可以看做是中央银行适度放松分业经营管制的政策信号。自此，各商业银行和证券业、保险业间以交叉销售、相互代理为形式的合作迅速发展起来。我认为，这是中国金融混业经营的过渡形式或初级形式，中国迟早会实行混业经营。只是，由于在法律上实行混业监管

思索的声音

的条件尚不成熟，预计"十五"期间分业监管的法律不会改变，但金融业以交叉合作为形式的混业经营会很快发展起来。金融控股公司将成为金融混业经营的主要载体，金融各业特别是银行业将通过这个载体实现混业经营。当混业经营时间比较成熟的时候，最终将会修改法律。

四是努力推进国有银行的综合改革。所谓综合改革是以现代银行制度为目标的对国有独资银行实行的改革。至少要考虑三方面的问题：

第一，加快国内银行治理结构的建设和产权制度改革。近两年，除了早已上市的深圳发展银行以外，上海浦东发展银行、民生银行和招商银行已先后上市。据说华夏银行和其他中小商业银行正在积极争取上市。国有银行的股份制改造问题也已经被提出来了。目前正在努力探索国有银行治理结构股份制改造和资本金补充的妥善方式问题。我预计，国有银行改革大概会分为三步走：第一步，先对国有银行引进公司制度，按公司法在国有银行内部建立董事会、监事会和经理层，建立起公司法人治理结构，变国有独资银行为国有独资公司。第二步，对国有银行进行规范的股份制改造，引入国内机构投资者，变国有银行的国家独资体制为国家控股的股份制体制。第三步，可考虑上市问题，对国际国内公众发售一部分股权。国有银行的资本金补充也将主要通过三种渠道实现，一是发行次级资本债券，补充次级资本；二是建立税后利润增补资本金制度；三是上市筹资。

第二，加快国有银行的激励机制改革。国有银行的责任机制和风险内控机制，经过这些年的改革已有很大进展。但激励机制相对滞后。激励机制是公司治理机制中基础性的机制，有责有权还要有利，没有利益机制，责任机制和内控机制都无法落实，道德风险也难防范。因此，今后几年将会加快国有银行激励机制的建立。培育起中国的银行家阶层。

第三，加快国内金融业的创新。国内银行将加快信息技术的利用和引入，加快金融创新的步伐，用信息技术和金融新工具新技术满足国外客户需求，保住客户，赢得竞争。

五是国有保险公司将在年内上市。中国国有金融企业上市将首先从保险公司入手。据了解，几大保险公司的上市方案已获国务院批准。现在已陆续着手进行改制和上市培育。有的已完成了重组改制,有的还在进行改制。预计从下半年起将会陆续包装上市。

六是农村信用社改制方案已获国务院批准,预计将于上半年出台。可能要走规范纳入银行轨道的路。

国有独资商业银行的改革问题[①]

关于国有银行的改革问题很多，今天主要讲两个问题。首先讲讲大家关心的国有银行股改问题，再讲讲国有银行改革较深层次的问题。

一、国有银行的股份制改造问题

（一）国有银行股份制改造酝酿已久

大家都知道，国务院于2003年决定，选择中国银行和建设银行两家进行国有银行股份制改造和上市的试点，并于2003年12月底对中国银行、建设银行进行了注资。这表明了中央政府对国有银行实行彻底改制的决心，标志着中国商业银行建立现代金融企业改革的深化。这次改革也许是我国金融改革史上酝酿时间最长的改革之一。早在2001年国家已经在高层酝酿国有银行的股改上市问题，最早的提法见之于国家计委即现在的国家发改委的"第十个五年计划"。随后，于2002年2月召开的中央金融工作会议第一次正式把"国有银行也要试点股份制改造，有条件的可以上市"写入中央文件。改革开放以来，以金融为主题的中央工作会议只有两次，第一次中央金融工作会议于1998年召开，背景是国际上爆发了东南亚金融危机，周边国家银行制度纷纷崩溃，也为中国经济蒙上了很厚的一层阴影。为应对这一国际性危机，中央召开了金融工作会议，主题是"防范化解金融风险"。第二次就是2002年召开的，背景是中国加入世贸组织。目的是部署加入世贸组织过渡期五年中

[①] 这是作者2004年在首都经贸大学硕士生讲座上的讲课稿。

国金融业怎样迎接挑战，尽快解决自己的问题，更好地参与国际竞争。正是在这次会议上，中央提出了国有银行综合改革的目标，强调了国有银行的企业性质，并作为国有银行综合改革的重要步骤提出了国有银行股改上市试点问题。2003年底国家对中国银行、建设银行的注资就是中央在经过了两年多的充分权衡后的决策，它标志着国有银行彻底改制的革命的开始。

这次国务院对中国银行、建设银行两行的注资总额为450亿美元，只准用于补充资本金，不得用于冲销坏账和补窟窿。其具体方法是，中国银行和建设银行两家把自己现有的资本金（大约3 000亿元）全部转入其风险拨备科目，作为贷款呆账准备金全数用于冲销两行现有的不良贷款和作为风险拨备；这样两行的资本金表现为零，国家在这种情况下对两行分别注入225亿美元的资本金。用原资本金冲销的贷款坏账从两行的资产负债表上剔除，账销案存，表现为财政部的资产；国家注资后，两行的资本金大约在9%以上，符合巴塞尔新资本协议对银行资本金的要求。然而，由国家注资来解决两行的不良资产和资本金问题并不是这次改革的全部。对两家改革试点行来讲，首要问题仍然是完善公司治理结构和改换经营机制。国务院为两家试点行制定的改革目标是：通过法人治理结构的改革和经营机制的转换，使两行成为具有国际竞争力的现代化股份制商业银行，使其在经营绩效、资产质量、审慎经营等指标上达到并保持国际排名前一百家大银行中等以上的水平。温家宝总理在"全国银行、证券、保险工作会议"上语重心长地指出：中央下了如此大的决心进行注资，只能搞好。这次改革是输不起的改革，背水一战，只能成功不能失败。注资要和深化改革结合起来，重点解决公司治理结构问题和经营机制问题。核心关键是走市场化的路，健全现代企业制度。这是一个艰巨痛苦的过程，不能简单地认为搞了股份制就可以一下子解决问题，国际国内有不少上市公司出问题。改制上市只是手段，目的是根本转换经营机制。目前，中、建两行已完成了股份制改造。7月26日，建设银行公布了它的股改方案，经过90天的公示后于9月26日正式宣告中国建设银行股份公司和集团公司成立；中国银行则于8月26日已率先成立了中国银行股份公司。目前两行正在根据银监会为其制定的公司治理指引要求和证监会关于上市公

思索的声音

司的要求，以及国际上有关的监管要求，做上市的准备和包装工作。

（二）国家该不该给国有银行注资

早在1999年至2000年国家对国有银行的不良贷款进行第一次剥离时，国际国内的批评和不解甚多。总的认为，国家对国有银行剥离不良贷款还是"国家掏钱"，是用计划体制的老方法，不能解决国有银行的问题。有不少学者认为，银行的不良贷款是银行和企业在市场上的相互作用的结果，应由银行和企业自行解决，政府的改革成本不应包括这部分。这次国家对中建两行注资，议论更多。他们认为，免费午餐就一顿，怎么吃起来没完了？国家为什么要用剥离和注资的方式解决国有银行的不良资产问题？国家到底该不该对国有银行的不良资产负责？这个问题要从国有银行不良资产的成因讲起。

国际来看，银行不良资产的产生通常有两种情况，一种是银行自身经营不善导致，通常表现为个别银行或一部分银行的不良资产比例增高的个别现象；另一种则由于国家经济出现危机或进行大的经济结构与模式的转型，导致银行贷款由于生产要素的呆滞而大量坏死，通常表现为一国几乎全部银行的相当比例贷款的坏账。我国银行不良贷款问题恰属于第二种，因而其产生的原因和解决的办法，都不能局限于国有银行自身。我们说，国有银行的不良资产及其比例居高不下问题的产生，固然有国有银行自身不适应市场经济、管理经营不善的原因，但更为深刻的原因还在于经济，在于已经过去的二十多年和未来的近二十年，我国正处于并还将处于经济转型和经济结构调整期。实现这种经济转型和结构调整是需要付出代价的，国际上称之为社会或经济转型成本。在中国，国有银行的不良贷款是我国经济体制转换、国民经济结构调整不可避免的转型成本的体现。对于这个结论我用了整整一本书来论证，这就是我的博士论文，书名叫《中国不良资产和不良债务的化解》，大家如果有兴趣可以找来读一读。我今天不作复杂的理论论证，如果有机会，你们有兴趣的话，我可以单独再找机会给你们讲这个问题。在这里，我仅用几组数据来直观地说明，为什么国有银行的不良资产是我国经济转型成本的转移。

我国经济转型成本向国有银行转移的典型表现之一是，企业破产和重建

国有独资商业银行的改革问题

以废债为代价。我国经济从1979年起开始由计划经济向商品经济继而向市场经济转轨。这种经济转型不可避免地要求社会付出相对应的成本代价,突出地表现为企业的破产和衰落。我们分析了一下,导致企业破产和衰落的宏观原因大体有四类,第一类是国家计划体制为市场机制取代,原来产供销完全依靠计划供给保障的企业有相当一部分转不过来,失掉了市场,由于不适应而衰亡。例如,一大批军工企业和商业物资批发企业。第二类是产业的替代和技术的更新,一批处在夕阳产业的企业由于新兴产业的替代而失掉市场和生存理由,因而衰亡。例如,无线电产品为新型家电和电子音响产品替代,无线电行业几乎全军覆没;又如对纺织业压锭限产,使得一大批以生产纺锭为主的纺织机械厂倒台。第三类是行业调整。近十年来国家加大了对行业的结构调整力度。特别是近几年加大了对冶金、纺织、煤炭、石化等行业限产压产的调整力度,大批企业倒闭退出。第四类是企业为开拓和适应新的市场与机制交付了学费。市场经济本身带有相当的自发性和盲目性,特别在初期不少企业在市场商海中翻了船。不仅夕阳产业和旧体制导致企业破产,我国的新兴市场就是一大批企业以倒闭的代价换来的。例如,20世纪80年代十分红火的家电企业、无线电企业、服装企业等,都因不能跟上市场的变化而大批倒闭。所有这些经济转型难以避免的转制成本或代价在任何转型国家中都存在,这点无论中西概莫能外,并不是中国独有的。唯一不同的是,由于我国企业和银行的所有制与西方国家不同,因而转制的代价和成本并不是主要由企业的私人资本所有者承担,而是由国有银行承担了。

那么,经济转型成本为什么不由国家或企业直接承担而由国有银行承担了呢?这是我国独有的特色。

中国经济转轨的最大特色之一就在于,企业退出的转制成本转移到银行身上,由银行以不良贷款的形式承担了。造成这种状况的根本原因在于中国经济所具有的两大特点。一是改革开放以来,由于资本市场起步较晚和至今未能成熟起来,中国企业取得资金的渠道十分狭窄,几乎只有向银行贷款一条渠道。当然,在改革前中国企业主要由财政拨资金,中央财政拨款几乎是企业唯一的资金来源。改革后银行迅速代替财政成为企业资金的主供应者。

‖思索的声音‖

特别在1983年实行"拨改贷"和"银行统管企业流动资金"以后,国家财政不再对国有企业拨付资本金和流动资金,企业的资金来源几乎只有向银行贷款这一条渠道。虽然近十年企业的直接融资有所发展,但企业通过资本市场直接得到的资金总量大体只相当于贷款总余额的百分之十几。由此导致中国经济的第二个特点就是企业的负债率特别高。据我们了解,我国工业企业平均的资产负债率已接近80%。其中,在工商银行开户的4万户国有企业1998年末平均的资产负债率为77.2%,其中资产贷款率(贷款/资产)为70%。这两个数据表明,我国企业的负债率过高。在企业过高的债务中,绝大部分是向银行特别是向国有银行的借款。有数字表明,在国有银行9万多亿元的贷款中,大约80%是对国有企业的放款。以工商银行为例,直到1996年末,工商银行对国有企业放款的比重仍占其贷款总余额的86.6%。也就是说,在企业的全部资金构成中,不仅流动资金,包括固定资产、设备以及以企业应收账款、发出商品等形式存在的资产,绝大部分已成为银行贷款的转换形式。所以,当企业因种种原因不适应经济转型而发生亏损甚至是倒闭破产时,这种生产要素的损失或死滞就大部甚至全部表现为银行贷款的损失或死滞。当企业以破产的方式退出市场时,所付出的代价主要表现为对银行贷款的冲销。有数据表明,银行贷款在企业破产中几乎全部丧失。据工商银行统计,在1995年和1996年涉及工商银行贷款的企业破产终结户有5 128户,涉及工商银行贷款本息达280.6亿元,经法院终裁工商银行贷款受偿额仅有41.8亿元,受偿率不足15%,损失率却高达85.1%。除了合法破产外,实际中尚存在大量非法破产和以逃废债为目的的恶意破产。在这类非法恶意破产案中,银行的受偿率更是低至0.02%,甚至为零。据工商银行统计,截至2000年6月末,工商银行开户企业中有15 000户企业有悬空逃废银行债的行为,工商银行被逃废的贷款金额达1 140亿元。这是企业以破产死亡方式退出市场而形成的转型成本向银行转嫁的典型表现。

我国经济转型成本向银行转移的典型表现之二,就是国有银行近些年不良贷款的增长主要集中在国家有意调整的那些行业,银行不良贷款具有明显的产业和行业特征。据工商银行统计,截至2000年末,在工商银行开户的40

国有独资商业银行的改革问题

万户法人企业的贷款中,三项贷款比例超过26%的,主要集中在冶金、煤炭矿采、机械制造、纺织、造纸、食品类轻工业和批发业。这些行业贷款中,不良贷款比例最低的也有25.3%,最高的达59.46%。由于这些行业企业的资产负债率平均比较高,其市场销售不畅及行业结构调整的代价与成本就突出表现为银行贷款质量的恶化和不良贷款比例的居高不下。

上述是经济转型成本向银行转移的显性表现。除此以外,经济转型成本还以隐性方式向银行转移,从而构成银行潜在的资产风险。银行贷款的财政化垫付,就是经济转型成本向银行转移的隐性表现。在20世纪80年代以前,企业的流动资金全部由财政拨付。自从1983年财政停止对企业拨付流动资金改由银行统管后,银行接替财政成为企业流动资金的供给者。当时国家规定,企业应有30%的自有流动资金,原财政拨付部分全部作为企业的定额流动资金,不足部分由银行补足。但实际的发展却是,从80年代中期起,企业必须自备的30%自有流动资金和企业应有的70%原计划拨付的定额流动资金的不足部分,均由银行贷款补足。经过十多年的损耗,企业原有财政拨付的流动资金已损耗殆尽,全部为银行贷款所充填和置换。据工商银行统计,在工商银行开户的4万户国有企业自有流动资金在1995年末已成为负数,全部为银行贷款和其他借款构成。银行贷款的这种财政性垫付,导致两种情况,一是当企业已经失掉市场不再有取得贷款能力时,银行对这些企业原有的财政性垫付贷款立即变成呆滞呆账贷款;二是当企业还有一定市场时,这些对企业的财政性垫付贷款就以"借新还旧"、"还旧借新"的滚动延续方式周转,成为永久性的"无期"贷款。这些贷款具有极大的风险,经济和市场一有风吹草动,这些贷款就会立即滑向呆滞呆账的不良资产之列,形成银行资产的最大隐患。顺便讲一个问题。从去年下半年特别是今年以来,国家加强了宏观调控,为抑制过高的投资热而收缩了贷款供应总量,企业又开始反映,缺资金,尤其是缺流动资金。于是近来社会上又开始批评银行过分收缩了贷款,说尤其不应该收缩流动资金贷款,呼吁银行增加流动资金贷款。银行为什么会收缩流动资金贷款?企业为什么会缺流动资金?只有对我国的特殊情况有所了解的人才会对这个问题有正确的理解。其实问题根本的原因就是企业没

思索的声音

有自己的流动资金，银行跟随市场的变化对贷款稍有收缩都会引起企业流动资金的不足。企业一离开银行贷款就无法生存。所以，每次当宏观调控收缩贷款总量时，企业立即就会反映出流动资金不足的现象，迫使银行再度放松贷款，宏观货币供应量又再度扩大乃至膨胀。从 20 世纪 80 年代末期起至今我国都跳不出宏观调控的这种怪圈，根本原因正在于企业缺乏最基本的自有流动资金这一点。正由于企业的流动资金主要是银行贷款组成，所以企业形成了流动资金应当由银行配给的依赖思想，在生产过程中千方百计挤占挪用流动资金，使得本就不足的流动资金被东抽西挪地几乎总处于短缺状态，形成了企业流动资金永远填不满的黑洞。由此还形成另一个中国特有的怪现象，即由于企业的资金绝大部分是银行贷款组成，因此每一次宏观调控调整企业的生产能力，受损失的主要并不是企业，而总是银行贷款，伴随宏观调控的松松紧紧，银行贷款一次次大量呆滞起来。

我国经济转型成本向银行转移的典型表现之三是，国有银行承担了大量政策性融资责任。长期以来，国有银行为配合国企改革和社会稳定与发展承担了巨额成本。一是承担了政策性放款任务，大量政策性贷款演变成不良贷款。据不完全统计，工商银行 1997 年 6 月以前发放的贷款中，因政策性因素造成的不良贷款占工商银行全部不良贷款的 54.84%。目前，工商银行仍有因政策性因素造成的 2 080 亿元不良贷款尚未剥离。二是承担了维持企业稳定的沉重负担。为使企业在社会承受力许可的限度内顺序退出，各级政府对濒危企业采取的措施首先是要求银行继续投入贷款"扶一把"以"挽救"企业。由于这种"挽救"行为，国有银行有大量贷款占压在运转不良的企业中，这些贷款大多已变成不良贷款。本质上讲，这也是社会经济转型必付成本的转嫁表现之一。从这个问题我们可以进一步考虑一个更深层次的问题，即在我国经济改革中，金融改革究竟是应当超前，还是滞后，还是同步？这是经济金融界争论已久的问题。我的看法是，中国的金融改革相比经济改革应当滞后，并且在事实上已经滞后，这种滞后是中国特色决定的。这是因为，在中国改变了经济体制和发展模式后，原来统包建设资金供应的财政资金迅速收缩，银行资金迅速替代财政资金承担起我国建设资金供应的重担，支撑起中

国有独资商业银行的改革问题

国经济发展对资金的需要。如果金融改革在经济之前，银行的市场化在企业的市场化之前，那么，大量建设项目就找不到资金供应，大多数企业都要破产，中国连续二十多年的经济高速增长社会基本稳定的奇迹就不会出现。渐进的中国金融和经济改革要求银行担负起全社会转型的成本，银行必然是最后一个转向市场的。这不是理论上说对与不对的问题，中国的改革发展实际就是如此。三是经济重复建设造成了大量不良贷款。我国经济的重复建设顽症从根本上讲是资源的计划配置体制逐渐消亡后，利用市场高效率优化配置资源的体制尚未完全建立起来的机制失调的结果，也是分级财政体制下，地方追求局部利益的结果。基本上属于经济运行机制的矛盾。由于社会资金配置的主渠道还是银行，又由于银行长期以来并不能做到自主经营，造成大量贷款跟进各地的重复建设，并随着重复建设项目的恶化或失败而转为不良贷款。

总结上述可以看出，国有银行不良贷款产生的原因是经济转型成本的转移。因此，在政府为经济转型支付的改革成本中必须应当包含银行不良资产问题的解决，这是政府必须支付的一笔转型或改革成本。对于这一点一直有争议，直到近一两年才算有了比较明确的定论。我记得2001年为筹备中央金融会议，人民银行组织了七个研究组负责提供会议基础资料。我当时被戴相龙行长指定为"国有银行改革组"的组长。在我们为中央金融工作会议准备的材料中提出了国有银行改革发展必须解决的几个重要问题，其中之一就是关于国有银行不良资产的产生原因和解决办法的意见。我们认为，国有银行的不良资产就是国家经济转型成本的体现，因此国家必须从资金和政策上考虑帮助国有银行解决不良资产问题。当时占主流的观点是，在不良资产的诸多成因中，银行经营管理不善是主要原因，消化不良资产是国有银行自己的事，国家必须支付的改革成本中不应包含银行不良资产消化这一笔。所幸的是中央实事求是地接受了我们的观点。在2002年召开的金融工作会议上时任总书记的江泽民深刻地谈到了这一点，他说，《商业银行法》已经明确了国有银行是企业，但是长期以来，我们并没有把银行当做企业，而是当做政府部门和财政部门，国有银行的不良资产、经营亏损和企业逃废债皆由此而生。这是对我国银行不良资产问题产生原因的非常到位的认识，也是彻底解决银

思索的声音

行不良资产问题的基础。如果承认国有银行为国家经济转型付出了成本,那么,当国有银行必须转向市场时,国家就必须为银行支付转型成本。或者说,必须把银行为政府垫付的经济转型成本归还银行。因此,国家对国有银行采取剥离不良贷款和注资方法就是理所当然的了。实际地说,尽管政府在1999—2000年已经为国有银行剥离了1.4万亿元不良资产,但并未能彻底解决问题,国有银行的不良资产率仍然很高。这些不良资产如全凭国有银行自身用积累的利润消化,需要太长的时间。据人民银行的一个计算,四家国有银行要把不良资产比例压在6%以下,最快的也要在2008年才能解决,最慢的大约要在三十年后。工商银行要在2010年左右。而到2006年我国的加入世贸组织过渡期就结束了,届时国有银行的不良资产问题如还不能解决,就将丧失国际竞争能力,就将面临破产的命运。因此国家必须出手相助,力争用尽可能短的时间在2006年前基本解决国有银行的不良资产问题。正是有鉴于此,国家才会在2000年为国有银行剥离1.4万亿元不良资产的基础上,于2003年选择中国银行和建设银行进行股改上市试点时,首先从对两家国有银行注资解决两行的不良资产入手。国际国内有不少学者对此不解,认为国家剥离和国家注资都是政府包办,是非市场行为。其实,一把钥匙开一把锁,中国国有银行的不良资产问题本就不是市场经营的结果,用市场办法是无力解决的。

(三) 国有银行为什么要整体上市

国有银行的上市方式可以有两种:一种是"整体上市",指四大国有银行全系统整体上市;另一种方式是"分拆上市"。分拆上市又分为两种方式,一种是业务或资产分拆上市,即把有效的盈利资产或业务组建为总行控股的金融子公司,分别上市。另一种方式是机构分拆。即将国有银行经营好的分行或单个或捆绑拿来上市。

目前,中国银行、建设银行在其公开的声明中已经宣布将在条件成熟的时候整体上市。工商银行在正在报批的改制方案中选择的同样是整体上市。为什么国有银行都选择整体上市而不选择分拆上市呢?简单地说,在宏观上是为了适应国际潮流,抗衡国际竞争;在微观上是为了尽快解决全系统的问题。我们认为,分拆上市实际上是分散了我国的银行系统,这种分散无论对国家还是对银行都不是个好的选择。从宏观角度看,整体上市是有个资本市场的承受力问题,但这是个可解决的技术问题。在当今国际银行业大规模兼并加速资本集中的趋势面前,中国的银行业应保持规模巨大和资本相对集中的优势。股份制改造和上市都应有利于巩固和加强这个优势。如实行分拆上市就会打破国有银行总行一级法人制,改行多级法人制,从而改变四家国有银行统一调度资金统保支付的架构,变"四条强龙"为无数条"地头蛇",导致民族银行业的分散,削弱民族银行业的抗风险能力和国际竞争力,对国家宏观调控和我国的经济金融安全也十分不利。所以,国有银行应整体上市。整体上市的困难在于,国内外市场是否有足够的容纳力。但这是个可以在技术上解决的问题。从微观的角度看,国有银行不选择"分拆上市"方法有利于国有银行尽快解决历史问题和及早实现转制。以工商银行为例,工商银行经慎重考虑不准备实行分拆式上市方法,其主要的考虑是:第一,从国际银行业发展趋势和我国实际国情出发,工商银行宜保持集中体制,而不宜分散;分散不利于竞争,也不利于国家的金融安全与稳定。第二,从尽快解决国有银行现有困难和问题的实际出发,保持集中有利于集中力量解决问题,把好的分支机构分拆出去将使国有银行整体解决问题的时间大大推迟。第三,从国际上看,银行上市大多为整体上市,鲜有分拆上市的,因为以货币为对象的银行经营具有不可分的特殊性。所以,工商银行权衡利弊,认为整体上市要现实些。

(四) 股份制改造不一定只有上市一条路

我个人认为,上市只是国有银行股份制改造的道路之一,既不是第一,更不是唯一。国有银行实施股份制改造的目的是完善治理结构和彻底改换经营机制。上市并不能完全解决治理结构和经营机制的缺陷问题,为了上市而上市就更不能解决国有银行的经营机制问题。我个人认为,上市也许不一定是最好的方法。通过国有企业和金融机构间的相互参股也许是更为有效的方

思索的声音

法。改制要解决的关键是国有银行经营机制的非市场化问题。阻碍国有银行经营市场化的根本症结在于国家对国有银行的产权管理关系没有理顺,上市的目的是想通过国家股权一定比例的释放换得新的市场机制的引进。但是我担心这只是理想化的设想,实际上难以实现。因为,仅对国内个人投资者和国际投资者公开发行股票的做法会使银行改制陷入一个两难的境地。即国家股权如果释放多了,就保证不了国家控股,就会影响我国经济金融稳定和自主的大局。特别在我国境内缺乏足够实力的投资者的条件下,公开发股只能主要面对国际市场的投资者,如果释放太多显然会影响我国经济金融的自主;如果释放的少了,例如,把20%或再多一点的股份公开在国际国内发行,还有75%~80%在国家手中,市场化的投资者没有得到足以影响银行经营决策的发言权,何谈引进他们的经营机制问题?所以我认为,对国有银行改制来说,第一,重要的是国家一定要重新构建对银行的管理架构,分离政府宏观调控职能和出资人的职能,使国有银行确实能够以营运资本的保值增值为第一和唯一的目标,这是国有银行改制和市场化经营的前提。这个前提不具备,即使上市也没有用。第二,为解决引入新机制的问题,除上市外可以考虑实行国有企业和金融机构间的相互参股,在中国目前没有足够实力的民间投资者的条件下,大型国有企业和国有金融机构是最有实力的机构投资者,应当允许它们间相互参股,以解决国内市场容量不足,避免被迫过多转向国际市场带来的股权流失问题。当然也不排除公开上市对个人投资者和国际投资者发股的方式,但不能仅依靠这一方式。允许国内金融机构间相互参股,比只允许公开对个人和国际投资者发股对国有银行改制的作用会更大些、更实际些。大家可能主要担心国有银行和国有金融机构的机制都不是市场化的,相互参股还是老样子。我觉得我强调的是,在国家分离政府职能不再插手企业、银行经营前提下的国有企业和金融机构间的相互参股,首先解决了国家的非理智行为后才有可能解决银行和企业的经营机制市场化问题。在这个前提下,金融机构和企业间的相互参股同样可以带来不同利益主体间的相互制约和防止内部人问题发生的控制机制,建立良好的治理结构。所以,我呼吁国家应进一步放松对企业和金融机构间参股的限制,这样既可解决由于国家股权释放太多而可能造成的资本流失问题，又可解决由于股权释放太少而可能造成的形不成影响、无法成功引入新机制的问题。我始终认为，不要只搞一个模式，应允许多方式多渠道的进行改制，要打破"上市万能"、"一股就灵"的神话。譬如，工商银行就可以走以国内机构间相互参股为主的股改道路，不一定把全部希望都寄托在海外上市上。

二、国有银行改革的深层次问题

我国国有银行有许多独特的特点，这些特点使得它的问题和解决的方法不同于国际所谓的惯例。不了解国有银行的特殊性及其表现，就谈不上国有银行的改革和其问题的解决。所以我下面要介绍一下国有银行比较内部的或深层次的问题。

（一）国有银行与国家的关系

首先，我们应当了解国有银行的老板究竟是谁？在去年的"两会"上有一个笑话，即代表们搞不清究竟谁是国有银行的老板。我们的老板的确很多，有人民银行、财政部、银监会、国家计委（发改委）、国家经贸委、各级政府等。人民银行管资金总量、管资金投向，银监会管市场准入、管退出、管人员资格、管干部任职；国家发改委管投向、管总量、管拼盘；国家经贸委（在未改为"国资委"前）管投向、管投量、管拼盘、还管"剥离"；各级政府管投向、管投量；只有财政部是管成本、管费用、管资本金拨补的。然而，非常有趣的是，所有对银行资金投向投量有发言权的政府或部门，对银行的成本收益和资产质量都没有任何责任，因而也不关心，也没有兴趣；而唯一对银行有资本控制权和财产处分权，因而应当关心银行成本收益的财政部，又对银行的经营方向和投向投量没有一点发言权。这样造成的事实就是，没有任何部门或任何一级政府对银行的盈亏感兴趣，或负责任。这是国有银行改革二十多年来至今没有解决的最主要问题。这就是我将在后面讲到的国有银行的所有者"虚位"问题。这个问题不解决，国有银行的改革难有实质性进展。即使股改上市也未必能解决问题。

‖ 思索的声音 ‖

其次,我们应当了解国有银行在经济和社会发展中扮演的角色是什么。改革二十多年来国有银行不是企业,实际上一直是政府的宏观调控工具。首先是金融总量的调控工具。不是社会资金供求和银行的效益决定银行资金的投量和投向,而是经济增长速度、结构平衡和社会安定团结的需要决定银行的投量和投向。客观地说,以国有银行为宏观总量调控工具可谓收放自如,确保了我国经济二十多年来活而不乱。例如,1984—1988年、1992年、2002年、2004年在经济出现失控和过热或过冷时,通过对国有银行资金投量的收缩或扩张,顺利实现了中央政府宏观经济的调控意图。并且,如前面分析,银行还是政府的第二财政,银行替代财政成为中国经济建设资金的主要供给者,支撑中国经济高速增长了二十多年,支持社会平稳改革了二十多年。

然而,作为代价的就是几万亿元银行不良贷款的堆积和银行改革的滞后。这就是我们前面所讲的银行是"制度转换成本"或"经济社会转型成本"的承担者。在中国,金融先于经济改革是不可能的和灾难性的。

再次,我们应当了解国家对国有银行的资本拨补制度是怎样的。国有银行一直是由国家、具体说就是由中央财政拨补资本金的。大体分三个阶段或三种方式。从1979年起到1993年为第一阶段,实行的是用国有银行利润返还增补资本金的做法。即把国有银行每年税前利润的25%在上缴财政后返还银行作为财政拨补的银行资本金,入银行资本金账户。1993年7月1日后为第二阶段,财政部实行新的金融会计准则,全面调整了银行的成本和利润账户,银行的资本金增补变成了提取每年税后利润的5%增补资本金,进银行的资本公积金账户。在这种方法下,银行每年的资本金补充仅有税前利润的2%,几乎没有了。所以,1993年后,银行的资本金不足问题凸显出来。第三阶段是1997年至今。1997年亚洲发生金融危机,中央召开第一次金融工作会议,形成一系列防范金融风险的措施,其中之一就是为国有银行一次性地拨补资本金。1998年,中央财政发行2 700亿元特种国债,专门用于增补国有银行的资本金。以工商银行为例,当年增补了900多亿元,资本金由700多亿元增加到现在的1 780亿元。此后,于2003年12月国务院为中国银行和建设银行两家国有银行又再度注入450亿美元的资本金。这两次增补都是很有效的，但也都只是一次性的。从长远看，仍然没有一个常规的资本金补充机制。实际上，按人民银行给国务院的报告，按国际巴塞尔协议的标准，国有银行的资本金严重不足，扣除不良资产后的资本金为负数。即将开始的下一阶段，应当是国有银行建立常规的有效的资本金补充机制阶段。已经和正在开始的方法主要有两点，一是在资本市场上发行次级资本债券，补充银行的次级资本。中国银行和建设银行已分别实施了。今年7月中国银行率先在国际市场上发行了140.7亿元的次级资本债券；随后的八九月建设银行先后两次发行了230亿元的次级资本债券。二是发股募资补充核心资本。这将在明年以后中建两行的上市中和其他国有银行今后的陆续上市中得以实现。

最后，还应了解一下国有银行的工资制度。迄今为止，国家对国有银行实行的是事业单位的工资管理制度。虽然国家从1988年起已经明确，国有商业银行从政府序列中退出。但是国家对国有银行的工资管理制度却一直没有任何变化，即始终将国有银行当做有收入的事业单位，实行"工资总额管理"。所谓工资总额管理就是先计算出一个人均的月工资和月奖金后，乘以一个银行的全部职员数，得出该行的工资总额。不论国有银行是盈是亏、不论盈利多少，国家核定的工资总额是不变的。在这种工资管理制度下，国有银行的激励机制很难建成。目前在工资总额控制下的工资改革，并没有走出困境。尽管2002年的中央金融工作会议已明确要逐步取消对国有银行的工资总额管理，但是，至今还未真正执行。

（二）解决国有银行问题的关键所在

我认为对国有银行来说，改革的关键问题并不是注资和上市，而是建立和完善公司治理结构，改变和理顺国有银行与国家的关系。中国国有银行的根本问题并不在于它的"国有"，而在于国家对国有银行的治理在结构上的不合理，存在严重缺陷。说作为所有者的国家在对国有银行的管理上存在严重缺陷是指，国家对国有银行的"产权管理关系"不清。何谓"产权管理关系"？我认为，产权管理关系是产权制度核心之一。理论上说产权制度至少包含两个核心内容，一是产权归属制度及其归属关系；二是产权管理制度及其

思索的声音

管理关系。前者是指资产归谁所有；后者是指所有者对自己产权的管理制度，包括为实现所有者对资产的所得权、控制权和处分权而实施的所有权管理与控制。根据这个定义，很显然，我国国有银行制度的弊端并不在于产权归属制度及关系，而在于产权管理制度及关系。事实上，我国国有银行的产权归属关系十分明确清晰，就是完全的国家所有，不存在所谓的"产权不清"或"产权关系模糊"问题。真正的问题在于国有银行的产权管理关系不清不顺，也就是国家虽有所有权却没有实施其对国有银行所有权所必需的管理制度和手段。由此造成国有银行治理结构的三大缺陷。一是"所有者虚位"。名义上国家是国有银行所有者，但由于国家的抽象性而使其无法实际承担所有者的经济责任，无法实际行使所有者的权利，所有者到不了位。二是"所有权管理缺失"。国家虽然是国有银行的所有者，但是缺乏为确保其所有权实现的必要管理，即没有任何机构和制度对国有银行所经营的国有资本的保值增值实施必要的管理和约束，表现为典型的"所有权管理缺失"。三是所有者管理意图不清，造成国有银行经营目标混乱。长期以来，政府把国有银行当做宏观调控和公共管理工具，将公共管理和宏观调控目标作为对国有银行的管理目标，要求国有银行对经济发展和社会稳定负责，致使国有银行作为国有信贷资本的经营者，无法专心地对银行经营的安全和效益负责。国家将公共管理和宏观调控职能加于国有商业银行的结果就是，国有银行具有"第二财政"和货币经营企业的双重角色，经营目标多元化，经营行为财政化政府化，经营责任难以落实，管理的重心无法集中在风险的防范和效益的增加上，大量不良资产和财务损失皆由此而生。显然，国有银行治理结构的缺陷是造成目前国有银行经营机制非市场化现状的主要原因。

　　当然，国有银行自身管理结构上也存在严重的缺陷。目前我国国有商业银行尚不是公司制的银行，根本上说，其所有权和经营权尚未彻底地分离，政企不分的旧体制色彩还较浓厚；其经营机制本质上讲，还是计划经济体制下形成的行政性或计划配置性的运营机制。对照国际巴塞尔委员会关于"健全银行的公司治理"的八条要求和我国银监会、证监会对上市银行、公司的有关要求，我国国有商业银行自身管理架构上存在的主要缺陷是：市场化的经营理念尚未真正形成；决策与经营的责权不清，缺乏有效的制衡；内控体系不够健全，控制不够有力和有效；业务流程和管理流程尚未完全实现向以市场和客户为中心的模式的转变；全面有效的风险管理体系尚未完全形成；内部资源配置仍遵循"平均主义大锅饭"的原则；经营结构和增长方式还没有完全从盲目追求规模和数量扩张的旧模式中摆脱出来；人力资源管理还很薄弱，对管理层和员工的激励机制和约束机制尚未真正建立起来；经营信息在银行内外都没有实现充分的流动和应有的公开，因此国有银行的经营效率和信息透明度很低。

显然，治理结构存在的严重缺陷是阻碍国有银行市场化转制的症结所在。这一次国家选择部分银行进行的股份制改造的目的，就是要通过公司治理结构和机制的完善，调整国家同国有银行间的关系，还国有银行的企业的本来面目，促使国有银行经营机制实现市场化转变。这个问题不解决，国有银行的股改和上市就失去了意义。

（三）国有银行改革的根本出路

1. 私有化不是国有银行改革的出路。

私有化不仅对国有银行是死路对国家也是死路。我不同意"世界银行"等所谓外国专家关于中国银行业只有通过私有化才能实现市场化的意见。我承认欧美国家国有企业大多通过走私有化的路实现了市场化，东欧国家近年也是通过私有化实现了银行的市场化。但是，中国不同于其他任何国家，有自己的国情，应当走一条自己的路。

什么是中国国有银行转向市场化的道路？我认为就是不通过私有化而实现市场化的道路。中国的国有银行为什么不走私有化道路？第一，中国的国有银行不能私有化。中国是一个储蓄率极高的国家，适合于"间接金融为主"的融资方式。新中国成立五十多年来，特别是改革开放二十多年来，我国一直实行"银行为主体的间接金融为主"的融资模式。这种模式与社会主义以全民所有制为主体的基本经济制度相适应，对于有效使用有限资源，集中国力办大事，迅速改变经济落后局面，保持经济社会稳定高速发展起到了至关重要的作用。在间接金融为主的国策不变的条件下，银行是社会资金这一最

思索的声音

主要的经济资源要素的主要分配渠道和"主蓄水池"。国家只有通过对银行的控制才能实现对经济全局的控制。私有化意味着分散化,意味着国家对银行控制权的丧失,这对于正处于经济起飞阶段的中国,无疑是场灾难。前苏联的教训值得汲取,所以中国的国有银行不能实行私有化。第二,中国的国情不适应私有化。东欧国家在政局体制剧变后,对国有银行实行了私有化,并通过私有化实现了市场化。但在同时,这些国家也都放弃了金融的自主权。有资料表明,大多数东欧国家70%的银行资本已通过出售为外国资本所有。当一国金融资本为外国资本控制时,就意味着这个国家放弃了金融和经济的自主权。我曾经问过匈牙利前中央银行行长一个问题,在一国银行资本75%为外国资本所有的条件下,当国际上发生像东南亚金融危机一样的金融动荡时,这些国家怎样防止资本的外逃?他回答不了这个问题。为什么东欧等国家会放弃金融的自主控制权呢?是因为这些国家有加入欧盟的前景,并且一直在积极争取这个前景。对于欧盟来讲,政治、军事、经济、法律、贸易、货币、银行、金融、市场等的一体化淡漠了各成员国的经济金融自主的必要性,东欧等国家当然可以放弃金融自主权以换取进入欧盟的前景。这对中国来说就不适应。我们这么大的国家,加入哪一个联盟?我们没有加入任何联盟的可能,只有靠自己,只能走自力更生的路,金融自主是我国独立自主的基本需要和条件。在中国现阶段搞银行的私有化,由于国内缺乏足够的有实力的购买者,实际上只有把银行卖给外国资本,就如同前苏联和东欧一样。那样,中国将丧失掉金融的自主权,进而丧失经济自主权,回到六十年前的殖民地经济中去。这是绝对不可以重复的历史。所以,东欧式的市场化道路不适应我们中国。第三,改革和开放的稳定性决定中国不应对国有银行实行私有化。中国所搞的市场经济是社会主义的市场经济,不是西方式的市场经济。两者的区别除了基本经济制度和经济发展目的的不同以外,就在于宏观调控和市场的作用不同。西方的市场经济是强调市场的决定性主导地位和作用,只是在市场失灵的时候和条件下,才强调和发挥政府宏观调控的作用。中国的社会主义市场经济不同,正如党的十六届三中全会决议所指出的,它是"在国家宏观调控下,发挥市场对资源配置的基础作用"。我理解这里有两

国有独资商业银行的改革问题

个基本点：一是在中国，市场是在宏观调控的前提下发挥作用的，而不是自发地发挥作用；二是市场对资源的配置作用只是基础性的，不是主导的，在资源配置中发挥主导作用的是宏观调控。这就是中国经济与西方经济同是市场经济却存在着的最大不同。回顾我国二十多年的改革历史，虽历经沧海桑田的变化，但始终保持平稳渐进，既没有发生经济危机，也没有发生政治危机，既取得了经济高速发展的骄人成绩，又保持了社会稳定和党的领导、社会主义制度，靠的就是强有力的宏观调控。其中，国家通过对银行的控制达到对经济的控制是二十多年宏观调控的基本经验（写入了十六大的决议）。这是我们党和国家能够成功地避免苏东丧失政权悲剧重演的重要原因所在。我国目前还处在经济起飞阶段，还没有完成现代化的进程，能否保持强有力的宏观调控事关经济平稳较快发展和稳定的改革开放的大局，而国家对银行是否能够保持控制力是国家能否保持宏观调控效力的关键。国有银行私有化将使国家丧失对金融的宏观控制能力，从而导致经济发展和改革开放失去了稳定的基础，这是万万要不得的。苏东改革失败乃至政权变色的教训之一也正在于此。所以，中国的国有银行不能实行私有化。

还有一点值得特别说明的是，中国国有银行现在进行的股份制改造试点并不是"私有化"。在我们现在的学界和业界有一种很糊涂的认识，似乎股份制是私有制的同义词，股份化即等于私有化。其实这是不对的。股份制并不是"私有制"，股份化的前景也不是私有化。股份制在西方是指一个私人的封闭的企业或单位的公开化社会化。马克思早就说过，股份制是对私有制的内部扬弃，是新的公有制的胚芽。股份制其实不是所有制本身，只是既定所有制的存在形式。它可以是私有制的存在形式，也可以是公有制的存在形式。所以党的十六届三中全会决议指出，股份制将成为我国公有制经济的主要存在方式。目前国有银行正在试点的股份制改造并不是私有化改造，股份化改造后的银行仍保持国家控股，上市的银行仍然是国有控股银行。国有银行上市的根本目的不是释放多少国有股权，而在于通过上市的产权重组实现银行公司治理结构的建立和改造，进而实现银行经营机制的市场化转变。通过完善公司治理结构和彻底转变经营机制，走市场化经营的路，这才是国有银行

思索的声音

改革的根本出路。

2. 怎样完善国有商业银行的公司治理结构。

首先，要分离政府职能。我们前面分析了国家作为国有银行所有者在对银行管理上存在的严重缺陷。这些缺陷概括起来就是，政府的公共管理职能和它作为所有者的职能没有实现分离，这是包括国有银行在内的国有企业搞不好的根本原因。所以，政府职能的分离构成了国有银行建立高效治理结构、转换经营机制的前提和外部条件。分离政府职能有三个要点：一是分离政府公共管理宏观调控职能与所有权管理职能。在政府诸多管理职能中，把国家对国有银行的所有权管理职能分立出来，使之与国家的公共管理、宏观调控和政策制定等职能相分离。二是建立单独的国有银行所有权管理职能部门。从政府诸多管理机构中分设出专司国有信贷资本（国有金融资本）管理的职能机构，专门行使国家对国有银行（国有金融机构）资本的所有权管理。这个独立的所有权管理机构的职责是单一的，即仅对国有信贷资本（国有金融资本）的保值增值负责。三是对国有银行实行单一经营目标约束。在政府职能分离条件下，对国有银行实行国有信贷资本保值增值单一目标约束，使国有银行不再承担公共管理和宏观调控等政府职能，真正实现政企分开，实现经营目标单一化和经营机制市场化。目前，国家已经建立了中央、地方两级国有资产专职管理机构，即"国资委"，这意味着政府分离职能，分设独立国有资产所有权管理职能的改革已经开始。党的十六届三中全会进一步明确指出，要坚持政府公共管理职能和国有资产出资人的职能分开，督促企业实现国有资本保值增值。这意味着以政府职能分离为标志的国有资产管理体制改革的进一步深化。金融管理体制要跟上经济管理体制改革的步伐，尽快实现政府公共管理职能与其对国有独资商业银行所有权管理职能的分离，尽快实现国家对国有金融资本管理的专业化和职能化，这是国有银行构建高效公司治理结构的前提，也是国有银行实现向现代金融企业转轨改制的前提。

其次，国有银行自己也要努力转换经营机制，建立和完善公司治理结构与机制，进行脱胎换骨的革命和改造。

关于银行改革发展的几个重要问题[①]

一、中国银行业改革发展面临的主要问题

(一) 中国银行业的历史问题

1. 不良资产包袱是国有银行最大的历史问题。

不良贷款比例过高是至今仍存留在国有银行的最沉重的历史问题。从1999年起,中央和国务院作出成立资产管理公司,剥离国有银行不良贷款,实行债权转股权的英明决定。通过剥离,国有银行甩掉了一大块不良资产的负担。但是,由于不良贷款的基数过大,又由于正常的存量贷款中不断暴露出更多的不良贷款,使得2000年以来各家国有银行的不良贷款比例仍然过高。据了解,剥离后的第一年即2001年,各家国有银行的三项贷款比例仍高达25%左右。其中,工商银行的三项贷款比例达29%,农业银行的三项贷款比例高达39%。自2000年剥离后,国有银行将几乎全部的精力放在了不良资产的消化和处置上,不良贷款比例以每年4个百分点的速度持续下降,使得总体贷款的质量出现了止降回升的转折。目前,四家国有银行存量不良贷款的平均比例已降至20.36%的水平。尤为可喜的是,增量贷款的不良率已基本得到控制。据了解,各行2000年以来新增贷款的不良率一般不超过2%。其中,工商银行2000年以来新增贷款的不良率仅有1.62%。应当说增量贷款的质量已经出现了根本好转的拐点。但是整体衡量,贷款的不良率较之一般仅

[①] 这是作者2004年在宁波大学的讲课稿。

| 思索的声音 |

有3%~5%的国际水平仍然过高,彻底扭转过高的不良贷款比例使之降至5%以下尚需时日。

2. 不良资产历史问题产生的原因。

我国银行不良资产问题十分复杂,其产生原因有多种。国际来看,银行不良资产的产生通常有两种情况,一种是银行自身经营不善导致,通常表现为个别银行或一部分银行的个别现象;另一种则由于国家经济出现危机或出现大的经济结构与模式的转型,导致银行贷款由于生产要素的呆滞而大量坏死,通常表现为一国几乎全部银行的相当比例贷款的坏账。我国银行不良贷款问题恰属于第二种,因而其产生的原因和解决的办法,都不能局限于国有银行自身。我们说,国有银行的不良资产及其比例居高不下问题的产生,固然有国有银行自身不适应市场经济、管理经营不善的原因,但更为深刻的原因还在于经济,在于已经过去的二十多年和未来的近二十年,我国正处于并还将处于经济转型和经济结构调整期。实现这种经济转型和结构调整是需要付出代价的,国际上称之为转型成本。在中国,国有银行的不良贷款是我国经济体制转换、国民经济结构调整不可避免的转型成本的体现。对于这个结论我用了整整一本书来论证,这就是我的博士论文,书名叫《中国不良资产和不良债务的化解》,大家有兴趣可以找来读一读。我今天不去做复杂的理论论证,我仅用几组数据来直观地说明,为什么国有银行的不良资产是我国经济转型的成本转移。

我国经济转型成本向国有银行转移的典型表现之一是,企业破产以废债为代价。我国经济从1979年起开始由计划经济向商品经济继而向市场经济转轨。这种经济转型不可避免地要求社会付出相对应的成本代价,突出地表现为企业的破产和衰落。我们分析了一下,导致企业破产和衰落的宏观原因大体四类,第一类是国家计划体制为市场机制取代,原来产供销完全依靠计划供给保障的企业有相当部分转不过来,失掉了市场,由于不适应而衰亡。例如,一大批军工企业和商业物资批发企业。第二类是产业的替代和技术的更新,一批处在夕阳产业的企业由于新兴产业的替代而失掉市场和生存理由,因而衰亡。例如,无线电产品为新型家电和电子音响产品替代,无线电行业几乎全军覆没；又如对纺织业压锭限产，使得一大批以生产纺锭为主的纺织机械厂倒台。第三类是行业调整。近十年来国家加大了对行业的结构调整力度。特别是近几年加大了对冶金、纺织、煤炭、石化等行业限产压产的调整力度，大批企业倒闭退出。第四类是企业为开拓和适应新的市场与机制交付了学费。市场经济本身带有相当的自发性和盲目性，特别在初期不少企业在市场商海中翻了船。不仅夕阳产业和旧体制导致企业破产，我国的新兴市场就是一大批企业以倒闭的代价换来的。例如，20世纪80年代十分红火的家电企业、无线电企业、服装企业等，都因不能跟上市场的变化而大批倒闭。所有这些经济转型难以避免的转制成本或代价在任何转型国家中都存在，这一点无论中西概莫能外，并不是中国独有的。唯一不同的是，由于我国企业和银行的所有制与西方国家不同，因而转制的代价和成本并不是主要由企业的私人资本所有者承担，而是由国有银行承担了。

那么，经济转型成本为什么不由国家或企业直接承担而由国有银行承担了呢？这是我国独有的特色。

中国经济转制的最大特色之一就在于，企业退出的转制成本转移到银行身上，由银行以不良贷款的形式承担了。造成这种状况的根本原因在于中国经济所具有的两大特点。一是改革以来，由于长期坚持以间接融资为主的方针，中国企业取得资金的渠道十分狭窄，几乎只有向银行贷款一条渠道。当然，在改革前中国企业主要由财政拨资金，中央财政拨款几乎是企业唯一的资金来源。改革后银行迅速代替财政成为企业资金的主供应渠道，特别在1983年实行"拨改贷"和"银行统管企业流动资金"以后，国家财政不再对国有企业拨付资本金和流动资金，企业的资金来源几乎只有向银行贷款这一条渠道。虽然近十年企业的直接融资有所发展，但企业通过资本市场直接得到的资金总量大体只相当于贷款总余额的10%。由此导致中国经济的第二个特点就是企业的负债率特别高。据我们了解，我国工业企业平均的资产负债率已接近80%，其中，在工商银行开户的四万户国有企业1998年末平均的资产负债率为77.2%。其中资产贷款率（贷款/资产）为70%。这两个数据表明，我国企业的负债率过高。在企业过高的债务中，绝大部分是向银行特别

思索的声音

是向国有银行的借款。有数字表明,在国有银行9万多亿元的贷款中,大约80%是对国有企业的放款。以工商银行为例,直到1996年末,工商银行对国有企业放款的比重仍占其贷款总余额的86.6%。也就是说,在企业的全部资金构成中,不仅流动资金,包括固定资产、设备以及以企业应收账款、发出商品等形式存在的资产,绝大部分已成为银行贷款的转换形式。所以,当企业因种种原因不适应经济转型而发生亏损甚至是倒闭破产时,这种生产要素的损失或死滞就大部分甚至全部表现为银行贷款的损失或死滞。当企业以破产的方式退出市场时,所付出的代价主要表现为对银行贷款的冲销。有数据表明,银行贷款在企业破产中几乎全部丧失。据工商银行统计,在1995年和1996年涉及工商银行贷款的企业破产终结户有5 128户,涉及工商银行贷款本息280.6亿元,经法院终裁工商银行贷款受偿额仅有41.8亿元,受偿率不足15%,损失率却高达85.1%。除了合法破产外,实际中尚存在大量非法破产和以逃废债为目的的恶意破产。在这类非法恶意破产案中,银行的受偿率更是低至0.02%,甚至为零。据工商银行统计,截至2000年6月末,工商银行开户企业中有15 000户企业有悬空逃废银行债的行为,工商银行被逃废贷款的金额达1 140亿元。这是企业以死亡方式退出市场而形成的转型成本向银行转嫁的典型表现。

我国经济转型成本向银行转移的典型表现之二,就是国有银行近些年不良贷款的增长主要集中在国家有意调整的那些行业,银行不良贷款具有明显的产业和行业特征。据工商银行统计,截至2000年末,在工商银行开户的40万户法人企业的贷款中,三项贷款比例超过26%的,主要集中在冶金、煤炭矿采、机械制造、纺织、造纸、食品类轻工业和批发业。这些行业贷款中,不良贷款比例最低的也有25.3%,最高的达59.46%。由于这些行业企业的资产负债率平均比较高,其市场销售不畅及行业结构调整的代价与成本就突出表现为银行贷款质量的恶化和不良贷款比例的居高不下。

上述是经济转型成本向银行转移的显性表现。除此以外,经济转型成本还以隐性方式向银行转移,从而构成银行潜在的资产风险。银行贷款的财政化垫付,就是经济转型成本向银行转移的隐性表现。自从1983年财政停止对企业拨付流动资金改由银行统管后，银行接替财政成为企业流动资金的供给者。在20世纪80年代前，企业的流动资金全部由财政拨付。1983年改为由银行统一管理时，国家规定，企业应有30%的自由流动资金，原财政拨付部分全部作为企业的定额流动资金，不足部分由银行补足。但实际的发展却是，从20世纪80年代中期起，企业应自备的30%自有流动资金和企业必有的70%原计划拨付的定额流动资金的不足部分，均由银行贷款补足。经过十多年的损耗，企业原有财政拨付的流动资金已损耗殆尽，全部为银行贷款所充填和置换。据工商银行统计，在工商银行开户的4万户国有企业自有流动资金在1995年末已成为负数，全部为银行贷款和其他借款构成。银行贷款的这种财政性垫付，导致两种情况：一是当企业已失掉市场不再有取得贷款能力时，银行对这些企业原有的财政性垫付贷款立即变成呆滞呆账贷款；二是当企业还有一定市场时，这些对企业的财政性垫付贷款就以"借新还旧"、"还旧借新"的滚动延续方式周转，成为永久性的无期贷款。这些贷款具有极大的风险，经济和市场一有风吹草动，这些贷款就立即滑向呆滞呆账的不良资产之列，形成银行资产的最大隐患。这个问题由于其具有的隐性特点还没有得到应有的重视，并且也正是由于其隐性特点，它还没有完全暴露出来，还将有一个暴露的过程，因此将导致国有银行不良资产在一段时间内还会维持一个较高的比例。

顺便讲一个问题。从2003年特别是今年以来，国家加强了宏观调控，为一直过高的投资热而收缩了贷款供应总量，企业又开始反映，缺资金，尤其是缺流动资金。于是社会上又开始批评银行过分收缩了贷款，尤其不应该收缩流动资金贷款，呼吁银行增加流动资金贷款。银行为什么会收缩流动资金贷款？企业为什么会缺流动资金？只有对我国的特殊情况有所理解的人才会对这个问题有正确的理解。其实问题根本的原因就是企业没有自己的流动资金，银行跟随市场的变化对贷款稍有收缩都会引起企业流动资金的不足。企业一离开银行贷款就无法生存。所以，每次当宏观调控收缩贷款总量时，企业立即就会反映出流动资金不足的现象，迫使银行再度放松贷款，宏观货币供应量又再度扩大乃至膨胀。从20世纪80年代末期起至今我国都跳不出宏

思索的声音

观调控的这种怪圈,根本原因正在于企业缺乏最基本的自有流动资金这一点。由此还形成另一个中国特有的怪现象,即由于企业的资金绝大部分由银行贷款组成,因此每一次宏观调控调整企业的生产能力,受损失的主要并不是企业,而总是银行贷款,伴随宏观调控的松松紧紧,银行贷款一次次大量呆滞起来。

我国经济转型成本向银行转移的典型表现之三是,国有银行承担了大量政策性融资责任。长期以来,国有银行为配合国企改革发展和社会稳定承担了巨额成本。一是承担了政策性放款任务,大量政策性贷款演变成不良贷款。据不完全统计,工商银行1997年6月以前发放的贷款中,因政策性因素造成的不良贷款占工商银行全部不良贷款的54.84%。目前,工商银行仍有因政策性因素造成的2 080亿元不良贷款尚未剥离。二是承担了维持企业稳定的沉重负担。为使企业在社会承受力许可的限度内循序退出,各级政府对濒危企业首先采取的措施是要求银行继续投入贷款"扶一把"以"挽救"企业。由于这种"挽救"行为,使国有银行有大量贷款占压在运转不良的企业中,这些贷款大多已变成不良贷款。本质上讲,这也是社会经济转型必付成本的转嫁表现之一。从这个问题我们可以进一步考虑一个更深层次的问题,即在我国经济改革中,金融改革究竟是应当超前,还是滞后,还是同步?这是经济金融界争论已久的问题。我的看法是,中国的金融改革相比经济改革应当滞后,并且在事实上已经滞后,这种滞后是中国特色决定的。这是因为,在中国改变了经济体制和发展模式后,原来统包建设资金供应的财政资金迅速收缩,银行资金迅速替代财政资金承担起我国建设资金供应的重担,支撑起中国经济发展对资金的需要。如果金融改革在经济之前,银行的市场化在企业的市场化之前,那么,大量建设项目就找不到资金供应,大量企业就破产了,中国连续二十多年的经济高速增长的奇迹就不会出现。渐进的中国金融和经济改革要求银行担负起全社会转型的成本,银行必然是最后一个转向市场的。这不是理论上说对与不对的问题,中国的改革发展实际就是如此。三是经济重复建设造成了大量不良贷款。我国经济的重复建设顽症根本上讲是资源的计划配置体制逐渐消亡后,利用市场高效率优化配置资源的体制尚未完全建立起来的机制失调的结果,也是分级财政体制下,地方追求局部利益的结果。基本上属于经济运行机制的矛盾。由于社会资金配置的主渠道还是银行,又由于银行长期以来并不能做到自主经营,造成大量贷款跟进各地的重复建设,并随着重复建设项目的恶化或失败而转为不良贷款。

总结上述可以看出,尽管剥离工作已经在相当程度上降低了国有银行的不良资产比例,但是国有银行不良贷款问题仍然严重存在,不良贷款的比例仍然偏高,如无新的有效措施不良贷款的比例难以下降,这对国有银行实现向现代商业银行制度转变形成最大障碍,也对我国经济金融安全形成大的威胁。彻底解决国有银行的不良贷款问题已成为深化金融改革的中心问题之一。而解决的思路必须超越银行自身改革的范围,才能有所突破。

3. 解决的方法和进展。

对国有银行的不良资产问题国家高度重视。我在第一讲中已经介绍了国家为解决国有银行的不良资产问题而采取的种种措施,包括实行国际通用的贷款质量五级分类制度,彻底查清国有银行的不良资产底数;发行 2 700 亿元特种国债补充国有银行的资本金,提高国有银行的风险抵御能力;成立四大金融资产管理公司,剥离国有银行 1.4 万亿元不良资产,减轻国有银行的历史包袱;最近,又对两家国有银行注入资本金,实行股改上市的改革试点。目前,国家和国有银行自身仍在为彻底解决不良资产问题做最艰苦的努力。国际国内、业内业外对中国解决不良资产问题的做法还持有很多的异议。所以我在这里专门讲讲到底什么样的解决办法比较适应中国的国情。

讲到解决的办法,不外乎从眼前出发的解决办法和从根本出发的解决办法。从眼前出发的解决办法就是要想办法尽快把国有银行的不良贷款压下来。主要有以下几点:

第一,从根本上认识国有银行不良贷款产生的原因是经济转型成本的负担或转移。因此,在政府为经济转型必须支付的改革成本中就包含银行不良资产的解决。这是政府必须支付的一笔转型或改革成本。对于这一点一直有争议。直到近一两年才算有了比较明确的定论。我记得 2001 年为筹备中央金融会议,人民银行组织了七个研究组负责提供会议基础资料。我当时被戴相

‖ 思索的声音 ‖

龙行长指定为"国有银行改革组"的组长。在我们为中央金融工作会议准备的材料中提出了国有银行改革发展必须解决的几个重要问题,其中之一就是关于国有银行不良资产的产生原因和解决办法的意见。我们认为,国有银行的不良资产就是国家经济转型成本的体现,因此国家必须从政策上考虑帮助国有银行解决不良资产问题。当时占主流的观点是,在不良资产的诸多成因中,银行经营管理不善是主要问题,消化不良资产是国有银行自己的事,国家必须支付的改革成本中不应包含银行不良资产消化这一笔。所幸的是中央实事求是地接受了我们的观点。在2002年召开的全国金融工作会议上,时任总书记的江泽民深刻地谈到了这一点,他说,《商业银行法》已经明确了国有银行是企业,但是,长期以来,我们并没有把银行当做企业,而是当做政府部门和财政部门,国有银行的不良资产、经营亏损和企业逃废债皆由此而生。这是对我国银行不良资产问题产生原因的非常到位的认识。这也是彻底解决银行不良资产问题的基础。

第二,政府要为国有银行支付转型成本。如果承认国有银行为国家经济转型付出了成本,那么,当国有银行必须转向市场时,国家就必须为银行支付转型成本。或者说,将银行为政府垫付的经济转型成本归还银行。尽管政府在1999—2000年已经为国有银行剥离了1.4万亿元不良资产,但并未能彻底解决问题,国有银行的不良资产率仍然很高。这些不良资产如全凭国有银行自身用利润消化,需要太长的时间。据人民银行的一个计算,四家国有银行要把不良资产比例压在6%以下,最快的也要在2008年才能解决,最慢的大约要在30年后。工商银行要在2010年左右。而到2006年我国加入世贸组织过渡期就结束了,届时国有银行的不良资产问题如还不能解决,就将丧失国际竞争能力,就将面临破产的命运。因此国家必须出手相助,力争用尽可能短的时间在2006年前基本解决国有银行的不良资产问题。正是有鉴于此,国家才会在2000年为国有银行剥离1.4万亿元不良资产的基础上,于2003年选择中国银行和建设银行进行股改上市试点时,首先从对两家国有银行注资解决两行的不良资产入手。国际国内有不少学者对此不解,认为国家剥离和国家注资都是包办,是非市场行为。其实,一把钥匙开一把锁,中国国有银行的不良资产问题本就不是市场经济的结果，用市场办法是无力解决的。

第三，国有银行自身要强化资产的质量管理。并不是等待国家剥离或注资就能真正解决不良资产问题的。国有银行自身也要全力以赴。首先，要切实控制住新增贷款的风险，确保2000年后发放的新增贷款的不良率不高于2%的水平；其次，要加快存量不良资产的消化，更多的利用社会资本、外资和资本市场与金融工程技术，多渠道地处置不良资产。

这些仅是从眼前出发解决不良资产的办法。真正地解决还要从根本上入手。所谓根本的解决办法主要有三点：

第一，彻底改变我国的社会融资模式。即由政府配置尽快转向市场配置，使企业在资金要素市场上经受价值规律的检验。尽管我国已经基本建成市场经济的框架，但是我国社会资金的融资方式并没有大的根本性改变。改革前我国经济建设资金是财政供应型，改革后迅速改变为银行供应型，无论财政供应型还是银行供应型都是国家配置资金的政府配置型融资模式，其本质都是国家包企业资金供应，企业在获取经济要素这一关时就逃脱了市场的检验，也因此把生产出产品后的市场风险全部转嫁给国家，改革前转嫁给了财政，表现为财政资金的损失。改革后转嫁给了银行，表现为银行不良资产的堆积。为彻底解决银行不良资产问题必须从改变国家包企业资金供应的制度和融资模式做起。一要适当发展直接融资，让企业到资本市场上直接融资，减少对银行的过分依赖；二要还银行金融企业的本来面目，允许银行自主根据自己对市场的判断发放贷款。切实把资金配置模式转变到市场配置为主的模式上来。使企业在获取资金要素时就能经受市场需求的检验，使其生产过程真正市场化。

第二，必须彻底分离政府的公共管理职能和国有资产出资人的职能。在政府公共管理职能和国有资产出资人职能混在一起的时候，政府没有出资人职能的执行者，表现为国有资产的"所有者虚位"。政府往往为了实现其公共管理职能而牺牲或放弃其国有资产出资人的职能，使国有资产的保值增值无从实现。这是包括国有银行在内的国有企业经营不好和不能市场化的主要原因。必须使国家国有资产出资人职能独立出来，这样才可能将国有信贷资本

| 思索的声音 |

的保值增值作为国有银行唯一的经营目标,从而使国有银行尽快转换经营机制,尽快实现市场化。关于这个问题,我将在后面更详细地讲到。

第三,要彻底转换国有银行的经营机制,使国有银行成为市场经济的实体。要真正还原国有银行金融企业的性质,把国有信贷资本的保值增值作为国有银行唯一的经营目标。如不能实现这个转变,即使剥离了不良资产,即使实现了上市,不良资产还会重新堆积起来。国有银行自己必须从公司治理入手,实现管理架构和增长方式、经营模式的再造。国有银行应当集中精力进行公司治理结构建设,构建公司治理结构,完善公司治理机制,实现经营模式和管理方式的革命性改变,彻底扭转现有的粗放式增长方式和经营模式,真正实现高质量的经营和发展;并在完善公司治理的过程中,通过管理流程和业务流程的再造,实现资产结构和收益结构的转变与升级,最终成为资本充足、内控严密、运营安全、服务和效益良好的现代金融企业。这是真正彻底解决银行不良资产问题的最根本也是最关键的方法。

4. 社会信用不良加剧银行不良资产问题。

除了不良资产问题以外,国有银行还深受一个与之相关的历史性问题的困扰,这就是我国的社会信用问题。从工商银行经营的切实体验,我国目前的社会信用制度建设十分薄弱,严重缺位,信用秩序十分混乱。随意废债和变相废债成为社会主要法人企业的普遍现象。具体表现有两方面:一是企业不守信用,缺乏社会信用制度的约束。企业对银行和其他债权人不守信用,导致严重的企业间相互拖欠的"三角债"现象,存在相当程度的有意隐瞒经营实绩骗取贷款行为,以及隐瞒资产变动真相,逃债废债的行为,甚至形成了"废掉银行债务就是生路和脱困之路"的极其谬误的观念,使得争相随意废债和变相废债不是个别企业的行为,而成为社会的普遍现象,严重地扰乱了国内信用秩序。信用秩序的混乱使国内外投资者缺乏对国内企业的基本信心,从而对中国经济产生了广泛而长远的不良影响。二是个人信用制度严重缺位。既缺乏个人收入公开制度和个人资产的公开制度,也缺乏个人税制和财产登记制度。个人收入和个人资产在我国几乎是无法估量的机密。这种个人收入与资产极不透明的状况使银行难以建立个人信用的评估制度,严重限制了消费信贷的发展,对已发放的消费贷款形成隐患。

信用是现代经济的本质和基础。我国社会信用制度缺位和社会信用秩序混乱问题,已构成影响我国经济和金融安全的重要问题。造成这一问题的原因是随计划经济的消亡,社会信用秩序和制度均失掉了原有的基础,但是新的市场经济的信用基础尚未来得及完善起来,解决这一问题应当从国家制度建设的高度入手。

(二) 中国加入世贸组织给银行业带来的新问题

中国加入世贸组织,中国金融分三个层次向国际市场开放。第一个层次是保险业的开放。这是开放的最大最快的层次,几乎没有过渡期的保护;第二个层次是银行,有保护的、有过渡的、在过渡期内循序渐进的开放;第三个层次是证券,过渡期内几乎不开放,过渡期后才考虑开放问题。我主要讲讲银行的开放问题。

1. 我国对银行业开放的承诺。

根据世贸组织有关协议,我国正式加入世贸组织后,从过渡期开始,将逐步取消目前对外资银行的下列限制:

(1) 正式加入时(即2001年11月),取消外资银行办理外汇业务的地域和客户限制,外资银行可以对中资企业和中国居民开办外汇业务。

(2) 逐步取消外资银行经营人民币业务的地域限制:

①加入时(2001年),开放深圳、上海、大连、天津;

②加入后一年内(2002年),开放广州、青岛、南京、武汉;

③加入后二年内(2003年),开放济南、福州、成都、重庆;

④加入后三年内(2004年),开放昆明、珠海、北京、厦门;

⑤加入后四年内(2005年),开放汕头、宁波、沈阳、西安;

⑥加入后五年内(2006年),取消所有地域限制。

(3) 逐步取消人民币业务客户对象限制:

①加入后二年内(2003年),允许外资银行向中国企业办理人民币业务;

②加入后五年内(2006年),允许外资银行向所有中国客户提供服务。

思索的声音

（4）加入时，允许已获准经营人民币业务的外资银行，经过审批可向其他已开放人民币业务的地区和客户办理人民币业务。

（5）发放经营许可证应坚持审慎原则。加入后五年内，取消所有现存的对外资银行所有权、经营和设立形式，包括对分支机构和许可证发放进行限制的非审慎性措施。

（6）关于汽车消费信贷问题，协议规定：设立外资非银行金融机构提供消费信贷业务，可享受中资同类金融机构的同等待遇；外资银行可在加入后五年内向中国居民个人提供汽车信贷业务。

以上就是银行业加入世贸组织后对外开放的主要承诺。那么，这些将带来哪些影响，引起什么变化呢？

2. 准确估计影响，认真应对竞争。

中国加入世贸组织，银行业面对的是国际跨国银行对国内市场的进入。比较而言，国际银行有三点明显优势：一是它们已度过了传统银行业务的衰退期，已经完成了混业经营的转变和相应的法律法规建设，取得了混业经营的相对优势。而我国，传统银行业务的衰退期刚刚开始，商业银行正处于金融脱媒所造成的困难之中，对于混业经营还处于论证与准备阶段，尚未找到摆脱银行脱媒困扰的好方法。二是国际银行具有成熟的市场化操作经验，它们能熟练利用国际国内两个市场，货币资本两个市场，在市场营销、产品定价、金融避险、优化资产方面积累了大量经验。而我国商业银行的市场化刚刚起步，市场化操作经验不足。三是国际商业银行创新能力强、手段多。特别在银行资产证券化、消费信贷领域、银团贷款、衍生工具创造方面已很成熟。一个以客户为中心的经营方式与机制已臻成熟。而我国国有银行受多种局限，创新能力弱且手段少，正在实行经营模式由以产品为中心向以客户为中心的转变，在消费信贷、资产证券化和衍生工具创造以及银团贷款等领域刚刚起步。

具体从商业银行角度分析加入世贸组织后外资银行进入的影响有十一点：

（1）外资银行主要争夺国内金融资源相对丰厚的沿海发达区域。从我国对外开放的承诺来看，外资率先抢滩登陆的二十个城市，都是中国经济最发达、金融资源和经济资源最为丰富的地区。可以判断，对拥有960万平方公里地域的中国国内金融市场来说，外资绝不是想全面地占领，它们想占领的只是中国金融最有发展空间与前景的地区，争夺的只是这些中心的经济和金融区域。如果外资银行在这些地区站稳脚跟并夺取市场的话，它们就将中国金融最有发展和获利最丰的金融资源夺走了。

（2）从已有的发展趋势看，外资银行将主要利用与国内银行合资的方式夺取中国的金融市场。从2001年我国加入世贸组织起至今，已有多家国内城市商业银行和股份制银行与外资银行商讨合资问题。据了解，已有交通银行、南京城市商业银行和浦发银行等10家国内商业银行引进外资，实现了合资。并且，随着越来越多的股份制商业银行和城市商业银行公开上市，通过购买国内银行的股权可以更轻易地实现外资银行借壳进入中国市场的目的。这是对国有银行形成最大威胁的趋势，很值得我们注意。单独的银行，无论股份制商业银行、城市商业银行，还是外资银行，在中国国内市场上几年、十几年，甚至几十年也未必能形成对国有大型商业银行的威胁，股份制银行和城市商业银行发展十几年的历史证明了这一点，至2001年末，所有股份制银行加100家城市商业银行的资产总和还没有工商银行一家大。工商银行占比23%，股份制银行和城市商业银行加起来仅有16%左右。外资银行190家在华经营十几年也只占有国内金融市场的近两个百分点。但是外资银行与股份制银行和城市商业银行联手所形成的竞争却远比它们单独经营时可怕得多，外资银行的国际网络、管理优势、外币资源和国外客户资源一旦与股份制银行、城市商业银行的国内网络和人民币资源相结合，将形成一种跨越式发展的力量，使合资银行迅速成长壮大起来。今后它们将不再会以二十年才争得几个百分点的速度与规模发展，而是有可能以一年几个百分点的速度发展。这不仅对国有商业银行的发展形成大的威胁，而且对宏观上恰当有效控制外资进入中国金融市场提出了严峻挑战。

（3）外资银行将利用国内同业拆借市场和票据市场获取人民币资金，加快及扩大对本币业务市场的参与。缺少本币资金来源，是外资银行争夺国内本币市场的一大自然缺陷。如果外资银行单凭其在华机构吸取存款的话，即

| 思索的声音 |

使开放人民币存款和居民储蓄，外资银行仍有可能得到较多的人民币资金。因为它的物理网点十分有限，扩大网点成本又不划算，所以一般地讲，外资银行由于缺乏人民币资源，难以对本币市场业务构成威胁。但是这个"一般性"结论忽视了两点，一是银行间同业拆借市场。如果外资银行能够进入本币同业拆借市场，它可以轻易地取得人民币资金，特别在当前国内银行资金相对富余的情况下，更是如此。二是银行间的票据贴现市场。目前已有外资银行利用把手中商票卖给国内银行以获取人民币资金的实际做法，利用商票的买卖，外资银行同样可以轻易地取得人民币资金，而不必花费建立物理的和网上的网点与人工的一点成本，从而可以以更低成本与国内银行争夺优质客户、优质本币市场业务。这对我们是真实的严峻的威胁。如不能有效限制外资银行对同业拆借市场和票据市场的介入，则外资银行与国内银行竞争时的天然缺陷将不复存在，将置国内银行于更加不利的境地。

（4）外资银行将主要争夺中资银行相对较弱的个人金融领域，主要利用个性化服务产品和网上交易的优势，争夺高收入有电脑交易条件的优质客户群体。

（5）外资银行将以争夺大的优质公司客户为主。主要利用中资银行分业经营的局限，凭借其混业经营手段，满足中国企业日趋旺盛的资本市场筹融资需求和投资需求，以此推销信贷产品，并利用银团贷款的手段，分散风险，获取利润。

（6）相对于人民币业务，中资银行的外币业务还不够成熟与发达。加入世贸组织后立即放开外币业务将使进入中国的外资银行在国内外币业务市场上取得比现在大得多的份额。有资料表明，现在外资银行的外汇贷款已占到我国全部金融机构外汇贷款总额的22.7%；其国际结算总额已占到国内金融机构国际结算总额的35%。

（7）外资银行与机构特别是美资银行与机构将利用成熟的消费信贷经验抢占中国国内刚刚兴起的消费信贷市场，并且会以汽车消费信贷为手段帮助美国汽车业叩开并占领中国新兴的汽车消费市场。截至目前，已有4家外资得到批准在中国境内开设了消费信贷机构。

（8）外资保险公司、证券公司和基金管理公司将采用与中资大银行联合合作方式，利用中资银行网络代理其保险、证券与基金业务，把进入中国资本市场、保险市场和基金市场的入口撕大，占领这些中国相对发展不足的市场。

（9）外资银行进入中国市场将集中力量争夺中国国内的银行人才，特别是四大国有银行的业务与管理人才，主要竞争对象是外币业务、计算机、客户与项目管理人等人才，还包括各大银行总行的高级管理人才，国有银行将面临又一次巨大的人才流失高峰。

（10）伴随中国加入世贸组织和金融市场对外开放而来的往往是利率市场化及银行利差收窄。外资银行由于本国利率较低且收入多元化，对利差收入依赖较少，有较大的利率风险承受力；而国内银行，特别是国有商业银行由于存贷款基数大将受到利率市场化的最大冲击。在国有银行主要仍然依靠利差收入的条件下，利差收入的减少将直接影响国有银行的盈利能力和消化历史包袱的能力，拖延国有银行的转制时间，并对其生存构成威胁。

（11）外资银行由于具有较高的资产质量和资产综合收益率，因而具有较强的综合竞争力。而我国国有银行资产质量低下和财务困难大的问题还未根本解决，国有银行一方面要迎接外资银行进入的竞争挑战，另一方面要赶在过渡期结束前彻底解决资产质量和财务问题。这双重的挑战将是十分严峻的。

二、有关国有银行改革的几个深层次问题

（一）国有银行与国家的关系

1. 国有银行的老板究竟是谁？

在去年的"两会"上有一个笑话，即代表们搞不清谁是国有银行的老板。我们的老板的确很多，有人民银行、财政部、银监会、国家发改委、国家经贸委、各级政府等。人民银行管资金、管投向、管总量，银监会管准入、管退出、管人员资格、管干部任职；国家发改委管投向、管总量、管拼盘；国家经贸委管投向、管投量、管拼盘、还管"剥离"；各级政府管投向、管投

| 思索的声音 |

量；只有财政部是管成本、管费用、管资本金拨补的。然而，非常有趣的是，所有对银行的投向投量有发言权的政府或部门，对银行的成本收益和资产质量都没有责任，因而也不关心，也没有兴趣；而唯一对银行有资本控制权和财产处分权，因而关心银行的成本收益的财政部，又对银行的经营方向和投向投量没有一点发言权。这样造成的事实就是，没有任何部门或任何一级政府对银行的盈亏感兴趣，或负责任。这是国有银行改革二十多年来至今没有解决的最主要问题。这就是我将在后面讲到的国有银行的所有者"虚位"问题。这个问题不解决，国有银行的改革难有实质性进展。即使股改上市也未必能解决问题。

2. 改革二十多年来国有银行不是企业，实际上一直是政府的宏观调控工具。

首先是金融总量的调控工具。不是社会资金供求和银行的效益决定银行的投量和投向，而是经济增长速度、结构平衡和社会安定团结的需要决定银行的投量和投向。以国有银行为总量调控工具可谓收放自如，确保经济活而不乱（例如1984—1988年、1992年、2002年、2004年）。

其次，银行是第二财政，银行替代财政成为中国经济建设资金的主要供给者，支撑中国经济高速增长了二十多年，支持社会平稳改革了二十多年。

作为代价的就是几万亿元的银行不良贷款的堆积和银行改革的滞后。这就是我们前面所讲的银行是"制度转换成本"的承担者。在中国，金融先于经济改革是不可能的和灾难性的。

3. 国家拨补资本金制度。

国有银行一直是由国家，具体来说就是由中央财政拨补资本金的。大体分三个阶段或三种方式。1979年起到1993年为第一阶段。实行用国有银行利润返还增补资本金的做法。即国有银行每年税前利润的25%在上缴财政后返还银行作为财政拨补的银行资本金，入银行资本金账户。1993年7月1日后为第二阶段，财政部实行新的金融会计准则，全面调整了银行的成本和利润账户，银行的资本金增补变成了提取每年税后利润的5%增补资本金，进银行的资本公积金账户。在这种方法下，银行每年的资本金补充仅有税前利润的

2%，几乎没有了。所以，1993年后，银行的资本金不足问题凸显出来。第三阶段是1997年至今。1997年亚洲发生金融危机，中央召开第一次金融工作会议，形成一系列防范金融风险的措施，其中之一就是为国有银行一次性地拨补资本金。1998年，中央财政发行2 700亿元特种国债，专门用于增补国有银行的资本金。以工商银行为例，当年增补了900多亿元，由700多亿元增加到现在的1 780亿元。还有，2003年12月国务院为中国银行和建设银行两家国有银行注入450亿美元的资本金。这两次增补都是很有效的，但也都只是一次性的。从长远看，仍然没有一个常规的资本金补充机制。实际上，按国际巴塞尔协议的标准，国有银行的资本金严重不足，按人民银行给国务院的报告，国有银行的资本金是负数。即将开始的是第四阶段，即国有银行建立常规的有效的资本金补充机制阶段。已经和正在开始的方法主要有两点：一是在资本市场上发行次级资本债券，补充银行的次级资本。中国银行和建设银行已分别实施了。今年7月中国银行率先在国际市场上发行了140.7亿元的次级资本债券；随后的八九月建设银行先后两次发行了共230亿元的次级资本债券。二是发股募资补充核心资本。这将在明年以后中国银行、建设银行的上市中实现。

4. 事业单位的工资管理制度。

虽然国家从1988年起已经明确，国有银行从政府序列中退出，但是对国有银行的工资管理制度一直没有任何变化，即始终将国有银行当做有收入的事业单位，实行"工资总额管理"。所谓工资总额管理就是先计算出一个人均的月工资和月奖金后，乘以一个银行的全部职员数，得出该行的工资总额。不论是盈是亏、不论盈利多少，工资总额不变。在这种工资管理制度下，国有银行的激励机制很难建成。目前在工资总额控制下的工资改革，并没有走出困境。尽管2002年的中央金融工作会议已明确要逐步取消对国有银行的工资总额管理，但是，至今还未真正执行。

（二）国有银行问题的症结所在

阻碍国有独资商业银行市场化转轨和改制的症结所在是其治理结构的缺

思索的声音

陷。国有银行至今不能实现市场化转变,有很多原因,其中最主要的原因在于治理结构的不合理和不完善。这种不完善表现为两方面:一是作为所有者的国家在对国有银行的管理上存在严重缺陷;二是国有银行自身管理架构存在严重缺陷。

说作为所有者的国家在对国有银行的管理上存在严重缺陷是指,国有银行的"产权管理关系"不清。何谓"产权管理关系"?产权管理关系是产权制度核心之一。理论上说产权制度至少包含两个核心内容:一是产权归属制度及其归属关系;二是产权管理制度及其管理关系。前者是指资产归谁所有;后者是指所有者对自己产权的管理制度,包括为实现所有者对资产的所得权、控制权和处分权而实施的所有权管理与控制。根据这个定义,很显然,我国国有银行制度的弊端并不在于产权归属制度及关系,而在于产权管理制度及关系。事实上,我国国有银行的产权归属关系十分明确清晰,就是完全的国家所有,不存在所谓的"产权不清"或"产权关系模糊"问题。真正的问题在于国有银行的产权管理关系不清不顺,由此造成国有银行治理结构的三大缺陷。一是"所有者虚位"。名义上国家是国有银行所有者,但由于国家的抽象性而使其无法实际承担所有者的经济责任,无法实际行使所有者的权力。二是"所有权管理缺失"。国家虽然是国有银行的所有者,但是缺乏为确保其所有权实现的必要管理,即没有任何机构和制度对国有银行所经营的国有资本的保值增值实施必要的管理和约束。三是所有者管理意图不清,造成国有银行经营目标混乱。长期以来,政府把国有银行当做宏观调控和公共管理工具,将公共管理和宏观调控目标作为对国有银行的管理目标,要求国有银行对社会和经济的稳定负责,致使国有银行作为国有信贷资本的经营者,无法专心地对银行经营的安全和效益负责。国家将公共管理和宏观调控职能加于国有商业银行的结果就是,国有银行具有"第二财政"和货币经营企业的双重角色,经营目标多元化,经营行为财政化、政府化,经营责任难以落实,管理的重心无法集中在风险的防范和效益的增加上,大量不良资产和财务损失皆由此而生。显然,国有银行治理结构的缺陷是造成目前国有银行经营机制非市场化现状的主要原因。

当然，国有银行自身管理结构上也存在严重的缺陷。目前我国国有商业银行尚不是公司制的银行，根本上说，其所有权和经营权尚未彻底地分离，政企不分的旧体制色彩还较浓厚；其经营机制本质上讲，还是计划经济体制下形成的行政性或计划配置性的运营机制。对照国际巴塞尔委员会关于"健全银行的公司治理"的八条要求和我国银监会、证监会对上市银行、公司的有关要求，我国国有商业银行自身管理架构上存在的主要缺陷是：市场化的经营理念尚未真正形成；决策与经营的责权不清，缺乏有效的制衡；内控体系不够健全，控制不够有力和有效；业务流程和管理流程尚未完全实现向以市场和客户为中心的模式的转变；全面有效的风险管理体系尚未完全形成；内部资源配置仍遵循"平均主义大锅饭"的原则；经营结构和增长方式还没有完全从盲目追求规模和数量扩张的旧模式中摆脱出来；人力资源管理还很薄弱，对管理层和员工的激励机制和约束机制尚未真正建立起来；经营信息在银行内外都没有实现充分的流动和应有的公开，因此国有银行的经营效率和信息透明度很低。

显然，治理结构存在的严重缺陷是阻碍国有银行市场化转制的症结所在。

（三）国有银行改革的根本出路

1. 私有化绝对不是出路。

私有化不仅对国有银行是死路对国家也是死路。我不同意"世界银行"等所谓外国专家关于中国银行业只有通过私有化才能实现市场化的意见。我承认欧美国家国有企业大多通过走私有化的路实现了市场化，东欧国家近年也是通过私有化实现了银行的市场化。但是，中国不同于其他任何国家，有自己的国情，应当走一条自己的路。

什么是中国国有银行转向市场化的道路？我认为就是不通过私有化而实现市场化的道路。中国的国有银行为什么不走私有化道路？第一，中国的国有银行不能私有化。中国是一个储蓄率极高的国家，适合于"间接金融为主"的融资方式。新中国成立五十多年来，特别是改革开放二十多年来，我国一直实行"银行为主体的间接金融为主"的融资模式。这种模式与社会主义以

思索的声音

全民所有制为主体的经济制度相适应，对于有效使用有限资源，集中国力办大事，迅速改变经济落后局面，保持经济社会稳定高速发展起到了至关重要的作用。在间接金融为主的国策不变的条件下，银行是社会资金这一最主要的经济资源要素的主要分配渠道和主蓄水池。国家只有通过对银行的控制才能实现对经济全局的控制。私有化意味着分散化，意味着国家对银行控制权的丧失，这对于正处于经济起飞阶段的中国，无疑是场灾难。所以中国的国有银行不能实行私有化。第二，中国的国情不适应私有化。东欧国家在政局体制剧变后，对国有银行实行了私有化，并通过私有化实现了市场化。与此同时，这些国家也都放弃了金融的自主权。有资料表明，大多东欧国家70%的银行资本已为外国资本所有。当一国金融资本为外国控制时，就意味着这个国家放弃了金融和经济的自主权。我曾经问过匈牙利前中央银行行长一个问题，在一国银行资本75%为外国资本所有的条件下，当国际上发生像东南亚金融危机一样的金融动荡时，这些国家怎样防止资本的外逃？他回答不了这个问题。为什么东欧等国家会放弃金融的自主控制权呢？是因为这些国家有加入"欧盟"的前景，并且一直在积极争取这个前景。对于欧盟来讲，政治、军事、经济、贸易、货币、银行、金融、市场等的一体化淡漠了各成员国的经济金融自主的必要性，东欧等国家当然可以放弃金融自主权以换取进入欧盟的前景。这对中国来说就不适应。我们这么大的国家，加入哪一个联盟？我们没有加入任一联盟的可能，只有靠自己，只能走自力更生的路，金融自主是我国独立自主的基本需要。在中国现阶段搞银行的私有化，由于国内缺乏足够的有实力的购买者，实际上只有把银行卖给外国资本，就如同前苏联和东欧一样。那样，中国将丧失掉金融的自主权，进而丧失经济自主权，回到六十年前的殖民地经济中去。这是绝不可重复的历史。所以，东欧式的市场化道路不适应我们中国。第三，改革和开放的稳定性决定中国不应对国有银行实行私有化。中国所搞的市场经济是社会主义的市场经济，不是西方式的市场经济。两者的区别就在于宏观调控和市场的作用不同。西方的市场经济是强调市场的决定性主导地位和作用，只是在市场失灵的时候和条件下，才强调和发挥政府宏观调控的作用。中国的社会主义市场经济不同，正如党的十六届三中全会决议所指出的,它是"在国家宏观调控下,发挥市场对资源配置的基础作用"。我理解这里有两个基本点:一是在中国,市场是在宏观调控的前提下发挥作用的,而不是自发地发挥作月;二是市场的资源配置作用只是基础性的,不是主导的,发挥主导作用的是宏观调控。这就是中国经济与西方经济同是市场经济却存在着的最大不同。回顾我国二十多年的改革历史,虽历经沧海桑田的变化,但始终保持平稳渐进,既没有发生经济危机,也没有发生政治危机,既取得了经济高速发展的骄人成绩,又保持了社会稳定和党的领导、社会主义制度,靠的就是强有力的宏观调控,其中,国家通过对银行的控制达到对经济的控制是二十多年宏观调控的基本经验。这是我们党和国家成功地避免了苏东丧失政权悲剧重演的根本所在。我国目前还处在经济起飞阶段,还没有完成现代化的进程,能否保持强有力的宏观调控事关改革开放的稳定大局,而国家对银行是否能够保持控制力是国家能否保持宏观调控效力的关键。国有银行私有化将使国家丧失对金融的宏观控制能力,从而导致改革开放失去了稳定的基础,这是万万要不得的。苏东改革失败乃至政权变色的教训之一也正在于此。所以,中国的国有银行不能实行私有化。

2. 中国国有银行现在的股份制改造不是"私有化"。

股份制在西方是指一个私人的封闭的单位的公开化社会化。马克思早就说过,股份制是私有制的内部扬弃,是新的公有制的胚胎。股份制其实不是所有制本身,只是既定所有制的存在形式。它可以是私有制的存在形式,也可以是公有制的存在形式。所以党的十六届三中全会决议指出,股份制将成为我国公有制经济的主要存在方式。

目前国有银行正在试点的股份制改造并不是私有化改造,股份化改造后的银行仍保持国家控股,上市的银行仍然是国有控股银行。上市的根本目的不是国家释放多少股权,而在于通过上市的产权重组实现银行公司治理结构的建立和改造,进而实现银行经营机制的市场化转变。

3. 上市只是国有银行改制的道路之一,既不是第一,更不是唯一。

我认为上市并不能完全解决治理结构和经营机制的缺陷问题,为了上市而上市就更不能解决国有银行的经营机制问题。我个人认为,上市也许不一

思索的声音

定是最好的方法。通过国有企业和金融机构间的相互参股也许是更为有效的方法。改制要解决的关键是国有银行经营机制的非市场化问题。正如前面所讲，阻碍国有银行经营市场化的根本症结在于国家对国有银行的产权管理关系没有理顺，上市的目的也是想通过国家股权一定比例的释放换得新的市场机制的引进。但是我担心这只是理想化的设想，实际上难以实现。因为，仅对国内个人投资者和国际投资者公开发行股票的做法会使银行改制陷入一个两难的境地。国家股权释放多了，就保证不了国家控股，就会影响国家经济金融稳定自主的大局。特别在我国境内缺乏足够实力的投资者的条件下，公开发股只能主要面对国际市场的投资者，如释放太多显然影响我国的经济金融自主；如果释放的少了，例如把20%或25%的股份公开在国际国内发行，还有75%在国家手中，市场化的投资者没有得到足以影响银行经营决策的发言权，何谈引进他们的经营机制问题？所以我认为，对国有银行改制来说，第一，国家一定要重新构建对银行的管理架构，分离政府宏观调控和出资人的职能，使国有银行确实能够以营运资本的保值增值为第一和唯一的目标，这是国有银行改制和市场化经营的前提。这个前提不具备，即使上市也没有用。第二，为解决引入新机制的问题，除上市外可以考虑实行国有企业和金融机构间的相互参股，在中国目前没有足够实力的民间投资者的条件下，大型国有企业和国有金融机构是最有实力的机构投资者，应当允许它们间相互参股，以解决国内市场容量不足，避免被迫过多转向国际市场带来的股权流失问题。当然也不排除公开上市，对个人投资者和国际投资者发股的方式。允许金融机构间相互参股，比只允许公开对个人和国际投资者发股对国有银行改制的作用会更大些、更实际些。大家可能主要担心国有银行和机构的机制都不是市场化的，相互参股还是老样子。我觉得我强调的是，在国家分离政府职能不再插手企业、银行经营前提下的国有企业和金融机构间的相互参股，首先解决了国家的非理智行为后才有可能解决银行和企业的经营机制市场化问题。在这个前提下，金融机构和企业间的相互参股同样可以带来不同利益主体间的相互参约和防止内部人问题发生的控制机制，建立良好的治理结构和机制。所以，我呼吁国家进一步放松对企业和金融机构间参股的限制，这样既可解决国家股权释放太多造成资本流失的问题,又可解决股权释放太少形不成影响,无法引入新机制的问题。不要只搞一个模式,应允许多方式多渠道地进行改制,要打破"上市万能"、"一股就灵"的神话。譬如,工商银行就可以走以国内机构间相互参股为主的股改道路,不一定把全部希望都寄托在海外上市上。

4. 银行为什么呼吁成立"金融国资委"?

我们认为,二十多年银行改革虽有很大成绩,但未解决根本问题,就是由于国有银行和国家的关系没有理顺,就是由于国家自身的公共管理职能和国有信贷资本的所有者职能没有分开,国家常常以公共管理职能替代所有者职能,甚至为了前者牺牲后者。国有银行的所有者缺位和所有权管理缺失,是使国有银行经营目标多元化、经营行为行政化或政府化,始终不能真正商业化、市场化的根本原因。

我们认为,目前国资委的成立,正是国家将自己作为国有资产所有者的职能从国家作为公共管理者的职能分开的尝试。由于金融资本的特殊性国资委的管理范围不包括国有金融资本,但与国有企业相同,国有银行的改革转制也必须从国家职能的分离做起。首先实现国家所有者的实体化和单一的所有权管理以及对国有银行要求的单一化,才有可能实现国有银行的市场化转轨。

现在已有的国有银行管理机构为什么不能承担国有金融资本的管理?很显然,人民银行是公共管理机构,为货币稳定和金融稳定负责,不能承担国有银行所有权的管理;银监会也是公共管理机构,专门实行金融监管的,对金融的稳定和金融市场的有序负责,也无法承担国有银行所有权的管理职能;财政部虽然是全部国有企业包括银行的老板,但它真正的身份是国家公共管理的资金提供者,是公共财政。对财政部来讲,公共管理的职能远比国有资产保值增值重要得多。分离政府职能正是要把混在财政部中的国有资本管理职能分离独立出来。

中国工商银行发展中的
科学发展观问题[①]

最近,中央十分强调科学发展观的问题,正在组织各级政府和部委、机关、企业的一把手学习科学发展观。我行在制定公司治理改革方案,设计今后五至十年的发展大计的时候,我们首先也遇到了发展观的问题。用什么样的理念指导和设计今后的发展,走一条什么样的发展道路,事关我行兴衰存亡,不能不引起我们的高度重视。所以,我今天就专门讲讲科学发展观的问题。我准备分两部分讲,首先讲讲中国整体发展中的大的发展观问题;其次讲讲我们工商银行发展中小的发展观问题。

一、中国发展中大的发展观问题

1. 什么叫做科学发展观?

什么是"发展观"?所谓"观"指的就是观点、观念和对事物的基本看法。发展观讲的是发展的观念或理念问题,也就是发展的指导思想问题。或者说,讲的是用什么方针去指导今后的发展和走一条什么样的发展道路的问题,还包括发展模式、发展战略和发展目标问题。这个"科学发展观"是近来才概括出来的。而科学发展观的内容早在党的十六届三中全会上就提出来了。因此,科学两字不是形容词,而是有特定内容的。在十六届三中全会通过的《中共中央关于完善社会主义市场经济体制若干问题的决定》中,中央第一次提出了我国经济和社会发展的"五个统筹"问题,这就是近来被概括

[①] 这是作者2004—2005年在工商银行系统内部培训班上的讲课稿。

为"科学发展观"的实际内容。科学发展观完整的表述是,"按照统筹城乡发展、统筹区域发展、统筹经济社会发展、统筹人与自然和谐发展、统筹国内发展和对外开放的要求,更大程度地发挥市场在资源配置中的基础作用,增强企业活力和竞争力,健全国家宏观调控,完善政府社会管理和公共服务职能,为全面建设小康社会提供强有力的体制保障"。开始时我们把这段表述简称为"五个统筹"。温家宝总理曾在十六届三中全会结束后指出:"'五个统筹'是我们这次改革目标的出发点和归宿。"实际上,"五个统筹"是我们党在总结改革开放二十多年来经验的基础上,为适应全面建设小康社会的新形势和新任务而提出来的发展的指导思想,也是针对改革开放以来我国经济社会发展中存在的突出问题而提出来的。这段话可以说是对我们党在今后领导全国人民全面建设社会主义小康社会中的发展观问题的第一次系统而全面的概括和表述。

进一步总结一下,科学发展观是指导我国现代化建设的思维理念。它的基本内涵一是全面发展,二是协调发展,三是可持续发展。所谓全面发展,就是要着眼于经济、社会、政治、文化、生态各个领域的发展;所谓协调发展,就是各个方面的发展要相互衔接、相互促进、良性互动、基本平衡;所谓可持续发展,就是既要考虑当前发展的需要,满足当代人的基本需求,又要考虑未来发展的需要,为子孙后代着想。十六届三中全会提出的统筹城乡发展、统筹区域发展、统筹经济社会发展、统筹人与自然和谐发展、统筹国内发展和对外开放要求的"五个统筹"的科学发展观,实质上解决了在我国全面建设小康社会和实现现代化的进程中,选择什么样的发展道路和发展模式以及如何发展得更好的问题。

2. 中央为什么提出科学发展观问题?

首先,科学发展观是针对当前我国经济社会发展中存在的突出问题和矛盾提出来的。事实上,经过二十多年的改革开放,我国经济取得了举世公认的巨大发展和进步。但是经济和社会发展中也隐藏着巨大的矛盾和不平衡,存在一系列的突出矛盾和问题,发展不够全面、不够协调,持续发展能力较弱。最突出的就是"五大不平衡问题",即城乡发展严重的不平衡,存在城乡

思索的声音

差别扩大,城乡二元结构和"三农"问题;区域发展存在严重的不平衡,东部和中西部的区域差距扩大;经济和社会发展存在严重的不平衡,包括就业和社会保障制度等在内的社会各领域建设严重滞后;人与自然和谐发展存在严重的不平衡,资源短缺和生态环境遭严重破坏,经济发展的资源、环境成本过高;国内经济发展与对外开放的速度不平衡,对国际市场的参与和利用不足。特别是前四个不平衡已构成我国经济社会发展的重大矛盾和隐患。我有一些数字可以进一步说明这几大不平衡的严重程度。例如生态环境遭严重破坏问题,有资料表明,在近几年城镇化发展中,生态环境恶化的趋势没有得到扭转,水资源紧张、水质污染的问题越来越突出。全国 600 多个城市,有 300 多个缺水,90% 以上的城市水域污染严重,有 40% 的水源已经不能饮用,农村有 6 500 万人饮水困难,经济发展和水资源短缺的矛盾越来越突出。目前统计上,生态污染损害多数不计入发展成本,而生态成本正在成为制约中国经济发展的重要因素。又如资源短缺问题,有数字表明,2002 年下半年以来,一些工业企业的过度扩张,超出了资源的支撑能力。部分地区煤、电、油、运再度紧缺,已经成为经济发展的制约。由于资源供应出现短缺,导致价格大幅上升。2003 年 1—10 月,原油、汽油、煤油出厂价分别比同期上涨 22.7%、19.4% 和 19.6%,推动我国全社会物价自去年底开始连续三个月上涨,形成较严重的通货膨胀威胁。2002 年 6 月以来,全国用电量超常增长,连续 17 个月平均增速超过 15%,21 个省区先后出现不同程度的拉闸限电情况。2003 年以来,由于持续干旱高温,水电供应能力下降,60% 以上的电力供应依赖火电,全国除东北、山东电网的电力供应略有盈余外,华北、华东、华中、川渝、南方电网都出现了电荒。统计显示,中国已成为全球电力第二消费大国,全年电力缺口达 1 000 万千瓦。由于 2003 年 8 月山西连续发生数起重特大煤矿安全事故,导致国内煤价回升,供应紧张,许多电厂、钢厂和焦化企业库存煤处于警戒线之下。同时,运力不足也加剧了资源价格的短期波动。种种信号表明制约经济发展的能源、运力瓶颈再次出现。再如城乡发展矛盾突出,贫富差距进一步扩大问题。有资料表明,城乡居民收入差距继续扩大。1997—2002 年,农村居民人均纯收入年均增长 3.97%,城镇居民人均可支配收入年均增长7.8%，比农村人均纯收入增幅高3.84个百分点，将近一倍。2003年前三个季度，城镇居民人均可支配收入（剔除价格因素）增长9%，而农村居民人均纯收入仅增长3.8%，城镇居民人均可支配收入的增长率是农村居民人均纯收入增长率的2.9倍，城乡居民收入差距进一步扩大。目前，我国衡量收入不平等的基尼系数已达到0.45左右，而世界上最不平等国家巴西的基尼系数为0.61，我国的基尼系数已超过美国和印度。城镇20%最富裕家庭拥有全部金融资产的67%以上，城乡实际收入和福利差距接近6:1，城乡之间平均有二十年的收入增长距离。并且，城乡的差距不仅表现在居民收入水平悬殊，更严重地表现为各级政府对农村教育、卫生、基础设施等最基本的社会公共品投入严重不足，城乡居民生活质量在享受政府提供的公共服务方面有天壤之别。从经济产出结构看，我国工业化速度很快，目前GDP中农业产值已经下降到15%左右，而农村人口占总人口的比例仍在60%以上。由于农业和农村人多地少，不容易形成规模经营，农业比较收益低，加上在全球多数国家对农业采取高额补贴政策时我国仍然收取农业税等政策方面的原因，导致投资过分向工业和城市倾斜，城乡发展差距呈不断扩大之势，如此等等。新一代中央领导人正是看到了这"五大不平衡"的突出问题，有针对性地提出了"科学发展观"问题，下定决心克服这"五大不平衡"，实现"五个统筹"。

其次，树立和落实科学发展观是党在总结了过去各种经验教训后作出的一项重大战略决策。在新中国成立五十多年的发展历程中，我们有很多成功的经验，也有很多沉重的教训。从成功的经验看，我们过去在经济建设迅速发展的同时，曾经很重视建立社会公共卫生系统，重视农村义务教育等，例如我国曾经非常成功地消灭了肺结核、血吸虫、霍乱、伤寒、天花等严重危害人民生命健康的重大疾病；也曾经成功地在广大农村进行文化"扫盲"运动，使广大农民的文化科技水平在50年代末和60年代初有了很大提高。然而这些好的做法近些年来却在体制转轨的过程中严重流失了。在经济转轨过程中，社会、卫生、文化等领域的新体制新机制又没有及时建立起来，致使我国社会领域的发展严重滞后于经济的高速发展，一部分早已消灭的重大传

思索的声音

染病又卷土重来,广大农村又再度出现了众多文盲科盲,出现经济和社会发展严重的不平衡,从而使经济发展受到阻碍,人民生活改善受到影响。另一方面,我国在过去五十多年特别是改革开放以来的经济建设中也有深刻的教训。由于过分注重和追求经济增长速度单一发展指标,盲目扩张基建和投资,引发严重通货膨胀,一次次被迫调整,大上大下,经济起伏跌宕,造成资源和生产力的大量浪费和过度消耗,环境遭严重破坏,生态进一步恶化。本来在"九五"计划期间,中央已下决心改变经济增长的这种低效率高耗能的粗放式增长方式,我记得在1996年年底中央经济工作会议上,江泽民总书记曾有过一份长达30多页的讲话,专门讲盲目重复建设的弊端和中央坚决克服盲目重复建设的决心。中央从"九五"计划起就提出了两个转变的重要战略,一个是经济增长方式由粗放型向集约型转变,一个是经济体制由计划经济体制向社会主义市场经济体制转变。经过这些年的努力,应当讲已经并也确实收到效果,已经有了不小的转变。但是还很不彻底,还远远没有实现转变。1997年东南亚金融风暴在一定程度上打乱了我国转变经济增长方式的步伐,为抵御东南亚金融危机的负面影响和对抗通货紧缩的危险,保持一定的经济增长速度又成为主要任务,经济结构的调整速度明显降下来。特别是最近两年局面又出现了恶化,盲目追求增长速度的倾向又重新抬头,使经济发展中的失衡现象加剧。历史的经验告诉我们,我国一定要走高效率低能耗的发展路子,靠高投资、高消耗来发展的路子是不可持续和代价过大的,是不可取的。我们不能总是要等经济发展出现破坏性恶果的时候再来纠正,因为历史没有给我们留下再度大规模浪费和消耗资源的机会了。这就是中央为什么提出科学发展观和我们为什么要有科学发展观的主要原因。

最后,应当讲科学发展观的提出也表明,我国目前的经济发展水平使得我们有条件解决过去想解决而无力解决的问题。许多社会问题的解决是需要经济实力的。如科技进步、教育发展、公共卫生、环境治理、生态改善、社会保障等,都需要大量资金的投入。过去在温饱问题还没有解决的时候,我们不得不把主要精力放在增加供给,满足人们最基本的物质生活需要上,其他方面很难顾及。经过二十多年的改革发展,我国已基本实现了小康,国家的财力和经济实力有了明显的增长,人均 GDP 已达到 1 000 美元,我们现在已经有条件、有能力解决过去想解决而无力解决的问题,去办过去想办而不能办的事情。并且,对于实现我国全面建设小康社会的宏伟目标来讲,要实现 2020 年经济翻两番的目标,就意味着经济要保持连续五十年的高速发展。要创造如此世界奇迹,不彻底调整现有经济结构,不及时解决经济社会发展中的严重不平衡问题,不促使经济发展上一个新的台阶的话,是根本不可能的。可以说,这是中央高瞻远瞩提出科学发展观的更深层次的意义。

应当讲,自从 2003 年以来,中央和国务院就在宏观调控中身体力行"五个统筹"即科学发展观,通过一系列措施的实行,我国经济和社会已经开始从严重不平衡状态中扭转过来。2003 年末,中央召开了经济工作会议,再次严肃地强调了统筹协调和平衡发展的决心,提出了在保持经济平稳较快发展的基础上,下决心调整经济结构,下大力气解决"三农"问题、就业问题、资源环境保护问题和区域发展不平衡问题的具体措施。为确保以调整为主的部署,中央在经济工作会议上确定的今年的经济增长速度仅有 7%。近来,为进一步统一全党和全国的认识,中央在反复强调下决心抑制部分行业盲目扩张投资的同时,首先在省级政府负责人的范围内进行了科学发展观的学习和教育活动,目的在于将科学发展观深入人心落实在行动上。

3. 怎样认识发展问题才是科学发展观?

科学发展观就是要辩证地看待发展问题,不能笼统地讲发展的好坏问题。不是只要发展就一定是好的。我们要的是经济和社会共同进步的发展,物质成果和人文进步合二为一的发展,兼顾长远利益和眼前利益的发展。像现在一些地方和领域出现的重经济指标、轻社会进步,重物质成果、轻人的全面发展,重眼前利益、轻长远利益,重城市发展、轻农村发展的现象就不是科学的发展观,就是必须纠正的。总结我国二十多年来经济发展和体制改革中取得的成绩和存在的问题,以及国内外发展的经验教训都说明,社会经济发展的战略目标不是单纯追求经济增长,更不是单纯追求 GDP 的增长,而是以追求在经济发展的基础上实现社会的全面进步,增进全体人民的福利为目标。如果只追求经济发展,不及时解决社会问题,社会不可能长治久安,经济也

思索的声音

不可能持续发展，甚至会酿成严重社会或政治危机，使经济发生大的倒退。世界上这样的教训很多。例如中东、南美等地区。世界上对这种现象有一种著名的概括，叫做"拉美陷阱"，如巴西。有三个数据可以说明什么叫"拉美陷阱"。资料显示，2002年巴西人均GDP已超过了3 000美元，其城市化率也达到了82%，与我们相比，应当很现代化了。但是其社会问题成堆，其贫困人口占到了国民总人口的34%，三分之一人口是需要政府救济的。巴西成了当今世界贫富悬殊的代名词。像巴西这样，一边是现代化，一边却产生了那么多的穷人；经济有增长，社会无发展，大多数人不能享受现代化的成果。所以像这些国家社会政治一直不稳定，这样的现代化、这样的经济发展从根本上讲有什么意义？这就是经济畸形发展的典型，这就是"拉美陷阱"。这样的教训很值得我们汲取。这表明，经济增长并不能等同于社会发展，相反，解决社会问题确实是经济持续发展的必要条件。如果我们不注重解决"三农"问题，不注重城乡的差距和贫富差距等社会问题的解决，我们也有可能落入到"拉美陷阱"里头去。

当然，提出全面、协调、可持续的科学发展观，并不是说经济发展不重要了，不要发展经济了。人类社会的发展规律告诉我们，经济发展虽然不是发展的全部内涵，但却是发展的核心内涵。在任何时候，经济发展都是社会发展和人的发展的基础。在我们今天讲科学发展观的时候，仍然要坚持以经济建设为中心不动摇。事实已经说明，没有过去二十多年经济的高速增长，就没有我们今天的大好局面，我们现在就没有条件和可能解决诸多的社会问题。所以，既不能以经济发展取代社会发展，也不能因为强调发展的全面性而否定经济发展在社会发展中的基础地位，更不能否定经济建设这个党的工作中心。我们必须在坚持经济建设这个中心的基础上，统筹各个方面，促进社会全面发展。经济发展还是第一位的，这是由我国还是社会主义初级阶段的根本国情所决定的。我国人口多、人均资源占有量少，与发达国家相比，还处于相对落后的状态。发展的问题首先是个改变落后追赶先进的问题。据专家测算，如果美国GDP年增长率为3%，我国年增长率是8%，我们需要68年才能与美国的人均GDP相当；如果美国的增长率是4%，我国的增长率为 7% 的话，我们需要 118 年才能在人均 GDP 上赶上美国。在整个社会主义初级阶段，物质财富的增长，经济的增长，始终是发展的核心和基础，无此其他各方面协调发展的社会目标的实现就无从谈起。这就是发展观的辩证法。

那么，怎样才能做到科学发展呢？党的十六届三中全会同样已有明确的部署。在概要指出科学的发展观后，十六届三中全会决议接着指出了，要做到科学的发展，其"主要任务是：完善公有制为主体、多种所有制经济共同发展的基本经济制度；建立有利于逐步改变城乡二元经济结构的体制；形成促进区域经济协调发展的机制；建设统一开放竞争有序的现代市场体系；完善宏观调控体系、行政管理体制和经济法律制度；健全就业、收入分配和社会保障制度；建立促进经济社会可持续发展的机制"。

具体来说，统筹城乡发展的实质就是促进城乡二元结构的转变。我国目前正处在深刻的社会转型过程中，从城乡二元经济结构向现代社会经济结构转变，将是我国今后几十年社会经济发展的基本走向。"三农"问题过去主要是提高农业生产的问题，现在要通过工业化、城市化、市场化，促进"三农"问题的彻底解决。所以，下一步的经济体制改革和经济发展政策，都要着眼于有利于改变二元经济结构，从有利于"三农"的问题解决出发。大家已经看到，在刚刚闭会的人大会上，中央政府宣布，从现在起，在十年内全部取消农业税，这就是国家政策倾向于"三农"问题解决的实际表现。当然这仅仅是开始。

统筹区域发展的实质是实现地区的共同发展。保持比较发达地区的快速发展势头和扶持落后地区的发展都是国家的既定政策，不可偏废。统筹发展不是均富，但是地区差距过大也对发展的全局不利。在沿海东部地区发展到现阶段后，如果中西部不能及时追上来，东部的发展就会缺少市场和资源，终将难有持续地发展，并且还会形成棘手的社会公平问题。所以，国家提出了开发西部的战略，近来又提出了振兴东北的战略，这些都是缩小区域间差距，高瞻远瞩地解决区域共同发展问题的重大战略。对这些问题要从统筹区域发展的高度看，才会有正确的理解和执行的自觉性。

统筹经济社会发展的实质是在经济发展的基础上实现社会全面进步、增

思索的声音

进全体人民的福利。随着温饱问题的解决,经济发展中的社会问题日益凸显出来。包括环境问题、生态问题、公共卫生问题、教育问题,以及最棘手的贫富差距问题。改革开放以来,我们的物质生活的确有了很大的丰富,但是种种社会问题成为发展新的困扰。目前社会领域存在的问题,许多与经济转轨过程中政府职能不到位有直接关系。重要的是,政府要在社会保障、科学技术、文化教育、公共卫生、医疗保健等方面切实负起责任。只有政府才能担负这种社会建设的责任,这不是所谓"市场化"、"产业化"就可以解决的。政府要从主要抓经济建设的责任中逐步淡化出来,真正把上述事项抓好。显然,这是政府职能的转型,需要时间。

统筹人与自然和谐发展的实质是人口适度增长和资源的永续利用与保持良好的生态环境。我国是人均资源较少的国家,资源约束是伴随我国工业化、现代化全过程的大事。在我国改革开放以来多年经济发展的过程中,资源约束始终是个严重的问题。可以说,这是我国经济社会发展的一个硬约束,我国工业化和城市化道路的选择,发展模式、发展战略,甚至技术政策的选择,乃至社会生活方式的选择,都必须考虑资源约束和环境的承受能力。这就是从国情出发,这就是实事求是。认识人与自然的过程,其实就是人类进步的过程。从远古对自然的屈服和崇拜,到产业革命以来对自然大规模的征服和破坏,是人类胜利的过程,也是人类失败的过程。正如恩格斯所说,人类征服大自然,大自然以十倍的疯狂报复人类。水土流失、温室效应、艾滋病、"非典"等,人类在征服自然时付出了惨重的代价。现在我们认识到要强调人与自然和谐发展,应当说是个巨大的进步。

统筹国内发展和对外开放要求的实质是更好地利用国内国外两种资源、两个市场,顺利实现中国的振兴。这是个更为复杂的问题。封闭固然没有出路,这是中国近代史已有深刻教训的。但是对外开放又有一个保持自主和有利于民族发展的问题。加入世贸组织以来,贸易摩擦频频发生,我们应对自如要有个适应的过程。两种资源、两个市场总比一种资源和一个市场好,要改变我们只是输出资源和低端产品的局面,要彻底改造我们的出口结构。要适当增加资源密集型产品的进口,要更多引进先进技术。不仅要引进来,还要切实走出去。包括我们金融企业,都要积极走出去。

总之,处理好"五个统筹"就基本解决了科学发展观的问题。而真正解决好"五个统筹",没有经济结构和社会结构的大调整是不可能的。实现科学发展观,实现"五个统筹",关键在于结构调整。这就是中央近来频频推出结构调整措施的原委。

二、工商银行发展中的科学发展观问题

在工商银行员工的头脑里,一直有一个很顽强的理念,就是我们工商银行是中国最大的商业银行,这也是工行人的"大行情结"。我们已经习惯于资产、贷款、存款和机构在国内市场上的占比第一,习惯于在传统银行业务领域的"霸主"地位,我们自觉不自觉地追求这种传统业务第一的地位。这其实就是我们一直保有的发展观,我把它称为传统的"大行发展观"。这种传统大行发展观是我们在建行二十年发展历史上逐步形成的,它有着历史的正确性和合理性。这是毫无疑问的。问题是这种传统的大行发展观是否可以用来指导我们今后十年二十年甚至更长远的发展呢?是不是需要改变了呢?我们还是先从工商银行发展的历史现状及其发展规律说起。

(一)工商银行自身发展的历史规律说明必须改变传统的发展观

1. 工商银行的传统优势。从总资产、存款、贷款、机构、人员等总量指标来看,工商银行过去和现在均保持银行业市场占比第一的地位。2003年末具体指标如下:

总资产:53 316亿元,市场占比19%;位居国内银行同业第一;
存款余额:45 682亿元,市场占比21%,位居国内银行同业第一;
贷款余额:33 469亿元,市场占比20%,位居国内银行同业第一;
总收入:1 723.4亿元,位居国内银行同业第一。

(1)工商银行的总资产二十年来一直呈快速发展趋势,但增势趋缓。二十年间总资产由成立初年(1984年)的2 809亿元增长为2003年末的53 316亿元,2003年的总资产为1984年总资产的18.98倍,年平均增长率16.94%。

思索的声音

增长率由最高的年平均增长 27.87% 降为近年的 10.29%。

（2）工商银行的存款余额二十年来一直呈快速发展趋势，但增势趋缓。存款余额由成立初年的 1 696 亿元增长为 2003 年的 45 682 亿元，2003 年的存款余额是 1984 年的 26.94 倍，年平均增长率 18.93%。增长率由最高的年平均增长 24.32% 降为近年的 14.36%。

（3）工商银行贷款增长。工商银行的贷款余额二十年来一直呈快速发展趋势，但增势趋缓。贷款余额由成立初年的 2 470 亿元增长为 2003 年的 33 469 亿元，2003 年的贷款余额是 1984 年的 13.55 倍，年平均增长率 14.70%。增长率由最高的年平均增长 17.97% 降为近年的 11.06%。

（4）工商银行的总收入增长趋势二十年来波动较大，呈多次起伏态势，总的是一条向下的曲线。其间，从建行初年至 1989 年总收入呈大幅快速增长态势，五年平均增长率高达 33.26% 以上，最高的 1989 年当年增长率达 57.86%；1990 年至 1992 年三年间总收入增长率曾出现短期大幅下滑，平均只有 9.42%，最低的 1991 年当年增长率仅有 4.26%；此后至 1996 年又经历了一段较高增长期，增长率平均达 22.39%。1997 年由于会计制度的调整，总收入科目基数大为缩小，导致总收入增长率急剧下降至零以下，出现了连续六年的负增长和零增长，其间最低的增长率曾达 -13.01%；直到 2003 年总收入的增长率才由负转正，当年实现近 7% 的正增长。

（5）工商银行利润增长。工商银行的利润增长二十年来经历了大起大落的变化。以 1993 年为转折点，1993 年以前，九年共实现利润 1 029.7 亿元，年平均实现利润 114.4 亿元；1993 年以后至 1999 年的七年全部转为亏损，亏损总额达 646.9 亿元，年平均亏损 92.4 亿元；2000 年为又一转折点，扭亏为盈，2000 年当年实现经营利润 96.1 亿元，2003 年当年实现经营利润 621.0 亿元，2000 年以来的四年共实现经营利润 1 494.1 亿元，年平均实现利润为 373.5 亿元。2003 年经营利润是 1984 年的 11.44 倍，年平均增长 13.69%。

（6）二十年来工商银行的机构网点经历了大幅扩张与大幅收缩的过程。以 1998 年为转折点，1998 年以前的 15 年为工商银行机构扩张时期，15 年间机构网点由 1984 年的 19 199 个增加至 1997 年的 41 990 个，增长了 22 791

个，增长了 1.19 倍；1998 年后的五年为工商银行机构收缩时期，五年间机构网点由 1997 年的 41 990 个减至 2003 年的 24 129 个，减少了 17 861 个，收缩了 42.54%。

（7）二十年来工商银行的人员同样经历了大幅增长与收缩的过程。以 1997 年为转折点，1997 年以前的 15 年为人员大幅增长时期，由 1984 年的 366 248 人增长至 1997 年的 561 279 人，增加了 195 031 人，增长了 0.53 倍；1997 年以后的五年为人员大幅削减时期，由 1997 年的 561 279 人减至 2003 年的 389 045 人，减少了 172 234 人，减少了 30.69%。

2. 对工商银行发展二十年增长规律的分析和结论。

概要地说，通过分析我们发现，在工商银行二十年发展中起主要作用的是总量扩张的拉动，也就是说，基本是一种数量和规模扩张为主的粗放的发展模式。经过二十年的发展，这种发展模式发挥了不可否认的历史作用，但是也走到了自己生命的尽头。工商银行必须及时转变这种传统发展模式，实现经营结构向效益和内涵扩大的新模式的转型，我们才会有继续生存和发展的可能。具体分析工商银行二十年的发展显示出如下几点规律。

（1）储蓄存款始终是工商银行最主要的资金来源，是存款（负债）总量保持稳定增长趋势的决定性因素。二十年来储蓄存款一直保持高速增长，至 2003 年工商银行的储蓄存款已达 25 766 亿元，比建行初期 1984 年的 671 亿元增长了 25 095 亿元，是 1984 年的 38.40 倍，增长了 3 740.34%，年平均增长速度为 21.17%。储蓄存款的持续稳定增长使工商银行的存款总量得以保持持续增长，成为稳定的资金来源的主要支撑。二十年来，尽管储蓄存款的增长势头已经放缓，但其目前在工商银行负债中仍占有近 60% 的比例，仍然是最主要的资金来源和保持负债稳定的支撑。

（2）贷款资产是工商银行的主要资产，并始终是左右工商银行资产总量增长的决定性因素。二十年来，贷款一直是工商银行资产的主体。在 1991 年以前的八年间，贷款占总资产的比例一直保持在 70% 以上，建行初期的五年贷款占比一直维持在 90% 的高水平上。进入 20 世纪 90 年代后，贷款在总资产中的占比持续下滑，但仍未能动摇贷款在总资产中的主体地位，除个别特

‖ 思索的声音 ‖

殊年份外,整个20世纪90年代和21世纪的前三年,贷款占比仍维持60%以上的水平,直到2003年,贷款在总资产中的占比仍有62.8%。由于贷款在总资产中的主体地位,使得总资产的变动方向和变动幅度与贷款的变动方向和增长幅度高度重合。表明贷款的变化和增长始终是并且直到目前仍然是工商银行资产变化和增长的主导因素。

贷款增长决定总资产增长的规律同时使利差收入增长决定总收入增长成为规律。在过去的二十年间,利差收入在总收入中一直保持着70%以上的比例,最高时曾达到过81.5%。并且,利息收入增长的高低直接左右着总收入增长的高低,总收入的增长曲线与利息收入的增长曲线始终保持在变动方向和变动幅度上的高度统一。

(3) 总量扩张是拉动工商银行二十年持续增长的主要因素。分析工商银行二十年发展的增长趋势,总量即规模扩张是增长的基本特征。二十年来,包括总资产、存款、贷款等在内的总量指标始终保持10%～30%的高速增长。1984年,工商银行的总资产仅有2 909亿元,经过二十年的发展,2003年末工商银行的资产总额已达到53 316亿元,年平均增长16.94%;贷款余额由2 470亿元增长为33 469亿元,年平均增长14.70%;存款余额由1 696亿元增长为45 682亿元,年平均增长18.93%。数量与规模扩张为主的增长方式在20世纪90年代中期前具有更为典型的表现。进入20世纪90年代中期后,总量与规模的增长势头减弱,但仍保持10%左右的增长速度。至2003年,工商银行的总资产比上年的增长仍为11.62%。表明总量扩张的增长潜力自20世纪90年代中期以来尽管有所衰减,但仍为工商银行增长的主要拉动因素。

(4) 增长趋势的重大转折标志着工商银行经营方式的内在变化。在二十年的发展中,工商银行的增长经历了两次大的转折。第一次大的转折出现在1993—1995年。在此之前,工商银行的各项总量指标,包括总资产、存款、贷款、人员机构等均呈大幅快速增长,表明工商银行正处于生命周期的成长阶段,总量扩张是其主要特征和增长方式。在这个转折点以后,工商银行的总资产、存款、贷款等总量指标开始由高速增长转入低速增长,效益则由正增长转为负增长。这个转折点的出现表明，工商银行已度过了生命周期成长阶段的高峰期，进入低速增长期，并开始向成熟期过渡。同时，高速成长期以规模扩张为主的增长方式的增长潜力开始由高到低逐步走向衰减，改变数量扩张为主的增长方式的客观要求已经凸显出来。

第二次转折出现在2000年和2001年。在这个转折点上，工商银行总量增长的指标和曲线虽然没有巨大变化，仍保持低速增长态势，但工商银行效益增长的指标和曲线却发生了方向性的转变，即利润增长一举扭转了自1993年以来连续七年负增长的局面，扭亏为盈，并在此后连续出现了四年的大幅度增长，年平均增长86.24%，最高达252.77%。发生明显变化的指标还有机构和人员的总数，变化趋势是由增加变为减少。人员、机构总数在2000年下降到20世纪90年代初的水平后，又连续下降了三年。至2003年，机构和人员数基本回归到20世纪80年代建行初期的水平。这个转折点的出现表明，工商银行正在经历由成长期向成熟期转变的艰难痛苦的调整期，并且已经度过了调整期的最低点，开始步入以质量和效益、效率为主的增长阶段，即开始了向新的效益增长型经营模式的转变。

（5）中间业务和投资业务呈跨越式发展，显示了巨大的增长潜力。随着资产规模的扩大和中国资本市场的发展，工商银行的资金运用由最初单一的贷款业务转向多元化的运用渠道，投资业务和中间业务呈现出了跨越式发展的良好态势。其中投资收益由1993年的9.86亿元，增长到了2002年的237.67亿元，平均每年增长22.78%。中间业务收入从1993年的9.47亿元，增长到了2002年的50.35亿元，平均每年增长4.08亿元。近年来中间业务和投资业务快速发展，中间业务收入年度增长率一直在25%以上，展示出了巨大的发展潜力。

以上对增长规律的分析表明，20世纪90年代中期前的十年是工商银行以规模和总量扩张为主的高速增长期；20世纪90年代中期后至进入21世纪前的五年是工商银行的低速增长期，在这个时期规模和数量扩张对增长的拉动作用迅速递减，由于新的增长因素还没有形成，致使增速下降的同时效益严重滑坡，出现了长达六年的效益负增长；2000年后工商银行进入调整期，由

思索的声音

于目标的明晰和措施的有力,仅用三年的时间已度过了调整的最困难时期,转亏为盈,在规模和总量低速增长趋势不变的条件下,效益开始大幅度提高,表明其增长方式已经开始了由规模扩张型向效益增长型的转变。根据工商银行发展的历史规律和主要因素推断,今后五至十年中,总量和规模增长仍将维持低速发展,并对整体增长仍将保持较大拉动作用;非传统银行业务、非信贷资产和非利差收入等新的增长因素将迅速发展起来,对整体增长的拉动作用将迅速加大,但由于其尚处于形成和培育期,短期内尚难以取代传统业务对于整体增长的决定性拉动作用。由此可以判断,今后五至十年仍将是工商银行由成长期向成熟期转变的过渡时期,即经营结构的转型期。过渡时期和转型期的主要任务是,采取大力度的措施,对现有以传统银行业务为主的经营结构作根本性的调整,使非传统银行业务及其收入用五至十年的时间成长为足以拉动工商银行持续增长和发展的主体。

(二)经济和金融的变革大势要求工商银行必须改变发展观和增长模式

由于经济对于金融的决定性作用,由于工商银行在中国银行业市场上的主体地位,宏观经济金融的发展成为影响和制约工商银行发展的最重要的因素。今后五至十年国民经济正处于新一轮周期的增长阶段,同时经济结构的调整将处于力度最大的时期。在这个时期中,宏观经济金融的基本走势和结构变动直接影响和制约着工商银行今后五至十年的发展趋势与调整幅度。

1. 利率市场化趋势及其影响。所谓利率市场化,即指利率自由化。自由利率指的是,由市场上的资金供求关系,自由确定的资金价格。所谓"化"是指一个过程,利率自由化或者市场化是指,一个国家或地区的利率,由官定利率或政府管制利率,向自由利率即由市场供求关系决定的利率转化的过程。利率市场化是所有加入世贸组织的国家和转型国家,都要经历的一个必然过程。那么,我国的利率是一种什么样的发展趋势呢?截至2004年第四季度前,总体来看,在过去的十年中名义存贷利率始终呈不断下降的趋势。十年间存款利率由1993年的10.98%下降至2002年的1.98%;贷款利率由1993

年的12.6%下降为2002年的5.31%。近似估计，存款利率年均下降18.6%，贷款利率年均下降10.2%。但由于贷款利率下降幅度小于存款利率的下降幅度，使得存贷利差十年间呈不断上升的趋势，从1993年的1.62%升至2002年的3.33%。

利率市场化是我国加入世贸组织的承诺之一。加入世贸组织以来和党的十六大都明确了中国要稳步推进利率市场化。近四年从政策面上看，中央银行一直努力维系利率的基本稳定，除2004年第四季度刚刚微升了一次利率外，没有做过多调整。但同时中央银行也陆续推出了利率市场化的改革试点，使利率市场化的预期很高。考虑到加入世贸组织过渡期将于2006年结束，预计从2006年起至2010年，我国的利率将全面市场化。那么，利率市场化会带来些什么呢？从宏观上看，其对经济金融的主要影响有三点：第一，利率市场化将会引起GDP增长率的变动，一般地讲，利率上升GDP增长率会下降，利率下降GDP增长率会上升；第二，利率市场化将会使通货膨胀率总体呈增长之势；第三，利率市场化将导致存贷利差缩小，从而对商业银行的收益形成威胁[①]。

对商业银行的具体影响是，整体来看，利率市场化的基本走势是银行利率总水平下降，存贷利差收窄。并且，存款利率水平下降的趋势将会放缓，在利率放开的初期还有可能出现上升；而贷款利率下降的趋势将会加强，出现较大幅度普遍性的下降。导致这种走势的主要原因是银行间接融资媒介作用在今后五至十年间将明显减弱，银行存款等资金相对富余。尽管中央银行对利率市场化过程中银行利率走势的预期是存款利率下降，贷款利率上升，从而基本保持存贷利差的稳定。但是从近三年央行在温州等地利率市场化试点的实际结果看，与其预期方向恰恰相反，放开后的存款利率普遍上升，而放开后的贷款利率普遍下降，表明市场化放开后利率的自然走势最有可能的是存款市场利率上升，贷款市场利率下降，银行存贷利差收窄，对那些以传统存贷业务为主的商业银行将形成严重的生存威胁。因此，利率市场化将迫

---

① 以上三点主要根据加入世贸组织国家和转轨经济国家利率市场化前后宏观经济情况比较而作出的判断。

思索的声音

使商业银行大力度地重新调整和转变经营结构与收益结构，以求生存。

2. 资本市场直接融资发展和金融脱媒化趋势。

所谓金融脱媒化是指，在社会融资中银行是间接融资的媒介体。在间接融资中，资金供求双方必须通过银行的媒介才能达成资金的交易。与间接融资对应的是直接融资。直接融资是指，资金供求双方不需要银行等中介的媒介，自行达成资金交易的融资行为。直接融资的发展，使得社会资金越来越多地摆脱银行的媒介而直接达成交易，致使银行客户、市场、收益大量流失，从而导致银行大批倒闭，这样一种过程，国际上通常称为"金融脱媒化"过程。这是国际银行业都必然面临的一个过程和趋势。我国目前正在面临和经受着这个趋势。

我们知道，在社会融资总运动中，资本市场的直接融资与银行为媒介的间接融资间存在此长彼消的关系。从我国前十年的情况看，直接融资一直保持较快的持续增长。从1994年到2003年直接融资增长的年平均速度为31%，其间，最高增长年份为1996年，当年增长率为83.4%，最低增长年份为1999年，年增长率仅有2.5%。1994年至1998年的四年是我国直接融资快速发展的第一轮高潮期，在此期间直接融资一直保持很高的增长速度，年平均增长率高达48.6%。1999年以后的五年是我国资本市场的低潮期，直接融资增长明显趋缓，增长率一直在20%以下，年平均增长率仅有13.5%。

资本市场上直接融资的迅速增长导致直接融资在社会总融资额[①]中的比重一直保持不断扩大趋势。从1993年到2003年，直接融资在社会总融资额中的占比从13.5%上升为29.4%，最高比例为2001年的41.6%；直接融资占间接融资的比重，亦由1993年的15.7%上升至2003年的41.7%，最高比例为1998年的58.7%。同时，银行间接融资比重不断下降，由1993年的86.5%下降为2001年的58.4%，银行在社会融资中的媒介作用不断弱化，出现了"金融脱媒化"趋势。值得说明的是，2002年和2003年这两年直接融资增长速度和占比的上升趋势有所减弱，间接融资的占比出现反弹，由2001年的58.4%反弹至2003年的70.6%，从而使脱媒化趋势有所缓解。

---

① 社会总融资额是直接融资额和间接融资额的总和。

根据国家"十五"计划和2010年远景规划，根据党的十六届三中全会确定的改革方略，今后五至十年国内将大力发展直接融资，其在社会融资中所占比重将呈不断扩大趋势。根据1994—2003年直接融资的年平均增速31%来测算，预计至2005年直接融资规模将达到21 500亿元，其占社会融资总额的比例将恢复到40%以上，占间接融资的比重将恢复到51%左右；至2010年直接融资规模将可能达到80 000亿元，其占社会融资总额的比例将会达到45%左右，其占间接融资的比重将可能达到80%。

作为结果，资本市场上直接融资的恢复性增长和高速增长，必将导致银行为主体的间接融资增长趋缓，占比下降，从而使金融脱媒化趋势明显和突出起来。并且，利率市场化导致的银行利差缩小的趋势将加剧金融脱媒的速度和幅度。预计金融脱媒化将从两个方面削弱银行的生存能力：一是日益活跃的直接融资将加速分流银行的存款，迫使银行提高存款利率，使银行在存款减少的同时增大成本支出；二是直接融资加速分流银行的贷款客户，有竞争力的优质客户更倾向于直接入市筹融资，从而减少甚至放弃贷款，迫使银行降低贷款利息来吸引客户，使银行在贷款减少的同时利息收入总量和水平下降。国际银行业在20世纪七八十年代就经历了金融脱媒的痛苦过程。它们的经验表明，金融脱媒化趋势将对商业银行传统经营方式和结构提出严重的生存挑战，使商业银行普遍面对破产风险。尽管在我国，由于近一两年资本市场出现反常低迷，使得本来已经开始衰退的银行融资作用出现了短暂反弹。但是从国际经验和我国社会融资方式变革的内在规律来看，今后五至十年将是我国金融脱媒化比较剧烈的时期，并且伴随利率市场化的推进，金融脱媒的速度和幅度都会加大，这将是今后银行发展的主要趋势之一。由此决定了今后五至十年商业银行将以彻底调整和转变传统经营结构为主要任务和目标。

3. 宏观经济金融大势分析的基本结论。

从现在起到2014年的十年时间是工商银行由成长期向成熟期转变的过渡时期。在这个时期内，工商银行将经历经营机制的彻底转变，完成向现代商业银行的转轨改制；同时，将实行经营结构的根本性调整，逐步使传统银行业务及其收入让位于非传统银行业务及其收入，使后者成为银行经营结构和

‖ 思索的声音 ‖

收益结构的主体。过渡期有两个基本特征：一是旧有的增长因素，即传统的银行存贷款业务规模和总量的扩张对整体增长的拉动作用继续减弱，主要表现为传统存贷业务和传统业务收入的增长速度下滑，同业占比继续下降。但是旧的增长因素仍有一定的发展空间，仍将维持相当长一段时期的低速扩张，特别在2006年前的时间内，仍有可能对整体增长起到主要作用。二是新的增长因素即包括投资业务和中间业务在内的非传统银行业务迅速成长，对整体增长的拉动作用迅速扩大，以集约化为主的经营方式和以结构调整提高创利能力与效率为主的增长方式，开始取代旧有的规模和数量扩张型经营增长方式占据越来越重要的地位。但是在整个过渡期中，这些新的增长因素和增长方式尚处于形成期和培育期，短期内尚不能完全取代传统业务和旧有的数量扩张型增长，对整体增长的决定性拉动作用。因此，在过渡期内，旧的因素仍保有对增长的主要拉动作用，但这种主要作用呈不断弱化趋势，愈来愈弱，逐步趋向于次要地位；而新的因素虽然还不能取代旧因素对增长起主体拉动作用，但是其作用呈日益强化和发展之势，愈来愈强，逐步趋向于主要地位。当新的因素在发展中超过旧的因素而对增长发挥主要拉动作用时，过渡期就结束了，工商银行就完成了过渡期的调整而由成长期进入到成熟期。我们预计这个转折点可能出现在2007—2008年，完成于2013—2015年。因此我们判断，今后五至十年工商银行将仍处于转型的过渡期。

在这个过渡期内，宏观经济金融有两个重要趋势将对工商银行的转型起到重大作用，这就是利率市场化趋势和金融脱媒化趋势。这两个趋势共同作用的结果，将加快传统银行存款和贷款业务的衰退速度和程度，特别将促使来自传统业务的利差收入迅速减少，使得主要依靠传统银行业务已不再能够维持工商银行的发展，甚至难以维持其生存。面对这种形势工商银行必须主动加大加快对传统业务为主的收益结构和经营结构的调整，努力发展非信贷资产、非银行金融业务和非利差收入，逐步使非信贷资产和非利差收入成为工商银行赖以生存和发展的主要基础。这种主动的结构调整将成为工商银行今后五至十年的基本任务和主要目标。这种经营结构的大转型，国际上特别发达国家的商业银行都曾经历过并已先后完成。这种转型在国际上表现为由于金融脱媒化引起的商业银行"混业经营"或"综合经营"的潮流或趋势。对于商业银行来讲，这是一个不以人的意志为转移的必然过程，国际上的商业银行大多不是自己愿意转变的，它们也认为传统的银行存贷款业务为主的日子要好过得多，因此十分留恋。但是不转不行，因为环境变了，经济变了，金融市场变了，不转型就要破产、灭亡，所以才被迫转型，从传统银行业务转向非银行金融业务，由货币市场转向资本市场，进而变成无所不能的"金融百货公司"。我们同样不能逃脱这个规律，一场大转型已势在必行。

（三）工商银行今后的发展战略和任务

根据改制方案的构想，工商银行将按照"产权清晰、权责明确、政企分开、管理科学"的要求，力争到2006年完成股份制改造并择机整体公开上市，全面建立现代金融企业制度，使工商银行成为一家治理结构完善，运行机制健全，经营目标明确，财务状况良好，主要经营管理指标达到国际前30家银行中上等水平，具有较强国际竞争力的现代大型商业银行。上市当年预计总资产超过8 000亿美元（6.8万亿元人民币）、权益资产超过480亿美元（约4 000亿元人民币）、资本充足率超过11%、五级分类2%以内、风险拨备覆盖率超过90%、年创经营利润接近130亿美元（1 080亿元人民币）、账面利润超过75亿美元（630亿元人民币）。上市后，利用三至八年的时间，实现经营结构的彻底转变。到2008年，预计营业净收入结构中非利差收入的比重将达到50%，到2013—2015年，非利差收入在净收入中的比重将达到70%以上；到2006年，预计总资产结构中非信贷资产的比重将达到45%以上；非信贷资产及其收入将成为工商银行经营结构和收益结构的主体。完成经营结构转型后，工商银行各项经营指标将达到国际排名前10家银行的中等水平。

为实现上述总体构想，今后十年的总任务是：在体制上，实行产权的重组和股份制改造，建立健全公司治理结构与机制，彻底转换经营机制；在经营结构上，实行根本性的再造和转型，从2004年起，用五至八年的时间，使非信贷业务及其收入成长为足以拉动工商银行持续增长的主体。为实现这个总任务，必须抓住两个关键，第一是如期完成不良资产和财务包袱的消化任

思索的声音

务,实现财务重组;第二是大力度主动实行经营结构的调整和转型,包括实行业务结构向非银行金融业务为主的结构转变,资产结构向非信贷资产为主的结构转变,收益结构向非利差收入为主的结构转变,最终实现经营模式和增长方式的转型。

工商银行总的发展战略如下:

第一,实行分阶段发展战略。以2004—2006年三年为第一战略发展阶段。此阶段的主要任务是完成不良资产和财务包袱的消化任务,实现财务重组和股份制改造与上市;以2006—2008年三年为第二战略发展阶段,此阶段的主要任务是主动实行经营结构的调整,实现非信贷收入在收益结构中的比重达50%和非信贷资产在资产结构中的比重达45%以上,初步实现经营结构的转型;以2009—2015年七年为第三战略发展阶段,此阶段的主要任务是完成经营结构的转型,彻底转变经营模式和增长方式,使工商银行的主要经营指标达到国际前十名银行的先进水平。

第二,对非信贷业务实行超常规发展战略。以投资业务、资金交易业务和有利于发挥工商银行网点及结算优势的中间业务为主,促其实现跨越式超常规发展。从2006年起,力争用二年左右的时间使非信贷资产在总资产中的占比超过45%;使非信贷收入在净收入中的占比超过50%,取代信贷收入成为工商银行收益结构的主体。

第三,对传统贷款业务实行风险成本控制下的效益管理,实行求精不求大的发展战略。在2006年贷款实现重组以后,实行贷款匀速适量增长战略,以能够覆盖贷款风险成本的适当效益为贷款增长的主要目标,严格控制新增贷款的不良率,强化存量不良资产的处置力度,力争2006—2014年全部贷款的不良率保持在2%以内的水平上。

这些只是初步的研究成果和框架思考。总之,从现在起,工商银行不仅在体制上面对转制的挑战,而且在经营模式和经营结构上,面对战略大转型的考验。这是我们必须要跨越的两大难关。对工商银行和我们全行35万员工来讲,这是生死相关的严峻考验。完成了这种体制转变和战略转型,我们工商银行就可以获得凤凰涅槃般的再生!

改制后工商银行的发展战略[①]

自从今年 4 月 18 日国务院正式批准我们工商银行改制以来，工商银行的改制进展得非常快。有多快呢？快到了人的思想跟不上的程度。我们面对的绝不仅仅只是国家注资、二次剥离、引进战略投资者、成立股份公司和包装上市那么简单的任务，我们面对的是彻底的改变，是思想观念包括经营理念和发展战略，治理架构包括组织架构和管理架构，业务流程、管理流程，经营结构包括资产结构、业务结构和收益结构，经营机制、考核机制，乃至企业文化在内的彻头彻尾的改变。大家对急速而来的改革或欣喜万分或抱有希望，然而我想问的是，我们大家都做好了迎接转变的准备了吗？今天我就借此机会同大家谈谈股改后的工商银行如何实现战略转变的问题。

一、工商银行改制的进程

大家知道，2003 年底国务院批准了中国银行、建设银行股改上市方案后，我们系统的同志们都很焦急。总行其实从 2002 年起就在争取改制的机会。2003 年，总行就成立了综合改革研究小组，2004 年又成立了改制领导小组。从 2004 年起，总行连续拟定了十几稿工商银行改制方案，反复报送人民银行和国务院国有银行改革领导小组审改。终于在今年 4 月获得了国务院的批准，正式启动了工商银行的改制。虽然，我们起步比中国银行和建设银行晚了一年多，但是这并不意味着我们在改制上落在中建两行之后。因为工商银行在改制前，无论是在提高风险掌控能力方面，还是在不良资产的清理方面和机

---

① 这是作者 2005 年在工商银行系统内各培训班上的讲课稿。

思索的声音

构人员的精简方面,做的工作比同业要多得多。并且,工商银行之所以能够打动国务院,之所以能够在中建两行试点尚未出结果的时候获得改制批准,就是因为工商银行在近一年多来以较少牵扯到金融大案要案中的事实,证明了我们的管理水平和经营机制确有进步。并且,工商银行的改制方案独具特点,我们并不是为上市而上市,而是以建立和完善公司治理、彻底改换经营机制为重点和主题,主要围绕这一重点和主题做文章。所以,搞得好我们虽起步晚于中建两行,但上市的速度和改革的深度可能是我们更快、更彻底。

具体来说,工商银行的改制方案与中建两行的改制方案大体相同,都是首先由国家注资,实行财务重组和资产剥离,解决不良资产问题和资本金增补问题,搭建公司法人治理结构,建立和完善公司治理机制,引入机构和战略投资者,实行股份制改造,满足上市条件后在国际国内公开上市,实现产权重组。但也有很大的不同。应当说,在这一次改制中,国家给了工商银行很大的政策和财力支持。从注资来讲,工商银行与中国银行和建设银行不同。首先是注资的结构不同。中建两行只有国务院的外汇储备注资,而工商银行是外汇储备注资和中央财政注资共同组成。这就使工商银行的股东构成与中建两行不同,它们两行只有中央汇金公司一个大老板,工商银行却有中央汇金公司和财政部两个大老板。注资的资本实际构成也不一样,工商银行除国家外汇储备外,还有财政部注入的人民币资本金。注资的方法也不同,中建两行是先将其原有的资本金约 3 000 亿元人民币全额转入风险拨备科目,进而用这些资本金冲销其不良资产,使资本科目归零,然后国务院对其重新注入 225 亿美元的外汇资金。工商银行在注资前,保留了 1 240 亿元人民币的资本金,仅把剩下的 1 500 多亿元资本金转为拨备,用于冲销不良资产。在此基础上国务院向工商银行注入了 150 亿美元的外汇资金。大家从报刊公开的信息上只看到国家向工商银行注资 150 亿美元,很多人都认为工商银行吃了亏。其实,财政部还保留了对工商银行的 1 240 亿元人民币的注资没有冲销,加在一起,工商银行实际拥有资本金 300 亿美元(2 500 亿元人民币),比中建两行各多 75 亿美元。并且,从不良资产的二次剥离上,工商银行得到了很大实惠。工商银行借此机会一次性剥离了 7 050 亿元的不良资产,使工商银行的不良资产率由19%一举降到4.8%以内。今年6月末完成财务重组和不良资产剥离后，工商银行的经营数字已经相当优良，已经可以同国际优良银行相媲美了。预计2006年工商银行可以顺利达到上市条件，上市当年（2006年）预计总资产将超过8 000亿美元（6.8万亿元人民币），年创经营利润接近130亿美元，资本充足率超过14.65%，五级分类不良贷款率控制在4%以内，不良贷款拨备覆盖率超过80%，资产规模和盈利总水平可望进入世界银行业前5位，经营绩效、资产质量、审慎经营等财务指标可望达到并保持国际排名前100家大银行中等以上的水平。

目前工商银行的改制速度非常快。在2005年4月下旬获准启动改制方案以来，工商银行已顺利完成国家注资工作，2005年6月末又顺利地完成了全行的资产清理和7 000亿元不良资产的剥离工作。2005年7月，工商银行正式向社会公布了经营的半年报和改制方案的基本内容。2005年8月下旬，工商银行已同拟引入的国际战略投资者签立了备忘录，预计将在公开挂牌后签订正式的引资合同，确认战略投资者。目前，总行已经制定了有关改制和公司治理的一系列文件，包括中国工商银行股份有限公司章程、中国工商银行股份有限公司股东大会议事规则、中国工商银行股份有限公司董事会议事规则、中国工商银行股份有限公司监事会议事规则、中国工商银行2006—2015年发展战略纲要、中国工商银行三年发展计划等20多个文件。预计将在2005年10月18日成立中国工商银行股份公司，然后待条件成熟后上市。这是工商银行改制的基本进展情况。

二、改制后我们面临的环境

从上述可以看到，工商银行的改革在实实在在地迅速进行着。与此同时在急速改变中的不仅是我们，还有我国的经济金融大环境和市场。所以，我想同大家谈谈未来工商银行面对的宏观大背景，谈谈工商银行的问题和弱点所在，这样也许有利于大家搞清楚改制以后，我们工商银行面对的究竟是什么。

思索的声音

（一）未来工商银行面对的宏观环境与市场机会

未来十年（2005—2015 年）是中国经济社会发展的第十一、第十二个五年计划阶段，是中国保持经济平稳较快增长和社会和谐发展，实现 GDP 翻两番和经济腾飞的关键时期。在此期间，伴随中国经济的快速增长和加入世贸组织过渡期结束的促动效应，银行业仍将处于较快发展时期。但是，宏观经济金融有两个重要趋势将对商业银行的发展产生重大影响，这就是利率市场化和金融脱媒化。

1. 利率市场化趋势及其影响。

首先介绍一下什么叫做利率市场化？所谓利率市场化实际叫做利率自由化，自由利率指的是由市场上资金的供求关系所确定的资金价格，这种由市场价格决定的利率形成机制称为自由利率。所谓利率自由化或市场化指的就是，由官定利率或管制利率向自由利率或市场利率转化的过程。利率市场化是对外开放金融市场国家的必然趋势，世贸组织 137 个成员国几乎都经历了利率市场化的过程。对我国这是一个必然要来而且已经来临的过程。

总体来看，在过去的十年中，中国国内名义存贷利率始终呈不断下降的趋势。十年间存款利率由 1993 年的 10.98% 下降至 2002 年的 1.98%；贷款利率由 1993 年的 12.6% 下降为 2002 年的 5.31%。近似估计，存款利率年均下降 18.6%，贷款利率年均下降 10.2%。但由于贷款利率下降幅度小于存款利率的下降幅度，使得存贷利差十年间呈不断上升的趋势，从 1993 年的 1.62% 升至 2002 年的 3.33%。

中国加入世贸组织以来和党的十六大都明确了中国要稳步推进利率市场化。近三年从政策层面上看，中央银行一直努力维系利率的基本稳定，官定利率没有做过多调整。但同时中央银行也陆续推出了利率市场化的改革试点，使利率市场化的预期很高。考虑到加入世贸组织过渡期将于 2006 年结束，预计至 2010 年以后利率将可能实现全面市场化，其对银行业主要影响是，利率市场化将导致存贷利差缩小，从而对商业银行的收益形成威胁。

具体分析我国未来的发展，利率市场化的基本走势将是银行利率总水平下降，存贷利差收窄。并且，存款利率水平下降的趋势将会放缓，在利率放开的初期还有可能出现上升；而贷款利率下降的趋势将会加强，出现较大幅度普遍性的下降。导致这种走势的主要原因是银行间接融资媒介作用在今后五至十年间将明显减弱，银行存款等资金相对富余。从近三年中央银行在温州等地利率市场化试点的实际结果看，放开后的存款利率普遍上升，而放开后的贷款利率普遍下降。表明市场化放开后利率的自然走势最有可能的是存款市场利率上升，贷款市场利率下降，银行存贷利差收窄，将对那些以传统存贷业务为主的商业银行形成严重的生存威胁。因此，利率市场化将迫使商业银行大力度地重新调整和转变经营结构与收益结构，以求生存。

2. 资本市场直接融资发展和金融脱媒化趋势。

什么叫做金融脱媒化？在资金市场上，银行是资金供求双方融资的媒介体，通过银行的间接运作资金才能在供求双方间达成交易。资本市场是资金供求双方直接融资的场所，直接融资的发展使资金供求双方摆脱银行的媒介而直接进行资金交易，导致银行融资的市场份额大大收窄，银行大量亏损，这种现象西方称为"金融脱媒化"。由银行为主体的间接融资向直接融资转化的过程就称为"金融脱媒化"过程。

在社会融资总运动中，资本市场的直接融资与银行为媒介的间接融资间存在此长彼消的关系。从前十年的情况看，直接融资保持较快的持续增长。从1994年到2003年直接融资增长的年平均速度为31%，其间，最高增长年份为1996年，当年增长率为83.4%。1994年至1998年的五年是我国直接融资快速发展的第一轮高潮期，在此期间直接融资一直保持很高的增长速度，年平均增长率高达48.6%。1999年以后的五年是我国资本市场的低潮期，直接融资增长明显趋缓，增长率一直在20%以下，年平均增长率仅有13.5%。

资本市场上直接融资的迅速增长导致直接融资在社会总融资额[①]中的比重一直保持不断扩大趋势。从1993年到2003年，直接融资在社会总融资额中的占比从13.5%上升为29.4%，最高比例为2001年的41.6%；直接融资占

---

① 社会总融资额是直接融资额和间接融资额的总和。

思索的声音

间接融资的比重，亦由1993年的15.7%上升至2003年的41.7%，最高比例为1998年的58.7%。同时，银行间接融资比重不断下降，由1993年的86.5%下降为2001年的58.4%，银行在社会融资中的媒介作用不断弱化，出现了"金融脱媒化"趋势。值得说明的是，2002年和2003年这两年直接融资增长速度和占比的上升趋势有所减弱，间接融资的占比出现反弹，由2001年的58.4%反弹至2003年的70.6%，从而使脱媒化趋势有所缓解。

根据国家"十五"计划和2010年远景规划，根据党的十六届三中全会确定的改革方略，今后五至十年国内将大力发展直接融资，其在社会融资中所占比重将呈不断扩大趋势。根据1994—2003年直接融资的年平均增速31%来测算，预计至2005年直接融资规模将达到21 500亿元，其占社会融资总额的比例将恢复到40%以上，占间接融资的比重将恢复到51%左右；至2010年直接融资规模将可能达到80 000亿元，其占社会融资总额的比例将会达到45%左右，其占间接融资的比重将可能达到80%。

作为结果，资本市场上直接融资的恢复性增长和高速增长，必将导致银行为主体的间接融资增长趋缓，占比下降，从而使金融脱媒化趋势明显和突出起来。并且，利率市场化导致的银行利差缩小的趋势将加剧金融脱媒的速度和幅度。预计金融脱媒化将从两个方面削弱银行的生存能力：一是日益活跃的直接融资将加速分流银行的存款，迫使银行提高存款利率，使银行在存款减少的同时增大成本支出；二是直接融资加速分流银行的贷款客户，有竞争力的优质客户更倾向于直接入市筹融资，从而减少甚至放弃贷款，迫使银行降低贷款利息来吸引客户，使银行在贷款减少的同时利息收入总量和水平下降。国际银行业在20世纪七八十年代就经历了金融脱媒的痛苦过程。它们的经验表明，金融脱媒化趋势将对商业银行传统经营方式和结构提出严重的生存挑战，使商业银行普遍面对破产风险。尽管在我国，由于近一两年资本市场出现反常低迷，使得本来已经开始衰退的银行融资作用出现了短暂反弹。但是从国际经验和我国社会融资方式变革的内在规律来看，今后五至十年将是我国金融脱媒化比较剧烈的时期，并且伴随利率市场化的推进，金融脱媒的速度和幅度都会加大，这将是今后银行发展的主要趋势之一。由此决定了今后五至十年商业银行将以彻底调整和转变传统经营结构为主要任务和目标。

这两个趋势共同作用的结果，将加快加深传统银行业务的衰退速度和程度，特别将促使传统信贷业务的收益率迅速下降，使中国商业银行的经营效益甚至生存受到很大威胁。

据预测，在2006年加入世贸组织过渡期结束后，中国国内的利率市场化和金融脱媒化趋势对以信贷业务为主体、高度依赖信贷利差收入的工商银行带来的生存和发展挑战，将迅速显现出来。为此，工商银行必须主动加大加快对信贷业务为主的经营结构和高度依赖信贷利差收入的收盈结构的调整，在提高非信贷资产占比、提高投资及交易类业务收益率的前提下，提高非信贷利差收入占比，逐步使非信贷资产和非信贷利差收入成为工商银行长期赖以生存和发展的新的基础，降低经营风险并赢得可持续的风险管理能力。这种主动的经营结构战略转型将成为工商银行今后十年的基本任务和主要目标。

（二）银行业市场的变化及工商银行的市场机会

据预测，今后十年中国国内银行业市场的发展，具有如下基本特征：第一，相对于全球银行业而言，今后十年中国国内银行业市场仍然是快速增长和最具吸引力的市场。在这个市场上，除了国内市场竞争者外，外资银行将成为中国国内市场有力的竞争者。因此保持在中国银行业市场的领先地位，仍将是国内商业银行的制胜关键。第二，随着加入世贸组织过渡期的结束，中国将更多地参与国际竞争，使得国内银行的发展更多地取决于参与国际竞争的深度和广度。因此，有竞争力地走入国际市场将成为国内商业银行今后十年发展的新亮点。第三，在中国银行业市场上，发展不平衡的情况仍将延续。2004年，北京、上海、浙江、江苏、广东和山东六省所占有的存贷款总量，已占到国内市场总量的45%以上。预计至2014年，六省市银行存贷款规模将占到全国市场总量50%以上。同时，中西部地区将孕育出国内银行业市场新的效益增长点，当地银行资产、负债规模及盈利能力将得到较快增长。第四，从中短期来看，公司客户仍将是国内商业银行最重要的客户，银行的公司业务将保持强劲的增长势头。从长期来看，零售业务将强大起来，并将

‖ 思索的声音 ‖

成为银行在竞争中长期制胜的重要因素。第五,在客户细分市场上,带来更多收入的大型企业客户和高端零售客户市场,将成为商业银行制胜的关键和竞争的主要市场。第六,短期来看,传统信贷业务仍将是国内商业银行效益增长的主要因素。但从中长期来看,中间业务的发展、投资管理水平的提高是赢得中国银行业领先地位的关键。

对中国未来十年银行业市场发展机会的分析,可以得到如下几点启示:第一,对工商银行来讲,中国国内市场现在是、未来十年仍将是主要的目标市场。保持国内银行市场领先的优势地位,是工商银行赢得全球竞争优势的前提。同时,要加快实施跨国经营战略,大力增加国际市场业务份额,才能保持住现有的国内竞争优势,进而成为全球领先银行。第二,在区域银行业市场上,保持在发达的六省市银行业市场第一的位置,是工商银行在国内市场领先制胜的关键。同时,也要在新兴的区域银行业市场上取得领先地位。第三,在银行业务市场上,工商银行要保持住公司业务强劲的增长势头。同时,要进一步壮大零售业务,保持零售业务的领先地位是工商银行长期制胜的法宝。第四,在客户市场上,工商银行必须在大型企业客户和高端零售客户细分市场上取胜,才能保持领先地位。第五,在产品市场上,工商银行必须在已经做大的基础上做"精"传统产品,以求长期制胜。同时,必须加大中间业务的发展力度,优化投资结构,提高投资业务的收益水平。力争用十年左右的时间,使中间业务收入、投资收益和交易类资产收益成为收益主体,并取得和保持中间业务、投资业务、资金交易业务市场的领先地位。

(三) 工商银行的优劣势

1. 主要优势。

到目前为止,工商银行在国内市场资产规模、负债规模、营业收入及一级资本均占据同业第一的领先位置。主要优势表现在四大方面:第一,拥有国内最强大和最广泛覆盖的结算网络;第二,拥有国内最丰富的客户资源;第三,占有国内银行主要人民币业务市场的最大份额;第四,拥有国内银行业最先进的科技基础和装备水平。

截至2004年末，工商银行的总资产、存款总额和贷款总额，分别占到国内银行业市场总量的18%、20%和19%，位居第一。当年经营利润总额达746.1亿元，位居第一。

工商银行已经取得了中国最大批发银行和最大的零售银行的地位，其公司业务和金融机构业务，个人业务和按揭业务，在国内市场上均占据第一的位置。

工商银行是国内最大的清算银行，其人民币结算量的市场占比达45%，位居第一。其现金管理业务、代理黄金交易清算业务、代理证券、期货交易清算业务，在国内市场均占据第一的位置。

工商银行在新兴业务市场上已获得国内领先地位，其信用卡业务、电子银行业务、资金交易业务、资产托管业务、投资银行业务领域，都占据市场第一或领先的位置。

2. 工商银行的弱势。

与其他商业银行相比，特别是与国际先进银行相比，工商银行的弱势主要表现在七个方面。

第一，相对于本币业务，工商银行的外币业务处于弱势，外币资产、外币业务收入及利润占比均较低。从本外币资产占比看，2004年末集团总资产56 705.21亿元，其中人民币总资产52 611.35亿元，占92.8%；外币资产495亿美元（折合人民币4 093.86亿元），仅占7.2%。从本外币拨备前利润占比看，2004年末集团拨备前利润746.08亿元，其中人民币业务拨备前利润715.98亿元，占95.97%；外币业务拨备前利润3 64亿美元（折合人民币30.1亿元），占比仅为4.03%。

第二，资产规模庞大，但资产收益水平不高。工商银行境内主要人民币资产业务量均处于市场首位，但财务重组前资产收益水平、资本盈利能力低于国内股份制银行的平均水平，只达到国际先进银行的50%左右（见表1）。

思索的声音

表1 2003年末工商银行与股份制银行资产收益水平比较

单位：亿元人民币

银行名称	总资产	所有者权益	营业收入	税前利润	净利润	ROA（税前）	ROA	ROE（税前）	ROE
中国工商银行	52 400	1 701	1 060.1	21.1	21.1	0.04%	0.04%	1.24%	1.24%
中国农业银行	34 940	1 380	562.9	19.4	19.2	0.06%	0.06%	1.41%	1.39%
中国银行	31 402	1 864	709.2	70.4	45.9	0.22%	0.15%	3.77%	2.46%
中国建设银行	35 543	1 863	885.5	4.5	4.1	0.01%	0.01%	0.24%	0.22%
交通银行	9 504	406	212.2	1.7	0.8	0.02%	0.01%	0.41%	0.20%
中信实业银行	4 198	168	47.3	24.5	15.4	0.58%	0.37%	14.56%	9.17%
中国光大银行	3 944	133	73.1	8.2	4.3	0.21%	0.11%	6.11%	3.25%
华夏银行	2 468	86	53.9	13.8	8.0	0.56%	0.32%	15.94%	9.30%
中国民生银行	3 611	97	64.8	19.4	13.9	0.54%	0.39%	20.11%	14.41%
广东发展银行	3 017	59	54.3	5.3	4.0	0.18%	0.13%	9.08%	6.80%
深圳发展银行	1 929	40	32.1	3.5	3.2	0.18%	0.16%	8.93%	7.99%
招商银行	5 039	183	84.1	34.5	22.3	0.68%	0.44%	18.86%	12.21%
兴业银行	2 600	70	53.1	16.3	9.8	0.63%	0.38%	23.33%	14.06%
上海浦东发展银行	3 711	120	71.0	23.4	15.7	0.63%	0.42%	19.52%	13.04%
恒丰银行	202	11	4.2	1.0	0.6	0.47%	0.32%	8.61%	5.74%
各行合计	215 856	9 327	4 549	495	323	0.23%	0.15%	5.31%	3.46%
股份制银行平均	19 623.3	847.9	413.5	45.0	29.4	0.43%	0.28%	13.22%	8.74%

第三，人均效率指标过低。尽管工商银行经营规模、营业净收入等总量指标大多居国内第一，但是人均资产、人均营业净收入、人均拨备前利润等指标均低于国内股份制银行（见表2和表3）。2003年工商银行人均资产是国内股份制银行的平均水平的37%，是汇丰、花旗等国际先进银行的一半以下。2004年人均营业净收入是国内股份制银行的一半以下，是汇丰、花旗等国际先进银行的20%左右。人均拨备前利润不足汇丰、花旗等国际先进银行的25%。

表2 2003年末工商银行与股份制商业银行人均效率比较

单位：亿元人民币，万元/人

名称	总资产	营业净收入	税前利润	净利润	人员数	人均资产	人均收入	人均利润（税前）	人均利润
中国工商银行	52 400	1 060.1	21.1	21.1	389 045	346.9	27.25	0.54	0.54
中国农业银行	34 940	562.9	19.4	19.2	511 425	683.2	11.01	0.38	0.38
中国银行	31 402	709.2	70.4	45.9	171 777	828.1	41.29	4.10	2.67
中国建设银行	35 543	885.5	4.5	4.1	342 967	036.3	25.82	0.13	0.12
交通银行	9 504	212.2	1.7	0.8	55 510	1 712.1	38.23	0.30	0.15
中信实业银行	4 198	47.3	24.5	15.4	9 457	4 439.0	50.02	25.94	16.33
中国光大银行	3 944	73.1	8.2	4.3	8 569	4 602.6	85.27	9.51	5.05
华夏银行	2 468	53.9	13.8	8.0	6 681	3 694.1	80.71	20.58	12.00
中国民生银行	3 611	64.8	19.4	13.9	5 273	6 848.1	122.89	36.81	26.38
广东发展银行	3 017	54.3	5.3	4.0	12 449	2 423.5	43.59	4.27	3.20
深圳发展银行	1 929	32.1	3.5	3.2	6 471	2 981.0	49.65	5.47	4.90
招商银行	5 039	84.1	34.5	22.3	15 965	3 156.3	52.70	21.58	13.97
兴业银行	2 600	53.1	16.3	9.8	7 259	3 581.8	73.16	22.50	13.56
上海浦东发展银行	3 711	71.0	23.4	15.7	7 796	4 760.1	91.02	30.07	20.09
恒丰银行	202	4.2	1.0	0.6	1 350	1 496.3	30.81	7.11	4.74
合计	215 856	4 549	495	323	1 616 756	1 335.1	28.14	3.06	2.00

表3 工商银行与汇丰、花旗集团2004年人均资产、人均经营收入比较

单位：百万美元，万美元/人

银行名称	花旗集团	汇丰控股	工商银行
正式员工（人）	287 000	244 727	376 000
营业净收入	86 190	50 587	15 357
拨备前利润	30 415	22 898	8 911.7
总资产	1 484 101	1 276 778	685 674
人均经营净收入	30.0314	20.6708	4.0842
人均拨备前利润	10.5976	9.35655	2.3701
人均总资产	517	522	182

资料来源：2004年各行年报。工商银行利润数据加回了营业税金及附加。

| 思索的声音 |

第四,在重要的高端细分市场上,工商银行缺少领先优势(见表4)。首先从客户结构看,工商银行拥有最多的法人和个人客户,但在为银行带来80%收入的高端客户细分市场上并没有取得领先优势,高端客户识别、价值评估、客户关系管理及差异化服务水平较低,缺乏针对高端客户的差异化营销和服务模式。其次从重点区域市场竞争水平看,尽管工商银行在全国市场拥有经营规模、营业净收入总量第一的地位,但在国内最发达的区域细分市场上却参差不齐。特别值得注意的是,在北京、上海、广东、江苏、浙江、山东等发达省市银行业市场上,工商银行的存、贷款市场平均占比低于18%,低于工商银行在全国银行业市场上的平均占比2~4个百分点。在工商银行内部,六个发达省市行存、贷款占比也仅有43.3%,低于六省市占全国银行业市场比重4.3个百分点。在天津、大连、青岛、武汉等具较强竞争性和较大发展潜力的大城市银行市场,工商银行的市场占比更低。与之相反,在不发达和欠发达的区域市场上,工商银行却保有25%左右的占比。

表4 工商银行不同区域主要业务市场占比情况

单位:亿元人民币

地区	2004年末各项存款			2004年末各项贷款		
	金融机构	工行	工行占比	金融机构	工行	工行占比
北京	21 047.71	7 645.75	36.33%	12 450.69	1 926.64	15.47%
天津	4 691.60	958.53	20.43%	3 822.15	599.71	15.69%
重庆	3 960.81	703.81	17.77%	2 975.73	487.52	16.38%
四川	8 467.78	1 620.69	19.14%	6 370.02	1 067.10	16.75%
江苏	18 473.93	3 009.48	16.29%	13 628.67	2 308.58	16.94%
河南	8 720.39	1 562.53	17.92%	7 028.11	1 193.69	16.98%
新疆	2 990.14	667.23	22.31%	2 167.37	377.91	17.44%
上海	17 773.22	3 787.59	21.31%	12 808.68	2 253.78	17.60%
浙江	17 272.83	3 060.84	17.72%	14 455.75	2 597.92	17.97%
云南	4 375.18	905.96	20.71%	3 370.22	619.65	18.39%
山东	14 595.70	2 421.44	16.59%	11 817.19	2 177.61	18.43%
湖北	7 045.21	1 272.95	18.07%	5 393.02	999.34	18.53%

续表

地区	2004年末各项存款			2004年末各项贷款		
	金融机构	工行	工行占比	金融机构	工行	工行占比
福建	6 014.19	1 067.80	17.75%	4 381.16	814.51	18.59%
河北	9 328.78	1 839.18	19.72%	6 167.50	1 158.21	18.78%
山西	5 842.08	1 251.26	21.42%	4 044.15	768.67	19.01%
湖南	5 493.13	935.75	17.03%	4 284.86	822.87	19.20%
全国	240 525.07	49 945.37	20.77%	177 363.49	34 990.68	19.73%
海南	1 101.48	244.97	22.24%	787.48	156.09	19.82%
广东	30 273.93	5 754.80	19.01%	19 133.27	3 874.00	20.25%
安徽	5 062.55	1 142.40	22.57%	3 885.75	789.09	20.31%
宁夏	823.05	146.73	17.83%	757.56	156.21	20.62%
陕西	5 379.48	1 110.87	20.65%	3 777.71	797.90	21.12%
辽宁	10 219.66	2 077.27	20.33%	7 873.47	1 752.16	22.25%
甘肃	2 519.59	586.60	23.28%	1 893.91	422.04	22.28%
江西	3 795.79	791.35	20.85%	2 854.80	680.78	23.85%
广西	3 619.86	870.60	24.05%	2 755.00	666.25	24.18%
青海	600.70	157.52	26.22%	613.16	151.84	24.76%
内蒙古	2 644.02	675.69	25.56%	2 216.75	550.95	24.85%
吉林	3 709.48	952.31	25.67%	3 439.14	880.31	25.60%
贵州	2 297.65	584.43	25.44%	1 975.65	514.28	26.03%
黑龙江	5 400.06	1 381.00	25.57%	3 973.63	1 055.98	26.57%

资料来源：《金融统计与分析（2002—2005）》，本表按2004年末各项贷款工行占比升序排列，口径是境内人民币。

第五，各地行发展极不平衡，内部资源配置不经济。工商银行内部发展差距很大，以一级分行为例，2004年最优、最劣行资产经营利润率相差42倍。2004年浙江省分行人均经营利润51.89万元，是工商银行平均水平的2.61倍，而人均费用仅为15.73万元，仅为工行平均水平的1.31倍。目前，工商银行年经营利润700亿元，基本上都是三大利润中心，即京畿、华东和粤深港创造的。除北京、上海、浙江、江苏、山东、广东、深圳、宁波分行外，大多是微利和亏损行。切实改变"均富"的内部资源配置方式，提高内

‖ 思索的声音 ‖

部资源的投入产出效率是工商银行发展中亟待解决的难题。

第六，风险管理手段和技术相对薄弱。尽管工商银行经前几年的艰苦努力，风险管理能力有了质的突破和提高，但是，风险管理文化尚未在全行形成，全面风险管理架构尚未完成。在2005年完成财务和资产重组后，是否具有持续十年甚至更长时间的风险防范能力，是严峻的考验。

第七，存在出现新的亏损的可能。特别在剥离了7 000亿元不良资产后，工商银行资产结构发生了巨大变化。7 050亿元贷款与债权置换，风险是降低了，工商银行资产不良率一下子降到3%以下，不良贷款率降到5%以内。但是伴随而来的是利润形势变得严峻起来。首先剥掉的7 000亿元贷款不能收息了，取而代之的财政部债券和中央银行票据实行固定息，低于贷款利差近一个百分点。并且，由于剥离因素工商银行资产结构中贷款占比降了近10个百分点，而债券占比提高了近10个百分点。在如今的市场上，由于银行利息的提高，债券市场利息在走低，因此对工商银行总体收入的影响不仅是2005年，还包括今后几年。

三、改制后工商银行如何实现战略转型

改制正在工商银行如火如荼的进行着，是不是工商银行股份公司一成立，董事会、监事会、股东大会三会一成立，或者再进一步工商银行成功上市了，我们的改革任务就完成了？工商银行就变成了国际优良银行了？其实不是如此。即使这几步都得以顺利完成，我们的改革任务仍很艰巨，我们距现代金融企业的目标还有相当的距离，还必须经过相当长时间的痛苦改造，我们才能实现战略性转变，才能获得重生。那么，我们究竟要改变什么？

（一）必须彻底扭转观念，促进增长方式的转变

彻底扭转观念是工商银行实现战略转型的前提，必须首先从转变传统观念做起。第一，必须彻底扭转"规模大、速度快就是发展快"的观念，树立高质量高效益才有较快发展的新观念，切实实现增长方式由"规模扩张型"向"质量效益型"的转变；第二，必须彻底扭转"不计成本求发展"的粗放

发展观，树立风险成本约束下求效益求发展的科学发展观，努力实现资产结构、收益结构和经营结构的战略转型；第三，必须彻底扭转单一信用风险管理观念，树立包括信用风险、市场风险和操作风险在内的全面风险管理观念，迎接利率市场化和金融脱媒化的挑战；第四，必须彻底扭转"总量占比第一就是竞争力强"的观念，树立占领高端细分市场的观念和目标，通过差别化服务，占领高端客户市场、产品市场和重要区域市场，强化核心竞争力；第五，必须彻底扭转"手心手背都是肉"、"没有功劳也有苦劳"的无差别行政化内部资源配置观念，打破平均主义"大锅饭"，切实确立和实施内部资源配置效益最大化原则，优化内部资源配置，提高内部资源的投入产出效率。

（二）必须实行成本效益核算精细化管理与考评

实行成本效益核算精细化管理与考评，是从根本上提高工商银行经营效益的措施。第一，从2006年起，在实施新的财务会计体系的基础上，建立健全业绩价值管理体系，推行"分部门、分产品、分客户"成本核算法，加强对各经营单元的收入、费用、成本和风险的精细核算。第二，在"分部门、分产品、分客户"核算的基础上，引入国际通用的风险调整资本回报率——RAROC模型和模拟经济增加值（EVA）指标，从风险和收益的双重角度对业务进行价值评估，建立能够平衡风险与收益，统筹考虑成本、风险和资本约束的全新经营评价体系。第三，按照银监会颁布的《商业银行资本充足率管理办法》要求，制定工商银行资本管理、资本充足率管理和经济资本管理的制度办法，搭建资本管理的制度框架和涵盖各级经营层面及业务单元的资本管理体系，持久保持合理和充足的资本水平；根据财务重组后的资产负债表重新核定各分行经济资本占用额，建立以资本回报率为主线的资源配置、风险管理和绩效考评体制，实现资本对各项经营活动的刚性约束。第四，制定经营绩效年度考评与管理层任期考评相结合的业绩考核制度，实现全行长期战略目标与管理层任期业绩目标、年度计划目标的有机衔接。

（三）必须构建全面风险管理体系，提高持久风险管理能力

2005年完成财务和资产重组后，能否具有持久的风险管理能力，对工商

| 思索的声音 |

银行是生死攸关的严峻考验。必须利用2006—2008年三年的时间，建立起全面风险管理体系，提高持久风险控制能力。第一，要在全行范围内树立起浓厚的风险管理文化与氛围。上至董事会、下至一线员工，要在头脑中切实树立风险观念，把防范风险作为发展各项业务的前提。第二，建立健全全面风险管理的组织体系和制度体系。一方面，改制后要在新的公司治理框架中进一步健全风险管理的组织体系，划清和界定董事会、经营管理层、监事会各自在风险管理中的责任边界，确保内部控制和外部审计的独立与公正；重组包括信用风险、市场风险、操作风险和政策风险在内的全面风险管理的执行部门，改变单一执行信用风险管理职能的部门设置。另一方面，要强化全面风险管理的制度约束，逐步实现全程、量化和立体的全面风险控制。尽快制定利率等市场风险管理制度和各类业务的操作风险管理制度。建立全程的法律风险管理体制，更加有效地识别、预防和控制经营管理活动中的各类法律风险。第三，强化包括风险的识别、评估、计量、防范、处置、监测和预警在内的风险管理技术，全面提高工商银行的风险管理水平。第四，坚持从严治行，加强内控管理。制定加强内控管理的中长期工作目标，力争用三到五年时间基本构建起以完善的公司治理架构和有效的内部控制机制为依托，以准确的风险识别和全面的监测评估为基础，以健全的内部控制制度和严密的控制措施为核心，以严格的审计监督和客观的内控评价为保障，以先进的数据仓库技术为基础的非现场审计系统和通畅的沟通渠道为支撑的内部控制体系，有效控制大要案和重大违规问题的发生，使总体内控水平达到中国银行业先进水平。第五，按照我国监管要求和上市地资本市场的信息披露标准，建立完善的信息披露和报告体系，以及相应的内部分工、报告程序和严格的考核、问责机制。

（四）必须主动调整资产结构，超常规发展非信贷资产

经营结构转型的核心是资产结构的调整和转型。根据工商银行十年发展纲要的规划，在2006—2008年的三年间，工商银行必须初步实现资产结构的转型，使非信贷资产在总资产中的比重超过45%，在增量中的比重接近

50%。为此须采取以下措施：第一，超常规发展非信贷资产。首先在发展计划中，要优先安排非信贷资产业务的发展，制定超常规的发展指标和考核奖励制度。实施中间业务三年发展规划，以增加中间业务收入为核心，整合服务产品和营销渠道，确保中间业务收入一年上一个新台阶，三年实现翻番。其次要实行内部人、财、物力资源向非信贷资产业务的倾斜，优先保障非信贷资产业务发展需要。建立并落实非信贷业务发展机制，包括组织机构、人才和考核、激励制度。最后要实现非信贷资产的多样化。特别要加强资金交易业务的拓展，在有效控制风险的前提下，努力扩大资金交易的业务量及其收入，使相对过剩的资金在找到出路的同时提高收益能力。第二，要适当控制贷款资产的增长速度。

（五）必须大力调整信贷结构，把贷款发展为精品业务

贷款在今后三年乃至十年中，仍然是工商银行的主要资产，经营结构调整的重点仍然是贷款结构的调整。该调整主要包括信贷期限结构、行业结构和区域结构的调整。第一，努力调整信贷品种结构，继续降低一般流动资金贷款的比重，提高项目贷款的比重；第二，努力调整信贷行业结构，逐步提高基础设施和公共事业行业贷款的比重，逐步降低一般加工制造业和一般服务业贷款的比重；第三，努力调整信贷区域结构，进一步提高北京、华东、闽粤和中西部部分潜力区域的贷款投放占比，进一步收缩在信用环境差、潜力小、不良贷款率高的地区的贷款占比。

（六）必须大力调整收益结构，提高非信贷利差收入比重

收益结构三年调整的目标是，在2008年实现非贷款利差收益在净收入结构中的比重超过贷款利差收入达到50%。为此须采取如下措施：第一，要努力提高投资类和交易类资产的收益率，变潜在收益能力为实际收益。从2006年起，把投资及交易类资产作为有收益资产的主体之一，列入当年利润计划和考核体系；建立专业交易员队伍和工作与激励机制；大力提高投资及交易类资产的创利能力，确保扣除五项成本后的投资及交易类资产净收益率在

思索的声音

2006—2008年有所提高，三年实现净收益率翻番。第二，要保持和提高中间业务收益率。大幅提高中间业务量，从2006年起，把中间业务作为工商银行业务所有网点和网上银行的主体业务，逐级逐网点下达中间业务量计划和中间业务收入考核计划；在扩大中间业务量的基础上，优化中间业务结构，着重拓展高收益的投资银行业务，包括企业和个人理财、资产管理等业务，使投资银行业务收入在未来三年间，保持年均40%的增长速度；中间业务收入要力争三年翻一番。

（七）必须实施品牌战略，提高核心竞争力

为提高工商银行的核心竞争力，必须集中精力，充分利用客户、网点、技术方面的比较优势，积极进行产品创新和服务创新，打造具有全面优势的业务和产品，占领高端产品和业务市场，退出无效市场，确立品牌优势。第一，确立品牌经营战略。按照防范风险和效益优先的原则，对现有各项业务实施调整，实行品牌经营，特别要努力提高各项传统业务的收益水平，切实把传统业务的经营思路由规模扩张转移到提高收益和培育品牌上来。第二，拓展信贷资源，维持贷款产品的竞争优势。第三，加快构建"大个金"经营格局，改变资源分散、多头管理的经营机制，构建以客户为中心、以市场为导向、分工明确、协调高效的个人金融产品营销体系；强化整合营销能力，提升理财类业务、个人贷款业务、银行卡业务、国际业务等重点个人金融业务的竞争能力。第四，打造新业务品牌，提高核心竞争力。要对资金交易、债券投资、银行卡、电子银行、投资银行、现金管理、资产托管、企业年金等潜力型业务，确定优先发展战略，实施产品创新计划和品牌培育策略，完善产品定价机制，改变业务营销各自为战、品牌管理多头分散的状况，加强业务营销和品牌的统一管理，形成强大的营销合力与竞争力。

（八）必须完善差异化服务体系，强化高端客户市场优势

要尽快转变在重要的高端客户市场上工商银行缺少领先优势的现状，集中力量占领高端客户市场，力争经过三年的努力，使工商银行在高端客户市

场上占据第一,并使高端客户及其业务量在工商银行客户和业务总量中的比重有突破性的提高。第一,完善集客户信息和客户评价于一体的客户关系管理系统,提高市场细分能力,科学调整公司、机构和个人客户的结构。第二,在细分市场的基础上,建立不同价值含量的差别服务体系,对具有持续稳定增长能力且综合贡献度大的高端客户,提供个性化、高技术含量的增值型综合金融服务方案,集聚和扩大核心客户;对优秀中小企业提供综合化和标准化有机结合的弹性服务,维护和提升合作关系;对普通客户,提供标准化服务,并力争通过高效率的后台处理和简化作业流程降低交易成本。第三,按照规模、融资余额及综合贡献度,对客户实施分层营销与差别管理,切实将城市行及其以上管理层次的精力主要集中到高端客户的管理和服务上来;实行差别价格政策,合理利用利率和费率杠杆调节客户构成。第四,做好重点客户、重点行业的营销,培育大客户、大市场。同时,积极培育一批中小企业客户,重点是为大型优质企业提供配套或合作的,或拥有自主知识产权的,或有大型优秀跨国公司为其提供持续资本和技术支持的中小企业客户。第五,优化个人客户结构,全面提高客户关系管理能力。

(九) 必须实施城市导向战略,优化区域结构

要切实树立效益为先的内部资源配置原则与观念,贯彻城市导向战略,强化城市行的竞争能力,完善区域信贷政策和主要业务区域发展战略,健全个性化、差别化的授权管理机制,推进业务布局由无差异、资源配置行政化向突出重点和注重特色的区域化发展格局转变,优化工商银行经营发展的区域结构。第一,要大力巩固华北、华东、港粤深三大盈利中心,对其实行单独的考核与授权,把对其的业绩考核切实与其经营权、事权、财权、费用量和分配政策结合起来,进一步增强其竞争能力和提高对全行经营绩效的贡献度。第二,要积极培育中部地区新的盈利中心,从2006年起有计划地选择中部地区的试点行进行新盈利中心的培育,创造工商银行在该区域的领先地位。第三,要切实提高大中城市行的自主创新及市场竞争能力,切实使大中城市行成为工商银行核心竞争力的主要载体。加强总行对大中城市行的直接管理

| 思索的声音 |

和调控，贯彻效益优先原则，在总行和省行两级确保内部资源向大中城市行倾斜；妥善处理风险控制与开拓市场的关系，在严格执行风险管理制度的基础上，突出市场效率优先原则，给大中城市行与市场竞争需求相适应的经营自主权。第四，要引导欠发达地区行根据当地经济发展特点和自身优势，加快业务转型，开展特色业务和专长业务，促其逐步走上稳健可持续发展的轨道。

（十）必须着眼国际市场，实施全球经营战略

随着加入世贸组织过渡期的结束，中国将更多地参与国际竞争，使得国内银行的发展更多地取决于参与国际竞争的深度和广度。必须着眼国际市场，实施全球经营战略，大力推动国际业务发展，全面提高国际化水平，切实把工商银行由本土化银行改造成为国际化银行，由国内领先银行改造成为国际领先银行。第一，按照"先内后外，循序渐进"的国际化发展策略，积极改造内部组织及管理架构，强化财务约束，通过深化内部改革，夯实全球化发展的实力基础。第二，依托工商银行人民币业务的优势，努力拓展境内的国际业务市场，扩大境内外币业务市场份额。第三，建立全球经营网络，稳步拓展国际市场业务。第四，依托国内人民币优势发展国际业务，切实落实本外币结合、内外联动的经营策略，形成互促互补、均衡协调的本外币一体化经营格局。

（十一）必须突破人才瓶颈，实行市场化用人机制

2006年完成改制和上市后，工商银行战略重点转入结构调整。有没有足够的适用人才成为实现战略转型的重要制约因素。因此，必须实行市场化用人育人机制，为工商银行改制和经营结构战略转型提供足够的人才支持。第一，要制定实施人力资源开发规划，构建符合现代公司治理要求的人事劳动制度，建立市场化人才补充机制，对一些高端领域紧缺人才实行全球招聘。在总体减员的情况下，有针对性地招收核心业务人才，满足非信贷业务发展的需求。第二，引入职业经理人考核，逐步废除官本位，实行公司内部职务

序列、岗位序列和全员聘任制、职务任期制，扩大公开选聘、竞争上岗范围，完善淘汰、辞职、解聘等退出制度，形成人尽其才、能上能下、充满活力的用人机制。第三，改革薪酬制度，实现即期激励与预期激励的有机结合；开展岗位价值评估，完善岗位绩效考核机制，推广规范的差异化薪酬分配体系；推进企业年金和补充医疗保险制度建设，改革和完善员工福利保障体系。第四，强化培训，全面提高员工素质。

（十二）必须实施 IT 推进战略，发挥科技领先的优势

强大的 IT 技术支持是工商银行完善公司治理和实现经营结构战略转型的基础。要确立以信息技术引领和支持工商银行改革发展的重大战略，切实以发达强大的科技信息技术支撑工商银行的改制与转型。第一，制定"十一五信息技术发展规划"，全面建设集中统一的业务处理系统、功能强大的电子银行、技术领先的数据仓库和安全稳定的大型现代数据中心。第二，进一步加强信息系统基础建设。第三，建立满足工商银行市场竞争和体制改革发展要求的应用体系。

以上就是我们工商银行今后几年应当实施的发展战略。相信我们坚定不移地实施这些战略，经过五至八年甚至更长一点的时间，我们就可以实现工商银行由"大"到"优"，由"国内领先银行"到"国际领先银行"的战略转型。

当前经济金融形势与未来金融走势[①]

关于这个题目,我今天讲两个部分,第一部分讲当前的国内经济金融形势,第二部分讲金融业未来五年的变化趋势和改革发展的主要任务。

一、当前国内经济金融形势

2006年3月以后的经济形势突然变得十分复杂,经济呈现出快速膨胀的势头,很值得我们注意。正确认识和判断当前经济金融形势变得非常重要。对2006年上半年的经济形势,我总结了四个要点,供大家参考。

(一)上半年经济金融的基本情况

2006年上半年,在投资、外贸顺差和消费的带动下,经济增长强劲。第一季度GDP总量达4.34万亿元人民币,实际增速为10.3%,上半年GDP增速达到10.9%的高水平,增速创2003年6月以来新高。今年前四个月,我国经济继续保持平稳较快发展态势。1—5月,城镇固定资产投资25 443亿元,同比增长30.3%,增速创2004年9月以来新高;社会消费品零售总额30 390亿元,同比增长13.2%,增速比第一季度加快0.4个百分点;全国进出口总值为6 478.5亿美元,同比增长23.9%,其中:出口3 473.2亿美元,增长25.7%;进口3 005.3亿美元,增长22%;进出口顺差467.9亿美元,增长55.96%。5月实现贸易顺差130亿美元,创下自1998年以来最高的单月贸易顺差纪录。居民消费价格总水平(CPI)同比上涨1.2%,但第二季度以来

---

① 这是作者2006年在工商银行系统内各培训班上的讲课稿。

CPI 出现小幅反弹，4 月和 5 月的 CPI 分别上涨 1.2% 和 1.4%，比 3 月的 CPI 涨幅分别上涨 0.4 个和 0.6 个百分点。货币信贷运行方面，5 月末，M_2 余额 31.67 万亿元，同比增长 19.1%，增幅同比高 4.4 个百分点；狭义货币供应量（M_1）余额 10.92 万亿元，同比增长 14%，增幅同比高 3.6 个百分点；流通中现金（M_0）余额为 2.35 万亿元，同比增长 12.8%，增幅同比高 3.5 个百分点。全部金融机构各项贷款本外币并表余额为 22.43 万亿元，同比增长 15.1%，增幅同比高 2.7 个百分点；人民币贷款余额 21.16 万亿元，同比增长 16%，增幅同比高 3.6 个百分点，环比快 0.4 个百分点。

（二）上半年经济金融运行中出现了过快的现象

概括起来说，上半年经济金融运行出现了"过快"现象，值得引起我们高度注意，警惕经济增长由过快转为过热。

1. 房地产投资增长强劲，房地产价格涨幅加速。

自 1998 年房地产业走出低谷之后，房地产投资占固定资产投资比重逐年攀升。2004 年房地产开发投资占城镇固定资产投资比重已升至 22.3%，较 1999 年上升了约 5 个百分点；房地产投资额也逐年上升，2005 年已达 1.58 万亿元，较 1999 年增加了 1.1 万亿元。2005 年以来，国家加强了房地产宏观调控，其投资增幅略有回落。2006 年 1—3 月，房地产开发投资 2 793 亿元，同比增长 20.2%，增幅同比回落 6.5 个百分点。3 月国务院加强对房地产业的控制后，房地产投资增速依然偏快。前 5 个月房地产开发完成投资 5 658 亿元，同比增长 21.8%，增速比第一季度加快 1.6 个百分点，比上年同期下降 2.5 个百分点。但需注意的是，仅 2006 年前两个月，全国房地产开发贷款同比上升了 20.5 个百分点，有 12 个省、区及市第一季度的房地产投资增幅超过了 30%。一批房地产上市公司的年报显示，开发商们还在大量囤积土地。这说明，当前房地产投资已进入一个新的增长高峰。

同时，1998 年以来住房价格持续上涨，特别是 2004 年，全国房价涨速加快，四个季度商品房累计平均销售价格同比分别上涨 6.7%、11.6%、13.0% 和 14.4%；全年商品住宅平均价格增长 15.2%，为 1998 年以来的最高增幅，

思索的声音

远高于其他各类物价指数的涨幅。上海、北京等重点城市的房价涨幅更超全国水平。房价升速过猛引起了中央高度重视,并相继出台了一些调控措施,对抑制房价涨幅起到了一定作用。2005年70个大中城市房屋销售价格上涨7.6%,同比增幅下降明显。但进入2006年,北京、上海及深圳等大城市房价重拾升势。北京市统计局数据显示,第一季度北京的商品房均价同比上涨14.8%;上海商品住宅市场在3月出现强劲反弹,商品住宅的成交均价在每平方米9 000元至9 400元之间;深圳房地产估价中心最新统计显示,第一季度深圳市商品房均价同比上涨20.62%,涨幅居全国之首。同时值得高度关注的是,房价攀升的同时,房屋空置面积亦在大幅上升。据国家统计局数据,截至2006年4月底,全国商品房空置面积为1.22亿平方米,同比增长18.9%。

2. 油价上涨加快。

目前国内油价与国际油价之间是"有限接轨",即原油价格已与国际油价接轨,而成品油价格变化则由国家发改委调控,即当纽约、新加坡和鹿特丹三地成品油加权平均价格变动幅度超过8%时,国家发改委才会考虑重新确定国内成品油的零售基准价。近年来,由于国际油价上涨导致我国国内成品油价格连续上涨,2006年3月26日,国家发改委又决定适当提高成品油价格水平,将汽油和柴油出厂价格每吨分别提高300元和200元。使国内油价达到今年新高。并且,由于国际油价呈继续走高之势,未来我国油价上涨压力依然很大。

3. 金价升势迅猛。

2003年国内金价波动较大,最高价达111.8元/克,最低价为85.7元/克,波幅达29.73%;2004年金价虽波动较大,但总体已呈"牛市",从年初的110.8元/克上涨到年底的118元/克,涨幅达6.5%,波幅缩小为20.89%;2005年金价延续涨势,并在下半年加速上涨,直至年末的133.39元/克,同比涨幅达16.23%。虽然近期国际金价出现大幅浮动,但随着对黄金的需求稳中有升,同时国际金价对国内金价的影响时滞缩短,预计下半年内金价还将保持上涨态势。

4. 股市回升明显。

截至2006年6月末,境内上市公司(A、B股)为1 402家,流通市值为16 617.17亿元,1—5月累计完成筹资金额195.41亿元,成交额29 079.88亿元,其中4—5月的成交额就达17 885.46亿元。

第二季度上证指数累计上涨373.53点,涨幅高达28.76%。4月至5月中旬,大盘在强劲买盘推动下不断摸高;5月中旬至6月中旬,股市一改单边上扬态势,出现大幅震荡;6月中下旬开始,在资金不断进入股市的推动下大盘从下跌转为企稳,并出现较强反弹。值得关注的是,中国银行IPO的消息一度使沪深股市出现暴跌行情,但中国银行询价、路演及发行工作的顺利进行提升了投资者信心,股市重新走强。7月5日,中国银行在上交所成功上市,随后几天上证指数虽因中国银行股价波动而有所涨落,但总体呈攀升态势,市场反应良好。

大盘向好的原因:一是股权分置改革进展顺利;二是人民币升值预期强化;三是QFII加速扩容、储蓄资金进入股市以及以证券投资基金、保险资金、社保基金和企业年金为主流的机构资金大量进入股市使股市资金充裕。

短期看,股市尚存在向下调整压力。近来,国内股市已开始走低。但从中长期看,市场充裕的资金及A股市场的制度性变革将使境内股市的牛市行情得以延续。

5. 人民币信贷增长加快。

2003年开始,我国金融机构人民币信贷呈加快增长态势。2003年头7个月的信贷投放量就超过上年全年,2003年全年人民币贷款增加2.74万亿元,比上年多增9 000亿元;2003年下半年,受央行宏观调控措施影响,贷款增势有所减缓。2004年人民币贷款增速为14.5%,同比下降了6.6个百分点;当年人民币贷款增加2.26万亿元,比上年少增4 824亿元。2005年贷款增速较为平稳,全年人民币贷款新增2.35万亿元,同比多增871亿元。但2006年第一季度信贷增长突然提速。第一季度全部金融机构人民币各项贷款增加1.26万亿元,完成央行2006年全年新增人民币贷款调控目标2.5万亿元的50.4%。其中建设银行第一季度新增贷款2 487亿元,比其上年全年2 310亿元的新增贷款规模还要高;交通银行第一季度新增贷款也相当于上年全年新增贷款的50%左右。虽然2006年4月28日中央银行将人民币贷款基准利率调升了0.27个点,并在同年6月15日提高了商业银行准备金率0.5个百分点,但第二季度人民币贷款增速依然偏高。4月新增人民币贷款3 172亿元,同比多增1 750亿元,是历史同期最高水平;5月新增人民币贷款2 094亿元,同比多增1 005亿元。2006年人民币新增贷款的中央银行预期目标为2.5万亿元,第一季度已超过全年目标的50%,前4个月超60%,前5个月新增贷款达1.79万亿元,超过全年目标的70%。同比增幅是上年同期的2倍,依然偏高。

6. 企业资金占压上升,风险增加。

需要特别关注的是,2006年上半年工业企业应收账款和产成品资金增速均处于上升态势。5月末,规模以上工业企业应收账款净额28 547亿元,同比增长20.4%,其中国有及国有控股企业应收账款净额7 477亿元,同比增长7.9%;工业产成品资金13 121亿元,同比增长15.6%,其中国有及国有控股企业产成品资金3 650亿元,同比增长8.3%。应收账款和产成品资金这两项指标的变化,说明工业企业产品供给特别是非国有企业产品供给存在偏多迹象,一旦市场供需形势发生变化,企业产品有可能大量积压,形成较大风险。

还有一点值得警惕。据国家统计局统计结果,2005年我国国有企业亏损额达到1 026亿元,比上年增长56.7%,亏损增幅比2004年上升了49.1个百分点。亏损额接近1998年巨亏时的水平,是历史上第二个亏损高峰,亏损额增幅创下了近16年来的新高。企业亏损额剧增的主要原因是,近两三年来一些行业投资的过快增长导致产能集中释放,供给超过需求,致使产品价格下降,营运成本上升,企业亏损加剧。

(三) 当前经济过热的深层次原因分析

无论从微观运行层面,还是从宏观经济数据来看,2006年经济增长过快的态势已较明显,基本上回到了2004年全面宏观调控前的水平。进一步分析其原因，主要在于：

一是投资增长过快，反弹压力明显增大。其一，固定资产投资在建规模偏大，新开工项目增多。新开工项目占施工项目的比重由 2004 年的 27% 提高到 2005 年的 70% 左右。从施工和新开工项目情况看，截至 2006 年 4 月底，城镇 50 万元以上施工项目累计 109 862 个，同比增加 23 212 个；施工项目计划总投资 139 027 亿元，同比增长 29.2%；新开工项目 49 562 个，同比增加 11 957 个；新开工项目计划总投资 20 802 亿元，同比增长 32.2%。受国家宏观调控政策影响，4 月和 5 月的新开工项目和施工项目投资环比增速均出现下降，其中 5 月新开工项目计划总投资同比增长 23.6%，较第一季度大幅回落 18.4 个百分点，较上月回落 8.4 个百分点。但总的来看，上半年新开工项目增速超过了施工项目增速，说明投资增长的内在动力依然强劲。特别值得注意的是，有些地方又在新上一些"高能耗、低产出"的落后项目。2006 年第一季度，在制造业 30 个行业中，投资增幅超过 40% 的有 16 个。其二，"十一五"规划和新的政治周期形成了政府主导型投资冲动。2006 年是"十一五"规划的开局之年，一大批重大基础设施建设项目开工；同时 2006 年也是党的十七大召开的前一年，是各地的换届年。根据历史经验，每到换届年，各地领导都希望多出政绩，在干部考核"唯 GDP 是论"制度没有根本改变的条件下，必然会加大投资力度。其三，投资主体逐渐多元化，非国有经济投资占投资份额的比重逐步上升，其投资行为的市场驱动特征日益明显。尤其是房地产等存在暴利的部门成为非国有投资主体追逐的目标。

二是高储蓄为非银行贷款投资渠道提供了资金基础。2003—2005 年，我国居民储蓄存款余额年均增长 17% 以上，2005 年月均增加额更达 1 800 亿元，目前居民储蓄存款余额已达 15.3 万亿元。巨额储蓄资金为境内体外资金循环提供了资金基础。除了银行正规的贷款渠道，近年来非国有企业的投资大量依赖体外循环资金（据有关部门测算，年增量约为 1.5 万亿元），其中城镇居民的储蓄资金是主要来源。事实上，随着资金体外循环力度的加大，国内巨大的储蓄资金池可能会进一步进入体外循环渠道，经济过热的不可控因素也因此增强。

思索的声音

三是在今年人民币汇率走势愈发坚挺、人民币升值预期强化的带动下，大量的境外资金流入境内投资于实体经济和金融市场，成为目前经济过热的一个重要原因。与2005年7月正式启动人民币汇改后相比，从2005年12月开始，境外资金流入境内又有抬头之势。2005年12月至2006年3月，月度外汇储备分别增长了246.49亿美元、263亿美元、85亿美元和214亿美元，月均增加额达202亿美元，明显高于2005年7月至11月的平均月度外汇储备增加额166亿美元的水平；从外汇占款额来看，2005年12月至2006年3月分别增长了2 737.21亿元、2 795.88亿元、1 331.98亿元和1 153.85亿元人民币，月均增加额为2 004.73亿元人民币，比2005年7月至11月的月均外汇占款增加额1 170.2亿元人民币多了800多亿元，说明境外资金的入境量有明显增加。由于美联储加息渐入尾声及市场对人民币升值预期未减等诸多因素，未来境外资金大量入境的总体势头不会改变。这也决定了未来中国经济过热的隐患较大。

四是商业银行自身较强的贷款动机亦在客观上助长了经济过热。由于存差不断上升，境内商业银行的贷款压力普遍较强。同时股改后的国有商业银行在资本充足率达标后贷款意愿普遍较强；而一些尚未改革、资本充足率没有达标的金融机构则希望通过增加贷款来降低不良贷款比率，因此也加大了放款力度。

五是经济结构失衡，消费需求严重不足。流动性过剩的根本原因在于我国经济结构的失衡，即投资和消费比例失衡，消费需求严重不足。自20世纪末我国开始实施积极的财政政策以来，投资增长一直是拉动经济增长的主要动力。而在近几年的新一轮经济增长周期上升期，投资与消费的比例差距不但没有缩小，反而进一步扩大。特别是2002年以来投资增速持续超过消费增速。2002—2005年，我国全社会固定资产投资增长率分别为16.1%、26.2%、27.6%和25.7%；而同期社会消费品零售总额增长率则分别为8.8%、9.1%、13.3%和12.9%。虽然居民最终消费一直在稳步增长，但增速缓慢，不到投资增速的二分之一。2006年1—4月，城镇固定资产投资增长29.6%，而社会消费品零售总额同比只增长13%，投资与消费比例的失衡问题加剧。当前影响消费增长的主要原因：其一是收入增长缓慢；其二是居民收入差距不断扩大；其三是居民收入和支出的预期不确定。当然深层次的原因还有我国的城乡二元结构，农村消费需求不足，市场低迷。消费需求不足导致大量投资形成的产能无法进入良性循环，这是影响我国经济健康快速可持续发展的一大症结，致使产能过剩问题将在未来相当一段时间内存在。

（四）今后针对经济过快可能出台的抑制措施

2006年6月中旬，国务院总理温家宝主持召开国务院常务会议，认为当前经济情况总体是好的，保持平稳较快发展势头。农业生产形势较好，夏粮丰收已成定局；工业持续快速增长，煤电运供需状况好转，企业效益继续提高；财政收支良好；城乡居民收入增加，消费增长加快；消费价格总水平基本稳定；各项社会事业加快发展。当前经济运行中存在的主要问题，仍然是固定资产投资增长过快、货币信贷投放过多，特别是结构性矛盾突出，能源资源和环境压力增大。会议强调，要进一步落实中央的一系列政策措施，主要用经济手段有针对性地解决经济运行中的突出问题，防止经济增长由过快转向过热。

2006年下半年宏观调控将有两大特点：一是调控的重点是大力抑制GDP、固定资产投资及货币信贷三个增长过快的趋势，加大结构调整力度，缓解能源和环境压力，缓解分配和就业矛盾，防止经济增长大起大落，保证经济社会和谐发展；二是为防止"经济刹车"过猛带来的负面效应，中央在调控政策及工具的选择上将更为谨慎，将主要用经济手段来进行宏观调控。具体经济金融政策预测如下：

1. 在2006年上半年连续三次定向发行央行票据的基础上，央行将加大发行定向票据的频率，并加强与其他货币政策工具的协调配合，继续收缩市场流动性。

2. 尽管2006年4月、6月中央银行已经调高了贷款利息和准备金率，但在进入8月后，中央银行又连续上调了准备金率和存贷款利率。若信贷增速过快趋势仍得不到有效抑制，不排除央行再次提高利率和存款准备金率的可能。

3. 中央银行将继续加强本外币政策协调，稳妥拓宽资本流出渠道，同时在不断完善外汇市场建设的前提下，逐步扩大人民币对美元的汇率浮动空间。

4. 2006年下半年国务院将重点加强对房地产市场的调控，细化落实"国六条"及"国十五条"，限制境外资金进入房地产市场。

5. 国家将积极推动产品创新，大力培育和发展直接融资。

6. 政府投资重点将发生转移，投资结构进一步调整。由重点投向城市转为重点投向农村，由重点投向经济建设转为重点促进经济社会协调发展，由重点投向基础设施建设转为重点投向社会公共事业、生态建设和环境保护。

7. 将通过加大税收及污染"付费"等手段，提高"高能耗、低产出"项目的市场门槛，严格控制新开工项目，降低固定资产投资增速，同时鼓励自主创新和具有一定技术含量和市场影响的大型企业通过兼并重组及技术改造健康发展。

8. 国家将启动新一轮收入分配制度改革，遏制地区之间和部分社会成员之间收入分配差距扩大的趋势。

9. 国家将新增农业生产资料增支综合直补，继续加大对农民补贴力度。

（五）2006年下半年工商银行经营中需要特别关注的问题

一是下半年宏观调控将主要以货币政策为手段来进行，货币信贷政策将出现持续收紧的趋势，工商银行应密切关注货币政策的动向，并对货币政策持续收紧对工商银行经营的影响及时作出分析和判断，主动作出相应的经营调整。

二是经济冲动带来新一轮信贷风险的可能性正在加大，特别是在企业产能过剩加剧、应收账款和产成品资金增速加快以及效益下降的背景下，工商银行应高度重视信贷风险防范。

三是流动性过剩压力继续加大，并将导致银行货币市场收益率继续下降，工商银行应认真研究提高非信贷资产运营收益问题，以确保全年利润计划的完成。

四是随着债券市场的快速发展，尤其是企业短期融资券和企业债券发行量的大幅增加，工商银行优质贷款的空间将继续收窄，工商银行必须认真研究应对措施，有效拓展优质信贷市场。

二、未来五年中国金融业发展的主要趋势与任务

刚刚闭会的全国人民代表大会顺利通过了我国经济与社会发展的"十一五"规划。"规划"站在历史的新高度，从战略全局出发，制定和描绘了我国在21世纪第二个五年经济和社会发展的宏伟蓝图，是我国全面建设小康社会、加快推进社会主义现代化的纲领性文件。由于中国经济在未来五年预计将保持平稳和较高速的增长，未来五年国内金融的发展环境将比较宽松。当然由于我们面对着的是一个高成长和高风险并存的市场，因此，也不能排除经济出现波动给金融带来波动的可能。

首先，我介绍一下，"十一五"规划对未来五年金融发展提出的主要要求。

"十一五"规划对金融业在未来五年中的改革和发展提出总体要求，即，要健全金融体系，完善服务功能，创新服务品种，提高服务质量；要深化金融企业改革，加快发展直接融资，健全金融调控机制，完善金融监管体制；要规范发展多种所有制形式的中小银行以及证券公司、财务公司、融资租赁公司、基金管理公司等非银行金融机构；鼓励金融创新，稳步发展综合类金融服务，支持发展网上金融服务，积极发展面向中小企业的融资和小额信贷，完善支付结算体系，提高支付清算效率，健全金融市场的登记、托管、交易、清算系统，发展境外金融服务和外汇风险管理、综合理财等，为企业跨境经营提供便利服务和外汇避险工具。这里的重点：一是在机构体系上要发展多种所有制的非银行金融机构和中小银行，鼓励社会资金参与中小金融机构的设立、重组与改造。这是银行和金融机构设立门槛的新的降低。二是在经营模式上鼓励综合经营，允许从现在起稳步推进金融业综合经营试点。三是在积极发展股票、债券市场的基础上，稳步发展期货市场，发展创业投资，做好产业投资基金试点工作。四是强调推进利率市场化改革，完善有管理的浮

思索的声音

动汇率制度,逐步实现人民币资本项目可兑换。五是要建立存款保险、投资者保护和保险保障制度。六是继续强调防范化解金融风险,建立金融风险识别、预警和控制体系,建立健全银行、证券、保险监管机构间以及同宏观调控部门的协调机制。

其次,我概括地介绍一下未来五年我国金融面临的基本趋势。

1. 利率将实现市场化。

首先介绍一下什么叫做利率市场化?所谓利率市场化实际叫做利率自由化,自由利率或市场利率指的是由市场上资金供求关系所确定的资金价格,这种由市场价格决定的利率形成机制称为自由利率。所谓利率自由化或市场化指的就是,由官定利率或管制利率向自由利率或市场利率转化的过程。利率市场化是对外开放金融市场国家的必然趋势,世贸组织137个成员国几乎都经历了利率市场化的过程。对我国这是一个必然要来而且已经来临的过程。

利率市场化会带来什么样的后果呢?具体从我国来看,利率市场化的基本走势可能是银行利率总水平下降,存贷利差收窄。存款利率水平下降的趋势将会放缓,并且在利率放开的初期还有可能出现上升;而贷款利率下降的趋势将会加强,出现较大幅度普遍性的下降。导致这种走势的主要原因是银行间接融资媒介作用在今后五至十年间将明显减弱,银行存款等资金相对富余,流动性相对过剩加剧。这个预测与眼前利率的实际变化好像有差距,这是因为目前的利率还是官定的管制利率,央行为了抑制投资冲动有意单方面提高了贷款利率,已发出收缩银根的信号。实际上,在银行流动性过剩问题未解决前,银行利率水平的上升空间是有限的。前十年实际利率总水平是下降的,十年间存款利率由1993年的10.98%下降至2002年的1.98%;贷款利率由1993年的12.6%下降为2002年的5.31%。近似估计,存款利率年均下降18.6%,贷款利率年均下降10.2%。尽管2005年后利率有两次微弱上调,但改变不了利率总水平下降的大趋势。然而对于商业银行来说,最重要的是利差的大小,不管利率市场化后利率总水平走高还是走低,利差缩小恐怕在所难免。银行利差的收窄,将对那些以传统存贷业务为主的商业银行将形成严重的生存威胁。

那么利率市场化什么时候会实现呢？实际上中国利率已经在很大程度上市场化了，目前仅有人民币存贷款利率还是管制利率。根据中国加入世贸组织的承诺，在2006年过渡期结束后，本币存贷款利率将会很快实现市场化。我们预计，大约在2006—2008年的两三年时间内，人民币存贷款利率将全部放开由市场供求决定。利率放开后，利差会进一步缩小，利率风险将成为我国商业银行最主要的经营风险之一。当然，未来市场化的利率也不会是完全的纯粹的"自由利率"，而是有控制的、有干预的、可调整的。在未来市场化利率形成机制中，银行同业间的协调定价将起到重要作用。

2. 金融脱媒化将日趋明显。

什么叫做金融脱媒化？在资金市场上，银行是资金供求双方融资的媒介体，通过银行的间接运作资金供求双方才能达成交易，我们把这种融资方式叫做银行为媒介的间接融资。资本市场是资金供求双方直接交易的场所，我们把这种融资方式叫做直接融资。直接融资的发展使资金供求双方摆脱银行的媒介而直接进行资金交易，导致银行融资的市场份额大大收窄，银行大量亏损，这种现象西方称之为"金融脱媒化"。由银行为主体的间接融资向直接融资转化的过程就称为"金融脱媒化"过程。

在社会融资总运动中，资本市场的直接融资与银行为媒介的间接融资间存在此长彼消的关系。从我国前十年的情况看，直接融资保持较快的持续增长。从1994年到2003年直接融资增长的年平均速度为31%，其间，最高增长年份为1996年，当年增长率为83.4%。此间，银行贷款的年平均增长速度仅在15%以下。

资本市场上直接融资的迅速增长导致直接融资在社会总融资额中的比重一直保持不断扩大趋势。从1993年到2003年，直接融资在社会总融资额中的占比从13.5%上升为29.4%，最高比例为2001年的41.6%；直接融资占间接融资的比重，亦由1993年的15.7%上升至2003年的41.7%，最高比例为1998年的58.7%。同时，银行间接融资比重不断下降，由1993年的86.5%下降为2001年的58.4%，银行在社会融资中的媒介作用不断弱化，出现了"金融脱媒化"趋势。值得说明的是，2002年和2003年直接融资增长速

| 思索的声音 |

度和占比的上升趋势有所减弱，间接融资的占比出现反弹，由 2001 年的 58.4% 反弹至 2003 年的 70.6%，从而使金融脱媒化趋势有所缓解。但是从 2005 年起，在中央银行支持下债券市场迅速发展，仅短期融资券去年后几个月就发行了近 1 500 亿元，今年预计发行 5 000 亿~6 000 亿元。2006 年 4 月以来，股市也出现了迅速回升，整个资本市场呈现较大幅度的恢复性增长。

作为结果，资本市场上直接融资的恢复性增长和高速增长，必将导致银行为主体的间接融资增长趋缓，占比下降，从而使金融脱媒化趋势明显和突出起来。并且利率市场化导致银行利差缩小的趋势将加剧金融脱媒的速度和幅度。预计金融脱媒将从两个方面削弱银行的生存能力：一是日益活跃的直接融资将加速分流银行的存款，迫使银行提高存款利率，使银行在存款减少的同时增大成本支出；二是直接融资加速分流银行的贷款客户，有竞争力的优质客户更倾向于直接入市筹融资，从而减少甚至放弃贷款，迫使银行降低贷款利息来吸引客户，使银行在贷款减少的同时利息收入总量和水平下降。2005 年以来，由于短期融资券的发行导致银行贷款放不出去，工商银行贷款当年新增量达历史新低，使我们已经深切感受到"贷款替代"的冲击。

有资料表明，国际银行业在 20 世纪七八十年代就经历了金融脱媒的痛苦过程。它们的经验表明，金融脱媒化趋势将对商业银行传统经营方式和结构提出严重的生存挑战，使商业银行普遍面对破产风险。金融脱媒在世界范围是规律性现象，中国也无法例外。特别从近一两年起，中央银行短期融资债券的推出和资产支持类债券的试发，对银行贷款产生了严重的"替代效应"，使商业银行收益大受影响，金融脱媒现象已十分明显。为应对这种趋势，国内商业银行都在积极改变自身的经营结构，积极发展非信贷业务。这也是我行在未来三至十年的战略规划中提出实施战略转型的主要客观动因之一。但是尽管如此，在相当长的时间内，我国仍将以银行为媒介的间接金融为主要的社会融资方式。

3. 金融混业经营政策坚冰已被打破。

"十一五"规划打破了分业经营的政策坚冰。在新的五年内，允许试点性地开展金融业混业经营。其实我国早有混业经营基础，在20世纪90年代前，我国是允许混业经营的，只是当时金融监管不到位，与经济过热相呼应，造成金融与经济秩序混乱。20世纪90年代中期后，为治理整顿金融和经济秩序我国实行了金融业分业经营和监管的法律与政策。即使在这一时期，仍然允许一些集团通过控股公司模式实行集团内的混业经营，如中金公司、中银国际和工商东亚的设立与经营，以及允许中信、光大集团在集团内实行混业经营等。加入世贸组织后，为了与国际接轨，我国金融监管当局在分业经营与监管法律框架下，逐步而适度地放松了对分业经营的监管，允许商业银行以中间业务的形式，与证券业、保险业、基金业等实行业务交叉代理和全面合作。因此商业银行在近几年大力发展了银证合作、银保合作等多种中间业务，保险业也进行了兼营银行业务的尝试，例如平安保险设立了平安银行等。这些都为在我国实行金融业综合经营打下了基础。目前国内实行金融业综合经营主要有三大制约：一是产品的制约。长期的分割使银行业、证券业、保险业和基金业等各业的产品相互独立，互不兼容。可以跨行业跨市场的融合性金融产品极其匮乏，这是中国金融业推进综合经营的"瓶颈"制约。二是市场的制约。虽经改革开放后二十多年的发展，金融市场已初步形成，但是极不发达，特别是银行资产的二级交易市场现在基本没有，跨银行、证券、保险等的综合业务缺乏操作平台。三是监管的不适应。对于规避防范混业经营风险来讲，我国的分业监管框架面对极大的挑战。综合经营要求银监会、证监会、保监会在监管上要做到"无缝链接"，对监管当局来讲，这显然是个新的问题。虽然存在三个制约，但是金融业的综合经营在我国会进展得比较快的，我们估计从试点到全面推开的时间不会超过三至五年。

4. 未来的金融架构将会有大的变化。

一是外资银行将大量进入，成为中国国内市场的重要竞争者。外资银行更倾向于采取投资参股的方法更为迅速地获得更大的市场。目前有数字表明外资参股已占到中国银行资本的15%，远远大于外资在中国存贷款总额上所占的比例。这种势头未来五年还将继续；中外金融机构之间的竞争将更多地表现为互补性的合作，而不是单纯和绝对的竞争，即所谓竞合状态，即竞争

‖ 思索的声音 ‖

与合作并存，或者说通过合作实现竞争。

　　二是民间资金将融入正规金融体系。这里包含两方面内容：一方面在农村信用社改制成为中小银行的过程中，将有大量民间资本参与进来；另一方面，一直在正规金融体系外循环的民间资金将受到规范并逐步融入正规体系。根据人民银行和中央财经大学等有关调查分析，2004年末国内体外循环资金的规模至少有1.5万亿元左右，约占当年GDP的10.95%、本外币贷款余额的7.94%。而有些地区体外循环资金的规模已超过正规金融体系的资金规模。2004年，温州民间借贷达410亿元，已经大大超过当地金融机构的当年新增贷款额（196亿元）。这种体外循环资金作为一种法外的非正规力量，对经济社会带来的负面影响也是极大的。首先，体外循环资金支撑了过热经济的发展，抵消了宏观调控的效果，不利于国家产业政策的实施和经济增长方式的转变。其次，体外循环资金积聚形成巨大的投机力量，有可能导致经济发展失衡，甚至造成局部金融震荡。最后，体外循环资金严重干扰了金融秩序和社会性稳定。因此，政策层已决定采取措施，把体外循环资金纳入宏观控制和管理的范围，发挥其积极作用，抑制其消极作用，有效防范其对经济金融的冲击，保持经济金融的稳定和宏观调控的效力。可能的方式是把大量存在于"地下"的民间借贷组织改组为小额信贷机构。

　　三是政策性银行将加快转型的步伐，"十一五"时期可能会改组为开发性银行。关于政策性银行改组转型问题目前还在酝酿中，有关的争论不少，定论还没有出台。主要的争论是政策性银行向何处转型的问题，是转向商业化还是转向真正的政策性。很多观点主张政策性银行应当向商业化转型，转成商业性的银行。有的说转为开发性银行，但其实开发性既可以是商业性开发，也可以是政策性开发，本质还是商业性与政策性之分。我个人观点是，就目前和今后一个时期而言，政策性金融还有存在的必要，我国政策性银行还应当以政策性为主。理由有三：第一，这是由我国目前经济社会发展的阶段性决定的。所谓政策性金融指的就是政府根据公共建设需要和产业结构宏观调整的需要，特别根据工业化过程中基础建设、公共项目建设和"市场失灵"领域的建设需要，以政府手段占有或集中部分资金资源进行配置的金融形式。

政策性银行就是政府集中和配置政策性资金资源的主要渠道和载体。目前我国仍处在工业化的过程中，远没有完成工业化，政策性金融仍有其存在的必要。商业化转型观点持有者列举了20世纪80年代后世界上发达国家政策性银行转型的大量例子，来佐证我国政策性银行也应实行商业性转型的观点。这些国际转型的案例是不错的，但是值得指出的是，我国在经济发展阶段上与这些发达国家不同，这些发达国家已经完成了工业化进程，在后工业化时期政策性银行的确失去了存在的理由。而我国现在还没有达到这个发展阶段，尽管我国发达地区和城市基础设施建设以及工业建设的资金市场已经出现一定程度的饱和，但由此说我国的资金市场已经是一个充分竞争的市场恐为时尚早。实际上在我国现阶段，无论科技产业、中小企业，还是西部开发、东北振兴，甚至环渤海经济圈的发展，都还存在资金不足的问题，都还有政策扶植的必要。特别是农村农业竞争资金的能力很低，更是处在"市场失灵"因而迫切需要政策扶植的阶段。如果在目前完全取消了政策性金融，这些微利和少利的产业、地区将难以得到资金，难以发展，"三农"问题将难以得到解决，协调经济和构建和谐社会的任务就将难以完成。所以，现在就讲政策性银行已无存在必要似乎不太合乎我国的实际。就目前阶段而言，我国的政策性银行仍应当以政策性资金资源的集中和配置为主，以营利的商业性行为为次。第二，在我国现阶段政策性银行的历史使命还没有真正完成。我国的政策性银行始建于1995年，至今仅有11年的历史。政策性银行的成立是国家逐步转变经济管理方式的配套措施，即国家把建设投资区分为政策性投资和竞争性投资，国家由以往包全部投资改变为只负责政策性投资，而把有竞争力的投资转交给市场由包括商业银行在内的社会投资者完成，国家集中精力于那些缺少营利性或基本无利可图的公共设施建设和基础设施建设等政策性投资项目，政策性银行就是国家进行政策性投融资的主要渠道之一。为此，国家在1995年成立了三大政策性银行。到目前，我国的投融资体制已经发生了巨大变化，国家投资从规模到范围已经极大的缩小。但是时隔11年，国家的投资职能是否已经完全消失了呢？恐怕还不能这样讲。目前中央和国务院正集中精力于经济结构的调整，集中于城乡发展不平衡和区域发展不平衡矛

思索的声音

盾的解决，缩小城乡、区域间的发展差距，解决"三农"问题，构建和谐社会，这些都是"市场失灵"的政策性投融资领域，国家必须动员和集中一部分资金资源支撑这种改革和调整的实现，这就需要政策性银行来完成这种集中和配置政策资金资源的任务。如果没有政策性金融的配套，国家的上述宏观意图似难达成。所以，在我国目前还存在政府掌握和配置政策性资源的必要性的条件下，讲政策性银行使命已经完成恐为时太早。第三，政策性银行商业性转型的条件尚不成熟。政策性银行如果要实现商业性转变，首先需要解决资金来源问题。我国政策性银行成立11年来，资金来源主要通过发债方式购买商业性银行和存款机构的存款来解决，由于政策性银行的"政策性"，国家对这种政策性金融债券的债息有强制规定，以确保政策性银行得到低成本的资金。如果政策性银行实行商业性转型，就要凭借自己的力量在资金市场上筹集资金，就需要普遍设立网点来吸收存款，这样将花费比现在高得多的成本，能否承受得起这样的高成本是待转型的政策性银行必须考虑的问题。如果还希望继续用现在的方法筹集资金，又把低成本资金来源用于高收益的商业性融资项目，则会对商业银行造成很大的不公平，有违市场运作原则。所以，现在看政策性银行商业性转轨的条件不够成熟，应当缓行。那么政策性银行如何转型呢？我个人认为，政策性银行的当务之急是转变政策性资金配置目标的侧重点。随着我国经济市场化的深入，随着发达城市基本建设和基础工业领域引入多种投资者，基本建设和基础工业等投融资领域竞争已经比较充分，继续采取政策性配置手段的必要性确实不大。但是在我国，还有相当广泛的投资领域没有达到充分竞争，完全依靠市场的作用，这些领域很难得到资金。例如前面已经说过的西部开发、东北振兴、中小企业创业、高科技高风险企业创业、农业基础设施建设和几乎整个农业发展，都具有风险较大、盈利较小甚至几乎没有盈利的特点，都不具备从市场上竞争资金的能力，还需要政府政策性投融资的扶持。应当把政策性银行的资金配置目标及时转移到这些行业和领域。特别是我国目前农业、农村的发展极度缺乏资金，受到市场效应和盈利动机的影响，直到目前都是农村资金倒流到城市，农村和农业资金匮乏的局面日甚，政策性银行应当致力于改变这种局面，充分补充"市场失灵",以西部和东北地区的开发振兴、中小企业发展、农业农村的开发作为政策性银行新的重点配置目标。不管学界业界如何争论,政策性银行的转型可能是一个必然的趋势,其方向很可能是以满足政策性投融资需要为主、实行一定程度的商业化运作的开发性银行。

四是大量国内金融机构将加大"走出去"的力度,为中国的海外企业提供全球服务。

国有商业银行的股份制改造与上市[①]

从 2003 年年底开始实行的国有银行股份制改造与上市,是我国金融改革二十多年来改革幅度最大、改革目标和措施最彻底的一次改革。尽管这项改革至今尚未结束,或者正确的说法应当算是才刚刚开始,然而,我们已经看到了这场改革带来的根本性变化和它的巨大功效。用一年等于一百年来形容这次改革与过去改革在力度和功效上的不同,可能是有些夸张,但是说这次改革是一年等于过去十年应当恰如其分。当然,也正因为这次改革在我国属于开天辟地、史无前例的大事和新鲜事,从而引起了空前激烈和活跃的争论。国有银行股改上市改革基本是一个什么样的过程?取得了什么样的效果?究竟应当怎样看待国有银行的注资、引资和上市?我想这些也许是同学们愿意了解的问题。所以,利用今天这个机会,我分两个部分向同学们介绍一下国有银行的股份制改造和上市的进程与情况,同时也谈谈与之相关的争论和究竟应当怎样认识的问题。

第一部分 国有商业银行股份制改革的基本过程

(一) 国有商业银行股改前的基本问题

要了解国有银行为什么要实施股份制改造和上市改革,首先,应当了解股改前国有商业银行的基本状况和主要存在的问题。关于改制前国有商业银行存在的主要问题,我讲四点。

[①] 这是作者 2006—2007 年在各大学讲座上的讲课稿。

国有商业银行的股份制改造与上市

1. 关于国有商业银行和国家的关系问题。关于国有银行和国家到底是什么关系，这一点很多银行以外的人士，包括金融学界、金融业界都不是很清楚。国有银行的老板到底是谁？可以说，老板非常多，人民银行、银监会、财政部、国家发改委、国资委，还有各级政府都可以说是银行的老板。人民银行管什么？管投量、管投向、管资金。人民银行作为银行的银行，如果商业银行出了问题，最后一个兜底的是中央银行。银监会管银行的人、管银行的市场进入、管银行业的市场秩序、管银行业的资产质量。国家发改委主要也是管总量的，管金融总量、货币供给总量、信贷总量和与国家投资年度计划之间的衔接，国有银行很多贷款是根据国家发改委的项目计划安排的。1997年以前每年给银行一个大厚本，强令要求银行配套贷款。1997年以后就变成国债项目了，以前是指令性贷款，现在表现为商业性的，但是实际上还是要为计委（现在是国家发改委）的国债项目配套，所以国家发改委也管投向、管总量、管拼盘，拼出国家建设资金的总盘子。国资委即原来的经贸委管的和原国家计委管理的是一样的，也是管投向、管投量、管剥离。1999年至2000年的第一次银行不良贷款剥离，按道理说应当是银行和资产管理公司间的事情，但是实际是按照国家经贸委的计划进行剥离的。国家经贸委说哪家企业的贷款可以剥离银行才能剥。从根本上讲，那次的剥离是为了解救国有企业，把国家认为重要的大型企业的贷款全部剥光，解除了它们的债务负担，在剥离完了以后国有企业开始盈利，朱镕基总理制定的国有企业三年脱贫计划得以完成。我认为那次贷款剥离国家真实的目的不是解决国有银行的问题。那么，包括中央政府在内的各级政府管什么？还是管银行的投向、管银行的投量。这是银行改制前各级政府包括中央政府唯一关心的问题。在上述众多的"婆婆"中，只有财政部才是管银行资本金、成本和费用的，唯一对国有银行有资本控制权、财产处分权，关心银行成本收益的是财政部。所以从经济关系来讲，财政部才是国有银行真正的老板。但是财政部对国有银行的投向和投量没有真正的管理权，那些对银行的投量和投向有发言权、管理权的政府和部门，它们对国有银行的收益、成本都没有任何经济上的、法律上的责任，对国有银行资本金的保值增值没有任何责任。这样造成的事实

思索的声音

是,没有任何一个部门或者是任何一级政府对银行的盈亏感兴趣或者是负责任。这是国有银行改革二十多年来一直没有解决的一个最主要的问题。国有银行和国家的关系如果理不顺的话,国有银行不管怎样改革,都不能根本解决问题。我们知道,1985年至1994年以前,银行的改革叫做国家专业银行的企业化改革,这种企业化改革持续了将近十年。1994年国家成立了三家政策性银行,把原由国家专业银行承担的政策性贷款剥离给政策性银行,同时要求国家专业银行向国有商业银行转变,从此银行开始了商业化改革。2002年中央在第二次金融工作会议上决定,对国有商业银行实行以经营机制改革为主的综合改革。不论怎样改革,如果不能正确解决国有银行和国家之间的关系,国有银行的改革就难有实质性的进展。这次始自2004年的股改上市改革的主旨是解决国家与国有银行间的产权关系和管理关系问题。一般人比较看重的是银行产权问题的解决,其实国有银行的主要问题还是国家对国有银行的产权管理关系问题。国有银行的产权管理关系不解决,就算股份制改造完成和上市了也不能真正解决问题。

2. 关于国有银行在中国经济中扮演的角色问题。改革前国有银行显然是国家的资源配置工具,有中央政府的"会计"和"出纳"之称。改革后二十多年来,至少在2004年改制前,国有银行实际上一直是国家的宏观调控工具。按照教科书上的道理来讲,应该是社会资金的需求决定银行的投量、投向,但在我国是国家确定经济增长速度,国家确定经济结构的调整,国家保障社会的安定团结。国家根据这些需要来决定银行的贷款投量,并以此来实现对宏观经济的调控。把国有银行当成直接的调控工具的确可以做到收放自如,至少在2004年前是如此。这是任何西方国家、私有制国家根本做不到的。例如,1984年到1988年我国出现了经济的大起大落,接着就是严重的通货膨胀,国家主要以四大国家专业银行为工具,调整经济的松紧和起伏。只要管住四个国有银行,说放马上就放得开,说收立刻就收得起来,顶多只有两个月的政策效应滞后期,一般是一个月就见效。非常直接。1992年也是这样,1992年说是经济出现泡沫了,1993年说收,7月开始调整,朱镕基总理要求"8月15放光明",到10月前,银行的贷款和资金基本就收回来了,银根立即就紧缩起来。再举一个想放能放的例子，2002年第一季度经济出现滑坡，财政收入减少，企业效益恶化，GDP下降，出口下降，整个经济数据很不好，眼见得9月就要召开十六大，江总书记就着急了，找到朱镕基总理，朱镕基就找戴相龙行长，戴行长从4月开始游说各省，找所有的国有银行，要求把贷款贷上去。从5月开始起，经济数字和增长曲线，就是一条直直向上的斜线拔上去了。银行新增的贷款每年不过是11 000亿元，最高13 000亿元，平均在11 500亿元这个水平上，结果2002年从5月干到12月，7个月就干出了18 000亿元。当年贷款比上年增长了50%。说放就放，经济形势立刻就一片大好，数字就好看了。举上述例子主要说明在国民经济中国有银行首先是经济总量的直接调控工具。

其次，国有银行是国家的第二财政。在改革之前是财政来支撑整个中国的建设资金。改革之后国家财政作为建设资金主要支撑者和提供者的这个局面已经维持不下去了，财政收入在GDP中的占比越来越少，在这种情况下我国采取了一个非常有效的制度性措施，就是用资金实力迅速膨胀起来的银行替代财政继续承担建设资金供应的重任。随着社会资金由中央政府高度集中到向地方、向部门、向企业的分散，使财政集中资金的范围和数量越来越小，而通过居民储蓄和企事业单位存款流向银行的资金越来越多，越来越发展，国家迅速把国有银行拿过来顶替了财政，以国有银行为主要渠道集中和分配建设资金，成为中国改革发展这二十多年建设资金主要的提供者。这就是国有银行的宏观角色、客观角色。中国经济高速增长了二十多年，创造了世界奇迹，国有银行功不可没。把全社会的分散资金最大程度地动员和集中起来支撑我们主要的产业发展，实现了经济二十多年高速增长，同时也实现了平稳改革的二十多年。我国理论界一直在争论一个问题，中国的金融改革到底是超前、同步还是滞后？很显然是滞后的。因为国家很显然要先解决主体经济问题，银行就是国家解决主体经济问题的支撑。既要保持经济高速发展，又要保持改革稳定，靠什么？主要靠国有银行和国家对国有银行直接的控制力来控制全社会的资金。从改革大顺序上来讲国有银行不可能超前，如果中国金融企业的改造先于国有工商企业改造的话，就会出现前苏联的局面。在

|| 思索的声音 ||

前苏联"休克式"改革中,首先实行了银行的私有化,六家国有银行一夜间变成了两千多家私有银行,顿时整个经济秩序就混乱、崩溃了。然而实施以银行替代财政的宏观政策制度是需要付出代价的,这个代价就是金融改革的滞后,金融市场化的滞后和银行几万亿元不良资产的堆积。这是一把双刃剑,有正面作用,就是支撑了中国经济二十多年高速发展,没国有银行对财政的这种替代,中国高速增长二十多年的奇迹是不可能出现的。正面效应还有一条就是国有企业稳步地、渐进地退出市场,而没有造成社会的动乱,这也是以银行来垫底的,作为负面的代价就是银行几万亿元不良资产的堆积,这是必定要付出的成本,再就是银行改革的滞后。用制度经济学理论说,国有银行是中国经济转轨的成本的承担者。

3. 关于国有银行的资本金问题。在2004年前,国有银行一直是由中央财政拨付资本金的。可以分为三个阶段或者是三种方式,从1979年开始起到1993年6月为资本金补充的第一个阶段。当时对国有银行实行税前利润返还来增补资本金的做法。国有银行每年税前利润的25%返还给银行,拨补在银行资本金的账户上。这时还有一个正常的资本金拨补制度。1993年7月财政部开始实行新的会计准则,此后到1998年为资本金补充的第二阶段,在新的金融会计准则中,全面调整了银行的成本账户和利润账户,银行的资本金拨补制度也改变了,从1993年7月1日起,银行的资本金从每年的税后利润中提取5%,折合成税前利润约合2%,由税前的25%变成了2%,基本可以说没有增补了。因为国有银行自1995年起基本都亏损了。并且这5%进入的是银行资本公积金账户,还不能直接表现为银行资本的增长,还得财政准许才能进资本账户。这种新的会计准则下,银行资本金的补充机制基本上就不存在了。第三个阶段是1997年以后到2004年前,国家恢复了对国有银行的资本金拨补。怎么补的呢?大家知道,1997年国际上发生了亚洲金融危机,党中央在1998年上半年召开了历史上的第一次中央金融工作会议。主旨是防范和化解中国国内的金融风险以抵御亚洲金融危机的负面影响,防止在亚洲金融风暴多米诺骨牌效应中把中国推倒了。所以当时的会议主要是出台了一系列的防范风险措施,其中有一条就是一次性为国有银行拨补资本金,发行了

2 700 亿元特种国债，筹集的资金全部进入了四大国有银行的资本账户，这个特种国债不是对社会公众发行而是对四大银行自己发行的，实际是把人民银行历史上贷给国有银行的再贷款转化为资本金。那一次增补很有效，以工商银行为例，当年增补资本金 900 多亿元，由 800 亿元左右一下子增加到 1 780 亿元。但这仍然还不是正常的资本金拨补机制，因为这是一次性的增补，此后再没有过拨补。随着资产规模的膨胀，资本金不足成为国有银行的主要问题之一。尽管改制前按照人民银行的口径来计算，经过 2 700 亿元的增补，国有银行的资本金 1998 年都达到了 8%。但是按照巴塞尔协议的口径，四大国有银行的资本金全部是负数。所以国际上说我们在改制前在技术上财务上已经破产了，也不是妄言。

4. 关于国有银行的工资管理制度。国家从 1988 年开始起明确国有银行从政府序列中退出，但是对国有银行工资制度的管理，从成立国有银行那一天起一直到现在，是按照有收入的事业单位实施管理的。对"有收入的事业单位"国家人事部、劳动工资部实行工资总额管理，什么叫工资总额管理？其实很简单，就是先确定一个所谓工资水平，即银行人均的月工资和月奖金，然后乘以银行当年全部的在册员工人数，就得出来该银行的工资总额。工商银行最多时员工达 57 万人，就用人均月均奖金和工资乘以 12 再乘以 57 万，这就是工商银行一年可以动用的人力资本。如果像现在工商银行只有 30 万人了，就用人均月均奖金和工资乘以 12 再乘以 30 万，这就是工资总额。不管工商银行是盈是亏，不管盈利是多少，工资总额就按在册员工数计算。由此可知，国有银行工资的形成机制实际上和银行的经营是无关的。

（二）国有商业银行股份制改革的目标与出台背景

1. 改革出台的背景。

大家知道，国家于 2003 年 12 月 31 日首先对中国银行、建设银行进行了注资，由此正式启动了国有银行的股份制改革。此举向全世界表明了中国中央政府对国有银行实行彻底改制的决心，标志着中国商业银行建立现代金融企业改革的深化。据我了解，这次改革也许是我国金融改革史上酝酿时间最

思索的声音

长的改革之一。早在2001年我国已经在国家高层酝酿国有银行的股份制改革问题，最早的提法见之于国家发改委（原国家计委）的"第十个五年计划"。2002年2月，中央召开了金融工作会议，在这次会议上第一次正式把"国有银行也要试点股份制改造，有条件的可以上市"写入了中央文件。大家知道，新中国成立以来以金融为主题召开的中央工作会议只有两次，第一次中央金融工作会议于1998年召开，背景是国际上爆发了东南亚金融危机，周边国家银行制度纷纷崩溃，为应对这一国际性金融危机，中央召开了第一次金融工作会议，主题是"防范化解金融风险"。那次会议的结果是国家第一次把化解金融潜在风险作为保证国家经济安全和抵御东南亚金融危机负面影响的重要任务，开始着手解决银行体系积累已久的不良资产问题。所采取的措施主要有：发行2 700亿元特种国债，为国有银行一次性增补资本金，提高国有银行抵御金融风险的能力；实行贷款质量五级分类，摸清中国银行业的不良贷款底数；成立三大金融资产管理公司，剥离并接收国有银行1.6万亿元的不良贷款；等等。第一次金融工作会议的决议及其贯彻实行为我国成功抵御东南亚金融风险，彻底解决我国银行业不良资产问题打下基础。第二次中央金融工作会议于2002年2月召开，背景是中国加入世贸组织。目的是部署在加入世贸组织过渡期五年间，中国金融业迎接挑战，尽快解决自己的问题，锻造国际竞争力，更好地参与国际竞争。正是在这次会议上，中央形成了彻底解决国有商业银行系统问题的共识，提出了国有商业银行实施综合改革、进行现代企业制度建设的目标。作为国有商业银行综合改革的重要步骤，中央第一次提出了国有商业银行要进行股份制改革试点的问题。但是会议并没有提出国有商业银行股份制改革的方案和具体安排。若从2001年初次提出国有商业银行股份制改革算起，直到2003年底选择中建两行进行改制试点，这场改革的酝酿期整整花费了三年的时间。其间，即使在决策高层对国有商业银行的改制上市问题仍有不同的看法；加上国有商业银行改制不同于国有企业改制，其对国内经济金融大局的影响举足轻重，需要承担更大的风险，致使上上下下对国有商业银行改制存在很多担心。又由于国有商业银行股改上市在我国还是头一遭，没有现成的经验可以照搬，需要大勇气大智慧才能找到合适的路径和方法。所以,国有商业银行改制的具体方案酝酿了很久。由此可见这次改革的难度之大和中央的决心之大。

2. 国有银行股改上市的目标。

以 2003 年 12 月 31 日国家对中建两行注资为起点,国有商业银行股改上市改革试点正式开始。至 2005 年 4 月 18 日国家批准工商银行进行改制,国有商业银行股份制改革达到高潮。根据规定,国有商业银行进行股份制改革的总目标是:紧紧抓住改革管理体制、完善治理结构、转换经营机制、根本改善绩效这几个中心环节,在我国加入世贸组织过渡期内,把大多数国有商业银行改造成为资本充足、内控严密、运营安全、服务和效益良好、具有国际竞争力的现代化股份制商业银行。除了这种文字性的目标规定外,国家还确定了总的量化目标:三家试点银行经过股份制改革,要在公司治理水平以及经营绩效、资产质量、审慎经营等指标方面达到和保持国际排名前 100 家大银行中等以上的水平。

银监会对国有商业银行股份制改革提出了三大类七项指标:即经营绩效类、资产质量类和审慎经营类三大类。具体为:(1)总资产回报率财务重组当年达 0.6%,三年达国际良好水准;(2)股本回报率财务重组当年达 11%,三年内达 13%;(3)成本收入率控制在 35%~45%;(4)不良贷款比率持续控制在 5% 以下;(5)资本充足率保持在 8% 以上;(6)统一借款人贷款余额与本行的资本余额的比例不得超过 10%;(7)不良贷款拨备覆盖率财务重组当年应不低于 60%,五年内达到 100%。

(三)国有银行股份制改革的主要步骤、进程与成效

1. 股改的主要步骤。

根据改革方案,三家试点银行的股份制改造基本分为三个主要步骤。

第一步:实行财务重组。即在国家帮助下消化历史存留的不良资产包袱,提高资本充足率水平,彻底改善财务状况。包括国家注资、冲销不良资产、二次剥离不良资产等具体步骤。财务重组是国有银行股份制改革的基础。

第二步:完善公司治理。即根据现代企业制度的要求,参照国际先进银

| 思索的声音 |

行的实践经验,结合我国国有银行具体国情行情,对银行的经营管理体制和内部运行机制进行改造,建立起适合于现代市场经济的银行公司治理结构和机制。完善公司治理是国有银行股份制改革的核心和关键。

第三步:公开上市。即通过境内外资本市场公开上市,使国有银行成为公众化的银行。上市是国有银行股份制改革特别经营体制和运行机制改革的深化,是实现市场化转轨改制的重要路径。

2. 股改的实际进程与成效。

从改革的主要步骤来看,三家试点行大体相同。但由于改革的时间和三行具体条件的不同,三家试点行实际的改革进程也有各自不同的特点。我们分步来看依次为:

(1) 财务重组。在方法上以建设银行和中国银行为一类,以工商银行为一类,在大体相同的基础上,也有一定差异。中建两行财务重组的特点:一是由中央汇金公司向中建两家银行注入450亿美元的国家外汇资金,同时规定两家银行对外汇资金实行全封闭管理;二是两家银行用账上存有的准备金、未分配利润、当年净收入、中央财政拨付的原有资本金等财务资源冲销损失类贷款,累计核销了1 993亿元人民币;三是将两行的可疑类贷款向四家资产管理公司招标拍卖,信达资产管理公司中标,累计拍卖了2 787亿元人民币;四是启动次级债的发行,中建两行分别发行了260亿元和233亿元次级债。财务重组取得显著成效,当年中建两行的不良资产率分别降至5.09%和3.7%,不良贷款拨备覆盖率分别为71.7%和69.9%,资本充足率分别为8.62%和11.95%。已接近国际先进银行的平均水平。

工商银行股改启动晚于中建两行一年零四个月,财务重组的方法也略有不同。一是中建两行是在把原有资本金冲成零的情况下接受国家注资的,工商银行没有这样做,而是把原来资本金的一半多一点大约1 580亿元用于冲销损失类贷款,保留了1 248亿元财政拨付的原有资本金;二是工商银行的国家注资结构不同于中国银行、建设银行,即不仅仅有中央汇金公司注入的150亿美元的外汇资本金,还有财政部历年拨付的资本金1 248亿元人民币,约合150亿美元,两项相加工商银行总计得到国家2 500亿元人民币约合300亿美元的注资，比中国银行、建设银行多了75亿美元；三是工商银行通过招标拍卖方式出售了5 000多亿元人民币的可疑类贷款。总体剥离了7 050亿元人民币的不良资产，使当年不良资产率降至2.7%以内，不良贷款率降至4.8%以内。当年不良贷款拨备覆盖率达60%以上，资本充足率已超过11%。指标均已接近国际先进银行的水平。

财务重组的成效是非常明显的。通过财务重组，三家银行彻底解决了不良资产历史包袱和长期以来的资本金不足问题，各项经营指标已经接近国际先进银行的水平，已经成为三家国际上公认的好银行。当然真正改造成为国际上的好银行还需要比财务重组更为艰难和复杂的体制改革和机制转换，但是毫无疑问的是，财务重组为三家银行奠定了最终实现市场化转制和步入国际先进银行之列的坚实基础。

（2）实施股份制改造。国有银行的股份制改革仅有财务重组是不够的，还要进行股份制改造。三家银行在财务重组完成后，股份制公司成立立即提上了日程。根据国有银行股份制改革"一行一策"的原则，中国银行、建设银行和工商银行结合自己的实际情况和今后的发展战略，采取了不同的机构改组模式，完成了股份制公司设立工作。

中国银行于2004年8月26日整体改制为中国银行股份有限公司，其采取的是由中央汇金公司独家发起的方式。2004年7月26日，建设银行公布了它的股改方案，经过90天的分立质询答疑期后，于9月26日正式宣告中国建设银行股份公司（以下简称"建银股份"）和中国建设投资有限公司（以下简称"建银投资"）成立，其采取的是分立重组的方式，即把原建设银行分立重组为建银股份和建银投资两家公司，其中建银股份承继原建设银行经营的商业银行业务，建银投资则接受管理和处置原建设银行中不满足《商业银行法》规定的资产和业务。建银股份的发起人有五位，除了中央汇金公司外，还引入了建银投资、宝钢集团、长江电力和国家电网四家发起人股东，是三家试点银行股份制发起阶段唯一引入国内大型企业股东的一家银行。工商银行是2005年4月18日获准进行改制的，经过短短半年的时间，于2005年10月28日正式宣布成立中国工商银行股份有限公司，其采取的是由中央汇金公司和

思索的声音

中央财政为原始股东发起的方式。

（3）完善公司治理架构和机制。目前，三家试点银行均根据国际通行惯例完成了公司治理法律文件的制定工作，完成了股东大会、董事会、监事会"三会"等公司治理组织机构的设立工作，股份制公司治理架构下的银行治理开始发挥作用。据了解，三家股份制银行大多数的董事、监事和高级管理人员已经到位，三家银行均引入了一些国内外知名专家学者和银行家作为外部独立董事，有的还从国外引入了高级管理人员，大大提高了银行公司治理和经营管理的专业化水平。目前，三家试点银行董事会均设立了多个专业委员会，通过专业委员会切实实现董事会对银行的有效治理和科学管理。这些专业委员会包括提名与薪酬委员会、风险政策（管理）委员会、审计委员会、战略发展委员会、关联交易控制委员会，等等。其中风险政策委员会和审计委员会一般由独立董事担任主席。三家试点银行还加强了监事会的职能。从国际上看，围绕银行监督权的实施，银行治理一般有两种模式，一是英美模式，即主要通过独立董事、审计委员会和外部审计对银行进行监督；二是德日模式，其主要通过设立监事会行使对银行的监督职责。我国三家股份制银行采用的是德日式的双重监督的治理模式，即把独立董事和审计委员会设立在董事会之内，主要负责对银行的经营状况进行监督；同时设立与董事会并列的监事会，不仅监督银行具体的管理活动，还要对董事会和高级管理层进行监督。目前，三家银行都建立了保障监事会职能正常发挥的制度与机制。

在完善公司治理架构的同时，三家试点银行都致力于内部治理机制的改革和建设，重点加快推进内部风险控制制度的改革和全面风险管理体系的建立。三家试点银行都聘请了国际知名的财务顾问、管理咨询公司和法律顾问等中介机构，协助其按照国际化标准设计公司治理和内部控制的制度框架，规范推进股份制改造。三家试点银行已在借鉴国际先进经验的基础上，分别制定了合乎自己行情的发展战略和规划，并已着手建立全面风险管理体系和内控体系，实行机构扁平化和业务垂直化管理，推进人事制度改革，建立完善约束机制和激励机制，完善财务会计制度，加强信息科技建设，等等。

（4）引进国际战略投资者。三家试点银行在完成股份制改造后，先后引入了国际国内的战略投资者。2005年8月,建设银行引入了美国银行和亚洲金融公司两家国际战略投资者,引入了39.66亿美元的国际资本,出售了建设银行全球发售前14.1%的股份。其中美国银行以25亿美元购入建设银行9%的股份;亚洲金融以14.66亿美元购入了建设银行5.1%的股份。

2005年8—10月,中国银行引入了苏格兰皇家银行(RBS)、亚洲金融公司、瑞士银行、亚洲开发银行四家国际战略投资者,共引入了51.3亿美元的国际资本,出售了中国银行全球发售前16.2%的股份。其中苏格兰皇家银行以30.48亿美元购入中国银行9.61%的股份;亚洲金融公司以15.24亿美元购入中国银行4.8%的股份;瑞士银行以4.92亿美元购入中国银行1.55%的股份;亚洲开发银行以0.74亿美元购入中国银行0.23%的股份。中国银行的不同是还引入了国内的战略投资者,即社保基金理事会,以人民币100亿元收购了中国银行3.9%的股份。国际国内加总,中国银行共向战略投资者出售了20.1%的股份。

2006年1月,工商银行引入了以美国高盛集团为首的投资团,包括美国高盛集团、德国安联集团、美国运通公司三家国际战略投资者。共引入了37.5亿美元的国际资本,出售了工商银行全球发售前10%的股份。

(5)公开发行上市(IPO)。

(6)股改上市的基本成效。

第二部分　关于国有商业银行改制上市的主要争论

正如我在第一部分所讲,国有商业银行股改上市是前所未有的新鲜事,正因为这次改革在我国属于史无前例的大事和新鲜事,也引起了空前激烈和活跃的争论。这种争论主要集中在三个问题上:一是国家究竟该不该为国有银行注资,二是国有银行为什么要进行战略引资,三是国有银行为什么要上市?下面我分别讲讲这三个问题。

(一)关于国家究竟该不该为国有银行注资的问题

早在1999年至2000年国家对国有银行的不良贷款进行第一次剥离时,

思索的声音

国际国内的批评和不解甚多。总的认为，国家对国有银行剥离不良贷款还是"国家掏钱"，是用计划体制的老方法，不能解决国有银行的问题。有不少学者认为，银行的不良贷款是银行和企业在市场上的相互作用的结果，应由银行和企业自行解决，政府的改革成本不应包括这部分。这次国家对中建工三行注资，议论更多。认为免费午餐就一顿，怎么吃起来没完了？国家为什么要用剥离和注资的方式解决国有银行的不良资产问题？国家到底该不该对国有银行的不良资产买单？这个问题要从国有银行不良资产的成因讲起。

从国际来看，银行不良资产的产生通常有两种情况：一种是银行自身经营不善导致，通常表现为个别银行或一部分银行的不良资产比例增高的个别现象；另一种则由于国家经济出现危机或进行大的经济结构与模式的转型，导致银行贷款由于生产要素的呆滞而大量坏死，通常表现为一国几乎全部银行的相当比例贷款的坏账。我国银行不良贷款问题恰属于第二种，因而其产生的原因和解决的办法，都不能局限于国有银行自身。我们说，国有银行的不良资产及其比例居高不下问题的产生，固然有国有银行自身不适应市场经济、管理经营不善的原因，但更为深刻的原因还在于经济，在于我国正处于并还将处于经济转型和经济结构调整期。实现这种经济转型和结构调整是需要付代价的，国际上称之为社会或经济转型成本。在中国，国有银行的不良贷款是我国经济体制转换、国民经济结构调整不可避免的转型成本的体现。对于这个结论我用了整整一本书来论证，这就是我20世纪90年代的博士论文，书名叫《中国不良债权和不良债务的化解》，大家如果有兴趣可以找来读一读。我今天不作复杂的理论论证，在这里，我仅用几组数据来直观地说明，为什么说国有银行的不良资产是我国经济转型成本的转移。

我国经济转型成本向国有银行转移的典型表现之一是，企业破产和重建以废债为代价。我国经济从1979年起开始由计划经济向商品经济继而向市场经济转轨。这种经济转型不可避免地要求社会付出相对应的成本代价，突出地表现为企业的破产和衰落。我们分析了一下，导致企业破产和衰落的宏观原因大体有四类：第一类是国家计划体制为市场机制取代，原来产供销完全依靠计划供给保障的企业有相当一部分转不过来，失掉了市场，由于不适应而衰亡。例如，一大批军工企业和商业物资批发企业。第二类是产业的替代和技术的更新，一批处在夕阳产业的企业由于新兴产业的替代而失掉市场和生存理由，因而衰亡。例如无线电产品为新型家电和电子音响产品替代，无线电行业几乎全军覆没；又如对纺织业压锭限产，使得一大批以生产纺锭为主的纺织机械厂倒台。第三类是行业调整。近十年来国家加大了对行业的结构调整力度。特别是近几年加大了对冶金、纺织、煤炭、石化等行业限产压产的调整力度，大批企业倒闭退出。第四类是企业为开拓和适应新的市场与机制交付了学费。市场经济本身带有相当的自发性和盲目性，特别在初期不少企业在市场商海中翻了船。不仅夕阳产业和旧体制导致企业破产，我国的新兴市场就是一大批企业以倒闭的代价换来的。例如20世纪80年代十分红火的家电企业、无线电企业、服装企业等，都因不能跟上市场的变化而大批倒闭。所有这些经济转型难以避免的转制成本或代价在任何转型国家中都存在，这点无论中西概莫能外，并不是中国独有的。唯一不同的是，由于我国企业和银行的所有制与西方国家不同，因而转制的代价和成本并不是主要由企业的私人资本所有者承担，而是由国有银行承担了。

那么，经济转型成本为什么不由国家或企业直接承担而由国有银行承担了呢？这是我国独有的特色。中国经济转轨的最大特色之一就在于，企业退出的转制成本转移到银行身上，由银行以不良贷款的形式承担了。造成这种状况的根本原因在于中国经济所具有的两大特点。一是改革以来，由于资本市场起步较晚和至今未能成熟起来，中国企业取得资金的渠道十分狭窄，基本上只有向银行贷款一条渠道。当然，在改革前中国企业主要由财政拨资金，中央财政拨款几乎是企业唯一的资金来源。改革后银行迅速代替财政成为企业资金的主供应者。特别在1983年实行"拨改贷"和"银行统管企业流动资金"以后，国家财政不再对国有企业拨付资本金和流动资金，企业的资金来源几乎只有向银行贷款这一条渠道。虽然近十年企业的直接融资有所发展，但企业通过资本市场直接得到的资金总量大体只相当于贷款总余额的百分之十几。由此导致中国经济的第二个特点就是企业的负债率特别高。据我们了解，我国工业企业平均的资产负债率已接近80%。其中，在工商银行开户的

思索的声音

4万户国有企业1998年末平均的资产负债率为77.2%，其中资产贷款率（贷款/资产）为70%。这两个数据表明，我国企业的负债率过高。在企业过高的债务中，绝大部分是向银行特别是向国有银行的借款。有数字表明，在国有银行9万多亿元的贷款中，大约80%是对国有企业的放款。以工商银行为例，直到1996年末，工商银行对国有企业放款的比重仍占其贷款总余额的86.6%。也就是说，在企业的全部资金构成中，不仅流动资金，包括固定资产、设备以及以企业应收账款、发出商品等形式存在的资产，绝大部分已成为银行贷款的转换形式。所以，当企业因种种原因不适应经济转型而发生亏损甚至是倒闭破产时，这种生产要素的损失或死滞就大部甚至全部表现为银行贷款的损失或死滞。当企业以破产的方式退出市场时，所付的代价主要表现为对银行贷款的冲销。有数据表明，银行贷款在企业破产中几乎全部丧失。据工商银行统计，在1995年和1996年涉及工商银行贷款的企业破产终结户有5 128户，涉及工商银行贷款本息280.6亿元，经法院终裁工商银行贷款受偿额仅有41.8亿元，受偿率不足15%，损失率却高达85.1%。除了合法破产外，实际中尚存在大量非法破产和以逃废债为目的的恶意破产。在这类非法恶意破产案中，银行的受偿率更是低至0.02%，甚至为零。据工商银行统计，截至2000年6月末，工商银行开户企业中有15 000户企业有悬空逃废银行债的行为，工商银行被逃废的贷款金额达1 140亿元。这是企业以破产死亡方式退出市场而形成的转型成本向银行转嫁的典型表现。

我国经济转型成本向银行转移的典型表现之二，就是国有银行近些年不良贷款的增长主要集中在国家有意调整的那些行业，银行不良贷款具有明显的产业和行业特征。据工商银行统计，截至2000年年末，在工商银行开户的40万户法人企业的贷款中，三项贷款比例超过26%的，主要集中在冶金、煤炭矿采、机械制造、纺织、造纸、食品类轻工业和批发业。这些行业贷款中，不良贷款比例最低的也有25.3%，最高的达59.46%。由于这些行业企业的资产负债率平均比较高，其市场销售不畅及行业结构调整的代价与成本就突出表现为银行贷款质量的恶化和不良贷款比例的居高不下。

上述是经济转型成本向银行转移的显性表现。除此以外，经济转型成本还以隐性方式向银行转移，从而构成银行潜在的资产风险。银行贷款的财政化垫付，就是经济转型成本向银行转移的隐性表现。在20世纪80年代前，企业的流动资金全部由财政拨付。自从1983年财政停止对企业拨付流动资金改由银行统管后，银行接替财政成为企业流动资金的供给者。当时国家规定，企业应有30%的自有流动资金，原财政拨付部分全部作为企业的定额流动资金，不足部分由银行补足。但实际的发展却是，从20世纪80年代中期起，企业必须自备的30%自有流动资金和企业应有的70%原计划拨付的定额流动资金的不足部分，均由银行贷款补足。经过十多年的损耗，企业原有财政拨付的流动资金已损耗殆尽，全部为银行贷款所充填和置换。据工商银行统计，在工商银行开户的4万户国有企业自有流动资金在1995年末已成为负数，全部为银行贷款和其他借款构成。银行贷款的这种财政性垫付，导致两种情况，一是当企业已经失掉市场不再有取得贷款能力时，银行对这些企业原有的财政性垫付贷款立即变成呆滞呆账贷款；二是当企业还有一定市场时，这些对企业的财政性垫付贷款就以"借新还旧"、"还旧借新"的滚动延续方式周转，成为永久性的"无期"贷款。这些贷款具有极大的风险，经济和市场一有风吹草动，这些贷款就会立即滑向呆滞呆账的不良资产之列，形成银行资产的最大隐患。顺便讲一个问题。从2003年下半年特别是2004年以来，国家加强了宏观调控，为抑制过高的投资热而收缩了贷款供应总量，企业又开始反映缺资金，尤其是缺流动资金。于是近来社会上又开始批评银行过分收缩了贷款，说尤其不应该收缩流动资金贷款，呼吁银行增加流动资金贷款。银行为什么会收缩流动资金贷款？企业为什么会缺流动资金？只有对我国的特殊情况有所了解的人才会对这个问题有正确的理解。其实问题根本的原因就是企业没有自己的流动资金，银行跟随市场的变化对贷款稍有收缩都会引起企业流动资金的不足。企业一离开银行贷款就无法生存。所以，每次当宏观调控收缩贷款总量时，企业立即就会反映出流动资金不足的现象，迫使银行再度放松贷款，宏观货币供应量又再度扩大乃至膨胀。从20世纪80年代末期起至今我国都跳不出宏观调控的这种怪圈，根本原因正在于企业缺乏最基本的自有流动资金这一点。正由于企业的流动资金主要由银行贷款组成，

思索的声音

所以企业形成了流动资金应当由银行配给的依赖思想,在生产过程中千方百计挤占挪用流动资金,使得本就不足的流动资金被东抽西挪地几乎总处于短缺状态,形成了企业流动资金永远填不满的黑洞。由此还形成另一个中国特有的怪现象,即由于企业的资金绝大部分是银行贷款组成,因此每一次宏观调控调整企业的生产能力,受损失的主要并不是企业,而总是银行贷款,伴随宏观调控的松松紧紧,银行贷款一次次大量呆滞起来。

我国经济转型成本向银行转移的典型表现之三是,国有银行承担了大量政策性融资责任。长期以来,国有银行为配合国企改革和社会稳定与发展承担了巨额成本。一是承担了政策性放款任务,大量政策性贷款演变成不良贷款。据不完全统计,工商银行1997年6月以前发放的贷款中,因政策性因素造成的不良贷款占工商银行全部不良贷款的54.84%。直到财务重组前,工商银行仍有因政策性因素造成的2 080亿元不良贷款尚未剥离。二是承担了维持企业稳定的沉重负担。为使企业在社会承受力许可的限度内顺序退出,各级政府对濒危企业采取的首先措施是要求银行继续投入贷款"扶一把"以"挽救"企业。由于这种"挽救"行为,国有银行有大量贷款占压在运转不良的企业中,这些贷款大多已变成不良贷款。本质上讲,这也是社会经济转型必付成本的转嫁表现之一。从这个问题我们可以进一步考虑一个更深层次的问题,即在我国经济改革中,金融改革究竟是应当超前,还是滞后,还是同步?这是经济金融界争论已久的问题。我的看法是,中国的金融改革相比经济改革应当滞后,并且在事实上已经滞后,这种滞后是由中国特色决定的。这是因为,在中国改变了经济体制和发展模式后,原来统包建设资金供应的财政资金迅速收缩,银行资金迅速替代财政资金承担起我国建设资金供应的重担,支撑起中国经济发展对资金的需要。如果金融改革在经济之前,银行的市场化在企业的市场化之前,那么,大量建设项目就找不到资金供应,大多数企业都要破产,中国连续二十多年的经济高速增长社会基本稳定的奇迹就不会出现。渐进的中国金融和经济改革要求银行担负起全社会转型的成本,银行必然是最后一个转向市场的。这不是理论上说对与不对的问题,中国的改革发展实际就是如此。三是经济重复建设造成了大量不良贷款。我国经济的重复建设顽症根本上讲是资源的计划配置体制逐渐消亡后，利用市场高效率优化配置资源的体制尚未完全建立起来的机制失调的结果，也是分级财政体制下地方追求局部利益的结果，基本上属于经济运行机制的矛盾。由于社会资金配置的主渠道还是银行，又由于银行长期以来并不能做到自主经营，造成大量贷款跟进各地的重复建设，并随着重复建设项目的恶化或失败而转为不良贷款。

总结上述可以看出，国有银行不良贷款产生的原因是我国经济转型成本的转移。因此，在政府为经济转型支付的改革成本中必须应当包含银行不良资产问题的解决，这是政府必须支付的一笔转型或改革成本。对于这一点一直有争议，直到前两年才算有了比较明确的定论。我记得2001年为筹备中央金融会议，人民银行组织了七个研究组负责提供会议基础资料。我当时被戴相龙行长指定为"国有银行改革组"的组长。在我们为中央金融工作会议准备的材料中提出了国有银行改革发展必须解决的几个重要问题，其中之一就是关于国有银行不良资产的产生原因和解决办法的意见。我们认为，国有银行的不良资产就是国家经济转型成本的体现，因此国家必须从资金和政策上考虑帮助国有银行解决不良资产问题。当时比较盛行的观点是，在不良资产的诸多成因中，银行经营管理不善是主要原因，消化不良资产是国有银行自己的事，国家必须支付的改革成本中不应包含银行不良资产消化这一笔。所幸的是中央实事求是地接受了我们的观点。在2002年召开的全国金融工作会议上时任总书记的江泽民深刻地谈到了这一点，他说，《商业银行法》已经明确了国有银行是企业，但是，长期以来，我们并没有把银行当做企业，而是当做政府部门和财政部门，国有银行的不良资产、经营亏损和企业逃废债皆由此而生。这是对我国银行不良资产问题产生原因的非常到位的认识，也是彻底解决银行不良资产问题的基础。如果承认国有银行为国家经济转型付出了成本，那么，当国有银行必须转向市场时，国家就必须为银行支付转型成本。或者说，必须把银行为政府垫付的经济转型成本归还银行。因此，国家对国有银行采取剥离不良贷款和注资方法就是理所当然的了。实际地说，尽管政府在1999—2000年已经为国有银行剥离了1.4万亿元不良资产，但并未

‖思索的声音‖

能彻底解决问题,国有银行的不良资产率仍然很高。这些不良资产如全凭国有银行自身用积累的利润消化,需要太长的时间。据人民银行的一个计算,四家国有银行要把不良资产比例压在6%以下,最快的也要在2008年才能解决,最慢的大约要在三十年后。工商银行要在2010年左右。而到2006年我国加入世贸组织过渡期就结束了,届时国有银行的不良资产问题如还不能解决,就将丧失国际竞争能力,就将面临破产的命运。因此国家必须出手相助,力争用尽可能短的时间即在2006年前基本解决国有银行的不良资产问题。正是有鉴于此,国家才会在2000年为国有银行剥离1.4万亿元不良资产的基础上,于2004—2005年选择中国银行、建设银行和工商银行进行股份制改造时,首先从对三家国有银行注资解决三行的不良资产入手。国际国内有不少学者对此表示不解,认为国家剥离和国家注资都是政府包办,是非市场行为。其实,一把钥匙开一把锁,中国国有银行的不良资产问题本就不是市场经营的结果,因而用市场办法是无力解决的。

(二)国有银行为什么要引入国际战略投资者的问题

所谓战略投资者是指与发行公司业务联系紧密并打算长期持有发行公司股票的机构投资者。与一般的以财务性投资为目的的机构投资者不同,战略投资者一般在公司的发展初期进入公司,在公司发展还比较困难的时期与公司大股东一起努力,协助公司改善治理状况,提供现金管理技术和经验。战略投资者谋求的是长期的战略利益,通过公司长期发展和成长来获取直接和间接利益。

在2004—2006年,我国三家股改的国有银行也适时引入了境外战略投资者。如前所述,建设银行于2005年引入了以美国银行为首的几家战略投资者,分别是美国银行、亚洲金融公司,总引资额为39.66亿美元,占建设银行股份公司总股本的14.1%。中国银行于2005年引入了以苏格兰皇家银行为首的境外战略投资者,分别是苏格兰皇家银行、亚洲金融公司、瑞士银行和亚洲开发银行,总引资额为51.38亿美元,占中国银行股份公司总资本的20.1%。工商银行于2006年1月引入了以美国高盛集团为首的境外战略投资者，分别是美国高盛集团、德国安联集团和美国运通公司，总引资额为37.8亿美元，占工商银行股份公司总资本的10%。

国有银行引入境外战略投资者后，国内反应不一，表示不理解和提出异议的很多。概括起来，主要如下：第一是影响国家安全论。认为金融企业引资要恰当，过度引资会危及国家金融安全；还认为引进外资会把国有银行的全部信息告诉国外投资者，核心竞争力和核心弱点都无保留地暴露在它们面前，不利于保护国家经济利益和金融安全。第二是"贱卖论"，即认为国有银行在引资时出价太低，损害了国家利益，让境外投资者赚了太大的便宜。第三是"无用论"，认为引入境外投资者根本不解决问题，靠出卖股权来建立法人治理结构，建立起来的不是中国金融企业的治理结构，而是外国控股企业的治理结构。第四是"排斥论"，即国有银行在引资过程中，可以也应该引入国内的投资者，而不应该把国内投资者排斥在外。有人甚至用了很极端的语言，说这是"宁赠友邦，不与家奴"。对这些质疑究竟应当怎样看？我谈点个人观点，供同学们参考。

首先，谈谈国有银行为什么要引入国际战略投资者的问题。国有银行引进战略投资者并不是单纯为了引资，因为国有银行并不缺钱。国有银行引资的根本目的在于：第一，是实现体制和机制的创新。引进国际战略投资者，促使国有银行的股权结构多元化，改变了国有独资的单一性，促进国有银行公司治理结构和水平的改善和提高，促使其经营机制和基础运行条件发生根本改变。第二，是引进先进的管理经验、技术手段和金融产品与业务，有助于加快我国金融创新的步伐，促使国有银行提升创新能力和竞争力。第三，是促使国有银行的国际化发展。三家银行在与国际投资者签订股权转让协议的同时，签订了多方面的业务合作协议，这有利于国有银行利用国际战略投资者现有的国际优势开拓国际市场。本质上说，引资只是形式，真实的目的是换得一种机制，即市场化的经营机制和公司治理机制，公司治理机制是包括所有者和经营者两端的，国有银行产权多元化所改变的不仅是国有银行的经营机制，而且是国家对银行的管理体制和机制，随着股东大会、董事会、监事会到位的不仅仅是股东、董事和监事，还有国家作为投资者的经济代表

思索的声音

人的到位。换得一种提升,即国内银行到国际银行的提升。

其次,谈谈关于引资与国家经济安全问题。我个人认为,对外引资与国家经济安全间确实存在某种关系。重要的是要正确看待引资和恰当控制引资。第一,应当认识包括金融业在内的国内市场在加入世贸组织背景下是一定要对外开放的,这是前提。投鼠忌器,因为担心对外开放和引进外资存在一定的风险而关闭开放之门,是完全不必要的和错误的。事实上,国有银行在引进外资投资者的问题上处理得比较谨慎和妥当。第二,国有银行的股份制改造和引进外资的前提是保持国家控股,确保国家是大股东,即使引进外资占比最高的中国银行,其外资的比例在总资本中也不过16.2%,建设银行14%,工商银行仅有不到9%。并且国有银行在引进外资时都对国家机密和银行的商业机密采取了保护措施,以工商银行为例,其引进的境外战略投资者基本避开了同一领域的竞争,引进的全部是商业银行以外的金融公司,如投资银行、保险公司和信用卡公司,充分体现了以引进技术和战略合作为主要目的的出发点。应当说,在引进外资战略投资者之后,国有股份制商业银行的控制权还是牢牢地掌握在国家手中。

但是这并不等于说,可以无限制的引资。否认引资和国家经济安全间存在关系,否认过度引资风险的现实存在,以善良的主观愿望对待开放和引资问题也是幼稚的和错误的。国与国之间交往的本质和首要目的都是本国利益,我们在引资和开放时必须首先记住这一规律。特别值得强调的是,金融不同于一般的部门经济,金融是一国经济的核心,金融秩序是经济秩序的核心。在货币经济时代,所有的资源都可以用货币换取,金融资源是最具战略性的社会资源。我国是以公有制为主体、社会资源共同享有的社会主义国家,要保障我国基本经济制度的稳定和基本的经济安全,国家就必须掌握战略性的社会资源,尤其是金融资源。目前,我国经济正处于发展转轨时期,金融的安全和金融秩序的平稳有序,是保证我国经济可持续发展的基础性条件。因此,宏观上对外资的进入一定要有所控制和把握,确保金融的对外开放在宏观上切实可控。

我个人认为,正确把握金融安全和金融开放关系的关键是在对外开放引资的同时，注意把外资进入的"量"控制在国家金融安全不受影响的限度内，特别对于外资金融机构的进入一定要有限制。这点我们要向西方发达国家学习，即使被认为最为开放和充分市场化的美国及欧洲的许多国家，至今境内外资银行的比例也不过10%左右。对我国目前的金融开放程度，国际国内见仁见智。有人认为中国的金融开放度仍然很低，其证据似乎就是到目前为止，进入中国市场的外资银行在中国全部银行资产中的占比不过2%，仅比中国加入世贸组织前上升了1个百分点。当然也有人认为，中国金融开放已经过大了，甚至已经威胁到中国的金融安全。我个人认为，评价现阶段中国金融开放度有个基点问题需要搞清楚，就是究竟应当怎样看外资进入的量？首先可以讲清楚的是，外资银行在中国国内银行市场的占比绝不仅仅是2%，2%的数据指的仅是外资在华独资银行机构占有的市场份额，更多的外资通过对中资银行参股而间接占有的市场份额并没有统计在内。我们知道，外资通过合资参股已经进入我国的18家商业银行，在我国银行业总资本中，外资入股部分已经占到了15%以上。资本控制资产，这是经济学常识。根据这个常识，外资对中国银行业资产和市场的控制力应当不止2%，至少应当与其进入的资本比例相当，即应当是15%。在这个量的基础上评价中国目前的金融开放度就比较客观了。也就是说，评价中国金融开放度不仅看外资在金融业总资产中的占比，更应看外资在金融总资本中的占比。并且，我认为，仅以过渡期五年的数据说明外资进入的深度也难以为凭，外资对中国金融市场的进入才刚刚开始，目前的数据只是冰山一角。特别值得注意的是，外资在中国的金融发展战略是有侧重的推进，即力图把中国重要的金融区域、金融业务领域和高端客户掌握在其手上。这种专以发达地区和高端业务及客户为对象的进入策略是很难用数据表明其深度的。对于这一点需要有足够的认识。所以，对我国金融的开放度和外资进入的深度，要全面地看，多角度地评估，仅用一两个数据难以为凭。

  对引进外资要树立正确的观念。即要树立办好国内银行主要靠国内银行自己的观念，把精力放在创造条件和适宜环境促进国内银行转制转型上，放在国内银行自身经营机制与模式的转化上，练好"内功"。包括发展综合经

‖ 思索的声音 ‖

营、追赶国际先进管理技术与水平等所谓高、精、尖项目,均应以我为主地通过国内银行自我发展和自我提高与消化才能达成。不能把希望完全寄托在引进国外银行身上。固步自封固然要不得,但过分依赖外资同样要不得。

我的具体建议有三条:一是要提高外资金融机构的进入门槛,以便有效地控制进入我国的外资金融机构数量和资本总量。关于这方面最近银监会已经有了法规,出台了限制外资银行开业资本和从事银行批发零售业务的规定,这是合乎国际惯例的。二是要控制外资进入国内的区域,目前外资进入的都是我国金融资源相对丰厚、资本回报相对较高的发达地区,加剧了我国国内地区间金融发展不平衡的矛盾,加剧了发达地区金融供给过剩而欠发达地区金融供给严重缺乏的局面。要引导外资金融机构和资本进入西部和东北等老工业基地,可以采取打包的办法,即外资要想在上海等发达地区建立金融机构,必须对我国西部等不发达地区投入一定比例的资金。三是对外资参股国内银行要制定规范的管理办法,要引导我国银行对外开放的重点由引资转向引入风险管理技术,要限制不具有高端管理技术的外资银行的进入,特别要限制以赚取炒卖银行股票差价为目的的外资的进入。总体上要控制外资对国内金融机构的并购或参股数量,防止出现控股或间接控股现象。

最后,谈谈所谓"贱卖论"和"排斥论"问题。所谓贱卖论是指国有银行压低股票价格贱卖股权给境外投资者,这种论点在建设银行上市后有较大反应。其实,价格是由市场供求关系确定的,不是卖方主观上想贱卖或贵卖的事情。实际上三家国有银行在引资和上市时都想卖得贵一些,但实际上是买卖双方反复谈判力争的结果,并且也要看当时股票市场的大势。大势走高,就可能卖得高一点,大势走低,就可能卖得低一点。国有银行都是在尽可能的范围内,争取卖得贵一点。给大家讲一个故事,工商银行 2001 年在香港收购和重组了上市银行友联银行后,进行扩股配售,在一切都准备好之后,迟迟不出售,就是因为 2001 年年底香港股票市场大势不好,我们想等待卖一个好价钱的机会,等待市场上工银亚洲股票市值达到高点后再买。到了 2002 年 5 月,工银亚洲的股票由当时收购价 7.42 港元/股一路上涨到了 7.8 港元/股,我们的配股中介汇丰集团建议我们在 7.8~7.9 港元/股区间赶紧做。我们坚持等到 8 港元/股再说。又等了几天，到了 8 港元/股，汇丰又催我们赶紧做。我们坚持再等一等。配售股票当然在价位最高时获利最大，这个道理谁都懂。但是当时我们心里谁也没底，再神奇的股评家也只能预测一个趋势，而不可能具体指出哪一只股票的最高价位在哪。当时真担心错过这一有利时机。又等了一天，到 5 月 7 日，已涨到 8.6 港元/股，收市时微挫为 8.5 港元/股。时机到了。我们最终以 8.15 港元/股配售了 9 305 万股，所得款项净额约为 7.48 亿港元。非常难得的是，我们配股时工银亚洲的股票价位就是近年来的最高价位。连老资格的投资银行汇丰也啧啧称奇，说这次增发配股，折让率最低，是近年来他们做得最成功的投资银行业务。我举这个例子是想表明，股票和股权转让价格是个市场决定的事情，不是一厢情愿的事，不是想高就高想低就低的事。主观上国有银行都想卖个好价钱。客观上讲国有银行尚未完全解决风险控制问题，治理结构尚待进一步完善，产品创新能力和潜在竞争力都有待提高，并没有达到国际优秀银行的标准。妄自尊大地讲我们一定可以卖个好价钱，可能缺少依据；当然妄自菲薄地认为我们国有银行不值钱也是错误的。

　　至于"排斥论"是指所谓国有银行只卖给外国人不卖给中国人。据我所知，这个观点有些不了解情况并且现在看也有些过时了。第一，三家国有银行引进战略投资者并不是只有外资，建设银行的原始发起股中就有国内的投资者，中国银行和工商银行引进的投资者中就有国家社保基金，说只卖给外国人不确切。第二，必须承认国内还没有典型意义上的合格的战略投资者。中国银行、建设银行和工商银行的股权不过拿出了 9% ~16% 的股权合美元就要近 130 亿，1 000 多亿元人民币，实事求是地讲，能够拿出这笔资金的国内机构少之又少。并且国内投资者在完善银行公司治理结构和促进国际化方面也基本不具备功能。第三，建设银行上市时之所以没有在境内，主要是国内股市尚未调整好，还不具备容纳这么大单股票发行的能力，责任并不在国有银行。从中国银行上市起，已经实行在境外上市后在国内市场上市，我们工商银行已经开创了 A + H 股在国际国内同时上市的先例。相信这方面的评论将逐渐平息。

|| 思索的声音 ||

（三）国有银行为什么一定要上市

对于国有银行为什么一定要上市的问题，很有一些人想不通，他们说难道只有上市才能解决国有银行的问题吗？我回答这个问题是两句话，第一，上市是国有银行改制的必要手段；第二，国有商业银行改制的目的并不是上市。

首先解释第一句话，上市是国有银行改制的必要手段。国有银行上市是为了获得一种机制变革的机会，为了获得市场机制，为了理顺国家与国有银行之间的产权管理关系。上市可以使国有银行由过去封闭的企业变成社会公众公司，由过去国家的直接管理变成接受国家和市场的双重约束与管理。上市后，市场的约束特别国际市场的约束成为硬约束，要公开披露信息，要遵守国际会计准则，要接受国际国内市场监管和国际国内投资者的监督，这些对国有银行都是完善公司治理的必要环境和硬约束。并且，我认为最重要的还是股权结构的变化，可以使国家这一原来一直没有实体代表因而一直虚位的所有者实体化，使国家作为投资者的经济利益有了真实的代表和体现，从而使国家作为公共管理者的身份职能与作为投资者的身份与职能能够分离，使国有银行的经营目标单一化，从而彻底摆脱国有银行财政化和政策化的处境，根本解决国有银行资产质量、效益软约束的问题。所有权与经营权的分离是市场经济条件下完善银行公司治理的前提。我们搞了十多年的国有银行企业化商业化改革，都没有真正解决问题，很大的原因在于所有权和经营权始终没有真正分离，股份制是分离两权的重要方式，是国有银行改变经营机制实现市场化经营的前提性条件。因此我们说，国有银行也要实行股份制改造和上市。

下面解释第二句话，即国有商业银行改制的目的并不是上市。上市只是国有银行改制的手段，并不是目的。对三家改革试点行来讲，改制的目的是完善公司治理和改换经营机制。国务院为三家试点行制定的改革目标是：通过法人治理结构的改革和经营机制的转换，使国有银行成为具有国际竞争力的现代化股份制商业银行，使其在经营绩效、资产质量、审慎经营等指标上达到并保持国际排名前一百家大银行中等以上的水平。温家宝总理曾语重心长的指出：中央下了如此大的决心进行注资，只能搞好。这次改革是输不起的改革，背水一战，只能成功不能失败。注资要和深化改革结合起来，重点解决公司治理结构问题和经营机制问题。核心关键是走市场化的路，健全现代企业制度。这是一个艰巨痛苦的过程，不能简单地认为搞了股份制就可以一下子解决问题。国际国内有不少上市公司出问题。改制上市只是手段，目的是根本转换经营机制。如果不下苦功硬功，就不能真正转变经营机制，到2006年加入世贸组织过渡期结束时，国有银行将陷入被动，就将没救了！可见温家宝总理在讲到国有银行股改上市改革时，一直反复强调的就是建立和完善公司治理，彻底转换经营机制，绝不能让旧有机制重现。

公司治理是现代企业经营权和所有权相分离条件下，为解决"委托代理"问题和信息不对称问题而建立的一种管理架构和作出的一种制度安排。本质上，它是一定所有制下所有权实现的制度保障。国有银行实施股份制改造和上市是一种产权制度与产权存在形式的改革，对于国有银行转变经营机制来讲，这是多种改革道路和方式中的一种，既不是第一，更不是唯一。完善公司治理是国有银行经营机制的根本性革命，它可以包含产权改革的内容，但更加侧重管理架构和经营机制的革新，是比产权改革更为彻底的革命。无论国有银行是否上市，何时上市，公司治理的改革和机制的完善都是第一位的。即使是上市银行，也必须高度重视公司治理的改革和机制的完善，如果公司治理结构不完善，仍然不能实现经营机制的根本转变，老的问题解决了，新的问题还会产生出来，那些为上市而解决了的不良资产和财务包袱等问题还会重现并再次堆积起来。因此，对国有银行来说，股份制改造和上市只是根本改变和转换经营机制的一种形式或方式，完善公司治理才是实现改制之更为关键和根本的任务。

再者，我们从实践中发现，阻碍国有独资商业银行市场化转轨和改制的症结所在是其治理结构的缺陷。国有银行至今不能实现市场化转变，有很多原因，其中最主要的原因在于治理结构的不合理不完善。这种不完善表现为两方面：一是作为所有者的国家在对国有银行的管理上存在严重缺陷；二是

‖ 思索的声音 ‖

国有银行自身管理架构存在严重缺陷。

说作为所有者的国家在对国有银行的管理上存在严重缺陷是指,国有银行的"产权管理关系"不清。何谓"产权管理关系"? 产权管理关系是产权制度核心之一。理论上说产权制度至少包含两个核心内容,一是产权归属制度及其归属关系;二是产权管理制度及其管理关系。前者是指资产归谁所有;后者是指所有者对自己产权的管理制度,包括为实现所有者对资产的所得权、控制权和处分权而实施的所有权管理与控制。根据这个定义,很显然,我国国有银行制度的弊端并不在于产权归属制度及关系,而在于产权管理制度及关系。事实上,我国国有银行的产权归属关系十分明确清晰,就是完全的国家所有,不存在所谓的"产权不清"或"产权关系模糊"问题。真正的问题在于国有银行的产权管理关系不清不顺,由此造成国有银行治理结构的三大缺陷。一是"所有者虚位"。名义上国家是国有银行所有者,但由于国家的抽象性而使其无法实际承担所有者的经济责任,无法实际行使所有者的权利。二是"所有权管理缺失"。国家虽然是国有银行的所有者,但是缺乏为确保其所有权实现的必要管理,即没有任何机构和制度对国有银行所经营的国有资本的保值增值实施必要的管理和约束。三是所有者管理意图不清,造成国有银行经营目标混乱。长期以来,政府把国有银行当做宏观调控和公共管理工具,将公共管理和宏观调控目标作为对国有银行的管理目标,要求国有银行对社会和经济的稳定负责,致使国有银行作为国有信贷资本的经营者,无法专心地对银行经营的安全和效益负责。国家将公共管理和宏观调控职能加于国有商业银行的结果就是,国有银行具有"第二财政"和货币经营企业的双重角色,经营目标多元化,经营行为财政化政府化,经营责任难以落实,管理的重心无法集中在风险的防范和效益的增加上,大量不良资产和财务损失皆由此而生。显然,国有银行治理结构的缺陷是造成目前国有银行经营机制非市场化现状的主要原因。

当然,国有银行自身管理结构上也存在严重的缺陷。目前我国国有商业银行尚不是公司制的银行,根本上说,其所有权和经营权尚未彻底地分离,政企不分的旧体制色彩还较浓厚;其经营机制本质上讲,还是计划经济体制下形成的行政性或计划配置性的运营机制。对照国际巴塞尔委员会关于"健全银行的公司治理"的八条要求和我国银监会、证监会对上市银行、公司的有关要求，我国国有商业银行自身管理架构上存在的主要缺陷是：市场化的经营理念尚未真正形成；决策与经营的责权不清，缺乏有效的制衡；内控体系不够健全，控制不够有力和有效；业务流程和管理流程尚未完全实现向以市场和客户为中心的模式的转变；全面有效的风险管理体系尚未完全形成；内部资源配置仍遵循"平均主义大锅饭"的原则；经营结构和增长方式还没有完全从盲目追求规模和数量扩张的旧模式中摆脱出来；人力资源管理还很薄弱，对管理层和员工的激励机制和约束机制尚未真正建立起来；经营信息在银行内外都没有实现充分的流动和应有的公开，因此国有银行的经营效率和信息透明度很低。

显然，治理结构存在的严重缺陷是阻碍国有银行市场化转制的症结所在。既然阻碍国有银行经营机制市场化转变的主要症结在于其治理结构的缺陷，那么，以治理结构的改善和再造为深化改革的切入点和重点，是国有银行转轨改制的必然选择。

顺便讲，股份制不是私有制，股份制改造也不是私有化改造，两者根本不可同日而语。股份制只是某种特定经济或所有制的存在方式，它可以是私有经济的存在方式，也可以是公有经济的存在方式。对我们国家的国有银行来讲，私有化不是出路，从中国的实际国情出发，国有银行的私有化将是灾难性的。什么叫中国特色的市场经济？西方的市场经济和我们中国的市场经济的根本区别是什么呢？十六大、十五大决议当中都专门讲到这个问题，中国式的市场经济就是一句话，叫做"政府调控下发挥市场对资源配置的基础作用"。在这里有两点，第一点，中国的市场经济是政府调控下的市场经济，主导的是政府调控。第二点，在中国式的市场经济中，市场对于资源的作用是基础性的，不是主导的。我就是这样理解中国特色的社会主义市场经济的。很显然，政府调控经济首先和最主要的就是控制金融资源，国家必须保持对银行的控制权，国有银行就不能私有化。

西方国家的所谓经济学家们总是讲，只有通过私有化才能够达到市场化，

思索的声音

他们曾经用东欧银行的例子"教导"我们怎样通过私有化实行市场化。东欧的例子就是国有银行休克式的、立体式的都变成私有银行了，把国内银行的75%卖给外国资本，这种情况何谈金融主权。我们曾向他们提出一个问题，在你们国家金融资本的75%为外国资本所控制，当国际金融市场发生风波的时候你们用什么方法来防止国内资金外逃？他们无言以对，最后承认东欧的例子对中国可能不适应。东欧为什么能够放弃国家金融主权？有一个前提是加入欧盟。在整个欧洲货币、政治、经济一体化的格局下当然可以做这种选择。我们中国能加入什么盟呢？我们唯一的出路就是靠自己，所以国家不能放弃金融主权。三家国有银行的股改引资和上市都遵循了一个不变的原则，就是保证国家绝对控股。从前面介绍的实际情况可以知道，上市后，建设银行的国家股占72.9%，战略投资者（中外）股占18.55%，全球公众股占9.55%。中国银行上市后，国家股占67.49%，战略投资者（中外）股占18.8%，全球（加国内）公众股占13.7%。工商银行上市后，国家股由86.6%减持为70.7%，战略投资者（中外）股由13.4%减至12.68%，国内外公众股占16.6%，三家国有银行上市后国家股仍然占到总股本的67.5%~73%，做到了国家绝对控股。

今天就讲到这里，用半天时间把有关国有银行改制上市情况以及相关的争论到底应当怎样认识的问题介绍给大家。值得声明的一点是，我以上所有观点均为个人的一点管见，不代表我的供职单位，如有谬误，文责自负。

关于国有商业银行的改制上市及今后面对的几个问题[①]

关于今天的主题,我准备分两部分来讲。第一部分介绍近年来国有银行改制上市对我国金融改革发展的历史贡献和意义;第二部分讲下一步国有银行改革发展面对的几个主要问题。

一、国有商业银行改制上市的历史意义

(一)国有银行改制基本过程

以 2003 年 12 月 31 日国家对中国银行和建设银行两行注资为起点,国有商业银行股改上市改革试点正式开始。至 2005 年 4 月 18 日国家批准工商银行进行改制,国有商业银行股份制改革达到高潮。根据国务院批准的改制方案,三家试点银行的股份制改造基本分为三个主要步骤:

第一步:实行财务重组。即在国家帮助下消化历史存留的不良资产包袱,提高资本充足率水平,彻底改善财务状况。包括国家注资、冲销不良资产、二次剥离不良资产等具体步骤。财务重组是国有银行股份制改革的基础。

第二步:完善公司治理。即根据现代企业制度的要求,参照国际先进银行的实践经验,结合我国国有银行具体国情行情,对银行的经营管理体制和内部运行机制进行改造,建立起适合于现代市场经济的银行公司治理结构和机制。完善公司治理是国有银行股份制改革的核心和关键。

[①] 这是作者 2007 年在中国社会科学院研究生班的授课稿。

思索的声音

第三步：股份制改造与公开上市。包括引进国际国内战略投资者，建立股份公司，进而通过境内外资本市场公开上市，使国有银行成为公众公司。上市是国有银行股份制改革特别经营体制和运行机制改革的深化，是实现市场化转轨改制的重要路径。

（二）国有银行改革的历史贡献与意义

从2003年年底开始实行的国有银行股份制改造与上市，是我国金融改革二十多年来改革幅度最大、改革目标和措施最彻底的一次改革。尽管这项改革至今尚未结束，或者正确的说法应当算是才刚刚开始，然而，我们已经看到了这场改革带来的根本性变化和它的巨大功效。用一年等于二十年来形容这次改革与过去改革在力度和功效上的不同，可能是有些夸张，但是说这次改革是一年等于过去十年应当恰如其分。

正如前不久召开的全国金融工作会议所概括指出的，过去五年国有银行改革取得了突破性进展。会议认为，建设银行、中国银行和工商银行相继完成股改，成功上市，初步建立了相对规范的公司治理结构，资产质量提高，竞争能力增强，国家注资收益明显，成功地实现了改制转型。具体表现为四点：一是资本充足率提高。至2006年末，建设银行、中国银行和工商银行的资本充足率分别达到12.61%、13.59%和14.29%。二是彻底解决了资产质量的历史包袱，不良贷款余额和比率双下降。至2006年末，建设银行、中国银行和工商银行的不良贷款率分别为3.3%、4.0%和3.79%。三是效益明显改善，竞争力明显增强。至2006年末，建设银行、中国银行、工商银行的税前利润分别为660亿元、670亿元和722亿元，都达到历史同期的最好水平。上市后，建设银行、中国银行、工商银行的股票市值均进入国际前十大银行，其中工商银行已经排名前三位。四是国家注资取得明显收益。根据人民银行按上市后股价市值计算，国家对建设银行、中国银行和工商银行注资的资本价值增长了5倍。因此温家宝总理说：国有商业银行改革所取得的成绩是带有突破性的、显著的，集中反映了我们选择的改革之路是正确的。

可以说，三大国有商业银行成功的改制上市，是我国金融改革的一次大

关于国有商业银行的改制上市及今后面对的几个问题

提速,它根本改变了我国银行业的国际形象、经营状况和竞争实力,并对我国资本市场的历史性转折作出了不可忽视的重要贡献。

首先,国有银行的成功改制和上市,回答了前此国际国内对国有银行改革的种种疑虑和担心。大概在两年前,国际国内对国有银行改革发展前景的主要看法都比较悲观,国际上很多人预测在国际性金融风波中,中国国有银行是"下一块即将倒掉的多米诺骨牌"。然而经过股份制改造后,在三大国有银行的公开发行中,国有商业银行股票受到了国内外投资者的热烈追捧,最高达到78倍超额认购。当然,国内外投资者首先和最主要看中的是中国经济的稳定和快速增长。但无可否认的是,中国国有银行自2000年以来,经过艰苦的改制转型,凭借国家的帮助和自己的努力,已获得"浴火重生"。国内外投资者热捧中国国有银行股,正是国际国内资本市场对国有银行改制后投资价值的认可。

其次,成功的改制上市表明国有商业银行的经营机制确实发生了根本性的改变。在这里值得专门讲一讲的是,国有银行改革成功主要靠外力还是内力的问题。直到今天,还有不少不了解银行实际情况的人,凭借五至十年前的印象仍在讲改制上市是政府行为,上市的国有银行自己"仍然管理落后、资不抵债"。这完全不合乎实际。其实,任何事物的变化,外因是条件,内因才是决定的因素。在国有银行改变资产质量和盈利状况的攻坚战中,国有银行自己的努力起到决定性作用。这种作用可以从两方面去看,一是自力更生,努力消化不良资产;二是严把新发放贷款的质量关。以工商银行为例,完成第一次剥离后,工商银行不良资产率仍高达25.6%,不良贷款率为34.44%。至2004年末国家注资前,工商银行完全依靠自己的努力,使不良资产余额从10 174亿元降至8 122亿元,下降了2 052亿元;不良资产率由25.6%下降至14.3%,下降了11.3个百分点。这净下降的不良资产全部是用工商银行这四年的经营利润冲销的。在第一次剥离后到第二次剥离前的四年时间中,工商银行共创造了经营利润2 277亿元,其中2 052亿元用于冲销不良资产。同时工商银行倾注主要力量严格控制新增贷款的质量,使1999年以来新增贷款的不良率始终控制在1.9%以内。在工商银行现有的贷款余额总量中,1999年

‖ 思索的声音 ‖

以来新发放的贷款已经占到了95.2%。这说明我们用过硬的风险管理重塑了一个崭新的工商银行。虽然与国家剥离相比，工商银行自我消化的不良贷款仅有2 000多亿元，但是这2 000多亿元换来的是工商银行经营观念和风险管理机制的根本转变。没有这种转变，仅依赖国家剥离和重组，难以实现资产质量的根本改变，更难以持久保持优良的资产质量。从2004年1月中建两行注资算起，国有银行改制已经三年，根据银监会的公报，上市的包括工商银行在内的三家国有控股银行的不良贷款率控制在4%以内。这表明，在甩掉不良贷款包袱后，国有银行的资产风险管理机制已经确立，资产质量持续优良，风险得到了有效控制。这正是上市国有银行最大的卖点之一。

上市后国有银行股价的平稳大幅上升，也证明了国有银行改革的成功，表明了市场对国有银行持久的信心，国有银行股是可以长期持有的绩优股。

最后，国有银行成功改制上市对我国资本市场具有积极影响。可以从两个方面来看：一是银行绩优股板块将成为中国资本市场最为稳定的基础板块，可以促进国内资本市场由价格投机型向价值投资型转化，标志着国内资本市场迎来了由大蓝筹带动的"大而稳"时代。目前，国有银行股已成为中国股市最大的权重股，这对于减少市场的过度投机具有正面意义；并且，国有银行股作为价值型投资品种，它们的入市有利于我国资本市场"良币驱逐劣币"，促进我国资本市场由价格投机型向价值投资型转化。去年以来国内股市的回暖升温，主要是股权分置改革的成功，但是，国有银行股的崛起对股市复苏有着不可低估的重要作用。二是上市后国有商业银行体制转轨与经营转型并举，资本市场成为银行营运资本、扩展业务、获取收益的新平台。上市为国有银行搭建了宽广的综合经营平台，有利于国有银行实现经营的战略转型。而国内银行转型的关键在于非信贷业务及其收入的增长，上市银行将逐步转向资本市场及其连带业务，在促进自身资产多元化、为自身创造多种经营收入的同时，也将促进和繁荣我国资本市场的发展。国有银行改造自己的负债结构，将居民资金更多地通过理财渠道和工具转变为生产投资，将储蓄更多地转变为理财性资金运用，既实现了银行经营结构的转变，缓解流动性过剩问题，又为资本市场发展提供必要的资金供给。

二、上市后国有商业银行面临的几个发展问题

加入世贸组织过渡期结束，国有股份制商业银行主要面对三大压力：面对银行业市场全面对外开放和国际竞争加剧的压力，面对国内经济可能的波动带来新的潜在信贷风险的压力，面对利率市场化、金融脱媒化带来银行收益减少的压力。为此，从国有商业银行的角度，必须通过全面创新，努力实现经营结构和收益结构的战略转型。通过继续完善和加强公司治理，尽快转变国有股份制商业银行的经营模式和经营机制。全面提高经营实力和竞争能力；从国家的角度，必须进一步为国有股份制商业银行减负，加强鼓励创新的政策供给，提升国有股份制商业银行的核心竞争力，形成经得住国际国内市场风险和竞争冲击的、稳健的、可持续发展的、以国有股份制商业银行为主体的中国银行业体系。由于时间关系，我主要讲国有商业银行面临的问题，省略了国有银行面临的任务，所以主要从需要国家帮助解决的角度讲问题，自身下一步的努力和任务，留待下次有机会专门讲。

（一）关于减轻国内商业银行赋税问题

与国际同业比较，国内银行业税负过重。下一步即使中外资商业银行所得税税率不一致的问题得到解决，中资银行还有5%的高营业税负担。据国务院发展研究中心的专题调查显示，对银行征收营业税在国际上是比较少见的。过重税负已成为影响国有银行和国内商业银行国际竞争力和财务状况的重要因素。减负是促使国有股份制商业银行保持财务良好状况和足够市场竞争力与发展潜力的重要措施。所以要继续降低直至取消中资银行的营业税。我们的建议是，从2007年始，以每年2个百分点的幅度持续降低国内银行的营业税税率，2007年由5%降至3%，2008年由3%降至1%，2009年降为零，彻底取消银行业的营业税。

（二）关于推进金融综合经营问题

综合经营是国内银行应对国际竞争和金融脱媒，转变经营模式和增长方

思索的声音

式的主要途径之一。目前主要遇到四大制约：一是法律制约。尽管中央已明确要在"十一五"期间稳妥进行金融业综合经营试点，但现有银行法律法规欠缺支持商业银行综合化经营的配套规则，急需补充和修改。二是产品制约。长期的分割使银行业、证券业、保险业和基金业等各业的产品相互独立，互不兼容，可以跨行业跨市场的融合性金融产品极其匮乏。三是市场制约。虽经改革开放后二十多年的发展，我国金融市场已初步形成，但是极不发达，特别是银行资产的二级交易市场现在基本没有，货币市场和资本市场、本币市场和外币市场尚未完全打通，跨银行、证券、保险、基金等的综合业务缺乏操作平台。四是监管不适应。金融业综合经营要求银监会、证监会、保监会在监管上要做到协调一致，实践中"一行三会"的有关监管规定和政策经常"撞车"。最典型的例子是，早已获准的"银证通"业务近来遭到有关部门清理，客户的个人账户因"分业监管"而被迫割裂，交易十分不便。

我们的建议是，第一，国家政策层面要加大推动金融业综合经营的力度。如果仅依靠国内金融业自身的"自然转变"，综合经营和银行业经营转变的速度就会很慢，与国际银行业相比较的差距就会进一步拉大，竞争力难以提升，无法适应后过渡期国际竞争的需要。建议金融业综合经营从银行业兼营其他金融业务搞起，速度会更快和更安全；建议银行业综合经营试点首先从占有国内金融业主体的国有商业银行做起，不宜把精力放在中小商业银行试点上，国有商业银行更具备综合经营的实力和管理能力，风险更小，而且对国内银行业转型的带动能力更强。应当扶植和培养以国有商业银行为主体的中国金融业综合经营新体系。

第二，抓紧建立中国自己的投资银行体系。随着我国企业越来越多地在国际市场上投融资和国内资本市场的发展，服务于国内企业直接投融资和理财需求的投资银行业务成为重要的金融市场和效益资源。要改变目前国外投资银行垄断国内投行业务市场的局面，以实力和管理均比较好的国有股份制商业银行为基础，通过自己设立或兼并收购等方式，建立起中国自己的投资银行，满足国内企业国际国内直接投融资需求，增加国内银行效益，促进国内银行转型。

第三，培育"相互融合"的金融市场体系。金融市场的各子市场间有着无法分割的联系，适度地融合和连接是资本市场、货币市场、基金市场、期货市场等金融市场健康发展的必要条件。建议在监管比较成熟的条件下，逐步对金融机构和大企业等合格机构投资者开放资本市场，在有效防范风险的基础上，建立各金融市场联结机制，逐步改变金融市场分割的局面，为金融业综合经营创造平台。

第四，实现金融业监管的"无缝链接"。我国是在金融业分业经营分业监管法律框架内实行金融业综合经营的，这就使金融监管各方的协调一致成为实行金融业综合经营的先决条件。建议"一行三会"本着鼓励促进综合经营的宗旨，建立协调监管机制，充分协调监管政策；要支持"银证通"、"银保通"等有利于向综合经营过渡的融合性产品和业务的发展；要防止"一行三会"监管规定和政策"政令不一"相互矛盾的问题发生。

第五，国家要及时提供鼓励金融业综合经营的法律支持。及时清理和适时修改现有法律中有碍于综合经营发展的规定，放松并适时修改对商业银行对外投资以及在企业债券、股票等有价证券投资方面的严格限制，为推动国内金融业综合经营提供必要的法制环境。

（三）关于鼓励自主创新提升核心竞争力问题

创新是商业银行发展的原动力，是国内银行提升核心竞争力应对国际竞争冲击的主要途径，亦是国内商业银行转变经营模式和增长方式的主要手段。目前国内商业银行存在创新不足的问题，严重影响了竞争力的提升。究其原因，固然有很多的内在原因，但是创新自主权不足和鼓励不足是重要的外部原因。

我们的建议是，第一，给予国有银行业务和产品创新自主权，对可以放权的创新业务和创新产品实行国有银行总行审批、"一行三会"报备制。"一行三会"主要通过控制国有银行的资本充足率和资产风险率来实现对银行业经营风险的总体控制。

第二，给予国内银行业产品定价自主权，实行银行同业定价机制，监管机构控制价格的合理波动区间。包括产品和服务在内的定价，应是商业银行在平衡风险收益和成本基础上的自主行为，要允许商业银行以市场为导向自主定价。监管机构主要利用银行同业自律机制形成银行产品与服务定价调节机制，禁止哄抬价格或"压价倾销"等非正常竞争行为，使得产品与服务价格控制在合理区间内。

第三，对必须经监管机构审批的业务要加快审批速度，提高审批效率。鉴于国际竞争压力日益加大，国内银行业务创新必须"只争朝夕"。建议加快对"离岸金融业务"、金融衍生品业务以及风险分散、对冲、转移工具等的审批速度，对合乎条件的国有银行的创新项目要建立"快速审批通道"，提高审批效率。

第四，要尽快制定鼓励银行业务创新的配套监管法规，及时修改现有银行监管法规中不切合目前金融市场实际和有碍银行业务和产品创新的规定，打破在银行金融衍生产品和资产证券化等方面创新的限制，使监管法规能够充分体现鼓励商业银行积极创新的精神。

（四）关于国内银行的国际化问题

随着我国加入世贸组织后我国经济日益紧密地参与国际市场，国内企业加快了"走出去"的步伐，要求国内银行提供国际服务的呼声越来越高。同时，国内银行也有通过国际国内两个市场转移风险、增加盈利、促进转型的需要，因此我国商业银行近些年都加快了国际化经营的速度和力度。但是国内银行国际发展遇到的最大障碍是欧美国家对中国的银行实行机构设置壁垒，严重影响了我国银行的国际化发展。

我们的建议：一是国家要有统一的应对国际金融保护主义的措施，切实帮助国内银行在外审设机构，避免国内银行分别单独周旋受制的局面。二是建议在银行机构设置上严格贯彻对等原则，在欧美不批准我国银行设置机构的情况下，放缓对欧美在华申设银行机构的审批。三是要实行"捆绑"开放政策，即把对我国东北、西部地区和农村地区的投入作为开放东部地区机构和业务的条件，引导外资参与我国不发达地区和农村地区建设。

（五）关于应对利率市场化的问题

利率市场化是我国必须兑现的加入世贸组织承诺。有关方面应当关注利率市场化推进中和实现后带来的问题，早做应对预案。据国际经验，利率市场化一般会带来利率波动加剧、利差收窄的影响。这种影响若无较好应对，会带来商业银行收益的大幅波动。并且，在政府退出利率管制后，若无恰当机制，可能会出现竞相抬高或降低利率的"利率大战"，造成利率市场的无序，加剧商业银行收益的波动和损失，甚至导致银行破产。

我们的建议：一是本币存贷款利率的市场化要有控制、有干预、可调整地进行，中央银行不能放弃对市场利率的控制权、干预权和调整权，以减缓利率市场化可能造成的过大冲击。二是在利率管制放开的条件下，银行同业间的协调和自律就成为维持市场秩序的必要手段。为了缩短管制利率向市场利率转化的磨合期，减少利率混战造成的损失和震荡，建议建立银行同业间通过协调和自律达成利率稳定的机制，加强银行同业协会的相关建设，减少其行政色彩，强化其同业组织的自律特性和协调机制，赋予其一定的管理制裁权力，主要通过同业的协调机制和行业自律机制，稳定市场化后的利率。

（六）关于优化银行业发展布局和结构问题

长期以来我国银行业的发展缺乏必要的产业政策指导，银行业产业布局不合理，出现了较严重的"同质化"问题，导致银行机构区位设置趋同，过多拥挤在城市，而农村地区金融服务短缺；银行业务的市场定位趋同，无论资本金和资金实力大小，都定位服务于大企业、大项目，致使一方面国内资金和服务过多集中在部分发达地区、大企业、大项目，出现过度竞争，风险加剧；另一方面中小企业、中部、西部、东北地区资金和服务严重短缺。银行业结构的"同质化"不仅造成银行业布局结构的不合理，而且抑制了经济多样化多层次的发展和需求，加剧了资金和金融服务的不均衡，也使银行业目前的流动性过剩问题进一步加剧。

思索的声音

于今年年初召开的全国金融工作会议,我个人认为,主题就是解决我国金融业长期积累的结构问题。当然,结构问题主要指银行业、证券业、保险业发展不均衡问题,间接融资与直接融资间发展不均衡问题,城乡之间、大中小企业间金融供给不均衡问题。银行业布局不合理当属于金融结构性问题之一,也是需要认真加以解决的。

我们的建议是:及时制定银行业"十一五"产业发展规划,通过产业布局规划和产业政策引导,从机构增量入手,逐步分层次设立不同市场定位的大型全国性银行、中型区域性银行和小型城市与社区银行。要纠正银行机构设置上盲目趋大的倾向,引导中小商业银行和城市商业银行专注于中小企业和城市、社区服务,使得银行机构能够分别对应经济大中小企业和项目、城乡地区的不同需求,提供分层次的资金和服务,形成可以满足经济多样化、多层次需求的金融服务体系。

(七)关于银行业经营的生态环境问题

问题:企业破产后银行合法债权仍然缺乏保护。一方面,现有国有企业政策性破产中银行债权损失缺少补偿措施,国有金融资产流失;另一方面,《企业破产法(草案)》把职工工资性费用补偿作为第一清偿顺序,在事实上可能使银行抵押债权的优先受偿权落空,动摇担保制度基础,不利于社会诚信体系的建立,亦有悖于破产立法"公平清偿债务"的根本目的。并且,现实司法环境存在不利于银行权益保护问题。具体表现:一是一些地方法院受地方政府或地方保护主义干扰,不能依法裁判和维护银行合法权益;二是司法强制执行力度不够,银行获得的胜诉判决未能切实执行,银行胜诉案件执行率严重偏低。

我们的建议:一是尽快制定国有企业政策性破产关闭造成国有股份制商业银行债权损失的补偿政策,恰当补偿银行债权损失。

二是根据国际惯例,将银行抵押受偿权列为新破产法债务清偿第一顺序,以减少国有金融资产损失。

三是国家尽快出台加强司法执行力度、保护银行合法债权的相关措施,下决心改善司法环境。继续坚决打击有法不依、破坏信用的行为,继续打击地方保护主义对司法干扰,把债权保护程度和提高银行胜诉案件执行率作为考核地方政府业绩的重要指标。

中国商业银行的全能化之路[①]

与国际上集传统存贷款、投资银行和保险等金融业务于一身的全能银行相比,中国商业银行的距离还很远。但是,中国商业银行全能化之旅已经起航,一场以全能银行为目标的战略转型已经在中国银行界展开。今天我分三部分介绍我国商业银行的全能化转型,第一部分介绍全能化银行的国际经验;第二部分介绍我国银行全能化转型的起因和现状;第三部分展望我国银行实现全能化的前景。

一、全能化银行的国际经验

随着经济全球化和金融自由化趋势的加剧,银行、证券、保险等传统的金融服务部门相互渗透、相互融通,并逐渐形成统一的大金融产业的现象越来越普遍。很多国家顺应了这一历史潮流,废除了早已过时的分业经营体制。

从瑞士信贷银行相继收购美国第一波士顿银行、瑞士人民银行、丰泰保险公司、帝杰集团,组建瑞士信贷集团;到花旗银行与旅行者集团合并,收购所罗门兄弟公司,组建花旗集团;到德意志银行收购美国信孚银行;再到日本第一劝业银行、富士银行和日本兴业银行合并组建瑞穗集团,航空母舰式的巨型全能银行越来越普遍。"全能化"成为国际商业银行发展的新趋势。

(一) 商业银行"全能化"的动因

从国际来看,商业银行的生存需要是其全能化的根本原因。随着金融脱

[①] 这是作者2007—2008年在清华等大学的讲课稿。

媒化和利率市场化趋势的日趋深入，传统银行业务的利润空间受到严重挤压，从而激发了商业银行拓展业务边界、实施混业经营的热情。

1. 金融脱媒与商业银行全能化。

金融脱媒（Financial Disintermediation），又称"金融非中介化"，是指资金的融通、支付等活动更多地直接通过证券市场进行，从而降低以商业银行为主体的传统中介在金融体系中的重要程度。20世纪70年代，美国的金融脱媒现象开始出现并日渐强化。以股票市场为代表的金融市场向纵深发展，金融资产类型不断增多，投资工具日益多样化，资金盈余部门与亏绌部门之间的资金融通越来越依赖股票、债券、票据等金融市场进行，传统优质客户对银行贷款的依赖性不断减弱。银行的市场份额不断收缩，在金融体系中长期处于主导地位的商业银行遭遇严峻的生存挑战。

表1比较了不同时期美国商业银行存贷款年度增长率的峰顶值、谷底值和平均值，可见，随着金融脱媒浪潮的出现（20世纪70年代）、深入（20世纪80年代）和加强（20世纪90年代），美国商业银行存贷款业务萎缩趋势日益明显。为了生存，传统的商业银行开始越来越多地转向资本市场和非银行金融业务，寻求新的业务和盈利增长点。

表1 美国商业银行不同时期存贷款业务年增长率的比较

	存款（1974—2000年）		
	1974—1980年	1981—1990年	1991—2000年
峰顶值	10.82%（1978）	9.47%（1982）	8.32%（2000）
谷底值	5.62%（1975）	3.17%（1987）	0.08%（1994）
平均值	8.89%	7.08%	4.80%
	贷款（1971—2000年）		
	1971—1980年	1981—1990年	1991—2000年
峰顶值	19.10%（1973）	14.09%（1984）	11.27%（2000）
谷底值	-0.32%（1975）	4.65%（1990）	0.23%（1991）
平均值	11.71%	8.85%	6.27%

2. 利率市场化与商业银行全能化。

在金融脱媒化日渐深入的同时，美国的利率市场化也如火如荼地展开。

‖ 思索的声音 ‖

从 20 世纪 70 年代起，美国逐步放松了 Q 条例框架下的利率管制。1980 年 3 月，美国政府制定了《存款机构放松管制的货币控制法》，吹响了利率市场化的号角。1982 年颁布的《加恩—圣杰曼存款机构法》制定了废除 Q 条例的具体步骤。到 1986 年，除住宅贷款、汽车贷款等个别种类外，大部分贷款的利率不受任何限制，利率市场化全面实现。利率市场化的直接结果就是银行存贷款利差的收窄。这种收窄由于金融脱媒的作用变得更为剧烈，致使单纯依靠存贷款利差已经无法维持多数商业银行的生存。

金融脱媒化和利率市场化在加剧商业银行竞争和破产的同时，也成为金融创新浪潮的原动力。货币市场账户、个人退休金账户、超级可转让支付命令等新型金融工具，便利了资金在存款、储蓄、保单、证券和信托等不同产品之间的穿梭往来，全能银行已经初具雏形，不同金融业务之间的边界日渐模糊，进而督促监管层彻底取消金融分业限制。

（二）全能化商业银行的主要架构与特征

以德意志银行和花旗银行为例，说明全能银行的业务架构和特征。这两家银行各具特色，花旗银行脱胎于分业经营传统，因而商业银行业务仍然占有较为重要的地位；德意志银行由于处在混业监管环境中，其全能银行结构更为均衡。

1. 花旗集团与德意志银行的组织结构。

花旗集团成立于 2001 年，集银行、证券、保险、信托、基金、租赁全方位的金融服务于一身，是世界上规模最大的全能银行。德意志银行股份公司是德国最大的全能银行。1998—2004 年，德意志银行通过资产、业务结构和组织架构的转型，成功地由一家以商业信贷业务为主，兼营保险等多类业务，并广泛介入实业投资的传统银行，转变为以投资银行、资本市场、个人理财、资产管理、清算交易等新兴金融业务为主的现代化一站式银行机构。图 1 和图 2 是两家全能银行的部门组织框架，清晰地反映了其多元化的特征。

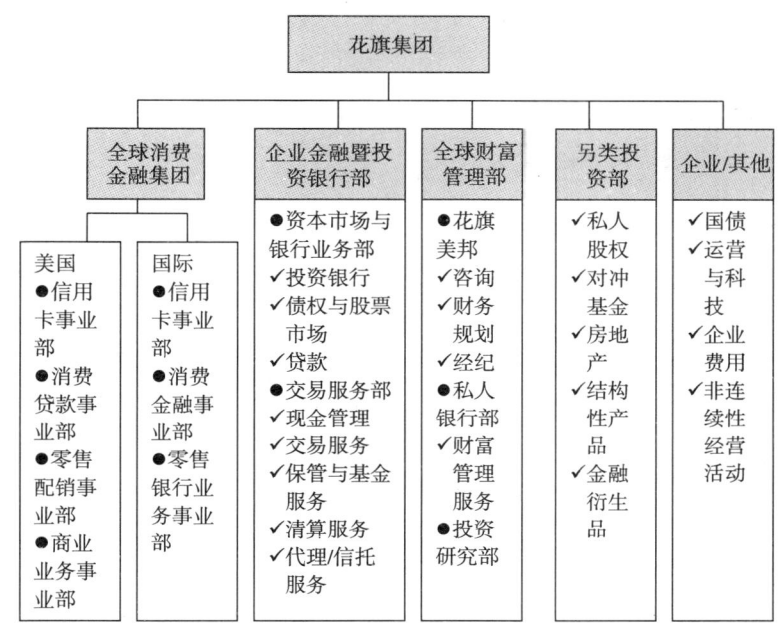

图 1　花旗集团的业务部门概况

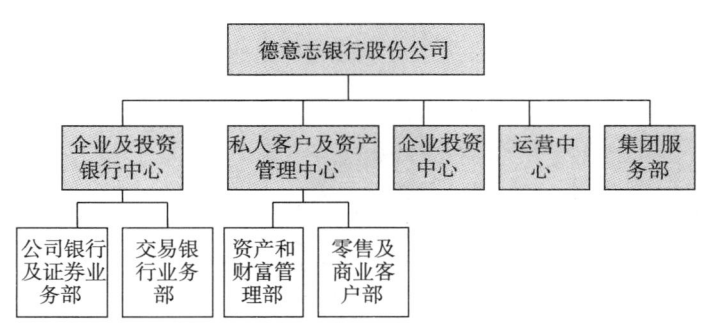

图 2　德意志银行的业务部门概况

2. 花旗集团与德意志银行的资产负债结构。

图 3 和图 4 分别反映了花旗集团和德意志银行的资金来源结构。可以看出，存款仍是两家全能银行至关重要的资金来源，但与传统商业银行相比，存款的地位已经大大削弱，在全部负债中的占比仅有30%～40%。全能银行

‖ 思索的声音 ‖

更愿意通过出售或者回购国债、企业债券、股票和衍生工具等金融产品，实现筹措资金的目的。在德意志银行，这部分金融负债在总负债中的占比（39%）已经超过存款（37%），花旗集团的市场型负债（28%）虽然不敌存款（40%），但地位也相当重要。

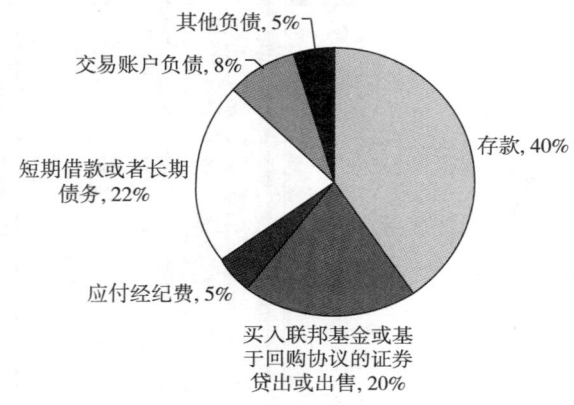

图3　花旗集团的资金来源结构（2006年）

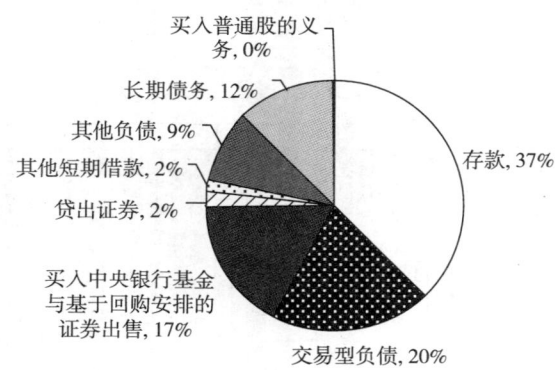

图4　德意志银行的资金来源结构（2006年）

图5和图6则反映了两家全能银行的资产运用情况。在花旗集团中，虽然贷款在总资产中的占比（36%）已经不足50%，但其重要性仍超过其他资产类别。而德意志银行的情况则大大不同，贷款占比仅有15%，远远低于其他投资形式。

中国商业银行的全能化之路

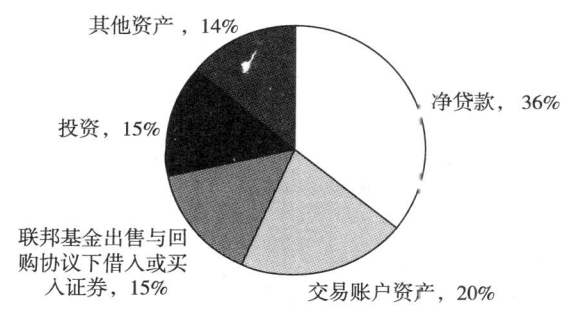

图 5　花旗集团的资产运用结构（2006 年）

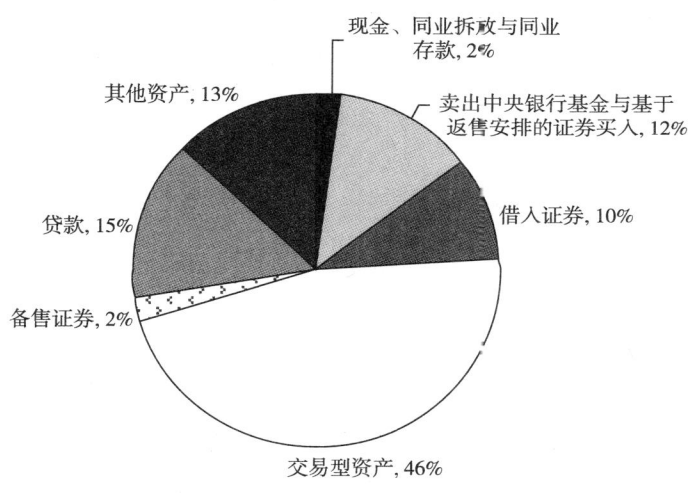

图 6　德意志银行的资产运用结构（2006 年）

3. 花旗集团与德意志银行的收入结构。

对比花旗集团和德意志银行的收益结构（见表2、表3），可以发现全能银行的一些共性，最为典型的就是净利息收入已经不是最为主要的利润来源。同时，两家全能银行之间也有明显差别。由传统商业银行转型而来的花旗集团，存贷款业务仍占较大比重。不仅净利息收入占比在40%左右，而且净利息收入中存贷利差收入占据了较大份额。而在德意志银行中，传统的银行业务只是维护客户的一种手段，近几年来，存贷款业务经常呈现为负收入。

451

思索的声音

表2　花旗集团收入结构　　　　　　单位：百万美元

年份	2003	2004	2005	2006
净利息收入	54 514	41 617	39 240	39 488
其中：存贷利差收入		34 944	33 581	33 365
贷款损失拨备	8 046	6 233	7 929	6 738
拨备后净利息收入	46 468	35 384	31 311	32 750
手续费净收入	15 657	15 981	17 143	19 535
交易利润	4 885	3 716	6 443	7 708
保单收入	2 455	2 726	3 132	3 202
管理费与其他信托收益	4 576	5 524	6 119	6 934
投资出售收益及其他	6 691	10 071	11 565	12 748
经营净收入	100 887	73 402	75 713	82 877
净利息收入占比（%）	46.06	48.21	41.35	39.52

表3　德意志银行收入结构　　　　　　单位：百万欧元

年份	2003	2004	2005	2006
净利息收入	5 847	5 182	6 001	6 919
其中：存贷利差收入	1 069	-231	-3 353	-6 802
贷款损失拨备	1 113	372	3 74	330
拨备后净利息收入	4 734	4 810	5 627	6 589
手续费净收入	9 332	9 506	10 089	11 544
交易利润	5 611	6 186	7 429	8 247
股权投资收益及其他	478	1 044	2 121	1 628
经营净收入	20 155	21 546	25 266	28 008
净利息收入占比（%）	23.49	22.32	22.27	23.53

注：存贷利差收入＝客户贷款及垫款利息收入－客户存款利息支出。数据见年报中《财务报表附注》栏目，下同。

4. 全能银行的特征。

全能银行兼营不同种类的金融业务，因此具有迥然不同于分业经营银行的特征。

（1）组织架构多元化。花旗集团属于典型的金融控股型全能银行，简单地讲，是银行和证券等子公司借助控股公司的综合服务平台，为客户提供"一站式"、全方位、多功能的金融服务。但在不同的金融业务之间建立"防火墙"。

德意志银行则属于纯粹型全能银行。这种模式将存贷款、证券承销和买卖、共同基金运作、保险和投资咨询等金融业务完全整合。按照金融服务的产品、业务和职能划分部门，公司总部作为一级法人，对各部门进行集权式管理。

花旗和德意志银行组织架构的差异源于美、德两国金融监管环境的不同。但无论是金融控股型全能银行，还是纯粹型全能银行，抑或是本文未涉及的英国式综合经营型全能银行以及其他形式，其组织架构都是为多元化的业务结构提供服务的。

（2）金融服务多元化。简单地讲，金融服务可分为以下八大类：①银行的资产业务、投资产品和拆借资金运用，包括各类贷款和贴现等业务；②银行负债业务、融资产品、拆入资金运用等，例如各类存款和长期债券发行；③有价证券发行、中介和管理等业务；④银行的往来支付；⑤银行的中介业务，包括期货期权等衍生金融产品等；⑥投资业务，经营投资公司或者出让投资证书、资产管理等；⑦类银行和非银行融资机构业务，包括租赁、代理、实物资产、房地产等业务；⑧保险业务。

鉴于各国政策环境和金融市场广度、深度不一，不同的全能银行所能提供的服务种类大相径庭。但都具有多元化的特征，即全能银行能够提供跨市场的多种金融服务。因此，与分业经营的银行相比，全能银行的客户群更为广泛。

（3）资金来源和运用渠道多元化。分析花旗集团和德意志银行以及其他全能银行的财务报表，不难发现，存款和贷款虽然仍是资产负债的重要组成

| 思索的声音 |

部分，但其地位却日渐逊色于国债、企业债券、股票和衍生工具等金融产品的买卖或者（逆）回购。不同市场之间的互补性，更有利于全能银行节约资金成本和提高资金效益。

（4）利润来源多元化。全能银行的利润来源更趋多元化，不仅包括存贷款利差等传统来源，还包括为金融市场提供服务获取的手续费和佣金收入，例如清算和结算、理财、银行卡、资产托管、代理、担保及承诺，以及与金融市场联系更为密切的债券、股票及其衍生产品的投资收益。

多元化的利润来源以及各类业务风险—回报结构的差异性，赋予全能银行更大的调整业务组合的自由度，有利于更好地实现成长性与稳定性之间的平衡。

（三）商业银行"全能化"的条件

大部分西方国家商业银行的经营模式经历了"全能制—分业制—全能制"的变迁。然而，全能化转变是需要条件的。20世纪90年代以后全能银行体制的日益普遍，说明全能银行的内外部条件已经成熟。

1. 全能银行制度的内部条件。

（1）风险管理能力。全能银行不仅要面对传统分业经营模式下的金融风险，如市场风险、信用风险、流动性风险、操作风险、法律风险、声誉风险等，而且会出现一些特殊风险。一方面，全能银行各个子公司之间难免会产生人员、业务的关联交易，由此可能产生利益冲突；另一方面，全能银行涉足银行、证券、保险等多个金融行业，其中任何一个行业出现风险和危机，都会造成全能银行内部各个业务单元之间的风险传递问题。可见，与传统银行相比，全能银行面临的风险问题更为复杂。

基于这个原因，先进的全能银行无一例外地具备较强的风险管理能力。例如，德意志银行把整个集团作为一个整体进行全面的风险管理和监督。风险管理的职能独立于业务部门自成体系。总行设集团风险委员会，董事会成员担任风险委员会主席，即首席风险控制官，全面负责集团的风险管理活动。集团风险委员会负责制定与业务发展规划一致的风险偏好和风险管理的政策、程序与方法。每个事业部都设有相应的风险管理机构，负责审批信贷风险额度和市场风险额度，保证事业部开展的业务与集团风险委员会设定的风险偏好一致。此外有内控部门、审计部门和法律部门为风险管理提供支持。针对信用风险、市场风险、流动性风险、操作风险和交易风险，德意志银行也有着先进的度量和管理工具。

（2）金融创新能力。全能银行与传统分业经营体制下的银行相比，不仅是业务边界的扩展，更为重要的是不同业务、不同产品之间的协同与组合。因此，金融创新能力至关重要。

20世纪70年代以来，美国金融界的创新层出不穷。为了应对利率上升的负面影响，美国储蓄机构创造了可调整利率抵押贷款、担保抵押债务、本息分离贷款等；为了规避监管当局对存款利率的管制，满足存款人对流动性和收益性的追求，美国储蓄机构设计了可转让大额定期存单、可转让支付命令账户、货币市场存款账户、自动转账服务、清扫账户等；为了转移信用风险、增强流动性，美国商业银行创造了资产支持证券、抵押支持证券等证券化技术，并日益普遍的应用。这些金融创新工具不仅为存款人和投资人提供了更多可供选择的机会，而且为商业银行提供多元化金融服务奠定了基础。

2. 全能银行制度的外部条件。

成熟的金融市场、健全的法律法规体系、有效的金融监管、发达的计算机和通信技术是实施全能银行制度的必要条件。

（1）发达的计算机和通信技术。现代信息技术革命的迅猛发展，极大地冲击了传统金融的业务流程、管理模式和信息传递，成为推动全能银行诞生的重要力量。20世纪90年代，信息和网络技术越来越多地应用于金融业，电子自动服务越来越普遍。家庭银行、企业银行、手机银行、网上银行、电话银行、网上证券交易、网上保险，不仅将金融服务业从繁琐的手工操作中解脱出来，降低了交易成本和改善了运作效率，同时也推动了金融工具的创新和发展。由于网络突破了时空限制，银行、证券、保险间的行业壁垒降低，借助网络化和电子化实现的银证合作、银保合作、银基合作，突破了分业经

思索的声音

营的藩篱，实现了事实上的混业经营，并成为混业经营载体——全能银行诞生的技术基础。

（2）完备的金融机构体系与多层次的金融市场。完备的金融机构体系是形成有效市场竞争的必要条件。只有在激烈的竞争环境下，金融机构才在效益动机的驱动下，追求业务领域的扩张，实现不同金融业务的交叉与融合。例如，英国1986年启动的金融"大爆炸"（big bang）改革，取消了经纪商和交易商职能不能互兼的规定，所有的金融机构都可以参与证券交易活动。竞争的加剧推动各种金融机构进入相关的业务领域。

金融市场的多样性和多层次性是全能银行高效率运行的基础要素。因为，全能银行提供的是一揽子金融服务，因此，需要对客户的金融需求进行整合，提供更为个性化的综合金融解决方案。客户分层趋势的日渐明显，意味着金融需求的多元化。股票市场、债券市场、货币市场、期货市场、期权市场以及其他衍生金融市场在满足客户融资、投资、风险管理等金融需求方面各具特色。这些市场的成熟和互相沟通为全能银行根据客户需求提供组合产品和服务提供平台，不同市场产品之间的组合为全能银行提高服务能力创造了广阔的空间。

（3）有效的金融监管。金融产品和业务之间的交叉与渗透，金融机构的跨行业经营，使得金融风险放大，要求建立有效、审慎的金融监管机制。在混业经营条件下，原有的机构监管极易出现监管重叠或者监管真空。正因为如此，在很多国家由分业转向混业的过程中，均对原有的监管模式进行了调整。例如，英国、日本等国家将分散重叠的金融机构监管统一起来，采用"万能监管者"模式，实行一体化监管；美国等国家则采取主监管方式，在众多的监管者中间指定一个基本监管者，其他监管者进行功能监管，形成牵头监管与功能监管相结合的伞形监管模式。

（4）以放松管制为主基调的法律政策环境。美国、英国、日本等发达国家，都是以集中清理、修订相应的法律、法规为突破口，通过颁布新法律的形式来设定金融改革的方向、原则和步骤，以推进和实现金融改革的目标。虽然20世纪六七十年代以来，金融业务综合化和全能化的动向就已然在美国、英国、日本等发达国家出现,但全能银行的蓬勃发展却是在各国颁布彻底取消分业经营限制的法律后才出现的。例如,英国的《1986年金融服务法》、日本1998年的《金融体系改革一揽子法》与美国1999年的《金融服务现代化法案》等。这些法案的共同特征是,放松对金融机构经营范围的严格限制,促使金融业在高透明度、高效率的市场环境中竞争和运作,实现金融市场自由化。以放松管制为主基调的法制建设不仅为全能银行颁发了"准生证",而且对全能银行体制的实施起到引导作用。

二、中国商业银行"全能化"的起步与转型

(一) 中国商业银行"综合化"经营的早期尝试

我国自1994年后实行分业经营制度,现行的金融体系根据金融功能的划分来组建不同的金融机构,银行业、证券业和保险业之间保持较大程度的独立。但在金融改革早期,我国实施的是混业经营的模式。

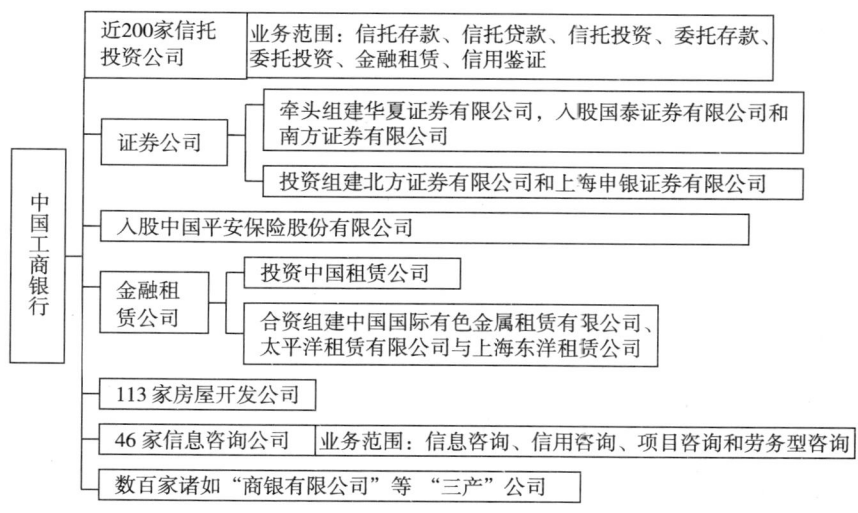

图7 20世纪90年代初期中国工商银行跨市场经营概况

思索的声音

20世纪80年代至90年代初，我国组建了四大国家专业银行和众多的中小银行与非银行金融机构。早期的四大国家专业银行都不同程度地通过全资或参股证券公司、信托投资公司参与证券和投资业务。尤其是1992年之后，不仅各家专业银行，甚至人民银行各级分行都开始介入证券、股票、投资、房地产、保险。

例如，当时的工商银行除了传统银行业务外，还涉足诸多的金融和非金融领域。图7形象地概括了工商银行当时跨市场经营的状况，这是当时我国金融体系的一个缩影。只是由于当时金融体制与市场不健全，法律制度不规范，金融机构的混业经营客观上助长了经济过热和通货膨胀。1993年7月后，我国开始进行长达三年的经济与金融秩序整顿，并于1994年底相继颁布了《中国人民银行法》、《商业银行法》、《保险法》、《票据法》等相关法律，从立法的角度确定了我国金融业的分业经营分业监管模式。1999年再度颁布的《证券法》，进一步明确了分业制的金融经营模式。在此期间，商业银行所属的信托投资公司、证券公司、租赁公司、保险公司以及其他非金融类附属机构也根据政策规定，或重组改造，或转让，或关闭，相继与银行脱钩。

（二）中国商业银行当前的结构与特征

进入21世纪后，特别是我国加入世贸组织后，在资本市场发展和外资银行进入的双种压力下，我国商业银行在分业经营法律框架下，也开始了艰难的全能化起步。历经几年后，我国商业银行的经营结构有了一定的变化。下面我们分析一下我国商业银行目前现实的经营结构，看看我国商业银行全能化转型的程度，以及距离真正全能化银行还有多远。为了力求分析的全面性，我们选取的样本中，既包括工商银行、建设银行、中国银行和交通银行这样的大型国有控股银行，又有招商银行、浦东发展银行、中信银行和华夏银行这样的中型股份制商业银行。

1. 资产结构。

表4　2008年上半年样本银行资产结构变化情况

（按2008年上半年投资类资产占比降序排列）

单位：亿元人民币

	客户贷款及垫款					投资类资产				
	2008年6月30日		2007年12月31日		增速(%)	2008年6月30日		2007年12月31日		增速(%)
	余额	占比(%)	余额	占比(%)		余额	占比(%)	余额	占比(%)	
兴业银行	4 335	47.3	3 930	46.2	10.3	2 866	31.3	2 847	33.4	0.7
招商银行	7 226	51.8	6 544	49.9	10.4	3 905	28.0	4 105	31.3	-4.9
华夏银行	3 256	51.8	2 985	50.4	9.1	1 732	27.6	1 875	31.7	-7.6
交通银行	12 179	50.2	10 828	51.5	12.5	6 656	27.4	5 657	26.9	17.7
中信银行	6 228	55.7	5 657	55.9	10.1	2 982	26.7	2 796	27.7	6.6
深圳发展银行	2 402	54.4	2 150	61.0	11.7	1 147	26.0	696	19.7	64.9
建设银行	34 460	48.8	31 832	48.2	8.3	17 795	25.2	18 035	27.3	-1.3
中国银行	31 420	48.4	27 545	45.9	14.1	15 187	23.4	14 812	24.7	2.5
工商银行	42 333	45.0	39 575	45.6	7.0	20 992	22.3	19 945	23.0	5.3
民生银行	6 036	56.9	5 473	59.5	10.3	2 243	21.1	1 732	18.8	29.5
浦发银行	6 053	60.4	5 357	58.5	13.0	1 593	15.9	1 748	19.1	-8.8

注：投资类资产包括以公允价值计量且其变动计入当期损益的金融资产、衍生金融资产、买入返售款项、可供出售金融资产、持有至到期投资和长期股权投资等科目。

如表4所示，贷款依然是商业银行资产的主要组成部分。除工商银行、中国银行、建设银行和兴业银行外，其他银行的贷款占比均超过了50%。在大部分银行的资产结构中，投资类资产的规模仅仅是客户贷款的50%。但可以看出，大部分银行已经关注到金融市场的发展，并积极调整资产结构。一些银行，如交通银行、民生银行和深圳发展银行等的投资类资产增幅均超过了客户贷款的增幅。

思索的声音

2. 负债结构。

表5 2008年上半年样本银行负债结构变化情况

（按2008年上半年客户存款占比降序排列）

单位：亿元人民币

	负债总额			客户存款				
	2008年6月30日	2007年12月31日	增速（%）	2008年6月30日		2007年12月31日		增速（%）
				余额	占比（%）	余额	占比（%）	
建设银行	66 023	61 759	6.9	57 816	87.6	53 295	86.3	8.5
浦发银行	9 680	8 867	9.2	8 335	86.1	7 635	86.1	9.2
工商银行	88 456	81 400	8.7	75 387	85.2	68 984	84.7	9.3
中信银行	10 270	9 271	10.8	8 495	82.7	7 872	84.7	7.9
中国银行	60 235	55 406	8.7	49 278	81.8	44 806	80.9	10.0
深圳发展银行	4 249	3 395	25.2	3 431	80.7	2 813	82.8	22.0
招商银行	13 183	12 426	6.1	10 466	79.4	9 435	75.9	10.9
交通银行	22 910	19 748	16.0	18 111	79.1	15 558	78.8	16.4
民生银行	10 070	8 696	15.8	7 604	75.5	6 712	77.2	13.3
华夏银行	6 137	5 793	5.9	4 573	74.5	4 388	75.8	4.2
兴业银行	8 731	8 124	7.5	5 341	61.2	5 054	62.2	5.7

表5反映了国内部分商业银行的负债结构。可以看出，客户存款仍然是其最为主要的资金来源，绝大多数银行的客户存款在负债总额中的占比均在70%以上，工商银行、中国银行、建设银行、浦发银行、中信银行和深圳发展银行的客户存款在负债总额中的占比都超过了80%。但随着金融市场发展的储蓄分流效应的加剧，大多银行正在尝试借助更为多元化的渠道筹措资金。与2007年末相比，中信银行、深圳发展银行、民生银行、华夏银行和兴业银行客户存款在负债中的比重均呈下降趋势。

3. 收入结构。

表6　2008年上半年样本银行收入结构变化情况

（按2008年上半年净利息收入占比降序排列）

单位：亿元人民币

	2008年1—6月		2007年1—6月		2008年1—6月		2007年1—6月	
	净利益收入金额	净利益收入/营业收入（%）	净利益收入金额	净利益收入/营业收入（%）	存贷利差收入金额	存贷利差收入/净利息收入（%）	存贷利差收入金额	存贷利差收入/净利息收入（%）
浦发银行	152.2	91.1	109.6	94.4	121.4	79.8	90.3	82.4
中信银行	182.3	90.0	112.6	94.8	134.1	73.5	88.8	78.9
交通银行	329.3	87.5	236.3	86.8	221.0	67.1	163.2	69.1
工商银行	1 317.9	85.0	1 022.1	87.7	751.9	57.1	551.7	54.0
招商银行	241.3	83.9	147.0	84.0	187.8	77.8	112.0	76.2
建设银行	1 110.8	82.2	892.1	89.4	671.5	60.4	559.0	42.8
中国银行	815.2	68.5	710.3	80.0	438.2	53.8	304.3	42.8

表6反映了净利息收入与存贷款利差收入对营业收入的贡献情况，从中可以看出，净利息收入仍然是主要的利润来源。大部分样本银行净利息收入在营业收入中的比重在80%以上，浦发银行和中信银行的占比更是高达90%以上。存贷款利差收入是净利息收入中最为重要的组成部分。在浦发银行的

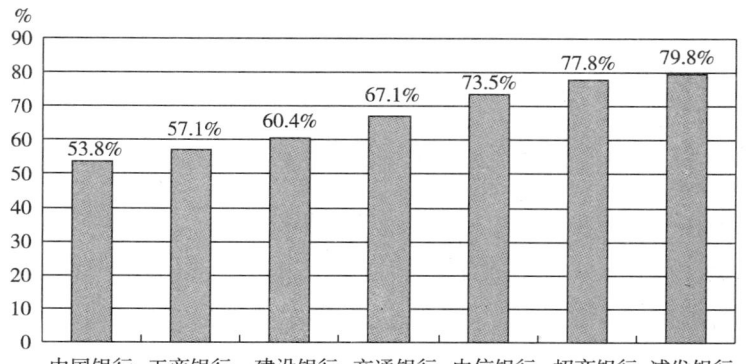

图8　样本银行存贷款利差收入在全部营业收入中的占比

净利息收入中,存贷款利差收入占到79.8%。中国银行的这一比例最低,但也达到53.8%,远远高于其他组成部分。通过图8我们可以发现,各样本银行存贷款利差收入在营业收入中的比重都超过了50%,其重要性不言而喻。

4. 我国商业银行的特征。

概括以上分析,以存贷款业务为主仍然是我国商业银行的主要特征。这主要体现在三个方面:一是存款是商业银行最为主要的资金来源。由于我国金融市场的结构较为单一,难以满足不同阶层居民多元化的投资需求;加之我国社会保障体系建设和教育改革还在进行中,储蓄养老、防病和积累子女教育资金等成为我国居民收入分配的主要倾向,因此,随着我国居民可支配收入的快速增加,带来了居民储蓄的持续攀升,构成商业银行最主要的资金来源。二是贷款是商业银行最为主要的资金运用方式。商业银行将所筹资金的一半以上都用于发放贷款。这是因为,一方面是基于金融市场不发达的现状,能够在资本市场上获取资金的企业还是少数,贷款还是多数企业和个人获取资金的主要方式,贷款具有强大的需求;另一方面,由于分业经营的法律和政策障碍,造成商业银行无法涉足其他市场,投资渠道狭窄。三是存贷款利差收入是商业银行最为主要的利润来源。无论大型商业银行还是中小型商业银行,净利息收入都是其营业收入最为主要的组成部分,除了为数不多的债券投资和同业往来,大部分净利息收入都来自存贷款的利差。

但值得关注的是,无论是存贷款在资产负债中的比重,还是利息收入在营业收入中的占比,都呈现了明显的下降趋势。由此可见,商业银行正在积极推进经营转型,为业务全能化奠定基础。

(三) 中国商业银行走向"全能化"的动因

20世纪90年代末,随着经济全球化趋势的加速,随着我国加入世贸组织和开放度的不断扩大,金融管制逐步放松,混业经营的呼声越来越高。商业银行组织和业务的多元化在实践中取得了突破,出现了光大、中信、平安等金融控股公司或"准"金融控股公司;其他商业银行也积极加速推进以综合化为重要目标的经营转型。金融业务"综合化"和"全能化"的要求之所以如此强烈，主要是基于以下几个原因：

1. 金融深化对银行传统盈利模式的挑战。

以利差收入，尤其是以存贷款利差收入为主，长期以来是我国银行的主要盈利模式。但是随着利率市场化的逐步推进和金融"脱媒"趋势的不断加剧，存贷利差收入的不确定性越来越大。商业银行不得不寻求拓展其他业务领域。

一是"金融脱媒"对传统存贷款业务的影响。

从居民存款的角度看，改革开放以来，随着我国计划经济向市场经济转轨，居民的教育、医疗、劳动保障和养老等预防性货币需求大幅增加，投资的安全性和流动性成为居民关注的重点。加之金融市场不发达，固定收益证券品种极度缺乏，造成了居民对银行存款的高度依赖。但是随着资本市场的发展和居民金融资产与知识的丰富，居民对更高收益的追求越来越强烈，对存款的依赖性日益减弱，股市债市对储蓄的分流成为趋势。未来，股票、债券、基金及更多的令人眼花缭乱的理财产品，将为拥有富余资金的企业和个人提供多元化的收益—风险组合，存款分流的威胁将会更具现实性。例如，随着股票市场的繁荣，过去十年，存款增长已经数度出现了放缓迹象，以最近为例，2007年4月和5月储蓄存款余额甚至出现了净下降，这种情况在2000年以来还是首次。

从银行贷款的角度看，虽然由于股票市场和债券市场发展的相对滞后，商业银行在融资体系中仍然保持着主导地位。但是，上市公司和有能力在资本市场筹融资的企业更倾向于到资本市场筹融资，银行的贷款已经受到很大威胁。特别是近年来短期融资券的大量发行和资产支持类债券的试发，已经对银行贷款产生了极大的替代效应。今后，随着金融工具、金融机构和金融市场创新的加速推进，可供企业选择的直接融资方式愈加丰富多彩，商业银行优质客户流失和市场占有率下滑的威胁将会进一步加剧。例如，创业板市场将为具有较好发展潜力的中小企业获取资金支持提供便利；公司债券市场的发展和成熟，拓宽了企业的融资渠道；2004年新的《企业集团财务公司管理办法》的实施，降低了准入门槛，赋予财务公司以更加强大的直接融资能

思索的声音

力,便利了大型企业集团内部的资金运作,在一定程度上替代了商业银行的流动资金贷款。更为严重的是,由于信息透明度的差异,优质客户在直接融资市场上更易得到投资者认同,从而起到节约融资成本的效应。商业银行在融资市场面临着越来越严重的挑战。

二是利率市场化缩小了存贷款利差空间。我国利率市场化已经有了较大发展。1996年全国银行间同业拆借市场联网运行,由此全国统一的银行间同业拆借市场利率形成,首开利率市场化之先河。之后于2000年9月我国加入世贸组织前放开了外汇贷款利率。至此我国其实只有本币的存贷款利率仍然维持管制利率。在20世纪90年代末至今的近十年中,我国一直致力于放宽金融机构贷款利率的管制。包括1998—1999年人民银行两次扩大贷款利率浮动幅度;2002年与2003年,分两次将金融机构对所有企业的贷款利率浮动幅度扩大到50%;2004年完全取消商业银行贷款利率上浮的限制。至此,国内商业银行人民币贷款利率已经基本过渡到上限放开、实行下限管理的阶段。2005年,人民银行允许房贷利率在人民银行规定的基准利率基础上下浮10%,另外,从2005年9月21日开始,各家商业银行可以自主决定存款的计息方式,贷款利率下限浮动和存款利率的市场化改革开始启动。

虽然利率市场化改革还未完成,但商业银行过度依赖利差收入的盈利模式和生存模式已经面临着越来越严峻的考验。主要表现为:利差区间的稳定性在不断削弱,总体呈现收窄趋势。2008年9月16日,中央银行利用不对称降息手段来调控货币信贷投放,减轻企业融资成本。结果是,一年期贷款基准利率下调了0.27个百分点,而一年期存款基准利率保持不变,存贷利差因此收窄了0.27个百分点。净利息差收窄对商业银行的总体盈利水平产生了不利影响。并且,从长期来看,随着利率的最终放开,随着居民更多进入资本市场,银行负债类资金价格趋于提高,利差区间收窄更是必然趋势。

2. 一体化经营的外资银行对本土银行的挑战。

2001年底我国加入世贸组织之后,越来越多的外资银行进入中国,希望借此分享我国经济快速发展的成果。到2006年12月底,在中国注册的外商独资和合资法人银行业机构共14家,下设19家分支机构及附属机构;22个国家和地区的74家外资银行在中国25个城市设立了200家分行和79家支行。

虽然，按官方统计，外资银行在中国银行业全部资产中所占的比重不足2%，但对中国金融市场的实际控制力和潜在威胁却不容忽视。这是因为，外资银行在稳步增设网点和机构的同时，更倾向于通过股权投资的方式，迅速抢占市场份额。有数据显示，截至2006年6月末，已经有26家外资金融机构入股了18家中资银行，投资总额约为179亿美元，占国内银行总资本的15%左右。资本控制资产，这是经济学常识。根据这个常识，外资对中国银行业资产和市场的实际控制力应当不止2%，至少应当与其进入的资本比例相当，即应当是15%。

更为重要的是，外资银行在进入的过程中，实行以发达地区、高端业务、高端客户为主的重点拓展战略，力图把中国重要的金融区域、金融业务领域和高端客户掌握在其手上。尽管从全国区域来讲，外资银行对中资银行总体市场份额的影响仍然有限，但在外资银行集中度较高的中心城市，例如上海，中资银行的市场份额已经受到外资银行竞争的较大影响。

2006年底加入世贸组织过渡期结束，我国履行承诺，全面取消对银行业的保护，外资法人银行具有完全的市场准入资格，可以开办人民币零售业务，与中资银行一样享受"国民待遇"。可以预见，外资银行在华的扩张将更为深入。汇丰等外资银行必将依托其母公司综合经营的平台，通过增设机构和股权并购等多种方式，继续向银行、证券、基金、保险等多个市场渗透，进而充分发挥其产品优势、信息优势和研发优势，提供高附加值、个性化，集银行、证券、保险特点于一身的复合型金融产品，更好地满足高端客户多元化的需求。

3. 客户国际化经营对银行综合化服务的需求。

近几年来，从宏观角度看，为了缓解外汇储备过剩和人民币升值的压力，以及实现国内大量新增生产能力的梯度转移，国家鼓励对外投资的财税、信贷、保险、外汇的优惠政策接连出台，内地企业向国际扩展的环境越来越宽松；从微观角度看，为了实现在全球范围内配置资源、分散风险、获取收益的目的，国内企业国际化经营的动机也十分强烈。

‖ 思索的声音 ‖

优质客户的"走出去"为拓展金融服务创造了更大的空间。一方面，这些企业在资本运营和财务管理中面临更多的利率和汇率风险，银行可以凭借自身的专业知识，对保险、金融期货等产品进行整合，为企业提供风险管理的支持；另一方面，这些企业需要多样化的融资工具和资产管理工具来保障其持续经营。银行可以通过金融产品的创新，为企业提供更为便利的服务。以满足客户需求为天职的商业银行，创造满足客户需求的多样化金融服务供给，成为银行综合化经营的原动力。

（四）中国商业银行"全能化"服务的现状

加入世贸组织以来，在分业经营的框架下，我国商业银行"全能化"主要通过两种方式来推进，即资本运作与业务多元化。

1. 资本层面的全能化。

近年来，我国商业银行越来越重视通过并购方式，涉足证券、保险、基金等其他金融领域。体现为以银行为主业的中信、光大等"准"金融控股公司与银行母公司两种形式。

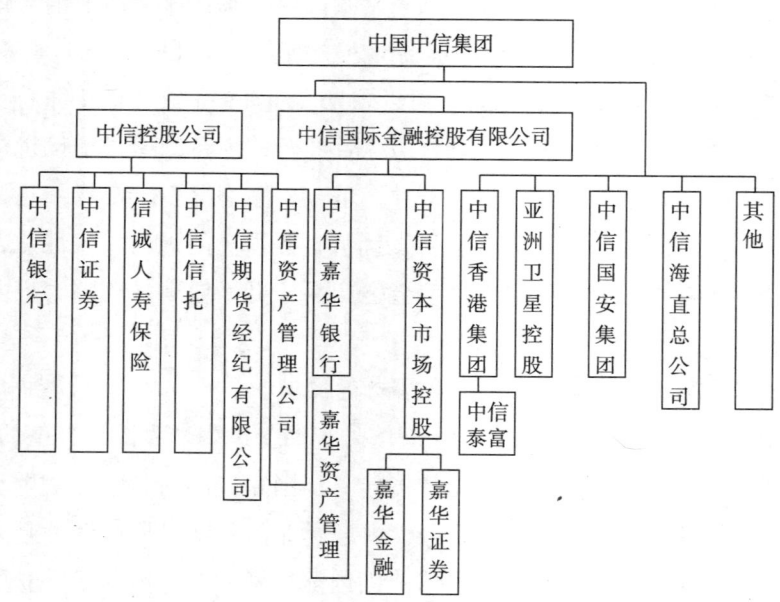

图9 中信集团公司组织架构框架

图9形象地说明了,中信集团借助旗下众多的全资子公司或者控股公司,提供多元化金融服务的情况。与中信集团类似,中国光大集团也管辖了诸多的全资或控股企业,例如光大银行、光大证券、港基银行、申银万国、博时基金管理公司、光大保德信基金管理公司以及中国光大永明人寿保险公司和标准人寿(亚洲)有限公司等。

工商银行、建设银行和中国银行的全能化则采用银行母公司的形式。1998年,工商银行独资收购西敏寺证券亚洲有限公司的全部股权,并与香港东亚银行签署协议,联合组建工商东亚金融投资有限公司,主要从事项目融资、海外证券承销和财务顾问等投资银行业务。2002年3月26日,通过工银亚洲(香港)收购了中保国际旗下太平保险24.96%的股份。2005年,经银监会批准,工商银行又成立了工银瑞信基金管理有限公司。至此,实现了对投资银行、基金和保险等多种金融业务领域的渗透。

其他国有控股银行全能化的途径与工商银行类似。例如,建设银行麾下有中国国际金融公司(投资银行)与建信基金管理公司;中国银行则借助中银国际控股有限公司(中银国际)的平台拓展投资银行业务,通过全资子公司中银集团保险有限公司及其附属和联营公司经营保险业务;2004年,中国银行又通过中银国际,与美林投资管理合资组建中银国际基金管理有限公司。

2. 业务层面的"全能化"。

商业银行全能化的一个重要标志就是,净利息收入在营业收入中的比重的下降和非利息收入占比的上升。

就我国商业银行的情况看,非利息收入主要包括净手续费及佣金收入、投资收益、公允价值变动收入/损失、汇兑损益等项目。其中,净手续费及佣金收入所占的比重最大。我们用净手续费及佣金收入来考察各行的综合化经营水平。

(1)净手续费及佣金收入增幅。

净手续费及佣金收入考察了商业银行通过主动提供多元化金融服务而获取的收入。2008年,各行纷纷加大中间业务的发展力度,使得各行的净手续费及佣金收入均有大幅度的提高。2008年上半年,大部分样本银行的净手续

‖ 思索的声音 ‖

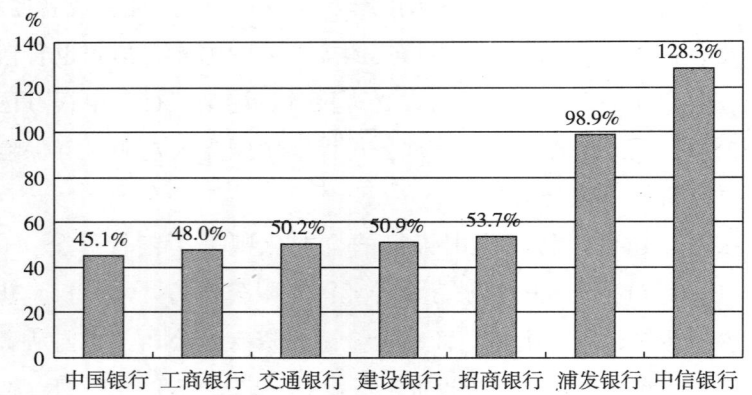

图10　2008年上半年样本银行净手续费及佣金收入增幅

费及佣金收入增幅都超过了50%。即使是步伐相对较慢的中国银行和工商银行，净手续费及佣金收入的增幅也远远超过了营业收入增幅。其中，中信银行的表现最为抢眼，净手续费及佣金收入增幅高达128.3%。之所以这样，是因为中信银行借助了中信集团综合金融服务平台的优势，加强了与集团旗下的证券、信托、基金、保险等其他金融类子公司的产品交叉设计和交叉销售。

（2）净手续费及佣金收入占营业收入的比重。

图11表示了净手续费及佣金收入占营业收入的比重，直接反映了商业银行收入结构的优化程度，代表了中间业务发展的相对水平。除工商银行、中国银行和建设银行略高外，样本银行净手续费及佣金收入在营业收入中的占比都不到15%。表明传统的净利息收入是最为主要的利润来源。然而，各行净手续费及佣金收入的比重都在提高，说明了随着金融市场的日渐成熟，商业银行正在积极地推进业务朝着多元化方向发展。

（3）手续费及佣金收入的内部结构。鉴于各行的产品体系和业务重点较为相似，这里仅以工商银行为例，说明净手续费及佣金收入的内部结构。见图12。

可以看出，支付结算类、代理类、担保承诺类和银行卡类等传统业务占工行全部手续费及佣金收入的70%左右，是中间业务的主力军。但投资银行和托管等与资本市场联系更为紧密的业务占比较小，未来潜力和拓展的空间

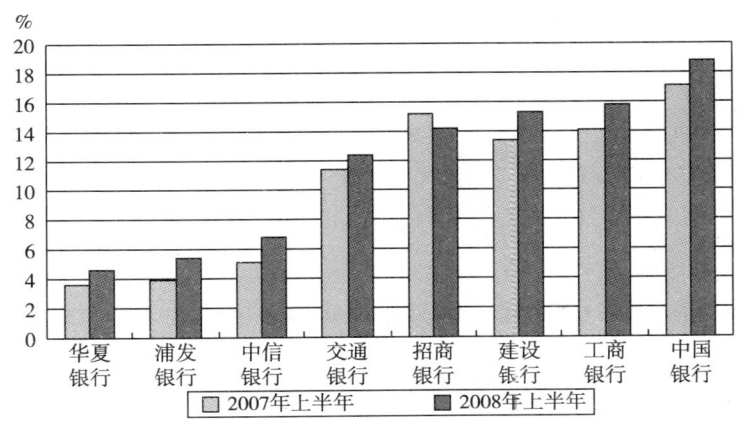

图 11　2007 年上半年和 2008 年上半年净手续费及佣金收入占营业收入的比例

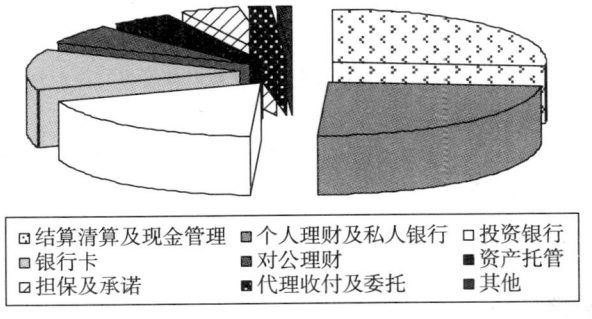

图 12　2008 年上半年工商银行手续费及佣金收入的内部结构

较大。随着经营转型的推进和政策环境的逐步宽松，商业银行中间业务的产品体系会发生较大变化，手续费及佣金收入的内部结构也会更加均衡。

三、中国商业银行"全能化"前景展望

(一) 发展"全能化"已经具备的条件

1. 日渐宽松的政策环境。近几年来，以加入世贸组织为背景，我国政策和监管当局以放松金融管制为主基调，出台了许多新的政策措施，为商业银

|思索的声音|

行全能化发展创造了较大的空间（见表7）。

表7 我国日渐宽松的政策环境

时间	政策松动
1999年8月	人民银行允许符合条件的券商和基金管理公司进入银行间同业市场，进行同业拆借和证券回购业务
1999年10月	证监会和保监会允许保险公司在二级市场买卖已上市的证券投资基金
2001年7月4日	人民银行发布《商业银行中间业务暂行规定》，规定商业银行经过中国人民银行审查批准后，可以开办金融衍生业务、代理证券业务以及投资基金托管等投资银行业务
2002年2月	人民银行与证监会允许符合条件的证券公司以抵押方式向商业银行借款
2002年10月	人民银行放开了对商业银行买卖投资基金的限制，允许基金向银行申请短期贷款
2003年与2005年底	修改《中华人民共和国商业银行法》和《中华人民共和国证券法》，将原有的"商业银行在中华人民共和国境内不得从事信托投资和证券经营业务，不得向非自用不动产投资，不得向非银行金融机构和企业投资"和"证券业和银行业、信托业、保险业实行分业经营、分业管理，证券公司与银行、信托、保险业务机构分别设立"的规定补充为"国家另有规定的除外"
2005年4月	人民银行正式公布工商银行、建设银行和交通银行作为首批直接投资设立基金管理公司的试点银行
2005年10月	中共中央十六届五中全会提出"稳步推进金融业综合经营的试点"
2006年12月	银监会发布《商业银行创新监管指引》，提出了对商业银行各类创新活动的规范要求，鼓励银行通过创新增强竞争力
2007年2月	银监会发布修订后的《金融租赁公司管理办法》允许商业银行作为主要出资人发起设立金融租赁公司
2007年5月	银监会《关于调整商业银行代客境外理财业务境外投资范围的通知》将"不得直接投资于股票及其结构性产品、商品类衍生产品，以及BBB级以下证券"的规定调整为："不得投资于商品类衍生产品，对冲基金以及国际公认评级机构评级BBB级以下的证券"
2007年8月和9月	银行间外汇市场推出人民币外汇货币掉期业务与远期利率协议业务
2007年8月	获得中国第一张金融控股牌照的中国光大金融控股集团成立
2007年12月	国务院原则同意银行投资入股保险公司

续表

时间	政策松动
2007年11月	银监会《关于调整商业银行个人理财业务管理有关规定的通知》,将商业银行发行保证收益性质的理财产品由审批制改为报告制,商业银行向监管机构报送相关资料的时间由发售理财产品前10日改为发售理财产品后5日
2007年12月	银监会和保监会签署《关于加强银保深层次合作和跨业监管合作谅解备忘录》:商业银行和保险公司将在符合有关规定及有效隔离风险的前提下,按照市场化和商业平等互利的原则,可开展相互投资的试点
2008年2月	《金融业发展和改革"十一五"规划》中提出要"稳步推进金融业综合经营试点。鼓励金融机构通过设立金融控股公司、交叉销售、相互代理等多种形式,开发跨市场、跨机构、跨产品的金融业务,发挥综合经营的协同优势"
2008年3月	银监会发布《关于商业银行从事境内黄金期货交易有关问题的通知》
2008年6月	国务院发布的《关于保险业改革发展的若干意见》(简称"国十条")中指出,要"支持保险资金参股商业银行",要求"稳步推进保险公司综合经营试点,探索保险业与银行业、证券业更广领域和更深层次的合作"
2008年12月	银监会发布《商业银行并购贷款风险管理指引》

2. 日趋健全的法人治理结构和内控体系。

产权明晰和治理结构健全是全能银行有效运作的基础。我国早期混业经营的失败很大程度就归咎于四大国有专业银行所有者虚置、产权边界不清晰和资产权责不明确的弊病。近一两年来,中国银行、建设银行和工商银行相继进行了产权改造,并建立了包括董事会、监事会和高级管理层在内的现代公司治理结构,产权主体多元化、产权流通化和银政分离的目标基本达到,为防范业务全能化的风险奠定了良好的组织和机构基础。

3. 商业银行混业经营能力的逐步增强。

近几年来,为了提高竞争力,商业银行突破分业经营束缚的愿望愈加强烈,并在较低的层次上进行了混业经营的尝试,为未来实现业务和服务全能化奠定了基础。目前,商业银行的混业经营尝试包括:委托收付款业务;委托开户、委托交割业务;币种转换业务;投资银行业务合作,银行为券商的投资业务提供贷款,银行代销券商承销的企业债券;储蓄所为个人及企业办理国债二级市场业务以及回购业务;为企业兼并、收购和股权投资提供顾问

| 思索的声音 |

服务及贷款；代理人寿保险业务；代理非上市产业投资基金的收付；贷款抵押物（房产、非上市股权、各种证券）的处置；保单抵押贷款；住房抵押贷款的证券化及相关发行工作。

（二）"全能化"发展面临的问题

1. 滞后的金融市场建设。

全能银行需要借助多层次的资本市场来进行业务运作。不同规模、不同效益和不同成长阶段的企业，对收益和风险的偏好差别很大，但我国金融市场结构和产品结构单一，缺乏必要的风险对冲机制和工具，成为商业银行全能化发展的严重障碍。一方面，缺乏适应市场需求的，包括主板市场、二板市场、三板市场和银行资产二级市场等在内的多层次市场体系；另一方面，资本市场投资品种十分有限，不仅使投资者投资渠道狭窄，而且造成了定价机制的扭曲，特别是由于缺乏风险对冲机制，资本市场系统性风险不能及时有效地得到释放，导致市场风险不断累积。

2. 落后的监管模式和手段。

建立稳定、审慎的金融监管体制是全能银行体制运行的重要条件。我国目前的金融监管是与金融分业经营格局相适应的机构性监管，中国银监会、中国证监会、中国保监会作为金融监管的三大法定主体分别对银行、证券、保险机构进行监管。虽然2004年6月28日，银监会、证监会、保监会公布了金融监管分工合作备忘录，旨在协调和弥补各个监管部门之间的冲突和漏洞。但这种监管模式在各个监管机构分工的有效性方面仍然存在着一些问题，并容易出现监管"政出多门、自相矛盾"和监管重叠或监管真空。为了配合全能银行制度的推出，我国应逐步从机构性监管转向功能性监管，并注重发挥行业自律组织和社会中介机构如会计、审计机构的监管作用，以弥补法律监管主体的局限性，实现监管的"无缝链接"，保证法定监管主体的有效监管。此外，改进监管手段和工具，对金融企业的资本充足率、内部关联交易、股权转让等问题进行有效识别和监管，也是未来提高监管效率的重点。

3. 尚待提高的风险管理能力。

与分业经营模式下传统银行相比,全能银行面临着更为复杂的风险问题。因此,必须具备较高的风险管理能力,这显然是我国商业银行的"短板"所在。

商业银行的全能化,意味着业务领域向投资银行、保险、基金的拓展,商业银行不仅面对信用风险,还要面对更为复杂的市场风险和信誉风险、操作风险。因此,商业银行需要完善对信用风险、市场风险、信誉风险、操作风险进行综合管理的能力。此外,关联交易及由此造成的利益冲突是全能银行备受诟病的弊端。因此,在全能化发展的过程中,商业银行需要建立总部与各个业务单元之间有效的防火墙制度,限制信息、资金、人员的无序流动,避免风险的传递和集聚,保护银行自身安全乃至维持金融秩序。

(三) 前景展望

金融脱媒化和利率市场化的加剧,意味着商业银行微利时代的来临。全能银行通过拓展业务领域,实施产品创新,借助规模经济效应和范围经济效应,可以实现改善效率、分散风险和节约成本的效果。因此,展望未来,商业银行全能化发展已经成为不争的事实。但在商业银行全能化的过程中,应该把握以下两点。

1. 避免"唯全能化"的误区。

任何金融机构都应有自己的发展战略和经营特色。即使在取消分业经营的限制后,究竟是实现业务的全面综合化发展,还是部分综合化发展,还是继续保持对某些业务的单一专注性,依然是值得每个金融机构认真思考的问题。

1999年美国的《金融服务现代化法案》虽然从法律上消除了银行、证券和保险各个金融机构在业务范围上的界限,但并非所有的金融机构都实现了全能化。美国从事证券和保险承销的金融控股公司的数量和资产虽然有所增长,但并未如预期的那样强劲。

花旗集团为我们提供了一个生动的案例。1998年4月6日,花旗银行和

思索的声音

旅行者集团正式合并,缔造了全球最大的全能金融集团。但保险一直没有融入集团的整体架构中来,成长性也一直不理想。基于这样的情况,2005年1月31日,花旗集团宣布将旗下旅行者人寿及年金业务以115亿美元出售给大都会保险集团。花旗银保融合失败的案例表明,商业银行全能化是有边界的,一味追求业务产品体系的"全面",不一定能够很好地起到提高银行竞争力的效果。

2. 坚持渐进性与平衡性的转轨路径。

商业银行全能化发展是一个十分复杂的过程。从宏观层面上看,涉及法律法规体系健全、监管模式转型、金融市场建设、独立而严格的会计和审计准则的实施等诸多问题;从商业银行的微观层面上看,则是一场涉及思想理念、经营机制、组织机构、业务流程、产品体系在内的全面革命。因此,必须坚持渐进性和平衡性的转轨路径。

从美国的经验看,从20世纪60年代商业银行全能化动向出现,到1999年《金融服务现代化法案》出台,经历了三十余年的漫长过程。在此期间,美国政策和监管层面通过个案处理与特批处理的方式,进行了全能银行制度的尝试,为之后的顺利转型积累了有益的经验。

从商业银行角度看,应当根据自身情况和外部环境,灵活选择全能型银行的发展模式。首先,应继续做好主营业务和特色业务,巩固优势领域,为业务拓展提供有力的支撑;其次,要制定全能型银行的战略发展规划,在防范和化解风险的前提基础上,由点及面推进经营转型,确保稳健经营。这可以通过构建与其他金融机构之间的战略联盟和选择海外分支机构进行试点等方式来实现。最后,要实现传统业务与新兴业务的"无缝"融合,有效发挥协同效应。

关于财产性收入与中国
居民收入结构的变迁[①]

胡锦涛总书记在党的十七大报告中提出，要创造条件让更多群众拥有财产性收入。这是基于对我国经济和社会发展阶段的科学分析和理性认识，拓宽居民收入渠道、增加居民收入来源、扩大中等收入者比重，构建和谐社会的一项重大举措。今天我分五个部分来介绍一下，财产性收入与中国居民收入结构的变迁，算是我学习党的十七大报告的学习心得汇报。第一部分主要对财产性收入政策作出解读；第二部分介绍财产性收入政策出台的背景与意图；第三部分介绍我国居民财产性收入的现状和发展趋势；第四部分介绍怎样才能使更多群众拥有财产性收入，以及商业银行在推进财产性收入增长中所起的作用；最后一部分讲理财的风险防范问题。

一、"财产性收入"政策的理论解读

党的十七大报告第一次将"财产性收入"概念由国民经济统计术语提升至国家决策层面，推广及十几亿中国人，令人耳目一新。围绕这一新理念、新提法和新要求，政界、学界和业界都作出了积极的响应，从诸多方面对"财产性收入"作出了解读。

（一）"财产性收入"的界定

国家统计局的官方解释是，财产性收入，一般是指家庭拥有的动产（如

[①] 这是作者 2008 年 3 月在陕西省委党校的讲课稿。

思索的声音

银行存款、有价证券等)、不动产（如房屋、车辆、土地、收藏品等）所获得的收入。它包括出让财产使用权所获得的利息、租金、专利收入等；也包括财产运营所获得的红利收入、财产增值收益等。这是财产性收入的一般概念。

然而，随着经济社会的进步，能够作为收入来源的财产的外延向着更为广泛的领域拓展，使财产性收入的内涵不断丰富。因而，准确界定财产性收入是一件困难的事情。我们可以换个角度，通过界定"财产"来解读"财产性收入"。

简单地讲，财产是指一个人所享有的全部具有经济价值的权利的综合体。具体来看，财产具有这样两个主要特征：

第一，财产首先是权利，动产和不动产是财产的客体。因此，即使标的本身（动产和不动产）不能被有形控制、占有，只要当事人对该标的具有权利（债权、知识产权、股权等），都属于财产的范畴。所以说财产所注重的不是金钱和物，而是金钱和物背后的权利。

第二，财产必须具有价值，即必须能够用价格来衡量，并且必须适合用价格衡量。

随着经济和社会的发展，仅用物权和债权已经无法涵盖所有具有经济价值的权利，财产和财产性收入的形式和种类愈加分散。一方面，新的法律关系产生了新的财产权。一个典型的例子就是，物权和债权日渐交融，诸如租赁权等这种介于物权和债权之间的权利种类增多。另一方面，随着生产要素中科技含量的提高和特殊资源的独占性逐渐加强，商标、专利、版权、特许权和商誉等无形财产大量涌现。在很多企业中，商誉或商业秘密的价值甚至超过了有形资产，成为重要的财富来源。

（二）"财产性收入"政策的前提和基础

明确了什么是"财产性收入"后，我们来分析让居民拥有财产性收入所需要具备的前提。这个前提简单地说，就是财产是存在的，并可以为居民所获取，并且，财产具有创造收入的能力。

1. 财产具有现实性和可得性。

财产性收入是一种衍生性财富。没有财产,财产性收入就成为无源之水。因此,要增加财产性收入,最为首要的前提是要保证居民拥有财产。这里包含两层含义。一方面,财产是现实存在的;另一方面,财产是可以获取的。

财产的现实性,是指社会应当能够提供尽可能多的财产形式。例如,在传统的计划经济体制下,资本运营或经营所获取的收入都是不允许的或受限制的,像今天这些令人眼花缭乱的股票、债券及其衍生形式的财产都不可能存在,当时房屋、车辆、土地等不动产也不允许自由交易,自然也不能看做财产。在现代市场经济体制下,财产的形式和种类空前繁荣,这样就为财产性收入的产生奠定了基础。

财产的可得性,是指公民具备获得财产的能力,并且私人财产权能够得到切实保护。财产的拥有归根结底依赖于经济发展,唯有经济的持续健康发展,才能为居民的收入增加创造良好的基础。财产可得性的另外一层含义是要从制度上保证公民财产的稳定性。有恒产者有恒心。只有通过《宪法》和《物权法》等法律形式,确立明确的私人财产权,才能调动起居民获取财产、积累财富的热情。

2. 财产创造财富的通道。

"财产性收入"的提法体现了财产所具有的保值增值能力,即财产的收益性。一般来说,财产只有经由市场方式才能产生未来收入流。也就是说,财产性收入必然会涉及各种投资。目前,我国居民最为主要的财产性收入来源于资本市场。因而,健全的资本市场和更加公开透明的投资环境,包括加强制度建设,提高上市公司信息披露的及时性和真实性,改善上市公司的公司治理水平,确保证券公司运作的规范性等,已成为保证财富创造渠道畅通的必需。

保证财富创造渠道通畅的同时,政府还应当努力消除不利于居民投资的因素。例如,借助税费等政策,降低居民财产交易成本;借助宏观调控,保证物价稳定,帮助投资者建立稳定的预期;等等。

(三)避免"财产性收入"解读的误区

1. 不能偏废其他的收入来源。

思索的声音

国家统计局对中国城乡居民收入的统计指标，包括工薪收入（工资性收入）、经营性收入（生产、商业买卖收入等）、财产性收入、转移性收入（养老金、赡养捐赠、社会保险、辞退金等）。十七大报告的公布，强调了党和国家对财产性收入的关注。但这不能片面地理解为其他的收入来源就无足轻重。事实上，十七大报告同样强调了其他收入的重要，各种收入形式间的关系其实是相辅相成，而非互相排斥的。

首先，作为传统的收入形式，工薪收入是财产性收入的前提。对于大部分居民而言，只有工薪收入在满足生活需要后仍然有较大剩余，居民才可能通过投资活动获取财产性收入。在工薪收入不能实现正常增长的情况下，大部分居民难以拥有财产，财产性收入就无从谈起。由于财产的再投资会实现社会财富的重新分配，因而，如果只强调财产性收入增长，不注重工资性收入增长，可能会造成"穷人愈穷，富人愈富"的"马太效应"。据中国社会科学院工业经济研究所发布的 2007 年《中国企业竞争力报告》蓝皮书透露，近十多年来，我国劳动者报酬占 GDP 的比重呈现下降的趋势。1990 年至 2005 年，劳动者报酬占 GDP 的比重从 53.4% 下降到 41.4%，降低了 12 个百分点。所以，十七大报告同时也提出要"提高劳动报酬在初次分配中的比重"。最近，国家还出台了多项措施，就是旨在通过立法和制度的形式，建立正常的工资增长机制。只有如此，财产性收入才能真正进入"大众化"时代。

其次，经营性收入与工薪收入和财产性收入都有着十分密切的关系。厂房出租、公司股票和债券投资等行为有效助推经营性收入的成长。以经营性收入为着眼点的创业投资，事实上也促进了工薪收入的增长。因此，十七大报告也提出了"以创业带动就业"的新思路。

2. 不能忽视财产性收入的另一面——财产性支出。

无论房产、股票、基金，还是各类理财产品，所有财产都具有两面性。它既能给投资者带来收入，也能带来支出，或者说损失。对财产性收入的强调，并非要否定它的另一面。

要避免财产性支出对居民财富的侵蚀，需要双管齐下。一方面，要加强风险教育，让居民能够通过理性投资来保持和稳定财产性收入的增长。另一方面,要完善金融市场和不动产市场,加强对违规行为的查处,规避资产价格的大起大落。值得注意的是,财产性收入的增加应当是理性和持续的。脱离实体经济的资产价格大幅度上涨,虽然能在短时间内增加财产性收入,但是一旦泡沫破灭,普通投资者将会承受更为严重的"财产性支出"。并且,资产价格的飞扬,切断了相当大部分人群获取财产性收入的通道,"财产性收入"就难以推广到更为广泛的人群。

明确了"财产性收入"的内涵、前提之后,下面我将介绍中央提出"财产性收入"政策的背景,并分析这一政策的现实意义。

二、"财产性收入"提出的背景与意图

居民收入的迅速增加是"财产性收入"产生的物质基础,金融市场的迅速发展则为财产增值提供了渠道。中央之所以提出让更多人拥有"财产性收入",是为了拓宽居民收入渠道,一方面改变收入分配过分向财政和企业倾斜的局面;另一方面,着眼于塑造中产阶层,刺激消费,培育内源型经济增长方式。

(一)居民收入快速增加是让"更多的群众拥有财产性收入"的物质基础

图1[①]形象地反映了我国自改革开放以来,城乡居民人均可支配收入快速增加的趋势。如果不考虑价格因素,2006年全国城镇居民年人均可支配收入达到11 759.5元,是1978年的34倍;农村居民人均纯收入达到3 587元,是1978年的26.8倍。

如果考虑到物价上涨因素,1998—2006年,我国居民人均实际收入年均增长达11%,远远高于之前的二十年。居民收入加速增长的动力主要来自于以下几个方面:(1)经济增长的带动。三十年来,我国经济保持快速增长,尤其是十六大以来的五年,国内生产总值年均增长10%以上,从而带动了居

---

① 如无特别说明,本文引用的数据均来自《中国统计年鉴》。

思索的声音

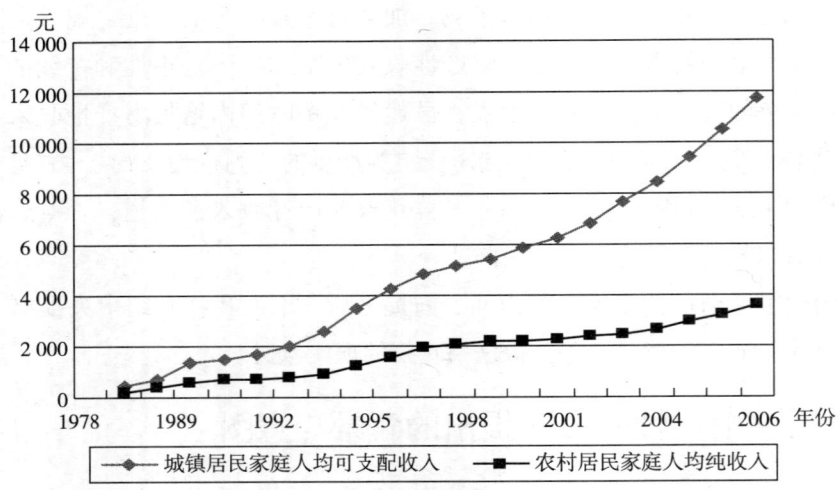

图1 1978—2006年我国居民人均可支配收入

民收入的迅速增加；（2）财政性转移支付加大了对低收入者的补贴力度和对困难群众的救助力度；（3）市场化、工业化和城市化的进程，有效改善了企业的经济效益。

总之，随着我国温饱问题的基本解决以及国民经济的迅速发展，居民财富经历了一个由快速积累向快速增长的转变，从而为财产性收入的增加提供了物质基础。

（二）金融深化为财产性收入增加提供了现实基础

财产性收入最为主要的来源是金融资产。因此，金融市场作为金融资产交易的场所，对于财产性收入的推广与普及有着至关重要的意义。

判断我国金融市场的发达程度，可以从经济金融化程度（见图2）与金融市场化程度这两个方面予以考察。

1. 经济金融化程度。

金融相关率（Financial Interrelations Ratio，FIR）是衡量一国经济金融化程度的重要指标之一。具体来看，金融相关率是指现存金融资产存量与同期国民财富之比。

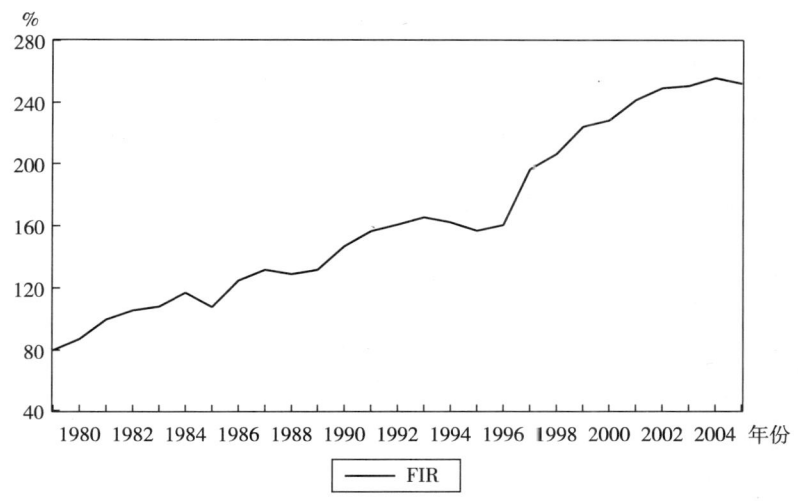

资料来源：根据国家统计局、中国人民银行、证监会、保监会等官方网站公布数据计算。

图 2　中国经济的金融化程度

在此，我们将狭义货币、金融机构资金运用（不含有价证券投资）、债券余额、股票流通市值、保费余额的总和作为金融资产的规模，并将之与 GDP 相对比，得到如图 2 这样的结果。可以看出，自 1978 年经济体制改革以来，中国金融相关率的上升是十分迅速的。目前，已经接近于 3，与美国等主要发达国家的水平差距不大。

2. 金融市场化。

我国的金融市场化体现为价格机制、资源配置方式与金融机构经营方式三个方面：

（1）价格机制市场化。利率和汇率是金融市场最为主要的价格形式。目前，我国的利率市场化改革已经初见成效。按照"先外币后本币、先大额后小额、先贷款后存款"的利率开放步骤，我国于 1996 年放开了同业利率，1998 年放开了贴现和再贴现率，2000 年 9 月放开了外汇存贷款利率，2004 年完全取消了商业银行贷款利率上浮的限制。国内商业银行人民币贷款利率基本过渡到上限放开、实行下限管理的阶段。2005 年，人民银行允许房贷利率

思索的声音

在官定基准利率的基础上下浮 10%，另外，从 2005 年 9 月 21 日开始，各家商业银行可以自主决定存款的计息方式，贷款利率下限浮动和存款利率的市场化改革开始启动。

2005 年 7 月 21 日，人民币汇率市场化改革取得了重大进展，开始实行以市场供求为基础、参考一篮子货币进行调节、有管理的浮动汇率制度。人民币的形成机制越来越向市场化转轨，汇率弹性不断增强（见图 3）。

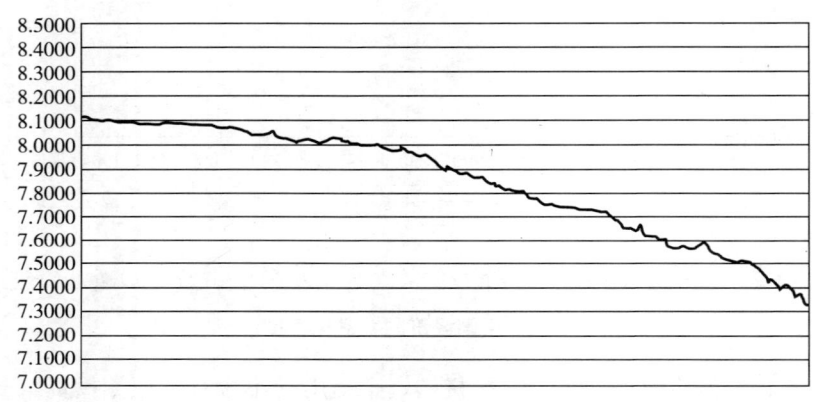

资料来源：中国人民银行网站。

图 3　人民币对美元中间价（2005 年 7 月 21 日至 2007 年 12 月 26 日）

（2）金融中介市场化。1994 年以来启动的金融体制改革，一个重要的目标就是要增强市场化力量在我国投融资体系中的地位。这主要体现在以下两个方面。见图 4。

一方面，银行融资中介机构的地位相对下降，资本市场的地位相对提高。虽然商业银行在我国金融市场中的主体地位并没有改变，但越来越多的企业通过发行债券或者股票等直接融资方式筹资。从图 4 中可以看出，企业债券和股票的筹资总量虽然波动很大，但在 2003 年之后的大部分年份里，其增长速度远远快于银行贷款。

另一方面，依然占据着金融体系主导地位的商业银行，其行为模式日益市场化。国有银行商业化改革和股份制改造的推进，使得几家主要的国有商

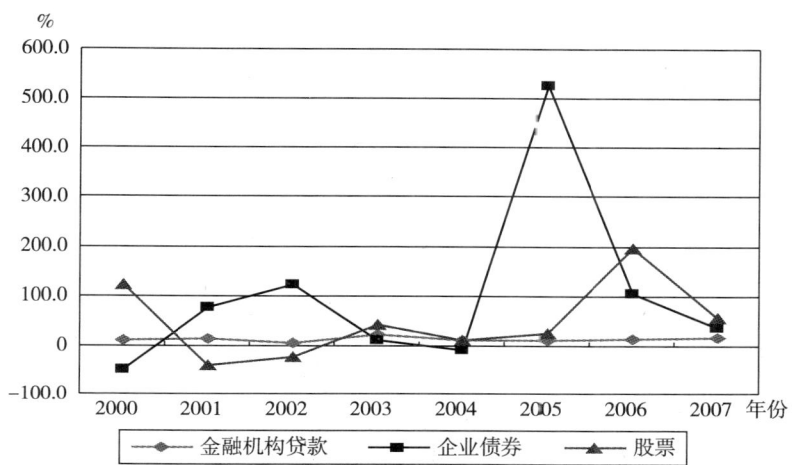

资料来源:《中国统计年鉴》(1995—2007)与《中国金融年鉴》(1995—2006)。

图 4　不同融资形式的增长率

业银行相继实现了从国家专业银行到国有独资商业银行,再到国家控股的股份制商业银行和国际公众公司的历史性跨越。可持续的公司价值增长和股东价值最大化成为商业银行的经营目标,公司治理机制不断完善,决策方式日益科学,市场成为引导商业银行行为的关键性指标。

(三) 拓宽居民收入渠道,实现"集富于国"向"藏富于民"的转变,是提出增加财产性收入的着眼点

在宏观经济复杂而精巧的巨大链条中,收入分配是环环相扣的一个要件。从"按劳分配"到"按劳分配为主、多种分配方式并存",又到今天"创造条件让更多群众拥有财产性收入",我国的分配方式发生了深刻的变化。见图5。

我国尚处在经济的起飞阶段,为了集中精力搞建设,"集富于国",国家财富的积累一直处在明显突出的位置,收入主要向财政收入和企业利润倾斜,这具有历史的合理性和必然性。从图5可以看出,20世纪90年代以来,无论

‖思索的声音‖

城镇还是农村居民的人均可支配收入的增长速度往往落后于人均国内生产总值的增速。尤其是2003年以后，这种情况反而有所加剧。图6则反映了国家和企业储蓄增速明显快于城乡居民储蓄，从另一个角度说明了我国分配方式的特征。

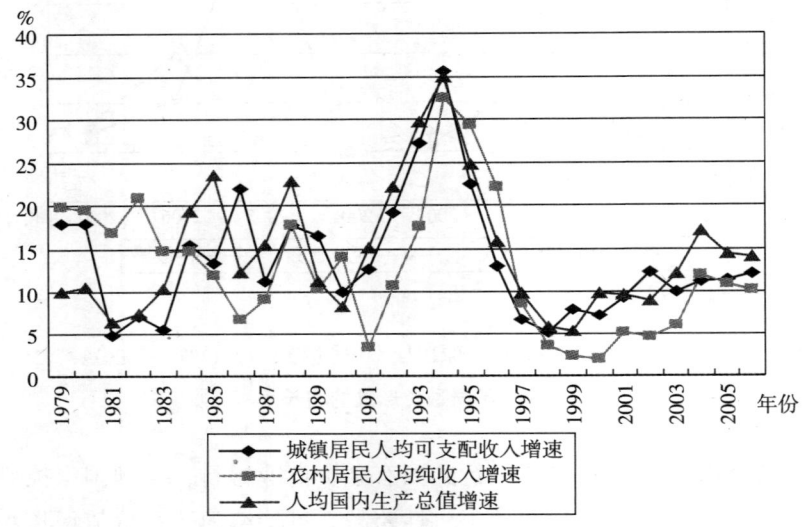

图5　城乡居民收入增速与人均国内生产总值增速的对比

历史地看，国家财富的迅速积累，对于增强综合国力起到了十分重要的作用。但发展地看，居民财富与国家财富增长的不同步，是经济可持续发展的"软肋"。居民无法充分享受国家经济发展带来的福利，创新便会失去动力而成为无源之水，和谐社会将难以形成。因此，必须调整国民收入的分配格局，实现"藏富于民"的转变。

正是基于这样的考虑，中央在十七大报告中提出增加财产性收入的战略思想，目的就是要拓宽收入渠道，实现居民收入来源的多元化与总量的稳定和成长，为"藏富于民"提供更加广泛的渠道。

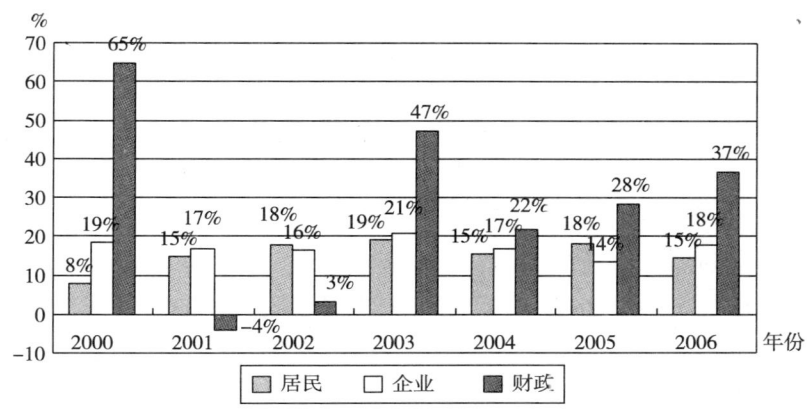

图6 不同部门储蓄增速的对比

（四）培育中产阶层，实现经济社会可持续发展，是财产性收入提出的目的

中等收入者是介于高收入者和低收入者之间的人群。目前，对中等收入者收入水平的界定还没有统一的标准。目前国内几种有代表性的中等收入者界定标准为：

1. 中国社会科学院李培林将我国城镇家庭年人均收入平均线作为参照基准，将平均线以上到平均线2.5倍的人群定义为"中等收入者"，具体来看，就是人均年收入为14 001～35 000元的家庭。根据他的测算，这部分人群在总人口中的比重大约为13.0%。

2. 国内银行业按照金融资产余额来对客户进行分层。5 000元以下为低端客户，5 000～50 000元为潜力客户，50 000～500 000元为中端客户，500 000～2 000 000元及以上为高端客户。

3. 2005年，国家统计局城调队一份抽样调查显示，6万～50万元是我国城市中等收入群体家庭年收入的标准，按照此标准，中等收入群体的规模占比为5.04%。但国家统计局新闻处随后明确表示，这一数据不代表国家统计局观点，在正规的统计口径中也没有"中产阶层收入"这一项目。

4. 法国巴黎百富勤公司曾将中国的中等收入者年收入定为 2.5 万~3 万元，家庭年收入为 7.5 万~10 万元。

5. 汇丰银行和上海复旦大学 2007 年的一项调查，将年收入达到 7 500 美元至 2.5 万美元定义为中产阶层的标准，大体在 5 万元至 20 万元人民币之间。

无论如何界定，目前中等收入人群在我国总人口中的比重依然较低。培育中产阶层，是党的十六大报告、十六届六中全会"决定"和十七大报告的一个重要精神。而财产性收入的提出，就是要鼓励越来越多的居民家庭，依靠资产投资，合理合法地、更快地富裕起来，使更多的人摆脱贫困，超越温饱，进入中等收入群体。从短期来看，中等收入人群的壮大，有助于形成稳定的消费需求，化解宏观经济大起大落的内在风险；从长期来看，中产阶层的形成，是社会进步的重要表现，对于实现"全面小康社会"与"和谐社会"的目标具有十分重要的意义。

1. 培育中产阶层有助于化解宏观经济大起大落的风险。

这是因为：（1）消费需求是我国经济可持续增长的重要动力。近些年来，我国经济发展中一个重要的问题就是需求不足，其中更为重要的是，投资、出口需求增长过度膨胀，而消费需求增长严重不足。这"三驾马车"对经济增长的贡献比例严重失衡，造成了经济结构的不均衡。见表1。

有数据表明：20 世纪 90 年代中期以后，随着我国经济与国际社会接轨步伐加大，投资和出口需求对经济增长的贡献作用日益增大；尤其是进入 21 世纪以来，随着多年实施积极财政政策的累积效应释放，投资增速长期高于消费增速，从而带动了投资率的上升和消费率的下降（见图7）。从图7 可以看出，我国投资率从 2001 年的 36.5% 上升到 2006 年的 42.5%；而消费率则从 2001 年的 61.4%，快速回落到 2006 年的 49.9%，达到历史最低水平。据有关专家的研究，工业化中期国家的消费率和投资率应当以 80% 与 20% 为宜，我国的消费率不仅低于理论值，而且低于世界平均水平。

关于财产性收入与中国居民收入结构的变迁

表1 我国国民消费与投资状况

年份	消费率	投资率	消费增速	投资增速
1978	62.1%	38.2%		
1979	64.4%	36.1%	17.6%	7.3%
1980	65.5%	34.8%	14.2%	8.2%
1981	67.1%	32.5%	11.8%	1.9%
1982	66.5%	31.9%	10.5%	9.4%
1983	66.4%	32.8%	11.1%	14.3%
1984	65.8%	34.2%	17.4%	23.3%
1985	66.0%	38.1%	23.5%	37.5%
1986	64.9%	37.5%	14.0%	14.0%
1987	63.6%	36.3%	14.4%	13.2%
1988	63.9%	37.0%	26.1%	27.7%
1989	64.5%	36.6%	13.5%	11.1%
1990	62.5%	34.9%	8.3%	6.5%
1991	62.4%	34.8%	16.6%	16.6%
1992	62.4%	36.6%	22.1%	28.2%
1993	59.3%	42.6%	27.3%	55.8%
1994	58.2%	40.5%	33.5%	29.4%
1995	58.1%	40.3%	25.7%	25.2%
1996	59.2%	38.8%	19.5%	13.0%
1997	59.0%	36.7%	9.6%	4.1%
1998	59.6%	36.2%	7.2%	4.5%
1999	61.1%	36.2%	7.8%	5.2%
2000	62.3%	35.3%	10.6%	5.7%
2001	61.4%	36.5%	8.7%	14.1%
2002	59.6%	37.9%	7.2%	14.6%
2003	56.8%	41.0%	8.0%	22.8%
2004	54.3%	43.2%	12.4%	23.6%
2005	51.8%	42.7%	12.4%	16.6%
2006	49.9%	42.5%	12.9%	16.7%

思索的声音

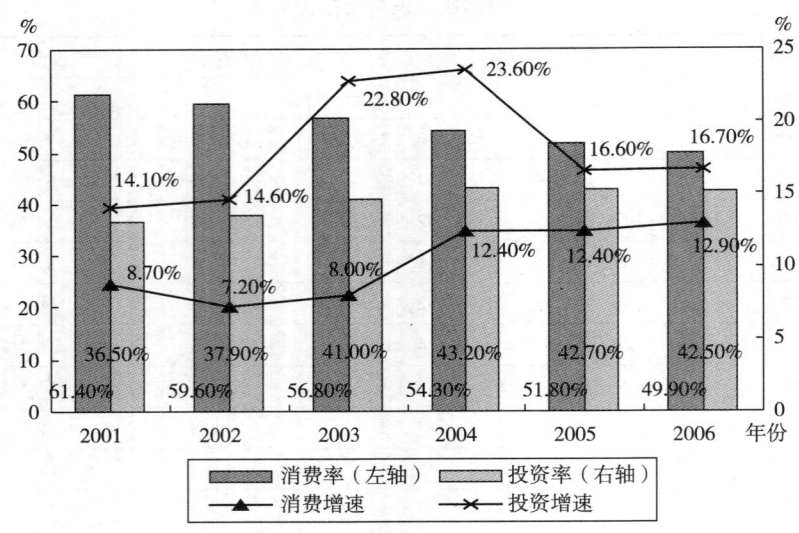

图7 我国国民消费和投资状况

造成我国消费率低的原因是复杂多元的。从需求的角度看，居民的收入预期阻碍了个人消费支出的扩张。由于经济转轨过程中，我国社会保障体系的改革滞后于经济发展，造成社会保障覆盖率低，出于预防性动机，居民储蓄动机积极，而消费动机较为消极。其次，农村居民收入增长缓慢，抑制了消费的增长。尽管近年来的免征农业税等措施虽然在一定程度上提高了农民收入，但城乡居民收入差距依然较大。

更为重要的是，我国的出口和投资驱动型的经济增长模式目前已经面临着难以为继的局面。

一方面，贸易摩擦的愈演愈烈加剧了我国商品在国际市场上竞争的困难。未来，随着老龄化社会的临近，低劳动力成本这种资源禀赋所创造的"人口红利"将逐步减小，甚至最终消失。加之人民币汇率体制改革的积极推进将对币值低估进行纠正，我国产品在世界市场上的成本优势将被削弱。

另一方面，投资需求虽然在内源型经济增长中占有十分重要的地位，但过度依赖投资不仅容易引发经济冲动，而且如果没有消费需求的支持，必然会出现生产能力过剩。近几年来，投资结构错位以及由过度投资引发的生产能力过剩、环境污染、资源短缺等问题（简称"两高一过"），已经成为我国经济增长面临的严重困扰。

总之，消费需求作为数量最大、稳定性最强的因素，刺激消费需求有利于化解贸易顺差过大、信贷投放过多、投资增长过快带来的经济过热问题，实现我国经济长期、持续、稳定发展。

（2）不同阶层的消费倾向对于刺激消费需求的启示。

研究表明，中等收入阶层的培育，对于稳定增加消费需求具有更加重要的意义。见图8。

不同收入群体的消费倾向是不相同的。一般地说，收入水平越低，消费倾向越高；反之收入水平越高，消费倾向越低。我们对2006年我国不同收入阶层的城镇居民的消费倾向的计算也证明了这个结论。

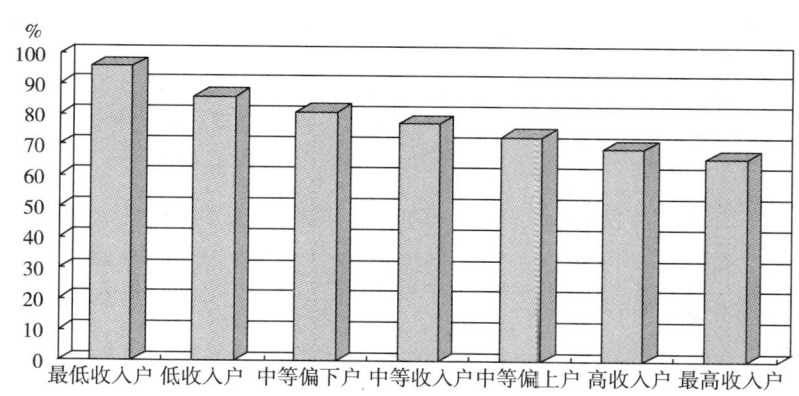

图8　按五等分分组的城镇居民的平均消费倾向（2006年）

然而，低收入人群虽然消费倾向高，但收入水平低，缺乏消费能力。从图8可以看出，中等收入阶层的消费需求高于高收入阶层，其实际购买力大大高于低收入阶层，因此，扩大中等收入阶层的比重对扩大消费需求，从而拉动经济增长的作用最大。同时，我国的中等收入阶层正处于从小康型向富裕型、从讲求消费数量向讲求消费质量转变的阶段，因此不仅最具购买能力，而且消费结构与我国产业结构调整的方向十分一致。

2. 培育中产阶层有助于实现"全面小康社会"与"和谐社会"的目标。

思索的声音

"全面小康社会"意味着社会的整体进步,不仅要追求经济的高速发展,而且要追求整个社会的和谐发展。从社会结构角度上讲,"全面小康社会"意味着两头小、中间大的"橄榄形"收入群体结构。也就是说,中等收入阶层构成总人口的主体。作为介于社会高收入者阶层与低收入者阶层之间的缓冲层,中等收入阶层能够成为"和谐社会"的中坚力量。在市场经济发达国家,中等收入阶层被视做社会"稳定器",一般占到总人口的40%~50%,而目前我国的中等收入者仅占10%左右。在工业化、城市化进程中,中等收入阶层力量的薄弱,使国家缺乏强大的抵抗风险能力和可持续发展的结构性条件,不利于社会稳定。

三、财产性收入的现状与发展趋势

中央之所以大力鼓励居民增加"财产性收入",是基于我国财产性收入占比比较小的事实。分析财产性收入的增长速度和我国金融市场的发展前景,可以看出,财产性收入未来的发展空间十分广阔。所以我在本部分主要介绍我国居民财产性收入的现状与发展趋势。

无论是出让财产使用权所获得的利息、租金和专利收入,还是财产经营所获得的红利收入、增值收益,都是居民投资行为的成果。因此财产性收入与居民投资有着十分密切的关系。

居民投资可粗略分为金融投资和实物投资。金融投资包括储蓄存款投资、购买基金、债券、股票等有价证券、储蓄性保险等形式。实物投资主要指专利、收藏品和房产投资。由于目前的专利与收藏尚不普及,房产投资收益虽然在居民收入中占有相当比例,但鉴于自住型房产和投资型房产在统计上很难区分,因此,我所介绍的财产性收入主要局限于金融投资所获取的收益。

(一)蓬勃发展的理财市场为居民获取财产性收入提供了可能

从字面上看,所谓理财就是"打理财富"。因此,理财市场就是居民增加财产性收入的场所。居民个人财富的积累和理财意识的日渐增强,为理财市场的发展奠定了基础。同时,《证券投资基金法》等一系列法律、法规的出台也为理财市场的规范运行提供了保障。目前,理财市场的蓬勃发展体现为以下两个方面。

一方面,理财市场的容量迅速扩张。银行、证券公司、保险公司、信托公司、基金管理公司以及一些私募性质的投资顾问公司纷纷进入理财市场。截至2007年6月30日,共有59家基金管理公司管理基金达347只,基金总规模达到12 585亿份基金单位,基金资产净值超过17 991亿元。成立了9家保险资产管理公司专门管理保险资产,截至2006年底,管理资产规模已超过1.5万亿元,占保险业当年资金运用余额的84.3%。综合类券商基本都成立了专门的资产管理业务部,负责代客理财产品的营销、设计和投资;商业银行在积极推出理财产品的同时,还依照国家法律法规,成立了银行系基金管理公司,为居民财产的保值增值发挥更大作用。

另一方面,投资者的队伍日渐庞大(见表2)。在财富效应的示范下,普通居民的理财热情高涨。越来越多的人加入到投资者行列之中,通过投资来分享企业和国家经济增长的成果。由表2可以看出投资者队伍的飞涨,六年翻了一番多。

表2　2000—2006年各年投资者期末账户数　　　　单位:万户

年份	总数	增幅(%)	A股账户 个人	A股账户 机构	B股账户 个人	B股账户 机构	基金账户 个人	基金账户 机构
2000	3 123.23	75.53	5 851.76	25.66	25.72	1.49	218.57	0.01
2001	6 898.67	120.88	6 500.98	30.45	146.26	1.58	219.38	0.02
2002	6 841.84	-0.82	6 638.31	30.83	152.37	1.58	18.72	0.02
2003	6 981.24	2.04	6 771.35	32.18	155.89	1.60	20.21	0.02
2004	7 215.74	3.36	6 912.65	33.22	158.55	1.69	109.03	0.58
2005	7 336.07	1.67	6 994.12	34.01	159.60	1.71	145.82	1.03
2006	7 854.00	7.06	7 281.29	36.25	162.67	1.89	370.32	1.58

注:2002年因为清理了大量的不规范账户,因此账户数量有所减少。

资料来源:《中国证券登记结算有限责任公司年报(2006)》。

‖思索的声音‖

(二)居民收入来源由单一存款向全面理财转变

改革开放之前,我国绝大多数居民获得的都是直接劳动收入。改革开放后,个体经营者和私营企业主兼有劳动收入和投资性收入。近些年来,通过股票、债券和基金投资、房产出售和出租、艺术品收藏等获取收益的人越来越多,财产性收入已经成为国民积累财富的一个重要渠道。居民收入多元化的趋势开始展露。下面从纵向和横向两个维度,来探讨我国财产性收入在收入来源中的地位。

1. 我国居民可支配收入的结构分析。

从图9中可以看出,工薪收入仍是我国居民收入最为主要的来源,比例高达三分之二强。转移性收入其次。这主要是因为近年来社会保障体系的逐步健全,有效改善了低收入人群的生活水平。经营净收入与财产性收入占比都很低,后者甚至不到2%。可见,我国居民收入来源的多元化程度还十分低。

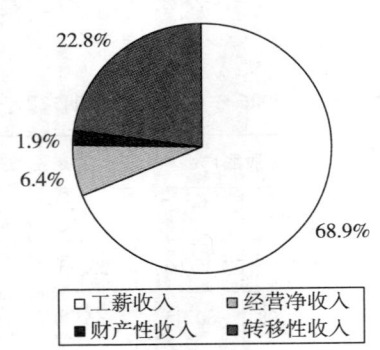

图9　2006年城镇居民收入来源构成

此外,财产性收入的地区性差异也十分显著(见表3)。2006年,浙江省人均财产性收入为888.78元,位居全国之首,而甘肃省人均财产性收入为32.14元,仅是浙江省的3.6%。但即使是居民投资最为活跃的浙江省,财产性收入在收入来源中的占比也仅为4.5%,水平依然很低。显著的地区性差异,也可以说明财产性收入的覆盖面有限。

表3 各地区城镇居民财产性收入的比较   单位：元

各地区	人均财产性收入	财产性收入比重
浙江	888.78	4.5%
广东	565.47	3.2%
福建	508.74	3.4%
云南	467.25	4.3%
上海	300.26	1.3%
湖南	287.22	2.6%
北京	270.52	1.2%
四川	260.22	2.6%
江苏	259.57	1.7%
海南	231.24	2.3%
山东	220.66	1.7%
西藏	217.95	2.3%
内蒙古	209.77	1.9%
重庆	192.87	1.5%
广西	189.81	1.8%
陕西	175.41	1.8%
天津	165.05	1.1%
山西	159.43	1.5%
安徽	148.27	1.4%
辽宁	146.49	1.3%
河南	129.72	1.3%
湖北	122.79	1.2%
贵州	120.92	1.3%
吉林	117.26	1.1%
河北	113.49	1.0%
江西	106.95	1.1%
黑龙江	99.33	1.0%
宁夏	89.19	0.9%
青海	62.93	0.6%
新疆	58.39	0.6%
甘肃	32.14	0.3%

资料来源：《中国统计年鉴（2006）》。

思索的声音

2. 财产性收入的增长空间。

财产性收入虽然目前在居民收入中的占比不高,但从发展的眼光来看,财产性收入增长的空间十分可观。

总的来看,我国城镇居民人均可支配收入已经从2000年的6 280元增加到2006年的11 759.45元,增长了87%,同期,人均财产性收入从128.4元增加到244.01元,增长了90%。可见,财产性收入已经跑赢了可支配收入的总体增幅。尤其是2006年,随着我国金融市场行情转好,居民财产性收入的增幅高达26.5%,比人均可支配收入的增幅高出14.4个百分点。财产性收入正在成为我国居民家庭财富的新增长点。

如果我们计算不同收入来源三年以来的增长速度,就会发现,2004年与2005年,财产性收入的增幅分别为19.4%与19.7%,仅仅落后于经营净收入。到2006年,财产性收入的增幅飙升至26.5%,领先经营净收入7.4个百分点,位居各类收入来源之首。财产性收入在居民收入结构中的作用日益突出(见图10)。

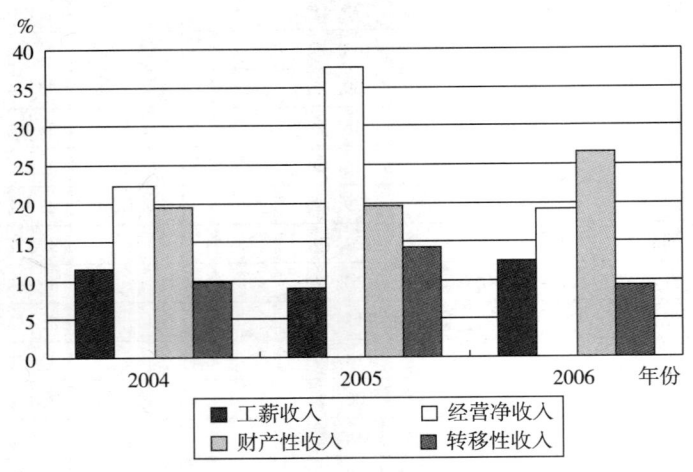

图10 各类收入来源增速比较

(三) 财产性收入的内部结构

前面已经提到,财产性收入来自居民的金融投资和非金融投资。由于专利、收藏和房产投资很难统计,因此,我们在分析财产性收入的内部结构时,将着眼点放在金融投资结构上。下面,根据我国资金流量表整理了1996—2005年我国居民金融投资统计(见表4)。

表4 我国居民金融资产概况　　　　单位：亿元人民币

年份	手持现金	存款	债券	股票	保险准备金	其他	金融投资总额
1996	783.1	8 515.2	1 260.4	305.7	127.3	0.0	10 991.7
1997	1 221.6	7 496.0	1 330.4	858.2	278.2	-7.1	11 177.4
1998	850.8	9 275.1	1 413.7	765.5	298.3	-119.7	12 483.7
1999	1 868.6	7 280.5	1 616.2	875.4	572.9	0.8	12 214.4
2000	993.7	6 609.9	695.9	1 527.5	1 247.0	-204.3	10 869.6
2001	873.9	9 973.3	763.8	1 143.9	1 155.9	207.2	14 117.9
2002	1 319.1	14 251.7	879.1	635.7	2 543.1	92.2	19 720.9
2003	2 048.0	16 560.0	626.0	681.0	3 036.0	159.0	23 110.0
2004	1 434.2	15 678.2	-205.9	717.0	3 515.8	113.4	21 252.9
2005	2 127.6	20 507.9	98.8	655.5	4 201.6	1 444.1	29 035.5
2006	2 524.0	21 284.0	410.0	672.0	4 365.0	5 113.0	34 370.0

在表4的基础上,我们得出了各类金融资产在居民金融投资中占比的变化情况(见表5)。并比较了2006年中美两国居民部门金融资产结构的差异(见图11)。

表5 我国居民金融资产结构

年份	手持现金	存款	债券	股票	保险准备金	其他
1996	7.1%	77.5%	11.5%	2.8%	1.2%	0.0%
1997	10.9%	67.1%	11.9%	7.7%	2.5%	-0.1%
1998	6.8%	74.3%	11.3%	6.1%	2.4%	-1.0%
1999	15.3%	59.6%	13.2%	7.2%	4.7%	0.0%
2000	9.1%	60.8%	6.4%	14.1%	11.5%	-1.9%

续表

年份	手持现金	存款	债券	股票	保险准备金	其他
2001	6.2%	70.6%	5.4%	8.1%	8.2%	1.5%
2002	6.7%	72.3%	4.5%	3.2%	12.9%	0.5%
2003	8.9%	71.7%	2.7%	2.9%	13.1%	0.7%
2004	6.7%	73.8%	-1.0%	3.4%	16.5%	0.5%
2005	7.3%	70.6%	0.3%	2.3%	14.5%	5.0%
2006	7.3%	61.9%	1.2%	2.0%	12.7%	14.9%

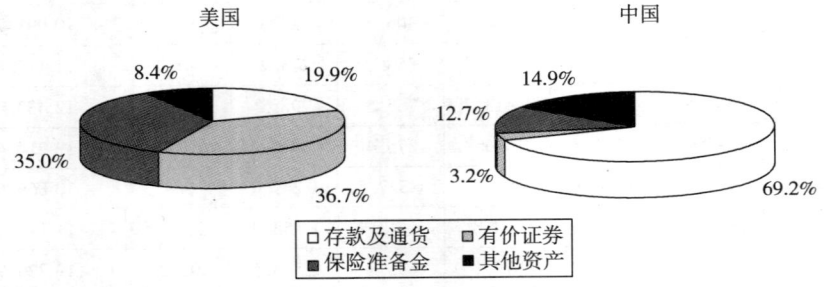

注：美国数据来自 Flow of funds accounts of the United States, Third Quarter, 2007。

图11 中美两国居民金融资产结构对比（2006）

在上述图表的基础上，我们得出如下结论：

1. 居民金融投资总量的增长趋势显著但存在着波动。

根据表4，我国居民金融投资总量由1996—2000年的1.1万亿~1.25万亿元，增加到2001—2006年的1.4万亿~3.4万亿元，增长趋势相当显著。但受股票市场大幅震荡的影响，年度增长率的差距很大，2000年负增长率为11%，2005年的增长率则高达36.6%，波动幅度十分大。

2. 存款依然是居民金融投资的主渠道但地位有所降低。

在美国的居民金融资产中，通货及存款的比重不到五分之一。而在我国，这部分比重接近三分之一。其中存款占到了绝大部分，成为我国居民金融资产的主导形式。但近几年来，存款在居民金融投资结构中的地位有所削弱。尤其是2006年，存款份额下跌至61.9%，仅高于1999年与2000年的低谷时期。

3. 市场性金融投资在居民金融资产中的比重有限且波动性较大。

市场性金融投资包括债券、股票和保险金，是美国居民金融资产中最为重要的部分，比重占到了71.7%。在我国，市场性金融投资的比重远远低于存款。2006年，市场性金融投资占比为15.9%，比存款低46个百分点（见图12）。

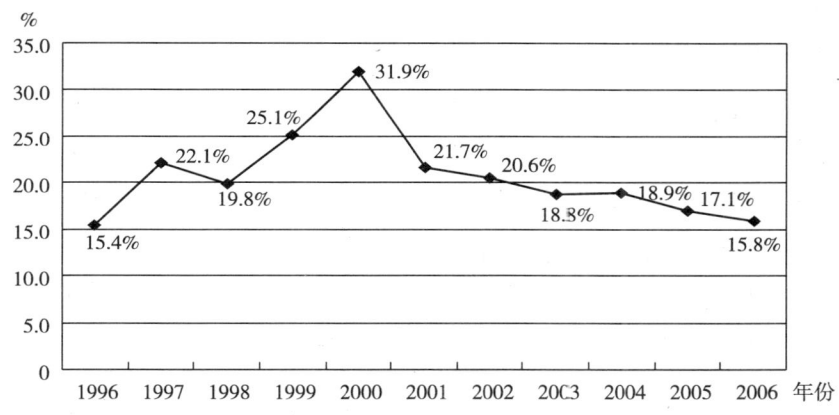

图12　市场性金融投资的占比变动

从图12可以看出，市场性金融投资波动性很大，最高时曾达到31.9%（2000年），最低时仅为15.8%（2006年）。

由于保险准备金的比重一直较为稳定，因此，市场性金融投资的波动性主要来自有价证券。尤其是股票投资比重受到行情不确定性的影响，在总体增长的趋势下强幅波动。

（四）财产性收入的发展趋势展望

居民财产性收入占国民可支配收入之比例，是衡量一个国家国民富裕程度的重要尺度。以美国为例，财产性收入在各类收入总和中的占比为40%，90%以上的国民拥有股票、基金等有价证券。相比较，我国的财产性收入无论是绝对值，还是占比都相当低，覆盖面也十分有限。截至2007年10月初，

| 思索的声音 |

中国投资股票开户数1.2亿户,基金投资账户9 000万户,总量约1.3亿户,只占全国总人口的10%。

近年来,我国国民经济增速维持在10%左右的水平,带动人均GDP跨过了2 000美元。同时国家通过发展资本市场、降低利息税、规范和明确物权等种种举措,保障更多居民享有财产性收入不断增加的成果。居民财产性收入的跨越式增长将成为必然趋势。

四、居民财产性收入的增加与商业银行在增加财产性收入中的角色转换

历史上商业银行几乎是唯一能为居民提供财产性收入——利息收入的部门。居民财产性收入的提高主要依赖商业银行的中介实现。近年来,随着金融市场和居民投资需求的迅速发展,居民财产性收入实现渠道多元化起来,不仅银行,资本市场、房地产市场、收藏品市场都成为居民增加财产性收入的渠道。为了更好地服务于居民提高财产性收入的需求,目前各大商业银行正在积极转型,大力发展代客理财等新兴业务品种,致力于为居民增加财产性收入提供更加专业化的服务。下面我就主要介绍一下,居民如何通过银行实现提高财产性收入的愿望。

(一)商业银行在居民理财市场中的角色

个人理财是居民提高财产性收入的理想通道。过去,我国银行个人理财业务单一,几乎仅有储蓄业务。随着国内金融市场的发展和个人金融需求的多样化,银行个人理财业务的范围正在逐步拓宽,品种正逐步丰富。国内银行已由单一的存、放、汇业务向多元化的资产、负债、中间业务一体化方向发展,并综合银行、保险、证券、基金、信托等服务内容,构造基于财富管理模式的业务发展平台,全面满足客户的多种理财需求。通过开展个人理财业务,满足居民财产保值增值的需要,帮助居民增加财产性收入。简单地讲,商业银行在个人理财领域主要发挥以下三类功能。

1. "智囊"。商业银行可以通过理财顾问服务,发挥"智囊"的功能。具体地讲,就是商业银行可以向客户提供财务分析与规划、投资建议、个人投资产品推介等专业化服务。

应当注意的是,客户根据商业银行提供的理财顾问服务管理和运用资金,需要独自承担由此产生的收益和风险。

2. 理财产品设计师或者销售商。商业银行通过设计或者销售理财产品,可以直接为客户提供投资渠道。作为产品设计者,商业银行的主要职责是,根据客户的风险能力、收益预期将金融服务打包为可交易的投资产品。作为产品销售商,商业银行发挥其网点众多、网络发达的渠道优势,沟通财产所有人与资产管理者的需求。

产品设计师与销售商的功能是可以重叠的。也就是说,商业银行既可以利用内部销售网络直接将自己所设计的理财产品提供给投资者,也可以仅仅利用自己的渠道和客户资源,为股票、证券、基金等其他金融机构的理财产品寻找合适的投资者。

3. "看守人"。普通居民受理财能力的制约,往往将财产委托给专业机构予以投资。由于资产管理者与所有人发生分离,因而难以避免出现由信息不对称所引发的逆向选择和道德风险问题,即发生不合乎财产所有人利益的投资行为。为了确保居民财产的安全性,商业银行可以通过资产托管业务,发挥"看守人"的作用。

(二)商业银行是居民增加财产性收入的重要推手

在这里,我以工商银行为例,说明商业银行的理财业务如何为居民增加财产性收入的。

1. 丰富的理财产品线。

目前,工商银行提供的理财产品大体分为人民币理财、外币理财、黄金理财三大类。具体来看,又可以分为以下几种类型,各类产品的收益和风险特征具有差别,以期满足收入、偏好各不相同的居民群体的需要。

(1)信托贷款类人民币理财产品。信托贷款类理财产品主要特点是将银

‖思索的声音‖

行的信用与信托公司的优质产品结合起来，一般把所募集资金投资于资质优异、收益稳定的基础设施贷款类信托计划。同时在投资过程中，银行会监控、跟踪贷款的动向，从而能够有效规避信托项目的风险，在安全性方面有良好保障。信托贷款类理财产品为投资者提供了通过较低门槛分享信托产品较高收益的有效途径。工商银行推出的信托贷款类理财产品主要是"稳得利"信托投资型产品，期限均为12个月，认购起点均为5万元。由于产品结构相对简单，预期收益稳定，且高于同期定期存款，因此受到稳健型投资者的青睐。

（2）新股申购类人民币理财产品。新股申购类人民币理财产品以链式信托方式投资于新股、非定向增发股票以及新发行可转债的申购，并在短期内卖出以获取一、二级市场的价差收益。在当前股市上涨空间压缩、系统性风险加大的市场环境中，新股申购类产品既能保证资金安全又能分享股市成长带来的收益。新股申购类理财产品主要具有以下两个特点。

第一，中签率相对较高。由于普通投资者资金有限，新股申购中签概率很小。而通过银行理财产品申购新股，最大好处是汇集大量分散的小额资金，同时利用机构投资者可以参与网下申购的优势，中签率得到显著提高。

第二，新股申购类产品的投资者不仅可以分享银行研发团队拥有的专业优势，而且由于一、二级市场之间存在着较大的价差，收益率较高（见表6）。

表6　我国新股溢价水平

年份	样本数	上市首日收益率（%）
1993	116	185.6
1996	172	111.0
1997	188	147.7
1998	102	133.0
2000	114	149.8
2001	67	141.2
2006	65	86.0
2007	89	199.0

目前，工商银行推出的新股申购类理财产品可供选择的期限有3个月、6个月和12个月，具有较强的吸引力。

（3）股票或汇率挂钩类人民币理财产品。2006年以来，工商银行推出了股票或者汇率挂钩类人民币理财产品的品牌——"珠联币合"。旗下有全球旅游股票挂钩型产品、全球婴儿用品股票挂钩型产品、全球奢侈品牌股票挂钩型产品、欧元兑美元汇率挂钩型产品。客户用人民币购买此类产品即可享受外币市场投资的收益。挂钩类理财产品将本息收益按照事先约定与股票或者外汇等相关资产价格（指数）相联结，产品结构相对复杂。这类产品的预期收益率较高，且投资周期相对较长，主要在一至二年的时间范围内。

值得注意的是，这类产品的预期收益率都规定了触发事件，即在每个观察期，当挂钩资产的期末价格达到约定条件时，投资者可以获得一定的理财收益率，否则当期收益率为零。这种具有期权性质的产品潜在的收益风险还是较大的，更加适合风险承受能力较强、投资视野较为广泛的投资者。

（4）代客境外理财。"东方之珠"属于 QDII 类理财产品。目前，通过购买"东方之珠"，境内投资者可以以人民币或者美元投资香港股市（第一期）、结构性美元保本票据（第二期与第四期）、面向新兴市场国家和地区股票市场的开放式基金（第三期"富甲天下"）。

（5）外汇理财产品。"汇财通"是工商银行推出的外汇理财产品品牌，是指工商银行以一系列与利率、汇率、信用、股票或商品等挂钩的结构性产品为载体，向个人客户提供的外汇理财服务，本金安全，收益率较高，投资期限灵活多样。

"汇财通"产品分为保本、收益率确定型与保本、收益率不确定型两类。前者的实际收益率在认购时即已事先确定，收益率既可以在整个投资期内固定，也可逐个阶段递增。后者的本金是安全的，但实际收益率与利率或者汇率等某些市场参考指标挂钩，产品结构及参考指标的走势决定了该产品实际收益的高低，比较适合对市场走势有一定判断的进取型投资者。

（6）黄金产品。"金行家"业务是工商银行为应对黄金市场的蓬勃发展，为个人客户提供的黄金买卖交易业务。客户以美元或人民币作为交易结算货币，在工商银行规定的交易时间内，按照本行报价，使用本行提供的个人账户黄金买卖交易系统，在柜台或通过网上银行、电话银行、自助终端等方式，可以进行黄金投资。具有透明度高、交易成本低廉、操作方式简便和投资门

思索的声音

槛低等优点。

2. 具有吸引力的收益回报。

虽然不同理财产品的结构有所差别，但它们具有一个共同的特征，就是能够为投资者提供具有吸引力的回报。表7列举了七款工商银行具有代表性的理财产品。在此基础上，按照预期年化收益率和投资期限描绘出这9只产品的位置分布，并与对应期限的储蓄存款利率进行了对比（见图13）。不难发现，所有理财产品的预期收益率均高于储蓄存款，基于风险水平的不同，各款产品与储蓄存款之间的利差有所差异。

表7 工商银行具有代表性的人民币理财产品

编号	理财产品名称	起始日期	预期年化收益率	期限（月）
A	第22期"稳得利"增强信托投资型	2007-10-16	5.3%	12
B	第22期"稳得利"保本信托投资型	2007-10-16	4.25%	6
C	第22期新股申购型	2007-10-16	4.2%~10%，上不封顶	3
D	第21期A类新股申购型	2007-09-17	5%~15%，上不封顶	12
E	第19期新股申购型	2007-09-07	4.2%~10%，上不封顶	6
F	第11期"珠联币合"全球旅游股票挂钩型	2007-05-11	10%	24
G	第9期"珠联币合"全球婴儿用品股票挂钩型	2007-04-12	7.5%	24

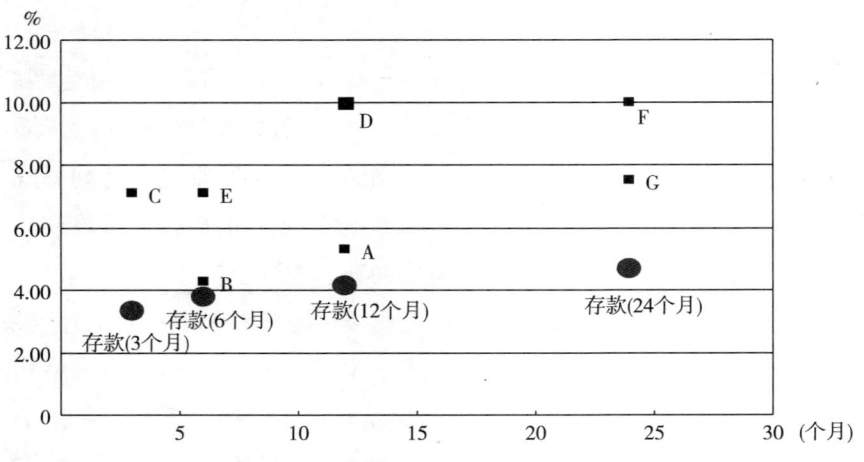

图13 工商银行理财产品预期收益率与定期存款利率的比较

（三）推进业务与服务创新，扩大财产性收入的受众群体

十七大报告提出要"让更多群众拥有财产性收入"，为实现财产性收入的广泛性与普遍性，工商银行积极创新，争取让更多的群众能够享受到我们优质的理财服务。

1. 拓展服务渠道，缩短理财服务的时空距离。

随着信息技术、互联网技术的发展和进步，以及金融业运营成本降低的要求，个人理财服务的提供渠道逐渐突破物理性网点，不受营业时间、营业地点的限制，能提供24小时银行服务的自助银行、网上银行、电话银行、手机银行得到了飞速发展。理财服务从单一网点渠道向立体化网络渠道的转变，为更多群众享受理财服务提供了便利。

不久前，为了满足对网络技术不甚熟悉的老年客户日益活跃的理财需求，工商银行推出了个人网上银行托管账户。老年客户可以通过授权方式将本人账户授权给子女等人管理。授权成功后，管理人可通过工行的个人网上银行管理授权人的账户，并进行转账汇款、投资理财等操作。通过这种新型服务方式，老年客户可以委托子女代为在网上购买基金、国债，免除奔波之苦。

2. 创新产品和服务形式，拓展不同层次客户理财的空间。

工商银行一贯致力于改善服务体系、市场定位、服务功能、服务质量和服务环境，根据不同客户群体的需求针对性地开发服务新产品，希望有越来越多的群众在工商银行的帮助下，拥有越来越多的财产性收入。

（1）提升服务层次，为高收入群体提供更为个性化的服务。工商银行面向中高端客户的理财金账户的服务不断升级，品牌内涵不断丰富，已经实现了专属服务渠道、专供理财产品、专职客户经理、专享优质优惠服务的标准。例如，理财金客户拥有专属理财通道——贵宾理财中心，在理财过程中，由国际金融理财师（CFP）领衔的专家理财团队可以随时响应理财金账户的各种需求，量身定制恰当的个人或家庭理财方案。在理财产品方面，工商银行也开发了"稳得利"、联名账户、银行户口等一系列理财金客户专享的理财产品，财富增长的空间更为广阔。

思索的声音

目前，工商银行正在启动以金融资产100万元以上高端客户为目标市场的财富管理业务，着手探索以金融资产1 000万元以上高端客户为目标市场的私人银行业务。未来将开发更加丰富的高端理财产品，设计富有个性化的增值服务，逐步向风险管理、投资管理、融资供给、不动产管理、税务筹划、私人顾问等私人银行业务领域延伸。

（2）降低服务门槛，为中低收入者提供获取财产性收入的机会。为了拓展财产性收入的受众面，工商银行着力降低服务"门槛"，通过大堂经理、理财沙龙、网上主题论坛等途径让大众了解理财知识，并推出适合普通投资者的理财产品。例如，"利添利"账户理财业务，就是针对闲散资金规模不是很大的普通投资者推出的。它通过将客户的活期储蓄存款与货币市场、短债等低风险基金连接，为客户进行有效的现金管理和投资管理。客户活期账户的闲置资金可以自动申购其指定的货币市场或短债基金，一旦客户需要资金，"利添利"又可以自动赎回基金，既可以实现闲置资金的有效增值，又能够确保客户资金的流动性。又如，基金定投计划在一定的投资期间内，投资者可以以固定时间、固定金额申购银行代销的某只基金产品。我们都知道，基金投资具有规模经济效应，对于资金有限的普通工薪族，通过基金定投计划，可以以有限的资金投资于多个行业的绩优股，享受比个体投资更高的收益。

未来，工商银行在中低收入群体理财服务领域还有着十分广阔的发展空间。例如，对于财产有限的一些普通百姓，"以房养老"的"倒按揭"业务，可以让缺乏流动性的房产产生收益。这一业务的基本内容是，客户在退休时将房子抵押给商业银行，由银行根据房产的价值向老人每月发放养老金，老人过世后银行将房产残值作为遗产向继承人清偿。

五、审慎度量风险，构建合适的投资组合

如第四部分所述，包括商业银行在内的各种金融机构推出的各款理财产品能够为居民带来投资收益，增加财产性收入。但是，我们也必须正视这些理财产品背后的风险。一旦这些潜在风险转化为现实损失，居民的财产缩水就难以避免。前面已经提到过，不同理财产品的结构千差万别，风险和收益

水平差别也很大。简单地讲，理财产品的风险大致可以分为以下几类：

1. 信用风险。

例如，工商银行"稳得利"一年期信托投资型产品的主要投资对象为优质企业的信托融资项目。虽然所涉信托项目的借款企业信用记录良好，工商银行也按照信托贷款协议对"信托资金专户"内的款项进行监督，国家开发银行等金融机构也提供了不可撤销本息连带责任保证，风险程度较低。但依然会出现信用风险，即信托融资项目借款人违约，并且担保人也没有履行连带担保责任。一旦出现上述情况，投资本息可能遭受损失。

2. 市场风险。

市场是波动的。一旦利率、汇率等市场价格发生不利变化，理财产品的收益率会受到影响，投资者可能会遭受经济损失或者机会成本。例如，"珠联币合"股票挂钩型产品最终收益率取决于挂钩股票的市场表现，如果在观察日（期）内，未满足预期最高收益率支付条件，则产品收益有可能低于同期限储蓄存款利率水平，甚至为零。又如，对于代客境外理财类产品，一旦海外市场动向与境外投资管理人的预测相违，则会影响到产品的最终收益率，或者即使投资业绩较为理想，但汇率的不利变动也会引起投资价值的逆向变化。另外，对于不可终止型理财产品，一旦在其存续期间出现存款利率上调的情况，客户将失去将资金配置于存款时收益提高的机会，也就意味着机会成本的发生。

3. 流动性风险。

对于固定期限理财产品，银行与客户无权在封闭期内终止。若客户具有临时资金需求，必须等到约定时间，申请赎回全部或部分理财产品，并且需要支付赎回手续费。

4. 再投资风险。

一旦银行提前终止理财产品，投资者将要面临资金再投资风险。例如"汇财通"美元3个月期可终止型产品就规定，每一个月银行拥有一次终止产品的权利。

思索的声音

5. 政治、经济及社会风险。

尤其是涉及海外市场投资的理财产品,收益率可能因政治、经济及社会情况出现转变而蒙受不利影响。国有化、征用私产、政局改变、政府规例、社会动荡或外交发展(包括战争)均会对理财产品的投资价值造成不利影响。

要规避这些风险,避免财产缩水这样的事件发生,实际上并不难。市场为投资者提供了风险—收益各不相同的多种产品,投资者只要保持理性的投资心态,深入理解理财产品的性质及风险,选择适合自己的产品就可以了。但在选择产品时,投资者需要对自己的风险承受能力进行科学的评价。

风险承受能力有两个层次。第一个层次是说,理财产品的选择要符合自身的风险经济承受能力。要根据自身的收支水平,确定适当的理财投资比例和风险敞口水平。总体来看,理财投资的风险高于储蓄,如果投资损失超过了经济承受能力,不仅给家庭生活带来长期的压力,甚至会影响到教育、医疗等必要支出。第二个层次是说,理财产品的选择要符合自身的风险心理承受能力。不同的居民群体由于年龄、性别、收入稳定程度的差别,风险偏好和心理承受能力有所不同。

为了满足更多投资者的需求,工商银行目前的理财产品在本金和收益率保证方面提供了很多选择。风险承受能力比较弱的投资者,可以选择一些保本、收益固定的理财产品,将风险降到最低限度;风险承受能力一般的投资者,则比较适合一些保本、收益浮动的理财产品,既享受投资乐趣和较为可观的投资收益,也将风险局限在一定区间内;风险承受能力较强的投资者,则适合非保本、收益浮动的理财产品。

三十年中国商业银行的体制创新回顾[①]

根据安排,由我来介绍有关中国商业银行改革的过去、现在和未来。我准备分两部分来讲,第一部分是对三十年中国商业银行体制创新做个概要的回顾;第二部分是对中国商业银行股份制改造做个介绍,重点介绍近五年国有商业银行的股份制改造。

一、中国商业银行体制创新的历史脉络

中国商业银行体制创新的历史脉络大致可以分为三个时期或阶段。1979—1993 年是中国商业银行的诞生期,在这个时期,与中国经济体制由计划向商品和市场转化相适应的现代商业银行体系基本形成;1994—2002 年是中国商业银行的成长期,在这个时期,商业银行与政策性银行体系实现了分离,不良贷款问题得到解决,政府控制银行和银行财政化经营机制开始扭转;2003 年至今是中国商业银行的股份制改造时期,在这个时期,国有商业银行和中小商业银行通过股改上市实施产权多元化改革,市场化经营和股东利益最大化成为商业银行的经营目标。

(一) 诞生期

1979—1993 年作为中国商业银行的诞生期,主要特征是中央银行的独立,国家专业银行体系的建立,中小商业银行及多种非银行金融机构的诞生,金融市场的萌芽和银行间竞争的发端。

---

① 这是作者 2009 年在清华大学研究生讲座上的讲课稿。

‖ 思索的声音 ‖

1. 这个时期金融体制迫切需要解决的主要问题：

一是与高度集中的计划体制相适应的单一银行体制不再适应经济改革开放对金融业的需求，经济和社会呼吁银行体系的多元化和金融业大发展；

二是刚刚诞生的专业银行带有的强烈政府行政色彩与放开搞活的改革要求不相适应，改革要求银行自身走出政府行政序列进入市场；

三是经济改革开放呼唤金融市场的成立，金融市场建设亟待"零"的突破。

2. 这个时期改革发展的主要措施与成就：

（1）一个与市场经济相适应的多元化金融业组织体系基本建成。

①中央银行和专业银行两级银行体制形成。在1979年以前，我国内地只有中国人民银行一家，其既承担了中央银行的政府管理职能，集中管理和分配资金，又从事商业银行活动，办理吸收存款和发放贷款的业务，集现金中心、结算中心和信贷中心于一体。人民银行主要执行按照国家经济建设和社会发展计划筹集资金，为企业配给资金的任务，是国家经济职能的体现，是中央财政的补充或助手。1979年中国经济改革开始，同时金融改革也首先从银行的组织制度和体系的改革上开始。1979年2月，国家首先批准建立了中国农业银行，同年3月、8月又先后批准建立了中国银行和中国人民建设银行。1983年9月17日，国务院颁发了《关于中国人民银行专门行使中央银行职能的决定》，同时成立了中国工商银行，把人民银行手中的经营性银行业务全部交给工商银行。至此，经历了四年的时间，中国农业银行、中国银行、中国人民建设银行和中国工商银行先后从人民银行的母体中分立出来，中国国家专业银行体系宣告成立。同时，正因为国家专业银行从人民银行母体中剥离出来，使得人民银行得以把经营性银行业务剥离给专业银行，从而使自己成为专门行使货币政策制定和宏观金融调控职能的中央银行。从此，在我国，中央银行和专业银行在体系上得以分立，这是我国银行业在组织体系上的第一次大革命，这次革命在金融机构的组织体系上实现了政企分离。

②多种金融机构蓬勃发展。此后至1994年，历经近十年时间，我国又成立了12家中小股份制商业银行。它们是交通银行、中信实业银行、深圳招商

银行、福建兴业银行、深圳发展银行、中国光大银行、广东发展银行、上海浦东发展银行、中国民生银行、华夏银行、住房储蓄银行（烟台、蚌埠）。与12家中小商业银行同时发展起来的，还有数量众多的信托投资公司、证券公司、财务公司等多种非银行金融机构和遍及全国各地的城乡信用社。在最高峰时期，全国有上千家信托公司，3 000多家城市信用社，上万家农村信用社。包括北方、海通、申银、万国、华夏、国泰、南方等著名大中型证券公司和一大批地方证券公司纷纷出现。在这十年间，中国的银行和金融机构总数达到历史最高峰。一个中央银行为领导、国家专业银行为主体、多种金融机构并存的比较健全的现代金融机构体系基本形成。

（2）专业银行体制机制改革迈出步伐。

与银行组织体系构建并行的是银行业经营机制向真正银行制度转变的尝试。根据邓小平关于要把银行办成真正的银行的指示，首先，是国家专业银行，实行了以企业化管理与经营为主体的经营机制改革，当时称为"企业化改革"。尽管专业银行的诞生是改革的成果，但是专业银行并没有因中央银行的建立和它从人民银行母体中分立出来而自然成为金融企业。它在突破了大一统人民银行体制的同时，又继承了人民银行原有的计划经济和行政性资源配置的运作方式和机制，实际上仍然执行着人民银行原有的国家存贷款结算机关的职能和任务，与市场意义上的金融企业相去甚远。于是，专业银行实行企业化改革，逐步转换经营机制，逐步变成真正的金融企业就成为20世纪80年代初至90年代初专业银行改革发展的主要方向。在这个时期，专业银行的存贷款管理体制和机制开始发生深刻变化，各种与收入挂钩的经营责任制也开始出现并逐步深化。

其次，是其他商业银行开始探索市场化经营机制。中小商业银行和多种金融机构遵从商业化原则走市场道路，很多机构在初组建时就是股份制体制模式。由于银行和金融机构首先在组织体系上实现了多元化，我国的银行业同业市场开始形成并繁荣起来，大约从20世纪80年代中段起，金融同业间的竞争开始出现并越来越激烈，一个市场化的微观金融基础已成雏形。

| 思索的声音 |

(3) 国内金融市场开始形成。

20世纪80年代中后期是我国金融市场初创期和第一次繁荣时期,多种类多层次金融市场纷纷建立起来。主要包括:一是银行间同业拆借市场的建立与繁荣。这个时期的银行间同业间拆借市场从无到有,在打破计划经济按行政区划配给资金的模式方面起到很大的历史作用。但也存在较严重的不规范和区域性不统一的问题。二是证券市场的建立。20世纪80年代中后期,中国深交所和上交所先后在深圳和上海开业,成为全国股票和证券的交易中心。此后,上海海通证券、申银证券、沈阳北方证券等一批证券公司成立。20世纪90年代初中期,华夏、国泰、南方三大国有证券公司成立。国库券、国家生产建设债券、银行金融债券、大额存单、地方政府债券、企业债券、公司股票、法人股、个人股纷纷进入证券发行和证券交易市场。一个包括银行间的货币市场和债券市场、股票市场在内的国内金融市场初步形成。

(4) 银行真正起到促进经济发展的杠杆作用,成为改革开放二十多年来国民经济高速发展的主要支撑。

首先,银行冲破了传统经营范围和领域,为国民经济发展提供全领域支持。进入20世纪80年代后,银行首先突破了只发放流动资金贷款的局限,进入固定资产领域开办了技术改造贷款、基本建设贷款、设备更新贷款、科技开发贷款、商业网点贷款、开发区贷款、电子化贷款,等等。从简单再生产领域跨入扩大再生产领域,成为我国社会和经济建设资金投入的主渠道。此外,银行贷款还进入了消费领域,教育、科研、卫生、文化娱乐,以及第三产业等各行各业都成为银行的贷款对象。进一步,银行贷款突破了所有制方面的一切界限,除了国有、集体等公有制企业以外,对外资、合资、私营、民办企业,个体工商户、个体农户和自然人等各种经济成分的经济实体,只要符合贷款条件、有还款能力的,银行都一视同仁地提供贷款和金融服务。可以讲,银行经营打破了原有的所有制界限、产业类别界限、固定资产与流动资金界限、经济运动环节界限,形成了无所不在、无处不在的,渗透到经济每一角落每一细胞的金融经营覆盖网络。银行作用范围已达到了高度的社会性。

其次，银行融资总量极大扩增，成为我国融资主渠道。20 世纪 80 年代前，银行信贷融资只是财政投资的补充形式。据统计，20 世纪 80 年代前银行每年投入社会生产和经济运动的资金量占全社会融资总量的比例一般在 20% 左右，有 80% 左右是财政资金。20 世纪 80 年代后，基本建设资金实行了"拨改贷"，银行进入了固定资产投资领域。随后，银行又统管了企业流动资金，每年对社会经济投入的资金量迅速增加。截至 1994 年的十多年来，银行以年平均 20% 以上的速度增加着贷款的投入量。银行贷款总量已由 1984 年的 5 000 多亿元上升为 1995 年的 5 万多亿元，银行间接融资占社会资金总量的比例大幅上升，已成为与财政投资并重的主融资渠道之一。巨大的和高速增长的银行资金供给，成为中国经济连续三十年保持高速增长的主要支撑之一。应当讲，是金融改革带来了金融业的大发展，改革使银行冲破了原来只是财政的出纳、会计的局限，真正发挥了促进经济发展的杠杆作用。

3. 这个时期遗留的主要问题：

值得指出的是，在 1979—1993 年的这个时期中，无论国家专业银行还是中小商业银行和多种金融机构，在产权制度上它们基本都属于国有，只不过分为中央政府所有、地方政府所有和国有企业集团所有。只有成立最晚的民生银行有一部分民营企业的股份，然而这些民营企业在当时也多以集体或混合所有制的形式存在着。在这其中唯一的例外是数量众多的城市与农村信用社，它们的"成分"为集体所有制。由于国家的公共职能和经济职能在这个时期尚未分离，融资方式还是国家筹集和调配经济建设与社会发展资金，只不过由财政分配为主改为国家专业银行分配为主，市场在筹融资领域的作用还微乎其微，处于补充的从属地位，所以这个时期国家专业银行是我国金融的主体和国家筹融资主渠道。从经营机制来看，尽管国家专业银行进行了长达十年的企业化改革和企业化经营的努力，但其主要职能和任务仍然是为国家经济建设计划配给资金，并作为国家金融宏观调控主要工具，对保证经济快速发展和社会基本稳定负责。

（二）成长期

1994—2002 年是中国商业银行的成长期，这个时期以治理整顿金融秩序、

思索的声音

金融业分业监管分业经营、分离商业银行体系与政策性银行体系、国家专业银行商业化改制、剥离国有银行不良贷款为特征，政府控制银行和银行财政化的经营机制开始扭转，不良贷款问题得到解决。

1. 这个时期金融改革迫切需要解决的主要问题：

一是随着金融业的大发展，由于体制缺陷导致的经济过热和金融监管不到位，我国出现了严重通货膨胀和金融秩序混乱现象。

二是社会主义市场经济体制基本确立，银行改革的相对滞后成为进一步推动经济市场化改革的主要障碍，国有银行商业化改制问题亟待解决。

三是随着经济体制和企业制度市场化改革深化，深层次体制矛盾暴露，改制成本加大，在国有企业改制和国有经济调整过程中，国有银行的不良资产问题突现出来，形成我国巨大的潜在金融风险。

2. 这个时期主要的改革措施与成就：

（1）实行了金融业的分业经营，规范了金融秩序。1993年以后，为了治理当时较为混乱的经济金融秩序，抑制经济过热和通货膨胀，中国开始了对金融机构的清理和规范整顿。是对银行业进行了法律规范，颁布了中华人民共和国第一部中央银行法和商业银行法，实施了金融业的分业经营和分业监管。同时，城市信用社得到了清理整顿并实行了规范的股份制改造，大量城市信用社改造成为城市商业银行。对信托投资公司、证券公司和财务公司等各类非银行金融机构也进行了清理，其中，清理后的信托投资公司由上千家缩减为200多家。这种清理并不仅限于多种金融机构的规模收缩，最主要的是实施了产权改革，即伴随这个时期最为重要的金融业分业经营和分业监管法律的实施，银行业彻底与证券业、信托业和房地产业脱钩，产权分立。在金融市场中，货币市场、资本市场间也实行了严格的分离，建立起了"防火墙"。

（2）成立政策性银行，实行国有银行商业化改制。

根据国务院的规定，1994年5月至10月，我国先后成立了国家开发银行、中国农业发展银行、中国进出口信贷银行三大政策性银行。政策性银行的成立把原来隐含在国家专业银行中的政策性业务分离出来专门经营，一个与商业银行体系并存的政策性银行体系就宣告成立。与此同时，国家对四大国家专业银行提出了向国有商业银行转化的目标和要求。这是我国商业银行业务和国家政策性银行业务的第一次分离，尽管分离得并不够彻底，但是这次政商业务分离把商业化运作的可能性和盈利目标带给了国有银行，使其获得了商业化改制的基础。

（3）开始解决国有银行的不良贷款问题。

1994—2002年是改革开放以来中国商业银行发展史上最为困难的时期。四大国有商业银行受到不良贷款和经济下行波动的拖累，从1994年6月开始出现全行业的亏损，不仅国有银行，包括中小商业银行的不良贷款比例均达到历史最高。但是，也正是在这个时期，中国商业银行才开始了真正意义上的历史上最为重要的转变，最终取得了最艰巨的解决不良贷款问题的决定性胜利。

大家知道，我国从1979年开始改革开放，经济模式逐步由计划经济——历经计划经济为主、商品经济为辅和有计划的商品经济阶段——最终转变为市场经济，在国家经济转轨的三十年时间里，国有银行成为我国经济体制改制成本的主要承担者，随着国有企业体制的变化和国有经济的调整，以国有企业为主要服务对象的中国国有商业银行积累了大量的不良贷款，并且在20世纪90年代中后期集中显现出来，成为中国潜在的金融风险的主要体现。当时，国内乃至全球很多人都在为中国银行业的不良资产担心，认为中国的国有银行在技术上已经破产，猜测下一块倒掉的骨牌会不会就是中国的国有银行。1997年爆发的东南亚金融危机引起了中国政府的警惕。此后，中国政府高度重视中国银行业的风险问题，并采取连续不断的有力措施，解决银行业的不良贷款问题，化解中国国内潜在的金融风险。从1998年开始至今，经过了十年的努力，中国终于成功地解决了国有商业银行的不良资产问题，化解了潜在的金融风险。2004年以后，中国国有商业银行之所以能够陆续成功地改制和上市，跃居于国际优良大银行之列，主要就得益于不良资产问题的成功解决。

在这个时期，国家主要采取了如下措施促使国内商业银行不良资产问题

思索的声音

得到成功解决：

一是接受国际惯例，对国有商业银行实行贷款质量五级分类的新标准，摸清国有商业银行不良贷款的底数。在1998年以前，中国商业银行实行的是"三项贷款"分类制度，即根据贷款还款情况，按照"正常、逾期、呆滞、呆账"四级分类标准量定贷款质量。从1998年起，我国开始在国有商业银行试点，按照国际通行的"正常、关注、次级、可疑、损失"五级分类标准，逐笔重新量定国有商业银行贷款资产的质量，并逐步实行了按类分别提取呆账准备金制度。1999年以后，贷款质量的五级分类法在中国商业银行全面推开，至2002年，中国商业银行已经按照先国有银行后其他银行的顺序，实现了从三项贷款分类向五级贷款分类的过渡，普遍实行了贷款质量五级分类标准。通过五级分类，逐笔摸清了国内商业银行不良贷款的底数，为彻底解决不良贷款问题打下基础。

二是解决了国有商业银行资本充足率低下问题，提高了抗风险能力。1998年，在应对东南亚金融危机之初，国家决定中央财政发行2 700亿元人民币特种国债，所筹资金专门用于增拨四大国有银行的资本金。通过集中增补国有银行的资本金，使其符合"巴塞尔协议Ⅰ"对银行充足资本率的要求，提升国有商业银行抗风险的能力。以工商银行为例，增拨后的资本金总额达到1 700多亿元人民币，比未拨补前增加了850亿元，翻了一番。

三是更为有力的措施是为国有商业银行剥离不良贷款。1999年，中央政府对四大国有商业银行进行了首次不良贷款剥离，大体剥离了1.4万亿元人民币的不良贷款。并先后成立了华融、东方、信达、长城四家金融资产管理公司，专门负责收购国有商业银行剥离出的不良贷款，以及重组和转化这些不良贷款。2004年以后，中央政府对中国建设银行、中国银行、中国工商银行进行了财务重组，第二次剥离了三家银行的不良资产。两次剥离使国有商业银行的不良贷款比例有了大幅度的下降，注资剥离当年，三家银行的不良率均降低到5%以内，成功地甩掉了不良贷款包袱。

四是国有商业银行以降低不良资产为主要任务，集中精力打了一场资产质量翻身仗。这种努力主要包括两个方面：其一是自力更生，努力消化存量不良资产；其二是建立风险管理机制，严把新发放贷款的质量关。以工商银行为例，第一次贷款剥离后的 2000 年末，工商银行的不良资产率仍高达 25.6%，不良贷款率为 34.44%。至国家注资和进行二次剥离前的 2004 年末，工商银行完全依靠自己的努力，使不良资产率由 25.6% 下降至 14.3%，下降了 11.3 个百分点。净下降的不良资产全部是用工商银行几年来实现的经营利润冲销的。在一次剥离后到二次剥离前的 4 年时间中，工商银行共创造了经营利润 2 277 亿元人民币，其中的 90% 以上用于冲销不良资产。同时工商银行采取多种措施严格控制新增贷款的质量，取得了很好的成效。截至 2005 年 6 月财务重组前，工商银行 1999 年以来新增贷款的不良率始终控制在 1.7% 以内，2000 年至 2005 年六年新增贷款的不良率仅为 1.53%。而在工商银行现有的贷款余额总量中，1999 年以来新发放的贷款已经占到了 95.2%。这足以说明，我们用过硬的风险管理重塑了一个崭新的工商银行。这也是国家对国有银行采取注资和第二次剥离措施的前提和理由。

（4）宏观金融调控开始向间接调控为主转变。

在大力解决国内商业银行不良贷款包袱问题的同时，国家开始放松对商业银行的直接干预与行政管制。从 1998 年 1 月起，中央银行放弃了对商业银行的贷款限额控制，结束了长达 20 年之久的贷款规模控制方法，改行存贷款比例管理即资产负债比例管理。利率管制从 1996 年以后也开始放松，包括 1996 年放开了同业利率，1998 年放开了贴现和被贴现率，2000 年放开了中国国内外币存贷款的利率。至此，中国除人民币存贷款利率外已基本实现了利率市场化。中央政府的指令性"点贷"以及各级政府批条子的"戴帽贷款"逐步消失。在以商业银行法的形式明确商业银行金融企业的性质和地位的基础上，银行债权开始得到保护，银行经营财政化趋势开始得到扭转，资产质量和盈利开始成为包括国有商业银行在内的国内商业银行的主要经营目标，一个彻底改制的基础和条件至此已基本形成。

（三）"第三次革命"

2003 年至今，是中国银行业体制改革史上的第三次革命，也是最为重要

思索的声音

和彻底的一次改革。在这个时期，中国的商业银行普遍地实施了股份制改造，无论国有商业银行还是中小商业银行，通过股份制改造和上市，实现了和正在实现产权多元化和经营机制市场化，市场化经营和股东利益最大化成为商业银行的经营目标，商业银行基本建立起现代金融企业的公司治理框架，基本实现了自主经营、自负盈亏和自担风险。

1. 这个时期金融体制改革迫切需要解决的的主要问题：

2001年中国加入世贸组织以后，改革和发展中最为突出的问题就是中国的金融体系，特别是国有商业银行体系依然包袱沉重，不能适应中国加入世贸组织后进一步的全面开放。必须在中国加入世贸组织过渡期结束前解决国有商业银行的问题，使国有商业银行具备承受加入世贸组织冲击的能力和在国际国内市场上与外资银行抗衡的竞争能力，是这个时期金融改革的当务之急。

尽管在1999—2000年国家为四大国有商业银行剥离了1.4万多亿元的不良资产，但是这次剥离仍不够彻底，国有商业银行的不良资产包袱依然沉重。以工商银行为例，剥离后的2000年末，工商银行的不良资产率仍高达25.6%，不良贷款率为34.44%[1]。2000年以后至2004年末，工商银行完全依靠自己的努力，使不良资产率和不良贷款率分别下降了11.3个和15.45个百分点。但是至2004年末，工商银行的不良资产率和不良贷款率仍高达14.32%和18.99%[2]。如若完全依靠工商银行自己的力量解决不良资产问题，即用每年的盈利冲销不良贷款存量，大约需要六年左右的时间。据当时人民银行总行的一个计算，四家国有商业银行要把不良资产比例压在6%以下，最快的也要在2008年才能解决，最慢的大约要在三十年后。然而，到2006年我国加入世贸组织的过渡期就结束了，届时国有商业银行的不良资产问题如还不能彻底解决，就将丧失国际竞争能力，甚至面临破产的命运。因此必须在尽可能短的时间内，即在2006年加入世贸组织过渡期结束前基本解决国有银行的不良资产问题。这在当时是关乎我国金融体系稳定和安全的当务之急。

---

[1] 2000年不良贷款率为"一逾两呆"口径。
[2] 2004年不良贷款率为"五级分类"口径。

2. 这个时期改革的主要措施和成就：

2003年12月31日，国家首先对中国建设银行和中国银行进行了注资，两家银行开始试行股份制改革，由此拉开了中国国有商业银行改制的序幕。2005年4月18日，中国最大的国有商业银行——工商银行被批准改制，国有商业银行股份制改造由此达到高潮。2005—2006年，完成了财务重组、剥离不良贷款、引入战略投资者和股份制改造的三大国有商业银行在国际国内资本市场先后成功的公开上市。至此，中国的国有商业银行，除农业银行以外，基本完成了向股份制公众公司的转变。2007年，中国农业银行股份制改造方案获得国家批准，2008年，农业银行完成了财务重组与不良贷款的二次剥离。

与此同时，中国的中小商业银行也加快了市场化的步伐。先后有交通银行、招商银行、中信银行、民生银行、浦东发展银行、兴业银行、华夏银行、深圳发展银行8家股份制银行和宁波、南京、北京等一批城市商业银行成功上市。金融机构的组织体系创新有了新发展，一批城市商业银行实现了跨区域发展；新设立了一批汽车金融公司、货币经纪公司等专业性金融机构；商业银行开始设立基金管理公司和金融租赁公司；农村信用社经过产权改造，改组为银行类金融机构和县级法人机构。一个最值得关注的体制创新变化是，在农村金融体制改革过程中，新型农村金融机构——村镇银行和小额贷款机构开始建立，包括私有和个体所有的民间资本借此进入了农村银行和金融机构领域。这个变化预示着我国银行与金融机构体系和体制更大范围的多元化的开始，长期以来对国内私有资本封闭的银行业和金融机构的大门开始打开。

二、国有商业银行股份制改造的"浴火重生"

下面，我重点介绍国有商业银行股份制改造的过程和主要成就。

从2003年年底开始实行的国有银行股份制改造与上市，是中国商业银行体制三十年来改革幅度最大、改革目标和措施最为彻底的一次重大创新。用温家宝总理当时的话来讲，国有商业银行的股份制改造与上市，是中国金融改革的"背水一战"。正是由于这场改革史无前例，因而整个过程充满了争论和犹豫。但是无论怎样争论，时至今日，当我们回首总结走过来的路的时候，

思索的声音

中国银行业特别是国有商业银行改革所获得的巨大成功是世人有目共睹的。特别在美国次贷危机引发的国际金融危机下,我们才真正认识到这场改革的必要性和正确性,如果我国没有在加入世贸组织过渡期结束前基本解决了国有银行不良资产比例过高、经营机制财政化等问题,在外资全面进入国内市场的条件下,特别是在全球金融危机的剧烈动荡中,中国的国有商业银行就会丧失竞争力,并很可能遭遇破产风险,从而导致中国的银行体系面对崩溃的危机。这才是中国经济和金融业面对的最大的风险,也是近五年来国家采用注资、引资、二次剥离、财务重组、股改上市等一系列手段,利用过渡期基本解决国有银行问题的主要原因和最大的道理。股改上市后国有银行所取得的成就已经充分证明了这一改革的正确。作为三十年金融改革和近五年股份制改造的亲历者,我们国有商业银行对改革的正确性和有效性有着更加深刻和切实的感受,因而我们对于继续坚持改革开放有着更为坚定的信念。

(一)改革出台的背景与国有商业银行股改的目标

中国加入世贸组织后,必须抢在加入世贸组织过渡期结束前基本解决国有商业银行问题,使之具有国际竞争力,已经成为我国加入世贸组织后当务之急。国家于 2003 年 12 月 31 日首先对中国银行、建设银行进行了注资,由此正式启动了国有银行的股份制改革。此举向全世界表明了中国中央政府对国有银行实行彻底改制的决心,标志着中国商业银行建立现代金融企业制度的深化。

2003 年在股改前夕,国家明确规定了国有商业银行的改制目标,即紧紧抓住改革管理体制、完善治理结构、转换经营机制、根本改善绩效这几个中心环节,在中国加入世贸组织五年过渡期内,把大多数国有商业银行改造成为资本充足、内控严密、运营安全、服务和效益良好、具有国际竞争力的现代化股份制商业银行。除了这种文字性的规定外,国家还确定了总的量化目标:三家试点银行经过股份制改革,要在公司治理水平以及经营绩效、资产质量、审慎经营等指标方面达到和保持国际排名前 100 家大银行中等以上的水平。

银监会对国有商业银行股份制改革提出了三大类七项指标：即经营绩效类、资产质量类和审慎经营类三大类指标。具体为：（1）总资产回报率财务重组当年达 0.6%，三年达国际良好水准；（2）股本回报率财务重组当年达 11%，三年内达 13%；（3）成本收入率控制在 35%~45%；（4）不良贷款比率持续控制在 5% 以下；（5）资本充足率保持在 8% 以上；（6）统一借款人贷款余额与本行资本余额的比例不得超过 10%；（7）不良贷款拨备覆盖率财务重组当年应不低于 60%，五年内达到 100%。

（二）股改的主要步骤和实际进程

根据改革方案，三家试点银行的股份制改造基本分为三个主要步骤：第一步：实行财务重组。即在国家帮助下消化历史存留的不良资产包袱，提高资本充足率水平，彻底改善财务状况。包括国家注资、冲销不良资产、二次剥离不良资产等具体步骤。财务重组是国有银行股份制改造的基础。第二步：完善公司治理。即根据现代企业制度的要求，参照国际先进银行的实践经验，结合我国国有银行的具体国情、行情，对银行的经营管理体制和内部运行机制进行改造，建立起适合于中国特色社会主义市场经济的银行公司治理结构和机制。完善公司治理是国有银行股份制改革的核心和关键。第三步：公开上市。即通过境内外资本市场公开上市，使国有银行成为公众化的银行。上市是国有银行股份制改革特别经营体制和运行机制改革的深化，是实现市场化转轨改制的重要路径。

从改革的主要步骤来看，三家试点行大体相同。但由于改革的时间和三行具体条件的不同，三家试点行实际的改革进程具有各自的特点：

1. 财务重组。在方法上以建设银行和中国银行为一类，以工商银行为一类，两类大体相同，略有差异。中建两行财务重组的特点：一是由中央汇金公司向中建两家银行各注入 225 亿美元的国家外汇资本金；二是两家银行用账上存有的准备金、未分配利润、当年净收入、中央财政拨付的原有资本金等财务资源冲销其损失类贷款，累计核销了 1 993 亿元人民币；三是将两行的可疑类贷款向四家金融资产管理公司招标拍卖，累计拍卖了 2 787 亿元人民

| 思索的声音 |

币；四是中建两行分别发行了400亿元和600亿元人民币次级债。

工商银行股改启动晚于中建两行一年零四个月，财务重组的方法也略有不同。一是工商银行保留了1 248亿元人民币的原财政拨付资本金；二是工商银行的国家注资结构不仅有中央汇金公司注入的150亿美元的外汇资本金，还有财政部历年拨付的资本金1 248亿元人民币，约合150亿美元，两项相加工商银行总计得到国家2 500亿元人民币约合300亿美元的注资，比中建两行多了75亿美元的资本金；三是工商银行不良资产的剥离采取了两种方式，一种是2 460亿元损失类资产由财政部以分期付款的方式购买，一种是4 590亿元可疑类资产采取招标等市场化方式，出售给华融资产管理公司。通过这两种处置方式，工商银行总体剥离了7 050亿元人民币的不良资产。四是工商银行在2005年8月发行了350亿元次级债。

财务重组的成效是非常明显的。通过财务重组，当年中国银行、建设银行、工商银行三行的不良贷款率分别降至3.92%、5.12%和4.69%，拨备覆盖率分别为61.63%、68.02%和54.20%，资本充足率分别为11.29%、10.04%和10%。已接近国际先进银行的平均水平。

2. 实施股份制改造。国有商业银行的股份制改革仅有财务重组是不够的，还要进行股份制改造。三家银行在财务重组完成后，股份制公司的成立立即提上了日程。根据国有银行股份制改革"一行一策"的原则，中国银行、建设银行和工商银行结合自己的实际情况和今后的发展战略，采取了不同的机构改组模式，完成了股份制公司设立工作。

中国银行于2004年8月26日整体改制为中国银行股份有限公司，其采取的是由中央汇金公司独家发起的方式。2004年7月26日，建设银行公布了它的股改方案，经过90天的分立质询答疑期后，于9月26日正式宣告中国建设银行股份公司（以下简称建银股份）和中国建设投资有限公司（以下简称建银投资）成立，其采取的是分立重组的方式，即把原建设银行分立重组为建银股份和建银投资两家公司，其中建银股份承继原建设银行经营的商业银行业务，建银投资则接受管理和处置原建设银行中不满足《商业银行法》规定的资产和业务。建银股份的发起人有五位，除了中央汇金公司外，还引入了建银投资、宝钢集团、长江电力和国家电网四家发起人股东，是三家试点银行股份制发起阶段唯一引入国内大型企业股东的一家银行。工商银行是2005年4月18日获准进行改制的，经过短短半年的时间，于2005年10月28日正式宣布成立中国工商银行股份有限公司。其采取的是由中央汇金公司和中央财政为原始股东发起的整体改制方式。

3. 完善公司治理架构和机制。2006年前，三家试点银行均根据国际通行惯例完成了公司治理法律文件的制定工作，完成了股东大会、董事会、监事会"三会"等公司治理组织机构的设立工作，股份制公司治理架构下的银行治理开始发挥作用。三家银行均引入了一些国内外知名专家学者和银行家作为外部独立董事，有的还从国外引入了高级管理人员。三家银行董事会均设立了多个专业委员会，通过专业委员会切实实现董事会对银行的有效治理和科学管理。三家银行还加强了监事会的职能，建立了保障监事会职能正常发挥的制度与机制。

4. 引进战略投资者。三家试点银行在完成股份制改造后，先后引入了国际国内的战略投资者。

2005年8月，建设银行引入了美国银行和亚洲金融公司两家国际战略投资者，引入了39.66亿美元的国际资本，出售了建行全球发售前14.1%的股份。

2005年8—10月，中国银行引入了苏格兰皇家银行（RBS）、亚洲金融公司、瑞士银行、亚洲开发银行四家国际战略投资者，共引入了51.3亿美元的国际资本，出售了中国银行全球发售前16.2%的股份。中国银行还引入了国内的战略投资者，即社保基金理事会，以人民币100亿元收购了中行3.9%的股份。国际国内加总，中国银行共向战略投资者出售了20.1%的股份。

2006年1月，工商银行引入了以美国高盛集团为首的国际战略投资团，包括美国高盛集团、德国安联集团、美国运通公司三家国际战略投资者。共引入了37.82亿美元的国际资本，出售了工商银行全球发售前8.89%的股份。在引进国际战略投资者的同时，工商银行还引入了国内战略投资者，即社保基金理事会，以人民币180.28亿元购入工商银行4.9996%的股份。国际国内加总，工商银行总计向战略投资者出售了全球发售前10.75%的股份。

5. 公开发行上市（IPO）。建设银行于2005年10月27日在香港成功挂牌上市。中国银行分别于2006年6月1日、2006年7月5日在香港联交所、内地A股市场成功挂牌上市。2006年10月27日，工商银行在香港和上海两地同时成功实现首次公开发行。据国际国内媒体报道，工商银行这次IPO打破了30项国际国内IPO历史纪录，堪称"世纪发行"。

（三）国有商业银行股改的历史贡献与影响

1. 国有商业银行成功地实现了改制转型。具体表现为四点：一是提高了资本充足率。2007年三行的资本充足率都在12.5%以上。二是彻底解决了资产质量的历史包袱，实现了不良贷款余额和比率双下降。至2007年末，三行的不良贷款率都控制在3.2%以内。三是效益明显改善，竞争力明显增强。2007年三行的净利润分别为690.5亿元人民币、562亿元人民币和812.5亿元人民币，都达到历史同期的最好水平。上市后，按市值计算，建设银行、中国银行、工商银行均进入国际前十大银行，其中工商银行已经排名第一位。四是国家注资取得明显收益。可以说，三大国有商业银行成功的改制上市，是中国金融改革的一次大提速，它根本改变了中国银行业的国际形象、经营状况和竞争实力，使中国金融体系的稳定性得到根本改观。

2. 国有商业银行的成功上市还对我国资本市场的历史性转折作出了不可忽视的重要贡献。这可以从两方面来看：一是银行绩优股板块已成为中国资本市场最为稳定的基础板块，促进了中国国内资本市场由价格投机型向价值投资型转化，有利于中国资本市场的稳定和成熟。二是上市后国有商业银行体制转轨与经营转型并举，资本市场成为银行营运资本、扩展业务、获取收益的新平台。在促进自身资产多元化、为自身创造多种经营收入的同时，也将促进和繁荣中国资本市场的发展。

次贷危机及其对中国银行业的启示和挑战[①]

今天我讲的题目是"次贷危机及其对中国银行业的启示和挑战"。我分四部分来讲：第一部分讲次贷危机及其走势预测；第二部分讲次贷危机正在改变世界，即次贷危机带给我们的启示；第三部分讲中国经济受到次贷危机的剧烈冲击；第四部分讲中国银行业面对的挑战。

第一部分 次贷危机及其走势预测

自 2008 年 9 月以来，肇始于美国的次贷危机进一步演化成全球性金融危机，国际金融市场动荡加剧，世界主要经济体出现多年未有的同步衰退，全球经济增速大幅下滑，陷入自 1929 年大危机以来的最大萧条。这场危机究竟会走多远？何时才能见底？这是目前全球最为关心的共同问题。

根据对全球几百年来金融危机规律的研究，我们把次贷危机从潜伏、爆发、恶化到未来纵深发展并最终平息的演化趋势分为七个阶段，分别是"潮涨"阶段、"潮落"阶段、"暗流"阶段、"海啸"阶段、"死海"阶段、"潮变"阶段和"回潮"阶段。

第一阶段为"潮涨"阶段。这一阶段的时间范围是 21 世纪初至 2007 年年初。这一阶段次贷危机正在酝酿，欧美金融领域的房贷及其相关衍生品创新层出不穷，经济领域的消费潜力被充分挖掘，整体呈现出欣欣向荣的潮涨特征。

[①] 这是作者 2009 年在对外经济贸易大学研究生讲座上的授课稿。

∥ 思索的声音 ∥

第二阶段为"潮落"阶段。这一阶段的时间范围是 2007 年年初至 2008 年第二季度。这一阶段随着欧美利率上行对房市负面影响的滞后显现,楼市、债市以及银行业"潮涨"阶段积累的风险集中爆发出来,金融动荡大幅加剧、金融机构接连受损。但此时欧美实体经济并没有出现同步衰退。市场上,普遍将 2007 年 8 月作为次贷危机的爆发时点,但实际在 2007 年年初次贷危机就已现端倪,因此我将"潮落"阶段的起始时点确定为 2007 年年初。

第三阶段为"暗流"阶段。这一阶段的时间是 2008 年 7 月初至 9 月中旬。这一阶段伴随着"两房"危机,全球金融市场呈现出风险潜在积聚又难以被察觉的"暗流涌动"特征。这一阶段次贷危机已经显露出恶化的先兆,但是大多数市场主体对市场异动产生了误读,以为次贷危机已经平复,甚至作出了不合时宜的策略选择,例如欧洲央行在这一阶段进行了加息,这为后一阶段危机突然恶化导致市场主体应对不及埋下了伏笔。

第四阶段为"海啸"阶段。这一阶段的起始时间是 2008 年 9 月中旬,结束时点尚难准确预计。这一阶段以雷曼兄弟申请破产和美国政策救助重犯"清算主义"的错误为序幕,呈现出金融危机急速恶化和经济危机初现端倪的特征。这一阶段华尔街投行模式终结,大量金融机构面临生存危机,金融市场大幅震荡,美国、欧洲和日本的经济衰退趋势初步确定。在"海啸阶段",次贷危机已经演化为经济金融双危机,以金融危机为核心,金融领域的风险爆发最为剧烈,因此这一阶段的终止将以金融危机见底为标志。但是,截至 2009 年第一季度末,由于信贷紧缩依旧较为严重,而信用卡、消费者信贷、共同基金和对冲基金的问题尚未完全暴露,特别是欧洲尚有危机进一步恶化的可能,因此金融危机还将继续深化。目前市场上最乐观的观点认为金融领域将在 2009 年下半年出清风险,中性观点则认为将在 2010 年,我个人认为,中性观点或许是更为严峻的判断,更显谨慎和理性。

第五阶段为"死海"阶段。这一阶段的起始时点和结束时点目前还存在较大变数。这一阶段将以金融领域风险出清为序幕,呈现出金融危机逐步见底和经济危机持续恶化的特征。这一阶段,金融危机对实体经济的滞后影响全面显现,欧美发达经济体和全球大部分新兴市场经济体都将不同程度地面临较深衰退的挑战。在"死海阶段",作为双危机的次贷危机以经济危机为核心,经济领域的萧条最为剧烈,这一阶段的终止将以经济危机的见底为标志,同时这一阶段的终止也将标志着次贷危机的最终见底。市场上较为乐观的观点认为经济危机见底将在2011年,我们更趋谨慎的分析认为,这一阶段的终止时间可能将在2012年甚或2013年。

第六阶段为"潮变"阶段。这一阶段的起始时点和结束时点目前还存在较大变数。这一阶段,增长模式转型、结构要素调整、金融监管改革和微观策略转变均在经历一系列尝试后初现成效,全球经济的失衡和国际货币体系的紊乱初步得以改善,世界经济和国际金融在缓慢复苏的过程中呈现出深层变化层出不穷的特征。这一系列深层变化标志着全球资源配置更趋合理、国际金融秩序更趋平稳,这将为下一阶段的快速复苏提供深层动力。

第七阶段为"回潮"阶段。这一阶段的起始时点和结束时点目前还存在较大变数。这一阶段世界经济将迎来一个新的快速上升周期,国际金融深化加速向纵深发展,与此同时,宏微观金融的风险管理能力也不断增强,整体呈现出理性增长、快速复苏的特征。

根据我们的判断,截至目前,次贷危机尚处于"海啸"阶段,未来向"死海"、"潮变"和"回潮"阶段的发展不会遵循平稳的演化方式。一系列不确定因素不仅使得阶段转变的具体时点无法确切预测,而且还可能导致阶段演化过程中出现市场大幅动荡,甚至出现暂时性反复的现象。

概括起来,我们对未来国际经济金融走势的预测是:尽管各国政府通过联合大幅降息、向市场注入流动性等手段,竭尽所能挽救金融市场和实体经济,但2009年全球主要发达经济体陷入全面衰退已成定局,而新兴市场经济体在经济增速明显放缓的同时,也将面临更多风险。虽然今年3月以来全球经济有一些好的消息和数据公布,但总的来看,次贷危机仍未见底,国际经济走出困境尚待时日。即使按照最乐观的估计,全球实体经济下滑可能也要到2009年以后才能企稳,而步入复苏则需要更长的时间。如果救助措施得力,2009年底美国和欧洲的部分经济数据有可能反弹,而亚洲多数新兴市场经济体则可能早于发达经济体出现经济反弹,特别是我国将率先走出危机

| 思索的声音 |

阴影。

第二部分 次贷危机正在改变世界

次贷危机是21世纪以来最大的金融危机，其对实体经济的影响和破坏可能超出20世纪30年代的大危机。并且它将带来经济方式、经济思潮、经济政策、国际货币体系、全球金融格局和全球增长方式的巨大变化。洞悉和把握这些变化，有利于我们在危机中把握先机。

（一）次贷危机打破了美国式增长的神话

20世纪80年代以来，美国经济一直保持持续增长，成为发达经济体持续发展的典范和神话。次贷危机的爆发打破了这个神话，它深刻地表明，美国式的经济增长方式出了问题。大家知道，美国经济是以消费为主的经济，特别是以国家和国民的负债消费和负债经营为其基本的经济特征。有数据表明，2007年美国GDP总量为11.5万亿美元，而2007年美国债券市场总存量已达31.72万亿美元，约为当年GDP的3倍；其中，美国国债余额约为9万亿美元，占其GDP的65.5%。可见，美国主要通过发债来维系其的过度发展。同样，有另一组数据表明了美国国民如何通过贷款或透支来维系过度消费。截至2007年末，美国家庭债务规模由2002年的8.5万亿美元扩大为14万亿美元，债务高达家庭可支配收入的133%，家庭消费信贷已从2002年的1.9万亿美元增加到2007年的2.5万亿美元，2007年美国家庭消费占GDP的比例为72%；而美国的个人储蓄率却持续下滑，在2005—2007年，美国个人储蓄率接近于零，分别为0.4%、0.7%和0.6%。这种对透支消费和借贷资本的过度依赖，导致美国财政和外贸收支"双赤字"的经济结构不断恶化。有数据表明，2007财年美国财政赤字规模已达1 615.27亿美元，2008财年美国财政赤字规模大幅上升为4 548.06亿美元。与此同样糟糕的是美国的贸易赤字，2007年美国贸易赤字已达7 002.59亿美元。深层次看，美国经济结构的失衡和透支性增长模式正是这场次贷危机最终形成的根本原因，美国式的透支性增长方式是不可持续的经济增长方式。

（二）次贷危机正在改变经济思潮与经济政策

次贷危机及其引发的国际金融甚至经济危机，强烈地动摇了西方引为经典或奉为指南的"新自由主义经济理论"。所谓"新自由主义经济理论"也被称为经济自由主义、经济原教旨主义、撒切尔新政或华盛顿共识。这种理论的核心就是限制政府对经济的干预和管控，由市场力量全面地取而代之。在过去几十年间，这种理论一直是欧美等发达经济体政府经济政策和经济管理方式的主要依据，并且作为市场经济的经典理论和指南介绍给各转型国家，在全球具有深刻影响。次贷危机后，几乎在一夜之间西方撕碎了对自由主义经济理论的崇拜，开始反思甚或清算自由主义经济思潮。前不久，澳大利亚总理陆克文在澳大利亚《月刊》杂志上发表了题为"全球金融危机"的长篇论文，认为这次次贷危机引发的金融危机正是过去三十年来自由市场理论主宰经济政策的最终恶果，无约束的市场力量已经把资本主义引上悬崖。陆克文的言论正是危机以来各国政府清算新自由主义经济理论的代表。

与对新自由主义经济理论清算同时发生的，就是危机后各国政府不约而同地都立即放弃了不干预的经济政策和行为准则。政府重新作为主导力量出现在市场经济舞台上，先后采取了前所未有的大规模和全面的干预，出台了一轮又一轮的经济刺激计划、拯救金融机构措施等，主要依靠政府力量阻止恐慌和危机的蔓延，拯救濒临崩溃的全球金融体系。

此外，各国政府对金融监管理念和监管漏洞进行了深刻反思和激烈批评，形成了一些新的认识。前不久召开的G20会议推出了加强全球金融监管的若干措施，包括建立全球性的金融稳定委员会，加大对金融机构、产品和市场的监管范围，打击诸如瑞士等避税天堂，敦促各国改进会计准则，以及加强对国际评级机构的监管等。美国也已经提出了《美国金融监管改革蓝图》。可以预计，全球金融危机对未来国际金融监管将产生深远影响，政府干预将适度扩大，国际金融监管合作将更加广泛，跨国的金融预警机制亟待建立，未来的金融监管手段也将更加灵活多样。

在这里顺便讲一下，如何看待金融创新的问题。次贷危机爆发后，有观

思索的声音

点把导致危机的原罪归罪于金融创新。我个人认为，金融创新具有"避险"与"逐利"的双重属性，金融创新并不会必然导致金融危机。这是因为，其一，从金融创新的发展历程可以看出，各种金融创新主要以转移风险、规避风险和提供流动性为初衷，它促进了金融资源的优化配置和金融市场的不断完善；其二，美国次级抵押贷款及其资产证券化的层层创新是把金融创新用于追逐利润的典型案例，成为投资者过度牟利的载体和表现形式，这促使偿付性风险、系统性风险和流动性风险以跨产品、跨市场、跨国界之势，沿着创新的路径接连爆发；其三，次贷危机升级与蔓延的过程表明，金融创新是一把"双刃剑"，当创新完全脱离避险初衷，只是被用做攫取超额利润时，创新就不仅不能转移风险，反而还会起到催生、掩盖和放大风险的作用；其四，在金融深化过程中，既不能简单地以防范风险为由抑制金融创新，也不能以过度逐利为目的进行创新，而应提高金融创新的透明度，完善创新监管体系，抑制利用金融创新牟利的过分冲动，保证金融体系的安全与稳定。

（三）次贷危机正在改变国际货币体系

第二次世界大战结束之后，《布雷顿森林协定》确立了美元作为全球储备货币的地位，也奠定了其在价值储藏、贸易定价、结算等诸多方面的主导地位。1971年，美元与黄金脱钩，美元在货币体系中的霸权地位随着贵金属价值约束的缺失而得到增强。然而，次贷危机的爆发揭示了以美元为核心的国际货币体系长久以来所存在的问题，并从短期和中长期两个层面对现行国际货币体系产生冲击和影响。中长期来看，本次次贷危机削弱了美元作为国际货币体系唯一核心的货币基础，但短期内美元的核心地位由于危机的加剧而不减反增。未来，国际货币体系的长期发展方向将不可能是金本位的恢复和美元式的单极体系，而是具有内在约束力和外部协调性的多层次"多元"国际货币体系。当然，国际货币体系的演化将是一个长期、渐进的过程。

（四）次贷危机正在改变国际金融格局

国际金融格局的不平衡是次贷危机可以升级为国际金融危机的重要原因。

可以预计，次贷危机发生后，国际金融格局的不平衡将有所缓解，美国在国际金融格局的地位将有所削弱，国际金融格局将继续朝"多极化"方向发展；全球金融机构将出现大的调整和重组，市场份额面临重新分配：美国金融机构，尤其是投资银行，因位于次贷危机漩涡中心，其影响力呈下降趋势；欧洲一些顶尖的金融机构因未卷入危机，位次有所上升，同时，欧洲和日本银行业以并购方式加快进入美国市场，而美国投资银行原有的海外市场，也成为本国银行业和欧洲及日本银行业争夺的目标；独立型投资银行过度依赖杠杆和自营交易的旧有经营模式已经充分暴露出脆弱性，商业银行与投资银行将出现相互融合的趋势，综合化仍将是未来金融机构组织模式和经营方式的主流。

（五）次贷危机正在改变全球经济增长模式

全球经济增长方式存在严重的失衡。美欧等经济体的过度消费和发展中国家的过度储蓄构成不平衡的两极。全球失衡是引发次贷危机的根源之一。次贷危机的导火线是美国房地产泡沫的破裂，而全球失衡正是催生美国房地产泡沫的重要经济根源。美国持续的经常项目逆差意味着必须有持续的外国资本流入来弥补美国的储蓄—投资缺口，这从两个方面推动了美国房地产市场的虚假繁荣，一是降低了长期利率，二是美国将获得的绝大部分融资投向了房地产部门，增加了房地产投资。两方面的共同作用放大了美国房地产泡沫，为次贷危机的爆发埋下了伏笔。美国透支式增长模式触发了全球失衡，而全球失衡却成为次贷危机的根源之一，美国人在消费的盛宴中悄然酿下了日后危机和衰退的苦酒。

次贷危机后，在全球经济下行的背景下，全球失衡得到初步调整，美国经常项目逆差明显缩减，全球失衡的两极——美国和中国的经济增长模式都开始发生变化。美国人开始储蓄了，美国个人储蓄率回升。而从中国的情况来看，在外部需求大幅缩减，净出口对经济增长的贡献度不断下降的背景下，中国正积极调整经济增长方式，努力扩大内需、加大消费拉动，以寻求经济增长方式的升级和转型。

‖思索的声音‖

第三部分　中国经济受到次贷危机的剧烈冲击

（一）冲击的表现

2008年全年，我国GDP同比增速为9.0%，较上年同期下滑了4个百分点，增速降到了2002年以来的最低点，经济下滑速度超出预期，形势严峻。具体表现为：

1. 固定资产投资增长总体疲软。2008年全年全社会固定资产投资比上年增长25.5%，增速略超过上年水平。但扣除物价因素的实际投资增速低于上年。

2. 消费总体保持较快增势，但增速下滑。2008年全年社会消费品零售总额比上年增长21.6%，增速比上年高近5个百分点。但8月份以后消费增速逐月下滑，12月份单月同比增速较8月份下滑4.2个百分点至19%。

3. 出口受到剧烈冲击，进口增速也迅速下滑。2008年，我国全年对外贸易进出口总值比上年增长17.8%，增速大幅下滑了近6个百分点。其中出口增长17.2%，较2007年下降了8.5个百分点；进口11 330.86亿美元，同比增长18.5%，较2007年下降了2.3个百分点。其中，12月当月国内出口增速为−2.8%，进口增速为−21.3%，均为连续第二个月同比下滑。这种下滑依然持续到今年第一季度末。

4. 外商直接投资（FDI）下降势头明显。2008年我国实际使用FDI增速高位回落，全年实际外商投资增长23.6%。继10—12月连续三个月同比负增长后，2009年1月单月FDI同比下降了32.7%，更是创下2007年2月以来的新低。

5. 消费物价涨幅快速回落，工业品价格高位"跳水"。2008年国内居民消费价格指数（CPI）全年比上年上涨5.9%。同比增速由8.7%的历史高位跌至2.4%，回落速度之快超出预期。今年第一季度CPI继续回落，4月份为−1.5%。工业品价格指数（PPI）自2008年8月达到峰值的10.1%后一路下滑，12月由正转负，同期下降1.1%。今年PPI继续下降，4月份降到了

-6.6%的历史低点。

6. 房地产市场低迷形势加剧。全年房地产开发投资比上年增长20.9%。房价同比增速从2008年年初以来逐月下滑,12月全国70个大中城市房屋销售价格同比增速较年初大幅下降11.7个百分点至-0.4%,这是房价自2005年7月以来的首次下降。12月份新建住房、二手住房销售价格分别同比下降0.8%和0.1%。

7. 工业增加值增速加速回落,工业景气度降低。2008年全年全部工业增加值比上年增长12.9%,增速逐月明显放缓,较上年下降了5.6个百分点。同时,反映工业企业当前生产情况的PMI指数从2008年3月起震荡回落,11月跌至该指数自发布以来的最低值。

8. 企业利润增速总体下降。2008年前11个月,全国规模以上工业企业实现利润同比仅增长4.9%,较上年同期大幅下降超过30个百分点,并降至2002年以来最低。

9. 财政收入和税收增速明显放缓。2008年全年税收收入比上年增长17%。财政收入和税收收入同比增速高位回落,截至2008年11月,财政收入和税收收入同比增速分别由52.6%和57.7%下滑至零以下。8月份开始连续四个月出现财政赤字。

10. 社会就业问题日益突出。2008年年末城镇登记失业率为4.2%,比上年年末上升0.2个百分点。高校毕业生的就业形势严峻以及沿海地区农民工大量失业返乡。

11. 股市低迷状态加剧。2008年股市持续低迷,12月31日,上证综指收于1 820.81点,较年初下跌65.4%。沪市总市值全年蒸发17.26万亿元;沪深总市值全年蒸发近21万亿元,缩水达63.6%。

(二) 宏观政策的转向及其依据

2008年11月9日,我国宏观经济政策进行了大调整,财政和货币政策同时由紧缩转向扩张,扩大内需再度成为经济工作的主导方针。

我个人认为,至少有两点可以帮助我们理解这次宏观政策调整的必要和适时。第一，因为外部经济环境的恶化。前面的分析表明，2008年美国经济已经滑入经济衰退的泥潭。与此同时，欧元区经济体以及日本、英国等出现了经济负增长，新兴经济体的增长也出现大幅下滑。由于我国与世界经济的关联度已经大大超过十年前，所以全球金融危机造成的世界经济增长放缓对我国经济增长产生了极大的影响。前面的数据表明，我国的出口已经受到严重影响，GDP和投资增长减缓，房地产市场和股市剧烈震荡下行，企业特别是出口型企业亏损加大。值得特别注意的是，这种负面影响随着全球性金融危机的持续恶化还有加重的趋势，我国必须要及时转变政策方向，全力应对和抵御这种负面影响，才能够保持住经济平稳较快的增长。第二，由于我国经济发展内在的主要矛盾出现了变化。2007年，我国经济增长达到了新一轮增长的最高峰，同时，由于经济结构深层次矛盾的作用，经济中确实出现了较为明显的过热迹象和较为严重的通胀压力，消费物价指数短短几个月上升到8.7%的高水平，能源、资源再度成为经济发展的"瓶颈"，股市房市价格持续走高，经济泡沫急剧堆积，对经济平稳较快的持续增长形成了威胁。当时国内经济发展的主要矛盾是经济过热和通胀压力过大，宏观政策上以"防止经济过热和防止严重通胀"为主旨是正确的和必要的。进入2008年第二季度后，GDP增速回落至10%以下，CPI回落至5%以下，宏观"双防"的调控目标基本实现。宏观政策本已到了一个转向的关口。恰在此时，美国次贷危机急剧恶化并上升为全球性金融危机，给中国经济带来了严重的负面影响，诸多经济指标出现了明显下行，此时国内经济发展的主要矛盾已经是抵御全球性金融危机的负面影响，在危机的外部环境下保持中国经济的平稳较快增长，所以宏观决策层及时把政策方向调整为扩大内需，以期对抗外部危机，全力保持经济平稳较快增长，显然这是正确的和适时的。

（三）中国经济可能已经见底

总体来看，2009年可能是近二十年来中国经济最困难的一年，次贷危机引发的国际金融危机带来的负面影响会远超过1997年的亚洲金融危机，经济增长速度在2008年大幅下滑后2009年仍有可能继续下滑，外需继续大幅收缩使2009年中国的出口形势非常严峻，加之我国正处于周期性结构调整时期，内外因素叠加致使实际投资增速及工业增长形势不容乐观。同时，随着4万亿元投资计划和刺激内需政策的到位以及效果的逐步显现，国内经济在第一季度后将可能企稳，第二季度后将可能回升，全年8%的经济增速有望实现，我国将在全球率先走出次贷危机。

在国家一揽子经济刺激计划措施的带动下，今年第一季度国民经济运行出现了积极变化，国内生产总值GDP同比增长6.1%，整体表现好于预期，中国经济可能已经见底。从分项数据上看，当前中国经济回暖迹象明显，主要表现在：信贷持续快速增长和M_2增速的大幅回升为经济增长提供了强劲的资金支持，2009年第一季度境内金融机构人民币新增贷款创下4.58万亿元的历史最高，并带动M_2同比增速大幅提高至25.51%；资金加速向实体经济释放，3月末M_1同比增速17.04%，较上月大幅提升6.17个百分点；3月当月，消费物价指数CPI同比降幅收窄，由2月的-1.6%上升至-1.2%，生产资料价格指数PPI环比降幅亦逐月缩小，其中1月份环比下降1.4%，2月份环比下降0.7%，3月份环比下降0.3%；固定资产投资增长加快，第一季度全社会固定资产投资28 129亿元，同比增长28.8%，比上年同期加快4.2个百分点；国内市场销售平稳较快增长，第一季度社会消费品零售总额29 398亿元，同比增长15.0%，扣除物价因素，实际增长15.9%，同比加快3.6个百分点，比上年全年加快1.1个百分点；规模以上工业增加值增速逐月回升，2009年3月同比增长8.3%，明显高于1—2月3.8%的增速，与之相呼应的是全国用电量降幅减小，3月份全国用电量较1—2月降幅减少了3个百分点；对外贸易明显好转，3月份我国外贸进出口总值、出口和进口分别同比下降20.9%、17.1%和25.1%，降幅较上月均有所收窄，按环比指标，3月份进出口总值环比大幅增长了23.8%，其中出口增长32.8%，进口增长14%；制造业采购经理指数（PMI）回到标志经济收缩与扩张的临界点50%的上方，3月份PMI指数为52.4%，较上月高3.4%，是自上年12月份以来连续第四个月的强劲反弹；同时企业景气指数降幅收窄，企业家信心指数有所回升，第一季度全国企业景气指数为105.6，与上季度相比回落1.4个百分点，较上年

思索的声音

第四季度21.6个百分点的降幅明显收窄,第一季度企业家信心指数为101.1,比上个季度提高6.5个百分点;房地产和汽车市场出现明显好转,今年2月汽车产销双双超过80万辆,结束了2008年7月以来产销连续低于80万辆的低位徘徊局面,汽车产销同比实现增长,库存压力得到释放,并创下了两年来最低水平。3月房地产市场成交量维持高位,北京、上海、深圳等一线城市新房成交量已超过或接近2007年同期水平,天津、杭州、青岛等二、三线城市成交量也出现放大。国内70个大中城市房屋销售价格环比由降转升,1—3月环比增幅分别为-0.2%、-0.2%和0.2%,为2008年8月以来的首次环比上涨。股市自进入2009年以来震荡上行,4月13日上证指数已经突破2 500点大关。

然而,尽管第一季度出现企稳回暖迹象,但我们必须清醒的是,不能由此低估下一阶段中国经济增长面临的困难,尤其是考虑到国际金融危机仍有进一步恶化的可能,中国经济长期存在的一些深层次结构问题目前并没有解决,当前中国经济回暖的稳固性和可持续性仍有待进一步观察。

根据历史经验,中国经济回暖最终决定于政府投资的增加能否有效启动内需,从而对冲外部需求的减少。现在看来,这一进程仍存在一定的不确定性:首先,政府投资未必能确保带动社会投资,如今1.18万亿元的政府投资已经动用了2 300亿元,并主要投向基础设施投资。但是,由于基础设施项目建设涉及的产业较少,拉动的产业链条也较短,因此尽管投资增速大幅度提高,但其对工业以及整体经济增长的拉动效果尚未显著显现。其次,扩大消费也是渐进过程,一方面,目前已经出台刺激内需的政策中,除少数措施外,大多是间接性和中长期性质的举措,譬如修建地铁、高铁,由项目规划、投资、建设、竣工到引致相关消费增加,需要一段较长的过程;另一方面,从长远来看,要推动居民消费需求的持续稳定增长,必须逐渐提高国民收入的消费率,改变消费占比过低的局面,保证居民收入稳定快速增长和社保、医疗、教育体系不断完善,显然,这也不是一朝一夕能够实现的。数据表明,2009年1—2月,消费增长有所放缓,社会消费品零售总额同比增长15.2%,下降了5个百分点,较2008年12月回落3.8个百分点。再次,企业利润降幅同比扩大可能导致去库存化进程的反复。2009年前两个月，规模以上工业企业的利润已经同比下滑37.3%，较2008年8—11月扩大了10个百分点，企业利润下降不仅可能导致居民收入收缩从而带来最终的需求收缩，而且可能导致去库存化进程反复。因此，总体上看，虽然目前诸多数据表明经济回暖态势较为明显，但下游需求全面恢复可能尚需时日。

第四部分　中国银行业面对的挑战

一、次贷危机给中国银行业带来严峻考验

在次贷危机的外部环境下，2009年将是21世纪以来我国银行业遭遇困难最大、挑战最多的一年。次贷危机对我国银行业带来的考验主要体现在四个方面。

第一，国际金融危机继续扩散给银行业稳健经营带来不利影响。一方面，银行面临部分行业产能过剩引发的信贷风险，企业停产、减产造成的违约增加，经济下行带来的消费谨慎，进出口减速带来的国际业务减少和战略投资者自身财务状况恶化等问题；另一方面，我国银行也面临全球货币进入降息通道，汇率波动加剧，境外投资可能继续损失，外汇资金运作难度增大，境外机构增长停滞和经营风险上升的问题。

第二，国内经济下行带来保持银行良好资产质量的巨大压力。经济下行必然伴随信贷资产质量的下滑。在经济下行期，经济上行期已经潜在的风险将变成现实风险。从当前情况看，由于需求不振、市场低迷、利润下滑，一些重要行业和出口依赖型行业的企业停产减产倒闭增多，风险和损失正在向银行转移；房地产行业高位回落，贷款项下抵押的房产价值下降，抵押物和质押现金流难以覆盖贷款风险；一些外资企业撤资或停产，甚至出现管理层集体逃逸事件，给银行债权造成了极大风险。今年乃至今后三年维护资产安全和保持资产质量是对我国银行的最严峻考验。

第三，盈利空间缩小带来持续保持良好财务表现的困难。一是适度宽松的货币政策大量释放银行体系的流动性，市场利率快速走低，资金收益率不

思索的声音

断下降；二是降息采取了非对称方式，付息成本提高，存贷款利差不断缩小；三是与资本市场相关的中间业务短期难以恢复，银行非利息收入减少，理财业务拓展困难，风险上升；四是信贷资产质量的变化导致拨备增加，影响盈利增长。

第四，大规模信贷投放带来风险管理的严峻压力。宽松的财政、货币政策在为银行带来机遇的同时，也对风险防范提出更高要求。2009年第一季度银行业新增贷款已经达到前所未有的4.58万亿元，把握好"保发展"与"防风险"的关系就成为银行必须解答好的关键问题。怎样才能使这些新增贷款不会在危机后成为新的不良，是银行面对的严峻考验。

二、面对利率市场化和金融脱媒化双重夹击

刚才，我们着重分析了来自次贷危机以及由其引发的中国经济增长下行给我国商业银行带来的压力。除此以外，利率市场化和金融脱媒化将是未来三至五年中国金融业最主要的发展趋势，中国商业银行将经历金融脱媒化和利率市场化的双重夹击，利差将大幅收窄。

利率市场化在我国已经在较大范围内实现，目前仅有本币存贷款利率仍维持管制利率。为兑现我国加入世贸组织的承诺，本币存贷款利率将在不久实现市场化。利率市场化的基本走势就是银行存贷利差收窄，我国将由目前3%左右的净利差向发达经济体2%左右的净利差靠拢，这将对那些以传统存贷款为主体的商业银行形成严重的生存威胁。利率风险已经成为我国商业银行今后面对的最主要的经营风险。

与此同时，我国的资本市场将得到进一步的政策鼓励和支持，将会有更快的发展。在债券市场发展已经提速的基础上，股票、基金、期货等都将加快发展步伐，证券业和保险业发展滞后于银行业的局面将得到改善。可以预计，下一步资本市场的恢复性发展将进一步增加直接融资在社会融资总量中的占比，相应地以银行为媒介的间接融资在社会融资总量中的占比将会进一步降低，金融脱媒现象将更加剧烈和明显。

有资料表明，国际银行业在20世纪70—80年代就经历了金融脱媒的痛

苦过程。它们的经验表明,金融脱媒化趋势将对商业银行传统经营方式和结构提出严重的生存挑战,使商业银行普遍面对破产风险。金融脱媒在世界范围是规律性现象,中国也无法例外。并且,在我国,金融脱媒化与利率市场化的趋势交织在一起,利率市场化所导致的银行利差缩小将加剧金融脱媒的速度和幅度。这两种趋势将迫使我国商业银行加快战略转型,经营结构和盈利模式将发生重大调整。

三、金融业结构将出现大的变化

一是外资银行将大量进入,成为中国国内市场的重要竞争者。尽管目前发达经济体的银行受到次贷危机重创,竞争力大受影响。但是,经过艰难而痛苦的重组改造后,国际大银行的竞争力将会重上一个新的台阶。对此我们要有清醒的认识,不能自我陶醉。并且,由于在今后相当长的时间内,我国仍是全球的投资热土,外资银行在后危机时代仍会加强对中国市场的进入,成为我国境内银行业市场的主要竞争者。我们必须利用危机时期受影响较小的机遇,抓紧时间强化自身竞争力,以应对后危机时代更加剧烈的国际国内竞争。

二是民间资金将融入正规金融体系。从现在起,在我国解决农村金融供给短缺的结构性问题过程中,将有大量民间资本参与进来,大量私有资本性质的小型农村金融机构将会出现,我国对国内私人资本封闭了近六十年的银行和金融机构大门将由此打开,这将是今后几年我国金融组织体系的最大变革之一。另一方面,一直在正规金融体系外循环的民间资金将受到规范并逐步融入正规体系。可能的方式是把大量存在于"地下"的民间借贷组织改组为小额信贷机构。

三是政策性银行将加快转型的步伐,"十一五"时期将改组为商业性银行。

复杂形势下银行业发展的重点问题[①]

根据主办方的要求,我今天上午就复杂形势下银行业发展的重点问题,分三个部分谈谈个人看法,供大家参考。

一、2011年形势及其关注点

2011年银行业面对的经营环境十分复杂,我分国际国内两个方面介绍。

(一)国际形势的主要关注点

2010年,全球经济实现了全面、较快的复苏,新兴市场作为全球经济复苏主引擎的作用日益显现,美、日、欧等发达经济体也实现了不同程度的增长。希腊和爱尔兰债务危机的先后爆发引发了国际金融市场动荡,主要货币汇率大幅波动,大宗商品价格持续攀升。危机后的全球金融监管改革取得重大进展,美、欧分别通过各自的金融监管改革法案,"巴塞尔协议Ⅲ"也正式出台。展望2011年,全球经济有望延续复苏态势,新兴经济体复苏势头仍然强劲,美国经济复苏步伐可能加快,欧、日有望持续缓慢复苏。发达经济体将保持极为宽松的货币政策,同时紧缩财政的压力不断增大,新兴经济体将加快收紧货币政策,同时实施持续宽松的财政政策。欧债危机隐患未除但有望缓解,全球股市将震荡上扬,美元汇率将保持宽幅震荡,大宗商品价格走势可能出现分化。

2011年国际形势中值得我们关注的主要有三点:

---

① 这是作者2011年2月为票据公司举办的中小银行行长培训班的讲课稿。

1. 美国新一轮量化宽松政策对全球的影响。

为巩固经济复苏基础，美联储于 2010 年 11 月决定启动规模为 6 000 亿美元的新一轮量化宽松货币政策（QE2）。相对于 2008 年 11 月开始实施、2010 年 3 月最终完成的 QE1，QE2 政策的出台背景和目的有明显差异：QE1 面对的是金融体系随时可能崩溃的紧急情况，其目的主要是为了解决金融体系流动性不足问题、稳定金融市场；QE2 面对的是高失业率和整体经济复苏动力下降，其主要目的是刺激就业增长，加快经济复苏。美联储试图通过推行 QE2 取得以下效果：一是通过购买长期国债推高国债价格、压低长期利率，刺激建筑业、房地产业等各项投资增长以及改善就业；二是通过向市场注入流动性提升美国国内的通胀预期，缓解通缩风险；三是通过在短中期内压低美元汇率提振美国出口。

总体而言，QE2 对美国经济复苏将起到积极作用，但从全球角度来讲它并不是一个优化选择：首先，QE2 使美元中短期贬值预期有所增强，欧元、日元等货币升值预期强化，从而使欧元区和日本的出口面临较大压力，对经济复苏形成一定障碍。其次，QE2 对包括中国在内的新兴市场经济体的负面影响更大：一是加剧全球流动性泛滥，促使跨境资本加速流入新兴经济体，推高资产价格；二是通过推升大宗商品价格加大新兴经济体的输入型通胀压力；三是美元贬值使新兴经济体持有的美国国债等固定收益美元资产承受巨大损失。结合美国经济形势的最新情况以及美国国内对推行量化宽松的看法，我们认为，截至 2011 年底，美国新一轮量化宽松政策规模有望达到 1 万亿美元，此后是否需要继续延伸并追加规模，取决于美国经济复苏态势及通胀走向。

2. 欧洲主权债务危机 2011 年是否会爆发"第三波"。

我们自 2009 年第三季度开始就多次强调"2010 年全球经济金融的风险核心将从美国转向欧洲"，2010 年以希腊和爱尔兰为导火索的两波欧洲主权债务危机，考验了全球经济复苏进程，也印证了我们此前的预判。2011 年全球经济的最大风险点仍然是欧债危机，如何评估欧债危机爆发"第三波"的可能性，我们认为：

‖ 思索的声音 ‖

一看关键时点。2011年1—4月欧元区成员国将有大量国债到期，占全年到期总额的41.3%，尽管2011年初葡萄牙、西班牙、意大利国债成功标售使市场对欧债危机的担忧情绪有所减轻，但PIIGS五国融资成本仍居高位。因此，2011年1—4月大量国债集中到期、短期流动性风险凸显，将再次对欧债危机走向形成考验。

二看关键事件。欧洲金融稳定机构（European Financial Stability Facility，EFSF）是欧盟自2010年5月希腊债务危机爆发后成立的紧急救助基金机制，旨在纾困欧盟内部债务沉重的国家，目前爱尔兰已经申请使用。该基金为了维持最高评级，其4 400亿欧元的名义规模中，仅有略超过一半的部分能用于提供救助，倘若未来葡萄牙或西班牙相继申请援助贷款，EFSF可能将难以拨付足额的资金。因此，欧盟近期提出进一步增加EFSF的规模，改进其实际放贷能力。如若欧元区各国能就金融稳定机制改革达成一致，欧洲就能在主权债务危机演化进程中由"临时救援"向"中期巩固"迈出坚实的一步，市场信心也将得到大幅提升。但由于欧元区核心成员国德国对扩大基金规模持强势反对态度，预计短期内达成改革协议仍然困难重重。

三看关键国家。葡萄牙和西班牙是最有可能再次引爆危机的两个国家。由于葡萄牙经济总量小，即便其债务问题引起市场风险情绪上升，其造成的传染效应有限。而作为欧元区第四大经济体的西班牙，其经济规模是希腊、爱尔兰和葡萄牙三者之和的两倍。如果西班牙债务风险升级而欧盟未能给予及时有效的援助，那么欧洲将会迎来一波更为严重的债务危机，同时对全球金融市场产生重大影响。综合西班牙政府债务、银行体系和经济增长状况来看，该国目前并不需要外界援助。即使西班牙万一需要救助，由于其经济在欧元区发挥着系统性的重要作用，虽然救助成本偏高，但欧盟也会尽快实施援助以防西班牙危机扩散带来的传染效应。

综上分析，欧洲边缘国家的债务问题可能会在2011年令市场避险情绪阶段性上升，其造成的负面影响将不会小于希腊债务危机的影响。

3. 国际金融监管改革对金融体系产生何种影响？

2010年国际金融监管改革取得重大突破，美国和欧盟分别通过各自的金融监管改革法案,"巴塞尔协议Ⅲ"也最终出炉。

美国金融监管改革法案于2010年7月获得签署并最终成为法律,被认为是美国自20世纪30年代"大萧条"以来改革范围最广泛、最严厉的金融改革法案。新法案将系统性风险监管列为重中之重,同时强调对银行过度投机行为的制约、对金融创新的制衡以及建立大型金融机构的退出机制等。总的来看,新法案将有助于提高金融系统的稳定性、恢复投资者对美国金融市场的信心,但其在有效防范危机方面仍存不足,如对导致金融风险产生的宏观经济政策因素尚无有效措施,也未能解决发达经济体投机资本跨境无序流动给世界经济和金融体系带来的风险问题。

2010年9月,欧盟正式通过了泛欧金融监管法案,这是全球首个带有超国家主权性质的金融监管体系。根据新法案,在微观层面上,欧盟将设立三大机构分别负责对银行业、证券市场和保险业实施监管;在宏观层面上,欧盟将设立欧洲系统性风险委员会,负责监测整个欧盟金融市场上可能出现的宏观风险,及时发出预警并在必要情况下建议应采取的措施。泛欧新监管法案的实施意味着整个欧盟层面金融监管和风险防范体系的建立,有助于解决欧盟金融市场高度一体化过程中缺乏跨国性的实体来统筹各国金融机构监管的问题,促进整个欧盟层面的金融监管协调和系统性风险防范。

2010年9月出台的"巴塞尔协议Ⅲ"在强调资本充足外,也把加强流动性风险管理作为监管重点。其主要内容包括:增强资本质量、提高最低资本要求、引入资本留存缓释、增加逆周期缓释、引入非风险杠杆率和提出最低流动性标准。"巴塞尔协议Ⅲ"的主要影响体现在以下方面:一是加大银行补充资本的压力。新协议的实施将使欧美等发达经济体银行业面临资本短缺困境,银行业为补充资本而大规模再融资甚至可能触发新一轮的危机。二是促使银行调整经营模式。过度依赖信贷规模高速增长的业务模式将面临考验,高风险业务也将受到更多约束,银行不但需要调整资本结构和分配,还必须加快创新和转型。三是影响全球经济增长进程。新协议虽然可以提升银行应对经济动荡时的缓冲能力,但额外的储备资本减少了银行的信贷能力,短期内可能会影响到诸多国家经济增长进程。

| 思索的声音 |

（二）国内形势的主要关注点

2010年中国经济逐渐从反危机的状态回归常态，经济运行呈现平稳较快增长。既避免了可能出现的过热苗头，也避免了年初市场担忧的所谓"二次探底"。第二季度开始，中国国内生产总值（GDP）超过日本，成为全球第二大经济体。然而GDP排名并不等同于经济竞争力，2010年中国经济仍然存在通胀压力较大、房地产市场调控效果尚不巩固等问题，2010年艰难推动的节能减排更是再次凸显我国经济转型的迫切性和必要性，加快调整结构已经成为全社会的共识。作为"十二五"的开局之年，2011中国经济将在转变发展方式的道路上继续探索，经济增速将有所放缓。

2011年国内形势中值得我们关注的问题有以下几个方面。

1. 物价上行压力较大，防通胀形势严峻。

2010年，我国价格运行呈现明显的前低后高态势，上半年价格总水平保持温和上升，7月以后逐月攀升，10月、11月CPI同比涨幅先后突破4%和5%，全年同比增长3.3%，超过年初3%的预定目标。其中，食品类、居住类价格分别同比上涨7.2%和4.5%，合计影响价格总水平上升3.1个百分点，占整个涨价因素的94%。

货币相对于经济增长的需要供给过多是推动价格上涨的最主要因素。近两年来，我国广义货币（M_2）与GDP的比例持续攀升，2009年达到178%，成为世界主要经济体中该比例最高的国家，2010年该比例继续攀升至182%。

农业基础薄弱带来的农产品供求脆弱平衡使得食品价格屡屡成为我国物价走势的第一推手。近年来，我国基础建设资金在城乡、工农之间投入极不平衡，固定资产投资中农业投资占比持续低于2%，农业生产的水利、农田、流通设施等建设落后。房地产热、城市扩张热挤占了不少农田，农村青壮年劳动力大量进城打工，农业生产发展所需的各种要素资源供给与人口快速城市化后激增的农产品需求量之间维持十分脆弱的紧平衡关系，稍有天灾就矛盾突出。如果政府不加大农业保护政策力度，增加对农业基础设施投资，农产品价格波动将会长期危及我国物价稳定大局。

2. 房价与居民收入、住房供给与需求间矛盾依然突出。

2009年下半年以来，我国部分城市出现房价、地价过快上涨态势，引发2010年两轮房地产的调控政策，第一轮以2010年4月17日国务院发布"新国十条"为标志①，第二轮则在2010年10月长假前出台②。首先，应该肯定2010年中央政府对房地产市场的调控取得了一定的成绩，主要表现在房价保持基本稳定的同时，房地产投资量仍在大幅增长。2010年12月，全国70个大中城市房屋销售价格同比涨幅连续8个月回落至6.4%，增速仅为4月12.8%的一半。与此同时，2010年商品房新开工面积同比增长40.7%，房地产开发投资同比增长33.2%。其次，房地产调控离政策预期还有一定的距离。全国70个城市房屋销售价格从2009年3月至今，22个月中仅1个月（2010年6月）环比负增长（-0.1%），其余月份均为正增长，特别是自2010年第四季度以来，一些地方高价地再度出现，部分未实施限购的区域中心城市住房成交出现量价齐升势头，限购城市周边地区房价出现较快上涨，部分热点城市房价再现上涨苗头。房价与居民收入之间矛盾十分突出，2009年我国部分城市如北京、上海、深圳和杭州等地的纯商品住宅房价收入比均超过14③，在发达国家，房价收入比超过6就可视为泡沫区。

在此背景下，2011年1月26日，国务院再度出台第三轮房地产调控政策（简称"新国八条"），要点包括：要求地方政府确定年度新建住房价格控制目标、二套房首付比例提高至六成、扩大住房限购范围、不满五年房产转让全额征收营业税等。这些政策不仅进一步落实了地方政府责任，而且在限购、限贷、加税等方面都做到了历史最严。此外，上海、重庆也在2011年1月28

---

① "新国十条"不仅遏制投机和炒房、增加开发商囤地风险和加大开发成本，而且引入地方政府房价问责制；并实行极为严格的差别化信贷政策，二套房首付50%，几乎禁止三套以上房贷，而不再区分购房用途。

② 政策内容包括保险资金不得投资开发或销售商业住宅；公租房建设免征多个税种；调整房地产交易环节契税、个人所得税优惠；上调首套房首付比例到3成；公积金贷款二套房上调利率，三套房停贷；要求2010年末房价上涨幅度较大的一些城市出台限购令细则等。

③ 房价收入比是指房屋总价与居民家庭年收入的比值，主要用于衡量房价是否处于居民收入能够支撑的合理水平，它直接反映房价与居民的自住需求购买力相匹配的程度，直接关系到民众的安居乐业。

‖ 思索的声音 ‖

日开始进行房产税试点。

3. 地方政府融资平台加大财政金融系统性风险。

首先,平台项目自身现金流还款能力不足。截至2010年6月末,平台贷款达7.66万亿元,其中,平台中项目现金流能够覆盖偿还本息的贷款约有2万亿元,占比27%;第一还款来源不足,必须依靠第二还款来源覆盖本息的贷款,有4万亿元左右,约占50%;项目借款主体不合规,财政担保不合规或本期偿还有严重风险的贷款,占比23%,约1.7万亿元。其中第二类和第三类基本是依靠财政来还款。其次,财政负担较重,财政资金偿债能力不足。国家审计署调查了18个省、16个市和36个县,调查报告指出:省、市本级和西部地区债务风险较为集中,2009年底,有7个省、10个市和14个县本级的债务余额与当年可用财力的比率超过100%,最高的达364.77%。从偿债资金来源看,2009年这些地区通过举借新债偿还债务本息2 745亿元,占其全部还本付息额的47.97%,财政资金偿债能力不足。

4. 转变经济增长方式面临诸多体制性、结构性和深层次障碍。

虽然2010年中国经济结构调整取得一定成效,但也必须看到,调整经济结构仍面临重重障碍。从2010年的数据看,首先,消费没有从根本上得到提振。2010年,社会消费品零售总额增长18.4%,扣除价格因素后,实际增长仅为14.8%,处于近三年来的低位。而且,消费结构有待调整,社科院发布的报告显示,社会消费品零售总额的66%来自政府与企业的贡献,而居民消费只占不到四成的比例。其次,我国仍然处于投资与重工业拉动经济增长的阶段。2010年我国第二产业用电量增幅最大,全年为3.13万亿千瓦时,同比增长15.41%,增幅比上年提高10.87个百分点。而在工业用电中,轻、重工业用电量同比分别增长11.89%和16.19%,表明固定资产、重工业仍在经济中唱主角。

从长期来看,我国经济结构呈现以下五个不协调:一是内外部经济不协调,突出表现在贸易顺差和外汇储备规模的不断累积。二是消费与储蓄关系不协调，表现在我国总储蓄率①的不断提高②和总消费率的不断下降上。三是传统竞争优势减弱的同时自主创新能力不足。四是高能耗项目投资热情不减，节能减排难度较大，资源环境压力持续增大。五是经济发展与社会发展不协调。经济发展不平衡，收入差距较大；基本保障和公共服务发展不足。

这些问题与我国经济体制存在的缺陷有关，第一，资源要素价格偏低，加上社会性规制不到位③，标准过低，既易导致对稀缺资源的粗放使用和较多的污染物排放，也不利于企业对节能降耗减排的投资和技术创新。第二，资源要素价格偏低、劳动者工资和福利水平偏低，社会保障和公共服务不到位，使得我国产品呈现不完全成本特征，我国产品竞争力出现"虚高"现象，这是导致我国贸易顺差积累的部分原因；加上劳动力资源报酬普遍偏低，直接影响了国内购买力的提高，制约了国内需求的扩大，导致内外经济不平衡。第三，政府公共服务投入不足尤其是对教育和科技投入不足，直接影响到国家的创新能力和劳动者素质的提高，也没有很好地起到缩小收入和福利差距的作用。第四，资源要素价格偏低、劳动者报酬和保障水平偏低、社会性规制不到位、国企享有特权可获得超额利润却无支付红利的义务，均增加了国民收入中归属于企业的部分。由于企业收入只用于投资，而不用于消费，因此，直接导致企业储蓄率的上升。最后，基本保障和基本公共服务不足，使得居民在消费方面存在后顾之忧，成为导致居民储蓄倾向上升、消费倾向下降的重要原因。

（三）2011年中国经济金融形势展望和宏观政策预测

1. 对2011年经济形势的总体展望。

展望2011年，中国经济总量增长的空间较大。从国际环境看，目前全球经济已步出金融危机的最坏阶段，整体仍将延续缓慢复苏的态势，使得我国

---

① 国民总储蓄占国民生产总值的比重。
② 从2000年到2008年，我国总储蓄率由37.7%上升到51.4%，上升了13.7个百分点。
③ 在现行的中央地方财税体制和干部考核管理体制下，对既有规制政策的执行不到位，使得企业成本严重偏离其社会成本。

‖ 思索的声音 ‖

得以保持一个相对稳定的外需环境。从发展阶段来看，目前中国正处在工业化和城镇化加速上升的阶段，带动投资需求、消费需求持续旺盛。从政策角度来看，"十二五"规划蕴含诸多增长机遇，区域平衡、产业升级、大消费时代和节能环保等政策的有序落实将转变经济增长方式，形成更可持续的经济增长点。前期出台的加快保障房建设和棚户区改造及鼓励和引导民间投资等政策也将发挥作用。从先行指标看，2010年第四季度，企业景气指数和企业家信心指数持续回升；12月，中国制造业采购经理指数（PMI）为53.9%，已连续22个月位于临界点——50%以上的扩张区间。

在外需仍存诸多不确定性、宏观政策回归常态以及经济结构调整继续深化等内外因素影响下，2011年中国经济增速将回归到更加平稳的水平上，增长将更多依赖于内生增长动力。第一，消费增长多空因素交织。居民的消费能力将继续受益于工资的增长和社保水平的提高。与此同时，2011年家电下乡等扩大消费政策到期、房地产政策的加码和部分城市的汽车限购政策将对相关领域的消费产生一定的抑制作用。第二，投资动力仍然强劲。随着"十二五"规划重点建设项目的有序开工，区域发展、城镇化进程和产业升级将是投资增长的主要推动力，"新非公36条"的逐步落实也将催生一批新的投资增长点，保障性住房建设将能部分抵消房地产市场调控给房地产投资带来的不利影响。第三，出口增速将有所放缓。全球金融危机尤其是欧债危机的影响将继续显现，后危机时代世界经济发展格局面临深度调整，贸易保护主义泛滥可能成为常态，人民币对美元汇率还将继续升值，再加上2010年出口增长高基数的影响，2011年出口增长的压力较大。第四，物价上涨压力仍然存在，全年走势呈前高后低。推动物价上涨的主要因素包括：若干发达经济体采取量化宽松的政策导致国际大宗商品价格的上涨；近两年来累积起来的货币条件；2010年对2011年的翘尾因素有2.6个百分点左右；劳动力、土地资源等成本的上升等。第一季度受节日需求增加、翘尾影响较大等因素的影响，我国物价水平仍将高位运行。然而，经济增速逐步放缓、粮食连续七年丰收、工业制成品供大于求以及货币政策的适时调整都使得2011年全年物价涨幅在可控范围之内。第五，房地产市场走势相对平稳。2011年，政府将在严厉调控房地产市场的同时，加大对保障性住房的供给力度，全年住建部将安排建设保障性住房和各类棚户区改造住房1 000万套，较今年580万套保障性住房的建设规划翻近一番。预计2011年房地产调控政策和旺盛的市场需求之间将展开拉锯战，房价将因此保持相对稳定。第六，新增信贷不会出现大幅收紧。2011年不仅有部分"4万亿"的项目仍处于收尾期，而且作为"十二五"规划的开局之年，重大项目建设将有序启动，保障性安居工程、水利建设、战略性新兴产业以及高铁建设将是2011年的投资重点，资金需求量较大。

2. 对2011年宏观经济政策的预测。

我们认为2011年宏观经济政策包括如下要点：首先，稳定价格总水平被放在更加突出的位置，宏观调控政策着力点将更加偏重于控通胀。其次，2011年的宏观经济政策定调为"积极稳健、审慎灵活"，货币政策由"适度宽松"转向"稳健"，重在调总量；财政政策仍然坚持积极的取向，重在调结构。再次，经济转型仍是2011年的主线。一是调整优化需求结构，培育新的消费热点。相比去年实施家电和汽车"以旧换新"等政策措施，由政府带动的消费"刺激"基本退出视野。2011年政府将通过积极稳妥推进城镇化、研究制定收入分配改革方案提升居民消费能力、改善居民消费条件，推动消费增长实现质的飞跃。二是优化投资结构，提高投资质量和效益。坚决防止借"十二五"时期开局盲目铺摊子、上项目；严控投资产能过剩行业，防止新的低水平重复建设。三是调整优化产业结构，提升传统产业和发展新兴产业将齐头并进。一方面加快改造提升传统制造业，加快壮大服务业规模；另一方面扎实发展战略性新兴产业，大力发展循环经济和环保产业。四是增强区域发展协调性，积极稳妥推进城镇化。实施西部大开发战略将被放在区域发展总体战略的优先位置。最后，加大改革攻坚力度是中国经济发展的长期要务所在。中央经济工作会议首次提出"要加强改革顶层设计，在重点领域和关键环节取得突破。"2011年将加大改革攻坚力度，对财税、金融、投资体制和资源环境领域改革、收入分配改革、人民币汇率改革、集体林权制度改革和国有企业改革等领域将有所侧重。

‖ 思索的声音 ‖

就货币政策而言，稳健的货币政策将采取总量对冲、增量控制与适度升值、谨慎加息、适当管制流入资本的对策来收缩流动性，并管理好通胀预期。一是2011年存款准备金率仍然具备上调的空间。由于存款准备金率上调的重要依据是外汇占款的增量，因而虽然目前大型金融机构的存款准备金率已达19%的历史最高水平，但存款准备金率仍具上调空间。二是2011年利率仍有数次上调的可能。由于2010年全年中国实际利率几乎都在负区间内运行，再考虑到居高不下的通胀压力，中央银行会在2011年继续上调存贷款基准利率，直到实际利率水平恢复正值。三是2011年人民币兑美元升值幅度在5%左右。面对日趋复杂的国际环境，人民币兑美元面临的升值压力将会在相当长的时间内存在。

二、未来五年银行业发展的机遇和挑战

（一）"十二五"时期银行面对的发展机遇

"十二五"时期是我国全面建设小康社会的关键时期，也是我国经济发展方式转变和经济结构调整的攻坚时期。总的来讲，在这个时期国内商业银行的发展机遇大于挑战，仍是商业银行发展的黄金机遇期。概括起来，大的机遇主要有两点：一是国内经济具有持续增长动能。未来五年，尽管宏观经济政策将逐步退出危机时的宽松状态，但是由于我国正处在工业化、城市化发展的加速上升阶段，带动投资需求、消费需求持续旺盛，经济总量增长的空间较大。从政策角度来看，前期出台的着力振兴战略性新兴产业，加快保障房建设和棚户区改造，鼓励和引导民间投资等政策措施和各项区域发展战略正在发挥作用，有利于加快经济结构调整，形成更可持续的经济增长点。我们预计，今后五年国内经济仍将保持平稳较快发展态势，GDP年均增长率不会低于8%；消费升级和城镇化将得到快速推进。国家将着力培育战略性新兴产业，进一步吸引和鼓励民间投资，启动和强化各项区域发展战略的增长引擎效用，国内经济可持续增长点将不断形成，这将为我国银行拓展优势业务、挖掘新兴市场潜能提供巨大空间。二是中资企业"走出去"和人民币国际化

步伐加快。目前我国企业对外投资已经达到 500 多亿美元。"十二五"时期国家将推出对外投资规划,预计到 2013 年,我国对外直接投资有望突破千亿美元、存量将达 5 000 亿美元。同时,人民币国际化步伐将进一步加快,人民币区域自由兑换和人民币跨境清结算体系建设可能取得突破。这将为我国银行开拓国际市场、推动跨境融资、投行、结算等业务的发展创造巨大机遇。

(二)"十二五"时期银行面对的挑战

1. 首当其冲的挑战是利率市场化。

所谓利率市场化指的就是利率形成机制由官定管制利率向市场供求决定的市场利率转变的过程,其基本走势就是银行存贷利差收窄。利率市场化是对外开放金融市场国家的必然趋势,世贸组织 130 多个成员国几乎都经历了利率市场化的过程。对我国来讲,这是一个必然来临的过程。

目前来看,利率市场化在我国已经在较大范围内实现,仅有本币存贷款利率仍维持管制利率。早在 2001 年我国加入世贸组织之初,我国曾向全世界承诺在加入世贸组织过渡期结束时将逐步实现利率市场化。最近,中央关于"十二五"规划建议已经明确指出,要稳步推进利率市场化。我们预计本币存贷款利率最迟将在"十二五"时期实现市场化。我国实行利率市场化的直接结果就是银行净息差将由目前 3% 左右向发达经济体 1%~2% 的净利差靠拢。有数据表明,近年来我国利率市场化步伐明显加快,净息差(NIM)已经大幅收窄,至 2009 年,中国银行业的净息差(NIM)已经由 2008 年的 2.96% 下落到 2.25%,下降了 71 个基点。2009 年第三季度后,我国银行净息差有所回稳,至 2010 年前三个季度净息差已回到 2.45% 的水平,但仍比 2008 年低 51 个基点。这个 NIM 的水平已趋近发达国家,但与发达国家和港台地区 1%~1.5% 的水平相比较,还高出很多。我们预计,未来五年,国内利率市场化进程将继续深入,银行业的净息差水平将进一步缩小,将有可能在今后五年内进一步收窄至 2% 以内。这将对那些以传统存贷款为主体的商业银行形成严重的生存威胁。利率风险已经成为我国商业银行今后面对的最主要的经营风险。

思索的声音

2. 金融脱媒银行业面对的主要挑战。

所谓金融脱媒，就是指资金交易双方更多采用资本市场上直接交易方式，从而使社会融资脱离了银行等间接融资媒介体，导致银行融资的市场份额大大收窄，银行大量亏损。这种现象国际上称之为"金融脱媒"。

大家知道，在社会融资总运动中，资本市场的直接融资与银行为媒介的间接融资间存在此长彼消的关系。金融脱媒的结果就是直接融资在社会总融资额中的比重扩大，同时，银行间接融资比重下降。对银行最直接的影响就是客户流失和业务份额下降，包括储蓄、存款和贷款的客户和资金都会流向直接融资的证券市场。银行在失去客户和业务份额的同时，成本增加，盈利减少甚至出现亏损。这在全球是规律性的现象。从我国的实际来看，经过二十年的发展，我国直接融资已经有了长足发展，其占我国社会融资总量的比例已经从2005年的85.8%上升至2010年的58.5%。中央在关于"十二五"规划的建议中明确表述，要加快直接融资的发展，在债券市场发展已经提速的基础上，股票、基金、期货等都将加快发展步伐，证券业和保险业发展滞后于银行业的局面将得到明显改善。我们预计，下一步直接融资的发展将进一步增加其在社会融资总量中的占比，相应地以银行为媒介的间接融资在社会融资总量中的占比将会进一步降低，金融脱媒现象将更加剧烈和明显，银行传统的存贷款业务空间将受到极大挤压，客户将出现大量流失。

3. 银行业将面对更为严格的资本约束。

2010年9月12日，巴塞尔委员会宣布实质性增加对银行及其他金融机构的最低资本要求，以此为核心组成了"巴塞尔协议Ⅲ"。"巴塞尔协议Ⅲ"主要包括以下四方面内容：一是进一步严格资本定义，限定核心资本主要由普通股和留存收益构成[①]，涵盖范围较"巴塞尔协议Ⅱ"更小些。二是提高资本充足率要求，在第一支柱8%要求的基础上，增加2.5%的保留资本缓冲，形成新的最低资本充足率要求为10.5%，还提出0至2.5%反周期资本缓冲、

[①] "巴塞尔协议Ⅱ"限定核心资本由实收资本和公开储备构成，其中实收资本是指已发行并完全缴足的普通股和永久性非累积优先股；公开储备包括股票发行溢价、银行资本分留利润、普通准备金和法定准备金的增值等。

系统性重要银行的资本计提要求，上述因素叠加后再考虑目前尚未完全计入的市场风险和操作风险的资本占用，到 2019 年资本充足率要求将有可能超过 14%。三是加强流动性监管，引入流动性覆盖率（LCR）和净稳定资金比率（NSFR）指标，流动性覆盖率即指拥有充足的高质量资产来保证压力情境下持续三十天的资金净流出；净稳定资金比率即指银行一年内可用的稳定资金来源大于需要的稳定资金需求，目的是提高银行在更长时间内抵御流动性风险的能力。四是出台杠杆率监管要求，引入杠杆比率监管指标，杠杆率＝一级资本/（资产＋表外风险暴露），初步确定了 3% 的杠杆率最低标准，以对资本充足率监管进行补充，限制银行表外资产的快速膨胀，控制风险总体暴露。

从短期看，"巴塞尔协议Ⅲ"的影响主要体现在以下三个方面：一是致使短期内全球投资者对银行业发展前景较为悲观。二是银行补充资本的压力增加。三是可能影响全球经济增长进程。从长期看，"巴塞尔协议Ⅲ"的影响体现在两方面：在单个银行实体层面，其有助于提高银行及其他金融机构在市场波动时期的恢复能力，使银行能够更好地抵挡经济金融风险的压力；在整个金融体系层面，其有助于减少具有潜在系统性风险的银行对整个金融业的影响，以对全球长期金融稳定和经济增长起到支持作用。

值得注意的是，"巴塞尔协议Ⅲ"新规则的制定是西方按照自身标准量身定做的，而对发展中国家和中小国家而言，将对其金融机构的快速发展产生制约作用。在前不久人民银行召开的金融稳定会议上，我们提出了"国内金融监管严于国际未必符合我国的整体利益"的观点。我们认为，面对后危机时代全球强化监管的大趋势，我国确有必要强调与国际监管核心原则和标准的一致性，但我们认为，我国在执行"巴塞尔协议Ⅲ"时，还应充分考虑我国与西方国家多方面的差异性，防止出现"别人生病我们吃药"的情况。国际金融监管新规则是针对西方大型金融机构资本杠杆过高的情况而出台的，是西方按照自身标准量身定做的，而我国商业银行由于历来监管严格，加上金融创新产品种类少，资本充足率和拨备覆盖率等指标的情况要好于国际同业。2007—2009 年，我国工商银行、建设银行、中国银行的平均核心资本充

| 思索的声音 |

足率分别为10.65%、10.48%、9.55%，而同期全球银行业平均核心资本充足率分别仅为4.53%、4.32%、4.43%；从拨备覆盖率来看，我们选取全球市值排名前三的银行（工商银行、建设银行、汇丰控股）来比较，2007—2009年工商银行分别为103.5%、130.15%、164%；建设银行分别为104.41%、131.58%、176%；而同期的汇丰控股分别仅为94.8%、92.1%、80.8%。我们认为，在已经严于国际标准的基础上，还要推行更严的监管标准将会制约我国金融机构的发展，这未必符合我国的整体利益。

但是必须看到的是，由于"巴塞尔协议Ⅲ"制定了更高的资本充足率标准，未来五年以及更长时期内，我国银行资产业务扩张，特别是信贷业务发展将面临较强的资本约束，从而使转变主要依靠信贷扩张实现增长的传统方式的必要性越加迫切。

4. 信用风险仍然是对银行业的最大考验。

今后我国的银行业主要面对两大风险，一是市场风险，主要表现为利率风险；二是信用风险。关于利率风险我在利率市场化挑战中已做充分说明，在此着重讲信用风险。今后几年信用风险仍将是我国银行业面对的主要风险。信用风险主要来自两个方面：一是来自国家经济结构调整，二是来自地方政府债务。

关于经济结构调整带来的信贷风险。中央已经明确，"十二五"时期经济发展的主题是转变发展方式，经济结构调整是经济发展的主线。我们判断，"十二五"时期经济结构调整主要包括：一是调整优化需求结构，培育新的消费热点。前两年应对危机时采取的家电和汽车以旧换新等由政府带动的消费"刺激"政策将基本退出视野。政府将通过积极稳妥推进城镇化、研究制定收入分配改革方案提升居民消费能力、改善居民消费条件，推动消费增长实现质的飞跃。二是优化投资结构，提高投资质量和效益。坚决防止"十二五"时期盲目铺摊子、上项目；严控投资产能过剩行业，防止新的低水平重复建设；以"环保低碳"为抓手，严格限制高排放、高耗能项目和产业的发展。三是调整优化产业结构，提升传统产业和发展新兴产业将齐头并进。一方面加快改造提升传统制造业，加快壮大服务业规模；另一方面扎实发展战略性新兴产业，大力发展循环经济和环保产业。同时，与切实调整经济结构相适应，"十二五"时期 GDP 崇拜将降温，相对于前三十年而言，经济增长将进入一个平缓增长期。

国家经济结构调整和发展模式转型进程的加速，将对我国银行业的风险控制能力提出更高要求：一是国家加速淘汰落后产能和严控高耗能、高排放产业扩张，加大环保检查和惩处力度，将导致企业和行业结构出现更为剧烈的优胜劣汰调整；二是经济增长速度的放缓，可能使得经济高涨时隐含的风险充分暴露出来。这些都将使银行的信贷资产质量再度出现恶化，信贷风险趋大。

关于地方政府债务带来的信用风险。实际上，地方政府债务问题在我国由来已久，在 2008—2009 年对抗国际金融危机中，地方政府融资出现超常规增长，而从去年起，地方政府融资平台问题引起了各方的关注，再度成为焦点。有数据表明，截至 2010 年 6 月末，平台贷款达 7.66 万亿元。其中，平台中项目现金流能够覆盖偿还本息的贷款约有 2 万亿元，占比 27%；第一还款来源不足，必须依靠第二还款来源覆盖本息的贷款，有 4 万亿元左右，约占 50%；项目借款主体不合规，财政担保不合规或本期偿还有严重风险的贷款，占比 23%，约 1.7 万亿元。其中第二类和第三类基本是依靠财政来还款。

再从财政负担情况看，国家审计署调查了 18 个省、16 个市和 36 个县，调查报告指出：省、市本级和西部地区债务风险较为集中，有 7 个省、10 个市和 14 个县本级的债务余额与当年可用财力的比率超过 100%，最高的达 364.77%。从偿债资金来源看，2009 年这些地区通过举借新债偿还债务本息 2 745 亿元，占其全部还本付息额的 47.97%，财政资金偿债能力不足。从以上数据可见，地方融资平台蕴含的风险已不容忽视，可能成为影响银行业资产质量的系统性风险来源。

‖思索的声音‖

三、银行的应对之策

(一) 必须实施增长方式和经营结构的战略转型

有资料表明,国际银行业在20世纪七八十年代就经历了金融脱媒的痛苦过程。它们的经验表明,金融脱媒化趋势将对商业银行传统经营方式和结构提出严重的生存挑战,使商业银行普遍面对破产风险。金融脱媒在世界范围是规律性现象,中国也无法例外。并且,在我国,金融脱媒化与利率市场化的趋势将交织在一起,利率市场化所导致的银行利差缩小将加剧金融脱媒的速度和幅度。

面对国内利率市场化和金融脱媒化带来的传统存贷款市场与收益收窄的压力,国内商业银行必须主动实施经营模式、增长方式和经营结构的战略转型,积极发展综合经营,全面调整资产结构、业务结构、负债结构、收益结构、客户结构、营销渠道结构以及员工知识与技能结构,特别要努力转变资产结构和收益结构,摆脱目前对信贷资产及其收益的过度依赖,努力发展非信贷的业务和资产,加大贷款利差以外的经营收益,使经营结构转变为传统存贷款业务与投资性、交易性和收费性业务并重,信贷资产与非信贷资产并重,贷款利差收入与非信贷收入并重的集约化、多元化和综合化结构,实现经营模式由以规模扩张为主向以质量效益为主的转变,实现增长方式由主要依赖传统存贷款业务向多元化综合化收益的转变,提升核心竞争力和金融服务水平,最终把国内商业银行建设成为具有较强国际竞争力和创新能力的现代金融企业。

在近些年我国逐步推进利率市场化的过程中,国内银行业已经认识到高利差的难以为继,先后启动了战略转型,降低信贷资产占比、提高非信贷资产占比,降低存贷利差收入占比、提高手续费和佣金收入占比。数据表明,大型银行的转型进度和成效要更为突出一些。从信贷资产占比来看,目前五家大型银行信贷资产占比总体上已降至50%以内,而中小银行大多还在60%~80%。从手续费和佣金业务收入占比来看,五家大型银行的手续费收入占比已提高至20%左右，而中型股份制银行手续费收入占比尚在10%左右，地方性银行机构的占比还要更低一些。

前面我们已经分析了，未来五年，国内利率市场化进程将会继续深入，银行业的净息差水平将进一步缩小。"十二五"时期，我国银行业净息差有可能收窄至2%以内的水平。这将会出现什么结果呢，我们做了个测算，以工商银行2010年上半年的资产负债规模为测算基础，净息差每下降20个基点，将影响工商银行净利息收入约242亿元[1]；如果净息差收窄至2%，工商银行的净利息收入将减少447亿元。这表明，利差收窄将对我国银行业利润的持续增长带来严峻考验。所以我们必须要加快战略转型的步伐。

（二）综合经营是银行业转型发展的必由之路

国际经验显示，在利差收窄趋势下，综合化经营对银行业可持续盈利和稳健发展起到了较好的缓冲作用，欧美银行业主要通过综合经营度过了利率市场化和金融脱媒带来的生存性危机。综合经营是国内商业银行实现转型和摆脱生存危机的必要手段和主要路径。只有坚定而稳妥地推进银行业综合经营，持续开拓新业务领域和收入来源，才能保证我国商业银行成功应对利差收窄和金融脱媒的挑战，实现可持续发展。

早在2005年，中央在关于"十一五"规划建议中已经明确提出"稳步推进金融业综合经营试点"，但是，由于国际上爆发了由美国次贷危机引起的全球性金融大危机，危机造成的对银行业的巨大伤害以及各方对危机成因的众说纷纭，使得国际国内对金融业综合经营的必要性和必然性产生了疑虑。可以说，2008—2009年的这场国际金融危机在一定程度上延缓了我国金融业综合经营的试点速度。目前，我国将要实施"十二五"规划，是否继续推进和如何推进金融业综合经营的问题，成为继续深化我国金融业和银行业改革必

---

[1] 净息差（NIM）=利息净收入/总生息资产平均余额，由此可推算出，利息净收入=总生息资产平均余额×净息差（NIM）。按照2010年上半年末工商银行总生息资产平均余额120 843亿元测算，若净息差（NIM）下降20个基点，则影响工商银行净利息收入=120 843×0.2%=242亿元；若净息差（NIM）由2010年上半年末的2.37%直接收窄至2%，则影响工商银行净利息收入=120 843×0.37%=447（亿元）。

思索的声音

须要回答的问题。对此我们作了专题的细致研究，我们的观点是：综合经营是当今全球金融业发展的必然趋势，即使是金融危机也不能逆转这种趋势。其实，综合经营并不是导致金融危机的原因，相反，综合经营是分散风险的有效手段，国际大银行主要依托综合经营才避免了在本次金融危机中遭受灭顶之灾。对于我们中国来讲，应当在加强金融监管的同时，加快金融业综合经营的步伐，要充分利用危机带来的时间"窗口"期，通过适度有序放开金融创新和综合经营，缩短国内金融机构与国际金融机构在发展上的距离，提升中国金融机构的国际竞争力和分散风险的能力。我们提出：要有序推进我国金融业的综合经营，可实行业务和机构的分类放开，首先放开那些与商业银行传统业务和服务直接相关的综合经营业务；首先放开那些资金实力雄厚的大型银行机构实行综合经营，把综合经营可能带来的风险降到最低。同时要实行与综合经营相适应的金融监管，在分业监管的框架下，通过有效机制使"一行三会"的金融监管"无缝链接"，确保我国金融业综合经营健康稳步发展。

下一步，我们预计，"十二五"时期我国金融业综合经营将会继续推进，宏观层面上将会把重点放在构建和完善与综合经营相适应的金融监管体系上。

（三）狠抓风险防范与合理布局银行业

1. 关于风险防范。

我们在前面挑战中，详细分析了未来国内银行业可能遇到的主要风险。对利率市场化带来的利率风险，我们已经讲了主要通过银行增长模式和经营结构转型来抵御和化解。除此之外，细化的资产负债和利率风险管理是防范利率风险的更为具体的技术要求。由于资产负债结构的不同，各行风险管理手段可能不尽相同，但基本技术在国际上已经比较成熟了，我国商业银行应当在引进消化国际经验的同时，创造适合本行特点的利率风险管理体系。

流动性风险也是我国银行不可忽视的风险。流动性风险是银行经营中最常见和最普遍存在的风险。不论流动性短缺或者流动性过剩，对于商业银行都是重要的经营风险，近十年来我国银行饱受流动性过剩之苦，今后，银行层面的流动性过剩可能将继续存在，但由于资本约束的强化和监管方对于存贷款比例的提高，银行流动性局部的和阶段性紧缺的情况也将有可能发生。从去年起，这种迹象已经显现。当然最令人担心的是由于资产质量出现大幅度的、大规模的急剧恶化而引起的流动性短缺。在这种情况下，流动资金由过剩到紧缺的转换，往往只在一瞬间。这点已经被多次金融危机的实践所证明。所以，流动性风险也是我国银行业不可忽视的风险。

2. 关于银行业布局。

为什么把银行业布局问题与风险防范问题一起讲？是因为这两个问题直接相关。我个人认为，近十年来，我国银行业格局发生了较大变化，风险重点也发生了转移。

首先，我国银行业的组织格局和市场格局已经发生了重大变化。随着金融体制改革的不断深入，大型银行的市场份额已经大幅减少，有数据显示，大型银行在银行体系中的资产占比已经从20世纪80年代的90%以上，下降到了2000年的75%，到2010年末，这一比例已经变化为48.7%。仅以21世纪第一个十年为限，大型银行的市场份额下降了17个百分点。与此相对应，股份制商业银行、城市商业银行、农村信用社等中小商业银行从无到有，从弱到强，在融通社会资金中发挥着越来越重要的作用。截至2010年末，中小银行的资产总额已经达到48.5万亿元，较上年同期增长了25%，其在银行体系中的资产占比已经达到51%。这表明，在我国大银行为主的银行业市场格局已经不复存在，大、中、小银行并重的市场格局已经形成。

其次，与之相适应，银行业的风险格局也发生了重大变化。2003年以来，大型国有银行历经商业化转型、不良贷款剥离、资本金补充、股份制改造和公开上市等一系列改革，不仅消化了历史遗留的不良资产包袱，而且建立了规范的现代公司治理结构、市场化导向的经营发展机制和全面风险管理体系，实现了经营效益和发展质量的协调统一。还有很重要的一点，就是东南亚金融危机后，中央政府反思了我国金融制度存在的问题，下决心把国有银行推入市场，实现经营的市场化，同时中央政府自身分离了公共管理和国有资本出资人两项职能，放弃了对大型银行经营的行政干预，不再要求银行为经济

|| 思索的声音 ||

增长和社会安定团结负责,将企业性质和经营自主权交还给银行,确立了银行以经营效益为本的市场化经营目标,在帮助大型银行财务重组、贷款剥离和股改上市的同时,敦促大型银行建立起全面风险防范管理制度和内控体系。从2004年首家国有银行财务重组算起至今,国有控股大银行的改革已历经七年,特别是经历了2008—2009年的国际金融危机,大型银行的盈利进入了国际领先行列,而不良贷款率和不良贷款额始终保持"双下降",目前已经降到1.5%以内的国际优良水平,经受住了国际金融危机的考验。国有控股大银行资产质量的根本好转是我国银行业风险格局的最大变化。

值得注意的是,中小银行的金融风险正面临一个加速暴露期,未来一个时期,中小银行的风险暴露可能会成为我国银行业风险格局的一大特点。在我国,多数中小银行资本规模偏小,业务结构和客户结构难以实现有效的分散,因而缺少资产腾挪和风险分散的空间,经营发展的稳定性受到较大的约束。并且较多存在公司治理结构、风险管理体制、资本补充机制不够健全的问题。更为重要的是中小银行特别是地方银行,与地方政府之间仍然存在着千丝万缕的联系,甚至有些地方政府就是一些中小银行的大股东,致使中小银行的业务发展很难摆脱地方政府的干预。例如,在本轮政府融资高峰中,地方金融机构不仅投放的额度比较大,而且贷款质量潜在风险较大。在监管层对地方政府融资平台清理整顿力度加大的背景下,部分项目"烂尾"的风险有所上升,地方政府融资平台贷款风险会加速暴露,银行特别是中小银行的代偿性风险正在增大。

虽然中小银行的经营规模远远小于大型银行,但个别中小银行经营中的问题同样会经由金融体系的传染效应得以扩散和传播,甚至有可能成为系统性金融风险爆发的导火索。国际上的金融危机虽然多以大银行、有系统性重要地位的银行为导火索,但也不乏中小银行破产引发危机的案例。所以,中小银行的风险防范也是保护我国金融安全不可忽视的重要一点。

关于经济形势和金融改革的几个问题[①]

很高兴来到上海交大,就经济形势和金融改革问题与大家交流。我今天准备分两部分向大家介绍我的观点和了解的信息。第一部分讲中国经济形势,主要就解读中国经济的三个重要问题谈谈观点;第二部分讲金融改革发展的走势,主要就中国银行业今后面对的挑战及如何应对挑战谈谈观点。

一、关于正确判断中国经济形势的三个问题

今年以来,国际上一些机构大肆唱空唱衰中国经济和中国银行业。从鲁比尼"2013年中国经济将遭遇硬着陆"的预言到穆迪对中国地方政府债务相关数据的质疑,从惠誉扬言两年内调降中国主权信用评级到部分海外资本减持中国银行股,国际市场上连连出现的这些"唱空"中国的声音,无论是由衷的担忧,还是隔岸观火式的幸灾乐祸,抑或是恶意炒作式的打压,"唱空"中国者基本的逻辑都是地方政府融资平台清理和房地产市场调整将严重影响银行信贷资产质量,进而触发银行业乃至整个中国经济的系统性风险。进入2011年以来,中国实际的经济增长率出现了逐季下调,似乎也成为对这些预言的佐证。从而使很多人,不仅外国人还包括很多中国人自己,对中国经济走势的判断感到很困惑甚至落入误区。实际情况究竟是怎样的?对中国的地方政府债务问题、房地产市场和中国银行业的资产质量究竟应当怎样看?我想谈谈我的看法,供大家参考。

首先第一个问题是,怎样看中国地方政府的债务问题。

[①] 这是作者2011年在上海交通大学研究生班的讲课稿。

思索的声音

地方政府债务是我国改革开放后实行分级财政制度以后才出现的问题。近年来,特别是国际金融危机以来,地方政府债务由于"地方政府平台融资"问题而再度成为经济焦点。今年以来,不仅国内,甚至国际都在热议中国地方政府的债务问题和地方政府平台融资的风险问题。几乎主流的观点都认为,地方政府平台融资是中国经济的大问题、大隐患,将给中国银行业甚至整个经济带来致命的冲击。

我的观点是,要辩证地看待地方政府融资平台问题,政府融资平台不是"洪水猛兽",它是地方政府投融资体制机制的改革和创新探索,它的出现和发展有着客观合理性和必要性。但是地方政府融资平台确实存在政府隐形担保、运作机制不健全、负债率过高和监管不力等风险隐患,对此必须高度重视,妥善解决,确保其健康可持续地发展。下面我从银行业的角度,分三个方面谈谈我们对地方政府融资平台的具体看法。

(一) 地方政府债务的现状分析

关于地方政府融资平台,至今没有一个标准的定义,综合其各种特征可以得出这样一个基本概念,即地方政府融资平台就是由地方政府出资设立,授权进行公共基础设施类项目的建设开发、经营管理和对外融资活动,主要以经营收入、公共设施收费和财政资金等作为还款来源的企(事)业法人机构。

事实上,地方政府融资平台的出现由来已久。早在20世纪90年代,我国多个地方就对政府融资进行了初步的探索,但由于政府没有分离职能,出现了大量滥借款、滥集资等过度负债问题和道德风险等腐败问题,最终资不抵债,曾于2006年被监管部门叫停。2009年3月,为有效阻击金融危机,落实中央政府4万亿元投资计划的配套资金,人民银行和银监会联合下发了《关于进一步加强信贷结构调整 促进国民经济平稳较快发展的指导意见》,在这个文件中出台了一系列鼓励地方政府设立合规的政府投融资平台的措施,并对商业银行积极支持地方政府平台融资提出要求。自此,国内各级地方政府融资平台发展步入高潮。

目前看来，政府融资平台呈现出以下几个特征：

一是债务余额迅速增长，但增速有所下滑。根据审计署公布的调查结果，截至 2010 年末，地方融资平台公司政府性债务余额接近 5 万亿元，占地方政府性债务余额的 46.4%。在政府融资平台迅速发展的带动下，2010 年末全国地方政府债务余额达到 10.7 万亿元，较上年增长 18.86%，但增速下降了 43.06 个百分点。

二是平台层次增多，层级逐步向下扩展。2008 年后"平台"的层级由省级政府向地市级、区县级政府扩展，甚至集镇、乡村也设立了政府融资平台。截至 2010 年底，全国省、市、县三级政府设立融资平台公司 6 576 家，其中 72% 的"平台"集中在区县级政府。过去一级政府一般只有几家融资平台，到 2010 年，3 个省级、29 个市级、44 个县级政府都拥有十家以上的融资平台公司。

三是银行信贷成为融资主渠道。截至 2010 年末，银行贷款占地方政府性债务余额的 79.01%，银行贷款仍是地方政府融资的主要资金来源。

四是地方政府在对融资平台的管理上进行了创新。以重庆为例，重庆采取了包括国债注入、规费注入、土地集团收益权注入、存量资产注入和税收返还等措施，以充实"平台"资本金。这些措施给融资平台带来了 700 多亿元的资本金，并且先后获得银行 2 500 多亿元授信额度和 1 000 多亿元实际贷款，发挥了可观的再融资平台功能。

五是银行对融资平台贷款的严格管理和规范运作，对控制平台融资风险起到了重要的促进作用。我刚才已经说到，近年来，国际国内对政府平台贷款的质量多有担忧，甚至有政府平台贷款将把中国商业银行再度拖入不良资产泥潭的预言。事实是怎样的呢？我以工商银行为例加以说明。在过去的几年里，工商银行对融资平台项目贷款设置了较高的门槛，并坚持对政府融资平台项目进行科学精细管理，贷款投放立足于项目现金流，并与建设期进行匹配。从目前的情况看，工商银行贷款支持的建设项目的主体都是合法的，建设项目符合国家规定的审批或核准程序，还款资金来源充足、稳定，按照 2010 年末可比口径，2011 年 6 月末，工商银行平台贷款占全部贷款的比重为

思索的声音

8.4%,其中现金流全覆盖的占80.79%,基本覆盖的占13.42%,两者相加占平台贷款的94.21%。并且工商银行平台贷款质量稳定,不良率仅为0.25%,显著低于全部贷款0.95%的平均水平。工商银行为平台贷款提取的拨备覆盖率高达1 782%,即使出现一定的风险和损失,工商银行也完全有能力消化、吸收和控制。

六是地方政府债务风险总体可控。对地方政府债务整体的履约可能,国家审计署有一个公开的审计结果,地方政府负有担保责任的债务的逾期债务率为2.23%,地方政府可能承担一定救助责任的债务的逾期债务率为1.28%。我们认为,国家审计署的审计结果是可信的。

从长期来看,经济稳定增长和政府财力不断增强为地方政府债务偿还提供了可靠保障,中国不会步入欧债危机的后尘。首先,中国地方政府债务规模尚处于安全范围内。至2010年底,省、市、县三级地方政府负有偿还责任的债务率,即负有偿还责任的债务余额与地方政府综合财力的比率为52.25%,加上地方政府负有担保责任的或有债务,债务率为70.45%,低于100%的国际警戒线。再看全口径债务的情况,10.7万亿元的全国地方政府性债务,约相当于2010年GDP的26.9%,再加上占GDP 17%的中央财政国债余额和约占GDP 6%的政策性金融机构发行的金融债券等,我国总体的公共部门债务率在50%左右,低于60%的国际警戒线水平[1]。其次,中国政府财政收入持续稳步增长,偿债能力不断提升。2006—2010年,中国政府财政收入年均增速21.5%,财政收入占GDP比重由17.9%升至20.7%。实力雄厚的中央财政是地方政府融资平台债务风险的坚实后盾,这与欧盟对其债务国附带苛刻条件的救助存在本质区别。再次,中央和地方政府正在从政策和制度的层面努力化解地方政府债务风险。2010年以来,中央和地方政府一方面全面推进了对地方政府融资平台贷款的清理压缩工作,另一方面,着眼长远,疏堵结合,为从根本上解决地方政府债务风险开辟了新的思路和路径。例如,在上海、浙江、广东、深圳等地实施的地方政府自行发债试点,不仅可以缓

---

[1] 根据欧盟《稳定与增长公约》的规定,成员国财政赤字不能超过当年国内生产总值的3%,公共债务不能超过当年国内生产总值的60%。

解地方政府债务集中到期引致的流动性压力,而且有助于为地方政府融资作出长久性的制度安排,逐步摆脱对商业银行的高度依赖。此外,以"上海模式"、"昆明模式"、"重庆模式"为代表,各地方政府对融资平台运作与监管的模式也进行了一些有益的探索,平台运作不规范、管理不健全的问题正在逐步解决。

(二) 辩证看待地方政府融资平台问题

应当肯定的是,政府融资平台是地方投融资机制的创新,对支持我国经济持续健康发展起到了积极作用。

2009年以来的政府投融资平台汲取了以往的教训,重塑了地方政府投融资体制和机制。首先,实行了政府管理职能与投资者职能的分离,由具有独立法人资格的公司实体承担投融资主体及其责任,政府通过这些"平台"筹措建设资金,"平台"通过独立的市场运作获得收益,保证还款来源,承担偿债责任。其次,"平台"有效整合了政府各部门掌握的经营性资产、非经营性资产、国有企业资产、自然资源,提高了公共资源的使用效率,减少了公共资源及其收益的流失。最后,"平台"对政府各部门的投资、融资、项目管理、监督等职能进行了整合、协调和重新分工,有效调动了相关各方的积极性。

地方政府融资平台在弥补地方财力不足,应对危机和抗击自然灾害,改善民生和生态环境保护,推动地方经济社会的持续发展等方面都发挥了积极作用。特别是在我国战胜2008—2009年国际金融危机和经济企稳回升过程中,融资平台贡献显著。如果按照1∶3的比例计算,2009年1.8万亿元中央投资需有约6万亿元地方和银行资金配套,地方政府通过融资平台较强的融资功能解决了自身建设资金不足的问题,在落实中央投资项目配套资金的同时,加大了各地建设项目的投资力度,保证了各地经济的较快增长。

同时必须看到,在政府融资平台规模扩张的过程中,运作不规范和风险隐患突出等问题正在加速暴露,成为捆绑财政风险和金融风险的重要渠道。

1. "政府担保"不仅不具备法律有效性,而且由于一些地方财政风险过

思索的声音

大,对平台的担保有名无实。我国《担保法》明确规定政府担保没有法律效力,虽然一些地方采取了通过人大会议决议把"平台"融资后的还款付息计划纳入财政预算的办法为平台提供还款保证,但由于人大也不是一级经济实体,不具备承担保证的合法条件,从而使这种保证的合法性仍然处于没有保障的尴尬境地。

此外,一些地方自身财政风险已经较大,再加上平台公司数目过多,财政的担保或承诺往往是"一女多嫁",一旦"平台"还债发生困难,地方政府实际上并没有足够的能力替"平台"还债。目前看来,这种情况在县级政府层面上比较突出。

2. 地方政府融资渠道不畅,平台融资结构单一。理论上讲,政府融资平台可以通过发行债券、发行中期票据、信托、股权融资、产权交易等多种形式融资。但由于直接融资渠道不畅,地方发债、发券的功能受到抑制,"平台"融资高度依赖银行贷款。以银行贷款为主要来源的单一结构不恰当地将财政风险转移给了商业银行。

3. 一些平台存在着"小马拉大车"的现象,负债率过高。一方面,部分融资平台存在资本金不足或资本金不实以及抽逃资本金的现象,有些地方政府甚至采取各种变通手法向"平台"注入不实资产"滥竽充数";另一方面,目前不少地方政府融资平台的负债率超过80%或者更高。

4. 管理机制不健全,缺乏对投资者的有效保障。例如,法人治理结构不健全,"平台"的高管人员相当部分由原政府官员担任,缺乏必要的市场经营和企业管理经验及风险防范常识,决策失误的情况较易发生;又如,"平台"债务的最终偿还主体及投资失误的责任主体不明晰,一旦发生投资失误、还款困难,最终责任人是谁,地方政府是否会出面偿债,对投资者而言其实并不十分清楚;再如,缺乏公开透明的信息披露和风险披露体系和机制,投资者无法了解"平台"真实的财力和基本的风险情况。

(三) 改进地方政府融资机制的方向

关于如何改进地方政府融资机制,我的观点是:

第一，要正确认识地方政府筹融资行为的合理性，给予地方政府融资合法的地位和合法的渠道。

政府管控经济、配置资源是中国特色社会主义市场经济的重要特征。在分级管理、分级财政的制度下，地方政府现实地承担着地方社会发展和经济建设的职能。调动中央和地方两个积极性是我国改革以来加快经济建设的一个基本方针和原则。因此对于地方政府融资需求和行为要正确看待，承认其合理性，对地方政府的融资冲动应以"疏导"为主，而不仅仅是"堵"。应着眼于长远，对地方政府融资作出长久性的制度安排，而不应仅限于"非常时期"的"非常举措"。

第二，要打通地方政府及其"平台"直接融资的渠道，逐步优化平台融资结构。

首先，要给予地方政府发债权，由各省、市级政府量力而行地制订地方政府发债计划，由中央财政统筹核准，由相关监管部门审批。其次，政府融资平台公司作为独立法人，应与其他企业一样具有在货币市场发行"融资券"和在资本市场上发行企业债券的权利。最后，应出台鼓励地方政府及其"平台"直接融资的政策措施，鼓励"平台"摆脱对银行贷款的过度依赖，形成包括间接融资和直接融资在内的多元化融资结构。

第三，要建立地方政府融资平台的风险防控制度。

一是要加强地方政府对"平台"债务的集中统一管理，建立健全地方政府债务管理体制，从根本上改变地方"平台"债务多头管理、各自为政、地方政府缺乏全面把握的现状。二是地方政府要建立与地方"平台"债务规模相适应的偿债基金，在地方"平台"无法偿还债务的情况下，由地方政府动用偿债基金兜底。三是地方政府要调拨资产注入做实"平台"资本金，同时要把相应的收费权和收益权注入"平台"，提高"平台"的自偿能力。四是要整合现有"平台"，把"平台"建设层级限定在省级和地市级政府以上，对经济发达地区确有财力的一些县级政府要经过核准实行部分开放；对已经过多过滥、资不抵债的区县级及其以下的"平台"要坚决清理，并妥善解决其债权债务的清偿。同时要制定法规对"平台"的准入门槛、资本金比例、

思索的声音

运作条件、负债率限额、风险管理、偿债责任等进行规范,使"平台"有法可依,依法合规运行。五是要健全治理结构,改进"平台"高管的任用机制,提高"平台"的经营水平和运营效率。

第四,要明确监管责任,实施严格监管。

一是要确定地方政府融资平台的监管部门,明确监管责任。政府融资平台以投资和融资为其主要功能,具有准金融机构的性质,因此应当在明确各级财政为主管部门的同时,由证监会和银监会及其各级分支机构对其进行金融监管。各级政府财政部门必须会同金融监管部门核定本级政府通过"平台"的总体融资计划,将政府及其"平台"的负债率控制在可以承受的范围内,以防范政府过度负债可能产生的财政风险。

二是要建立和完善地方政府融资平台的信息披露制度。包括"平台"资本金状况、负债规模、承担建设项目的基本情况、项目贷款情况、项目担保情况以及贷款资金使用情况等,都应当向投资者和放贷银行公开披露。

第五,要缓释地方政府融资平台贷款风险,督促商业银行加强"平台"贷款的风险管理。

首先,政府融资平台贷款是我国经济社会发展过程中长期形成的特殊问题,解决起来也不能"一蹴而就",尤其不能"刮风"。应有计划地逐步解决地方政府融资平台贷款问题。一要实事求是地认定政府平台贷款的风险,不能把政府平台贷款等同于不良贷款,要在逐笔厘清风险的基础上区别对待,对质量有保障的应继续予以支持,使项目顺利完工投产,防止"釜底抽薪",人为造成项目资金链断裂的损失;二要在严格控制新增贷款的同时,对有问题的存量贷款制订有序退出的计划,对还款计划明确、执行到位的,可通过展期、再融资和重组等方式适当延长贷款期限,用三到五年时间逐步释放风险,防止因操之过急而导致地方政府偿债风险、项目未完工风险,从而对银行乃至国家造成负面影响;三要财政和银行共同化解地方政府债务风险,地方政府及其财政应切实承担平台贷款债权的维护责任,严防以化解风险为名,行逃废银行债务之实的逃废债行为,维护政府信誉和地方金融环境。

其次,今后商业银行要通过强化平台贷款风险管理制度,切实起到监督平台规范运作、约束平台风险的作用。为此，商业银行一方面要建立政府及其平台偿债能力的评估制度，加强对"平台"建设项目的评估和审查，强化对偿付风险的管理；另一方面要警惕"十二五"时期地方政府投资冲动再起，商业银行应采取有效措施，加强流动性风险和政策风险的防范和管理，限制"平台"贷款的最长期限，限制长期贷款的比重；制订政策性风险防范预案，通过创新，创造对冲政策性风险的手段，防范和化解政策性风险。

第二个问题是，怎样看中国的房地产市场及其风险。

中国的房地产市场及其风险是国际上那些"看空"中国的人的又一主要依据，他们声称中国目前的情况与20世纪80年代的日本以及2007—2008年的美国十分相似，房地产市场将成为引发系统性经济风险和金融风险的"导火索"。他们一方面推断，中国房地产价格泡沫将迅速地由集聚走向破裂，从而严重冲击银行信贷资产的质量，进而引发全面的金融震荡和经济崩溃；另一方面又推断，随着调控措施的持续和深化，中国房地产市场将遭遇"硬着陆"。房地产行业的萎靡将引致投资引擎折翼和经济增长停滞等连锁反应。但是，事实并没有按照这些人的"推断"演化，我认为，今日之中国，无论从房地产市场整体发展角度看，还是立足于银行房地产贷款层面，唱空者们的这些推断都是缺乏根据的。对于中国的房地产市场及其风险，我的判断有两点：

1. 中国房地产市场不存在"崩盘"的可能

我认为，中国与日本、美国不同，不存在房地产市场"崩盘"的可能。一方面，大量真实、有效和刚性的需求是中国房地产业平稳健康发展的有力支撑。次贷危机前的美国，许多财力不足、缺乏信用记录和信用历史较差的借款人均借助"无首付"等次级房贷品种加入了买房者的行列，形成了房地产市场的虚假繁荣，成为引发"次贷危机"的导火索。然而在中国，银行对住房抵押贷款借款人的还款能力、信用等级以及抵押物质量都有着严格的要求，真实、有效的需求才是支撑中国房地产市场发展的主要力量。

进一步看，中国作为世界上人口和农业人口均占第一的国家，城镇化的快速推进必然产生大量的住宅需求，这个历史进程世界上还没有哪个国家经

思索的声音

历过。数字表明，1998—2010年，中国城镇人口平均每年增加近2 000万人。即便如此，至2010年中国城市化率也仅为50%，远低于发达经济体80%以上的城市化率，亦低于许多发展中新兴经济体。目前中国正处在城镇化快速发展时期，城镇化快速推进引致的住宅需求是未来房地产市场的重要支撑。根据"十二五"规划的安排，"十二五"期间中国城市化率还将提高4个百分点，约有5 000万人口将进入城市，城市人口增加对住房需求的带动，以及城市集群化发展过程中对商业地产需求的带动，都成为阻止房地产价格超调的力量。除此之外，居民收入增加引致的改善型住房需求，城市改造引致的拆迁安置需求未来也将十分旺盛。这些都是支撑中国房地产市场长期繁荣的真实需求。

另一方面，从2010年开始中国政府已持续进行了数轮房地产调控政策，更暂时动用了住房限购等严厉的行政调控政策，即便如此，房价仍未出现明显下跌。退一步讲，如果中国房地产市场真的出现了危机前兆，那么中国政府届时只需放松临时性调控政策，大量的刚性需求将会入市，从而将会阻止房地产市场出现大幅下挫。因此，我们认为中国并不存在房地产市场"硬着陆"的风险。国家加大房地产市场调控力度，不仅对于抑制投机需求、控制房地产价格过快上涨起到了积极作用，而且通过规范市场秩序、促进房地产行业"涤旧出新"，有助于引导房地产市场步入平稳良性发展的新阶段。

值得特别指出的是，中国政府在抑制房地产投机炒作行为、挤出房地产价格泡沫的同时，加大了保障性住房建设的力度，推出了未来五年建设4 000万套保障性住房的重大投资计划，此举将有力拉动房地产业发展，同时也可以对冲房地产市场调控对经济发展可能带来的抑制效应。2011年，中央政府确立了新建1 000万套保障性住房的目标，年底前确保完成400万套。保证房建设投资为中国房地产市场注入了新的动力。数据表明，2011年前三个季度，房地产开发投资高位运行，全国房地产开发投资同比增长32%，增速较同期固定资产投资增速超出7.1个百分点。保障性住房建设对固定资产投资的支撑大大化解了经济增速大幅下滑的风险，也为未来大规模保障房入市满足庞大住房刚性需求赢得时间，中国房地产市场"软着陆"的可能性正在不断增加。

2. 中国房地产贷款质量不存在大面积恶化的可能

第一，中国银行业的住房贷款不存在类似美国次贷危机的条件。众所周知，次贷危机前，美国金融机构不仅发放了巨额的次级贷款，更关键的是将各种"零首付"贷款以及只付利息的抵押贷款进行了多重包装，变成了证券化产品，使次级贷款的风险在重重包装中已无法辨认，并且这些债券通过证券化流向所有市场和世界各国，导致了风险的相互传染和放大，进而引发冲击美国经济的系统性金融风暴。但在中国，我们既不存在次级抵押贷款这种低于正常门槛发放的房地产贷款，也不存在以房地产贷款作为标的资产的证券化产品，房地产贷款以原始的形态存在，借贷结构简单，贷款银行和借款人"一对一"，对每个借款人的情况有确切的了解和把握，贷款的风险特征清晰可控，从而在中国不会发生类似美国的次贷危机，更不会引发系统性金融风险。

第二，从具体结构看，中国房地产贷款总体风险可控。有数据表明，目前我国约有98%的个人按揭贷款的"贷款房价比（LTV）"低于80%，按揭贷款平均的"偿债收入比"为33%，开发贷款的平均抵押品比例也达到189%，即使房地产抵押品重度压力测试下跌40%，覆盖率仍高于国际通行的110%标准。

第三，在房地产调控措施密集出台、房地产价格过快上涨势头得到有效遏制的背景下，银行房地产贷款质量依然保持稳定，并没有出现恶化的迹象。以工商银行为例，2011年上半年，工商银行房地产贷款的不良贷款额和不良贷款率继续保持"双下降"。其中房地产开发贷款的不良率下降到了0.7%，个人住房按揭贷款的不良率下降到0.37%，均明显低于工商银行0.95%的整体贷款不良率水平。

第四，为化解房地产市场泡沫挤出对信贷资产质量的影响，商业银行正在进一步控制风险敞口，继续加强结构调整，有效提升了风险防控的能力。例如，针对房地产开发贷款，银行对开发企业实施了名单制管理，切实落实项目资本金要求、在建工程抵押和土地抵押等措施，加强对贷款的封闭管理

| 思索的声音 |

和全流程监控。对个人住房贷款,则重点支持居民合理住房融资需求,严格限制炒房和投机投资性购房贷款需求。

第三个问题是,怎样评判中国银行业的改革发展成效。

国际上中国经济的唱衰者们,还对中国银行业给予了特别的"关注",一直预言中国银行业要出大问题,近来更是有人"精确"地预言,在今后2~24个月内,中国银行业的资产质量将出现大面积的恶化,从而导致中国经济的崩溃。从2003年算起,中国银行业已经历了近八年的改革发展,取得了翻天覆地的大变化。今天我借此机会,主要通过数据向大家介绍一下中国银行业实际的改革成就。作为对近来一个时期国际上一些机构唱空中国银行业和中国经济的错误评论的回应,以便帮助大家坚定对国有银行的信心。

2003年12月,国家决定对国有银行进行股份制改造,建设现代化商业银行。经过七年来的努力探索,国有银行改革已取得显著成效。

一是规模稳健增长,盈利能力显著增强。2004年至2011年6月末,五家国有银行的总资产从18.41万亿元增长到53.94万亿元,年均增长17.99%;存款余额增至42.9万亿元,年均增速为15.8%;贷款余额增至27.51万亿元,增长1.43倍,年均增速14.65%。

在规模扩张的同时,国有银行的利润快速攀升。2004年至2010年末,五大行的净利润从1 019亿元增至5 448亿元,年均增速为32.23%。

二是效率大幅提升,资产质量达到国际银行业优秀水平。2004年至2010年末,五家国有银行的人均净利润从10.9万元提高到36.2万元,增加了2.32倍;成本收入比则从43.43%下降至33.19%,下降了10.24个百分点,实现了有效的成本控制。

在保持快速发展的同时,五大行的不良贷款额和不良贷款率一直保持"双降"态势。截至2011年6月末,五大行平均不良贷款率仅为1.13%,资产质量达到国际优秀水平;拨备覆盖率高达230.91%,其中工商银行的拨备水平已超过270%。

三是国际化发展稳步推进,国际地位显著提升。近年来,国有银行积极稳妥地实施境外机构布局战略,不断提升跨境金融服务能力。以工商银行为例,目前工商银行境外覆盖的国家和地区已达33个(加上近期开业和审批通过的机构,明年将超过40家),初步搭建了覆盖亚洲、欧洲、美洲、非洲和大洋洲的全球金融服务网络。截至2011年6月末,工商银行的境外资产余额已达1039亿美元,较2002年末增长了5.5倍,年均增速高达21.9%。

与此同时,国有银行在国际上的地位与影响力不断提升。根据英国《银行家》杂志2011年最新公布的"全球千家大银行"排名显示,工商银行、建设银行、中国银行和农业银行占据了按税前利润排名前十大的四席。其中,工商银行已连续数年蝉联全球"最盈利银行"。从上市银行总市值来看,近年来工商银行和建设银行稳居全球前两名,在全球前十名银行中,中国银行业占据了四席。中国几大银行的资本、资产总额并不是全球最大的,这从另一个角度说明,我国国有银行目前的盈利能力是高于国际同业的。

2011年上半年,欧债危机和国际金融市场动荡使国际银行业再次受创。十家国际大型银行平均盈利仅46.8亿美元,美国银行及苏格兰皇家银行甚至出现大额亏损。而中国银行业不仅实现了稳健发展,还刷新了盈利纪录,工商银行上半年净利润169亿美元,继续保持全球第一的地位。

四是国有银行的改革收益已完全覆盖改革成本。股改以来,国家通过注资和不良资产剥离的方式为五家国有银行累计投入2.34万亿元。股改上市后,五大行在2005—2010年通过分红及股权增值,共为国家股东带来收益2.89万亿元,完全覆盖了当初的改革成本。从广义上讲,如果把股改上市以来国有银行上交国家的税收加上,则五大行共为国家股东带来收益3.85万亿元,远远超过了当初的改革成本。

二、关于"十二五"时期中国金融发展的主要问题

(一)中国银行业面对的主要挑战

简要地讲,根据我们的判断,未来五年,利率市场化、金融脱媒以及更加严格的资本约束将极大地挑战中国银行业的传统盈利模式,压缩银行传统存贷款业务的空间,倒逼商业银行加快转变发展方式和盈利模式。

思索的声音

第一大挑战是，政策层面将循序推进利率市场化改革，利差有可能进一步收窄。目前，我国利率市场化改革已进入至关重要的攻坚环节，即将放开本币贷款的下限和存款的上限。我们预计，本币存贷款利率最迟将在"十二五"期末实现市场化。可能将首先在创新产品定价机制上进行利率市场化试点，那些支付能力和定价能力较强的大型商业银行有望得到较多的定价权。对于商业银行来讲，我国实行利率市场化的直接结果就是银行净息差将由3%左右向发达经济体1%～2%的净利差靠拢。有数据表明，近年来我国利率市场化步伐已经明显加快，银行的净息差（NIM）已经大幅收窄，至2009年，中国银行业的净息差（NIM）已经由2008年的2.96%下降到2.25%，下降了71个基点。2009年第三季度后，我国银行净息差有所回稳，至2010年前三个季度净息差已回到2.45%的水平，但仍比2008年低51个基点。这个NIM的水平已趋近发达国家，据我们了解，欧美发达市场银行NIM在2.5%～3.5%，如花旗为3.2%、美国银行为2.8%、汇丰为2.6%、巴克莱银行为2.7%等；新兴市场国家平均为4.76%，其中，巴西银行业达8%以上，俄罗斯在5.1%～6.6%，印度也在2.5%～3.2%。在"金砖国家"中，中国银行业的净息差最低。但与港台地区1%～1.5%的水平相比较，还高出很多。未来五年，随着国内利率市场化进程的深入，银行业的净息差水平将有可能进一步收窄至2%以内。这将对国内商业银行的盈利产生很大影响。我们根据2011年上半年国内16家上市银行的资产负债规模做了一个测算，如果净息差每下降20个基点，16家上市银行净利息收入将减少约544亿元，净利润也将出现12%左右的降幅，若NIM收缩至2%以内，则意味着净息差要进一步下降45个基点，16家上市银行的净利息收入将减少1 200亿元左右，净利润将下降接近30%。特别对中小型金融机构而言，利率市场化的冲击更大，中小型金融机构由于业务结构、资产结构和收入结构较为单一，利率市场化将使其经营的不确定性显著增强，甚至可能遭遇生存性危机。

第二大挑战是，监管层将制定和实施中国版巴塞尔协议，商业银行资本和流动性压力上升。目前，中国银监会已经就中国版的巴塞尔协议广泛征求意见，并将在2013—2016年正式实施。中国版的资本充足规定不仅保留了国际"巴塞尔协议Ⅲ"关于留存超额资本2.5%的要求和反周期超额资本0~2.5%的要求,而且提出了更加严格的核心一级资本要求,这将使银行高资本耗用的贷款业务扩张受到硬约束,从而将会使国内商业银行以往那种主要靠贷款增长拉动业务增长和盈利增长的传统模式一去不复返,进而迫使商业银行加速改变依赖贷款规模扩大的增长模式。我们做了一个初步的测算,如果今后16家上市银行信贷资产增速保持过去五年18%左右的平均水平,净利润增速保持在30%左右,且留存50%的利润用于补充资本,则16家上市银行未来几年内的年均资本缺口将达到近4 000亿元。很显然,今后有节制地控制高资本占用的信贷资产增长,努力发展低资本占用的非信贷资产,走低资本耗费的增长道路是国内银行业的必然选择。

第三大挑战是,"金融脱媒"趋势将延续,商业银行传统存贷款业务空间将受到进一步挤压。中国金融脱媒趋势来得比发达国家晚了近三十年,但是近年来发展很快,有数据表明,过去五年国内银行本外币贷款在社会融资总量中的占比已经由2005年的85.8%下降至2010年的58.5%,累计下降了27.3个百分点。金融脱媒对银行最直接的影响就是优质客户流失和业务份额下降,包括储蓄、存款、贷款的客户和资金都会流向直接融资的证券市场,从而导致银行客户减少,成本增加,盈利下降。

关于如何应对资本约束硬化、利率市场化和金融脱媒的问题,从多个角度可以涉及多个问题。时间关系,我仅就利率市场化的应对和推进综合化经营问题谈谈个人看法。

(二)循序渐进,迎接利率市场化的考验

我将从宏观和微观两个层面谈利率市场化的应对问题。

首先,从宏观层次看,我国利率市场化应循序渐进。

当前我国利率市场化改革已到了攻坚阶段,即逐步放开贷款下限和存款上限。这是一场影响最大因而宏观上最需慎重的改革。从国际经验看,推进利率市场化改革无非两种模式,一是一次性放开,二是逐步放开。从我国目前的实际情况看,一次性放开存贷款利率限制的条件尚不具备。

思索的声音

一是市场基准利率体系尚不完善。国际经验表明,市场基准利率的成熟是一国利率市场化的前提条件。目前,作为我国重点培育的未来基准利率——上海银行间同业拆放利率(Shanghai Interbank Offered Rate,简称Shibor[①])经过四年的运行,已经具备一定的成熟度,并已在票据贴现、理财、资产管理等领域作为基准利率推广使用。但Shibor目前的品种还主要集中在一年以内[②],缺乏中长期品种,市场的接受和认可程度仍需培育,距其成为广泛应用的基准利率还需要较长的时间。二是银行存款保险制度尚未建立。在利率市场化的过程中,残酷的优胜劣汰法则必然会导致少数经营不善的金融机构退出市场,在此情况下保护储户利益是必要的制度安排。三是直接融资的规模仍然偏小,市场化定价的金融工具规模仍需扩大。目前国内包括本外币贷款、委托贷款、信托贷款、银行承兑汇票等的银行间接融资的数量占社会全部融资总量的75%以上。未来需要进一步扩大直接融资比重,和扩大间接融资中市场化定价的比重(如票据贴现、信托理财等),从而使得整个金融市场对市场化价格的适应程度不断提高,对存贷款管制利率的依赖程度不断降低,最终水到渠成实现完全的市场化。四是大量中小金融机构对信贷资产和存贷款利差收入的依赖程度仍然较强,成为影响利率市场化推进的短板。目前,大中型银行机构信贷资产占比已逐步降至50%~60%,存贷款利差收入占比也降至60%左右。但大量区域性中小型银行机构对信贷资产和存贷款利差收入的依赖仍在80%左右,短期内难以承受利差大幅收窄的冲击。

综上所述,我们认为,我国利率市场化改革一步到位的条件尚不成熟,从宏观层面讲,未来仍应采取循序渐进的分阶段推进方法,在不断完善各项配套条件的同时,逐步降低贷款利率浮动下限和提高存款利率浮动上限。在改革的同时,保证金融机构和金融市场的稳定与发展。

其次,从微观层面来看,银行同业协调定价是利率市场化推进的必要条件。

---

① 由信用等级较高的银行组成报价团自主报出的人民币同业拆出利率计算确定的算术平均利率,是单利、无担保、批发性利率。

② 目前包括隔夜、1周、2周、1个月、3个月、6个月、9个月及1年等八个品种。

从当前我国外币和人民币利率管制放松过程中商业银行实际利率的形成和实行情况来看，存在很多问题：

一是"高息揽储"等不规范竞争甚至违规现象层出不穷，干扰了正常市场秩序，损害了银行业的信誉。以存款为例，各家银行在业绩和考核的压力下，每到月末、季度末时点，各种拉存款的手段层出不穷。除了正常的商业竞争外，利用高息吸引存款等被监管部门严厉禁止的行为成了公开的潜规则。这些行为引起了社会公众对银行信用和经营的广泛质疑，严重损害了全行业的信誉和稳健形象。

二是"垒大户"等非理性竞争使银行系统积聚了一定的风险。商业银行做大做强的冲动加上过于追逐优质企业的行业文化，使得部分优质客户可以利用信息不对称优势采取多头授信、多头贷款的形式，获得了远超自身偿还能力的贷款，在银行业体内积聚了大量风险。

三是银行手续费率成为新的市场热点，引起全社会的关注和质疑。近年来，随着对中间业务的重视和发展，我国银行中间业务收费的品种也不断增加，如小额账户管理费、卡年费、跨行查询取款等费用等。对多年来习惯了银行对大部分业务提供"免费午餐"的广大客户来说，几乎每一项收费的推出都受到了广泛的关注，有时甚至衍生出"收费门"事件。目前银行中间业务收费是个规律性的发展趋势。但是由于各种业务的费率并未纳入政府指导价的范围，自推出伊始便缺乏协调。各家银行收费时间先后不一、费率不一，从而给市场造成混乱，并引起了客户和舆论的争议。

国际上大量的经验教训充分表明利率市场化改革中蕴含着巨大的风险。在利率自由且同业之间缺乏协调的情况下，完全竞争的银行定价常常会出现不计成本的"恶性"竞争乱象。在竞争存款客户方面，各银行可能会竞相提高存款利率，使得资金成本不断上升；在竞争贷款客户方面，各银行可能竞相压低贷款利率，从而导致银行业利差急剧收窄，大量资本和资金实力较弱的中小银行将会因无力支撑而破产。严重情况下甚至引发局部或者全局性金融危机。

从国际上各经济体推进利率市场化改革的正反两方面实践来看，在利率

‖ 思索的声音 ‖

市场化改革推进和政府定价管制逐步退出的过程中，一定要有一种协调机制来填补利率管理真空，在一段时期内对无序和过度的价格竞争进行一定的抑制，使之稳定在一个合理的水平和限度内，以保持银行业的整体稳定和国民经济平稳运行。国际经验表明，这种协调机制的最好形式就是银行同业定价协调机制。有效的银行同业定价协调机制有助于利率市场化后保持良好的市场秩序，有助于商业银行顺利度过改革带来的各种冲击。

我的建议是，在我国推进利率市场化的过程中，首要的任务是中央银行尽早培育和完善利率市场的基准利率——Shibor体系，在此基础上可以考虑构建同业协调机制的问题，有以下两种方式可供选择：一是以中央银行的基准利率为主导，围绕基准利率，以大银行为标杆，发挥大型银行的引领作用，通过大型银行在竞争中的默契和克制，引导和维护整个银行业市场的良好竞争环境。二是发挥银行业协会等行业组织的作用，以行业组织为纽带，保持市场竞争主体间的沟通、协调及信息分享，通过自律性管理，在一定程度上保持正常的价格竞争区间，制约违规行为。

（三）以综合化经营为主要路径推动中国商业银行实现转型

随着资本约束硬化和利率市场化以及金融脱媒的深度发展，国内商业银行将面对阶段性生存危机，中国银行业传统的以高资本占用为主的业务增长方式、以存贷利差收入为主的盈利增长模式、以贷大贷长贷集中为主的信贷资源配置方式将难以为继。为了应对这种变化，国内商业银行必须推进经营结构和盈利模式的转型，这种转型将主要通过综合化经营来实现。

其一，综合经营是现代银行业发展的必然趋势。

第一，从国际上看综合经营已经成为趋势。历史地看，现代商业银行300多年的发展历史是一个业务范围不断扩展的过程，由传统的存、贷、汇业务到目前的"金融百货公司"，其经营范围随着客户需求和市场变化而不断延展；与此同时，在利差收窄和金融脱媒日益威胁到银行生存和发展的背景下，其经营又逐步由货币市场走向资本市场和保险市场，出现了不可避免的业务交叉和连接。

20世纪30年代大危机后,美国以立法方式限制商业银行经营范围的扩展。但是很快,至多在20世纪60年代后,美国和欧洲各主要国家陆续取消了对综合经营的限制。特别是进入80年代以来,国际金融市场上利率市场化已成趋势,国际银行业的利差不断收窄,时至今日,这一趋势依旧明显。2002—2008年,全球总资产排名前500位银行的净利差平均值从2.45%降至1.78%,致使其传统业务收益指标年度值从2.13%降至1.59%。与利率市场化并行的是金融脱媒化趋势。1990—2006年,全球股市和债市总市值上升了488.19%。直接融资的发展致使银行业传统业务收益不断下降,1990年第一季度至2006年第四季度,美国银行业净利息收入占总收入的比例从69.5%降至59.56%,对传统业务依赖程度较高的商业银行陷入盈利下降的困境之中。

传统业务收益的萎缩致使商业银行遭遇生存危机。在1992—1999年的七年间,美国商业银行的数量从11 921家降至8 580家,有3 341家银行破产倒闭或被并购。面对危机,美国及全球其他主要国家先后放松了对综合经营的法律限制。以1999年美国通过的《金融服务现代化法案》为标志,综合经营已成为全球主流趋势。截至目前,美国、英国、法国、德国、日本、加拿大、荷兰和西班牙等主要发达国家以及新加坡、印度和巴西等主要新兴市场经济体都从法律上规定可以实行综合经营。

综合经营拓宽了银行业的盈利空间,激活了商业银行的潜能,进而帮助其度过了利率市场化和金融脱媒引发的阶段性生存危机。自美国《金融服务现代化法案》通过后的2000年至次贷危机爆发前的2006年,每年破产倒闭和被并购商业银行的平均数量从1992—1999年的418家降至168家;每年问题银行的平均数量也从1992—1999年的316家降至92家。

第二,国际银行业综合经营的发展程度较高。

我们以20家[①]国际大银行为对象,研究分析了当今国际银行业综合经营的现状。在全部综合经营业务中,20家国际大银行仅有少数业务没有开展或开展程度较低,其整体综合经营程度很高。但值得强调的是,20家国际大银

---

① 我们从2009年英国《银行家》杂志全球千家大银行排行榜一级资本排名前50强中选择了20家银行,下同。

思索的声音

行根据制度环境的约束、自身经营的特点以及所在国家经济金融发展状况，在综合经营的发展上各有侧重。作为其所在国的行业代表，20家国际大银行基本反映了该国银行业综合经营的发展状况。美国银行业在投行类，信托、租赁及保险类，交易及投资类业务三个方面发展较为成熟，综合经营范围较为全面。英国银行业综合经营更侧重投行业务和交易及投资类业务。日本和加拿大银行业的综合经营整体较为平均，但日本银行业在高级衍生品交易和股票自营业务方面相对发展更为充分，而加拿大银行业更注重保险业务。意大利、德国和法国银行业则更侧重于交易及投资类业务，荷兰银行业与美国银行业较为相似，但其保险业务在整体业务中的占比相对更大。

可见，综合经营是现代银行业发展的必然趋势。经济模式的发展变迁、客户需求的更新换代、同业竞争的深化交织和银行保持稳健发展的内在要求，形成了推动商业银行实施综合经营不可逆转的强大动力。尽管从历史角度看，银行在综合经营的过程中有过挫折与反复，但总体向上的发展轨迹非常清晰。

其二，综合化经营亦是我国商业银行的规律性发展要求。

第一，我国银行业综合经营尚处起步阶段，发展程度严重不足。

1. 以传统业务为主的结构没有根本改变。经过近几年的努力，国内商业银行在资产和收入结构多元化方面取得一定进展，但高度依赖存贷款业务的状况仍未根本改变。从资产负债结构来看，以16家上市银行为样本，2011年上半年，各行贷款余额在总资产中的占比平均为51.3%，最高的超过60%；各行存款余额在总负债中的占比平均为82.6%，最高的接近90%。存贷款在银行资产负债构成中仍占据支配地位。从收入结构来看，2010年末，各行净利息收入在营业收入中的占比平均为81.5%，最高的超过了90%；净手续费和佣金收入占比平均仅为15.05%，高度依赖利差收入状况依然明显。

2. 我国商业银行开展的都是与银行业高度相关的综合化业务。我国境内商业银行在综合经营方面仅开展了少数综合化业务，而且以与银行高度相关的业务为主体，比如托管、低风险债券承销和自营等；在投资银行、私人银行、财富管理、信托、租赁、保险等业务领域，仅是在监管政策允许范围内进行了初步尝试，仍处于起步阶段；而对于相关度不高或风险较高的业务领域，则严格遵循监管规定，尚未涉足。可见，相对于国际银行业的发展程度和我国经济的发展需求，我国银行业的综合经营不是过度，而是严重不足。

第二，综合经营是国内商业银行实现转型和摆脱生存危机的必要手段和主要路径。

国际经验显示，欧美银行业由于其综合化经营程度较高、资产负债结构较好，利率市场化对其的冲击也相对较小。以美国为例，1986年美国实现了利率市场化，随后五年美国银行业净利差基本维持在4%左右的较高水平，至2009年，美国银行业净利差依旧维持在3.36%的水平。而亚洲，由于银行传统结构变化较慢，利率市场化冲击大于欧美国家。例如，日本在1994年实现了利率市场化，随后五年日本银行业净利差从1.7%左右的较低水平又继续下降了近20个基点，至2008年，日本银行业净利差已降至1.55%左右。又如中国香港和台湾地区，数据显示，香港银行业2009年第一季度平均净息差仅为1.62%，台湾地区主要商业银行2009年上半年的净息差普遍在1.3%左右。

目前，我国银行业资产结构和收入结构单一的问题仍十分突出，由利率市场化和金融脱媒导致的阶段性生存危机同样现实地摆在我国商业银行面前，经营结构和经营模式的转型已经成为国内商业银行的当务之急，而综合经营是国内商业银行实现转型和摆脱生存危机的必要手段和主要路径。只有坚定而稳妥地推进银行业综合经营，持续开拓新业务领域和收入来源，才能保证我国商业银行成功应对利差收窄的挑战，实现可持续发展。

其三，次贷危机没有改变综合经营的趋势。

发生于2008年的次贷危机使得国际国内很多人对金融业的综合经营产生了怀疑，甚至认为是综合经营导致了银行业深陷危机。然而我们经过认真分析后，得出了与之完全不同的几点结论：

第一，综合经营与次贷危机没有因果关联。

一是危机对未实行综合经营的金融机构产生巨大冲击。首先，单一的专业投行在危机中受到的冲击远大于综合经营的银行。本轮危机中，美国前五大专业投行的贝尔斯登和雷曼兄弟最先倒闭，美林被并购，高盛和摩根士丹利转入商业银行业务，其资产规模分别缩减了21%和37%。而综合经营的商

‖ 思索的声音 ‖

业银行虽然在危机中遭受了损失,但通过并购获得了扩大资产规模的机会:2008年,美国银行和摩根大通分别并购了美林和华盛顿互惠银行,资产规模扩大了6%和39%。其次,未实行综合经营的商业银行在危机中亦难幸免。次贷危机爆发后,曾是美国最大储蓄银行的华盛顿互惠银行出现严重亏损,最终被售予摩根大通。华盛顿互惠银行并没有开展综合经营,其四条业务线——零售银行、银行卡、住房贷款和工商业务,基本未涉足投资银行和保险业务。这家储蓄银行倒闭的重要原因是其第二大获利支柱的住房贷款业务出现了问题,2007年该业务亏损30亿美元,将另外三项业务的盈利大半抵消,最终导致了2008年该银行的倒闭。

二是综合经营在危机中发挥了重要的正面作用。一方面,综合经营的大型商业银行率先走出危机。在全球尚未明显复苏时,综合经营大银行的业绩表现向好,部分银行已扭亏为盈。2009年,摩根大通实现净利润117.28亿美元,较2008年增长109.2%;富国银行实现净利润122.75亿美元,较2008年增长362.3%;美国银行实现净利润62.76亿美元,较2008年增长56.6%;英国巴莱克银行实现税前盈利147.09亿美元,较2008年增长81.3%。这四家银行盈利水平的大幅上升很大程度上源自其投行、信托、交易等综合经营业务的良好表现。另一方面,综合经营使金融机构避免了更大程度地陷入危机。以花旗集团为例,金融危机爆发后,虽然其机构业务迅速恶化,但消费金融和财富管理业务仍然实现了稳健增长,2007年对集团净利润的贡献度分别高达217.5%和54.6%,一定程度上弥补了交易及投资类业务的亏损,减小了花旗集团因全线业务亏损而破产的风险。此外,前专业投行高盛和摩根士丹利也通过转变为银行控股公司、开展综合经营而避免了更大程度地陷入危机。

第二,次贷危机没有改变综合经营的趋势。

从国家层次看,次贷危机没有改变银行业的综合经营趋势。以美国为例,在次贷危机爆发的2007年,美国银行业季度综合经营指标的平均值从2006年的41.66%降至39.64%;在次贷危机恶化升级的2008年,该指标进一步降至36.3%;而2009年,随着次贷危机逐步企稳,该指标迅速回升至39.58%,

已接近危机前的水平。

从银行层次看，次贷危机不仅没有改变国际银行业的综合经营趋势，反而使国际大银行进一步意识到综合经营对于控制金融风险和保持盈利稳定性的重要作用。以20家大银行为例，受次贷危机的影响，大部分银行综合经营指标在2008年出现了不同程度的下滑，综合经营指标的平均值由2007年的52.6%降至2008年的41.2%。但在2009年危机逐步企稳之后，国际大银行继续着力发展综合经营业务，综合经营指标大幅反弹，其中14家可获得数据的国际银行综合经营指标的均值已回升至48.1%，仅比2007年低4.5个百分点，部分大银行的综合经营程度甚至超过危机前。

第三，欧美金融监管改革的要旨在于促进综合经营长期健康发展。

综观次贷危机，全球金融监管的疏漏对危机的产生和蔓延负有较大责任。有鉴于此，自2009年下半年起，欧美政府公布了一系列改革方案。从这些方案的出台背景、具体内容以及主要目标加以分析，欧美金融监管改革并非针对综合经营，恰恰相反，改革的重要目标正是建立一个更加稳定、有效和富有弹性的监管机制，确保金融业综合经营的风险可控，促进综合经营的长期健康发展。

以美国为例。2009年12月11日，美国众议院通过了《华尔街改革和消费者保护法》。其主要目的在于维护金融综合经营的长期稳健发展：其一是顺应金融业综合化发展趋势，变分散监管为集中监管；其二是监管重点从局部性风险向系统性风险转变；其三是弥补现有监管体系中的漏洞，加强对场外交易的衍生产品和资产支持证券等产品监管，这将有利于综合经营的商业银行控制衍生品交易风险。此外，2010年1月21日，奥巴马公布了提案"沃尔克规则"，声称要限制银行利用自身资本进行自营交易，禁止银行拥有或资助对私募基金和对冲基金的投资，其主要目的并不是禁止或扼杀综合经营，而是通过限制银行的经营范围，控制银行激进的投资行为，实现金融市场的"去杠杆化"。

从欧洲来看，次贷危机凸显了欧盟各自为政的金融监管体系的不足，因此打破成员国在金融监管领域的现有格局、实现欧盟层面上的统一监管，成

‖ 思索的声音 ‖

为欧盟金融监管改革的主题。2009年6月19日，欧盟峰会一致通过了欧盟委员会提出的《欧洲金融监管体系改革》方案。其主要内容：一是加强宏观监管功能，成立由各国央行行长组成的欧洲系统风险委员会，在欧盟层面上负责宏观审慎监管，识别、评估和监控宏观经济以及整个金融体系运行中出现的各种威胁金融稳定的风险，在出现重大风险时发出预警并向政策制定者提供建议；二是强化微观监管机制，在保留各成员国对国内金融机构实地监管权力的基础上，建立拥有更大权力的欧洲金融监管机构体系。显然，该方案并不涉及对综合经营的限制。

其四，理性、辩证地看待银行业综合经营。

银行综合经营的本质是构造多元化的业务体系，满足客户多元化金融服务需求，以及通过发展与传统商业银行业务具有不同收益与风险特性的业务，实现商业银行资产负债组合中收益与风险的平衡和优化配置。综合经营有助于商业银行防范化解经营风险。

综合经营的内涵较为复杂，且有利有弊，关键在于把握一个适当的"度"，使综合经营的发展程度与经济、金融的发展阶段相适应，与客户、市场的需求变化相吻合。"过"和"不及"都不好，在条件不具备的情况下，过度发展综合经营会招致较大风险；但是在条件具备的情况下，压抑综合经营会阻碍金融和经济的发展，也会带来很大风险。

综合经营的主要风险来源于银行金融功能拓展演变过程中，银行业务边界拓展与风险控制力的匹配度不一致。因此，目前各方对于综合经营的疑虑反映的均是对于能否就相关风险进行有效管理和监管的担忧。正是因为控制力与综合化实施程度可能存在非完全同步性，把握综合经营风险的关键就在于要分层、分类稳健推进，确保综合经营程度，特别是相应的风险程度与银行管理能力和监管水平相匹配。

最后，关于分类开放我国银行业综合经营的几点建议。

基于上述分析，结合我国国情，我认为，我国应当并且可以分类开放银行业的综合经营，在严格监管下，循序渐进地稳妥推进。

一是实行分类开放。

1. 全面开放与商业银行传统功能高度相关或比较相关、风险可控的综合经营业务。准允国内合格银行全面开展。

2. 部分开放与商业银行传统功能比较相关、风险基本可控的综合经营业务。准允国内合格银行试点开展、逐步推进；建立时间表限制，达成条件后需有一段试点考察期。

3. 稳妥开放与商业银行传统功能比较相关，但目前控制力与业务风险程度还未能完全匹配，或者与商业银行服务相关度不高，风险基本可控的综合经营业务。准许国内合格银行小规模试点开展、逐步推进；建立严格的时间表限制，达成开展条件后需有较长的试点考察期。

4. 限制开放与商业银行传统功能相关度不高，且目前控制力与业务风险程度未能匹配的综合经营业务。主要指复杂衍生品交易和高杠杆投资。此类业务短期内暂不允许放开，但可选择一两个银行试点。

二是实行机构分类准入。

应根据对综合经营风险的控制能力和对社会成本的节约程度，严格准入资格及条件，对不同银行分类开放综合经营。

1. 基本准入条件。应包括：注册资本、总资产、净资产等反映银行资金实力的指标；资本充足率、拨备覆盖率、不良资产率等体现银行抗风险能力和风险管理水平的指标；网点、ATM 数量等表明银行分销渠道广泛性和便利性的指标；利润总额、ROA、ROE 等衡量银行盈利能力的指标；其他反映银行经营管理水平、公司治理和内控体系完善程度的指标。

2. 对银行分类开放综合经营。可借鉴"CAMEL"体系构建一套对银行准入条件的评价办法，明确具体标准，并就各行达成情况划分不同档次，实行分类开放：优先开放类：具有全国覆盖面和网络优势的大型国有控股商业银行，优先开展综合经营；审慎开放类：中等全国性股份制商业银行，实行两阶段审批，合格后允许试点开展综合经营；限制开放类：城市或社区性商业银行，暂不允许开展综合经营。

三是实行严格监管。

1. 统筹实施机构监管和功能监管。对以金融控股公司形式开展的综合经

‖ 思索的声音 ‖

营业务，可依据该公司所归属行业，由该行业监管部门承担主要监管职责；对以全能银行形式开展的综合经营业务（即由银行内设部门开展的综合经营业务）的，可实行机构监管与功能监管相结合的监管模式，由银监会与综合经营业务所属行业监管部门协同监管，但根据主业归属，由银监会承担牵头监管职责。

2. 建立公开透明的综合经营业务核准制度。公开银行申请开展新业务的各项申报材料，监管机构要对银行的各项条件进行全面评估，作出是否核准的决定，及时公示获批开展综合经营业务的银行名单。

3. 建立综合经营风险评估制度。建立覆盖综合性金融机构表内外业务的全面风险监测体系。对综合金融机构开展全面风险评价和持续监管，确立风险评估制度，构建风险预警机制。

4. 建立综合经营风险披露制度。充分公开综合性金融机构自身的关联交易、资产质量、风险状况等相关信息，降低金融监管部门与综合经营机构之间的信息不对称。强化第三方独立信用机构对综合性金融机构的调查及监督，通过客观公正的评级程序及评级报告，降低投资者与综合金融机构之间的信息不对称。

5. 强化对高杠杆率和高资本消耗类业务的控制。对综合经营的银行要分类设定杠杆率上限，令其公开披露相关业务的杠杆率使用及变动情况。上收高资本消耗或高杠杆率的业务授权，将审批和监控纳入银行董事会或股东大会的职责范围。银行在向监管机构申请开办相关业务之前，须提交董事会或股东大会的有关决议。

6. 建立金融综合经营的退出机制。建立综合经营绩效评估体系，衡量实施综合经营的实际效果。对成效负面的金融机构，监管当局要实行停复牌制度；对于在设定时限内不能复牌的金融机构，应限令该机构剥离出售相关综合化业务，并赋予其他获准综合化经营的金融机构以优先购买权。同时要设定退出预案与危机处理机制，降低综合化业务退出对金融市场的震荡影响。